신
백과사전

신 백과사전

GODS

고대부터
인간 세계에 머물렀던
2,800여 신들

◆

마이클 조던 지음
강창헌 옮김

보누스

1. 각 지역의 발음을 우리말로 표기하려고 애썼다. 그러나 각 언어와 지역의 발음이 너무 다르기 때문에 한 가지 방식으로 표기법을 통일하기에는 무리가 따랐다.
   - 지역의 발음을 확인할 수 없을 때에는 많은 경우 고전 라틴어의 우리말 표기법을 따랐다.
     예) 아본삼 Abonsam
   - 중국어의 영문 표기는 그대로 살렸으나 중국어 발음 대신 우리말을 표기하고 한자를 병기했다.
     예) 팔선(八仙) Ba Xian
   - 일본어의 영문 표기는 그대로 살리면서 일본식 발음을 우리말로 표기했고 일본어 한자를 병기했다.
     예) 아마테라스 오미가미[天照大神] AMATERASU-O-MI-KAMI
   - 인도 전통에서 샥티(Sakti)는 맥락에 따라 배우자 여신, 성 에너지, 요가의 힘, 여신, 우주의 창조력, 생명에너지, 힘 등으로 옮길 수 있으나 이 책에서는 전부 샥티로 통일했다.
   - 티베트어 표기는 전문가의 조언을 따랐다.
     예) 벡쩨 Beg-Tse
     그 외 외국어와 외래어의 표기는 국립국어연구원의 일반 지침을 따랐다.
2. 표제어의 우리말 표기는 모두 붙여 쓰는 것을 기본으로 하였다. 영문 표기의 띄어쓰기나 하이픈으로 연결된 표기를 우리말 표기에 반영하지 않았다.
   예) Gal Bapsi → 갈바프시, Kami-Musubi-No-Kami → 가미무스비노가미
3. 표제어 다음에 붙은 (1), (2) 등은 같은 표제어가 둘 이상 있을 경우 구분하기 위한 것이다.
4. 본문에서 보이는 * 표시는 표제어로 수록되어 있음을 알려주는 표시이다.
5. 우리말 표기가 원칙이나 지명, 인명 등은 영문을 병기하였다.
6. 이 책에 등장하는 책, 논문, 희곡, 시, 회화 등은 따로 구분하지 않고 모두 〈 〉 표시를 사용하였다.
7. 이 책에 등장하는 성경 구절은 한국천주교주교회의 성서위원회에서 편찬한 〈성경〉을 따랐다.

차 례

세계 여러 종교들 안에 있는 엄청나게 다양한 신들의 목록을 대할 때, 그리고 이와 더불어 비슷한 신들이 여러 문화 안에 반복해서 나타난다는 사실을 접할 때 우리는 놀라움을 느끼게 된다. 거의 모든 문화에는 창조신을 비롯해, 기후와 관련된 신, 풍요의 신, 가정을 보호하는 신들이 있다. 똑같은 신비가 모든 대륙의 사람들을 당혹케 했고 똑같은 공포가 그들을 괴롭혔다. 그들은 모두 신비들을 설명하려고 시도했고, 신들에 대한 숭배라는 똑같은 방식을 통해서 공포를 진정시키려고 했다.

우리는, 합리적인 의심의 여지가 없을 정도로, 순수하게 영적인 차원에서 평가되는 세계가 적어도 6만 년 동안 인정되어왔다는 것을 알고 있다. 이것은 또한 의식이 출현한 이후부터 인간 정신 안에 제시되어온 타고난 부분일 수 있다. 그러나 인간의 영은 왜 신들을 요청하고 있는 것일까?

이 질문에 대한 첫 대답들은 가장 단순한 문화의 신조들 안에서 찾을 수 있다. 원시인들은 자연의 모든 것과 물리적 상태로 존재하는 모든 것을 영원히 현존하지만 보이지 않는 어떤 영적 주체에 귀속시킨다. 부족의 특정한 개인들이나 무당 또는 현자들은 특별한 능력을 부여받아 이 영적 주체에 마법을 걸거나 이 주체를 진정시켰다. 이러한 정령들에 대한 정의가 서툰 것일 수는 있으나, 그들은 인간의 모습을 하고 인간처럼 행동한다. 그들은 걷고 말하고 성관계를 즐기며, 분노와 슬픔과 기쁨을 표출하고, 장난도 친다. 우리는 단순한 샤머니즘적 신앙 안에서 '구름 인간'이나 '목초 여인' '바위들의 노인'이나 '순록 어린이'를 볼 수 있다.

이러한 물활론(物活論, hylozoism)적 종교 형태가 발전하면서 구름, 바위, 나무, 새, 동물의 미묘한 정령들은 그들의 임시 '껍데기'에서 떨어져 나왔고, 점차 추상적인 의미들을 떠맡게 된다. 그래서 우리는 탄생의 여신, 폭풍의 신, 대장장이의 신, 선원들의 신, 심지어는 주방 그릇들을 올바로 사용하는 것과 관련된 신도 알게 된다. 신들의 책임 범위가 넓어지면서 신들은 더욱 명확하게 정의되었고 더욱 '인간적' 특성을 띠게 된다. 우리는 그들의 외양이나 의복 양식, 그들이 지니고 다니는 상징(부속물)만으로도 그들이 누구인지 인지할 수 있게 되었다. 그러나 몇몇 물활론적 특성들은 아직도 지속되며, 그것들은 여전히 생명 없는 상징들과 장치로 확인할 수 있고, 동물이나 다른 생명체를 대변할 수 있다. 정령 세계의 사회적 하부 구조는 우리의 하부 구조를 매우 잘 보여줄 수 있으며, 그래서 신들은 판테온에서 알려진 것처럼 위계적으로 배열되었고, 세상 통제의 다른 영역에 대한 책임뿐 아니라, 선이나 악을 향한 그들의 힘을 지시하는 그룹으로 분리될 수 있다.

우리 삶에서 남신과 여신들의 정확한 의미를 설명하는 일은 무척 복잡하다. 왜냐하면 그 의미란 것은 환경과 사회 경제적 발전 단계에 따라서 달라질 수 있기 때문이다. 그리고 그것은 가장 단순한 종교들 안에 제공된 모델로 다시 돌아가서 새겨볼 필요가 있다. 과학과 기술과 역사의 도움이 없다면, 자연 세계는 비가시적인 엄청난 힘이 이끌어가는 곤혹스럽고 위협적인 장소일 것이다. 만일 자연에 있는 모든 물체가 그 물체의 보호자나 수호자로 고려되는 어떤 영적 정체성을 가지고 있다면, 인간의 행위는 그 물체의 물리적 상태뿐만이 아니라 영적 차원에도 영향을 끼친다고 보아야 한다. 그래서 도살하기 전에, 벌채하기 전에, 여행을 떠나기 전에, 집을 짓기 전에 그에 상응하는 정령의 승인을 받아야만 하는 것이다. 우리가 저지른 행위에 대한 책임이 우리에게서 벗어나 보이지는 않지만 전능한 존재의 손에 주어진다.

우리의 행위를 보속해야 된다는 요청은 수천 년간 지속되었다. 신들의 주요 역할은 여전히 보호하고, 이끌고, 삶의 질서를 결정하고, 과학과 현대 세계가 해결할 수 없는 문제들에 답을 제공해주는 것이다.

이 사전은 고대와 중세 문화에서 기원하는 2,800여 신들에 대한 기록을 담고 있다. 보통 반신반인이나 악마 또는 신화적 영웅으로 여겨지는 인물들은 여기에 포함시키지 않았다. 여기에서 반신반인이란 사멸할 운명이었으나 천상의 지위로 올라간 인물로 정의된다. 일반적으로 말해서, 그리고 서양 종교들과 관련해서 이것은 확실히 맞는 정의이다. 신들은 하늘에 속하는 '혈통'을 지닌 우상적 인물들이다. 그들은 인간과 구별되며 분리되어 있다. 그러나 몇몇 종교들에서, 특히 불교에서 모든 신적 존재들은 일단은 사멸할 존재로 인지되었다가, 깨달음을 향한 강한 추구 속에서 완성을 향한 일련의 영역이나 단계들을 통하여 더욱 고양된다. 다른 문화의 신화들이나 부족의 개성에 대한 신화 속에서는 확실히 신으로 받들어지고 완전히 신으로 대우받는 중요한 조상신들이 존재한다. 예를 들면 수메르의 두무지Dumuzi나 고대 북유럽의 신 발데르Balder가 그렇다. 이러한 경우에는 반신반인으로 여겨지는 인물들이라도 항목에 들어 있다. 그래서 가우타마붓다는 이 책에 포함되어 있지만, 예수 그리스도나 예언자 무함마드 항목은 없다.

그리스와 로마처럼 독자들에게 잘 알려진 문화들이 있는 반면, 익숙하지 않은 문화들도 있을 것이며 이에 대해서는 역사적 배경이 다소 유용할 수 있다.

수메르인들은 메소포타미아에서 거주하며 첫 번째 고도 문명을 이루었다. 그들의 쐐기문자는 판독된 지 얼마 되지 않았으며 그들 역사와 환경의 많은 부분들은 지금도 충분히 알려져 있지 않다. 그들은 서기전 24세기에 사르곤Sargon이 지휘하는 아카드인들에게 점령당했고 문자 형태도 셈족 쐐기문자로 바뀌었다. 이와 동시에 여러 신들의 이름도 바뀌었다. 고대 바빌로니아는 서기전 두 번째 밀레니엄 말엽에 시작했고 법률을 제정한 함무라비왕의 영향이 광범위하게 퍼져 있었다. 몇 차례의 방해가 있었으나 바빌로니아의 영향은, 대략 그리스도 탄생 200년 전 정도까지 이어지는 신바빌로니아 시기까지 계속되었다. 현재 터키의 산악 지역에서 히타이트제국이 일어났고 그 영향력은 비교적 짧았다. 히타이트제국 접경지에 살던 후르리인들Hurrians은 다소 헐렁한 문화 속에서 광범위한 지역을 여행하고 공통 언어를 사용했던 사람들이었다. 그들은 고대 서아시아의 문화가 서로 교류하는 데 많은 영향을 끼쳤다.

이러한 고대 질서는 키루스Cyrus 휘하의 페르시아인들이 바빌로니아를 정복했던 서기전 539년에 붕괴되었다. 페르시아인들의 집권기는 짧았으며, 서기전 4세기 알렉산더 대왕과 그의 마케도니아제국의 그리스 세력이 페르시아인들을 대체했다. 서기전 1세기에는 폼페이우스 휘하의 로마인들이 들어왔다. 팽창하는 무슬림은, 짧은 기간이나마 조로아스터교의 영향을 강하게 받던 지역에 새로운 종교인 이슬람교를 들여오면서, 서기 7세기 시리아-팔레스타인과 페르시아 핵심 지역을 장악했다.

메소포타미아 문화와 병행하여, 이집트 문화는 비록 서기 1세기부터 로마 속주법령 아래서 종교의 구조가 점차 복잡하게 되기는 했지만, 서기전 3000년 무렵 이전부터 로마제국 시기 끝까지 비교적 손상되지 않고 살아남았다.

그리스와 로마의 고대 종교들은 지배적인 서양의 신앙으로서 고대 세계의 종교들을 대체했다. 그리스는 선구자였다. 도시 국가들이 발흥하는 시기인 서기전 800년 무렵부터 제대로 알려지긴 했지만, 그리스의 신들은 훨씬 이른 시기에, 아마도 서기전 1600년 무렵 시작한 미케네 시대에 이미 자리를 잡았던 것으로 보인다. 로마는 대부분의 신들을 그리스로부터 빌려와서 이름을 다시 붙였다. 로마의 영향은 410년 서고트족의 로마 약탈로 약화되었다.

유럽의 다른 지역에서는 중부 유럽의 후기 청동기 시대만큼 이른 시기에 (서기전 900년 무렵) 켈트의 신들이 실체를 갖추어가고 있었던 것으로 보이나, 면밀한 역사적 조사는 서기전 400년 무렵 이후의 것이다. 유럽에서는 서기전 1세기 베르킨게토릭스Vercingetorix가 지휘하는 갈리아Gallia의 반란이 패배하면서 켈트의 문화가 미약해졌지만, 아일랜드에서는 그리스도교 국가가되는 서기 5세기까지 그 영향력이 지속되었다. 켈트인들은 글을 몰랐고 신들의 이름은 로마 시대 켈트인들의 비문들과 정확성이 의심되는 그리스도교 수도승들의 저작들로부터만 알려졌다. 북유럽과 아이슬란드 문화와 매우 밀접하게 연결되었던 바이킹들은 8세기에 큰 영향을 끼치기 시작했으나 그들의 신들은, 적어도 1세기나 2세기부터 영향력을 행사한 게르만족의 신들을 모델로 삼은 경우가 많았다. 바이킹 문화는 아이슬란드 에다 문학(Eddaic literature)에 잘 기록되어 있다.

인도에서는 서기전 1700년 무렵 아리안족이 이주하면서 힌두교가 꼴을 갖추었다. 서기전 300년과 서기 300년 사이에 위대한 두 서사시 〈라마야나 Ramayana〉와 〈마하바라타 Mahabharata〉는 신들의 범위를 팽창시켰고 푸라나 Puranas † 문학 및 밀교(Tantrism)의 발전과 함께 확장 과정은 계속되었다. 현재 불교는 극동 지역과 더욱 밀접한 관련이 있지만, 서기전 500년 무렵 가우타마 붓다의 가르침과 함께 인도 북부에서 시작되었다. 불교는 1세기에 중국으로 유입되었고 6세기에는 일본으로 전파되었다.

남아메리카와 중앙아메리카의 경우, 멕시코 유카탄 반도에서 마야인들이 가장 일찍 종교들에 대해 논의했다. 마야 문명은 4세기에 일어나서 7세기에 전성기에 이르렀으며 톨텍Toltec제국이 융성하기 시작했을 때 그 영향력이 약해졌다. 잉카인들은 서기전 5세기 페루의 태평양 연안에 자리를 잡았지만 수백 년 동안 중요한 문화적 팽창이 없었다. 단명했던 그들의 제국은 1438년 시작되었다. 멕시코에서는 아스텍인들이 1백 년 정도 일찍 두각을 내기 시작했지만 크게 보아 그들은 잉카인들과 동시대인이었다. 콜럼버스 이전의 문화들은, 1521년 아스텍의 수도를 패퇴시킨 코르테스Cortez와 12년 후 페루를 약탈한 피사로Pizarro와 같은 정복자들의 도착으로 급격히 종말을 맞이했다. 원주민들의 경전은 거의 대부분 파괴되었다.

이해를 돕기 위해서 다양한 문화들의 간략한 연대표인 '주요 문화와 종

---

† 푸라나란 원래 세계 창조와 해체, 신들과 성인들의 계보 및 왕조의 계보 등 고사古事를 다루는 운문 형식의 문헌이었다. 그러나 시바와 비슈누 숭배자들이 이 문헌들에다 자기들의 신앙적 내용을 첨가하여 많은 교파적 푸라나들을 산출했다. - 옮긴이

교 연표'(16~17쪽)를 그려놓았다.

　어떤 인물이 언제부터 처음으로 신으로 숭배를 받게 되었는지 그 정확한 시기를 지적하는 것은 지극히 어렵다. 목록이나 본문에서 익숙한 이름이 나오는 경우가 종종 있으나 그 단어가 숭배 대상을 반영하는 것인지, 아니면 세속적인 개념인지 확실하게 단언하는 것은 가능하지 않다. 그런 단어는 '일출'처럼 처음에는 단지 어떤 현상만을 지칭하는 것일 수 있다. 결국 일출을 가리키는 용어는 그러한 현상을 신격화한 신의 이름으로 채용되기도 하지만, 용법의 변화가 언제 일어났는지는 정확히 알 수 없다. 거의 예외 없이, 신들은 '하룻밤' 사이에 출현하지 않았다. 그들은 천천히 진화하며, 더 오래된 기존 신이나 여신의 특성에서 유래하는 경우도 많다. 게다가 그들은 무척 집요할 수 있고, 그들에 대한 숭배는 알아채지 못하게, 때로는 수세기에 걸쳐서 점점 사라진다. 어떤 신에 대한 숭배 시기가 처음부터 끝까지 명확한 경우는 정말 드물다. 엄청난 수의 정령들이 있었지만, 비슷한 역할을 보이는 신들이 줄어들고 단일한 특성으로서 조합할 때, 병합이나 혼합의 과정이 종종 생겨난다. 문화들이 병합할 때 몇몇 신들이 대체된다는 것은 확실하다. 때로는 어떤 복합적인 이름이 이러한 과정에 대한 단서를 줄 수 있으나, 종종 유력한 명칭만 기록에 남는 경우가 많다.

　이처럼 연대기는 결코 정확할 수 없으며 학자들마다 의견도 다르다. 이 책에 나온 '숭배 시기'도 개략적인 연대일 뿐이다.

　아래에 구분지은 것들은 별개로 하고, 비록 힌두교와 불교에서 유래한 신들을 대체로 그리스도교의 성인들과 동등한 차원에서 다루긴 했지만, 이 책에서는 신들을 동등하게 취급했다.

　항목들은 민족적이거나 문화적인 구분 없이 가나다순으로 배열했고 각 항목은 가장 보편적으로 알려진 신 이름을 따랐다. 해당 신이 있는 현대의 지정학적 위치는 꺾쇠괄호([ ])에 넣었다.

　이 책에서는 두 종류의 항목을 채택했다. 중요한 의미를 지니는 존재로 고려되는 신들은 기원, 숭배 시기, 별칭, 숭배 중심지, 문헌 자료 등을 명기하면서 더 상세하게 설명했다. 다른 항목들은 덜 상세하게 다루었다. 어떤 경우든 모든 정보에는 본래의 문화적 출처를 포함시켰다. 이러한 것은 때로 수메르어와 같은 언어나, 힌두교나 불교와 같은 문화적 움직임, 또는 요루바족Yoruba 또는 나바호Navaho 인디언 등 부족 정체성을 통해 반영했다. '아카드-바빌로니아'라는 용어는 아카드와 바빌로니아가 패권을 다투던 시기의 영향을 받았다는 뜻이며, 이 시기에 기록이 셈족계 아카드어로 작성되었다는 것을 의미한다.

또한 각 신의 역할도 포함시켜서 어떤 신이 창조자나 풍산豐産신, 죽음의 신으로 인지되는지, 또는 곡물의 성장을 담당하는 신처럼 더 구체적으로 다루기도 했다. 남신과 여신들에게는 천상의 부모와 형제, 자손이 있기에 신들의 직접적인 계보도 기재했다. 신화는 종교를 유지하는 데 중요한 역할을 하며, 기본적으로 비문자적 문화들의 광범위한 대중들 사이에서 특별히 중요한 역할을 한다. 영적 존재들의 행적은 구전 전승의 형태로 기록된다. 신화가 개별 신의 특성 이해나 형성에서 중요한 역할을 할 때에는, 그 개요를 넣은 곳도 있으며 문헌 자료를 밝혀놓았다. 의상, 상징, 거룩한 동물 및 다른 속성들처럼 어떤 남신이나 여신을 인식하는 데 알려진 정보를 포함시켰으며, 참조 예술이 있을 때에도 밝혀놓았다. 힌두교와 불교의 경우처럼 광범위하고 복잡한 신들을 규명하기 위해서는 상징들 또한 중요할 수 있다. 이러한 신들은 다양한 역할을 수행하기 위해 금욕가, 연인, 왕자, 전사 등 여러 형태의 육신으로 나타날 수 있다. 때로 다양성은 화신들로 묘사된다. 화신은, 거룩한 존재가 세상을 위험에서 구원하고 특별한 혼란의 순간에 질서를 회복하기 위해서 세상에 태어나는 재육화再肉化를 통해서 가장 잘 설명할 수 있다.

일시적인 세상 위의 지역에 거주하고 일반적으로 기후, 날씨, 우주적 사건을 포함한 하늘의 활동과 관련된 하늘 및 별세계의 신들과 땅과 땅의 풍요와 관계된 신들을 구분했다. 따라서 풍산과 농업과 바다와 가사家事와 죽음의 신들은 보통 땅과 밀접한 관련이 있으므로 대지의(chthonic) 신으로 설명했다.

둘 이상의 신들이 섞여 하나의 혼성신이 될 수 있다. 진짜로 혼합되지 않은 이러한 신들은 원래의 이름에 하이픈으로 연결한 이름을 유지한다. 보통 이러한 혼성 신들은 다루지 않았다. 이러한 적용은 특히 힌두교 판테온에 적절한데, 둘 이상이 모여 하나의 연합신이 된 신들에다 훨씬 많은 이름들이 섞이게 될 것이기 때문이다. 그러나 어떤 신의 중요한 화신(avatar)들이나 체현(incarnation)들은 모두 포함시켰다. 예술로 묘사된 신들의 모습에 대해 우리가 이름을 모르는 경우가 있는데, 그 이유는 이름과 관련해 우리에게 아무것도 제공된 것이 없거나, 해독할 수 없기 때문이다. 그러나 도상학적 형상은 꽤 잘 표현되어서 학자들은 약속된 칭호를 제공했다. 예를 들면 '신 A' '신 B' 등으로 목록화된 마야의 신들이 그렇다. 일반적으로 약속된 칭호의 신이 완전히 확인된 신일 경우 약속된 칭호는 항목 끝에 기록했다.

신들을 상호 참조하는 것이 적절하다고 보이는 경우에도 포함시켰다. 로마인들은 특히 그리스와 켈트의 신들을 채용하면서, 원래의 특성을 다소 유지하면서도 이름을 바꾸는 경향이 있었다. 그래서 제우스Zeus는 유피테르Jupiter가 되고 아프로디테Aphrodite는 베누스Venus가 된다. 다른 신의 항목에서 언급된 어떤 신이 자기 항목을 가지고 있는 경우도 있으나 어떤 신이 아무런 설명 없이 거명될 때에는, '호루스Horus 이야기에 나오는 세트Seth'나 '세트 이야기에서의 호루스'처럼, 독자들은 해당 신에 대한 항목을 찾을 수 있도록 하였다.

어떤 이름이 로마자에 기원을 두지 않을 경우, 예를 들면 산스크리트어에서 기원할 경우, 음성학적으로 가장 비슷한 철자를 제공했다. 많은 예들에서, 특히 그리스 영향을 받은 경우에는, 그리스화한 이름을 사용했다. 이 방식이 적용된 곳에는 표제 항목에 '[그리스]'라고 덧붙였다. 이러한 표기 방식은, 일반적으로 그리스식 이름이 더 많이 사용되는, 그리스화한 이집트 신들에게 적용했고, 원래의 이집트식 이름은 항목 끝에 기록했다. 이 책에서는 여러 참고 문헌들에 나온 것과는 다른 발음 형식을 보이는데, 어떤 항목이 즉시 눈에 띄지 않을 경우 대안적인 철자를 찾아보는 것도 가치 있는 일일 것이다. 예를 들어, 그리스의 신 아스클레피오스Asklepios는 다른 저작들에서는 아스클레피우스Asclepius로 나올 수 있다. 철자들은 보통 참고 문헌에서 인용한 작품에 언급된 것을 따랐다. 예외들도 있다. 예를 들어, 그리스어의 로엡Loeb 번역본(하버드대 로엡 고전총서)은 로마화된 철자를 따르는 경향이 있다. 적합한 곳에는 문자적 의미를 붙였고, 대안적인 이름들과 철자들은 '별칭' 항목에 또는 해당 항목 끝에 포함시켰다. 어떤 신 이름의 양식이 특정 언어나 문화에 한정될 경우에도 표시했다.

고대 서아시아 판테온의 sh(슈)는 š(쉬)로 옮겼고 발트해 연안과 몇몇 아프리카 언어들에 나오는 sh(슈)는 s(스)로 적었다. 보통 모음 e나 i 앞에 오는 c는 s처럼 부드럽게 발음된다. 많은 사람들은 Zeus의 z처럼 영어화한 발음을 선호할 것이지만, 모든 경우에 z는 프랑스어 jardin의 j처럼 발음해야 한다.

이 책은 가장 포괄적인 신들의 목록을 한 권에 담아서 표현하고 있지만, 철저했다고는 할 수 없다. 이미 명시한 항목들을 제외하고, 다른 잠재적 항목들로 책을 만드는 것은 비현실적인 목표가 될 것이다. 예를 들어 히타이트의 신들은 10,000을 초과하는 것으로 묘사된다. 일본 신도神道에도 최소한 이와 비슷한 수의 신들이 있다고 알려졌다. 중국 판테온에도 수천의 신들이 더 있다. 그래서 이 책에는 도상학이나 신화학 학생 및 애호가들이 조사할 필요가 있는 이름들과, 일반 독자나 여행가들이 문헌이나 비문에서 만날 수 있는 이름들을 포함시켰다. 우리는 신들의 이름과 특성에 대한 현대의 지식이 지극히 제한적으로 적용되었다는 것을 알아야 할 것이다. 보편적인 현대 종교들이 지역 신앙을 더럽히거나 없애기 전에 그것들에 관심을 기울이고 연구했던 민족학자들은 참으로 적었다. 원시 사회들은 신성에 대한 두려움이나 선교사의 보복 때문에 외부인들에게 신들의 이름을 발설하는 것을 망설였다. 그 결과 어쩔 수 없이 어떤 지리적 결함이 생겼다. 그렇지 않았다면 이 결함은 더욱 완성된 연구로 채워졌을 것이다.

주요 문화와 종교 연표

문화	서기전 3000	2500	2000	1500	1000

수메르

아카드-바빌로니아

히타이트-후르리

이집트

그리스

로마

유대교

그리스도교

이슬람교

힌두교

불교

잉카

마야

아스텍

켈트

북유럽-아이슬란드

가가나간자 Gaganaganja (에테르의 금고) (허공장보살虛空藏菩薩)
신. 불교. 보살 중 하나. 색깔은 노란색, 빨간색, 황금색. 상징은 푸른 연꽃, 책, 보석, 연꽃.

가구스치노가미[迦具土神] Kagu-Tsuchi-No-Kami
불의 신. 신도神道[일본]. 히마츠리[火祭] 축제에서 경배하는 불의 신들 중 하나. 특히 고노신사[籠神社]에서 이 신을 숭배한다. 신도에서 거룩한 불은 널과 막대기로만 일으킬 수 있고 강력한 정화자로 여긴다. 불의 신들을 기리는 신사는 교토 근처 아타고 산[愛宕山]에 있다. 불로부터 보호받기 위한 부적을 얻기 위해 일본 전역에서 숭배자들이 모여든다.

가나스키디 Ganaskidi (꼽추)
추수와 풍요와 안개의 신. 나바호Navaho 인디언[미국 뉴멕시코와 애리조나]. 산후안San Juan 북쪽, 황폐한 암굴 거주지들이 많이 있는 협곡에서 산다고 한다. 전승에 따르면 가나스키디는 야생양이 신격화한 존재이다. 가나스키디 사제는 머리 술이 없지만 멋진 별과 깃이 달린 푸른 가면을 쓴다. 가나스키디는 가는 가지로 부풀린 검은 자루를 등에 메고 있어서 기형으로 나타나며, 지팡이를 들고 있다.

가나파티 Ganapati

1. 신. 힌두교(푸라나). 코끼리 신 가네샤*로 더 잘 알려졌으며, 특히 인디아 서부에서 숭배한다.

2. 신. 대승불교. 이름은 힌두교의 신 가네샤로부터 영향을 받았다. 쥐를 타고 여러 상징을 지니고 있는 모습으로 묘사된다.

가나파티르다야 Ganapatihrdaya (가나파티의 마음)

하급 여신. 대승불교. 가나파티*의 배우자 여신.

가네샤 GANESA (주인들의 주)

기원: 힌두교(서사시와 푸라나) [인디아]. 지혜와 사려의 신.

숭배 시기: 서기 400년 무렵부터 현재까지.

별칭: 가나파티*.

숭배 중심지: 특별히 없음.

참조 예술: 보통 청동 조각이나 돌로 된 것과 부조도 있다.

문헌 자료: 후대의 〈마하바라타Mahabharata〉 교정본, 브리하다르마-푸라나Brihaddharma-Purana 등.

가네샤는 지혜와 예술의 신이며 어려움을 극복하기 위해 호소했을 때 도움을 준다고 여겨지는 자비로운 신이다. 풍산豊産과 지역 숲의 신 야크샤*에 기원을 두었을 수 있다. 가네샤의 아버지는 시바*이다. 어머니 파르바티*는 자기 몸의 때에서 그를 만들었다고 한다. 가네샤는 코끼리 머리를 한 인간 형상으로 묘사되며(머리가 다섯인 경우도 있다), (우주를 포함하는) 튼튼하거나 뚱뚱한 몸에 (장애들을 제거하는) 코와 때로는 엄니를 가지고 있다. 여러 상징들, 특히 조개껍데기, 원반, 철퇴, 수련 등을 가진 팔이 넷 있다. 거룩한 동물은 큰 쥐이다. 여행을 가기 전이나 이사하기 전에, 또는 새로운 사업을 벌이기 전에 가네샤에게 기도한다.

전설에 따르면, 가네샤의 어머니가 목욕하는 동안 가네샤에게 현관을 지키도록 했을 때 코끼리 머리를 얻었다고 한다. 가네샤가 자기 아버지에게 가는 길을 막자 시바는 부주의해서 그의 목을 베어버렸다. 그의 어머니는 처음 지나가는 동물의 머리를 주겠다고 맹세했는데, 코끼리가 처음 지나가서 코끼리의 머리를 얻은 것이다. 또 다른 전승에 따르면 파르바티가 신들에게 자랑하려고 가네샤를 데려갔으나 사니*(Saturn)가 그의 머리를 태워버렸고 자비로운 비슈누*가 그의 생명을 구하기 위해 코끼리 머리를 제공했다.

다른 신들에게 봉헌된 사원들에서도 가네샤의 모습이 자주 보인다는 사실은 가네샤의 엄청난 인기를 말해준다. 때로 빨간 색을 칠한 가네샤 조각들도 있다. 가네샤는 그의 부드러운 본성 때문에 일반적으로 가정의 수호신으로서 인기를 누리는 신이다.

가드 Gad

지위가 불확실한 신. 서셈족과 카르타고Cartage. 기회 또는 행운과 관련이 있을 가능성이 크며 팔미라Palmyra 비문에서 알려졌고 구약성서에는 바알-가드Baal-Gad나 미달-가드Midal-Gad라는 지명이 나온다. 성서 시대 이전에 시리아-팔레스타인 지역과 아나톨리아Anatolia 지역에서 대중적이었다. 결국 그리스 여신 티케*와 혼합되었을 것이라고 본다.

가루다 Garuda (폭식자)

1. 고대의 태양신이자 거룩한 새. 힌두교(베다). 원래 태양신으로 묘사되었던 가루다는 비슈누*의 탈것으로 신성화되었다. 뱀과 같은 악마들인 나가스nagas의 주적으로 그들을 먹어치운다. 초기 묘사에서는 앵무새의 부리를 가지고 있다. 비나타Vinata와 카시야파*의 아들로 알에서 태어났다고 한다. 아므르타하라나Amrtaharana, 가루트만Garutman, 타르크샤Tarksya라는 별칭이 있다. 상징은 소라, 곤봉, 연꽃, 과즙 등이지만 비슈누의 상징물들을 갖고 있을 수 있다.

2. 바즈라파니*의 탈것. 불교. 상징은 꽃, 말의 머리, 올가미, 가죽과 지팡이. 눈이 세 개 있고 머리가 셋이다.

가르만가비스 Garmangabis

수호신. 게르만 남부. 수에비족Suebi이 번영을 청하며 이 신에게 기원했다. 북게르만의 여신 게프욘*과 관련이 있을 수 있다.

가미[神] Kami

신에 대한 총칭. 신도[일본]. 신도의 신들과 여신들에게 가미라는 명칭이 부여된다.

가미무스비노가미[神産巢日神] Kami-Musubi-No-Kami

창조신. 신도[일본]. 〈고사기古事記〉와 〈일본서기日本書紀〉에 나타나는 태초의 신들 중 하나. 우주에서 홀로 태어난, 거리감이 있고 모호한 신으로, 이 신의 현존은 인간으로부터 숨겨져 있다. 아마도 중국 종교에서 영향을 받았을 것이다.

가브야우야 Gabjauja

곡물 여신. 그리스도교 이전의 리투아니아. 그리스도교 이후에는 악마적 존재로 강등되었다.

가비야 Gabija

불의 여신. 그리스도교 이전의 리투아니아. 거룩한 불꽃에 소금을 뿌릴 때 이여신에게 기원한다.

가스마리 Ghasmari (탐욕스러운)

끔찍한 외양을 한 여신. 불교. 여덟 명의 가우리* 여신들 중 하나. 색깔은 초록색. 상징은 종이 달린 지팡이.

가야트리 Gayatri

찬가(hymn)가 의인화한 존재. 힌두교. 〈리그베다Rg Veda〉에 있는 한 찬가의 이름으로 태양에게 봉헌되었다. 브라마*의 배우자들 이름 중 하나이기도 하다. 사라스바티*를 보라.

가우나브 Gaunab

어둠의 악신. 코이족Khoi[나미비아, 남아프리카]. 창조신 추니고아브*의 주요 적이다. 주권을 다투는 태초의 싸움에서 추니고아브에게 상처를 입히지만 결국 패배한다. 가우나브에게는 '검은 하늘'이 맡겨진다.

가우리 Gauri (하얗게 빛나는)

1. 여신. 힌두교(베다와 푸라나). 바루나*의 배우자로 우유 대양의 버터에서 창조되었다고 한다. 옥수수의 여신 파르바티*의 별칭. 시바*의 하급 외관인 마헤스바라Mahesvara의 배우자 여신이기도 하다. 수행 동물은 사자 또는 늑대이다. 상징은 물고기, 숲의 화환, 가네샤*의 이미지, 연꽃, 거울, 염주, 삼지창, 물병이다. 눈이 셋이며 바루니Varuni라고도 한다.

2. 여신. 불교. 여덟 명의 가우리 여신들 중 하나. 상징은 머리와 올가미.

3. 사자使者의 여신. 자이나교[인디아]. 사산데바타Sasandevata. 사라스바티*가 인도하는 열여섯 지혜의 여신들 중 하나. 색깔은 하얀색, 상징은 갈고리.

대승불교의 가우리타라Gauri-Tara는 다른 여신이다.

가우타마붓다 Gautama Buddha

붓다*를 보라.

가이아 GAIA (땅)

기원: 그리스. 원형적 땅의 어머니.

숭배 시기: 서기전 1500년 무렵부터 서기 400년 그리스도교 시기까지.

별칭: 가이아Gaea, 게Ge, 테라Terra.

숭배 중심지: 델포이Delphi 신탁소.

참조 예술: 조각과 부조.

문헌 자료: 헤시오도스의 〈신통기 Theogony〉, 〈호메로스 찬가 Homeric Hymns〉 중 〈가이아 찬가 Hymn to Gaia〉, 아리스토파네스의 작품들.

가이아는 헬레니즘 이전 시기의 고대 여신으로 주로 아티카Attica에서 경배를 받았다. 땅의 태초 본질이며, 우주 태초의 존재들인 아이테르*와 헤메라Hemera의 창조물 중 하나이다. 에로스*의 격려를 통해 폰토스*(바다)와 우라노스*(하늘)의 어머니가 되었다. 전승에 따르면, 우라노스와 관계해서 티탄족*을 낳았다고 한다. 지하세계의 신과 결합하여 괴물 티폰Typhon을 창조했다.

창조 이야기에서는 대개 냉담하게 행동하며, 평온하고 조용한 여신으로 인식된다. 가이아는 델포이에 신전이 있었고, 그것은 아폴론Apollo 신전보다 앞선 시대의 것이었다. 후대에 다른 신들이 가이아의 자리를 대치하였으나, 가이아는 혼인과 서약을 관장하는 역할을 계속 유지했다. 〈일리아스 Illiad〉에서 아가멤논Agamemnon은 제우스*에게 이렇게 부르짖는다. "신들 중 가장 높으시며 으뜸이신 제우스께서 첫 증인이 되어주시고, 그다음에 가이아와 헬리오스*께서, 그리고 서약을 깨트린 사람들에게 벌을 내리시는 지하세계의 푸리에스Furies께서 증인이 되어주소서."

헬레니즘 시기에 이르러 가이아는, 곡식의 정령인 코레*의 어머니, 곡식의 어머니 다메테르Da-meter 또는 데메테르*가 되었다. 가이아의 상징에는 과일과 풍요의 뿔이 포함되어 있다.

가자바하나 Gajavahana
신. 힌두-드라비다족Hindu-Dravidian(타밀 Tamil). 코끼리를 탈것으로 지닌 전쟁 신 스칸다*의 한 형상. 주로 인디아 남부에서 숭배한다. 상징은 수평아리와 창.

가툼둑 Gatumdug
풍산 신. 메소포타미아(수메르와 바빌로니아-아카드). 하늘 신인 안의 딸로 라가쉬Lagaš의 어머니 수호신이다.

간다 Gandha (향기)
여신. 라마 불교[티베트]. 라마 불교의 어머니 여신들 중 하나이다. 색깔은 녹색. 상징은 백단유가 있는 소라 껍데기.

간다리 Gandhari (간다라의)

배움의 여신. 자이나교[인디아]. 여신 사라스바티*가 이끄는 열여섯 사사나데바타* 중 하나. 비디야데비*라고도 한다.

간다타라 Gandha Tara (향기의 타라)

하급 여신. 대승불교. 색깔은 빨간색. 상징은 백단유가 있는 소라 껍데기.

간타카르나 Ghantakarna (종과 같은 귀)

치유의 신. 힌두교(서사시와 푸라나). 시바*의 수행 신이며 피부질환을 막아주는 수호자로 숭배받았다. 상징은 올가미가 있는 종과 망치.

⇨주 : 정의가 불분명한 간타카르니Ghantakrni라는 여신도 있다.

간타파니 Ghantapani (손에 있는 종)

신. 대승불교. 명상보살(dhyanibodhisattva) 중 하나. 금강살타金剛薩埵 바즈라사트바Vajrasattva의 발현. 색깔은 하얀색. 상징은 종이다.

갈라 Galla

지하세계 하급 신. 메소포타미아(수메르와 바빌로니아-아카드). 에레쉬키갈*의 수행 신. 갈루Gallu라고도 한다.

갈바프시 Gal Bapsi (갈고리의 신)

지역 신. 힌두-드라비다족(타밀)[인디아 남부]. 특히 빌족Bhil의 숭배를 받았다. 참회하는 사람은 속죄하기 위해 갈고리로 자기 등을 찌르며 태양이 백양궁에 들어가는 날에 멈춘다.

강가 Ganga

강의 여신. 힌두교(푸라나). 갠지스 강의 수호신. 히마반*과 메나*의 딸이며 파르바티*의 누이이고 비슈누*와 아그니*의 배우자이다. 시바*의 두 번째 배우자이기도 하다. 강가는 순수의 상징이며 종종 비슈누 트리비크라마*의 발을 씻는 브라마*와 함께 묘사된다. 전승에 따르면, 천상의 강인 강가는 땅으로 내려올 때 추락의 충격을 완화하기 위해 시바의 머리에 있다가 그에게 붙잡혔다. 강가는 물고기나 강의 괴물을 탄다. 색깔은 하얀색, 상징은 파리채, 연꽃, 물병.

강기르 Gangir

여신. 메소포타미아(수메르). 여신 바바*의 일곱 딸 중 하나이며 주로 라가쉬 Lagash 지역에서 알려졌다. 헤기르눈나Hegir-Nuna라고도 한다.

게니우스 Genius

남성들의 신. 로마. 남성의 창조성과 힘이 의인화한 존재로 유노*의 대응자이다. 로마 종교에서는 모든 장소에 수호정령인 게니우스로키genius loci가 있었다.

게라 Gerra

불의 신. 메소포타미아(바빌로니아-아카드). 수메르의 기빌*에서 유래했다. 아누(1)*와 아눈니투*의 아들이며 에라* 및 네르갈*과 광범위하게 혼합되었다.

게미니 Gemini

디오스쿠로이*를 보라.

게브 GEB (땅)

기원: 이집트. 저승 또는 대지의 신.

숭배 시기: 서기전 2600년 무렵 구왕국 시대부터 서기 400년 무렵 이집트 역사 끝까지.

별칭: 세브Seb.

숭배 중심지: 특별히 알려지지 않았으나 종종 무덤들과 관련되어 있다.

참조 예술: 왕들의 계곡에 있는 그림들.

문헌 자료: 피라미드 문서와 관상棺上 본문들(Coffin Texts), 텐타문Tentamun의 파피루스를 포함하는 신왕국 종교 파피루스.

게브는 슈*와 테프누트*의 아들로 누트*의 남편이자 오빠이며, 헬리오폴리스 Heliopolis 판테온 엔네아드*의 3세대 신이고, 헬리오폴리스 족보상 이시스*와 오시리스*의 아버지가 된다. 신왕국 시대부터 나타나는 전형적인 게브의 모습은, 두 팔을 반대로 (한 팔은 하늘을, 다른 한 팔은 땅을 향하게) 펼쳐서 땅에 누워 있는 자세로 하이집트의 왕관을 쓰고 있다. 하늘의 여신 누트*와 함께 그려질 때에는 종종 성기가 발기되어 누트를 향해 확장된 모습으로 나온다. 그를 상징하는 거위와 함께 나올 수도 있다.

게브는 식물 신이며, 그에게서 푸른 잎이 싹트는 모습과 함께 종종 녹색으로 그려진다. 치유의 신으로 나오기도 하는데, 특히 전갈의 독침으로부터 보호받고자 할 때 불려진다. 또 다른 맥락에서 게브는, 죽은 자들의 영혼을 낚아채어 감옥에 넣고 그들이 내세로 가지 못하게 막을 수도 있다. 호루스*와 세트* 사이에 벌어지는 다툼에 대한 심판과 관련되어 있기도 한다. 게브는 호루스*의 아버지로서 그의 왕권 승계를 주관하며, 그래서 이집트 왕권의 정당한 계승자를 계속 보호한다.

게쉬투 Geštu

지식의 신. 메소포타미아(수메르와 바빌로니아-아카드). 전설에 따르면, 게쉬투는 위대한 신들에게 희생을 당했고 그의 피는 인간을 창조하는 데 사용되었다고 한다.

게쉬틴안나 Geštin-Ana

저승의 여신. 메소포타미아(수메르). 두무지*의 자매이며 닌기시다Ningisida의 배우자이다. 이른바 '천상의 포도나무'라고 불리며, 인안나*와 에레쉬키갈*의 손에서 자신의 목숨을 구출하고자 노력하는 두무지 사건에 휩싸인다. 두무지는 붙잡히기 직전 게쉬틴안나의 집에서 가젤로 변화하며 결국 지하세계로 가게 된다.

게우스우르반 Geus Urvan

소의 신. 페르시아[이란]. 암소의 모습으로 나타나는 소의 수호신.

게우스타산 Geus Tasan

소의 신. 페르시아[이란]. 소의 창조신. 때로 아후라마즈다*의 모습으로 여겨지기도 한다.

게프욘 Gefjon

농경의 여신. 게르만과 북유럽(아이슬란드). 스노리Snorri Sturluson가 언급한 전승에 따르면, 에시르* 신들 중 하나이며 여신 프리그*를 수행한다. 게프욘은 네 명의 거인 아들을 낳았고 그들을 황소로 바꾸어서 땅을 경작하게 했다. 이 땅은 바다로 견인되어 젤란트Zelland(셰란Sjaeland) 섬이 되었다. 게프욘은 또한 덴마크 왕조를 세웠다고 한다. 게피운Gefiun이라고도 한다.

겐투 Ghentu

하급 신. 힌두교. 인디아 북부에서 가려움증을 주는 신으로 알려졌다.

고나카데트 Gonaqade't

바다의 신. 칠카트족Chilkat[아메리카 북태평양 해안]. 전승에 따르면 고나카데트는 그를 보는 모든 이에게 힘과 행운을 가져다준다고 한다. 고나카데트는, 푸른 초록빛 전복 껍데기가 아로새겨진 화려한 집이나 거대한 물고기 머리, 또는 색깔이 칠해진 전투용 카누 등, 물에서 떠오르는 몇 가지 형상으로 나타난다. 보통 예술에서는 팔과 발과 지느러미가 있는 거대한 머리로 묘사된다.

고노하나사쿠야히메노가미[木花開耶姬神] Kono-Hana-Sakuya-Hime-No-Kami

산의 여신. 신도[일본]. 거룩한 후지 산을 보호하는 신. 오야마츠미*[大山祇]의 딸이자 니니기 왕자(니니기노미코토*)의 배우자이다. 그녀의 신사는 산 정상

에 있다. 80킬로미터 정도 북쪽에 있는 아사마 산(浅間山)과도 밀접한 관련이
있다.

고라크나트 Goraknath
수호신. 힌두교. 시바*의 화신 중 하나로 목자들의 숭배를 받았고, 네팔 고라
크나티파의 창시자이다.

고바논 Govannon
기술의 신. 켈트(웨일스). 여신 돈(1)*의 아들이다. 고브뉴*를 보라.

고브뉴 GOBNIU (대장장이)
기원 : 켈트 (아일랜드). 맥주 양조를 포함하는 기술의 신.

숭배 시기 : 고대부터 서기 400년 무렵 그리스도교 시기까지.

별칭 : 고이브뉴Goibniu, 고바논Govannon.

숭배 중심지 : 특별히 알려진 곳이 없다.

참조 예술 : 다양한 조각과 비문들.

문헌 자료 : 〈침략의 서 Books of Invasions〉, 〈왕들의 전설 Cycles of Kings〉.

고브뉴는 주로 금속 세공과 불사의 맥주 양조 기술 때문에 알려졌다. 그는 투
아하데다난*을 위해 무적의 마법 무기를 만들어주었다. 거대한 청동 가마솥을
사용해서 맥주를 양조했고, 이를 본뜬 것이 여러 지성소에 보관되었는데, 이것
은 때로 아일랜드 왕들의 의례적인 도살과 관련이 있었다. 고브뉴는 놋쇠 기
술자 크레드네Credne 및 목수 루흐타Luchta와 더불어 기술의 삼신인 나트리디다
나Na tri dee dana(three gods of skill)를 형성한다.

관논 Kwannon
관세음보살*의 형상. 불교(일본). 관음*을 보라.

관우(關羽) KUAN TI

기원: 도교(중국). 전쟁의 신.

숭배 시기: 서기 300년 무렵부터 현재까지.

별칭: 운장雲長, 관제성군關帝聖君.

숭배 중심지: 중국 전역.

참조 예술: 그림과 조각.

문헌 자료: 다양한 철학 서적 및 종교 서적이 있지만 대부분 충분히 연구되지 못했고 번역
되지 않았다.

도교 판테온의 가장 강력한 신으로, 서기 162년에서 220년 사이에 살았던 역
사적 인물에 기초를 두고 있다. 관우는 황제 군대의 장군이었고 동탁董卓과의
전투에서 승리한 후 두드러지게 되었다. 나중에는 신격화된다.

엄격하고 충성스러우며 성실한 표상인 관우는 의인화한 거룩한 무사의 원리
로 숭배를 받았다. 황제들의 수호신이었고 군대의 신이지만 식당·전당포·골
동품상·문학의 수호신이기도 하다. 관우는, 특히 홍콩에서는 삼합회를 비롯
한 비밀결사단체들의 수호신이지만, 경찰들의 수호신이기도 하다. 많은 범죄
수사대들이 관제 제단을 가지고 있다.

관우는 호랑이 가죽을 깔고 앉아 있는 모습으로 그려지며 때로 옷가슴에
호랑이 얼굴이 그려져 있다. 관우의 마술적 무기는 청룡언월도青龍偃月刀이며 그
의 말은 적토마赤兎馬이다. 음력 2월 15일과 5월 13일에 관우 축제가 열린다.
관우는 이렇게 한 해의 밝은 부분(봄과 여름)을 관장한다.

많은 중국인들의 집안에서는 나쁜 기운을 쫓아내기 위해 관우의 그림이나
조각상을 건물 입구에 두고 있다.

관음(觀音) KUAN YIN (외침을 듣는 분)

기원: 도교(중국). 자비로운 수호 여신.

숭배 시기: 서기 100년 무렵부터 현재까지.

별칭: 관인, 관논*(일본에서).

숭배 중심지: 중국 문화가 퍼진 전역.

참조 예술: 그림과 조각.

문헌 자료: 다양한 철학 서적 및 종교 서적이 있지만 대부분 충분히 연구되지 못했고 번역되지 않았다.

인디아에 기원을 둔 불교의 관세음보살*에서 유래했다. 중국에 소개되었을 당시에는 남성 신이었다가 서기 600년 무렵 여신으로 변화되기 시작해서 서기 1100년 무렵부터는 완전히 여신이 되었다. 도교에서 수용되기는 했지만, 다른 중국 신들과 달리, 관음에게는 음식이나 술과 같은 일반적인 제물을 바치지 않는다.

관음이 자살한 묘선妙善공주라고 하는 다른 전승도 있다. 부처는 묘선을 부투섬[普陀山]에 데리고 갔으며 거기서 그녀는 9년 동안 수행했다.

관음의 순수하고 자비로운 정신은 엄청난 인기를 끌어서 중국에서는 석가모니의 영향을 넘어설 정도이다. 위험이 닥칠 때에는 관음의 이름을 불렀고, 풍산과도 연결이 되어서 신혼부부들은 자녀들을 갖기 위해 관음에게 기도한다.

몇몇 중국 여신들이 관음의 현현이라고 하는 저자들도 있다. 관음은 종종 천후*와 사원을 공유하며, 천후의 영향권에 있는 지역도 접수했다. 그래서 천후에게 붙여지는 '남방해의 여신'이란 칭호가 관음에게도 붙여졌다.

관음은 연꽃 위에 앉아 있는 모습으로 그려지며, 연민의 이슬로 채워진 꽃병과 버드나무 가지가 상징물이다. 시중을 드는 용녀龍女가 관음 뒤에서 공작 닮은 새와 진주와 염주를 포함한 다른 물건들과 함께 나타날 수 있다.

괴성(魁星) Kuei Shing
문학의 신. 중국. 큰곰별자리에 사는 것으로 여겨진다. 종규*를 보라.

괸뽀낙뽀 Gon-Po Nag-Po
신. 라마교[티베트]. 마하칼라*를 보라. 괸깔mGon-dkar, 구르기 괸뽀*라고도 한다.

구굴안나 Gugulanna

지하세계 하급 신. 메소포타미아(수메르). 여신 에레쉬키갈*의 배우자이며 풍산 신 인안나*가 저승으로 내려가는 구실로 언급된다. 구갈안나 Gugalanna라고도 한다.

구나도노가미[来莫処の神] Kunado-No-Kami

수호신. 신도[일본]. 특히 도로와 교차로의 보호와 관련된 세 신 중 하나. 이들 은 집의 경계 및 집으로 가는 길들을 수호한다. 역병으로부터 지켜주는 액막이 신으로 알려지기도 했다. 보통 미치노가미*와 동일시된다.

구나비비 Gunabibi

창조 여신. 호주 원주민. 쿠나피피 Kunapipi로도 알려졌으며 요룽우 Yolngu 부족 을 포함한 호주 북부 광범위한 지역에서 원주민들의 경배를 받고 있다. 구나비 비 숭배는 그리스 어머니 여신 데메테르* 숭배 및 인디아의 밀교적 숭배와 비슷 한 점이 있다. 이러한 이유로 구나비비 숭배가 6세기 초엽에 아시아에서 아넘 랜드 Arnhem Land를 비롯한 호주 대륙 여러 곳에 도입되었다고 여겨진다. 구나비 비는 꿈의 시대에 바다나 강에서 온 신이었지만, 지금은 건조한 땅을 다스린 다. 현대 원주민들 가운데서 구나비비는 비밀 의례의 주인이며, 의례에 관여하 는 거대한 뱀 유룽굴 Yulunggul과 밀접히 관련되어 있다.

구노도야크 Gunnodoyak

이로쿼이족 Iroquois(북아메리카 인디언). 한때 인간이었던 젊은 영웅 신이다. 천둥 의 정령 히노 Hino로부터 인간의 원수인 거대한 물뱀을 정복할 수 있는 힘을 받 았다. 뱀이 구노도야크를 먹어치웠으나 히노는 뱀을 갈라서 구노도야크의 몸 을 회복시켜주었고, 그를 올바른 히늘의 장소로 돌려보냈다.

구누라 Gunura

지위가 불확실한 신. 메소포타미아(수메르와 바빌로니아-아카드). 여신 닌인시나

Nininsina의 남편으로, 다무Damu(다무지*)의 아버지 또는 자매 등으로 다양하게 묘사된다.

구라오가미노가미[闇淤加美神] Kura-Okami-No-Kami
비의 신. 신도[일본]. 어두운 비의 신으로 알려졌고 눈을 내리게도 할 수 있다.

구르기괸뽀 Gur-Gyi Mgon-Po
천막의 신. 라마 불교[티베트]. 보통 한 남자의 수행을 받는 마하칼라*의 한 형상. 색깔은 푸른색. 상징은 곤봉, 컵, 칼.

구실림 Gusilim
신. 메소포타미아(수메르). 이쉬타란*을 보라.

구조 Gujo
수호신. 카피르족Kafir[아프가니스탄]. 힌두쿠시 남부의 멸종 부족 파착Pachags인들 가운데서 잠깐 언급된 신이다. 사자使者 여신 지우Zhiwu의 배우자일 가능성도 있다.

구쿠마츠 Gukumatz
하늘 신. 마야(키체족Quiche, 고대 메소아메리카Mesoamerica)[과테말라 고지대]. 창조신들인 에 쿠아올롬*과 에 알롬*의 아들이며 아스텍 종교의 날개 달린 뱀 케찰코아틀*과 동일시된다.

군다리미오[軍荼利明王] Gundari-Myoo
일본 불교. 라트나삼바바*의 무서운 현현. 세 눈과 엄니들을 가지고 있다. 군다리미오의 팔 여덟과 다리들은 뱀으로 장식되어 있다. 상징에는 두개골이 포함되며, 연꽃 위에 서 있다.

굴라 Gula (위대한 분)

치유의 여신. 메소포타미아(수메르와 바빌로니아-아카드). 닌우르타*의 배우자. 굴라의 동물은 개이다. 굴라는 닌인신나*와 동의어일 수 있다. 헬레니즘-바빌로니아 시대에도 언급되었다. 굴라 신전은 우루크Uruk에 묘사되어 있다. 닌티누가*라고도 한다.

굴셰쉬 Gul-ŠeŠ

운명의 여신들을 일컫는 집단적 이름. 히타이트. 이들은 선과 악, 삶과 죽음을 분배한다. 후르리인들Hurrain은 후테나Hutena라고도 한다.

굴실라마타 Gulsilia Mata

어머니 여신. 힌두교(서사시와 푸라나). 악의를 지니고 질병을 주는 것으로 알려진 힌두교의 여신. 특히 벵골Bengal 지역에서 알려졌다.

귀디온 Gwydion

전쟁의 신. 켈트(웨일스). 귀디온의 어머니는 웨일스의 어머니 여신 돈(1)*이다. 귀디온은 귀네드Gwynedd와 디버드Dyfed 사이에 전쟁을 일으켰다고 한다. 디버드의 라이논* 아들 프리데리*를 방문해서 그의 돼지들을 훔쳤다. 이어진 전쟁에서 귀디온은 마법의 힘을 사용해서 프리데리를 죽였다. 귀디온은 지하세계와도 관련이 있는 것처럼 보인다. 이 때문에 죽은 자들의 통로로 알려진 은하수에는 크르 귀디온Caer Gwydion(귀디온의 성)이라는 이름이 붙었다.

귄압니드 Gwynn Ap Nudd

지하세계 저승 신. 켈트(웨일스). 웨일스 남부에서만 알려졌다. 하얀 수사슴을 추격하는 유령 사냥꾼들의 지도자이다. 잉글랜드의 헤르네*, 웨일스 북부의 아라운*과 동일시된다.

그라누스 Grannus

치유의 신. 로마노-켈트(유럽 대륙). 엑스 라 샤펠 Aix-la-Chapelle과 보쥬Vosges의 그랑Grand, 트리어Trier, 브르타뉴Brittany 등지를 포함해 멀리 도나우 분지에 이르기까지, 치료적인 샘들 및 온천들과 결합된 여러 지역에서 이 신의 이름이 나타난다. 그라누스는 로마의 신 아폴론*과 혼합되어 아폴론 그라누스가 되었으며, 목욕탕들은 때로 그라누스의 물(Aquae Granni)이라고 불렸다.

그라마데바타 Gramadevata

지역 수호신을 일컫는 포괄적인 명칭. 인디아. 이 신들은 '브라만Brahman 사제들의 섬김을 받지 않는' 것으로 알려졌다. 차문다*, 두르가*, 칼리(1)* 등 대부분은 여신들이다. 보통 이 신들의 보호를 받는 경계 지역과 들판이 있는 작은 마을들에서 그라마데바타를 경배한다. 이 신들은 색깔을 칠한 돌로 표현되지만, 큰 마을과 도시에서도 발견된다.

그라티아이 Gratiae

여신. 로마. 그리스의 카리테스Charites(카리스*)에 해당된다. 예술 작품들로 확인되며 긴 머리를 가졌으나 알몸으로 그려진다.

그라하마트르카 Grahamatrka (악마의 어머니)

여신. 대승불교. 비로자나의 형상들 중 하나. 상징은 화살, 활, 연꽃, 지팡이. 머리가 셋이다.

그르드라샤 Grdhrasya (독수리의 얼굴)

하급 여신. 불교.

그리스마데비 Grismadevi (여름의 여신)

계절의 여신. 라마 불교[티베트]. 스리데비*의 수행 신이기도 하다. 보통 야크와 함께 있다. 색깔은 빨간색. 상징은 도끼와 컵.

글라우코스 Glaukos

바다의 신. 그리스. 가난한 어부였으나 마법의 해초를 먹고 바다로 뛰어들어서 어부들과 그물의 수호신으로 남았다고 한다. 프로테우스*를 보라.

글라우쿠스 Glaucus

바다의 신. 로마. 글라우코스*를 보라.

글레티 Gleti

달의 여신. 폰족Fon[베냉, 아프리카 서부]. 태양신 리사*의 배우자이며, 별의 신들인 글레티비gletivi의 어머니이다. 글레티비는 하늘의 별들이 되었다.

기비니 Gibini

역병의 신. 기수족Gishu[우간다, 아프리카 동부]. 천연두의 신 에눈두*와 연결되어 있으며, 채소를 바쳐서 달랜다. 집 근처에 심은 특별한 나무로 상징화된다.

기빌 Gibil

불의 신. 메소포타미아(수메르). 안(1)*과 키*의 아들. 아카드 시대에는 게라*로 알려졌다.

기쉬 Gish

전쟁의 신. 카피르족[아프가니스탄]. 힌두쿠시 남부 카티족Kati 사이에서 주로 알려졌다. 기쉬는 부분적으로 아리안족의 신 인드라*를 모델로 삼은 듯하다. 창조신 이므라*의 아들 중 하나이며, 어머니는 우트르Utr이다. 기쉬가 자궁에서 스스로 나와서 어머니를 바늘로 꿰매기 전까지 어머니는 18개월 동안 기쉬를 배고 다녔다. 기쉬의 배우자는 어신 산주*이다. 기쉬는 학살을 아주 효과적으로 하지만 은총과 지혜가 부족한 신으로 여겨지며, 보통 상스런 모습으로 출현한다고 한다. 토르*를 보라. 기쉬의 집은 그의 어머니가 지탱하는 신화적인 호두나무 꼭대기에 있는 강철로 된 성채이며, 어머니는 그의 전사들을 위해 영양과 힘을 제공한다. 그는 무지개로 자기 화살통을 메고 다닌다.

기쉬는 주로 캄데쉬Kamdesh 및 쉬티웨Shtiwe 마을과 관련이 있다. 그러나 카피르 지역 전역에서, 특히 전투를 벌이기 전에 뿔 없는 황소를 봉헌하면서 숭배했다. 결과가 좋을 때에는 기쉬를 기리며 축제를 벌였다. 기위쉬Giwish라고도 한다.

기스지다 Giszida

신. 메소포타미아(수메르와 바빌로니아-아카드). 닌기스지다*를 보라.

기타 Gita

어머니 여신. 라마 불교[티베트]. 어머니 여신들(아스타마타라*) 중 하나. 색깔은 빨간색. 상징은 인디아 징과 류트.

길티네 Giltine

죽음의 여신. 그리스도교 이전의 리투아니아. 하얀 옷을 입고 죽어가는 사람의 집으로 들어가서 그들의 숨을 막는다고 한다.

뀐뚜상뽀 Kuntu bXan po

판테온의 수장. 라마교 이전의 본족Bon. 본족 판테온의 수장으로 태초의 물에서 마련한 한 줌의 흙에서 세상을 만들었고 하나의 알에서 살아 있는 모든 것들을 창조했다.

뀐릭 Kun-Rig (모든 것을 아는)

신. 불교[티베트]. 머리 넷을 가진 바이로차나*의 형상. 상징은 기도바퀴(轉經器, prayer wheel).

나가라자 Nagaraja

뱀 신. 힌두교. 큰 뱀 마호라가mahoraga 또는 나가데바nagadeva라는 용어와 동등한 신의 일반 명칭. 이러한 신들은 일찍이 서기전 1700년 이전 인더스 문명 시대부터 인디아에서 숭배를 받았다.

나가쿠마라 Nagakumara

신. 자이나교[인디아]. 바바나바시*(장소에 거주)라는 일반 명칭으로 불리는 집단의 일원. 이들은 젊은 외양을 하며 비와 천둥과 관련이 있다.

나구알 Nagual

수호신. 아스텍(고대 메소아메리카)[멕시코]. 개인적 신에 대한 총칭. 나구알은 보통 동물의 형상을 취하며, 인간이나 다른 신이 받아들인다.

나기니 Nagini

여신. 자이나교[인디아]. 힌두교의 마나사*에 해당되는 여신이다.

나나 Nana

어머니 여신. 그리스도교 이전의 아르메니아Armenia. 광범위한 지역에서 나나를 숭배했다. 프리지아Phrysia의 여신 키벨레*에 해당할 수 있다.

나나보조 Nanabozho

영웅 신. 에스키모(오지브와족Ojibwa). 사냥꾼들의 신으로, 개인들의 생존과 죽음을 결정하는 성공이나 실패에 직접 영향을 끼친다. 나나보조의 형제들은 계절과 기후의 변화를 관장하는 네 바람들이다. 나나보조는 사냥과 낚시에서 오지브와족의 성공을 확실히 하기 위해서 형제들을 통제한다.

나나우아틀 Nanahuatl (소문)

창조신. 아스텍(고대 메소아메라카)[멕시코]. 우주 창조에서 창조 다섯째 날 신들은 새로운 태양신을 선출하기 위해 앉았고, 나나우아틀과 텍시스테카틀*은 거룩한 불에 스스로를 불태웠다. 나나우아틀의 심장은 승천하여 새로운 태양이 되었고 텍시스테카틀의 심장은 달이 되었다. 전승은, 텍시스테카틀이 부유하고 겁이 많았던 반면, 나나우아틀은 병들고 가난하게 되었어도 큰 용기를 지녔다고 한다. 나나우아틀은 케찰코아틀*의 아들이고 텍시스테카틀은 틀랄록*의 아들인데, 아버지들이 두 신을 모두 불 속에 던져버렸다는 다른 전승도 있다.

결국 신들이 스스로를 희생한 것은, 자신들의 유해에서 인간이 탄생할 수 있도록 하기 위함이다. 나나우아친Nanahuatzin이라고도 한다. 토나티우*를 보라.

나나자 Nanaja

풍산 여신. 메소포타미아(바빌로니아-아카드). 바빌로니아의 타쉬메투*와 혼합된 전쟁의 여신이기도 하다.

나라 Nara (사람)

비슈누*의 하급 화신(들). 힌두교(서사시와 푸라나). 몇몇 근거들은 나라를 독립된 화신들로 취급하기도 하지만, 이들은 보통 연결되어 있다. 브라마*의 가슴에서 탄생한 다르마*의 두 아들로 히말라야에서 엄격한 고행자로 천 년을 보냈고, 그곳에서 인드라*의 다양한 유혹을 받아야 했다. 이들은 현자로 묘사된다. 나라야나*가 손이 넷이고 색깔이 푸른색인 반면, 나라는 초록색에 손이 둘인 것으로 문헌은 묘사한다. 이들은 또한 하리* 및 크리슈나*와 비교되기도 한다.

나라다 Narada (조언자)

하급 신이나 대중적인 신이다. 힌두교(베다, 서사시와 푸라나). 나라다는 사자使者이자 교사인 현자로 묘사된다. 브라마*의 머리나 목에서 탄생했고 비슈누*의 하급 화신으로 제시되기도 한다. 나라다는 여성의 수호신, 음악가, 방랑자 등 여러 역할을 취한다. 보통 자기가 만든 악기 비나 vina(류트)를 들고 서 있으며 수염이 난 모습으로 그려진다. 그의 자비로운 성격과 대조되어 '분쟁을 일으키는 자'와 '비열한 자'로 묘사되기도 한다. 칼리카라카 Kali-karaka 또는 피수나 Pisuna라고도 한다.

나라다타 Naradatta (나라*의 딸)

배움의 여신. 자이나교[인디아]. 여신 사라스바티*가 인도하는 열여섯 지혜의 여신들(비디야데비)* 중 하나이다.

나라시나 Narasinha (인간 사자)

비슈누*의 화신. 힌두교(서사시와 푸라나). 비슈누의 네 번째 화신이며 인간과 사자의 혼혈로 묘사된다. 전설에 따르면, 악마의 왕 히라냐카시푸 Hiranyakasipu는 위험하게도 상처받지 않는 몸을 갖게 되었다. 비슈누는 이를 꺾기 위해서 나라시나의 형상을 취했고 왕궁의 기둥 안에 숨었다가 튀어나와 히라냐카시푸를 잡고 그의 내장을 찢어버렸다. 도상학에서 이 장면은, 나라시나의 무릎에 있는 희생자를 나라시나가 발톱으로 찌르는 모습으로 그려진다. 나라시나는, 무릎에 락슈미*를 앉히고 요가 자세로 앉은 모습으로 나타나기도 한다.

나라시니 Narasinhi

어머니 여신. 힌두교(서사시와 푸라나). 나라시나의 배우자 여신으로 어머니 여신들 중 하나이다. 인디아 남부에서는 사프타마타라*보다 상급 여신인, 아홉의 별 신들 집단인 나바샥티스*에 포함되어 있다. 찬디카*라고도 한다.

나라야나 Narayana

창조신. 힌두교(서사시와 푸라나). 비슈누*와 다소 비슷하지만, 특히 '인간의 거주'의 구현을 묘사한다. 세상을 창조할 때까지 바나나 잎을 타고 태초의 대양을 항해하는 동안 자기 발가락을 빨았다고 한다. 종종 새의 신 가루다*의 지원을 받는 모습으로 묘사된다. 나라*를 보라.

나레우 Nareu

창조신. 멜라네시아Melanesia[바누아투Vanuatu]. 비슷한 여러 전설이 있듯이, 나레우도 홍합 껍데기 안에서 세상을 창조했다. 나레우는 모래와 물에서 아들을 낳았고, 아들은 자기 아버지의 눈에서 태양과 달을, 육체와 그의 뼈에서는 바위를, 그리고 척추에서는 인간을 창조했다.

나르키소스 Narkissos

하급 신. 그리스. 강의 신 케피소스Kephissos의 아들로 물에 비친 자기 모습과 사랑에 빠진 후 죽었다. 신들은 그를 불쌍히 여겨서 똑같은 이름의 꽃으로 바꾸어놓았다. 로마 종교에서는 나르시수스Narcissus가 된다.

나리사 Narisah

빛의 여신. 마니교. '빛의 처녀'라고 불리는 나리사는, 12궁도를 나타내는 빛의 처녀들 아버지로서, 남녀 양성적 존재가 될 수도 있다.

나마상기티 Namasangiti (이름을 칭송함)

신. 불교. 아발로키테스바라*의 한 형상이지만, 명백한 바이로차나*의 발현이기도 하다. 의인화한 거룩한 경전이다. 연꽃 위에 서 있다. 색깔은 하얀색. 상징은 곤봉, 연꽃, 칼, 반기半旗, 물병.

나바두르가 Navadurga(s)

신들의 집단을 일컫는 총칭. 힌두교. 두르가*의 아홉 가지 형상들. 공동 탈것은 연꽃 모양을 한 전차이다. 각각이 다양한 상징물들을 갖고 있다.

나바샤티 Navasakti(s)

여신들의 집단을 일컫는 총칭. 힌두교. 아홉으로 이루어진 어머니 여신들이다. 인디아 남부에서는 처녀 여신들이라고 여겨지며, 사프타마타라*보다 더 존경을 받는다.

나부 Nabu

저술과 지혜의 신. 메소포타미아(바빌로니아-아카드). 마르둑*과 자르파니툼*의 아들이고 배우자는 타스메툼Tasmetum이다. 나부는 글을 새기는 첨필鐵筆(stylus)로 상징화된다. 서기전 8세기 이래 신바빌로니아의 주요 신이며, 바빌론 근처 보르시파Borsippa에 에지다Ezida로 알려진 중요한 지성소가 있다. 나부는 '마르둑의 첫째 아들'로 묘사되며, 산악 지역의 신으로 여겨진다. 그의 이미지는 신년 축제 아키투akitu와 밀접한 관련이 있다. 구약성서에서는 느보*라고 한다.

나예네즈가니 Nayenezgani (이방 신들의 처단자)

전쟁의 신. 나바호 인디언(미국 뉴멕시코와 애리조나). 나바호족의 전쟁 신들 중에서 가장 강력하다. 태양신 초하노아이*와 풍요의 여신 에스차나틀레히*의 아들이다. 전승에 따르면, 나예네즈가니는 인류를 거의 파멸시킨 거인족을 정복했다. 인간이 어려울 때 도움을 줄 준비가 되어 있는 자비로운 신이다. 마법이 초래한 질병들을 치유하기도 한다. 나예네즈가니는 산후안 계곡에 있는 두 강이 만나는 곳에 산다고 하며, 전투를 준비하는 전사들이 그에게 기원한다. 그의 사제는 검은색을 칠하고 번개 모양의 줄 다섯 개로 장식한 가죽 탈을 쓰며, 눈과 입의 구멍들은 하얀 조개껍데기로 덮여 있다. 그리고 여우 가죽 깃을 하고, 허리 주변에 주홍색 옷을 두르고 은으로 장식한 가죽 허리띠를 매지만, 알몸이다. 이 신을 구체적으로 보여주는 묘사는 존재하지 않는다.

나우네트 Naunet

태초의 여신. 이집트. 카오스*를 나타내는 오그도아드* 여덟 신 중 하나로 눈*과 짝을 이루며 의인화한 형상으로 나타나지만 뱀의 머리를 가지고 있다. 이 쌍은 태초의 심연을 상징화한다. 나우네트는 떠오르는 해를 맞이하는 개코원숭이의 형상으로 묘사된다.

나우이에카틀 Nahui Ehecatl

물의 하급 신. 아스텍(고대 메소아메리카)[멕시코]. 틀랄록*에 속하는 신 집단의 일원이다. 에카틀*이라고도 한다.

나우이욜린 Nahui Ollin (지진 태양)

창조신. 아스텍(고대 메소아메리카)[멕시코]. 대부분의 사본에 따르면, 스페인 정복 시기까지 각각 태양으로 대표되는 네 세상이 있었는데 대홍수로 끝났다고 한다. 다섯 번째 태양 욜린Ollin은 테오티우아칸Teotihuacan에서 창조되었고, 정복기가 2000년도 안 되었다고 한다. 욜린을 관장하는 신은 토나티우*이다. 각 세상은 지구 나이로 2028×52년 동안 유지된다고 여겨지며 현재의 세상은 엄청난 지진으로 파괴될 운명에 놓여 있다고 한다. 욜린은 원래 나나우아틀*(병든 존재)이라는 이름의 병약하거나 시시한 신이었다는 전승이 있다. 욜린 Ollin 또는 욜린토나티우Ollintonatiuh라고도 한다.

나응구투 Na Ngutu

죽은 이들의 신. 아프리카 서부, 중앙아프리카. 전쟁에서 죽은 전사들의 수호신이다.

나이 Nai

태양의 신. 간족Gan[가나 아크라, 아프리카 서부]. 최고신 아타나은용모*의 부사령관. 나이의 장녀가 여신 아시아클레Ashiakle이다.

나이가메야 Naigameya

신. 힌두교. 스칸다*의 아들이거나 동생. 보통 염소의 머리를 한 모습으로 그려진다.

나이노가미 [地震神] Nai-No-Kami

지진의 신. 신도[일본]. 천둥과 폭풍과 비를 관장하는 라이진* 중 하나. 나이노가미 숭배는 서기 599년에 시작되었다.

나이누에마 Nainuema

창조신. 우이토토 Uitoto 인디언[남아메리카]. 나이누에마는 자신의 상상력으로 땅을 창조했고 평평해질 때까지 짓밟았다. 그 후 자기 침에서 숲과 다른 생물을 창조했다.

나이니넨 Na'ininen

창조자. 코랴크족 Koryak[시베리아 남동부]. '외부의 존재' 또는 '세상'으로 알려졌으며, 멀리 있다고 여겨지지만 최고 존재 타얀*에 비하면 자비로운 영으로 인식된다. 척치족 Chukchee은 나미넨 Na'minen이라고 한다.

나이라마타 Nairamata (영혼이 없는)

여신. 대승불교. 악쇼비야*의 한 발현이다. 헤루카*의 배우자 여신이자 의인화한 지식이다. 거동이 다른 팔 다섯이나 여섯을 가지고 있고 종종 시체 위에 서 있다. 색깔은 푸른색이나 검은색. 상징은 화살, 곤봉, 컵, 칼. 눈이 셋이다.

나이아데스 Naiades

물활론적 물의 정령들. 간족[가나 아크라, 아프리카 서부]. 위대한 신들이 담수를 수호하라고 임명한 여성적 정령들로 지역의 거룩한 웅덩이나 샘에서 이 정령들에게 기원한다. 이들은 또한 음악과 시의 수호자들로도 여겨진다.

나치트나이르긴 Na'chitna'irgin (진짜 새벽)

새벽의 정령. 척치족[시베리아 동부]. 새벽의 다른 방향들을 관장하는 네 존재들 중 하나이다. 트네스칸*, 므라트나이르긴*, 리에트나이르긴* 등을 보라.

나쿤데 Nachunde

태양신. 엘람족Elamite[이란].

나크사트라 Naksatra(s)

별의 여신들을 일컫는 총칭. 힌두교. 신들로 의인화한 별들이나 별자리들이다. 다크샤*의 스물일곱 딸과 찬드라*(소마*)의 배우자들이다. 이들은 자비롭거나 악한 영향을 끼칠 수 있다.

나타(1)(哪吒) NA CHA

기원: 도교(중국). 수호신.

숭배 시기: 서기 300년 무렵부터 현재까지.

별칭: 나타태자 哪吒太子

숭배 중심지: 중국 전역.

참조 예술: 그림과 조각.

문헌 자료: 다양한 철학적·종교적 문헌에 나타난다. 하지만 대부분 충분히 연구되거나 번역되지 않았다.

다소 모호한 신이다. 보통 자비로운 신으로 여겨지지만 전설들은 파괴적인 모습을 암시한다. 나타는 신으로 태어났지만 부모는 인간이다. 전설에 따르면 그의 아버지 탁탑천왕托塔天王 이정李靖은 그의 어머니를 죽이려고 했다. 왜냐하면 그녀가 도교 도사의 신비로운 행동으로 임신했다고 주장했기 때문이다. 그 도사는 그녀가 유니콘의 아기를 가질 것이라고 말했다. 나타는 서기전 1027년 무렵 상商나라와 주周나라의 전쟁에서 주나라 편에서 싸웠다고 한다. 그의 주요 적수는 바다의 용왕이었다. 결국 나타는 여신 석기낭랑石記娘娘과 휘말리게 되어 사고로 그녀의 아들을 죽이게 되었고 양심의 가책으로 자살했다.

나타는 명나라 3대 황제 영락제永樂帝의 수호신이며 악을 제거하는 사명을 받았다고 하지만, 그는 도교와 불교 사원의 수호신들도 공격한다. 그럼에도 나타는 '하늘의 위대한 장군' 칭호와 '하늘 문의 수호자'라는 칭호를 받는다.

나타는, 붉은 기운이 감도는 하얀 얼굴에, 현혹적인 금빛 광채를 발하는 붉은 비단 바지를 입은 모습으로 묘사된다.

나타(2) Natha
수호신. 불교[스리랑카]. 아발로키테스바라*의 네 발현 중 하나이다.

나타라자 Nataraja (춤의 주)
시바*의 형상. 힌두교(푸라나). 서기 1200년 이후 출현한 '춤의 주' 시바 형상은, 검은 난쟁이 형상의 악마를 밟고 불로 고리 모양을 이룬 모습이다. 나타라자는 우주 안에 움직이는 힘을 보여주고 있다. 인디아 남부에서는 춤추는 형상을 보여주는 청동 조각이 널리 퍼졌다.

나파이아이 Napaeae
계곡의 물활론적 정령들. 그리스-로마. 위대한 신들이 비옥한 계곡을 수호하라고 임명한 여성적 정령들이다. 시골의 작은 사원들에서 이 정령들에게 기원했다.

나파테쿠틀리 Nappatecuhtli
매트를 만드는 이들의 신. 아스텍(고대 메소아메리카)[멕시코]. 보통 비와 농업과 풍요와 관련이 있으며 틀랄록*에 속하는 신 집단의 일원이다.

나피르 Napir
달의 신. 엘람족[이라크]. 비문을 통해서 알려졌다.

나핀나이 Nappinnai

지역의 여신. 힌두-드라비다족(타밀). 크리슈나*의 배우자. 비슈누*를 최고신으로 모시는 바이쉬나비테Vaisnavite 문헌과 시바*를 최고신으로 숭배하는 사이비테Saivite 문헌에서 언급된다. 크리슈나-나핀나이 숭배는 7세기에서 9세기 무렵에 인디아 남부 타밀어권 지역에서 성행하였다. 전승에 따르면, 크리슈나는 소 곯리기 시합에서 황소 일곱 마리를 무찌른 후에 나핀나이와 결혼한다. 나핀나이는 스리락슈미Sri-Laksmi의 형상으로 지역화될 수 있다. 핀나이Pinnai라고도 한다.

나히 Nahi

수호신. 이슬람교 이전의 아라비아 북부. 보통 호의적인 성격을 지닌 신이다.

난나(1) NANNA(1) (보름달)

기원: 메소포타미아(수메르) [이라크]. 달의 신.

숭배 시기: 서기전 3500년 무렵부터 서기전 1750년 무렵까지.

별칭: 아스임바바르As-im-babar (새로운 빛), 수엔Suen 또는 신* (초승달).

숭배 중심지: 우르Ur.

참조 예술: 조각.

문헌 자료: 〈엔키와 세계질서 Enki and the World Order〉를 포함한 창조 서사시 및 다른 문헌들.

수메르 판테온의 중요한 별의 신 난나는 우르의 수호신이며, 농경 시대 이전부터 있었을 가능성이 크다. 엔릴*의 장자이며 부인은 닌갈*이고 우투*·이쉬쿠르*·인안나*의 아버지이다. 우르 제3왕조 기간에는 난나에게 경의를 표하며 신년 축제 아키투가 벌어졌다. 난나는 밤을 밝히고 시간을 재며 풍요를 주는 신으로 여겨졌다. 마차를 타고 하늘을 가로지르며 어둠에 빛을 가져오는 모습으로 묘사된다.

난나(2) Nanna(2)

식물 여신. 북유럽(아이슬란드). 발데르*의 배우자. 몇몇 전설에 따르면 난나는, 발데르가 회두르*에게 죽고 그와 함께 헬Hel로 간 뒤에 심장이 터져서 죽었다고 한다. 회두르*를 보라.

난딘 Nandi(n)

황소의 신. 힌두교(서사시와 푸라나). 보통 황소-탈것으로서의 시바*와 관련이 있으며, 풍요의 구현이다.

색깔은 하얀색. 보통 난딘은, 시바 조각상이 있는 곳을 수호하며 신전의 주실로 통하는 작은 방에 서 있다. 시바 숭배자들은 신전 입구에 있는 난딘의 고환을 건드린다. 의인화한 형상은 난디사Nandisa로 알려질 수 있다.

난셰 Nanše

정의의 여신. 메소포타미아(수메르). 엔키*(또는 에아*)의 딸로 꿈의 해석과 연결되어 있다. 문헌에는 드문드문 언급되고 시라라Sirara에 있는 숭배지 라가쉬 도시와 밀접한 관련이 있지만, 니푸르Nippur에서 나온 무척 윤리적인 찬가의 주인공이기도 하다.

난카칼레 Na'nqa-ka'le

수호정령. 코랴크족[시베리아 남동부]. 쿼킨아쿠*의 아들 중 하나이며, 전승에 따르면, 한곳에 앉아서 항상 자기 배에 그림을 그린다고 한다. 그럼에도 난카칼레는 강하고 영웅적인 모습으로 인식된다.

난토수엘타 Nantosuelta (굽은 강)

물의 여신. 켈트(갈리아 Gallia). 수켈로스*의 아내일 가능성이 있다. 종종 비둘기 우리가 얹힌 장대를 잡고 있다. 그리고 풍요의 여신이나 어머니 여신에게서 볼 수 있는 뿔 모양의 장식품을 들고 다니지만, 가정의 수호신이기도 하며 종종 까마귀들과 함께 묘사된다. 까마귀는 지하세계와의 관련성을 암시할 수 있다.

남무 NAMMU

기원: 메소포타미아 (수메르와 바빌로니아-아카드) [이라크]. 지하의 창조주이자 탄생 여신.

숭배 시기: 서기전 4000년 무렵부터 서기전 1750년 무렵까지.

별칭: 없음.

숭배 중심지: 주로 우르.

참조 예술: 서기전 2050~1950년 무렵의 우르-남무Ur-Nammu 기념 석주 등.

문헌 자료: 〈엔키와 세계질서〉를 포함한 창조 서사시, 수메르와 아카드의 신전 찬가 및 시들.

남무는 여러 문헌에서 지하수의 여신으로 나타난다. 안(1)*의 배우자, 엔키*의 어머니이며 물을 생산하는 강바닥의 힘이다. 하늘과 땅의 원형적 신들인 안(1) 과 키*의 조상으로 나오는 경우도 있다. 남무는 또한 여러 다른 초기의 신들 을 생기게 했고, 어떤 시에서는 죽을 운명을 타고난 모든 생명의 어머니로 나 온다. 남무는 시그엔시그두sig-en-sig-du라는 피조물이 모은 흙을 반죽해서 거기 에 생명을 주고 인간을 만들었다. 일곱 여신이 남무를 시중든다. 이들은 결국 닌후르쌍*과 혼합되었을 것이다.

남채화(藍菜和) Lan Kai-He

불멸의 존재. 도교(중국). 도교 신화의 팔선* 중 하나. 죽을 운명이었으나 수련 을 통해 불사를 얻는다. 상징은 꽃바구니와 피리. 팔선*을 보라.

남타르 Namtar (운명)

사자使者 (여)신. 메소포타미아(수메르). 적당한 시간에 인간에게 죽음을 가져 오는 지하세계 여신 에레쉬키갈*의 매개자이자 사신 또는 하인.

낭하 Nang Lha

집의 신. 티베트. 돼지 머리를 한 모습으로 묘사되는 가정의 수호신. 술을 바 쳐서 달랜다.

네군 Negun

하급 여신. 메소포타미아(수메르). 네군에 관한 자료는 제한되어 있고 기능은 불확실하다. 아마도 여신 시라라*와 관계가 있을 것이다. 네군은 아샤이Ašai와 형제지간이며 이들은 아다브Adab(현대의 비스마야)와 케쉬Keš 등의 도시들과 연결되어 있다. 리신Lisin이라고도 한다.

네넨키켁스 Ne'nenkicex

창조신. 캄차달족Kamchadal[시베리아 남동부]. 러시아 정교회의 영향으로 캄차달 사람들이 그리스도교의 신에게 부여한 이름이다.

네디욘 Nediyon

창조신. 초기 드라비다족Dravida(타밀)[인디아 남부]. 비슈누*와 크리슈나*가 혼합한 존재와 동일하다. 이 이름은 키가 큰 조각상을 한 신을 암시한다. 상감Sangam 문헌은 황금 옷을 입은 모습으로 네디욘을 그리고 있다. 상징은 소라, 기도바퀴, 연꽃. 네두벨Neduvel이라고도 한다.

네레우스 Nereus

하급 바다 신. 그리스. 폰토스*와 가이아*의 아들이며 네레이데스Nereides의 아버지이다. 프로테우스*를 보라.

네레이데스 Nereides

물활론적 바다 정령들. 그리스-로마. 암피트리테*로 대표되는 여성적 특성을 지닌 영들로 높은 신들이 이들에게 대양을 수호하도록 임명했다. 이들은 뱃사람들의 호소를 듣는다. 포세이돈*의 수행 신들이기도 하다.

네르갈 NERGAL

기원: 메소포타미아(수메르와 바빌로니아-아카드) [이라크]. 지하세계 저승 신.

숭배 시기: 서기전 3500년 무렵부터 서기전 200년 무렵까지.

별칭: 에라칼Erakal, 루갈기라Lugalgirra, 메슬람타이아Meslamtaea.

숭배 중심지: 쿠투Kuthu와 타르비수Tarbisu.

참조 예술: 장식판, 봉헌석주, 조각.

문헌 자료: 쐐기문자 본문들, 특히 〈네르갈과 에레쉬키갈 Nergal and Ereškigal〉.

엔릴*과 닌릴*의 아들이자 지하세계 여신 에레쉬키갈*의 배우자. 지하세계의 통치자로, 전쟁과 급작스런 죽음의 신으로 묘사된다. 역병의 신으로 그려질 수도 있다. 네르갈의 지성소는 에메쉬람Emešlam으로 알려졌다. 그는 사자 머리로 장식된 쌍날무기를 지니고 수염을 기르고 땅에서 나오는 모습으로 묘사된다.

네르투스 NERTHUS

기원: 덴마크일 가능성이 크다[덴마크 셰란 섬]. 평화와 관련된 풍요의 여신.

숭배 시기: 서기 100년 무렵이나 그 이전부터 서기 400년 무렵이나 그 이후까지(정확한 시기를 명시하기 어렵다).

별칭: 없음.

숭배 중심지: 대양의 작은 섬에 있는 성스런 작은 숲이라고 하지만 오직 타키투스Tacitus의 저작에서만 알려졌다.

문헌 자료: 타키투스의 〈게르마니아 Germania〉.

몇몇 작가들은, 네르투스가 바이킹의 신 니외르드*의 여성적 상대자, 또는 그의 자매라고 주장한다. 타키투스는 네르투스를 어머니 땅(테라마테르*)으로 암시하며, 네르투스 조각상이 숭배 시에 어떻게 황소가 끄는 거룩한 마차에 태워져 주변을 순회했는지 묘사하고 있다. 프레위르*를 보라.

이 마차는 여신의 사제를 제외한 모든 이들에게 접근이 금지되었으며, 순회 후에는 작은 숲으로 귀환했고 그곳에서 씻은 다음 보관했다. 직무 수행원들은 즉시 학살되었다. 덴마크 데베르그Dejbjerg의 토탄 습지에서 서기 200년 무렵의 것으로 추정되는 정교한 의례용 마차들이 발굴되었다. 이것들은 네르투스를 운반했던 마차와 같은 종류로 여겨진다.

네리빅 Nerrivik

바다의 여신. 에스키모. 모든 바다생물의 어머니이다. 어부들과 바다표범 사냥꾼들이 이 신에게 기원한다. 세드나*를 보라.

네마우시우스 Nemausius

물의 신. 로마노-켈트(갈리아). 지역적으로 프랑스 님Nimes의 신성한 샘과 관련되어 있다.

네메시스 Nemesis

정의와 복수의 여신. 그리스-로마. 복수의 여신과 더불어 죄를 진 영혼들을 타르타루스Tartarus로 옮기는 책임을 맡은 무서운 여신이다. 분노가 신격화한 존재로 묘사되기도 한다. 네메시스의 존재는 독수리의 머리와 날개에 사자 몸을 한 전설적인 괴수 그리핀으로 상징화될 수 있다. 서기전 5세기 이 여신을 기리는 장엄한 신전이 람누스Rhamnus에 세워졌고, 이곳과 스미르나Smyrna에서 네메시스 숭배가 널리 퍼졌다. 소아시아 이코니움Iconium에도 네메시스 신전이 있었다. 전설에 따르면 제우스*는 네메시스를 강간했고 그 결과 헬레네*를 낳았다. 몇 가지 점에서 네메시스는 여신 에리니스*와 비슷한 점을 제공한다. 네메시스 숭배는 하나의 덕성이 되었다.

네메토나 Nemetona

성스런 나무들의 여신. 로마노-켈트. 로마의 신 마르스*의 배우자. 영국 배스Bath와 독일 마인츠Mainz 등지에서 이 여신을 숭배했던 것은 확실하다. 어원적으로 사원이나 성지를 뜻하는 네메톤nemeton을 포함하는 장소 이름들도 이 여신과 관련이 있다.

네베테트페트 Nebethetpet

지역의 태초의 여신. 이집트. 헬리오폴리스에서 숭배받았고, 창조 신화에서는 태양신 아툼*의 여성 상대자이다. 특히, 아툼이 스스로 우주를 창조하기 위해 자기 성기를 잡았던 그 손이 네베테트페트다.

네수 Nesu

왕의 수호신. 폰족[베냉, 아프리카 서부]. 부족 추장들의 수호신이며 그의 사원인
네세웨Nese-we는 왕궁 가까이 있다.

네이트 NEITH

기원 : 이집트, 창조 여신.

숭배 시기 : 서기전 3000년 무렵부터 서기 400년 무렵 이집트 역사 끝까지.

별칭 : 없음.

숭배 중심지 : 나일 삼각주의 사이스 sais [사 엘−하가르Sa el-Hagar].

참조 예술 : 다양한 조각, 부조 및 벽화.

문헌 자료 : 피라미드 문서, 제20왕조 시기의 파피루스 등.

네이트는 특별히 사이스와 관련된 하이집트의 여신이지만 얼마 지나지 않아서
이집트 판테온에 영입되어 멤피스Memphis에 지성소를 갖게 된다. 전설에 따르
면 네이트가 세상을 창조하기 위해서 태초의 대양에서 출현했을 때 바다로 가
는 나일 강의 행로를 따랐고 삼각주에 이르러 사이스를 건설했다고 한다. 네
이트가 천상의 암소로 묘사될 때 그녀는 또한 우주와 다른 신들의 탄생 여신
으로 나타나기도 한다. 네이트는 이집트 통치자들의 어머니다.

　네이트는 하이집트의 빨간 왕관을 쓴 인간의 형상으로 묘사되며, 고대의 의
인화되기 전 그녀의 상징은 교차된 화살이 있는 방패였다. 때로 네이트는, 세
트*와 호루스* 사이에 벌어진 신들의 80년 결투에서 호루스를 편들어 태양신
레*에게 조언했던 것처럼, 조언과 심판의 요청을 받는다. 다른 전설에서 네이
트는 세트의 배우자가 되고 악어의 신 소베크*의 어머니로 나온다.

네잇 Neit

전쟁의 신. 켈트(아일랜드). 네빈Nemain으로 나타나는 여신 모리간*의 배우자

다. 발로르Balor의 할아버지이기도 하며, 모이투라Moytura 전투에서 죽었다.

네크메트아와이 Nekmet Awai

정의의 여신. 이집트. 헤르모폴리스Hermopolis에서 알려졌고 후에 여신 하토르*
와 혼합되었다.

네크베트 Nekhbet

지역의 어머니 여신. 상이집트. 네카브Nekhab에서 알려진 네크베트는 보통 날개
하나 또는 두 개를 펼치고 발톱으로 영원의 상징을 잡은 독수리 형상으로 묘
사된다. 네크베트는 적어도 서기전 3000년 무렵부터 알려졌고, 피라미드 문서
에서는 이집트의 어머니 또는 창조 여신을 일컫는 별명과 비슷한 '위대한 하얀
소'로 언급된다.

네툰스 Nethuns

담수의 신. 에트루리아Etruscan. 우물 및 샘들과 동일시되며 발가벗고 수염이 난
모습으로 묘사된다. 아마도 로마의 신 넵투누스*와 동일한 신일 것이다.

네티 Neti

지하세계 저승 신. 메소포타미아(수메르와 바빌로니아-아카드). 지하세계 수문장.
여신 에레쉬키갈*의 하인. 네티는 서사시적 전설 〈인안나의 지하세계로의 하강
Inanna's Descent into the Underworld〉에서 두드러지게 나타난다. 네티는 일곱 번째 문을
열어 여신을 허락하고 각 문의 입구에서 그녀가 가진 힘의 표상을 제거한다.

네페르 Neper

곡식의 신. 이집트. 뱀의 정령 레네누테트*의 아들이며, 나일 강 범람의 신 하
피*에게 종속되어 있다. 죽어서 사후에 다시 태어나는 식물 신으로서 오시리
스*와도 연결되어 있다. 이 신의 여성적 형상은 네피트Nepit이다.

네페르툼 Nefertum

최초의 창조의 하급 신. 하이집트. 특히 레*의 푸른 연꽃이다. 네페르툼은 나일 강 삼각주에서 코브라 여신 와제트*의 아들로 숭배받았다. 멤피스에서는 여신 사크메트*의 아들이지만, 하이집트의 다른 곳에서 여신 바스테트*가 그의 어머니로 나온다. 네프테미스Nepthemis라고도 한다(그리스).

네프티스 Nephthys [그리스]

장례의 여신. 이집트. 네프티스는, 헬리오폴리스의 사제들이 규정한 이집트 신들의 족보 엔네아드*에서, 저승의 신 게브*와 하늘의 여신 누트*의 자손들인 이시스*와 오시리스*와 세트*의 여동생이다. 네프티스는 인간의 형상으로 묘사되며, (그녀의 이집트식 이름의 번역인) '집'이라는 뜻의 상형문자 꼴로 만들어진 관을 쓰고 있다. 때로 오시리스의 관을 지키고 있는 솔개의 형상으로 그려지기도 한다. 전설에 따르면 네프티스는 오시리스와 잠시 연락을 취해서 죽음의 신 아누비스*를 낳았다. 네프티스는 어두운 지하세계에서 죽은 이집트 통치자를 인도하며 그를 위해 울어준다고 한다. 네브후트Neb-hut(이집트식)라고도 한다.

네할레니아 Nehalennia

항해자들의 여신. 로마노-켈트. 특히, 라인 강 어귀 돔베르크Domberg와 쉘트 Scheldt 강변 콜린스플라트Colijnsplaat에 지성소들이 있던 네덜란드를 비롯한 광범위한 지역에서 서기 2세기에서 13세기 사이에 숭배를 받았다. 모리니족Morini의 부족 신으로 시작했을 가능성이 크다. 네할레니아는 과일 바구니나 뿔 장식물 등 보통 풍요의 상징물을 지닌 모습으로 묘사된다. 종종 애완견을 가지고 있는 모습으로 그려지기도 한다. 한 발은 배에 딛고 노나 밧줄을 잡은 채 서 있는 모습도 있다.

네헤부카우 Nehebu-Kau

하급 뱀 신. 이집트. 서기전 1500년 무렵부터 알려졌다. 본래 땅의 신이며, 전승에 따르면 게브*의 아들이다. 코브라 일곱 마리를 먹어치운 후 뱀과 전갈의 습격으로부터 보호해준다고 한다. 사후세계 이집트 왕의 수호자들 중 하나이기도 하다.

넥스테페우아 Nextepehua (재를 흩뿌리는 자)
지하세계의 하급 저승 신. 아스텍(고대 메소아메리카)[멕시코]. 믹틀란테쿠틀리*에 속하는 신 집단의 일원이다.

넨둡 Nan-Sgrub (검은 존재)
신. 티베트 불교. 힌두교의 신 칼라*와 비슷하다. 라마교에서는 야마*의 형상이다. 넨둡은 사람 위에 서 있다. 색깔은 어두운 청색. 상징은 컵과 칼.

넵투누스 Neptunus
관개灌漑의 신. 이탈리아와 로마. 해왕성과 동일시되지만 물과 관련된 농경 신에서 출발했다. 7월 23일 넵투날리아 Neptunalia 축제에서 넵투누스를 기린다. 경마의 수호신이기도 하다. 그리스의 신 포세이돈*과 혼합되기는 했지만, 넵투누스가 바다와 관련되었다는 현대적 해석은 잘못된 것이다.

넨 gNyan
나무의 정령들. 티베트. 질병이나 죽음을 가져올 수 있는, 산에 사는 악한 세력.

노나 Nona
탄생의 하급 여신. 임신 아홉 번째 달을 관장하는 노나는 종종 여신 데키마*와 연결된다. 로마 시대 후기에는 데키마 및 죽음의 여신 모르타*와 더불어 집단적으로 파르카이*라 불리는 운명의 세 여신 중 하나가 된다.

노도투스 Nodotus
곡물의 하급 신. 로마노-켈트. 특히 곡물 줄기들이 잘 자라도록 관장하는 신이다.

노르티아 Nortia

운명의 여신. 에트루리아. 중요한 지성소가 볼시니Volsini에 있었다. 노르티아의 현존은 큰 못으로 상징화되었다. 신년 의례에서 나무토막에 이 못을 박았다. 이 의례는 아마도 옛날의 풍산 의례에서 유래했을 것이며, 새해 생명의 수정을 상징한다. 노르티아는 그리스 여신 티케*와 동일시되었다.

노미노스쿠네[野見宿禰] Nomi-No-Sukune

스모 선수들의 신. 신도[일본]. 〈일본서기〉의 전승에 따르면, 노미노스쿠네는 스이닌천황[垂仁天皇]이 통치하던 시기에 스모 경기에서 타이마노케하야[當麻蹶速]를 무찔렀을 때 크게 알려졌다고 한다. 노미노스쿠네는 타이마노케하야의 늑골을 차서 죽였다.

노반(魯班) Lu Pan

숙련공들의 신. 중국. 건축가·벽돌공·칠장이·목수 들과 관련된 신. 특히 홍콩에서 공경을 받는다. 전승에 따르면 서기전 606년 노나라에서 태어났고, 그곳에서 뛰어난 목수가 된다. 노반은 역산歷山으로 은둔해서 기술을 완성시켰으며, 서쪽 하늘 여왕의 궁전을 지었다고 한다. 그는 그의 능력 때문에 살해되었다. 조화로운 관계를 위해서도 노반에게 기원한다. 노반 축제는 비가 내리기에 적당한 음력 6월 13일에 열린다. 상징은 자 한 세트와 목수의 대패. 노반은 중매인의 상징인 도끼를 든 모습으로 묘사되기도 한다.

노셍가 Nosenga

부족 신. 코레코레족Korekore(쇼나Shona)[짐바브웨, 남아프리카]. 노셍가는 어떤 유한한 중재자나 호레Hore라고 알려진 신탁을 전하는 자를 통해서 인간에게 접근할 수 있다. 호레는 추장 마을에 살면서 오직 추장의 허가를 통해서만 상담을 받는다. 노셍가의 배우자들인 몇 명의 여사제들은 그리스도교의 수녀들처럼 정결을 지키는 가운데 그와 결혼한다.

노자(老子) Lao-Tsze

신. 도교(중국). 태상노군太上老君이라고도 하며, 도교의 거룩한 삼청三淸(옥청玉淸, 상청上淸, 태청太淸) 중 하나와 동일시된다. 연금술사들의 수호신이다. 전승에 따르면, 도교의 창시자인 노자는 태어날 때부터 완전한 말을 할 수 있었고, 흰 수염과 백발을 하고 있었다고 한다. 노자의 거룩한 동물은 물소다.

노투스 Notus

남서풍의 신. 로마. 그리스 모델에서 유래했다. 아우스테르Auster라고도 한다.

놈모 Nommo

신들의 집단을 일컫는 포괄적인 명칭. 도곤족Dogon[아프리카 서부]. 태초의 정령들로 선두에 창조신 암마*(2)가 자리를 잡고 있다. 이들은 비와 풍요로움과 관련되어 있고 인간에게 특별한 기술들을 전해주었다.

농 Nong

겨울과 추운 기후의 신. 카피르족[아프가니스탄]. 농은 빙하에 산다. 얼음을 쪼개며 녹은 물에 나타난다. 여성 혐오자로 인식되며, 인간 형상인지 불분명하지만 나무 상像으로 묘사된다. 힌두쿠시 남부 주무Zumu 마을에서 농을 숭배해왔던 것으로 보인다.

뇌공(雷公) Lei Kung

천둥의 신. 도교(중국). 폭풍과 바람과 비를 관장하는 신들을 이끌며, 보통 비의 신 우사*와 함께 있다. 뇌공은 서기 원년 무렵부터 망치와 칼을 든 의인화한 형상으로 나타난다. 드라마에서는 현악기와 북으로 내는 소리로 그의 움직임을 중단시킨다. 서기 1000년 무렵에는 원숭이 얼굴을 가진 새의 모습으로 묘사된다. 이러한 변화는 아마도 힌두교의 신 가루다*의 영향을 받았을 것이다.

누딤무드 Nudimmud

창조신. 메소포타미아 (수메르). 아카드의 신 에아*와 빠르게 혼합되었다.

누렐리 Nurelli

창조신. 호주 원주민. 머레이Murray 강 유역에서 사는 윌름바이오Wilmbaio 원주민들이 주로 숭배한다. 호주 대륙을 창조했고 인간에게 법을 주었다고 한다. 누렐리의 아들은 그나우데누르테Gnawdenoorte다.

누무스다 Nu Mus Da

수호신. 메소포타미아 (수메르). 문헌에서 언급되는 잃어버린 도시 카잘루Kazallu 의 수호신이다.

누쉬쿠 Nušku

등불의 신. 메소포타미아 (수메르, 바빌로니아-아카드). 엔릴*의 아들. 불의 신이기도 하며 등불로 상징화된다. 하란Harran과 네이랍Neirab에 지성소들이 있었다는 것이 확인되었다.

누아두 NUADU (부)

기원 : 켈트 (아일랜드). 치유와 관련된 부족 전쟁 신.

숭배 시기 : 선사 시대부터 서기 400년 무렵 그리스도교 시기까지.

별칭 : 누아다아르게트라브Nuada Airgetlám, 노덴스Nodens, 누드Nudd.

숭배 중심지 : 영국 글로스터셔Gloucestershire 리드니Lydney에 있는 지성소가 가장 유명하다.

참조 예술 : 특별히 없으나 익명의 조각들의 주인공일 가능성이 있다.

문헌 자료 : 〈침략의 서〉, 〈왕들의 전설〉, 봉헌 비문들.

모이투라 전투에서 팔 한쪽을 잃어버린 투아하데다난*족의 일원이다. 의사 신 디안케흐트*가 잃어버린 팔을 은으로 만들어주었기 때문에 '누아다아르게트라브'(은으로 된 손을 한 누아두)라는 이름이 붙었다. 로마인들은 리드니에 있던 원래의 지성소를 빼앗고 확장해서 신의 이름을 노덴스Nodens라고 다시 붙였다. 누아드는 아일랜드 왕조의 아버지로 여겨진다.

누테누트 Nu'tenut

땅의 정령. 척치족[시베리아 동부]. 세상의 소유주이며 쇠로 만들어진 큰 집에 앉아 있다. 누테누트 딸의 구혼자들인 태양·달·하늘·바다·새벽·어둠·세상의 정령 들이 그를 둘러싸고 있다.

누트 NUT

기원 : 이집트. 창조 여신.

숭배 시기 : 서기전 3000년 무렵이나 그 이전부터 서기 400년 무렵 이집트 역사 끝까지.

별칭 : 없음.

숭배 중심지 : 헬리오폴리스, 카르나크Karnak와 이집트 전역의 여러 지성소들.

참조 예술 : 테베Thebes 왕들의 무덤 벽화, 석관 등.

문헌 자료 : 피라미드 문헌들.

누트는 이집트 우주론에서 창조적 힘과 관련된 가장 중요한 여성적 원리다. 헬리오폴리스 사제들의 엔네아드* 족보에 따르면 누트는 슈*와 테프누트*의 딸이다. 그러나 일반적으로 누트는 태양신과 함께 판테온의 다른 신들을 낳는 창조 여신으로 나타난다. 전설에서 누트는 저승 신인 자기 오빠 게브*의 배우자가 된다. 그들은 이시스*와 오시리스*와 세트*와 네프티스*를 낳는다. 가장 초기에 나타나는 누트의 외양 중 하나는 하늘을 가로질러 뻗은 천상의 암소 모습으로 종종 대기의 신 슈가 높이 받들고 있다. 이 묘사는 후대에도 계속 이어진다. 인간의 형상으로 나타나는 누트는 종종 홀쭉한 아치형에다 발가벗은 채로, 나침반의 기본 방위에 닿아 있는 발가락과 손가락으로 균형을 잡고 있다. 누트는 이러한 자세로 게브 위로 아치를 형성하고 있는데, 게브의 발기한 성기는 누트를 향하고 있다. 누트가 슈의 지탱을 받으면서 게브와 분리되어 있는 모습으로 그려지는 경우도 있다.

누트는 태초의 물질과 질서 정연한 우주를 분리하는 천계의 울타리로 인식된다. 천둥은 누트의 웃음이다. 태양의 범선은 아치형인 누트의 몸을 따라서 여행하며, 밤에 누트의 입으로 들어가서 누트를 통과해 새벽에 음부에서 출현한다.

장례 맥락에서, 통치자는 죽을 때 누트의 팔에 안겨지고 누트의 몸을 통과한다고 한다. '하늘의 문이 그를 향해 열린다.'

눈 Nun

태초의 신. 이집트. 혼돈을 나타내는 오그도아드* 여덟 신 중 하나이며 여신 나우네트*와 짝을 이루며 의인화한 형상으로 나타나지만 개구리 머리를 가지고 있다. 눈에 대한 숭배가 이루어지지는 않았지만 태양의 범선이나 태양 원반을 높이 들고 있는 모습으로 묘사된다. 일출을 맞이하는 개코원숭이 모습으로 나타날 수도 있다. 카르나크나 덴다라Dendara의 지성소들에서처럼 거룩한 저수지나 호수의 현존으로 상징화될 수 있다.

눈바르세구누 Nunbarsegunu

모호한 어머니 여신. 메소포타미아(수메르와 바빌로니아-아카드). 창조 문헌에서는 '니푸르의 나이 든 여인'으로 언급된다. 대기의 여신 닌릴*의 어머니와 동일시된다. 눈바르세구누는 엔릴*의 환심을 사는 기술을 자기 딸에게 가르쳐주었다고 한다.

눌리라학 Nuli'rahak (큰 여인)

바다의 정령. 에스키모[시베리아 동부]. 대양 심연에 살며 바다생물을 소유하는 무서운 여인이다. 물에 빠진 어부들을 먹어치운다. 아르나쿠아그삭*을 보라.

느르따야 Nrtya (춤)

어머니 여신. 라마 불교[티베트]. 어머니 여신들 중 하나. 색깔은 초록색을 비롯해 다양하다. 상징은 지팡이.

느보 Nebo

저술과 지혜의 신. 서셈족. 시리아-팔레스티나의 비문들로부터 알려졌으며 아카드의 나부*와 같다. 구약성서에서도 언급된다.

니 Ni

바다 신. 치무Chimu 인디언(콜럼버스 이전의 남아메리카)[페루 해변 지역]. 어부들의 경배를 받으며 판테온에서 중요한 신이다. 종종 달의 신인 시*와 연결되어 있다.

니니기노미코토[瓊瓊杵尊] Ninigi

별의 신. 신도[일본]. 전승에 따르면 태양 여신 아마테라스*의 상속자다. 니니기는 신들의 명령으로 통치하기 위해 하늘에서 땅으로 파견되었다. 그의 부모는 다카미무스비*와 아메노오시호미미[天之忍穗耳命]이며, 그는 '천신의 손자'라는 명칭을 갖게 되었다. 천황 가문의 조상신이다.

니루크티프라티삼비트 Niruktipratisamvit

어원 분석의 여신. 금강승불교. 네 신으로 이루어진 집단에 속해 있다. 색깔은 빨간색. 상징은 사슬과 연꽃.

니르말리 Nirmali

출생의 여신. 카피르족[아프가니스탄]. 분만의 여신이지만 보통 마을과는 분리되어 있다. 여성들이 노동을 하거나 월경기에 이 신을 부른다. 니르말리의 거룩한 동물은 숫양이다. 니르말리가 다른 신이 아니라 여신 디사니*의 현현이라는 주장이 있다. 슈웨Shuwe라고도 한다.

니르디 Nirrti (파괴)

1. 어둠의 파괴적 여신. 힌두교(베다와 푸라나). 주로 〈리그베다〉를 통해서 알려진 니르티는 대개 악의적인 모습을 하며 고통과 불운 및 죽음과 관련이 있다. 죽은 자들의 땅이 있는 남쪽에서 산다고 한다. 검은 피부에 검은 옷을 입고 있

으며 '검은 찌꺼기' 제물을 받는다. 많은 힌두교인들이 두려워하며 제물을 자주 바친다. 후기 힌두교에서 니르티는 성이 바뀌어 남신이 되고, 끔찍한 외양을 한 남서쪽 방향의 수호신이 된다. 이 경우의 니르티는 다비Davi와 칼리카*, 크리쉬난기Krsnangi를 포함한 여러 배우자들이 있다. 사자나 사람, 또는 시체 위에 서 있다. 상징은 창, 방패, 지팡이, 칼, 이빨.

2. 신. 불교. 수호신. 색깔은 푸른색. 시체 위에 서 있다. 상징은 방패와 칼.

니사바 Nissaba

저술과 지혜의 신. 메소포타미아(수메르). 안(1)*의 딸이며 원래 식물 신이었을 것이다. 상징은 글을 새기는 첨필(stylus)이다. 니사바는 우눅Unug(와르카Warka)의 수호신이다.

니스판나타라 Nispannatara

하급 여신. 대승불교.

니암예 Niamye

창조신. 바울레족Baule[코트디부아르, 아프리카 서부]. 배우자를 스스로 낳고 지상의 살아 있는 모든 것을 창조하기 시작했다. 니암예의 분노는 번개와 천둥으로 확인된다.

니외르드 NJORD (북쪽)

기원: 북유럽 (아이슬란드). 바다와 바람의 신.

숭배 시기: 서기 700년 무렵 바이킹 시대나 그 이전부터 서기 1100년 무렵 그리스도교 시기까지.

별칭: 네르투스*는 비록 성이 바뀌기는 했지만 니외르드의 별칭이었을 가능성이 있다.

숭배 중심지: 알려지지 않았으나, 노르웨이 해변의 여러 장소들과 호수와 피오르드에 접한 내륙의 이름들은 니외르드 숭배가 널리 퍼져 있었음을 암시한다.

참조 예술: 알려진 바 없지만, 아마도 익명의 조각들의 주인공일 것이다.

문헌 자료 : 이슬란드 사본들, 스노리의 〈산문 에다 Prose Edda〉, 삭소Saxo의 〈덴마크 역사 Historia Danica〉, 룬 문자(runic) 비문들.

니외르드는 바니르*의 신으로 기원하지만 바니르와 에시르*의 전쟁 중에 인질로 넘겨지며 두 부족 사이에서 휴전의 보증이 된다. 니외르드는 항해자와 어부들의 신이며 바다의 부를 인간에게 가져다준다. 그리고 바람과 폭풍을 통제하기도 한다. 거인 티아시Thiassi의 딸 스카디*의 배우자이며, 프레위르*와 프레이야*의 아버지다. 어떤 시에 따르면 니외르드는 배들로 둘러친 노아툰Noatun에서 산다고 한다. 배들을 매장용 방으로 사용했던 것은 아마도 니외르드와 밀접한 관련이 있었을 것이다. 배와 풍요는 잘 연결되었던 것으로 보이며 니외르드와의 관련성을 강화했을 것이다.

니칼 Nikkal
달의 여신. 서셈족(시리아). 달의 신 자리흐Jarih의 배우자이며 메소포타미아 판테온에서 진화했을 것이다.

니케 Nike
승리의 여신. 그리스-로마. 전쟁의 승리자에게 월계관을 가져오는 날개 달린 사자使者의 모습으로 묘사된다. 그리스에서 기원하며 헤시오도스의 〈신통기〉에도 나오지만, 로마인들이 받아들였고 사르디스Sardis를 포함한 소아시아 전역에서 광범위하게 숭배했다. 여신 아테나*가 작은 니케를 들고 있는 모습도 있다. 빅토리아*라고도 한다.

니하츠히노가미 [庭津日神] Niha-Tsu-Hi-No-Kami
불의 신. 신도[일본]. 특히 정원에 있는 집안의 불을 관장하는 신이다.

닉스 Nyx
태초의 여신. 그리스. 밤의 실체로서, 쌍둥이 형제인 잠의 신 휘프노스*와 죽음의 신 타나토스*가 그의 아들들이다.

닌갈 Ningal (위대한 여왕)
갈대의 여신. 메소포타미아(수메르와 바빌로니아-아카드). 닌갈은 엔키*와 닌기쿠
갈Ningikugal의 딸이고, 달의 신 난나*의 배우자로 그와 태양신 우투*를 낳았다.
닌갈은 처음에 메소포타미아 남부 초지에서 소를 키우는 목자들의 숭배를 받
았을 것이다. 우르에서도 크게 인정받았다.

닌기라마 Ningirama
마법의 신. 메소포타미아(수메르와 바빌로니아-아카드). 특히 뱀으로부터 보호를
요청할 때 부르는 하급 신이다.

닌기르수 Ningirsu
수호신. 메소포타미아(수메르와 바빌로니아-아카드). 어머니는 닌후르쌍*이다. 구
데아Gudea가 닌기르수를 기리며 주요 신전 에닌누Eninnu를 지은 라가쉬 지역의
도시 기르수Girsu로부터 알려졌다. 상징은 사자 머리를 한 독수리이고 무기는
샤루르Šarur라는 철퇴다. 문헌들은, 닌기르수가 엔키*에게 구데아의 업적을 알
리기 위해서 에리두Eridu로 여정을 떠난다고 설명한다.

닌기스지다 Ningis Zi Da
지평선에서 다가오는 빛의 신. 메소포타미아(수메르와 바빌로니아-아카드). 라가
쉬 구데아의 수호신. 기스지다*라고도 한다.

닌기쿠가 Ningikuga (순수한 갈대의 여인)
갈대밭과 초지의 여신. 메소포타미아(수메르와 바빌로니아-아카드). 엔키*의 배우
자들 중 하나이며, 안(1)*과 남무*의 딸이다.

닌길린 Ningilin

기능이 모호한 신. 메소포타미아(수메르와 바빌로니아-아카드). 닌길린의 상징은 아마도 몽구스였을 것이다. 닌킬림Ninkilim이라고도 한다.

닌니 Ninni

여신. 메소포타미아(수메르). 인닌Innin을 잘못 해석한 이름이다. 인닌은 인안나*의, 시대에 뒤떨어진 이름이다.

닌다라 Nindara

신. 메소포타미아(수메르). 여신 난셰*의 배우자.

닌두브 Nindub

신. 메소포타미아(수메르). 지역적으로 알려졌고 도시국가 라가쉬와 관계가 있다.

닌릴 Ninlil

대기와 곡물의 여신. 메소포타미아(수메르). 창고의 신 하이아Haia와 보리의 여신 닌세바르군누Ninsebargunnu의 딸. 대기(바람)의 신 엔릴*의 배우자로, 엔릴은 달의 신 난나*를 창조하기 위해 물로 닌릴을 임신시켰다. 엔릴은 또한 니푸르의 문지기로 변장하여 닌릴에게 지하세계의 신 네르갈*을 임신시켰다. 이와 비슷한 방식으로 엔릴은 '인간을 먹어치우는 강, 지하세계의 강 사람'으로 변장하여 닌릴에게 지하세계의 신 닌아주*를 임신시켰다. 어떤 문헌에 따르면 닌릴은 또한 쟁기와 뇌우의 신 닌우르타*의 어머니이기도 하다.

닌마 Ninmah

어머니 여신. 메소포다미아(수메르와 바빌로니아-아가드). 아마도 초기에 닌후르쌍*과 혼합되었을 것이다. 창조 이야기에서 엔키*는 인간 창조를 축하하는 축제를 마련하고 여기에서 어머니 여신 남무*는 흙덩어리로 다양한 인간들을 만든다. 닌마는 남무가 인간들을 만드는 동안 산파로 활동한다. 닌마는 또한 여신 우투*의 어머니로 여겨지기도 한다. 닌후르쌍*을 보라.

닌마르키 Nin Mar Ki

여신. 메소포타미아(수메르). 닌마*를 보라.

닌메나 Ninmena

어머니 여신. 메소포타미아(수메르). 아마도 닌후르쌍*과 혼합되었을 것이다.

닌메엔 Nin Me En

여신. 메소포타미아(수메르). 닌메나*와 같은 신이었을 것이다.

닌샤르 Nin-šar (여성 식물)

어머니 여신. 메소포타미아(수메르). 닌샤르는 자기 아버지인 엔릴*이나 엔키*의 배우자로 간략히 관련되어 있다. 엔키에 의해 9일 동안 임신한 후 여신 닌쿠라*를 낳으며, 닌쿠라는 여신 웃투*의 어머니가 되었다.

닌순(아) Ninsun(a) (야생 암소의 여성)

암소 여신. 메소포타미아(수메르와 바빌로니아-아카드). 라가쉬 구데아의 수호 여신. 수메르의 영웅적 왕 루갈반다Lugalbanda의 배우자이며 영웅 길가메쉬Gilgameš의 어머니로 여겨진다.

닌슈부르 Ninšubur

사자使者의 (여)신. 메소포타미아(수메르와 바빌로니아-아카드). 인안나*의 하녀로 특히 〈인안나의 하강과 두무지의 죽음 Inanna's Descent and Death of Dumuzi〉에서 중요한 역할을 한다. 아카드어 문헌에서는 성性이 남성으로 바뀌어 아누(1)*의 각료로 나온다.

닌슈쉬나크 Ninšušinak
민족 신. 엘람족[이란]. 수메르 모델에서 유래했다.

닌시킬 (라) Ninsikil
딜문Dilmun의 여신. 메소포타미아(수메르). 페르시아 만 해변 어딘가이지만 수메르의 경계는 확실히 넘어선 어떤 지역으로 인식되어온 것으로 보이는 신비로운 낙원 딜문의 수호신. 거룩한 강 티그리스와 유프라테스에 신선한 물을 제공해달라고 엔키*에게 애원한 이가 바로 닌시킬이었다.

닌아주 Ninazu
저승 신. 메소포타미아(수메르). 문헌에서 네르갈*보다 자주 나타나지는 않는다. 엔릴*과 닌릴*의 아들로, 또 다른 전승에서는 엔릴과 에레쉬키갈*의 아들이자 닌기스지다*의 아버지로 나온다. 에쉬눈나Ešnunna의 수호신이었으나 티스팍Tispak에게 그 자리를 빼앗긴다. 닌아주의 지성소들은 에시킬E-sikil과 에쿠르마E-kurma다. 치유의 신이기도 하며 네르갈과 달리 자비로운 신이다.

닌에갈 Ninegal (힘이 센 주인)
대장장이의 신. 메소포타미아(바빌로니아-아카드). 하급 수호신.

닌에젠(라) Nin Ezen (La)
여신. 수메르. 치유의 신 굴라*의 다른 이름.

닌우르 Nin Ur
신. 메소포타미아(수메르). 닌우르타*의 별칭이었을 것이다.

닌우르타 NINURTA
기원: 메소포타미아 (수메르와 바빌로니아−아카드) [이라크]. 뇌우와 쟁기의 신.

숭배 시기: 서기전 3500년 무렵부터 서기전 200년 무렵까지.

별칭: 닌기르수*일 가능성이 크다.

숭배 중심지: 니푸르와 기르수 (닌기르수로 숭배받을 때).

참조 예술: 장식판, 기념 석주, 조각 등.

문헌 자료: 〈아트라하시스 Atrahasis〉와 〈안주 Anzu〉를 포함한 창조 서사시, 신전 찬가들 등.

닌우르타는 수메르인들의 농부들의 신이며 쟁기와 관련이 있다. 천둥의 신이자 수메르 판테온의 영웅으로 메소포타미아 문학을 특징짓는 선의 세력과 악의 세력 사이에 벌어지는 싸움과 밀접히 관련되어 있다. 대지의 껍데기와 태초의 바다 밑 사이에 있는 빈 공간에 거주하는 것으로 알려진 악한 뱀 쿠르Kur에게 도전하는 이들 중 하나가 닌우르타. 닌우르타는 엔릴*과 닌후르쌍*의 아들이며, 닌릴*의 아들로 나오기도 한다. 치유의 여신 굴라*의 배우자이기도 하다. 거대한 돌에서 산을 창조했다고 하며, 그 돌로 악마 아삭 Asag과 싸웠다.

닌우르타는 뿔 달린 헬멧을 쓰고 층이 진 치마를 입고 있으며, 의인화한 무기 샤루르를 지니고 있다. 닌우르타의 손에 있는 샤루르는 스스로 지혜를 발휘하고 쿠르의 주요 원수로 존재한다. 닌우르타는 사자 머리로 장식된 쌍날칼 무기를 지니고 있으며, 어떤 저자들에 따르면, 사자 머리를 한 천둥새 임두구드Imdugud의 형상으로 묘사된다. 임두구드는 신의 우박을 표현할 수 있다. 닌우르타의 지성소는 에파둔틸라 E-padun-tila다.

닌우르타는 젊은 전사로 인식되었으며, 아마도 바빌로니아 영웅 신 마르둑*과 동일시되었을 것이다. 닌우르타 숭배에는 니푸르나 기르수에서 에리두까지 가는 여정이 포함되어 있었다. 닌우르타는 목자들에게 폭풍의 신으로 숭배를 받았던 이쉬쿠르*와 비교할 수 있다.

닌인신나 Nin'insinna

풍산 여신. 메소포타미아 (수메르와 바빌로니아-아카드). 안(1)*과 우라쉬*의 딸이며 이쉬타르*의 다른 이름일 것이다. 닌인신나는 파빌상*의 배우자이며 이신 Isin 왕조 기간에 와라드 신Warad Sin이 지은 지성소와 관련해서 언급된다. 문헌들은 닌인신나가 선물을 들고 엔릴*에게 봉헌하러 니푸르에 가는 모습을 묘사한다. 다른 비문들은 닌인신나가 다무(두무지*)의 어머니였음을 암시한다.

닌일두 Nin-Ildu
목수들의 신. 메소포타미아(바빌로니아-아카드). 하급 수호신.

닌임마 Nin-Imma
풍산 여신. 메소포타미아(수메르와 바빌로니아-아카드). 여성의 성적 기관들이 신격화된 것으로, 엔키*와 닌쿠라*가 부모다.

닌카르눈나 Ninkarnunna
이발사 신. 메소포타미아(수메르와 바빌로니아-아카드). 닌우르타*의 수행 신.

닌쿠라 Ninkurra
어머니 여신. 메소포타미아(수메르와 바빌로니아-아카드). 닌쿠라는 자기 할아버지인 엔릴*의 배우자로 관련되어 있다. 엔릴에 의해 9일 동안 임신한 후 여신 웃투*를 낳는다. 다른 신화에서 닌쿠라는 여성의 성적 기관들이 신격화한 닌임마Nin-imma의 어머니로 나온다.

닌키갈 Ninkigal
저승 신. 메소포타미아(바빌로니아-아카드). 우르 제3왕조 기간에 우르와 움마Umma에서 숭배받았다. 기념 예식에는 매달 행해지는 달의 축제 에세스eses도 포함되었다.

닌투 Nintu
어머니 여신. 메소포타미아(수메르와 바빌로니아-아카드). 전설에 따르면 닌투는 태초의 흙 열네 조각을 떼어내서 자궁의 신들을 형성했다. 벽돌을 가운데 놓고 일곱은 왼쪽에 다른 일곱은 오른쪽에 두었는데, 이들이 최초의 인간 태아 일곱 쌍을 생산했다. 닌투는 닌후르쌍*과 동일시되기도 하며, 엔키*의 제안으로 신들이 자기들 중에서 하나를 살해하고 그 피와 살을 이용해 진흙과 섞어서 인간을 창조할 때, 벨레트일리*(신들의 여주)가 되었을 수 있다.

닌티누가 Nintinugga
여신. 메소포타미아(수메르). 굴라*를 보라.

닌후르쌍 NINHURUSAĞA (산의 여왕)
기원 : 메소포타미아(수메르와 바빌로니아-아카드) [이라크]. 어머니 여신.

숭배 시기 : 서기전 3500년 무렵부터 서기전 1750년 무렵까지.

별칭 : 닌마*(위대한 여왕), 닌투*(탄생의 여인), 마마* 또는 마미*(어머니), 아루루*(엔릴*의 누이), 벨레트일리*, 중요성이 좀 떨어지는 별칭들로는 닌지즈나크Nin-ziznak (태아의 여인), 닌딤Nin-Dim (여인 재봉사), 나가르사가크Nagar-sagak (내부의 목수), 닌바하르Nin-bahar (여인 도공), 닌막Nin-mag (음부의 여인), 닌식식Nin-sig-sig (침묵의 여인), 무드케스다Mud-kesda (피의 충성을 받는 여인), 아마둑바드Ama-dug-bad (무릎을 벌리는 어머니), 아마우두다Ama-ududa (생명을 낳은 어머니), 삭주딘기레나크Sag-zu-dingirenak (신들의 산파), 닌멘나Ninmenna (왕권의 여인).

숭배 중심지 : 텔 엘 우바이드Tell el Ubaid [우르], 마리Mari. 문헌에 따르면 케쉬, 아다브, 히자Hiza 등에 다른 신전들이 있었다고 하지만, 그 어떤 것도 발견되지는 않았다. 작은 신전들과 사원들이 메소포타미아 남부 지역과 그 너머에 흩어져 있다.

참조 예술 : 장식판, 기념 석주, 조각.

문헌 자료 : 쐐기문자 문헌들, 〈엔키와 세계질서〉와 〈괭이 창조자 Creator of the Hoe〉를 포함한 신전 찬가들 등.

닌후르쌍은 수메르의 위대한 일곱 신들 중 하나다. 닌후르쌍의 상징인 오메가 형상은 서기전 2000년 무렵부터 일반적으로 나타나기는 했지만, 서기전 3000년 무렵부터 그려졌던 것으로 추정된다. 오메가 형상은 쿠두루kudurru라는 경계석(boundary stones) 상단에 나타나며 이는 닌후르쌍의 중요성을 보여준다. 기능적으로 어떤 여신이라도 풍산의 역할을 맡을 수 있지만, 닌후르쌍은 기본적으로 풍산 여신이다. 신전 찬가에 따르면 닌후르쌍을 '참으로 위대한 하늘의 여인'이라고 하며, 수메르 왕들은 '닌후르쌍의 젖으로 양육'되었다. 여신 인 안나*와 달리 닌후르쌍은 다산 및 탄생과 밀접한 관계가 있었고, 때로 산파의 모습이나 벌거벗은 가슴으로 왼쪽 팔에 아기를 안은 모습으로 묘사된다. 뿔 달린 머리 장식과 층이 진 치마를 입은 모습은 전형적이며, 종종 어깨에 활집 이 있다. 오메가 또는 다른 무늬가 있는 무기나 지팡이를 든 모습도 자주 보인 다. 때로 끈에 매인 새끼 사자와 함께 나오기도 한다. 몇몇 수메르 통치자들 의 수호신인 닌후르쌍은 〈괭이 창조자〉에서 엔키*의 괭이가 머리들을 드러낸 후 인간의 탄생을 완료한다.

대부분의 메소포타미아 신들은 산에 살며, 닌후르쌍이라는 이름에는 중요 한 의미가 담겨 있다. 전설에 따르면 닌후르쌍의 아들 닌우르타*는 자기가 산 을 창조한 것을 기념하기 위해서 이름을 닌마*에서 닌후르쌍으로 바꿔버렸다. 닌후르쌍의 다른 이름 '침묵의 여인'은 자궁 안에 있는 아이가 선과 악의 영향 을 민감하게 받는다는 인식에서 유래한다. 그래서 잘못된 주문은 아이의 안녕 을 위태롭게 할 수 있다. 바빌로니아의 서임 의례에 따르면 '왕권의 여인' 닌후 르쌍은 에안나Eanna 신전에서 왕에게 황금 관을 씌워주었다고 한다.

닐라단다 Niladanda
신. 불교. 남서쪽 방향의 수호신. 색깔은 푸른색. 상징은 보석, 연꽃, 지팡이, 칼, 삼지창.

닐라데비 Niladevi (검은 여신)
비슈누*의 배우자. 힌두교(푸라나). 오직 바이카나사가마Vaikhanasagama 문헌에 만 비슈누의 세 번째 아내로 언급된다. 이 여신을 표현한 예술 형태는 아직까 지 발견된 바 없다. 타밀어권 지역에서 알려진 여신 핀나이(나핀나이*)와 동일한 신일 수도 있다.

닐라로히타 Nilalohita
신. 힌두교. 루드라*의 열한 가지 형상들 중 하나이다.

ㄷ

다간(1) Dagan(1)

곡식과 풍요의 신. 메소포타미아(바빌로니아-아카드). 도시들에 지위를 부여할 때, 예를 들어 서기전 9세기 아시리아 왕 아수르나시르아플리Assurnasirapli가 칼라크Kalakh에서 했던 봉헌식처럼, 아누(1)*와 연결되어 있었다. 투툴Tuttul과 테르카Terqa에 숭배지들이 있었다.

다간(2) Dagan(2)

곡식과 풍요의 신. 서셈족(가나안Canaan과 페니키아Phoenicia). 우가리트Ugarit 창조 서사에서는 바알*의 아버지다. 마리[시리아]에 다간을 기념하여 주요 신전이 세워졌고, 배우자 샬라쉬Šalaš를 얻었던 메소포타미아 지역에서 알려졌다. 가자Gaza와 아쉬도드Ašdod에서 주로 숭배했으나 필리스틴 사람들Philistines의 최고신이었다. 구약성서 판관기(사사기) 16장 23절에는 다곤*으로 나와 있다. 마카베오서 등에서도 언급된다. 서기전 150년 무렵까지 계속 숭배했던 것으로 보인다. 이스라엘 사람들이 우가리트어의 뿌리 다간을 오해하여 그가 물고기의 신이라는 가설이 생겼다. 그래서 상징에는 물고기 꼬리가 포함되어 있다.

다간(3) Dagan(3)

지역 최고신. 카피르족[아프가니스탄]. 셈족의 신 다간(2)*과 관련이 있으나 다곤*, 도간Doghan, 데오간Deogan 등을 포함한 몇 가지 별칭으로 알려졌다. 카피르 지역 남부의 마을들에서 알려졌다. '다간'이라는 이름은 존경의 칭호로 사용하기에는 적절하지 않을 수 있다.

다곤 Dagon
다간(2)*을 보라.

다그다 DAGDA (훌륭한 신)

기원: 켈트 (아일랜드). 부족의 아버지.

숭배 시기: 선사 시대부터 서기 400년 무렵 그리스도교 시대 이후까지.

별칭: 루아드로페사Ruad ro-fhessa (완벽한 지식의 주), 에키드올라티르Eochaid Ollathair (모든 것의 아버지).

숭배 중심지: 타라* 등.

참조 예술: 로마노-켈트 시대와 그 이전의 다양한 조각들일 가능성이 있다.

문헌 자료: 〈침략의 서〉, 〈왕들의 전설〉.

다그다는 완전히 아일랜드의 부족 신으로 대륙의 켈트족 가운데서는 찾아볼 수 없다. 일반적으로 사람들의 보호자이자 은인으로 여겨지며, 도덕적 의미에서 훌륭한 신이 아니라, 실제적인 면에서 '모든 것에 능한' 신이다. 첫 번째 모이투라 전투에서 피르 볼그Fir Bolg에 반대하여 아일랜드의 신들을 이끈 아버지와 같은 신이다. (투아하데다난*을 보라.) 다그다는 배타적인 역할들을 맡지 않지만 신화에서 모리간* 및 보안*을 포함한 풍요 여신들과 함께 의례화된 결합을 이룬다. 그는 브리지트*와 앵거스맥옥*의 아버지다. 문학에서 묘사되는 다그다는 굉장한 힘과 엄청난 식욕을 가지고 있다. (토르*를 보라.) 그리스도교 작가들은 다그다를 촌스럽고 괴이하게 그려놓았는데 이는 정확하지 않은 묘사일 것이다. 다그다의 무기는 한 방에 아홉 명을 죽일 수 있는 거대한 곤봉이며, 의례용 전차로 옮긴 적이 있다. 다그다는, 지혜와 젊음의 마법적 특성을 지닌 청동으로 된 '풍요의 가마솥'을 가지고 있으며 이는 아일랜드의 번영의 상징이다. 영국 도싯Dorset, 서언 애버스Cerne Abbas의 석회질 언덕에 그려진 나체로 곤봉을 든 거대한 인물 그림의 주인공이 다그다일 수 있다. 이 그림은 로마노-켈트 시대에 그려졌을 것이다.

다나다 Dhanada
여신. 대승불교. 아모가시디*의 발현 중 하나. 여신 타라*의 한 형상이기도 하다. 다나다는 이름 없는 수행 동물과 함께 달의 옥좌에 앉아 있다. 색깔은 녹색. 상징은 책, 푸른 연꽃, 아모가시디*의 이미지, 올가미와 염주.

다나파라미타 Danaparamita (단나바라밀 檀那波羅蜜)
철학적 신. 불교. 열두 바라밀波羅蜜 중 하나이며 라트나삼바바*의 영적 자손이다. 색깔은 붉은빛이 도는 하얀색. 상징은 쌀 이삭, 진주가 그려진 깃발.

다노가미[田の神] Ta-No-Kami
농업의 신. 신도[일본]. 곡식과 추수의 신들을 일컫는 총칭이다. 산의 신과 동일시될 수도 있다.

다누(1) DANU(1)
기원: 켈트 (아일랜드). 창시하는 여신.

숭배 시기: 선사 시대부터 서기 400년 무렵 그리스도교 시대 이후까지.

별칭: 아누(2)*, 돈(1)*.

숭배 중심지: 다양한 지성소들.

참조 예술: 알려진 바 없음.

문헌 자료: 〈침략의 서〉, 〈왕들의 전설〉, 〈종족들의 역사 History of Races〉, 〈마비노기온 Mabinogion〉.

다누는 아일랜드 판테온 투아하데다난*의 지도자이자 창시자다. 하지만 멀리 떨어져 있는 신이고 거의 정의가 내려지지 않은 신이다. 다누는 웨일스의 여신 돈(1)*과 밀접하게 동일시되며, 원래 풍요와 식물의 정령으로 인식되었을 것이다.

다누(2) Danu(2)

태초의 여신. 힌두교(베다). 다누라는 단어는 태초의 물을 묘사할 때 사용하며 이 신은 아마도 그 물의 구현일 것이다. 다누는 비의 신 인드라*와 싸워서 패배한 악룡 브르트라*의 어머니로 알려졌다.

다니스타 Dhanistha (아주 부유한)

불운의 하급 여신. 힌두교(푸라나). 악의를 지닌 나크사트라* 또는 별의 신. 다크샤*의 딸이자 찬드라*(소마*)의 배우자. 스라비스타*라고도 한다.

다디문다 Dadimunda

수호신. 싱할리족Singhalese. 불교[스리랑카]. 우풀반*을 수행하며 그의 보물 관리자로 활동했다. 스리랑카 불교의 수호신. 다디문다의 성스런 동물은 코끼리다. 데바타반다라Devata bandara라고도 한다.

다라 Dhara (지지하는)

수행 신. 힌두교(푸라나). 인드라* 신에게 응답하는 여덟 바수* 중 하나. 상징은 연꽃, 쟁기, 염주, 창.

다라니[陀羅尼] Dharani (땅)

1. 여신. 힌두교(서사시와 푸라나). 파라수라마*의 배우자이며, 여신 락슈미*의 화신.
2. 신들의 집단을 일컫는 이름. 불교. 주문이나 부적으로 사용되는 특별한 종류의 짧은 종교적 서물書物이 의인화한 것. 다리니dharini라고도 한다.

다라물룸 Daramulum

창조신. 호주 원주민. 바이아메*와 비라그눌루*의 아들로 가얀디Gayandi로도 알려졌으며, 주로 호주 남동부의 위라쥬리족Wiradyuri과 카밀라로이족Kamilaroi의 숭배를 받았다. 최고 존재인 그의 아버지와 인간 사이의 중재자로 여겨진다. 이러한 역할은 그리스도교 선교사의 영향을 받은 것으로 보인다.

다라위갈 Darawigal

악이 의인화한 존재. 호주 원주민. 세상의 선을 상징하는 창조자의 영 바이아메*에 반대하는 악마적 신. 다라위갈은 한때 하늘에서 살았던 바이아메의 자손으로 인식되지만 꿈의 시대에 실추해서 지하세계의 통치자로 보내졌다. 그는 지하세계로부터 죽음과 질병을 보낸다.

다르마 DHARMA (정의)

기원: 힌두교 [인디아].

숭배 시기: 서기 300년 무렵부터 현재까지.

별칭: 다르메 Dharme.

숭배 중심지: 분명하지 않음.

참조 예술: 돌과 금속 조각.

문헌 자료: 〈라마야 Ramayana〉와 〈마하바라타〉를 비롯한 서사시 문헌들과 푸라나 문헌들, 〈리그베다〉.

창조신으로 시작한 법의 신이며 브라마*의 아들 중 하나이지만, 〈리그베다〉에 나오는 사회의 원형적 형태들인 다르마스 dharmas에서 유래했을 것이다. 전승에 따르면 다르마는 다크샤*의 열세 딸의 배우자이며 유디스트라 Yudhisthra의 아버지다. 또한 영혼의 구원을 위해 황소로 나타나는 비슈누*의 하급 화신으로 여겨지기도 한다.

　뱅골 전승에서 다르메는(아마 다르마와 유래가 같을 것이다), 살 sal이라고 알려진 나무에서 꽃이 피는 시기에 올리는 땅과의 성스러운 결혼식에 해마다 참여했다. 거룩한 숲에서 새들을 제물로 바친 다음에 부족은 마을 샤먼의 집을 고치고, 사제와 그 아내의 결혼이 정해지고 나면, 누구나 참여하는 성행위가 따랐다.

다르마끼르띠사가라고샤 Dharmakirtisagaraghosa (영광스런 법해法海의 소리)
의사 신. 라마 불교[티베트]. 라마교의 의사 부처들 또는 맨라* 중 하나다. 귓
불이 늘어진 모습으로 묘사되는 것이 전형적이다. 색깔은 빨간색.

다르마다투바기스바라 Dharmadhatuvagisvara
법의 신. 불교. 문수보살(만주스리*)의 하나이며 아미타불(아미타바*)의 발현이
다. 색깔은 적백색. 상징은 화살, 종, 책, 활, 갈고리, 왕좌의 아미타불 이미지,
지팡이, 칼, 물병. 머리가 넷이며 법륜을 움직이는 상태로 묘사된다.

다르마메가 Dharmamegha (법운지法雲地, 법의 구름)
하급 여신. 금강승불교. 보살이 통과하는 영적 계위들인 십이지十二地 중 하나
로 신격화한 존재다. 색깔은 푸른색. 상징은 책과 지팡이.

다르마바시타 Dharmavasita (법의 통제)
하급 여신. 불교. 영적 재생 수련을 인격화한 열두 여신(바시타*) 중 하나. 색깔
은 흰색. 상징은 빨간 연꽃 위의 물병.

다르마팔라 Dharmapala
끔찍한 외모와 왕의 복장을 하고 달라이 라마를 수호하는 여덟 호법신중護法神
衆을 일컫는 이름. 불교와 라마교[티베트]. 일반적인 상징은 도끼, 컵, 칼, 뱀.

다르마프라티삼비트 Dharmapratisamvit (본성의 분석)
본성 분석의 여신. 금강승불교. 네 프라티삼비트* 중 하나. 색깔은 백적색. 상
징은 올가미, 지팡이, 갈고리.

다르티마타 Dharti Mata
어머니 여신. 힌두교(푸라나). 후기 힌두교에서 나타나는 신이며 프르티비*나
부미데비*와 동일시된다. 몇몇 저자들은 타쿠르데오*의 배우자라고 주장한

다. 다트리마이Dhartri Mai 또는 다르티아왈Darti Awwal이라고도 한다.

다마노오야노미코토[玉祖命] Tama-No-Oya-No-Mikoto

보석세공인들의 신. 신도[일본]. 3미터에 이르는 굽은 보석 줄을 만든 신으로, 이 보석 줄로 태양 여신 아마테라스*를 동굴에서 나오도록 유혹했다.

다보그 Dabog

태양신. 슬라브[발칸, 러시아 남부]. 키예프Kiev에서 발견된 비문에 언급되어 있다. 그리스도교가 전파된 이후에는 악마적인 신으로 격이 떨어졌다.

다야 Daya (연민)

여신. 힌두교(푸라나). 아츄타Acyuta(결함이 없는 이)의 샥티*이며 비슈누*의 하급 화신이다.

다오키호오이노가미[手置帆負神] Taoki-Ho-Oi-No-Kami

목수들의 신. 신도[일본]. 아름답고 성스런 집회장을 지은 신들 중 하나다. 이 집회장은 태양 여신 아마테라스를 굴에서 나오도록 유혹하기 위한 목적으로 고안된 것이기도 하다. 히코사시리노가미*를 보라.

다이코쿠[大黑] Daikoku

행운의 신. 신도[일본]. 신도의 행운의 시치후쿠진* 중 하나로, 에비스*와 자주 연결된다. 원래 주방의 신이었다가 행복과 관련된 신이 되었다. 다이코쿠는 뚱뚱하고 유복한 모습으로, 자루를 메고 두 개의 쌀가마 위에 앉아 있는 모습으로 묘사된다. 오른손에는 방망이를 잡고 있다. 그림에는 쥐 한 마리가 쌀가마를 갉아먹는 모습이 나오기도 한다. 금으로 된 작은 다이코쿠상을 부의 부적처럼 지니기도 한다. 전승에 따르면 다이코쿠의 방망이가 흔들릴 때 돈이 엄청나게 쏟아진다고 한다. 일본 서부 지방에서는 다이코쿠가 밭의 신 다노가미*와 혼합되어 농업과 농부들의 신이 되었다. 다이코쿠는 불교의 수호신 마하칼라*[大黑天]에서 발전했을 수 있다.

다카미무스비노가미 [高御産巣日神] Taka-Mi-Musubi-No-Kami

태초의 창조적 존재. 신도[일본]. 〈고사기〉에 두 번째로 등재된 신. 하늘의 평원인 타카마노하라[高天原]에 아메노미나카누시노가미* 다음으로 나타났다. 멀리 있고 아리송하게 정의된 존재다. 우주에 홀로 태어났으며 인간으로부터 자신을 숨긴다.

다카오가미노가미 [高龗神] Taka-Okami-No-Kami

비의 신. 신도[일본]. 특히 산에서 비를 생성하는 신이다. 맹렬한 비의 신으로 '물을 나누는 신'으로도 알려졌다. 구라오가미노가미*를 보라.

다케미카즈치노가미 [建御雷神] Take-Mika-Dzuchi-No-Kami

천둥의 신. 신도[일본]. 천둥과 폭풍과 비를 관장하는 라이진* 중 하나이며, 니니기 왕자가 하늘에서 땅으로 내려올 때 수호했던 전쟁 신 중 하나이기도 하다. 무사들과 유도인들의 수호신이다. 후츠누시노가미*를 보라.

다크샤 Daksa (능숙하고 가능한)

태양신. 힌두교(베다와 푸라나). 브라마*와 아디티*의 아들이며 조물주다. 배우자는 프라수티*이고 딸이 60명이라고 한다. 다크샤는 자기 사위인 시바*와의 갈등에서 시바의 배우자이자 자기 딸인 사티*에게 무례를 범하는 반대자로 나타난다. 사티는 다크샤의 모욕 때문에 의례용 불에 뛰어들어 자살한다. 시바는 다크샤의 목을 베어서 복수하지만, 후에 다른 신들의 중재로 브라마는 희생 염소의 머리로 대체해서 다크샤를 되살린다. 상징은 염소 머리. 프라자파티*라고도 한다.

다타르 Dhatar (창조자)

태양신. 힌두교(푸라나). 여신 아디티*의 여섯 아들 또는 아디티야*를 일컫는 이름으로, 원래 베다 Veda에 나와 있다. 이들은 모두 태양신의 역할을 취하며 후대에 열둘로 확장되었다. 색깔은 황금색. 상징은 두 연꽃, 연꽃 염주, 불병. 다트르Dhatr라고도 한다.

다틴 Datin

신. 이슬람교 이전의 북아라비아. 비문에 자주 나오지만 기능이 불확실하다.

다프네 Daphne

신탁의 여신. 그리스. 안티오키아Antiocheia, 몹수에스티아Mopsuestia, 수라Sura, 파타라Patara, 텔메소스Telmessos 등지를 포함한 소아시아의 여러 장소에는 다프네에게 봉헌된 신탁 사원들이 있다. 월계수로 표현되는 다프네는 아폴론*을 기리는 축제인 다프네포리아Daphnephoria와 연결되어 있다. 다프네가 신들에게 성적으로 복종하는 것을 피하기 위해서 월계수로 바뀌었다는 전승이 있다.

단반타리 Dhanvantari (호arc를 지나는 여행)

태양신. 힌두교(베다, 서사시와 푸라나). 후기 전승에서는 비슈누*의 하급 화신이며, 의학과 밀접하게 연결되어 있다. 베다 신화에서 단반타리는 태초의 우유 대양에서 신의 음료를 운반한다. 단반타리는 의학을 인간에게 가져왔다. 종교가 발전하면서 단반타리는 화신이 되었다. 그는 의학의 신 칸타트만*으로서 죽은 후에 시바*의 손에서 환생한 카마*라고 여겨졌다. 여러 다양한 명칭들과 존재 방식들이 이 신에게 부여되었다. 해질 무렵 북동 방면에서 그에게 봉헌물을 바친다. 단반타리는 비슈누의 지성소 구역에 있는 병원들의 수호신이다. 상징은 신의 음료를 담은 그릇 두 개. 칸타트만*이라고도 한다.

담갈눈나 Damgalnuna

어머니 여신. 메소포타미아(수메르와 바빌로니아-아카드). 엔릴*의 배우자로 처음 나타나며, 메소포타미아 전통이 발전하면서 에아* 및 바빌로니아 신 마르둑*의 어머니와 연관되었다. 담키나*라고도 한다(아카드).

담공(譚公) Tam Kung

지역의 바다 신. 중국. 비와 물을 관장하고 불을 끄는 신. 담공 숭배는 홍콩과 마카오 해안 지역에 제한되어 있다. 전설에 따르면 담공은 1276년 쿠빌라이 칸의 침공 때 육수부陸秀夫와 함께 바다에 뛰어내려 자살한 여덟 살 된 황제였다. 마카오 콜로안Coloane 섬에 담공 사원이 있다.

담공은 용들의 상징과 밀접히 연결되어 있다. 담공 사원에는 고래의 뼈로 용의 모양을 본떠서 만든 배가 있다. 보통 담공은 앉아서 종을 들고 있는 모습으로 묘사된다. 이것은 경고를 주거나 조상들의 소리에 주의를 기울이라는 뜻으로 해석할 수 있다.

담키나 Damkina

여신. 메소포타미아(바빌로니아-아카드). 에아*의 배우자. 담갈눈나*를 보라.

데나 Dena

신. 페르시아[이란]. 빛의 신 아후라마즈다*의 딸.

데드웬 Dedwen

부와 향香의 신. 누비아Nubia. 사실상 알려지지 않은 이집트화된 신이며 투트모시스 3세Tuthmosis III가 남부 지역에서 선물을 가져와 지성소들을 봉헌했다. 보통 의인화한 형상으로 발견되지만 사자로 묘사되기도 한다.

데르케토 Derceto

어머니 여신. 서셈족[페니키아]. 아타르가티스*의 시리아 모델에서 유래했고 지역에서 숭배했다.

데르케티우스 Dercetius

산신. 로마노-이베리아Romano-Iberian.

데메테르 DEMETER (어머니)

기원 : 그리스. 식물 여신이자 어머니 여신이다.

숭배 시기 : 서기전 800년 무렵이나 그 이전부터 서기 400년 무렵 그리스도교 시기까지.

별칭 : 다마테르Damater.

숭배 중심지 : 아크라가스Agrigentum, 크니도스Cnidos, 프리에네Priene, 젤라Gela, 시리스Siris, 로크로이Lokroi 등을 포함한 그리스 세계 전역. 특히 엘레우시스Eleusis.

참조 예술 : 다양한 조각들, 여사제가 새끼 돼지를 들고 있는 모습을 보여주는 테라코타.

문헌 자료 : 호메로스의 〈데메테르 찬가 Hymn to Demeter〉, 헤시오도스의 〈신통기〉.

데메테르는 복잡한 특성을 보여준다. 이것은 아마도 선사 시대에 곡물의 여신과 지하세계의 여신이 혼합되면서 나타난 결과일 것이다. 호메로스 시대에 데메테르는 식물과 죽음의 여신이었다. 고대 아테네에서 죽은 자들은 데메트레이오이demetreioi라고 했고 새 무덤에는 곡식을 뿌렸다. 데메테르는 잃어버린 딸을 찾는 일 때문에 해마다 하데스*와 갈등을 겪는다. 잃어버린 처녀 여신 페르세포네* 또는 코레*는 사실상 데메테르에게서 벗어날 수 없는 특성을 지니기 때문에 데메테르의 분신이라고 여겨진다.

데메테르와 페르세포네의 전설은 밭에서의 죽음과 성장의 계절을 설명한다. 제우스*와 데메테르의 딸 페르세포네는 물의 요정들인 오케아니데스*에 둘러싸여 풀밭에서 꽃을 채집한다. 페르세포네가 특별한 꽃을 꺾자 땅이 열리고 지하세계의 신 하데스는 그녀를 납치한다. 데메테르는 자기 딸을 찾느라고 자연세계를 소홀히 한다. 신들은 재앙의 신호들을 보면서 중재에 나서고 소녀를 데려오도록 헤르메스*를 파견한다. 그러나 페르세포네의 석방에는 조건이 있었다. 그녀는 하데스의 석류를 맛보았기 때문에 일정 기간은 지하세계에 남아 있어야 하며, 한 해에 아홉 달 동안만 지상으로 올라갈 수 있게 된다. 나머지 세 달은 반드시 돌아와서 하데스의 여왕으로 살아야 한다.

이 전설에 대한 가장 타당한 해석 중 하나는, 페르세포네 또는 코레가 부재하는 3개월이라는 시간은 지중해 지역의 식물이 시들어버리는 여름 건기 3개월이라는 설명이다. 이 기간에는 전통적으로 곡식을 지하에 저장했다. 가을에 비가 오면 데메테르의 젊은 화신이 돌아온다. 데메테르 전설은 메소포타미아와 히타이트-후르리의 전설과 상당한 유사점이 있다. (인안나*, 두무지*, 헤바트*, 텔레피누*를 보라.)

많은 지역에서 종종 매우 비밀스럽게 통과 의례와 더불어 데메테르를 숭배했다. 엘레우시스는 가장 유명한 데메테르 숭배 중심지로, 데메테르 전설은 엘레우시스 신비 의례에 영향을 미쳤다. 돼지들을 산 채로 구덩이에 파묻었던 여성들의 축제 테스모포리아Thesmophoria도 그리스 세계의 여러 지역에서 열렸다. 데메테르에게 젊은 처녀들을 희생물로 바쳤다는 기록이 있긴 하지만 입증되지는 않았다.

데바 Deva (신)

신을 일컫는 총칭. 힌두교(베다와 푸라나). 원래 〈리그베다〉에서는 서른의 데바들, 또는 열하나씩 세 집단으로 나뉜 서른셋의 데바들을 나타냈다. 후기 힌두교에서 데바라는 용어는 주요 삼신인 브라마*, 비슈누*, 시바*에 포함되지 않는 신들에게 적용되었다.

데바난다 Devananda (신들의 기쁨)

여신. 자이나교[인디아]. 마하비라Mahavira의 어머니.

데바세나 Devasena (하늘의 주인)

여신. 힌두교(푸라나). 스칸다*의 배우자들 중 하나로 보통 그의 왼편에 선다. 상징은 왼손에 있는 연꽃.

데바키 Devaki (거룩한)

어머니 여신. 힌두교(서사시와 푸라나). 데바카Devaka의 딸이자 신화적 왕 바수데바*의 배우자. 데바키는 크리슈나*와 발라라마*를 포함해 아들 여덟을 낳았다. 데바키의 오빠 캄사Kamsa는 여덟 번째 아들이 자기를 죽일 것이라고 믿어서 여섯 아들을 학살한다. 비슈누*는 남은 둘을 구하기 위해서, 발라라마가 여신 로히니*의 자궁으로 옮겨지기 전에, 그리고 크리슈나가 목동 난다Nanda의 아내 야소다Yasoda에게 옮겨지기 전에 데바키의 자궁에 자기 화신들의 '씨앗'을 심었다.

데바푸로히타 Devapurohita
별의 신. 힌두교(푸라나). 목성 신의 별명.

데베라 Deverra
탄생의 하급 여신. 로마. 신생아의 수호신. 악마의 영향을 없애는 데 사용했던 빗자루로 상징화되었다.

데비 Devi (여신)
능동적인 여성 원리를 보여주는 여신. 힌두교(서사시와 푸라나). 데비는 어머니와 식물 여신에 대한 오래된 인식에서 나와 주요 여신으로 발전했다. 데비는 다소 추상적인 원리로 나타나기도 하지만 기도하는 사람들에게 직접 응답한다. 서기 5세기 무렵에는 능동적인 여성의 모습, 또는 남성 신의 힘을 지닌 다양한 형상으로 나타난다. 일반적인 상징은 소라, 갈고리, 올가미, 기도바퀴, 삼지창 등이다. 데비는 신 또는 데바*의 배우자이기에, 여성 신에게 데비라는 명칭이 주어진다. 스리데비* 또는 부데비Bhudevi라고도 한다.

데키마 Decima
탄생의 여신. 로마. 보통 여신 노나*와 관련되어 있으며, 위기의 임신 기간을 지켜보는 책임이 있다. 후대에 이 둘은 죽음의 여신 모르타*와 합류하여 운명의 삼신 파르카이*가 된다.

뎅 Deng
하늘 신. 누어족Nuer과 딩카족Dinka[수단]. 누어족 판테온에서 외래의 신으로 여겨지며 질병을 가지고 오는 신으로 알려졌다. 뎅의 딸은 달의 여신이다. 딩카족의 종교에서 뎅은 번개와 비를 가지고 오는 폭풍과 풍요의 신이다.

도구므르리크 Dogumrik
지역 수호신이자 전사의 신. 카피르족[아프가니스탄]. 힌두쿠시 남동부의 쉬티웨 마을에서 알려졌다. 이므라*의 딸들의 목자이며 지역에서는 몬*과 대등한 신이었을 것이다.

도나르 Donar
폭풍 신. 게르만. 상징이 망치이거나 도끼인 천둥의 신이다. 목요일을 뜻하는 독일어 도너스탁 Donnerstag은 영어의 서스데이 Thursday와 같은데, 토르*의 날이 변형되어 서스데이가 되었다. 토르*를 보라.

도리스 Doris
바다의 여신. 그리스. 오케아노스*와 테튀스*의 딸이며 네레우스*의 배우자이다. 헤시오도스의 〈신통기〉에는 도리스의 여러 자녀들 중에 암피트리테*와 테티스*도 포함되어 있다.

도요우케비메[豊宇気毘売神] Toyo-Uke-Bime
식량의 여신. 신도[일본]. 종종 이나리*와 동일시되는 모호한 신이다. 〈고사기〉에는 와쿠무수비노가미[和久産巣日神]의 딸이라고 나와 있으며, 이자나기노가미*와 이자나미노가미*의 증손녀라고 한다. 주요 신사는 이세신궁伊勢神宮 외궁外宮이다. 478년 천황이 태양 여신 아마테라스*로부터 꿈에서 계시를 받은 후 단바[丹波]에서 이동했다.

도화선녀(桃花仙女) T'ao Hua Hsiennui
여신. 중국. 복숭아꽃의 영혼이며 봄의 음력 2월의 신이다. 무엇보다도 악에서 지켜주는 수호신이다. 신부를 지키기 위해 전통적으로 어머니가 이 여신의 상을 가져온다. 이 여신은 미지의 요인이 가족을 위험에 빠트릴 수 있는 결혼식과 밀접한 관련이 있다. 결혼식에는 신부를 납치하는 의례가 포함되어 있다. 불행을 물리치기 위해서 문간에 이 여신의 상을 두기도 한다.

도화선녀는 검은색 기가 넷 있는 치마를 입은 호전적인 모습으로 그려진다. 네 깃발은 각각 군대를 나타내며 부의 특징을 담고 있다. 칼집이 씌워진 무기를 들고 있다. 숭배 중심지 중 한 곳인 장주長洲의 옥허궁玉虛宮에서 축제를 벌이며, 여기에서 그녀는 단지 칼집만 든 모습으로 묘사된다.

돈(1) Don
어머니 여신. 켈트(웨일스). 〈마비노기온〉에는 웨일스 판테온의 조상으로 묘사되어 있다. 아일랜드 여신 다누(1)*와 동등하다.

돈(2) Donn
지하세계 대지의 신. 켈트(아일랜드). 전설에 따르면 먼스터Munster 남서쪽에 있는 섬에서 살며 저승을 향해 가는 죽은 자들의 통행을 관장한다.

돌리케누스 Dolichenus
기후의 신. 서셈족(시리아). 수염을 기르고 황소 위에 서 있는 모습으로 묘사된다. 상징은 쌍날도끼와 번개. 로마의 신 유피테르*와 혼합되었다.

돔비 Dombi
흉측한 외모의 여신. 불교. 여덟 가우리* 여신들 중 하나. 색깔은 빨간색 또는 푸른색. 상징은 깃발.

동고 Dongo
폭풍 신. 송가이족Songhai[니제르 강 계곡, 아프리카 서부]. 돌로 된 도끼날처럼 인식되는 벼락의 창조자. 하늘의 대장장이로서 동고는 번개를 벼리고, 천둥을 만들기 위해 자기 도끼로 거대한 종을 친다.

두둔 Doudoun

나일 폭포의 신. 누비아. 비틀어진 뿔을 가진 영양으로 묘사된다. 두둔의 배우자들은 사티*와 아누케트Anuket다. 이집트 숫양 신 크눔*을 모방한 신이다. 도도누Dodonu라고도 한다.

두랑가마 Durangama (원행지遠行地)

하급 여신. 금강승불교. 보살이 통과하는 신격화된 영적 영역들(부미*) 중 하나. 색깔은 녹색. 상징은 거대한 연꽃 위의 지팡이.

두르 Dur

지하세계 저승 신. 카시트족Kassite[이란]. 바빌로니아-아카드의 신 네르갈*과 동일시된다.

두르가 DURGA

기원: 힌두교 (푸라나) [인디아]. 복수심에 불타는 전사 여신.

숭배 시기: 서기 400년 무렵이나 그 이전부터 현재까지.

별칭: 쿠마리*, 샥티*, 아그니두르가Agni-Durga (팔이 여덟인), 아파라지타* (정복되지 않는).

숭배 중심지: 없음.

참조 예술: 일반적으로 청동 조각들이지만 돌로 된 것도 있다. 부조.

문헌 자료: 주로 〈라마야나〉와 〈마하바라타〉 서사시들, 푸라나 문헌들이지만, 베다 문헌에서도 이름이 언급된다.

두르가는 여신 샥티의 화나고 공격적인 모습들 중 하나다. 힌두교 신화에서 샥티의 가장 초기 모델은 악마들과 싸우고 그들을 정복하는 것이나, 남성 신의 배우자 어신 또는 어성성을 의인화한 존재이기도 하다. 도상학적으로 두르가는, 사자나 호랑이에 탄 황금빛 피부의 아름다운 여인으로 묘사된다. 팔이 여덟 또는 열이며 각 팔에는, 비슈누*의 조개껍데기를 포함해 시바*의 삼지창, 라마*의 활과 크리슈나*의 수다르샨sudarshan(수레살 원반) 등 다른 신들이 제공한 무기가 들려 있다. 여덟이나 열 신들의 힘이 이 선물들을 통해서 두르가에게 확장되었다. 두르가는 해골로 된 목걸이를 한 모습으로 나타날 수 있다. 히말라야 및 빈드야Vindhya 산과 관련이 있으며 종종 자기 삼지창으로 물소 악마를 찔러 죽이는 모습으로 그려진다.

이와 달리 후기 힌두교 전승에서 두르가는, 어머니 여신이자 시바의 배우자로 나오며 부분적으로 파르바티*와 혼합된다. 그리고 곡물의 풍작과 연결된다. 이와 관련된 두르가의 가장 중요한 축제는, 수확기에 열리는 두르가 푸자Durga Puja이며, 이 축제 기간에 두르가 추종자들은 두르가의 생산력을 자극하기 위해 외설스런 동작과 말을 한다. 두르가는 자기 자녀들인 락슈미*, 사라스바티*, 가네샤*, 카르티케야* 등 네 신들과 함께 있는 모습으로 그려진다.

보통 두르가는 인디아 남부에서 전쟁을 좋아하는 잔인한 모습으로 숭배를 받지만, 인디아 북부에서는 가족의 통합을 나타내는 부드러운 신부로 인식된다.

두르자야 Durjaya (정복할 수 없는)
하급 여신. 대승불교. 붓다카팔라*의 수행 신.

두르자티 Dhurjati (헝클어진 머리를 가진)
신. 힌두교(서사시와 푸라나). 재로 몸이 더럽혀진 시바*의 현현이다.

두마바티 Dhumavati (연기 나는)
여신. 힌두교(서사시와 푸라나). 시바*의 샥티*를 의인화한 위대한 지혜의 여신들인 열 마하비디야* 중 하나다. 두마바티의 외양 중에는 다루나라트리Darunaratri(좌절의 밤)도 있으며, 이 또한 여신 샥티가 의인화한 모습 중 하나다.

두모(斗母) Tou Mou
도교의 여신. 중국. 팔을 여럿 가진 모습으로 그려지며, 이마에는 인디아 불교별의 여신 마리치*에서 유래했다는 것을 암시하는 카스트 표시가 있다. 두모는 큰곰별자리에 사는 것으로 여겨지며 별의 신 천후*의 모습일 수도 있다.

두모르나 Dhumorna (연기)

여신. 힌두교(서사시와 푸라나). 야마*의 배우자. 상징은 석류.

두무지 DUMUZI

기원 : 메소포타미아 (수메르, 바빌로니아-아카드) [이라크]. 목자와 식물의 신, 지하세계의 신.

숭배 시기 : 서기전 3500년 무렵 또는 그 이전부터 서기전 200년 무렵까지.

별칭 : 다믄Damn, 아마우숨갈아나Ama-usum-gal-ana, 탐무즈Tammuz (히브리어).

숭배 중심지 : 없음.

참조 예술 : 장식판, 봉헌석주, 조각 등.

문헌 자료 : 〈인안나의 하강과 두무지의 죽음〉을 포함하는 쐐기문자 본문들.

대중적으로 두무지는 라가쉬와 메소포타미아 남부 우르크Uruk 사이에 있는 바드-티비라Bad-tibira 시의 남성 수호신으로 이해했다. 라가쉬 근처 키누니르 Kinunir에서는 여신 두무지도 있었다고 알려졌다. 이 둘은, 수메르 판테온의 특별한 장소를 점하는 단일한 남성 신으로 혼합되었고 여신 인안나*의 배우자가 되었다. 역사에 처음 기록된 '죽고 부활하는' 신의 이름이 두무지다.

두무지는 특히 대추야자와 관련이 있다. 두무지는, (여신 에레쉬키갈*에게 맹세했던) 인안나에게서 해마다 지하세계로 들어가라는 명을 받는다. 이것은 초록세계의 계절에 따른 죽음을 설명한다.

두무지의 숭배자들은 주로 여성들이었으나 두무지 숭배는 아주 광범위하게 성서 시대에까지 퍼져 있었다. 에제키엘서 8장 14절에는 탐무즈를 애도하는 여성들에 대해 언급하고 있다. 두무지가 아도니스*를 비롯한 후대 신들의 모델이 되었다고 주장할 수 있다. 시리아 전승에서 두무지는 유한한 아버지 카우타르Kautar(아람어로는 코샤르Košar)의 아들이다.

두므라바티 Dhumravati

끔찍한 여신. 힌두교(푸라나). 상징은 손에 있는 해골과 해골로 된 화환, 칼과 엄니들.

두샤라 Dušara

지역 수호신. 서셈족(나바테아Nabataean). 서기전 312년 무렵에서 서기 500년 무렵까지 하우란Hauran 지역에서 식물 및 풍요와 연합되었다. 바알샤민*에 필적하는 최고신으로 여겨진다. 바알샤민은 농사가 불안정한 나바테아 유목민들 사이에서는 결코 두샤라만큼 인기를 얻지 못했다. 두샤라는 페트라에서 검은 오벨리스크로 표출되었다. 두샤라의 거룩한 동물은 독수리와 표범이다. 상징물은 포도나무 줄기. 헬레니즘 시기에 두샤라는 델로스Delos와 밀레투스Milrtus에서 비문의 주인공이었고, 디오니소스*와 동일시되었다. 두샤레스Dušares 또는 두스샤라Dus-Šara라고도 한다.

두일라이 Duillae

풍요와 식물 여신. 로마노-이베리아. 갈리아의 마트레스*와 비슷하다.

두지 Duzhi

특성이 불확실한 지역 신. 카피르족[아프가니스탄]. 물의 신 바기쉬트Bagisht의 제단 옆에 세워진 제단석을 통해서 알려졌다. 숫염소를 제물로 바쳤다.

두파 Dhupa (향)

어머니 여신. 라마 불교[티베트]. 어머니 여신들(아스타라타라*) 중 하나. 색깔은 노란색. 상징은 향로.

두파타라 Dhupatara (향의 타라*)

하급 여신. 대승불교. 색깔은 검은색. 상징은 향로.

둘라데오 Dulha Deo

하급 신랑 신. 힌두교. 상징은 나무에 매달린 도끼.

드루바 Dhruva (움직이지 않는)

별의 신. 힌두교(서사시와 푸라나). 작은곰자리에 속하는 별 북극성 우타나파다 Uttanapada의 아들. 비슈누*의 화신이다. 인드라* 신에게 응답하는 여덟 바수* 중 하나. 다른 맥락에서는 고정된 어떤 상像(icon)에 대한 설명이다.

드르타라스트라 Dhrtarastra (그의 왕국은 확고하다)

하급 신. 불교. 동쪽 방향의 수호신들(딕팔라dikpalas) 중 하나. 색깔은 흰색. 상징은 류트.

드르티 Dhrti (확고함)

여신. 자이나교(인디아). 중요한 역할이나 상징이 없는 하급 여신.

드바자그라케유라 Dhvajagrakeyura (깃발의 반지)

여신. 대승불교. 아촉불(악쇼비야*)의 발현이며, 태양 옥좌에 앉아 있다. 색깔은 어두운 푸른색, 검은색, 노란색. 상징은 봉, 아촉불* 이미지, 올가미, 공이, 기도바퀴, 지팡이, 칼, 호랑이 가죽, 삼지창. 머리가 셋이고 눈도 셋이다.

드바조스니사 Dhvajosnisa

신. 불교. 남서쪽 수호신들(딕팔라)과 연결된 것으로 보이는 우스니사* 신. 색깔은 적청색. 상징은 보석이 있는 깃발.

드비파쿠마라 Dvipakumara

신. 자이나교(인디아). 바바나바시*(장소에 거주하는)라는 일반 명칭으로 불리는 집단 신들 중 하나. 이들은 젊은 외양을 하며 비와 천둥과 관련이 있다.

드사하돌자 Dsahadoldza (가장자리 입구)

땅과 물의 대지 신. 나바호 인디언(미국 뉴멕시코와 애리조나). 다수의 신들이 이 이름으로 알려졌다. 이 신을 체현한 사제는 자기 몸의 한쪽은 붉은 색으로 칠하고 다른 쪽은 검은색으로 칠한다. 사제는 사슴 가죽이나 염소 가죽으로 만든 가면을 쓰며, 가면에는 저녁 하늘을 표현하는 노란 수평선과 비를 나타내는 여덟 개의 검은 수직선이 그려져 있다.

디감바라 Digambara (헐벗은)
여신. 라마 불교[티베트]. 요감바라 Yogambara의 배우자 여신. 상징은 그릇.
주의 : 디감바라는 힌두교에서 여신 칼리(1)*의 별칭이기도 하다.

디디타크룬 DidiThakrun
역병의 여신. 힌두교[인디아 북부]. 콜레라와 관련이 있다. 바르드반Bardvan 지역에서 숭배했다.

디르가데비 Dirghadevi (긴 여신)
여신. 힌두교(서사시와 푸라나). 니르티*의 배우자.

디보나 Divona
풍요 여신. 켈트(갈리아). 물과 관련이 있으며 오직 비문을 통해서만 알려졌다.

디사 Disa (공간의 열 방향)
여신. 힌두교(서사시와 푸라나). 끔찍한 비마*의 모습을 한 시바*의 배우자이며 하급 신 사르가Sarga의 어머니이다.

디사나 Dhisana
번영의 하급 여신. 힌두교(베다). 부의 획득과 관련이 있다. 발효 음료 소마soma의 그릇에도 이 이름이 부여되었다.

디사니 DISANI
기원 : 카피르족 [아프가니스탄 힌두쿠시 남부]. 최고 풍산 신이자 어머니 여신.

숭배 시기 : 태생은 불확실하나 오늘날에도 일부 지역에서는 여전히 숭배를 받는다.

별칭 : 프라순Prasun 지역에서는 디스니Disni, 디제일레Dizeile.

숭배 중심지 : 카피르 전역, 특히 프라순 지역 쉬티웨 마을.

참조 예술 : 큰 나무 조각상.

문헌 자료 : 로버트슨Robertson G. S.의 〈힌두쿠시의 카피르족 The Kafirs of the Hindukush〉(1896),
모르젠스티르네Morgenstierne G.의 〈카티 신화와 찬가 Some Kati Myths and Hymns〉(1951).

디사니는 힌두쿠시의 가장 중요한 여신이며, 특히 프라순 사람들의 경배를 받는다. 전설은 창조신 이므라*의 오른쪽 가슴에서 출현했다고 한다. 태양 원반이 떨어진 거룩한 호수에서 황금 나무로 출현했다는 이야기도 있다. 디사니를 수드렘*의 딸로, 또는 인드르*와 여신 난기우트르Nangi-Wutr의 딸로 보는 전설도 있다. 디사니는 이므라를 비롯한 판테온의 다른 주요 신들의 배우자이며, 풍산과 모성적 함의를 강하게 지니고 있다. 디사니에게는 악마가 강간했을 때 생긴 아들 바기스트Baghist가 있다. 사냥의 여신 역할도 하며, 그녀의 집은 수드렘Sudrem이라고 한다.

디사니는 또한 자비로우면서도 위안을 주는 죽음의 여신으로, 죽은 이들을 위대한 어머니의 집으로 데려간다. 활과 화살통으로 무장하고 젖이 흘러나오는 가슴을 지닌 인간 형상으로 인식된다. 발자국에서 밀의 싹이 돋아나는 야생 염소로 나타날 수 있다. 상징적인 나무로 나타날 수도 있는데, 이때 뿌리는 지하세계 니르말리*의 체현이다. 디사니 숭배 중심지들은 쉬티웨, 바그라마탈Bagramatal, 카모데쉬Kamodesh 등의 마을들과 연결되어온 듯하다.

죽음의 여신으로서 디사니는, 전투에 참가하려는 남자들을 둔 여성들의 기도를 받는다. 디사니는 문이 일곱이고 방사상으로 퍼져 나온 길이 일곱 있는 황금 성채에서 살아간다는 전설이 있다. 풍산 여신으로서 디사니는 가축의 수호신이다. 식물 신으로서 땅을 경작하기도 한다. 씨를 뿌리고 곡물을 다작하고 키질한다. 염소를 희생 제물로 바치지만 우유, 버터, 치즈를 바치는 경우가 더 많다.

디사니는 친척의 유대와 성실한 가족의 수호 여신이다. 이 역할과 충돌한 디사니는 부주의해서 자기 아들의 목을 베어버렸고, 이것은 죽어가는 신의 봄 의례를 매년 행하게 만들었다. 이러한 의례는 여러 다른 농경 사회의 종교들에서도 목격할 수 있다.

디스코르디아 Discordia
반대의 하급 여신. 로마. 그리스의 신 에리스*를 모델로 삼았다.

디스파테르 Dis Pater
지하세계 저승 신. 로마. 그리스 신 하데스*를 모델로 삼았다.

디시르 Disir
수호 여신들을 일컫는 집단적 이름. 북유럽(아이슬란드)과 게르만. 이들은 가을 희생 의례의 주인공들이었고 식물 신과 풍요 신으로서 풍산의 의미를 강하게 지녔다. 〈시 에다 Poetic Edda〉에서 확인되며, 발키리들 Valkyries과 게르만 신화에 나오는 노른들 Norns이 이 여신들 집단에 포함된다.

디시플리나 Disciplina
하급 여신. 로마. 군대에서 중요했으며, 특히 서기전 2세기 무렵부터 알려졌다.

디아나 Diana
달의 여신. 로마. 숲 속에 살며 동물들의 사냥꾼이자 보호자다. 동정성의 수호자이기도 하다. 그리스 여신 아르테미스*를 모델로 삼았고 로마 아벤티노 Aventine 언덕에 신전이 있었다. 로마 지배 아래서 에페소스 Ephesus의 아르테미스 신전을 접수했다.

디안케흐트 DIANCECHT
기원 : 켈트 (아일랜드). 의술의 신.

숭배 시기 : 선사 시대부터 서기 400년 무렵 그리스도교 시기까지.

별칭: 특별히 없음.

참조 예술: 조각과 부조.

문헌 자료: 〈침략의 서〉, 〈왕들의 전설〉.

이 신에 대한 묘사는 제한되어 있지만 틀림없이 투아하데다난*의 중요한 일원 중 하나였다. 루그*의 할아버지라고 한다. 디안케흐트는 모든 전사를 온전하게 다시 만들 수 있는 재주를 지녔다. 모이투라 전투에서 부상당한 누아두*에게 은으로 된 팔을 만들어주었고, 그 뒤 누아두*는 누아다아르게트라브(은으로 된 팔을 가진 팔을 가진 누아두)라는 별명을 가지게 되었다. 치명적인 부상을 당한 투아하 Tuatha 신들은 디안케흐트의 거룩한 우물 슬레인 Slane에서 목욕한 뒤 회복되었다.

디앙 Diang
암소 여신. 실룩족 Shilluk[수단]. 나일 강 서쪽 둑에 산다. 실룩족은 디앙을 창조신이 보낸 첫 인간 오마라 Omara의 배우자로 여겼다. 디앙의 아들은 악어 여신 은야카야*와 결혼한 오크와 Okwa다. 이렇게 실룩족의 종교적 창세기에는 삶의 세 주요 요소들, 곧 인간(하늘)과 암소(땅)와 악어(물)가 포함되어 있다.

디야나파라미타 Dhyanaparamita (명상 속의 완전함) (선나바라밀 禪那波羅蜜)
철학적 신. 불교. 바라밀이자 라트나삼바바*의 영적 자손. 색깔은 어둡고 푸른 하늘색. 상징은 보석이 있는 깃발, 하얀 연꽃.

디야니붓다 Dhyanibuddha (선정불 禪定佛)
영적 붓다 또는 명상 붓다를 일컫는 이름. 금강승불교. 아디붓다*의 한 발현이며, 명상하는 다섯 부처를 가리킨다. 우주의 5원소 중 하나로도 여겨진다. 인간 부처의 신비적 대응자다. 다섯 부처가 집단으로 나타날 때 이들의 공통 상징은 연꽃 위의 지팡이다.

디야니붓다샥티 Dhyanibuddhasakti

여신들의 집단을 일컫는 이름. 다섯 디야니붓다*의 샥티*들이다. 공통 상징은 컵과 칼.

디야우스피타 DYAUS PITAR (천상의 아버지)

기원: 힌두교 (베다) [인디아]. 창조신.

숭배 시기: 서기전 1500년 무렵이나 그 이전부터 현재까지.

별칭: 산스크리트어 디야우스dyaus에서 인도유럽어 데우스Deus (로마), 제우스*(그리스), 티르 Tyr (독일) 등이 유래했다.

숭배 중심지: 특별히 정해지지 않았다.

참조 예술: 없음.

문헌 자료: 〈리그베다〉와 다른 베다 문헌들.

디야우스피타는 여신 프르티비*와 연합한 창조신이다. 이 태초의 부부는 보통 디야바프르티비Dyavaprthivi라고 한다. 이들은 베다 판테온의 다른 구성원들을 창조했고, 서로 협력하여 하늘과 땅을 배치하였고 우주 질서를 보존했다. 디야우스는 후기 힌두교 전승에서 비의 신 인드라*에게 빛을 가려 지위를 빼앗겼다. 디야우스는, 춥고 황폐한 기후에서 살던 아리안족 정착민들과 함께 북쪽에서 인디아로 들어왔지만, 덥고 건조한 환경에서는 그에 적합한 최고신이 필요했기 때문에 인드라에게 밀려난 것으로 보인다.

디에브스 Dievs

하늘 신. 그리스도교 이전의 라트비아. 디에브스는 모자를 쓰고 무기를 들고 말에 타 있거나 수레를 끄는 점잖은 농부로 그려진다. 디에브스가 처음에 태양을 자유롭게 해주었다는 전승이 있다.

디오니소스 DIONYSOS

기원: 그리스. 술과 도취의 신.

숭배 시기: 서기전 1500년 무렵이나 그 이전부터 서기 400년 무렵 그리스도교 시기까지.

별칭: 데우니소스Deunysos, 조뉘소스Zonnysos, 리베르*, 바쿠스*.

숭배 중심지: 필로스Pylos, 아위아 이리니Ayia Irini.

참조 예술: 주로 서기전 6세기 무렵의 아티카 와인 항아리들.

문헌 자료: 호메로스의 〈디오니소스 찬가 Hymn to Dionysos〉, 헤시오도스의 〈여성 목록 Catalogues of Women〉.

디오니소스는 술을 마시는 축제들에서 도취되어 열광하는 대중의 진기한 모습과 관련된 신이다. 디오니소스에게는 남성 수행원과 동물 가면을 쓴 남근 숭배적 사티로스satyros들이 있으며, 시녀들이 그와 합류한다. 디오니소스를 경배하는 의례에서 거대한 남근상이 옮겨지지만 그는 풍산 신이 아니며, 남근 상징은 오직 성적 각성과 술잔치를 위한 것이다. 디오니소스는 세멜레*의 아들이다. 디오니소스 숭배는 키벨레* 숭배와 연결된 프리지아나 리디아Lydia에 기원이 있으며, 필로스와 케아Keos 섬 같은 장소에 신전이 있는 미케네 문화를 통해서 이동했다는 주장이 있다. 그리스 여성들은 전통적으로 디오니소스를 구했고, 로마식 이름인 바쿠스*는 울부짖는다는 뜻의 셈족어에 기원을 두고 있을 가능성이 있다. 다른 작가들은 디오니소스적 특성이 트라키아Thrace에서 출현했고 호메로스 시대에 그리스로 확장되었다고 주장하지만 지금은 동의를 얻지 못하고 있다. 호메로스의 서사시 외에 다른 문학 작품에서 디오니소스가 등장하는 경우는 거의 없다.

이오니아-아티카 지역에는 안테스테리아Anthesteria로 알려진 술을 마시는 축제가 있었고, 남근적 의미를 강하게 담았고 염소들을 희생시켰던 크고 작은 디오니시아Dionysia 축제들이 열렸으며, 도리아 지역과 아이올로스 지역에서는 아그리오니아Agrionia 축제가 열렸다. 그리고 가장 최근에 있었던 아테네의 카타고기아Katagogia 축제는, 바다에서 출현하는 디오니소스 전설에 주목했으며, 축제 중에 배를 옮기거나 바퀴에 올려 끌어당겼다.

디오스쿠로이 Dioskouroi
쌍둥이 신들. 그리스. (폴리데우케스*를 보라.)

디케 Dike
정의의 여신. 그리스. 제우스*의 딸이다. 남성들이 거리에서 폭력적으로 학대하는 소녀로 묘사되지만, 신들의 존경을 받으며, 아버지에게 인간의 악행을 보고하여 징벌을 받게 한다. 킵셀로스Kypselos의 상자에는 디케가 추악한 불의의 여신 아디키아*를 죽이는 매력적인 여인으로 묘사되어 있다.

디크사 Diksa (입문식)
여신. 힌두교(서사시와 푸라나). 우그라Ugra의 배우자이자 산타나*의 어머니. 탄트라 불교의 입문 예식 이름이기도 하다.

디티 Diti
여신. 힌두교(베다, 서사시와 푸라나). 다크샤*의 딸이자 아디티* 또는 카시야파*의 배우자이며, 악마족의 어머니. 상징은 푸른 연꽃, 어린이, 열매. 아디티*를 보라.

디파 Dipa (의인화한 기름 등잔)
빛의 여신. 라마 불교[티베트]. 어머니 여신들에게 속한 것으로 알려졌다. 색깔은 푸른색이나 빨간색. 상징은 등잔.

디파타라 Dipa Tara (등잔 타라*)
하급 여신. 대승불교. 색깔은 노란색. 상징은 횃불.

디판카라 Dipankara (불을 일으키는 자)
신. 라마 불교[티베트]. 하급 부처들 중 하나. 색깔은 노란색. 상징은 특별히 없다.

디프티 Dipti (밝음)
하급 여신. 힌두교(푸라나). 세부 항목을 알기 어렵다.

딕쿠마라 Dikkumara
신. 자이나교[인디아]. 바바나바시*(장소에 거주)라는 일반 명칭으로 불리는 집단들 중 하나. 이들은 젊은 외양을 하고 있으며, 비와 천둥과 관련이 있다.

딕티나 Dictynna
어머니 여신. 크레타 Crete. 딕티나는 그리스 여신 레아*와 혼합되었다.

라구시야말라 Laghusyamala (조금 어둡게 채색된)
하급 여신. 힌두교(푸라나). 상징은 류트, 술잔.

라다 RADHA (번영)
기원: 힌두교 (서사시와 푸라나) [인디아]. 감정적 사랑의 여신.

숭배 시기: 서기전 1000년 무렵이나 그 이전부터 현재까지.

별칭: 부미데비* [인디아 남부].

숭배 중심지: 없음.

참조 예술: 사실상 없음.

문헌 자료: 〈브라마-바이바르타-푸라나 Brahma-vaivarta-purana〉를 포함한 비디야파티
　　　　　Vidyapati(1352~1448)의 작품 등 후기 푸라나 문헌.

라다의 역할은 크리슈나*가 좋아하는 연인의 역할로만 한정되어 있다. 라다는
12세기 이후에야 온전한 여신으로 나타난다. 비디야파티는 그의 시에서 라다
를 우주적 여왕으로 위치시키며 핵심 인물 중 하나로 묘사한다. 한 창조 이야
기는 크리슈나가 어떻게 자기 자신을 두 부분으로 나누었는지 설명한다. 나
뉜 한쪽이 라다. 이들은 오랫동안 사랑을 하며, 달콤하고 깊은 그들의 호
흡은 세상의 대양과 바람이 된다. 라다는 우주의 황금 알을 낳고 그것은 비슈
누*가 출현할 때까지 태초의 바다에 떠돌아다닌다.

다른 신화는 라다가 청춘기의 크리슈나와 부정한 관계를 즐긴다고 설명한다. 그들의 밀회 장소는 숲으로 둘러싸인 브라자Vraja 마을이다. 크리슈나는 자기 배우자로 루크미니*를, 나중에는 사티야바마*를 취하기 전에 라다와 밀회를 나눈다.

라다는 때로 크리슈나의 배우자인 락슈미*의 화신으로 여겨지며, 인디아 남부에서는 사라스바티*와 연관된 부미데비*로 인식된다. 라다는, 비슈누의 다른 화신인 라마*의 충실하고 합법적인 배우자 사티*와 대조되어, 항상 감정적 사랑이 의인화한 존재로 나온다. 박티bhakti 숭배에서 라다는, 크리슈나에게 가까이 가고자 하는 인간 영혼의 열망을 상징화한다. 상징물은 연꽃.

라다만토스 Rhadamanthos
지하세계 하급 저승 신. 그리스-로마. 정의의 여신 테미스*는 하데스*로 들어오는 죽은 자들의 영혼을 평가한다. 라다만토스는 테미스를 수행하는 세 심판관 중 하나다.

라라 Lara
라룬다*를 보라.

라란 Laran
전쟁의 신. 에트루리아. 창으로 무장하고 투구를 쓰고 소매가 없는 외투를 입은 젊은이로 묘사된다.

라레스 Lares
가정의 여신들. 로마. 로마의 유별난 신들이다. 유피테르*에 의해 혀를 잘린 벙어리 요정 라라*와 메르쿠리우스*의 간통으로 태어난 두 자식은 가정의 수호신들로 로마인들의 경배를 널리 받게 되었다. 도상학에서 이들은 개의 가죽을 걸친 원숭이들의 모습으로 그려지며 발치에는 짖는 개가 있다.

라룬다 Larunda

저승 여신. 사비누스족Sabine. 로마 시대 초기 이탈리아의 땅의 어머니로 몇몇 전승에 따르면 라레스*의 어머니가 되었다. 라라*라고도 한다.

라르파밀리아리스 Lar Familiaris

조상의 정령. 로마. 땅 주변에서 집으로 들어온, 개인적이고 모호하게 정의된 신이다.

라마 Rama (즐거운)

비슈누*의 화신. 힌두교(서사시와 푸라나). 비슈누의 일곱 번째 화신. 라마는 비교적 하급 화신으로 출발했으나, 서사시 〈라마야나〉의 위대한 영웅들 중 하나가 되었고 〈마하바라타〉에서도 크게 다루어진다. 다사라타Dasaratha와 카우살야Kausalya의 아들이다. 〈라마야나〉에서는 그의 배우자 시타*를 붙잡았던 악마 라바나Ravana를 처단한 아요디야Ayodhya의 왕이었다. 비록 그 뒤에 자기 아내에 대한 처우가 오만하기는 했지만, 인격과 명예 때문에 탁월한 신으로 올려졌다. (시타*를 보라.)

서사시 〈라마야나〉는, 시인이자 현인인 발미키Valmiki가 라마찬드라Rama-chandra 통치 기간에 오랫동안 구전 전승으로 내려오던 이야기를 정리한 것이다. 발미키는 라마를 육화한 신이 아닌 위대한 인간 영웅으로 묘사했다. 이 무용담은 매우 정치적이며, 쪼개어진 수많은 사람들이 카스트와 언어에 관계없이 하나로 연합할 수 있게 기여한다. 그리고 인디아의 힌두교 문화와 스리랑카의 불교 전통 사이의 역사적 분열을 정의한다.

라마는 전차에 탄 인간 형상으로 묘사되며, 사탕수수로 만든 활을 잡고 어깨에는 화살통을 메고 있는 모습이 전형적이다.

라마리아 Lamaria

수호 여신. 스반족Svan[코카서스]. 가정의 여신이자 암소들의 보호자로 특히 여성들이 이 신에게 기원한다. 라마리아라는 이름은 아마도 그리스도교의 영향 때문일 것이다.

라베르나 Laverna
지하세계 저승 여신. 이탈리아. 왼손으로 술을 부으면서 이 여신을 달랜다.

라스누 Rasnu
통행과 정의의 신. 페르시아[이란]. 다른 세상으로 인도하는 다리의 수호신. 마지막 심판 때 저울로 영혼의 무게를 잰다.

라시아 Lasya (춤추는 소녀)
하급 여신. 어머니 여신. 라마 불교[티베트]. 어머니 여신들 중 하나. 보통 라시아 춤을 추는 모습으로 묘사된다. 색깔은 하얀색. 상징은 거울. 라시아가 인도하는 네 여신인 기타*, 말라*, 느르띠야*를 일컫는 총칭이기도 하다.

라우 Lau
영적 존재들. 안다만Andaman 제도[벵골 해]. 보통 눈에 보이지 않으나 인간 형상으로 인식되며 정글과 바다에서 산다. 안다만 섬사람은, 죽으면 라우가 된다.

라우니 Rauni
폭풍의 여신. 피노우그리아Finno-Ugric. 천둥 신 우코*의 배우자로 폭풍 후의 무지개를 관장한다.

라우드나 Raudna (마가목 [rowan tree])
여신. 그리스도교 이전의 라플란드Lapland. 천둥의 신 호라갈레스*의 배우자다.

라우드리 Raudri
어머니 여신. 힌두교(서사시와 푸라나). 인디아 남부에서는 사프타마타라* 어머니 신들보다 윗자리에 있으며, 아홉 별의 신들인 나바샥티스*들 중 하나다. 두르가* 또는 칼리(1)*로서 끔찍한 외양의 파르바티*와 동일시될 수 있다.

라우카마테 Lauka Mate
농업의 여신. 그리스도교 이전의 라트비아. 쟁기질하는 시간에 들판에서 숭배를 받는다.

라우키카데바타스 Laukika-Devatas
신들의 집단을 일컫는 총칭. 힌두교. 베다 문헌의 신들과 달리 민간전승에서 알려진 신들이다.

라이마 Laima
운명의 여신. 그리스도교 이전의 라트비아. 특히 분만하는 여성 및 신생아 수호와 관련이 있다. 번영과 행운의 가정 여신으로 여겨진다.

라이진 [雷神] Raijin
기후의 신(들). 신도[일본]. 천둥과 폭풍우를 통제하는 신들의 총칭. 이들 중 가장 중요한 신은 류진*으로 우레와 비의 신이다.

라자마탕기 Rajamatangi
여신. 힌두교. 연꽃 위에 서 있다. 상징은 푸른 연꽃, 류트, 달과 앵무새.

라카(1) Laka
춤의 여신. 폴리네시아[하와이]. 노래와 춤과 성적 자유의 쾌락을 숭배하는 섬사람들이 크게 경배하지만 하급 여신이다.

라카(2) Raka(1)
번영의 하급 여신. 힌두교(베다). 부의 획득과 관련이 있다.

라카(3) Raka(2) (근심)

바람의 신. 폴리네시아[쿡Cook 제도]. 태초의 어머니 바리마테타케레*의 다섯 번째 자식이다.

라카의 집은 깊은 대양인 모아나이라카우-Moana-Irakau다. 어머니로부터 바람을 담는 거대한 바구니를 선물로 받았고, 바람은 그의 자녀들이 된다. 자녀들은 수평선 끝에서 바람을 날릴 구멍을 하나씩 배당받았다. 어머니 여신은 라카에게 여러 유용한 것들에 대한 지식을 주었고, 그는 그것을 인간에게 전달해 주었다.

라케시스 Lachesis

운명을 판단하는 여신. 호메로스 이전의 그리스. 헤시오도스에 따르면 제우스*와 테미스*의 딸들 중 하나. 클로토* 및 아트로포스*와 더불어 고대 운명의 세 여신(모이라이*) 중 하나로 인간 생명의 실을 유지하며 두루마리를 잡은 모습으로 묘사된다.

라크타야마리 Rakta-Yamari (빨간 야마리)

신. 불교. 악쇼비야*의 한 발현이며, 야마리*의 이형異形이다. 색깔은 빨간색.

라크탈로케스바라 Raktalokesvara

신. 불교. 관음보살의 한 이형異形. 보통 붉은 꽃을 피운 아소카나무 아래에 앉아 있는 모습으로 묘사된다. 대중적으로는 '붉은 주님'으로 알려졌다. 상징은 갈고리, 활, 붉은 연꽃, 화살, 올가미.

라키브엘 Rakib-El

달의 신. 서셈족(시리아). 주로 서기전 8세기 무렵의 비문들에서 알려졌다.

라트나삼바바 RATNASAMBHAVA (보생불 寶生佛)

기원: 불교 [인디아]. 세 번째 선정불.

숭배 시기 : 서기전 500년 무렵부터 현재까지.

별칭 : 라트나헤루카Ratnaheruka.

숭배 중심지 : 아시아 전역.

참조 예술 : 조각, 그림.

문헌 자료 : 명상법 선집 〈사다나마라 Sadhanamala〉, 밀교 의례 문헌들.

금강승불교에서 인간 붓다의 신비적인 다섯 영적 대응자 중 하나. 감각과 관련된 우주의 가지를 나타내는 아디붓다*에서 나왔다. 노란 만트라 상징 트람 TRAM에서 기원하며 서쪽 낙원에서 산다. 보석들을 지니는 신 집단의 수장이며, 샥티*는 마마키*다. 보통 두 마리의 사자나 말들을 동반한다. 색깔은 노란색. 상징은 보석, 나무, 승복.

　라마교[티베트]에서 라트나삼바바는 수호신이며, 이 경우의 상징은 종과 보석이다. 아파라지타*, 잠발라*, 마하프라티사라*, 파라미타*들, 프라산나타라*, 라트나파니, 바즈라타라*, 바즈라요기니*, 비수다라* 등이 라트나삼바바의 발현이다. (악쇼비야*, 아미타바*, 아모가시다*, 바이로차나* 등을 보라.) 색깔은 노란색. 상징은 종과 보석.

라트나파니 Ratnapani (손에 보석이 있는)

신. 불교. 라트나삼바바*의 형상이며, 디야니붓다*이기도 하다. 색깔은 노란색이나 초록색. 상징은 보석과 달 원반.

라트나파라미타 Ratnaparamita

철학적 신. 불교. 보생불의 영적 자손. 색깔은 빨간색. 상징은 보석 지팡이와 연꽃 위의 달.

라트노스니사 Ratnosnisa

신. 불교. 남쪽 방향의 수호신들과 연결된 우스니사* 신. 색깔은 푸른색.

라트놀카 Ratnolka (보석 운석)

빛의 여신이자 신격화한 문학. 불교. 다라니*들 중 하나. 색깔은 노란색. 상징은 보석 지팡이.

라트리 Ratri

밤의 여신. 힌두교(베다). 라트리는 별들로 장식된 어둠이 의인화한 존재다. 새벽의 여신 우샤스*와 자매간이며 불의 신 아그니*와 함께 우샤스를 내쫓는다. 라트리는 우주의 영원한 법과 질서의 수호자이자 시간의 수호자로 인식된다.

보통 휴식과 새로운 활력을 제공하는 자비로운 신으로 여겨지며 어둠의 시간에 안전을 위해 라트리에게 기도한다. 아침 이슬을 선물로 넘겨준다. 그러나 어둠과 황폐함을 가져오는 냉혹한 모습도 있다.

라티 Rati

성적 욕망의 여신. 힌두교(서사시와 푸라나). 다크샤*의 딸이며 (어떤 문헌에서는 시바*의 딸), 카마데바*의 배우자다. 다양한 비슈누*의 화신들과 관련된 열두 샥티*들 가운데 하나다. 상징은 무기.

라티판 Latipan

창조신. 가나안. 일*을 보라.

라하르 Lahar

가축의 신. 메소포타미아(수메르). 전설에 따르면, 엔릴*과 엔키*는 곡식의 여신 아쉬난*과 협력하여 일하도록 라하르를 땅으로 보냈다. 도상학에서 라하르는 보통 어깨에서 곡식이 자라는 모습으로 그려진다. 활과 곤봉을 지닐 수 있고 종종 발치에 숫양이 있는 모습으로 묘사된다.

라하무 Lahamu

태초의 신. 메소포타미아(바빌로니아-아카드). 바빌로니아 창조 서사시 〈에누마 엘리쉬 Enuma Eliš〉에서 알려졌다. 티아마트*가 원시 대양에서 창조했으며 해저의 침적토沈積土로 표현되었다고 하는 한 쌍 중 하나이다. 라흐무Lahmu라고도 한다. 라하무는 아누(1)*를 낳은 안샤르*와 키샤르*를 창조했다.

라후 Rahu (잡는 자)
태초의 우주적 신. 힌두교. 카시야파* 또는 루드라*의 아들이다. 전설에 따르면 라후는 일식과 월식을 일으키기 위해 태양과 달을 잡는다.

라후는 손이 넷이며 꼬리가 하나인 모습으로 그려지거나, 비슈누*가 그의 몸을 파괴해서 머리로만 묘사되는 경우가 있다. 사자 위에 서 있거나 말 여덟 필이 끄는 전차에 서 있다. 색깔은 어두운 푸른색. 상징은 반달, 칼, 무기, 삼지창.

라흐무 Lahmu
태초의 신. 메소포타미아(바빌로니아-아카드). 바빌로니아 창조 서사시 〈에누마 엘리쉬〉에서 알려졌다. 티아마트*가 원시 대양에서 창조했으며 해저의 침적토(silt)로 표현되었다고 하는 한 쌍 중 하나이다. 라하무와 라흐무는 아누(1)를 낳은 안샤르*와 키샤르*를 창조했다.

락쉬마나 Laksmana (상서로운 표지가 있는)
신. 힌두교(서사시와 푸라나). 라마*의 배다른 형제 또는 동생. 다라사타와 수미트라Sumitra의 아들로 배우자는 우르미타 Urmita다. 종종 라마의 왼편에 서 있으며 활을 든 모습으로 묘사될 수 있다. (사트루그나*를 보라.) 색깔은 황금색. 상징은 활과 장식물.

락슈미 LAKSMI
기원: 힌두교(서사시와 푸라나) [인디아]. 비슈누*의 배우자.

숭배 시기: 서기전 300년 무렵이나 그 이전부터 현재까지.

별칭: 스리락슈미, 스리데비*, 다라니*. 또한 시타*를 보라.

숭배 중심지: 사원이 없으나 인디아 전역에서 숭배한다.

참조 예술: 보통 청동 조각들이지만, 돌로 된 것과 부조도 있다.

문헌 자료: 〈라마야나〉와 〈마하바라타〉, 푸라나 문학.

어머니 여신에 기원을 둔 힌두교의 주요 여신으로 추정되지만 지금은 부와 번영을 나타내며, 활동적인 여성 원리 또는 남성 신 안에 있는 성적 힘(샥티*)에 대한 후기 힌두교의 인식을 보여준다. 〈라마야나〉에 따르면, 락슈미는 원시 우유 바다에서 나타났다. 서기 400년 무렵부터 비슈누*의 배우자로 인식된 그녀는 보통 아름다운 황금빛 피부에 네 개의 팔이나 두 개의 팔을 지닌 모습으로 그려진다. 락슈미는 연꽃 위에서 휴식을 취하거나 서 있으며, 그녀를 수행하는 코끼리 두 마리가 이 연꽃에 물을 주는 모습으로 묘사되기도 한다. 락슈미는, 수천 개의 머리를 가진 뱀 세샤* 위에 누워 있는 비슈누의 발을 씻어주는 모습으로 나타나기도 한다. 비슈누가 자신의 화신들을 바꾸듯이 락슈미도 여러 모습으로 출현한다. 락슈미는 검은 피부를 한 파괴적인 칼리(1)*로도 출현한다. 여러 상징들이 있으나 가장 흔한 것은 연꽃이다.

락슈미는 힌두교의 모범적인 아내를 구현하며 충실하고 순종적이다. 비슈누의 화신 나라야나*의 무릎에 앉은 모습인 락슈미-나라야나로 묘사되기도 한다. 락슈미는 비슈누의 각기 다른 화신들과 함께 환생한다. 라마* 옆에서는 시타*가 되고, 크리슈나*와 함께 있을 때에는 처음에는 라다였다가 다음에는 루크미니*가 된다. 인디아에서는 특히 사업을 시작할 때 락슈미를 숭배한다. 10월 말이나 11월 초에 열리는 빛의 축제인 디왈리Divali 때 모든 가정은 락슈미를 공경하며 등불을 켠다. 도박을 함으로써 락슈미를 달래기도 한다.

락타누스 Lactanus
하급 농업 신. 로마. 우유를 생산하는 곡물을 만들거나 잘 자라게 한다고 한다.

란 Ran
폭풍의 여신. 북유럽[아이슬란드]. 아에기르*의 배우자다. 란은 선원들을 자기 그물로 모아서 소용돌이 속 바다 밑바닥으로 데려간다고 한다. 돈과 다른 봉헌물들을 배 밖으로 던져서 이 신을 달랜다.

랄라이아일 Lalaia'il

무당들의 신. 벨라쿨라 Bella Coola 인디언[캐나다 브리티시컬럼비아]. 무당으로 입문시키는 신이다. 숲에 살며 삼목 껍질로 감싼 나무 지팡이를 들고 다닌다. 지팡이를 흔들면 노래하는 소리가 난다. 랄라이아일은 종종 삼림지대의 호수나 연못을 방문한다. 여성이 그를 만나면 생리를 하고 남성이 그를 만나면 코피가 난다고 한다. 클레클라티에일 Kle-klati-e'il이라고도 한다.

랄루빔바 Raluvimbha

창조신. 바벤타 Baventa[트란스발, 남아프리카 북부]. 부족 추장은, 번개와 홍수와 역병에 이르기까지 모든 자연현상을 관장하는 이 신과 대화한다.

랑 Rang

사냥의 신. 누어족[수단]. 태양 광선은 랑의 불타는 창이다. 가랑 Garang이라고도 한다.

랑이누이 Ranginui

하늘 신. 폴리네시아와 마오리 부족. 배우자가 땅의 어머니 파파투아누쿠*인 폴리네시아의 하늘 아버지이다.

장기간의 분리되지 않는 성교를 통해서 이들은 폴리네시아 판테온의 첫 부모가 되었다. 자녀들은, 떼어놓기 어려운 부모들의 몸 사이에서 생명을 찾았다. 아들인 투마타우엥아*가 그들을 죽이려고 했지만, 숲의 신 타네마후타*의 조언에 설득 당했고, 그 둘은 가까스로 떨어졌다.

레 RE

기원: 이집트. 창조신이자 태양신.

숭배 시기: 서기전 3000년 무렵부터 서기 400년 무렵 이집트 역사 끝까지.

별칭 : 라Ra, 레아툼Re-Atum, 레케프리Re-Khepri, 아문레Amun-Re.

숭배 중심지 : 헬리오폴리스 및 나일 계곡 다른 지역.

참조 예술 : 조각, 부조, 벽화, 파피루스 도해.

문헌 자료 : 피라미드 본문, 관상 본문들, 웨스트카Westcar 파피루스.

레는 이집트 태양신과 창조신의 현현들 가운데 하나이며, 왕조 이전 시기의 파편화된 부족의 과거를 강조한다. 전설에 따르면 레는 태초의 대양에서 출현한 제방으로부터 자기 자신을 창조했다. 다른 곳에서는 태초의 연꽃에서 일어나는 어린이로 묘사된다. 레는 보통, 머리에 태양 원반이 있는 매의 형상으로 그려지며, 코브라 여신 와제트*의 뱀 형상이 원반을 둘러싸고 있다. 레는 또한 지하세계의 신으로도 인식된다. 어떤 비문에서는 '오시리스* 안의 레, 레 안의 오시리스'로 알려졌으며, 이런 경우 레는 종종 숫양 머리를 한 인간의 모습으로 자기의 범선을 타고 있다. 그리고 코브라 여신이 함께하고 태양 원반이 숫양 머리를 둘러싸고 있다. '레의 눈' 개념은 아주 복잡한 것이며, 본질적으로 그의 능력과 완전성을 포함하는 몇 가지 요소를 암시한다.

레 숭배는 제5왕조의 통치자들이 스스로 레의 아들이라고 칭했던 서기전 3000년대 중기부터 헬리오폴리스에서 무척 중요해졌다. 지하세계의 신 오시리스와의 밀접한 관계는 레가 결합된 신이라는 인식을 형성했다. 태양이 동쪽 지평선에서 뜰 때에는 레였다가, 밤이 시작될 때에는 서쪽 지평선의 주인인 오시리스가 되었다.

레는 굉장한 두려움을 주는 존재로 여겨졌다. 코브라는 즉시 천벌을 내릴 수 있는 그의 능력을 암시한다. 이와 대조적으로 레는 자기 눈물에서 인간을 창조했다고 한다. 레는 스스로 자신의 성기를 절단했고 거기서 떨어지는 핏방울로 몇몇 하급 신들을 만들었다고도 한다.

레그바 Legba

운명의 신. 폰족[베냉, 아프리카 서부]. 최고신 리사*와 그의 배우자인 달의 여신 마우*의 막내아들. 레그바는 또한 리사와 지상의 인간 사이에서 움직이는 사자 使者로 여겨지기도 한다.

레네누테트 Renenutet

뱀의 여신. 이집트. 풍산의 의미도 함축하고 있는 레네누테트는 코브라의 형태로 파라오 Pharaoh를 수호한다. 나일 계곡의 무척 비옥한 지대인 파이윰 Faiyum에서 숭배했다는 증거들이 있다. 레네누테트는 인간의 형상이나 모자 모양의 코브라 형상으로 그려진다. 코브라 형상은 뱀 모양의 표상(우라에우스 Uraeus)으로 구체화한 여신 와제트*와 밀접한 관련이 있다. 레네누테트의 시선은 적들을 정복할 수 있는 힘이 있다. 풍산 여신으로서 어린 왕들에게 젖을 먹이고 좋은 곡물을 수확할 수 있게 하는데, 이런 능력은 오시리스* 및 네페르*와 관련이 있다. 레네누테트는 또한 파라오의 아마포 옷과 파라오가 죽을 때 감싸는 붕대에 거주하는 마술적 능력이기도 하다.

에드푸 Edfu에서 레네누테트는 '로브 robes의 여인'으로 알려졌다. 그리스-로마 시대에 그리스인들은 레네누테트를 여신 헤르모우티스 Hermouthis로 받아들였다. 뒤에 이시스*와 혼합되었다.

레누스 LENUS

기원 : 켈트 (유럽 대륙). 치유의 신.

숭배 시기 : 선사 시대부터 서기 400년 무렵 그리스도교 시기까지.

별칭 : 요반투카루스 Iovantucarus, 레누스마르스 Lenus Mars.

숭배 중심지 : 트리어 맞은편 모젤 Moselle 강 왼쪽 제방, 영국 체드워스 Chedworth와 웨일스 캐어웬트 Caerwent.

참조 예술 : 조각, 돌로 된 부조, 봉헌 명판.

문헌 자료 : 로마노-켈트 비문들.

트레베리 Treveri의 켈트족이 숭배한 치유의 신이지만 후에 로마인들이 수용했다. 트리어 지성소는 많은 봉헌물을 맡겼던 순례의 장소였고, 조각들은 어린이 환자들이 종종 함께 있었음을 암시한다. 레누스의 지성소들은 보통 샘물들과 관련이 있었고 그렇지 않은 경우에는 아바톤abaton이라는 회복실이 있었다.

레다라토르 Redarator
하급 농경 신. 로마. 두 번째 쟁기질과 관련이 있고, 제물을 바치면서 이 신에게 기원하며 보통 텔루스* 및 케레스*에게도 함께 기원한다.

레레트 Reret
타웨레트*를 보라.

레바티 Revati
행운의 하급 여신. 힌두교(서사시와 푸라나). 자비로운 나크사트라*. 다크샤*의 딸이자 찬드라*(소마*)의 아내.

레반타 Revanta (부를 지닌)
사냥꾼들의 신. 힌두교. 수리야(1)*와 산즈나*의 아들. 주로 인디아 동부와 구자라트에서 알려졌다. 인간을 숲의 위험에서 지켜준다. 가끔 예술 작품에 묘사된다.

레비엔포길 LEBIEN-POGIL
기원: 유카기르족Yukaghir [시베리아 남동부]. 물활론적 '주인' 정령.

숭배 시기: 선사 시대부터 20세기 초반까지.

별칭: 알려진 바 없음.

숭배 중심지: 고정된 지성소들이 알려진 바는 없다.

참조 예술: 알려진 게 없지만, 익명의 나무 조각들의 주인공일 가능성이 있다.

문헌 자료: 요헬슨Jochelson의 〈유카기르 The Yukaghir〉.

땅의 우두머리 보호자. 숲의 주인 요빈포길*과 불의 주인 로킨포길*을 비롯해, 동물들의 여러 보호자들과 수호자들, 그리고 개인적이고 집단적인 보호자들이 그의 부하들이다. 사냥하는 사람들인 유카기르족은 이 주인들과 미묘하고 민감한 관계를 유지했다.

레사 Lesa

창조신. 남아프리카 동부. 잠비아와 짐바브웨의 광범위한 지역에서 최고신으로 알려졌다. 아프리카 서부 지역에서는 리사*와 동일시된다. 이슬람교의 영향을 강하게 받았으며 그리스도교의 영향도 다소 있었다. 레자Leza라고도 한다.

레셰프(아)무칼 Rešep (A)Mukal

전쟁과 역병의 신. 서셈족(가나안과 페니키아). 시리아에 기원을 둔다. 서기전 16세기 제17왕조 기간에 이집트에서 받아들였고 빠른 속도로 명성을 얻었다. 배우자는 이툼Itum이다. 레셰프아무칼 또는 레셰프술만Rešep-Sulman으로도 알려졌다.

　레셰프는 메소포타미아의 네르갈*을 모델로 했을 것이다. 젊고 호전적인 신으로 묘사되며 종종 이마에 솟은 가젤 머리를 하고 오른손에는 창을 들고 있다. 이집트 도상학에서는 가젤 머리가 얹어진 상이집트의 왕관을 쓰고 있다. 테베의 전쟁 신 몬투*와 관련이 있으며 이집트의 여러 파라오들은 전쟁의 수호신이라고 생각했다. 레셰프는 활과 화살로 선동가들을 쏘았다고 한다. 질병에 반대하여 자비로운 영향을 끼쳤다. 레셰프의 영향은 헬레니즘 이전 시기에 키프로스Cyprus까지 확장되었고 헬레니즘 시기에는 아폴론*과 결합되었거나 혼합되었다. 라샤프Rašap, 레셰프Rešef라고도 한다.

레아 Rhea

태초의 여신. 그리스. 우라노스*와 가이아*의 딸이며 크로노스*의 배우자이고 제우스*를 비롯한 올림포스 여러 신들의 어머니다. 헤시오도스의 〈신통기〉와 호메로스의 〈일리아스〉를 통해서만 알려졌다. 레아는 로마 문헌에서도 똑같은 이름으로 인식된다. 레이*라고도 한다.

레우코테아 Leukothea

바다의 여신. 그리스-로마. 지중해 어촌 해안 주변에서 인기를 누렸다. 원래 이노Ino였던 인어人魚로 카드모스Kadmos의 딸이다. 디오니소스*의 유모였으나 미치게 되었고 자기 아들 멜리케르테스Melikertes와 함께 바다로 뛰어들었다. 다른 전승의 이야기는 그녀가 테베의 왕 아타마스Athamas의 분노로부터 탈출하고 있었다고 한다. 신들은 레우코테아를 여신의 지위로 올려주었고 그녀의 아들은 팔라이몬* 신이 되었다.

레이 Rheie

레아*를 보라.

레토 LETO

기원: 그리스. 어머니 여신.

숭배 시기: 서기전 800년 무렵이나 그 이전부터 서기 400년 무렵 그리스도교 시기까지.

별칭: 라토Lato, 라토나Latona.

숭배 중심지: 리키아Lycia, 파이스토스Phaistos, 크레타.

참조 예술: 조소, 조각.

문헌 자료: 호메로스의 〈일리아스〉, 헤시오도스의 〈신통기〉.

'레토'라는 단어는 여인을 가리키는 지방 용어다. 이 그리스 여신은 아마도 더 이른 시기의 서아시아 모델에서 유래했을 것이다. 레토는 티탄족* 코이오스 Koeos와 포이베Phoebe의 딸이다. 그리스 종교에서 레토가 명성을 얻은 것은, 제우스*가 그녀를 임신시켰고 아르테미스*와 아폴론*의 어머니가 되었기 때문이다. 레토는 계모 헤라*의 격노로부터 아르테미스를 지켜주려고 종종 시도한다. 레토는 무덤의 수호 여신이기도 하다. 크레타 드레로스에서 아폴론 및 아르테미스의 청동 상들과 함께 레토의 초기 청동 상도 발견되었다. 리키아에서 레토는 최고의 여신이었고 파이스토스에서는 입문 신화(initiation Myth)의 중심이었다.

렌딕스트쿡스 Lendix-Tcux

수호신. 칠코틴Chilcotin 인디언[캐나다 브리티시컬럼비아]. 여러 인디언 부족들 가운데서 다양한 이름으로 알려진 '변화하는 존재'다. 인간에서 동물로 변할 수 있는 방랑자이며 인간 종족을 교육한다. 종종 까마귀나 개의 모습으로 나타나며 세 아들이 있다.

렐와니 Lelwani

지하세계 저승 신. 히타이트와 후르리족. 납골당과 관련이 있으며, 수메르의 에레쉬키갈*을 모델로 삼았을 가능성이 크다.

로고스 Logos

태초 이성의 영. 그리스. 유피테르*의 마음을 로고스로 인식했던 스토아학파들이 진전시킨 개념이지만, 일반적으로 신성한 본질로 인식했으며 여기에서 모든 신들이 나타난다고 보았다. 알렉산드리아의 필론(Philo of Alexandria)은 인간적 특성들을 로고스에 할당했다. 영지주의 그리스도교인 발렌티누스Valentinus는 로고스를 아버지의 마음에서 오는 말씀과 동일시했다. 교회 교부 알렉산드리아의 클레멘스(Clement of Alexandria)는 로고스가 우주의 첫 원리라고 주장했고, 오리게네스Origen는 로고스를 예수 그리스도의 몸에 체현된 원리로 보았다.

로노 Lono (소리)

태초의 존재. 폴리네시아[하와이]. 빛의 신 카네*, 견고함인 쿠*와 더불어 삼신을 이루는 신. 이들은 혼돈과 어둠 속에 존재했다가 빛이 들어올 수 있도록 어둠을 갈랐다. 마르키즈Marquesas 제도에서는 오노Ono라고 한다.

로두르 Lodur

창조신. 게르만. 신화에는 오딘(1)* 및 호에니르*와 더불어 삼신 중 하나로 언급되며, 인간을 생기게 했다.

로마 Roma

수호 여신. 그리스와 로마. 사실상 그리스인들이 고안한 신이며, 스미르나와 에페소스를 포함한 중심 지역에 신전들을 세웠다.

로모 Lomo

평화의 여신. 응반디족Ngbandi[자이르, 중앙아프리카]. 매일 해가 뜰 때 기도를 받는 일곱 신 중 하나.

로바 Loba

태양신. 두알라족Duala[카메룬, 아프리카 서부]. 지역 사람들은 해가 진 이후에 이 신이 다음 날 아침에도 다시 나타나기를 기원하면서 (로바에게) 기도한다.

로스메르타 Rosmerta (위대한 공급자)

풍요의 여신. 로마노-켈트(갈리아와 브리튼). 메르쿠리우스*의 배우자다. 국부적으로 숭배했을 것이며, 종종 과일 바구니나 지갑 또는 뿔 모양의 장식품을 들고 있는 모습으로 묘사된다. 로스메르타와 메르쿠리우스는 종종 함께 나타난다. 지갑에 더하여 쌍날 도끼를 들고 있을 수 있고, 뱀이 감겨 있는 메르쿠리우스의 지팡이 카두케우스caduceus를 들고 있는 경우도 있다.

로아 Loa

영적 존재들. 푸에르토리코와 아이티. 원래 노예들이 아프리카 서부에서 들여온 부두교voodoo의 신들이다. 이들의 형태는 그리스도교의 영향을 받았다.

로챠나[盧舍那] Locana (눈)

여신. 대승불교. 아쇼비야* 또는 바이로차나*의 샥티*. 색깔은 푸른색이나 하얀색. 상징은 컵, 기도바퀴, 연꽃. 붓다로차나*라고도 한다.

로카팔라 Lokapala
신들. 힌두교.

로케스바라 Lokesvara (세상의 주)
신들의 집단에 대한 총칭. 불교. 이 신들은 시바*와 비슈누* 및 선정불(디야니붓
다*)로 규정된 힌두교와 불교의 신들의 혼합으로 여겨진다. 이들은 보통 아디
붓다*나 아미타불(아미타바*)로 확인되는 작은 형상으로 묘사된다. 불교의 여
러 관세음보살* 형상들에 대한 이름이기도 하다.

로코 Loko
나무의 신. 폰족[베냉, 아프리카 서부]. 난로의 여신 아야바*의 형제. 특히 약초 채
집가들이 숲의 나뭇잎과 나무껍질에서 약을 얻기 전에 이 신께 기도드린다.

로키 LOKI
기원 : 북유럽 (아이슬란드). 신화에는 이중적인 특성의 소유자로 표현되었다.
숭배 시기 : 서기 700년 무렵 바이킹 시대부터 서기 1100년 무렵 그리스도교 시기까지.
별칭 : 롭트Lopt.
숭배 중심지 : 확실치 않다. 아마도 로키는 아스가르드Asgard (신들의 본거지)의 다른 신들처럼
　　숭배를 받지 않았을 것이다.
참조 예술 : 익명의 조각품들에 보이는 주인공일 것이다.
문헌 자료 : 스노리의 〈산문 에다〉, 삭소의 〈덴마크 역사〉.

로키는 짓궂고 술수에 능하며, 재미있으면서도 때로는 못된 성격을 지녔다.
스노리는 로키를 '외양은 호감이 가고 잘생겼으며, 성격은 악하고, 행동은 아
주 변덕스러운' 존재로 묘사했다. 로키는 신들 중에서는 천덕꾸러기이며 거인
들과 특별한 관계를 갖고 있다. 특히 라그나뢰크Ragnarok(심판) 때 그들의 배 키
를 잡는다. 로키의 성실함은 항상 의심을 받는다. 거인 파르바우티Farbauti의
아들이라고 한다. 로키는 또한 추문을 퍼뜨리는 자이기도 하다. 발데르*의 죽

음에 간접적인 책임이 있고(스노리에 따르면 직접적인 책임이 있다), 하임달*과 싸웠다. 때로는 여러 위험에서 잔꾀로 신들을 구하는 영웅으로 나타난다. 때로 악을 나타내기도 하며 그리스도교 시기에는 악마와 비교되었다. 마음대로 모양을 바꿀 수 있으며, 여러 시기에 암말, 벼룩, 파리, 매, 바다표범, 늙은 암양 등으로 체현되었다고 한다. 암말 로키는 오딘(2)*의 말 슬라이프니르Sleipnir를 낳았다. 로키는 또한 세계의 뱀, 지옥의 여주인 헬*과 라그나뢰크 때 태양을 삼키는 늑대 펜리르Fenrir를 낳았다고 한다.

로키의 유명한 상징물들 중에는 능란한 도둑이 되어 여러 시기에 훔친 프레이야*의 목걸이, 토르*의 허리띠와 철로 된 보호구, 젊음의 사과들 등이 있다. 로기logi라는 말이 불을 의미하지만, 로키가 불의 신이라는 의견은 지지를 받지 못하고 있다.

로킨코로모 Lo'cin-coro'mo
화로의 정령. 유카기르족[시베리아 남동부]. 가족과 함께 이주하는 가정의 수호자. 로킬Lo'cil 또는 예기레Yegile라고도 한다.

로킨포길 Lo'cin-po'gil
불의 정령. 유카기르족[시베리아 남동부]. 불이 신격화한 '주인들' 중 하나다.

로투르 Lothur
육체적 감각의 신. 북유럽(아이슬란드). 〈시 에다〉의 〈볼루스파Voluspa〉의 간략한 언급에 따르면 로투르는 시각, 청각, 언변 등 육체적 특성과 관련이 있다. 어떤 작가들은 오딘(2)*의 본질이라고도 한다. 로투르는 게르만 북부 전승에도 알려져 있다. 로두르*라고도 한다.

로히니 Rohini (빨간)
1. 행운의 하급 여신. 힌두교(서사시와 푸라나). 자비로운 나크사트라*. 다크샤*의 딸이자 찬드라*(소마*)의 아내. 부다*의 어머니다. (가우타마 붓다*의 어머니가

120

아니다.)

2. 배움의 여신. 자이나교. 여신 사라스바티*가 이끄는 열여섯 비디야데비* 중 하나.

롱오마이 Rongomai

고래의 신. 폴리네시아와 마오리 부족. 대양과 물고기를 관장하는 창조신 탕아로아*의 아들이며 무지개를 관장하는 신 카후쿠라*의 아버지다. 몇몇 마오리 씨족들의 조상으로 여겨지기도 한다.

다양한 전승이 롱오마이와 연결되어 있다. 뉴질랜드의 어떤 지역에서 롱오마이는 전쟁의 신으로 여겨지며, 지하세계를 방문하는 동안 마법을 예방하는 주문인 카이화투 kaiwhatu를 비롯해 여러 술책을 발견했다고 한다. 롱오마이는 때로 아주 다른 특징을 지닌 롱오마타네*나 롱오 Rongo와 혼동해 잘못 알려지기도 한다. 고래들의 복리를 관장하는 신인 롱오마이는 고래의 형상을 취할 수 있고, 고래의 모습을 하고서 뉴질랜드의 전쟁의 신 마루*에게 도전한 적도 있다. 또 다른 신화는 롱오마이가 혜성의 형상으로 하늘에 있다고 한다.

롱오마타네 Rongomatane

농업의 신. 폴리네시아와 마오리 부족. 경작한 식량의 아버지이며, 폴리네시아에서는 지극히 중요한 작물인 고구마의 특별한 재배자다. 뉴질랜드에서는 첫 수확한 고구마를 롱오마타네에게 바쳤다. 쿡 제도의 전승에서 롱오는 달의 신 바테아 Vatea와 어머니 여신 파파 Papa의 다섯 아들 중 하나다.

루갈이라 Lugal-Irra

지하세계 저승 신. 메소포타미아(수메르와 바빌로니아-아카드). 아마도 바빌로니아 역병의 신 에라*의 변종일 것이다. 접두사 루갈 Lugal은 '주인'을 뜻한다. 종종 전쟁의 신 메스람타에아*와 짝을 이룬다.

루그 (또는) 루 LUG

기원 : 켈트 (아일랜드). 기예 (skills)의 주인.

숭배 시기 : 옛날부터 서기 400년 무렵이나 그 이후 그리스도교 시기까지.

별칭 : 따로 없다.

숭배 중심지 : 루구두눔 Lugudunum (지금의 리용)과 유럽 대륙 다른 지역. 서기전 1세기에 갈리아에서 온 정착민들과 함께 아일랜드로 왔을 가능성이 있다.

참조 예술 : 다양한 돌 조각.

문헌 자료 : 〈침략의 서〉, 〈왕들의 전설〉.

문헌은, 루그가 아일랜드 판테온에 비교적 늦게 나타났으며, 정복할 수 없는 속성을 지닌 튼튼한 창과 투석기를 능란하게 다루는 부족 신이었다고 추론한다. 루그의 별명 중 하나는 '긴 팔'이라는 뜻의 라바다 Lamfhada다. 젊은 신이며 다가드 Dagad보다 더 매력적인 외양을 지니고 있다. 8월 1일 열렸던 특별한 농민 축제 루그나사드 Lugnasad는 루그를 기리는 주요 축제였던 것으로 보이며, 늦게 들어온 루그가 부족 신 트로그라인 Trograin을 대체했다는 것을 암시한다. 8월 축제의 다른 이름은 브론 트로그라인 Bron Trograin (트로그라인의 격정)이었다. 켈트의 여러 신들과 마찬가지로 루그도 형태를 바꿀 수 있었으며, 따라서 링스 lynx라는 이름을 가졌을 가능성이 있다. 유럽 대륙과 영국에 있는 루구두눔 (리용)과 루구발리움 Luguvalium (지금의 칼라일)과 같은 지역 이름들은 로마노-켈트와의 밀접한 관련을 보여준다.

루기에비트 Rugievit

지역 수호신이자 전쟁 신. 슬라브. 덴마크 역사가 삭소 그람마티쿠스 Saxo Grammaticus는, 루기에비트가 뤼겐 Rügen 섬에 살고 있으며, 머리가 일곱에다 무기를 들고 있는 모습을 하고 있다고 묘사했다.

루나 Luna

달의 여신. 로마. 그리스 모델 셀레네*에서 유래했지만 헤카테*와도 비교할 수 있다. 주요 신전이 로마 아벤티노 언덕에 있었다.

루낭 Lunang

강의 여신. 카피르족[아프가니스탄 힌두쿠시]. 프라순 강의 수호 여신인 루낭은
어리고 변덕스런 소녀로 인식되며 사나운 강물의 흐름을 반영한다.

루다 Ruda

수호신. 이슬람교 이전의 북아라비아. 금성으로 상징되는 남녀 양성적 존재.
아르수*라고도 한다.

루드라 Rudra (우는 자)

기후의 신. 힌두교(베다). 강풍과 폭풍을 통제하는 시바*가 광범위하게 대체한
초기의 신. 종종 불의 신 아그니* 및 비의 신 인드라*와 연결되어 있다. 악의적
인 신인 루드라는 보통 산에 살며, 키가 크거나 난쟁이이며 극심한 폭풍에 의
존하는 것으로 여겨진다. 루드라는 자신의 '무수한 화살들'로 인간과 가축에
게 죽음과 질병을 가져오며, 매우 예측하기 어렵다고 알려졌다.

루드라니 Rudrani

여신. 힌두교. 두르가*의 별명이며, 두르가 축제에서 생리 전의 어린 소녀로 인
격화한다.

루드라차르치카 Rudracarcika

어머니 여신. 힌두교(푸라나). 모신들의 집단인 아스타마타라*의 일원이며, 여
신 두르가*의 이형異形이다.

루드라찬드라 Rudracandra

여신 두르가*의 독특한 형상. 힌두교. '아홉 두르가들'로 알려진 집단의 일원.

루디오부스 Rudiobus

말[馬]의 신일 가능성이 크다. 로마노-켈트(갈리아). 말을 묘사한 그림이 포함되어 있는 뇌비앙쉴리아 Neuvy-en-Sullias의 비문에서 알려졌다.

루랄 Lulal

지위가 불확실한 신. 메소포타미아(수메르와 바빌로니아-아카드). 수메르 문헌 〈인안나의 하강 Descent of Inanna〉에는 바드티비라 Badtibira에 살고 있는 것으로 언급되었다. 라타라크 Latarak와 관련이 있다.

루미나 Rumina

하급 여신. 로마. 모유 수유와 관련이 있다.

루방가(1) Lubanga

건강의 신. 부뇨로 Bunyoro[우간다, 아프리카 동부]. 맥주를 봉헌하면서 루방가를 부른다. 루방가 지성소들은 늘어선 나무들로 둘러싸여 있다.

루방가(2) Rubanga

창조신. 알루르족 Alur[우간다, 자이르, 아프리카]. 루방가의 거룩한 새는 따오기다.

루방갈라 Lubangala

무지개의 신. 바콩고족 Bakongo[자이르, 중앙아프리카]. 폭풍 신의 주요 적수. 루방갈라는 천둥을 고요하게 하고 하늘에 자기 모습을 드러낸다. 땅과 바다, 마을과 공동체의 수호신으로 여겨진다.

루아모코 Ruamoko

화산과 지진의 신. 폴리네시아와 마오리 부족. 전승에 따르면 루아모코는 랑이누이*와 파파투아누쿠*의 막내로 무서운 울화병에 걸렸다고 한다. 나이 든 그의 형제들이, 하늘과 땅 사이의 공간으로 빛이 들어올 수 있도록 하기 위해서 첫 부모들의 영원한 성행위를 분리시키려고 하자, 루아모코는 분개했고 그의 울화가 터져 화산 폭발과 지진의 폭력으로 드러났다.

루아모코는 하와이에서 주로 경배하는 폴리네시아의 화산 여신 펠레*보다는 덜 중요하다.

루크미니 Rukmini (황금 장식을 한)

창조신. 비스마카Bhismaka의 딸로 크리슈나*의 첫 배우자이며 전형적으로 그의 오른편에 서 있다. 루크미니의 아들은 카마*다. 락슈미*의 화신이기도 하다. 상징은 연꽃. 루크마바이Rukmabayi라고도 한다.

루키나 Lucina

분만의 하급 여신. 로마. 아기를 세상에 데려오는 일에 관계한다. 보통 칸델리페라* 및 카르멘테스*와 관련이 있다.

루페르쿠스 Lupercus

늑대들의 신. 로마. 2월 15일 열렸던 루페르쿠스 축제는 루페르칼리아Lupercalia라고 불렸다.

루피니 Rupini

하급 여신. 대승불교. 붓다카팔라*의 수행 신이다.

루항가 Ruhanga

창조신. 부뇨로[우간다, 아프리카 동부]. 세상의 창시자다. 좀처럼 불리지 않으며, 다소 먼 존재로 여겨진다.

룬다스 Rundas

행운의 신. 히타이트와 후르리족. 사냥과도 관련이 있으며 발톱으로 먹이를 운반하는 쌍두 독수리로 상징화된다.

류진[竜神] Ryujin
용신. 신도[일본]. 천둥과 비를 통제하는 신이며 라이진*으로 알려진 기후의 신 집단 중에서 가장 중요하다. 중국에서 기원하며 신도보다는 불교적이다. 〈일본서기〉와 〈고사기〉에는 나타나지 않지만 여러 신사에서 숭배하며 특히 가뭄 시기에 농부들의 숭배를 받는다. 류진은 바다와 호수와 큰 연못에서 살며 안개와 바람 속에서 공중으로 올라간다. 어두운 비구름을 생성한 다음에 그것을 터뜨린다. 주요 축제가 6월에 열린다.

르부스 Rbhus (숙련된)
태양신들. 힌두교(베다). 〈리그베다〉에서는 신들의 장인匠人들로 확인되며 마루트스Maruts와 연관이 있다. 인드라*의 인도를 받는다.

르사바 Rsabha (황소)
신. 힌두교(서사시와 푸라나). 비슈누*의 유별난 화신. 자이나교의 신 르사바나타Rsabhanatha와 비슷하다고 하며, 이런 이유 때문에 국부적으로 자이나교를 흡수함으로써 두 종교를 혼합하려는 시도로 제시될 수도 있다.

리기사무스 Rigisamus
전쟁의 신. 로마노-켈트(갈리아). 마르스*에 동화되었다.

리디 Riddhi (번영)
여신. 힌두교(서사시와 푸라나). 가네샤*의 배우자들 중 하나이지만 외양은 락슈미*와 무척 비슷하다. 혼자 서 있을 때에는 락슈미의 상징물들을 가지고 있다.

리디바시타 Riddhivasita (번영 통제)
하급 여신. 불교. 영적 갱생 수련을 의인화한 바시타* 중 하나. 색깔은 초록색. 상징은 달 원반.

리르 (또는) 리에 Lir

신. 켈트(아일랜드). 바다의 신 마나난*의 아버지이며 이브 Aobh의 배우자이고 후에는 이브의 자매 이퍼 Aoife의 배우자다. 리르는 이브에게서 네 자식을 두었다. 아이드*, 콘 Conn, 피아하라 Fiachra, 피오뉼라 Fionnuala가 그들이다. 이퍼는 질투하여 리르의 자식들을 백조로 바꿔버렸고 아버지와 자식들이 서로 적대하게 만들었다.

리반자 Libanza

창조신. 방갈라족 Bangala[자이르, 중앙아프리카]. 자기의 자매(또는 배우자)인 은송고*와 함께 한 쌍의 최고신을 이룬다. 리반자는 콩고 강 바닥에 살고 있으며, 수로를 여행하면서 풍요로움을 줄 뿐만 아니라 형벌로 홍수도 일으킨다. 일반적으로 자비로운 신으로 여겨진다. 이반자 Ibanza라고도 한다.

리베라 Libera

땅의 여신. 이탈리아. 리베르*와 케레스*의 딸이다.

리베랄리타스 Liberalitas

하급 신. 로마. 황제들이 선전 수단으로 이용한 관용의 정령이다. 특히 서기전 2세기부터 숭배했다.

리베르 Liber

땅의 풍요 신. 이탈리아. 원래 농업 및 곡물과 관련이 있었으나 디오니소스*와 융합되었다. 케레스*의 배우자이며 여신 리베라*의 아버지다. 리베르 축제 리베랄리아 Liberalia는 3월 17일에 열렸고 젊은 남자들이 성년에 이르렀음을 경축했다.

리베르타스 Libertas

하급 (여)신. 로마. 법치 정부와 자유 관념의 신으로 서기전 2세기부터 알려졌다. 상징물에는 홀笏, 창, 해방된 노예들이 해방의 표시로 쓸 수 있었던 특별한 모자 필레우스pileus 등이 포함되어 있다.

리비티나 Libitina

죽음의 저승 여신. 로마. 장례식 및 매장과 관련이 있다.

리사 Lisa

창조신. 폰족 및 다른 지역들[베냉, 아프리카 서부]. 아프리카 동부 일부 지역의 레사*와 같은 신일 것이다. 이슬람교와 그리스도교의 확산으로 영향을 받아서 어느 정도 유일신과 같은 역할을 하는 최고신이다.

리아논 Rhiannon

땅속의 말[馬] 여신. 켈트(아일랜드). 헤바이드헨Hefaidd Hen의 딸이자 퓔*의 배우자로 하얀 암말을 탄다. 지하세계 및 풍요와 관련이 있다. '위대한 여왕'을 뜻하는 로마-켈트의 여신 리간토나Rigantona와 사실상 같은 신일 수 있다. 작가들은 리아논이 여신 모드론*을 모델로 삼았다고 시사한다. 리아논은 어느 정도 에포나*와 동일시된다.

리안자 Lianja

신. 은쿤도족Nkundo[자이르, 중앙아프리카]. 서사시 〈은송고와 리안자 Nsongo and Lianja〉의 주인공이 되었지만, 오늘날에는 아마도 그리스도교의 영향으로 오히려 영웅적 인물로 여겨진다.

리양곰베 Ryangombe

수호신. 르완다족Rwanda[아프리카 동부]. 조상신이며 신탁의 능력을 지닌 정령세계의 왕이다.

리에트나이르긴 Lietna'irgin (진짜 새벽)

새벽의 정령. 척치족[시베리아 동부]. 여러 방향의 새벽과 관련된 네 존재 중 하나다. 트네스칸*, 므라트나이르긴*, 나치트나이르긴* 등을 보라.

리토나 Ritona

강여울의 여신. 로마노-켈트. 비문에서 알려졌고 트레베리 부족과 관련이 있다.

린트 Rind

땅의 여신. 게르만 북부와 북유럽(아이슬란드). 린트는 오딘(2)*의 배우자이자 발리(2)*의 어머니로 언급된다. 린다 Rinda 또는 린드르 Rindr라고도 한다.

릴루리 Liluri

산의 여신. 서셈족(시리아). 기후의 신 마누지 Manuzi의 배우자다. 릴루리의 거룩한 동물은 황소다.

릴리트 Lilith

황폐의 여신. 메소포타미아(수메르). 서사시 전설 〈길가메쉬와 훌루푸나무 Gilgameš and the Huluppu〉에서는 악마적 모습으로 그려지며, 우눅의 유프라테스 강둑 위에서 자라는, 인안나*의 거룩한 나무에서 거주한다고 한다. 길가메쉬가 릴리트를 공격하자 그녀는 황폐한 사막으로 도주한다.

링가 Linga

신을 나타내는 상징. 힌두교. 시바*를 표현하는 남근 형상이다.

마 Ma

풍요와 식물의 여신. 카파도키아Cappadocia(아나톨리아)[터키]. 폰투스Pontus의 고
대 도시 코마나Comana의 수호 여신으로 신성한 창녀로 일하는 여사제들의 섬
김을 받았으며, 마를 기리는 축제가 2년마다 열렸다. 마는 점차로 태양과 관
련된 전쟁 여신의 역할을 맡았고 결국 로마 여신 벨로나*와 혼합되었다. 코마
나 지역의 동전들에 묘사된 마의 모습은, 빛나는 태양신 머리를 하고 있으며
무기와 방패를 들고 있다.

마가 Magha

행운의 하급 여신. 힌두교(서사시와 푸라나). 자비로운 별의 신(나크사트라*), 다
크샤*의 딸이며 찬드라*(소마*)의 부인이다.

마나난 (맥리르) Manannan (Mac Lir)

바다의 신. 켈트(아일랜드와 브리튼). 널리 숭배를 받았던 신이다. 맨Man 섬은 이
신의 이름에서 유래했고, 전승에 따르면 이 섬에 묻혔다고 한다. 마나난은 '축
복받은 사람들의 섬'을 다스리며 바다의 날씨를 결정한다. 아일랜드의 영웅 몬
간Mongan의 아버지다. 웨일스에서는 마나위단*이라고 한다.

마나비 Manavi (마누에서 내려온)
배움의 여신. 자이나교[인디아]. 여신 사라스바티*가 인도하는 열여섯 지혜의
여신들 중 하나다.

마나사 Manasa
뱀 여신. 힌두교. 카시야파*와 카드루*의 딸이자 뱀들의 주 바수키Vasuki의 자
매. 마나사는 파르바티*의 은혜로운 모습이기도 하다. 특히 비하르Bihar, 벵
골, 아삼Assam에서 알려졌다. 머리가 일곱 달린 뱀 위에 서 있거나 그 뱀에 덮여
있다. 상징은 뱀, 물병.

마나시 Manasi (영적인)
배움의 여신. 자이나교[인디아]. 여신 사라스바티*가 인도하는 열여섯 지혜의
여신들 중 하나다.

마나와트 Manawat
운명의 여신. 서셈족(나바테아). 여러 비문에서 언급되었다.

마나위단 Manawyddan
바다의 신. 켈트(웨일스). 아일랜드의 신 마나난*에 해당한다. 리아논*의 배우
자이며 능숙한 장인匠人으로 여겨진다.

마나트 Manat (운명)
여신. 이슬람교 이전의 아라비아. 알라(2)*의 딸들이라 불리는 이들 중 하나
로, 메카Mecca와 메디나Medina 사이에 있던 (잃어버린) 한 사원과 동일시된다.

마네스 Manes
화로의 신들. 로마. 육체에서 분리된 영혼들로 조상 숭배의 대상이다. 로마 가
정에서는 수호신으로 분류되었다. 파렌탈리아Parentalia 축제에서 이 신들을 기

린다. 묘비에 쓰는 관용적 표현인 디스 마니부스Dis Manibus의 기원이다.

마노엘토엘 Manohel-Tohel

창조신. 마야(고대 메소아메리카)[멕시코]. 특별히 인간 창조와 관련된 신으로, 인간에게 육체와 영혼을 주고 동굴에서 빛으로 인간을 안내한다고 한다.

마누 Manu

태초의 창조신. 힌두교(베다). 수리야(1)*의 아들(들). 신비 시대 또는 영웅 시대의 열넷의 인간 조상에게 붙여진 이름이다. 전승에 따르면, 마누의 배우자 이다Ida는 우유와 버터에서 나왔고 시바*에게 속죄물로 봉헌되었다.

마눙갈 Manungal

지하세계 저승 신. 메소포타미아(수메르와 바빌로니아-아카드). 하급 신이며 비르두*의 배우자다.

마니 Mani

달의 신. 게르만과 북유럽(아이슬란드). 마니는 밤하늘을 헤치며 달의 전차를 몬다. 라그나뢰크 때 세상의 몰락에 관여한다.

마니다라 Manidhara (보석을 잡은)

하급 신. 대승불교. 사닥사리*의 수행 신. 상징은 보석과 연꽃.

마니토 Manito

창조자. 에스키모(오지브와족). 모두 똑같은 명칭으로 확인되는 강력한 존재들 중 하나다. 네 바람(신), 천둥새들, 지하수의 신들, 영웅 신 니니보조* 등이 이 신들에 포함된다. 이들은 존재의 궁극적 원천이며 삶을 지속하는 데 가장 중요하다. 인간은 이 신들과 긴밀한 소통을 유지하는 게 필요하다.

마니투 Manitu

창조신. 알곤킨Algonquin 인디언[미국]. 모든 사물을 통제하고 부족에게 지식을 분배한다는, 막연하게 정의된 존재다. 하늘의 위대한 정령으로 정의될 수도 있다. 아마도 마니토*와 비슷할 것이다.

마두카라 Madhukara (벌꿀을 만드는 자)

신. 불교. 힌두교 신에서 유래하였으며 카마*와 동등하다. 앵무새들이 끄는 전차를 타고 있다. 색깔은 하얀색. 상징은 화살, 깃발, 활, 술잔.

마라 Mara (파괴자)

1. 신. 불교. 붓다*의 길에 장애물을 놓는 악신. 힌두교의 신 카마*에 해당된다. 불교 전통에서 힌두교 신들인 브라마*, 비슈누*, 시바*는 불교의 여러 신들에게 정복당한다. 상징은 물고기.
2. 신. 힌두교. 카마데바*의 별명.

마라마 Marama

달의 여신. 폴리네시아(마오리). 마라마는 탕아로아*의 딸인 타히티의 여신 히나*와 같다. 전승은, 달의 주기에 따라서 마라마의 몸이 약해지지만 모든 생명이 약동하는 바다에서 목욕을 하면 회복된다고 한다.

마라말리크 Maramalik

지하세계 저승 신. 카피르족[아프가니스탄]. 자세한 정보가 알려지지 않았다.

마루 Maru

전쟁의 신. 폴리네시아와 마오리. 전쟁 때 뉴질랜드의 마오리 부족이 공경하는 가장 중요한 신들 중 하나다. 공격적인 얼굴에 두드러진 머리 술, 노려보는 눈, 불쑥 내민 혀를 한 토템들은 대개 신들이 아닌 부족의 조상들을 나타내지만 마루 토템이 될 수 있다. 세계적인 럭비 시합 전에 뉴질랜드 팀이 대중적으로 묘사하는 마오리 부족의 전쟁 춤과 노래에서 마루를 부르는 경우가 있다.

마루트가나 Marutgana

폭풍의 신. 힌두교(베다). 루드라*의 아들들이며 인드라*의 수행 신들이다. 마루트스Maruts라고도 한다.

마르나스 Marnas

지역 수호신. 이슬람교 이전의 아라비아 북부. 풍요의 신이었을 것이다. 마르네이온Marneion 지성소가 다곤*의 지성소로 계승된 곳으로 보이는 가자가 마르나스 숭배의 중심지였다. 가자 근처에서 발견된, 제우스*로 추정되는 거대한 조각상들은 마르나스의 상일 수 있다.

마르둑 MARDUK

기원: 메소포타미아 (바빌로니아) [이라크]. 창조신이자 국가 신.

숭배 시기: 서기전 2000년 무렵이나 그 이전부터 서기전 200년 무렵까지.

별칭: 루갈디메르안키아Lugal-dimmer-an-ki-a (하늘과 땅의 거룩한 임금), 아샬루헤Ašalluhe, 메로다크Merodach. 바빌로니아 창조 서사시에 따르면 적어도 50여 개의 다른 이름이 있다.

숭배 중심지: 바빌론.

참조 예술: 장식판, 봉헌석주, 조각 등.

문헌 자료: 쐐기문자 문헌들, 특히 바빌로니아 창조 서사시 〈에누마 엘리쉬〉.

마르둑은 바빌로니아의 으뜸신이며, 부분적으로는 수메르 모델에서 유래했을 가능성이 있지만, 바빌론의 수호신이다. 마르둑의 부모는 엔키*와 담갈눈나* 또는 에아*와 담키나*다. 배우자는 자르파니툼* 여신이며 매년 새해 축제 때마다 혼인이 다시 행해졌다. 구바빌로니아 시대에는 마르둑이 비교적 덜 중요했으나 후대에 오면서 두드러지게 되었으며, 안(1)*의 역할을 취하고 엔릴*의 자리를 대신하게 되었다. 아시리아가 세력을 잡았던 시기에 아시리아 필경사들은 마르둑을 아수르*로 대체했다.

창조 서사 신화에서 마르둑은 대양의 힘인 티아마트*와 겨루는 태초의 우주적 싸움에 참여한다. 마르둑은 티아마트를 죽이고 시체를 둘로 찢어서 하늘과 땅을 만든다. 티아마트는 심연 압수*의 죽음에 대한 보복으로 그와 싸웠고 압수와 꼭 닮은 에샤라 Ešarra를 창조했다고 한다.

마르둑의 상징은 메소포타미아에서 농기구로 쓰이는 마르 mar라는 삼각형 삽이다.

주요 마르둑 축제인 아키투는 새해에 열렸고 서기전 200년 무렵까지 이어졌다. 서기전 538년 무렵 페르시아의 통치자 캄비세스도 아키투 신년 축제를 열었다. 바빌론에 있는 마르둑 지성소는 에사길라 Esagila와 에-테멘-안키 E-temen-anki 지구라트다.

마르스 MARS

기원 : 로마. 전쟁의 신.

별칭 : 아레스*.

숭배 중심지 : 로마의 마르스 울토르 Mars Ultor 신전.

참조 예술 : 많은 조각상들.

문헌 자료 : 베르길리우스의 〈아이네이스 Aeneid〉 등.

마르스는 식물 신에 기원을 두고 있을 수 있으나, 그리스 전쟁 신 아레스*를 모델로 삼게 되었다. 유피테르*와 유노*의 아들이며 로마 판테온의 주요 신들 중 하나로 모든 군인들의 수호신이다. 로마 시대 브리튼에서 특별히 인기를 누렸다.

마르스는 갑옷을 입고 깃털이 달린 투구를 쓴 모습으로 묘사된다. 그리고 방패와 창을 들고 있다. 마르스의 수행원들 중에는 메투스 Metus(공포), 데미오스 Demios(불안), 포보스 Phobos(경고), 에리스*(불화), 팔로르 Pallor(테러) 등이 포함되어 있다. 마르스는 그의 전차를 운전하는 로마의 하급 전쟁 여신 벨로나*와 종종 연결되어 있다. 마르스는 신들과 거인들 사이에 벌어진 태초의 전쟁에 자진해서 참가했다. 배우자는 베누스*이며 하르모니아*와 큐피드*, 안테로스Anteros의 아버지다. 마르스는, 자매의 법을 어겼기 때문에 산 채로 묻힌 베스탈 일리아Vestal Ilia와 낭만적인 관계를 가졌다. 일리아를 통해서 로마의 창설자라고 주장되는 로물루스Romulus를 낳았고, 로물루스에게 죽은 레무스Remus도 낳았다. 로마 장군은 전투에 나가기 전에 마르스 신전에서 마르스에게 기원하는 것이 관례였다. 맹렬한 날씨로 유명한 3월(March)의 이름 마르티우스Martius는 마르스에 기원을 두며, 마르스에게 봉헌된 달이다.

로마 군대의 훈련장은 캄푸스 마르티우스Campus Martius(마르스의 마당)로 알려졌다. 마르스의 신성한 동물들 중에는 황소와 늑대, 딱따구리가 포함되어 있다.

마르투 Martu

수호신. 메소포타미아(수메르). 문헌에는 니나브Ninab의 수호신으로 언급되었지만, 다른 곳에서 발견된 경우는 없다. 진짜 수메르 신은 아니었을 가능성이 크지만, 알려지지 않은 서셈족 문화에서 받아들였을 것이다. 마르투는 때로 폭풍 신과 동일시된다.

마리(1) Mari(1) (살해하는)

1. 문헌이 신격화한 존재. 불교. 다라니*들 중 하나. 색깔은 불그스레한 흰색. 상징은 바늘, 실, 지팡이.
2. 어머니 여신. 드라비다족(타밀)[인디아 남부]. 마리마이*를 보라.

마리(2) Mari(2) (여왕)

최고의 어머니 여신. 바스크Basque[피레네 지역]. 하늘의 여신이자 땅의 여신이며 배우자는 마후*다. 마리는 부유한 옷을 입고 보석으로 치장한 모습으로 묘사된다. 마리의 집은 땅에 있으나 말 네 필이나 숫양 한 마리가 끄는 전차를 타고 공중으로 가기도 한다. 불을 토해낼 수도 있으며 무지개로 상징화한다. 마리와 배우자가 만날 때 천둥을 동반한 폭풍우가 형성된다. 악을 쫓아내기 위한 낫이 마리의 상징이다.

마리마이 Mari Mai (어머니 죽음)

역병의 여신. 힌두교. 콜레라와 관련된 시탈라*의 누이. 타밀 사람들에게는 마리얌만*에 해당된다.

마리얌만 Mariyamman (천연두의 어머니)

역병의 여신. 드라비다족(타밀)[인디아 남부]. 나바샥티* 중 하나이며 끔찍한 여신으로 여신 칼리(1)*와 연결되어 있다. 마리얌만을 공경하는 어떤 의례에서는, 참회의 희생자들이 등살에 밧줄과 쇠갈고리를 걸고 기둥 주위를 돈다. 마리야탈Mariyattal이라고도 한다.

마리치 Marici (빛나는)

1. 별의 여신. 대승불교. 바이로차나*의 한 발현이자 그의 여성적 모습이기도 하다. 더욱이 마리치는 보살로 확인된다. 석가모니의 어머니로 나타나는 수도 있다. 힌두교의 수리야(1)*와 동일하다고 보는 이들도 있다. 마리치는 하야그리바*의 배우자 여신으로서 머리가 셋인 형상으로 묘사될 수 있으며, 이 경우에 왼쪽 머리는 돼지머리다. 일곱 마리의 돼지가 끄는 전차에 타고 있다. 색깔은 빨간색, 노란색, 하얀색. 상징은 화살, 활, 파리채, 머리에 있는 말의 이미지, 바늘, 기도바퀴, 지팡이, 칼, 실, 삼지창. 눈이 셋이다.
2. 조물주. 힌두교. 창조신 브라마*의 소산이다.

마마 Mama

마미*를 보라.

마마코카 Mama Qoca (어머니 바다)

대양의 여신. 잉카(콜럼버스 이전의 남아메리카)[페루 등]. 원래는 잉카 이전 시기의 해변 지역 여신이었으나 잉카의 지배 아래서도 자신의 영향력을 유지했다. 바다에서 생계를 얻는 모든 인디언들이 이 여신에게 기원했다. 오늘날 광범위한 지역에서 그리스도교의 동정마리아와 혼합되었다. 마마코차Mama Cocha라고도 한다.

마마키 Mamaki (탐욕스런)

여신. 불교. 라트나삼바바* 또는 악쇼비야*의 배우자 여신. 푸른 만트라 맘 MAM에 기원을 두는 미래의 부처인 보살이기도 하다. 색깔은 노란색 또는 푸른색. 상징은 컵, 꽃, 보석, 칼, 지팡이.

마마킬야 Mama-Kilya

달의 여신. 잉카(콜럼버스 이전의 남아메리카)[페루 등]. 태양신 인티*의 배우자로, 시간을 계산하고 잉카 축제 목록을 결정하는 데 중요한 여신이다. 인디언들은 월식을 위험한 시간으로 여겼고, 산의 사자나 뱀이 달을 먹어서 생기는 현상으로 보았다. 그래서 약탈자를 위협하기 위해 되도록 많은 소음을 내는 의례를 수행했다.

마미 Mami

어머니 여신. 메소포타미아(수메르와 바빌로니아-아카드). 〈아트라하시스〉를 비롯한 다른 창조 전설에서 확인되며, 아마도 닌후르쌍*과 같은 신일 것이다. 마미는 흙과 피에서 나온 인류의 창조에 참여하였다. 마미라는 이름이 사용되었던 것은 거의 확실하다. 아이가 명확하게 소리를 내는 첫 단어이기 때문이다. 마마*, 또는 마미툼Mammitum이라고도 한다.

마미투 Mamitu

맹세와 약속의 여신. 메소포타미아(바빌로니아-아카드). 네르갈*의 배우자 중 하나이며 그 뒤에 지하세계 저승 신으로 간주되었다. 마메투Mammetu라고도 한다.

마본 Mabon (아들)

젊음의 신. 켈트(웨일스). 땅의 어머니 모드론*의 아들이다. 전설에 따르면 마본은 태어나서 3일째 되는 날 납치당했다. 사냥꾼들과 어부들의 신이기도 하다. 특히 브리튼 북서부에서 알려졌고, 하드리아누스 방벽(Hadrian's Wall)의 지역을 따라 마본 숭배가 확장되었다. 로마노-켈트의 많은 비문들로부터 알려졌고 로마노-그리스의 신 아폴론*과 혼합되었다.

마야데비 Maya (devi)

어머니 여신, 불교. 붓다*가 태어난 연꽃(파드마*)으로 인식되는 붓다의 어머니다. 마야는 힌두교 여신 락슈미*에 해당된다. 힌두교에서 마야라는 용어는 의인화한 가시적인 우주에 적용되며 여신 두르가*의 별명이기도 하다.

마야우엘 Mayahuel

하급 풍요의 여신. 아스텍(고대 메소아메리카)[멕시코]. 풀케pulque라는 술을 만드는 용설란과 관련된 신으로 오메토츠틀리*로 분류되는 신 집단의 일원이다. 꽃이 핀 용설란 옆에 있는 거북이에 앉은 모습으로 묘사될 수 있다. 전설에 따르면 마야우엘은 케찰코아틀*에게 납치당한 후 야생동물들에게 사지를 절단당했다고 한다. 절단된 신체에서 첫 용설란이 성장했다.

마야잘랄크라마쿠루쿨라 Mayajalakrama-Kurukulla (환상의 그물에서 나아가는 존재)

여신. 대승불교. 모든 디야니붓다*들의 의인화. 색깔은 빨간색. 상징은 화살, 활, 갈고리, 다섯 선정불의 이미지, 붉은 연꽃, 물주전자, 염주, 물병.

마우 Mawu

1. 달의 여신. 폰족[베냉, 아프리카 서부]. 태양신 리사*의 누이. 풍산과 모성을 준다고 여겨지며 보통 자비로운 본성을 지녔다.
2. 하늘 신. 에웨족Ewe[토고, 아프리카 서부]. 이웃 부족들 중에 폰족이 있다. 마우는 남신이자 창조신으로 인식된다. 좋아하는 색깔은 하얀색이며 자비롭고 관대한 본성을 지녔다.

마우이 Maui

수호신. 폴리네시아(마오리족)[뉴질랜드]. 창조신이 아니지만, 여러 초자연적 방식으로 인간을 돕는다. 전승에 따르면, 마우이는 출산 때 유산되었고 그가 죽었다고 생각한 어머니가 바다에 내던져버렸다. 그는 해초에 걸려서 구조되었다. 마우이는 대양 바닥에서 뉴질랜드 섬들을 그물로 건져 올렸다. 마우이는 태양을 잡고 그것을 때려서 복종시켰고 낮이 길어지도록 천천히 움직이게 만들었다. 마우이는 또한 인간을 위해 지하세계에서 불을 가져왔다. 그리고 지하세계의 여신 히네누이테포*가 잠든 사이에 그녀의 음문으로 들어가서 인간에게 불사의 옷을 입히려고 했으나 성공하지 못했다. 깨어난 히네누이테포는 마우이가 죽을 때까지 뭉개버렸다. 마우이는 신이지만, 그의 탄생 의례 동안에 실수하는 바람에 죽음에 약한 신이 되었다. 발데르*를 보라. 마위Mawi라고도 한다.

마이아 Maia

저승 또는 땅의 여신. 그리스-로마. 원래 호메로스 이전 시기에는 산의 정령이었으나 그 후 제우스*의 하급 배우자가 되었다. 로마인들은 유피테르*의 배우자가 된 모호한 평원의 여신으로 숭배했고, 사자使者 신 메르쿠리우스*의 어머니로 인식했다. 마이아 숭배는 불카누스* 숭배와 관련이 있다. 5월(May)의 이름 마이우스Maius의 기원일 수 있다.

마이온 Mayon (검은 존재)

창조신. 초기 드라비다족(타밀)[스리랑카, 인디아 남부]. 전원 지역의 물활론적 상급신으로, 상감 문헌에 나오며 나무에 거주한다고 여겨진다. 아마도 비슈누* 또는 크리슈나*에 필적할 것이다.

마이트레야 MAITREYA (미륵 彌勒)

기원: 불교 [인디아]. 보살.

숭배 시기: 서기전 500년 무렵부터 현재까지.

별칭: 없음.

숭배 중심지: 아시아 전역.

참조 예술: 조각, 그림.

문헌 자료: 〈사다나마라〉, 밀교 의례 문헌들.

대승불교와 소승불교의 가장 대중적인 신들 중 하나. 마이트레야는 도솔천兜率天(Tusita)의 노란 만트라 음절인 마임MAIM에서 유래한다. 마이트레야는 미래에 부처가 되리라고 여겨지는 보살이다. 힌두교의 칼킨*과 같으며, 자비로운 성품의 행복하고 붉은 모습으로 인식된다. 배우자 여신이 없으며 수행 동물은 사자다. 색깔은 황금색이나 노란색. 상징은 다섯 선정불(디아니붓다*), 꽃, 기도 바퀴, 머리의 성감聖龕, 물병. 눈이 셋이나 머리가 셋일 수 있다. 상징적으로 하얀 꽃들로 확인될 수 있다.

마인 Mayin

최고신. 퉁구스족Tungus[시베리아 동부와 중부]. 신생아들에게 생명을 불어넣고 죽은 이들의 영혼을 받아들이는 신으로 자비롭지만 외딴 신이다.

마자스가르스 Majas Gars

가정의 신. 그리스도교 이전의 라트비아. 시골 지역에서는 최근까지도 가정의 번영을 위해 이 신에게 기원했다.

마조(媽祖) Ma-zu

바다의 여신. 중국. 중국 남동부 해안 지방에서 어부들의 자비로운 수호신으로 알려졌고 관음과 밀접한 관련이 있다.

마츠오 [松尾] Matsuo

사케[酒] 양조자들의 신. 신도[일본]. 교토에서 마츠오를 가마에 태우며 해마다 축제를 벌인다. 사케를 자유롭게 마시는 대중 축제에 앞서 이 가마를 배에 싣고 강에서 노를 저어 간다.

141

마케마케 Make Make

바다의 신. 폴리네시아[이스터 셈]. 이스터 섬 주민들의 수호신으로 인간과 동물을 창조했다. 마케마케의 신성한 동물은 바다제비이며, 이스터 섬의 고고학을 특징짓는 거대한 석상들은 마케마케 숭배의 일부를 형성한다.

마키엘라 Ma Kiela

여성적인 영적 존재. 바콩고족[자이르, 중앙아프리카]. 특히 칼에 베인 상처로 죽은 여성들의 우두머리가 신격화된 존재이다.

마타 Mata (위대한 어머니)

태초의 어머니 여신. 힌두교. 살아 있는 모든 것들의 원형적 생산자. 인디아 북부 모든 마을의 수호 여신이지만, 천연두와 관련된 역병의 여신으로 나타나기도 한다. 역병의 여신인 경우에 부르는 별명은 마하마이Maha Mai다. 타밀족의 암만Amman에 해당된다.

마타라 Matara

어머니 여신. 힌두교. 거룩한 어머니 여신들 집단에 붙여진 집단적 명칭이며, 더 구체적으로는 카시아파*의 배우자다. 신성한 어머니 여신들(샥티*)이다. 이들의 숫자는 전승에 따라 다르게 나타난다. 사프타마타라*는 일곱이고 아스타마타라*는 여덟이며 나바샥티*는 아홉이다. 흔하지는 않지만 50여 명으로 이루어진 어머니 여신 집단도 있다. 어머니 여신들의 이미지는 보통 돌에 새겨지며(금속에 새겨진 것은 거의 없다), 앉은 모습이나, 종종 시체 위에 있는 모습으로 그려지며, 끔찍한 외양을 지닐 수 있다.

마다리스반 Matarisvan

하급 사자使者 신. 힌두교(베다). 아그니*의 수행 신.

마테르마투타 Mater Matuta

하늘 여신. 이탈리아. 의인화한 새벽빛이며 분만과 관련된 풍산 신으로 발전했다. 선원들의 수호 여신이기도 하다. 이시스*를 보라.

마투라이비란 Maturaiviran

지방에서 숭배를 받는 신. 힌두교. 무서운 성격을 가진 이 신은 17세기에 한 공주와 눈이 맞아 도망갔다가 살해당한 경찰관이 신격화한 존재다. 인디아 남부에서 알려졌고 그 지역에서는 술의 신이기도 하다. 상징은 방패와 칼.

마트 Maat

우주 질서의 하급 여신. 이집트. 우주 질서의 조화로운 법을 보여준다. 서기전 3000년대 중반이나 그 이전부터 알려졌으며 창조신들, 특히 태양신과 밀접이 연결되었다. 후대에는 '레*의 딸'로 묘사되었다. 유일하게 알려진 마트의 지성소는 테베의 카르나크 신전에 있다. 마트는 머리에 타조 깃털이 있는 인간의 형상으로, 또는 타조 깃털만으로도 묘사된다. 이집트 통치자들은 자신들이 마트의 보호 아래 통치를 한다고 믿었고 종종 스스로를 '마트의 사랑을 받는 자'로 묘사했다. 마트는 또한, 한 영혼이 진실의 방(Hall of the Two Truths)을 성공적으로 통과하는 데 꼭 필요했다. 진실의 방은, 영혼이 낙원에 갈 수 있는지 그 마음을 평가받았던 곳이다.

마트레스 MATRES (어머니들)

기원: 로마노-켈트 (유럽 전역. 특히 라인란트Rhineland). 세 어머니 여신.

숭배 시기: 서기전 400년 무렵이나 그 이전부터 서기 400년 무렵 그리스도교 시기까지.

별칭: 데아이마트레스Deae Matres, 마트로나이Matronae.

숭배 중심지: 다양한 사원들.

참조 예술: 다양한 로마노-켈트 조각, 부조, 장식판들. 영국 시런세스터Cirencester의 빼어난 표본들.

문헌 자료: 비문들.

자비로운 세 어머니 여신은 주로 질병이나 기아에서 막아주는 가정의 신들로 숭배를 받았을 것이다. 런던 템스 강 인근 4세기 무렵의 벽에서 중요한 마트레스 조각상이 발견되었다. 또 다른 중요한 조각은 식민지 쾰른의 재판관 쿠에티우스 세베루스Quettius Severus에게 바친 마트레스 아우파니아이Matres Aufaniae 상이다. 이름이 붙여지지 않은 몇 개의 어머니 여신상이 시런세스터 코리니움 Corinium 박물관에 보존되어 있다. 이 조각들은 종종 버섯, 과일바구니, 빵, 곡식 단, 물고기 또는 번영이나 풍요를 나타내는 다른 상징물들과 함께 표현되어 있다. 어린이들을 데리고 있거나 젖을 먹이는 경우도 있다. 많은 어머니 삼신들이 지역마다 독특했기에, 현대 트리어 지역 근처의 트레베리 부족 가운데서는 트레베라이Treverae로, 님Nimes에서는 네마우시카이Nemausicae로 불렸다.

군인들 또한 어머니 여신들에게 많은 봉헌물을 바쳤다. 어머니 여신들이 전쟁에서의 승리와도 관련이 있을 수 있다는 미약한 암시가 있다. 런던에서 발견된 장식판은 어머니들이 야자수 잎을 들고 있는 것처럼 보인다. 치유의 상징이었던 개들과 함께 묘사되는 경우도 많이 있다. 몇몇 어머니 여신들, 특히 라인란트의 어머니 여신들은 젊은 모습과 나이 든 모습을 함께 보여줌으로써 나이에 따른 다양한 여성성을 암시하고 있다.

마트시야 Matsya

비슈누*의 화신. 힌두교(서사시와 푸라나). 한 전설에 따르면, 물고기로 나타나는 비슈누의 첫 번째 화신은, 태초의 홍수 이후에, 법 제정자 마누*를 태운 배를 안전하게 끌고 간다. 마트시야는 잠자는 브라마*에게서 베다를 훔친 악마 하야그리바*와의 전투에 참여한다. 보통 물고기 위에 인간 몸을 하고, 바퀴와 소라 등의 상징물을 든 모습으로 묘사된다.

마틀랄쿠에에 Matlalcueye (그녀의 치마는 푸르다)

하급 풍요의 여신. 아스텍(고대 메소아메리카)[멕시코]. 물과 밀접한 관련이 있는 틀랄록*으로 분류된 신 집단의 일원이다.

마포노스 Maponos
부족 신. 켈트(브리튼과 유럽 대륙). 브리튼의 브리간테스족Brigantes이 숭배한 젊음의 신으로, 로마노-켈트 시대에 아폴론*과 동화되었을 것이다.

마프데트 Mafdet
하급 여신. 이집트. 뱀과 전갈을 막아주는 수호신으로 행동한다. 표범의 형상으로 그려지며 종종 사형 집행자의 도구를 가지고 있다.

마하 Macha
풍요의 여신. 켈트(아일랜드). 강력한 성적 의미를 내포한 전쟁 여신 트리오 모리간*의 모습들 중 하나. 마하는 네브드Nemed와 크룬느후Crunnchu의 배우자로 나타난다. 마법 도구로 전쟁의 결과에 영향을 미치는 전쟁의 여신이기도 하다. 마하는 소녀에서 노파로 모습을 바꿀 수 있으며 대개 빨간 옷을 입고 있다. 빨간 머리를 한 모습으로 그려지며, 죽음의 전조인 까마귀로 갑자기 자신을 바꾼 모이투라 전투 전에, 아일랜드의 영웅 쿠훌린CuChulainn에게 나타난다. 살해된 군인들의 머리는 마차의 기둥이라고 불린 지주 위에 고정되었다. 얼스터Ulster 지방의 고대 종교 중심지 에빈 마하Emain Macha는 이 여신의 이름을 따른 것이다. 반바*와 에리우*를 보라.

마하가나파티 Maha-Ganapati
코끼리의 신. 힌두교(푸라나). 가네샤*의 한 형상으로, 네 개의 팔이 아니라 열 개의 팔을 가지고 있으며 무릎에 여신 붓디*나 싯디*가 앉아 있을 수 있다.

마하나가 Mahanaga
뱀 신. 힌두교. 일곱 나가데바와 동일시되는 일곱 신들의 집단.

마하데바 Mahadeva (용감한 신)
신. 힌두교(푸라나). 머리 셋(머리 둘은 남성, 하나는 여성)을 가진 시바*의 별명으로, 세 머리는 아고라 Aghora(오른쪽), 사우먀 Saumya(중간), 샥티*(왼쪽)를 상징한다. 상징은 도끼, 종, 갈고리, 거울, 올가미, 지팡이, 칼, 나무, 삼지창. 시바의 현현이며 에카다사루드라*(열한 루드라) 중 하나다. 곤드족 Gonds을 포함한 인디아 북부의 부족들 사이에서 위대한 신 마하데오 Mahadeo를 표현하는 것은 최고신 시바를 향한 것이다.

마하라크사 Maharaksa (위대한 수호 여신)
여신. 힌두교(서사시와 푸라나). 칼리(1)* 및 카말라*와 관련이 있다.

마하라트리 Maharatri (위대한 밤)
여신. 힌두교(서사시와 푸라나). 칼리(1)* 및 카말라*와 연관되어 있다.

마하마나시카 Mahamanasika (위대한 마음을 지닌)
배움의 여신. 자이나교[인디아]. 여신 사라스바티*가 인도하는 열여섯 지혜의 여신들 중 하나다.

마하마유리 Mahamayuri (공작명비 孔雀明妃 : 공작의 위대한 딸)
여신. 대승불교. 무척 대중적인 신이며 아모가시디*의 한 발현. 보살. 만트라가 의인화한 존재라고 여겨지는 다섯 수호 여신(마하라크사*) 중 하나. 색깔은 초록색, 빨간색, 노란색. 상징은 발우鉢盂, 화살, 깃발, 활, 파리채, 왕관 위의 아모가시디*의 이미지, 보석, 탁발승, 공작 깃털, 기도바퀴, 칼, 물병. 눈이 셋이며 때로 머리가 셋 또는 넷일 수 있다.

마하마타라스 Mahamataras
여신들의 집단. 힌두교. 시바*의 샥티*가 의인화한 존재.

마하만트라누사리니 Mahamantranusarini (위대한 경전을 따라서)
수호 여신. 불교. 의인화한 만트라라고 여겨지는 다섯 수호 여신(마하라크사*)

중 하나. 라트나삼바바*나 악쇼비야*의 한 발현이기도 하다. 서쪽, 남쪽, 동쪽 방향의 수호신으로 보는 각기 다른 전승이 있다. 색깔은 푸른색, 검은색, 초록색, 하얀색, 빨간색. 상징은 올가미와 지팡이가 흔하다. 넷에서 열두 개에 이르는 팔을 갖고 있으며 머리가 셋일 수 있다.

마하발라 Mahabala (아주 강한)
신. 대승불교. 아미타불(아미타바*)의 공포스런 발현이며 북서 방향의 수호신. 색깔은 빨간색. 상징은 보석, 뱀, 칼, 호랑이 가죽, 삼지창, 하얀 파리채.

마하브자 Mahabja
뱀 신. 힌두교(푸라나). 일곱 마하나가*(뱀 신들) 중 하나.

마하비디야 Mahavidya
여신의 집단을 일컫는 이름. 대승불교. 시바*의 여성적 힘이 의인화한 열 존재로 지식의 소유와 관련이 있다.

마하사라스바티 Maha-Sarasvati
1. 여신. 힌두교(푸라나). 락슈미*의 한 발현. 상징은 책, 갈고리, 류트, 염주.
2. 여신. 불교. 사라스바티*의 한 변용. 연꽃 위에 묘사된다. 색깔은 하얀색. 상징은 진주로 된 화환, 하얀 연꽃.

마하사하스프라마르다니 Mahasahaspramardani (일천 겹의 파괴자)
여신. 불교. 바이로차나*의 한 발현이고 마하라크사*들 중 하나다. 색깔은 하얀색. 상징은 특히 올가미, 기도바퀴, 칼 등이지만 왕관 위의 바이로차나 이미지 외에 다른 물건들을 가진 모습으로 묘사될 수 있다. 머리가 넷일 수 있다.

마하스리타라스 Mahasri-Tars (지극한 아름다움의)
여신. 대승불교. 아모가시디*의 한 발현. 달 위에 앉은 모습으로 묘사된다. 색깔은 초록색. 상징은 아모가시디의 이미지와 연꽃.

마하스타마(프라타) Mahasthama(prapta) (위대한 힘을 얻은 분)
신. 대승불교. 위대한 지혜를 의인화한 명상보살. 색깔은 하얀색이나 노란색.
상징은 연꽃, 연꽃 여섯 개와 칼. (특별한 상징물을 갖고 있지 않을 수도 있다.)

마하시타바티 Mahasitavati (지극히 냉정한 분)
수호 여신. 불교. 만트라가 의인화한 존재라고 여겨지는 다섯 마하라크사* 중
하나. 아미타불(아미타바*) 때로는 보생불의 한 발현이다. 북쪽이나 서쪽 방향
의 수호신. 색깔은 붉은색, 노란색, 초록색. 상징은 화살, 도끼, 깃발, 책, 활,
사발, 왕좌의 아미타불 이미지, 연꽃, 올가미, 공작 깃털, 지팡이, 칼, 삼지창.
눈이 셋이며 머리도 셋일 수 있다.

마하야사 Mahayasa (가장 영광스러운)
하급 여신. 대승불교. 붓다카팔라*의 수행 신.

마하찌나따라 Mahacinatara (티베트의 따라)
여신. 대승불교와 라마교[티베트]. 악쇼비야*의 한 발현이며 라마교에서는 금
강승불교의 여신 에카자타*의 공포스러운 형상으로 머리 열두 개와 스물네 개
의 손을 가진 모습으로 묘사될 수 있다. 시체 위에 서 있다. 상징은 화살, 도
끼, 푸른 연꽃, 활, 컵, 왕관 위의 아촉불*의 이미지, 칼, 해골, 뱀, 지팡이, 무기,
호랑이 가죽, 삼지창. 눈이 셋이다.

마하카피 Mahakapi (위대한 원숭이)
신. 불교. 원숭이로 나타나는 붓다*의 화신의 별명.

마하칼라 Mahakala (위대한 죽음)
1. 신. 힌두교(푸라나). 시바*의 폭력적인 외양. 배우자 여신은 마하카Mahakah

다. 사자를 타고 있다. 색깔은 검은색. 상징은 화살 다섯 개, 도끼, 브라마*의 알, 곤봉, 컵, 해골 염주, 지팡이, 삼지창. 눈이 셋이다. 신앙의 수호자 맥락에서는 바이라바*의 형상으로 여겨진다.

2. 천막들과 과학의 수호신. 라마 불교[티베트]. 힌두교 신 시바*에서 유래하였으며 다섯 선정불(디야니붓다*)의 한 발현이다. 끔찍한 외모에 왕의 복장을 하고 달라이 라마를 수호하는 다르마팔라* 중 하나. 부의 신. 비나야카 Vinayaka(가네샤*) 또는 사람이나 시체, 또는 머리가 코끼리인 사람을 밟고 있다. 색깔은 검은색, 푸른색, 하얀색. 상징은 주로 코끼리 가죽, 기도바퀴, 삼지창이지만 다양한 것들을 들고 있을 수 있다.

마하칼리 Mahakali

1. 배움의 여신. 자이나교[인디아]. 여신 사라스바티*가 인도하는 열여섯 지혜의 여신들 중 하나다.

2. 여신 칼리(2)*의 형상. 힌두교. 마하칼라*의 배우자 여신이기도 하다. 상징은 소라, 컵, 머리 장식, 갈고리, 칼, 올가미, 해골 염주, 지팡이, 무기, 물병, 바퀴.

마하파드마 Mahapadma (위대한 연꽃)

뱀 신. 힌두교. 상징은 염주, 물병. 눈이 셋이다.

마하파리니르바나무르티 Mahaparinirvanamurti

신. 불교. 열반에 든 붓다*.

마하프라부 Mahaprabhu

수호신. 오리사 Orissa[인디아]. 본도족 Bondo의 지역 최고신.

마하프라티사라 Mahapratisara (위대한 수호 여신)

수호 여신. 불교. 만트라가 의인화한 존재들이라고 여겨지는 다섯 수호 여신(마하라크사*) 중 하나. 중심 또는 남쪽 방향의 수호신. 라트나삼바바*의 발현이기도 하다. 색깔은 노란색. 상징은 화살, 도끼, 깃발, 소라, 왕관 위의 라트 나삼바바의 이미지, 보석, 올가미, 양산, 기도바퀴, 성물상자, 칼, 지팡이, 삼지 창. 머리와 눈이 셋이다.

마하프라티양기라 Mahapraytangira (서쪽 방향으로 말하는 위대한 여신)
여신. 대승불교. 악쇼비야*의 발현. 색깔은 푸른색. 상징은 갈고리, 왕관 위의 악쇼비야의 이미지, 올가미, 붉은 연꽃, 칼, 삼지창.

마헤스 Mahes
태양신. 이집트. 나일 삼각주 지역에서 주로 숭배를 받았고, 태양열이 지닌 파 괴적인 힘을 나타내는 고대의 신. 사자의 형상으로 묘사된다. 미이시스Miysis라 고도 한다(그리스).

마헤스바리 Mahesvari
어머니 여신. 힌두교(서사시와 푸라나). 후기 힌두교에서는, 악의를 지닌 것으로 여겨지는 일곱 어머니 여신 중 하나가 되었다. 여덟 아스타마타라*(어머니 여신 들) 중 하나이기도 하다. 아홉으로 이루어진 별의 신(나바샥티스*) 그룹에도 속 해 있다. 이 신들은 인디아 남부에서는 어머니 여신들인 사프타마타라*보다 상급 여신으로 섬긴다. 상징은 영양, 화살, 도끼, 활, 곤봉, 북, 기도바퀴, 지팡 이, 삼지창.

마헤오 Maheo (모든 영)
창조신. 샤이엔Cheyenne 인디언[미국]. 처음에는 허공에서 살았으나 위대한 태초 의 생명수를 창조했다. 마헤오는 진흙 공에서 땅을 만들었고, 자기의 갈비뼈 중 하나를 여성 대지에 묻어서 인간이 나오게 했다. (여기에는 아마도 그리스도교의 영향이 있었을 것이다.)

마호다디 Mahodadhi (위대한 대양)
하급 여신. 대승불교. 붓다카팔라*의 수행 신.

마후 Maju
신. 바스크[피레네 지역]. 어머니 여신 마리의 배우자로 뱀의 모습으로 나타난다. 마리*를 보라.

마후이케즈 Mahuikez
불의 신. 폴리네시아. 지진과 동일시되며, 아마도 통아 Tonga인들은 철광석의 여신 토우이아파투나 Touiafatuna에 필적하는 신으로 보았을 것이다.

마흐 Mah
달의 신. 페르시아[이란]. 암소의 조상이며, 전형적으로 어깨에서 초승달이 나오는 모습으로 그려진다.

마흐람의 살름 Salm of Mahram (마흐람의 이미지)
지역 수호신. 이슬람교 이전의 아라비아 북부. 바빌로니아의 왕 나보니두스 Nabonidus(BC 559~539)의 교서는 타이마 Taima에서 이 신을 숭배했음을 언급한다. 타이마는 중요한 교역지이자 종교 중심지로 살름은 이곳 판테온의 수장이었다. 이 지역의 신들은 종종 지역 이름 다음에 이름이 붙었고 인간 형상을 도식적으로 새긴 석주로 형상화되었다. 날개 달린 원반은 이집트의 영향이 강했다는 것을 보여준다. 살만 Salman이라고도 한다.

마흐렘 Mahrem
판테온의 수장. 악숨 Axum(고대 에티오피아 왕국). 전쟁의 신으로, 악숨의 왕들은 스스로 '마흐렘의 아들들'이라고 이름 붙였다.

마히 Mahi (땅)
희생의 하급 여신. 힌두교(베다). 의례 전에 희생 현장에 나타나라고 이 여신에게 빌며, 특히 기도의 행위로 확인된다. 보통 여신 사라스바티*와 관련되어 있다.

마히사 Mahisa (물소)
악신. 힌두교(서사시와 푸라나). 물소의 형상으로 자주 묘사되지만 다른 동물의 모습으로 변장해서 신들을 당황하게 만들기도 한다. 결국 마히사수라마르디니* 형상의 여신 데비*에게 살해된다.

마히사수라마르디니 Mahisasuramardini (물소 귀신 처단자)
여신 데비*의 형상. 힌두교(푸라나). 서기 4세기 이후에 나타나는 이 여신의 형상은 두르가*다. 열두 개의 팔에 각종 무기를 들고 있고, 사자 위에 앉아 있을 수 있다. 전설에 따르면 이 형상은, 결국 여신 데비에게 자기 칼로 죽임을 당하는 악신 마히사*의 위협에 대한 응답으로 출현했다. 상징은 도끼, 깃발, 종, 활, 곤봉, 소라, 북, 갈고리, 도마뱀, 거울, 올가미, 기도바퀴, 방패, 칼, 지팡이, 삼지창. 눈이 셋이다.

만갈라 Mangala (상서로운)
1. 별의 신. 힌두교. 화성이 의인화한 존재. 여덟 마리의 불의 말들이 끄는 전차로 묘사된다. 몇몇 저자들에 따르면 만갈라는 잔인한 모습의 시바* 형상이다. 상징은 곤봉과 연꽃. 눈이 셋이다.
2. 여신. 파르바티*의 형상. 사자를 타고 화살, 거울, 달 원반, 염주, 방패, 칼 등을 잡은 팔이 열 개에 달할 수 있다.

만다 Mandah
신들을 일컫는 집단적 이름. 이슬람교 이전의 아라비아. 관개灌漑가 주요 책임인 수호신들이다.

만다누 Mandanu

거룩한 심판의 신. 메소포타미아(바빌로니아-아카드). 신바빌로니아 시대부터 알려졌다.

만다타 Mandhata (사려 깊은)

신. 힌두교(서사시와 푸라나). 비슈누*의 하급 화신. '우주의 주인들' 중 하나.

만둘리스 Mandulis [그리스]

태양신. 누비아. 주로 그리스-로마 이교異敎에서 만둘리스를 숭배했다. 가장 중요한 지성소가 아스완 하이 댐Aswan High Dam 근처의 칼라브샤Kalabsha에 있었으나 지금은 다른 장소로 옮겨졌다. 필라이Philae 섬에도 지성소가 있었고 그곳에서 만둘리스는 여신 이시스*와 관계를 가진 것으로 보인다. 이집트식 이름은 메르웰Merwel이라고 한다.

만마타 Manmatha

육체적 사랑의 신 형상. 드라비다족[타밀]. 카마*의 인디아 남부 지역 형상이며, 카마와 비슷한 상징과 족보를 지닌다. 상감 문헌에 이름이 나온다.

만주고사 Manjughosa (달콤한 소리를 내는)

신. 불교. 만주스리*의 형상이며 악쇼비야*의 한 발현. 사자가 수행한다. 색깔은 하얀색이나 황금색. 상징은 화살, 종, 푸른 연꽃, 활, 아촉불*의 이미지, 지팡이와 무기.

만주스리 MANJUSRI (문수보살文殊菩薩)

기원: 불교 [인디아]. 보살, 지혜의 신.

숭배 시기: 서기전 500년 무렵부터 현재까지.

별칭: 다양한 형상이 있다.

숭배 중심지: 아시아 전 지역.

참조 예술: 조각, 그림.

문헌 자료: 〈사다나마라〉, 밀교 의례 문헌들.

불교 모든 종파에 걸쳐서 중요하고 대중적인 신. 아미타바* 또는 악쇼비야*의 아들이며 의인화한 거룩한 경전으로 나타나는 프라즈나파라미타*(반야심경般 若心經)와 밀접한 관련이 있다. 만주스리는 이 책을 들고 있다. 수행 동물은 호랑이나 사자다. 색깔은 검은색, 하얀색, 빨간색, 노란색. 상징은 주로 책과 칼이나 화살, 푸른 연꽃. 활도 가능하다. 머리가 셋일 수 있다.

말 Mal

창조신. 초기 드라비다족(타밀). 비슈누*와 크리슈나*가 혼합한 모습과 동등할 것이다. 말이라는 이름은 큰 키를 가진 신을 암시한다. 상감 문헌에 나오는 그의 얼굴은 달과 같고 눈은 연꽃이며 차크라*는 태양 광선이다. 티루말*이라고도 한다.

말라 Mala (화환)

어머니 여신. 라마 불교[티베트]. 어머니 여신 집단인 아스타마타라*의 일원이다. 색깔은 붉은색이나 노란색. 상징은 숲의 꽃이나 보석으로 만든 화환.

말라망앙아에 Malamanganga'e (동쪽의 빛)

창조적 존재. 폴리네시아. 말라망앙아이포*와 더불어 의인화한 두 빛이며, 바위를 배우자로 둔 비둘기 루페Lupe를 낳았다. 이 태초의 원리들에서 몇 세대의 초자연적 존재들이 왔으며, 이 존재들의 후손들이 인간을 창조했다.

말라망앙아이포 Malamangangaifo (서쪽의 빛)

창조적 존재. 폴리네시아. 말라망앙아에*를 보라.

말라크벨 Malakbel

식물 신. 이슬람교 이전의 아라비아 북부. 팔미라에서 출토된 서기 132년 무렵의 비문에는 아글리볼*의 형제라고 언급되었다.

말리크 Malik (왕)

수호신. 이슬람교 이전의 아라비아 북부. 비문을 통해서 알려졌다.

말사 Mhalsa

하급 여신. 후기 힌두교. 칸도바*의 배우자이며 여신 파르바티*의 형상으로 여겨진다. 인디아 서부 푸나Poona 근처의 제주리Jejuri에서 숭배한다.

말할마타 Malhal Mata

어머니 여신. 힌두교(서사시와 푸라나). 후기 힌두교에서 악한 지향을 가진 사프타마타라*(어머니 신들)로 여겨진 일곱 여신 중 하나. 특히 벵골에서는 질병을 가져오는 신으로 알려졌다.

맘 Mam

악의 신. 마야(유카텍족Yucatec, 고대 메소아메리카)[멕시코]. 땅 밑에 사는 공포의 신으로 오직 위기의 순간에만 출현한다. 단조로운 실물 크기의 나무 조각으로 장식된 허수아비 형상으로 묘사되며 걸상에 설치한다. 우아옙Uayeb이라고 하는 연말의 불운한 5일 동안에 음식과 음료를 이 신에게 바쳤고 그 후 맘 상을 벗겨서 의례를 치르지 않고 멀리 던져버렸다. 신봉자들은 우아옙 기간에 단식을 하며 이 신을 '할아버지'라고 부른다.

맘람보 Mamlambo

강의 여신. 줄루족Zulu[남아프리카 나탈Natal]. 나탈 지역에서 흐르는 모든 강들을 통제한다고 여겨진다. 보통 여성들인 맥주 제조자들의 수호자이기도 하다.

매이브 Maeve

어머니 여신. 켈트(아일랜드). 코나하트Connacht의 신화적인 여왕. 전승에 따르면 매이브의 배우자는 알일Ailill이며 그녀는 코나하트에서 '아일랜드의 주권'을 주장한다. 매이브는 거룩한 땅이 신격화한 존재다.

맨라 sMan-Bla (약사여래藥師如來)

신. 라마 불교[티베트]. 가장 대중적인 의사 부처 중 하나로 페르시아 빛의 종교에서 유래했을 가능성이 있다. 상징은 과일, 물병.

메가나다 Meghanada (구름의 포효)

하급 신. 힌두교. 한때 일시적으로 인드라*를 이긴 연유로 '인드라 정복자'가 된 악마 라바나의 아들이다.

메나 Mena

산의 여신. 힌두교. 히마반*의 배우자이자 강가*와 파르바티*의 어머니다.

메네스 Meness

달의 신. 그리스도교 이전의 라트비아. 태양 여신 사울레*의 배우자. 여행자들과 군대원정의 수호신이다.

메네첸 Menechen (남자들의 스승)

최고신. 아라우카니아Araucania 인디언[안데스 남부]. 피얀Pillan(하늘)으로도 알려져 있고, 안데스 서부에서는 구에누피얀Guenu-Pillan(하늘의 영)으로 알려졌다.

메눌리스 Menulis

달의 신. 그리스도교 이전의 리투아니아. 태양 여신의 배우자.

메다 Medha (지혜)

하급 여신. 대승불교. 스리다라Sridhara의 배우자 여신.

메데이네 Medeine (나무의)

삼림지대의 여신. 그리스도교 이전의 라트비아. 중세 문헌에서 알려졌다.

메디트리나 Meditrina

치유의 여신. 로마. 아이스쿨라피우스* 숭배와 혼합되었다.

메레트세게르 Meretseger

지하세계와 관련된 지역의 저승 여신. 이집트. 테베에서, 왕들의 계곡에서 무덤을 짓는 일꾼들을 거슬러 자비롭거나 파괴적인 방식으로 행동했다. 메레트세게르는 보통 똬리를 튼 코브라로 묘사되며 인간의 머리와 팔을 가질 수 있다. 가장 훌륭한 묘사 중 하나는 람세스 3세Ramesses III의 석관에 그려져 있다. 메레트세게르는 서기전 1천 년대 초기에 왕의 묘지로 사용되던 테베가 그 기능을 상실했을 때 대중성을 상실했다.

메르쿠리우스 MERCURIUS

기원 : 로마. 사자使者 신.

숭배 시기 : 서기전 400년 무렵부터 서기 400년 무렵까지.

별칭 : 프시코폼포스Psychopompus, 오네이코폼포스Oneicopompus, 헤르메스*, 머큐리Mecury.

숭배 중심지 : 키르쿠스 막시무스Circus Maximus (로마의 대경기장).

참조 예술 : 조각.

문헌 자료 : 베르길리우스의 〈아이네이스〉 외.

올림포스의 열두 주요 신 중 하나인 메르쿠리우스는 그리스의 신 헤르메스*가 그 모델이다. 로마 신화에서는 유피테르*와 평원의 여신 마이아*의 아들이며, 아르카디아Arcadia 킬레네Cyllene 산의 동굴에서 태어났다. 거북 껍데기로 리라를 만들었고, 아폴론*의 소를 훔치는 등 작은 잘못을 여럿 저질렀다고 한다. 메르쿠리우스는 또한 의인화한 바람이기도 하다. 아폴론*은 메르쿠리우스에게 갈등과 논쟁을 해결할 수 있는 날개 달린 지팡이 카두케우스를 선물로 주었다. 신들은 또한 메르쿠리우스에게 날개 달린 신발 탈라리아talaria와 모자 페타소스petasus도 주었다.

원래 메르쿠리우스는 부의 신이었으나 여행자들과 도둑들의 수호신이 되었다. 수요일을 뜻하는 프랑스어 메르크레디mercredi는 이 신의 이름에서 유래했다. 주요 축제인 메르쿠랄리아Mercuralia는 해마다 5월에 로마에서 열렸으며, 그의 상들은 종종 경계선 표시로 이용되었다.

프시코폼포스로서의 메르쿠리우스는 죽은 이들의 영혼을 하데스*로 인도하며 오네이코폼포스로서의 메르쿠리우스는 꿈의 세상을 감독한다.

메소르 Messor
하급 농경 신. 로마. 곡식의 성장 및 추수와 관련이 있다.

메스람타에아 Mes Lam Taea
전쟁 신. 메소포타미아(수메르와 바빌로니아-아카드). 지하세계 저승 신 네르갈*의 공격적인 모습. 종종 루갈이라*와 관련되어 있다.

메스안두 Mes An Du
신. 메소포타미아(수메르와 바빌로니아-아카드). 아마도 태양신의 대안적인 명칭이었을 것이다. (샤마쉬*를 보라.)

메츠틀리 Metztli
달의 하급 신. 아스텍(고대 메소아메리카)[멕시코]. 우이칠포츠틀리*로 분류된 신 집단의 일원이다.

메테르 Meter

어머니 여신. 그리스. 모든 신들의 위대한 어머니로 가이아*에 가장 가깝다. 그리스 제국 전역에 알려졌으며 보통 많은 신봉자들이 숭배하기보다는 개인적 신심의 대상이었다. 메테르오리아이 Meter oriae(산의 어머니)로도 알려졌다. 메테르의 대중적 인기는 이오니아 Ionia 북부에서부터 확산되었다. 헤로도토스는 키지코스 Kyzikos에서 있었던 메테르 축제를 언급한다. 아마도 서아시아의 대모신에 기원이 있을 것이다. (키벨레*를 보라.)

메트사카 Metsaka

달의 여신. 우이촐 Huichol 인디언(메소아메리카)[멕시코]. '달의 할머니'로 알려졌으며 타테발리*의 배우자이다. 메트사카는 죽음의 신 토카카미*로부터 우이촐족을 보호해준다.

메티스 Metis

지혜의 여신. 그리스. 오케아노스*와 테티스*의 딸이며, 제우스*의 최초 배우자이자 아테나*의 어머니이다. 전설에 따르면 제우스는 메티스가 자기보다 더 강한 아이를 낳을 것을 두려워하여 그녀를 삼켜버렸다고 한다.

메헤르 Meher

태양신. 이슬람교 이전의 아르메니아. 미트라(1)*의 페르시아 모델과 밀접한 관련이 있다. 불의 형상으로 나타나는 아라마즈드 Aramazd의 아들이다. 이 이미지와 달리 메헤르의 집은 동굴이며 까마귀의 모습을 취한다고 한다.

메헤트웨레트 Mehet-Weret (대홍수)

창조 이야기와 관련된 하급 여신. 이집트. 메헤트웨레트는 태초의 대양을 의미한다는 기사가 있고, 또 태양신 레*가 배를 타고 여행하는 수로가 메헤트웨레트라는 기사도 있다. 뿔 사이에 태양 원반을 지니고 파피루스 갈대에 누워 있는 암소로 묘사된다.

메헨 Mehen

지하세계의 하급 저승 신. 이집트. 태양신 레*가 밤에 지하세계를 통과할 때 타는 배의 수호신. 똬리를 튼 뱀의 형상으로 묘사된다.

멕시틀리 Mexitli

하급 전쟁 신. 아스텍(고대 메소아메리카)[멕시코]. "할머니 달"로 알려진 멕시틀리는 불의 신 타테발리*의 배우자이다. 죽음의 신 토카카미*를 거슬러 우이츨족을 보호한다.

멘 Men

달의 신. 프리지아[터키]. 상부세계와 하부세계의 통치자이다. 아마도 치유의 신이었을 것이며, 후에 그리스인들과 로마인들이 받아들였다. 제국 시대에 멘 숭배가 인기를 끌었으나 비문들은 그리스어로 씌어져 있다.

멘아스카에누스 Men Ascaenus

지역 수호신. 피시디아 Pisidia 근처 안티오크 Antioch. 페르시아 달의 신에 기원을 두었을 가능성이 있으며, 고대 그리스 학자 스트라보 Strabo 의 묘사를 통해서 주로 알려졌다. 멘아스카에누스는 해발 1,200미터 고지에 있는 신전을 비롯해 여러 곳에서 실질적인 숭배를 받았다. 상징은 초승달과 하관 위의 황소 머리이다. 서기 200년 무렵에는 지역 화폐에도 나타난다. 로마가 점령하면서 숭배의 인기가 줄어들었다.

멘자박 Menzabac (검은 가루를 만드는 이)

기후의 신. 마야(고대 메소아메리카)[멕시코]. 구름에 검은 물감을 뿌려서 비를 내리게 한다. 호수 모서리에 사는 것으로 여겨진다. 열병의 신이자 착한 영혼들의 보호자이기도 하다. 메차박 Metzabac 이라고도 한다.

멜로니아 Mellonia
꿀벌의 여신. 로마.

멜카르트 MELQART
기원: 페니키아[터키]. 영웅적 수호신.

숭배 시기: 서기전 1200년 무렵부터 서기전 200년 무렵까지.

별칭: 밀크쿠아르트Milk-quart.

숭배 중심지: 티레Tyre.

참조 예술: 돌에 새긴 조각.

문헌 자료: 헤로도토스와 지역 비문들, 구약성서.

종종 바다와 연관된 젊은 용모의 신. 아스타르테*의 배우자로 중요시되었던 티레에서 주로 알려졌다. 바알 샤민*과 아스타르테와 더불어 3대 주요 신이었을 것이다. 해마를 타고 있는 모습으로 화폐에 묘사될 수 있다. 멜카르트 숭배는 이집트, 카르타고, 키프로스 등 널리 퍼졌다. 멜카르트는 시돈Sidon의 수호신 에쉬문*과 동일시된다. 히브리 전승에서는 지하세계의 통치자로 알려졌다. 아마도 수메르-아카드의 네르갈*에 기반을 둔 신일 것이다. 헬레니즘 시기에는 태양신으로 정의되기도 하지만 헤라클레스*와 광범위하게 혼합되었다. 가데이라Gadeira(카디즈Cadiz)에 있는 지성소 기둥들은 로마인들이 헤라클레스 기둥이라고 개명했다.

멤데예에키에 Me'mdeye-Eci'e
불의 정령. 유카기르족[시베리아 동부]. 하늘에 거주하며 '아버지 불'로 알려진 자비로운 존재이다.

모구노스 Mogounos
지역 수호신. 로마노-켈트(갈리아). 아폴론에 동화되었다.

모네타 Moneta
번영의 하급 여신. 로마. 특히 서기전 2세기부터 알려진 박하의 정령이다.

모드론 Modron
어머니 여신. 켈트(웨일스). 마본*의 어머니, 후에 아들을 잃는다. 모드론 숭배는 마본 숭배와 긴밀히 연결되어 있다. 모드론은 원래 여신(들) 모리간*의 여러 모습 중 하나였을 것이다. 그리스도교 시대에 몇몇 작가들은 모드론이 성 마드룬St. Madrun이 되었다고 믿었다.

모디모 Modimo
보편적 신. 츠와나Tswana[보츠와나, 남아프리카]. 그리스도교의 영향을 받은 것인지 확실치 않지만, 유일신적 신이다. 우주와 모디모는 '항상 존재'해왔기에, 특별히 창조신은 아니다. 시간과 공간을 통과하며 끝없이 흐르는 존재의 강으로 인식된다. 모디모는 지상 생명의 질서뿐만 아니라 우주의 빛과 어둠을 통치한다.

모르 Mor
태양신. 켈트(아일랜드). 먼스터의 왕들과 왕가의 조상이다.

모르바 Morva
하늘의 정령들. 안다만 제도[벵골 해]. 눈에 보이지 않지만 인간의 형상으로 여겨졌다.

모르브란 Morvran (바다까마귀)
지역의 전쟁 신. 켈트(웨일스). 케리드웬*과 테지드포엘*의 아들이다. 전설은, 모르브란이 극도로 추했기 때문에 그의 어머니는 특별한 영감의 술을 준비해 지혜를 불어넣으려 했다고 한다. 그러나 그 술은 그위온Gwion이 마셔버렸다. 모르브란의 적들은 그가 악마라고 생각했기에 전투에서는 천하무적이었다.

모르스 Mors

죽음의 하급 신. 로마. 모르스는 그리스의 타나토스*를 대신한다. 전설에 따르면 모르스는 밤의 여신 닉스*의 쌍둥이 아들 중 하나다. 그는 잠의 신 솜누스*가 점령한 레테Lethe 강 옆에 있는 외딴 동굴에 산다. 오비디우스Ovid는, 수의에 감겨 있고 낫과 모래시계를 들고 있는 무시무시하고 섬뜩한 모습으로 모르스를 묘사한다. 특히 모르스와 솜누스 상像이 나란히 있던 라케다이모니아Lacedaemonia 문화 전역에서 알려졌다.

모르타 Morta

죽음의 여신. 로마. 로마 시대 후기에는 탄생의 여신들인 데키마* 및 노나*와 결부되어 운명의 삼신 파르카이*가 되었다.

모르페우스 Morpheus

꿈의 하급 신. 그리스. 휘프노스*의 아들로 이 신을 숭배했다는 기록은 없다.

모리간 MORRIGAN (악마들의 여왕)

기원 : 켈트 (아일랜드). 전쟁과 풍요와 식물의 여신.

숭배 시기 : 선사 시대에 기원이 있으며 서기 400년 무렵 그리스도교 시기까지.

별칭 : 마하* (얼스터 지방), 메드브Medb 또는 매이브* (코나하트 지방), 에이딘에흐리데Etain Echraide (타라Tara 지방), 아마 바이브카하Badb Catha, 에리우*, 포들라, 네빈, 리아논* 등도 모리간의 별칭일 것이다.

숭배 중심지 : 아일랜드 전역의 다양한 지성소들.

참조 예술 : 비문들과 로마노-켈트 양식의 제단들 위에 새겨진 조각들, 돌기둥 등.

문헌 자료 : 〈침략의 서〉, 〈왕들의 전설〉.

창조적이면서도 파괴적인 모습을 보여주는 다양한 성격의 복잡한 여신이다. (아나트*, 인안나*, 이쉬타르*, 아테나*를 보라.) 모리간은 땅의 미래 번영을 확실히 하기 위해서 사맨Samain 축제에서 다그다*와 짝을 맺으며, 코나하트의 여왕

매이브*로서 죽을 임금과 의례적인 결혼을 한다. 매이브의 이전 배우자는 알일이었다. 네빈(공포)과 바이브카하(전투의 까마귀)로서의 모리간은 더욱 호전적이며 전투적인 모습을 취한다. 갈등에 직접 참여하기보다는 공포와 혼란을 확산시키기 위해서 자신의 초자연적인 힘을 이용한다. 전차를 몰고 붉은 외투를 걸치고 붉은 눈썹으로 모두를 겁주는 모습을 한 바이브카하는 전쟁터에서 아일랜드 영웅 쿠훌린을 방문한다. 바이브카하는 다양한 동물 형상으로 자신을 바꿀 수 있으며, 까마귀 모습을 하고 전투의 결과를 예고할 수 있다.

모리간은, 아시아를 향하는 동쪽과 강한 연결고리가 있는, 말[馬]을 중요시하는 문화와 잘 어울리는, 말의 상징주의와 긴밀히 연결되어 있다. 암말(Mare)은 마하*와 메드브라는 이름의 토대를 형성한다. 모리간은 때로 말의 여신 에포나*와 혼합되기도 하였다. 모리간은 켈트의 다른 여신들과 마찬가지로, 부족 신이라기보다는 '아일랜드의 주권'의 본질적인 부분이다.

이 켈트 여신은 종종 분리된 외양의 삼신으로 묘사된다. 그래서 모리간과 네빈과 바이브*는 연결되어 있고 집단적으로 모리그나Morrigna가 된다. (마트레스*를 보라.) 아일랜드 왕들의 생명력과의 관련 속에서 모리간은 젊은 소녀나 노파의 모습을 취한다. 노파는 허약하게 되거나 죽음의 표지를 지닌 통치자의 추방 또는 도살을 알리는 신호이다.

모마 Moma

창조신. 우이토토 인디언[남아메리카]. 원래 인간의 창조자였다. 죽어서 지하세계로 들어갔고 그곳을 다스렸다. 신격화한 달이기도 하다.

모요코야니 Moyocoyani (그 자신의 창조자)

보편적 힘을 지닌 하급 신. 아스텍(고대 메소아메리카)[멕시코]. 테스카틀리포카*로 알려진 신 집단의 일원이다.

모이라이 Moirai

여신들의 집단적 이름. 그리스. 운명의 여신들. 생명의 실을 잣는 클로토*와 생명의 실을 유지하는 라케시스Lachesis, 그리고 생명의 실을 끊는 아트로포스*가 이들이다. 제우스*와 테미스*의 딸들이며 각각 물레의 가락과 두루마리와 자를 가진 모습으로 묘사된다. 모이레스Moires라고도 한다.

모코스 Mokos
풍요의 여신. 그리스도교 이전 슬라브 유럽. 〈네스토르 연대기Nestor Chronicle〉에는 산파술의 여신으로 나와 있다. 모코스 숭배는 동정마리아를 숭배하면서 사라졌다.

모쿠스 Moccus
지역의 돼지 신. 로마노-켈트(유럽 대륙). 메르쿠리우스*에게 동화되었다.

모트 MOT (죽음)
기원: 가나안과 페니키아[북이스라엘, 레바논, 시리아 해안 지역]. 자연재해의 신.

숭배 시기: 선사 시대부터 서기전 200년 무렵까지.

별칭: 무트Muth (페니키아).

숭배 중심지: 비블로스Byblos였을 가능성이 있다.

참조 예술: 없음.

문헌 자료: 라스 샴라Ras Šamra의 쐐기문자 문헌들, 비블로스의 필론Philon, 비문들.

모트는 자연세계에서 일어나는 재해의 가나안적 표상이다. 땅속 구멍 안에 살며, 가뭄과 더위 때문에 1년마다 오는 땅의 죽음을 관장한다. '모트는 땅의 산물인 나무 열매와 올리브를 말라죽게 했다.' 그는 가나안의 영웅이자 민족 신인 바알*과의 대결에 참여한다. 전투의 결과는 바알*의 죽음으로 끝나지만, 바알의 쌍둥이 누이인 아나트*는 모트를 죽이고 찢고 흩뿌리고 태우고 맷돌로 빻아서 복수한다. 이 과정은 파종 및 추수와 관련이 있는 의례처럼 보인다(오시리스*를 보라). 바알은 뒤에 소생한다. 이 갈등은 아마도 가나안에서 1년마다 가을에 거행했던 신년 의례를 형성했을 것이다. 문헌에서 모트는 일*의 아들이며 그의 어머니는 아셰라*(아타라트*)이다.

모히니 Mohini (환상)

비슈누*의 하급 화신. 힌두교(서사시와 푸라나). 모히니는 요부의 형상으로 나타나는 비슈누의 화신이다. 비슈누는, 태초의 우유 대양을 휘저어서 창조한 불사약을 제거하려는 악마들을 속이기 위해서 이 형상을 취한다. 가루다*를 보라. 비슈누는 시바*를 속이고 유혹하기 위해서도 같은 외양을 사용했다.

목공(木公) Mu Gong

불멸의 신. 도교(중국). 양의 원리와 서왕모*의 배우자 동왕부東王父가 의인화한 존재. 동왕부는 동쪽에, 서왕모는 서쪽에 산다.

몬 MON (위대한 신)

기원: 카피르족 [아프가니스탄 힌두쿠시]. 전사의 신이자 영웅.

숭배 시기: 선사 시대에 기원을 두고 있으며 오늘날에도 특정 지역에서 살아남았다.

별칭: 만디Mandi.

숭배 중심지: 주로 파쉬키Pashki 마을과 프라순 지역의 데와Dewa에 있지만, 카피르 지역 전역에 작은 지성소가 여럿 있다.

참조 예술: 나무 조각품들.

문헌 자료: 로버트슨의 〈힌두쿠시의 카피르족〉, 모르젠스티르네의 〈카티 신화와 찬가〉

몬은 악마와 거인들에 반대하여 인간에게 도전하고 인간을 지켜주는, 카피르 판테온의 고참 신이다. 구름과 안개를 통제하는 기후의 신이기도 하다. 몬은 자기 발자국으로 빙하를 창조하는 거대하고 왕성한 신으로 알려져 있다. 또한 흐르는 물의 신이기도 하다. 어떤 전설은 몬을 인간 창조자이자 법률을 준 신의 위치로 올려놓지만, 단지 최고 창조신 이므라*의 행동을 반영할 뿐이라고 한다. 몬은 하늘과 땅의 중재자로 나타난다.

　몬은 나무의 형상이나 그의 형제 크쉬베레Kshibere가 만들어준 황금 활과 화살통을 지닌 인간의 형상으로, 또는 등이 굽은 황소로 묘사된다. 작은 돌 두 개와 함께 서 있는 석판으로 묘사되기도 한다.

전설에 따르면, 거인들이 해와 달을 금으로 된 집에 가두었을 때 몬은 스스로 어린이가 되어 거인 어머니의 보호를 받았다. 그는 여러 차례 집으로 들어가려고 시도한 끝에 성공해서 하늘의 원래 위치로 해와 달을 돌려놓았고, 인간을 창조할 때 이므라를 도왔다.

몬투 Montu
지역 전쟁 신. 이집트. 상이집트 테베 지역과 그 주변에서 숭배받았다. 서기전 2000년 무렵이나 그 이전부터 알려졌으나, 특별히 제11왕조부터 제18왕조(서기전 2133~1320년) 시기의 테베 왕들의 진취적인 자세를 감독하게 되었다. 몬투는 인간의 형상으로 묘사되지만, 깃털 두 개와 태양 원반과 코브라가 얹혀 있는 매의 머리를 가지고 있다. 아마도 그리스의 몬트Month처럼, 거룩한 황소 부키스Buchis와 동일시되었던 시기도 있었다.

몰렉 Molek
신. 서셈족(암몬족Ammonite). 이스라엘의 어린이들을 불에 태워서 바쳤다는 구약성서의 몰로크*와 같다(열왕기 상권 11장 17절, 열왕기 하권 23장 10절 참조).

몰로크 Moloch
몰렉*을 보라.

몸보와은들롭푸 Mombo Wa Ndhlopfu (코끼리 얼굴)
수호신. 롱가Ronga[모잠비크, 남아프리카]. 숲에 살며 숲을 통제하고 거대한 뱀의 모습으로 나타나는 조상신. 수평아리를 제물로 바쳐 그의 비위를 맞춘다.

묘견보살(妙見菩薩) Myoken-Bodhisattva
별의 신. 중국 불교. 신격화한 북극성으로 일본 신도의 아메노카가세오*에 해당한다.

무가사 Mugasa

하늘 신. 피그미족Pigmy[중앙아프리카]. 원래는 첫 번째 인간들이 살았던 낙원을 이끌었다. 그러나 인간들은, 눈에 보이지 않는 모습으로 살았던 무가사의 오두막에 들어감으로써 그에게 순종하지 않았다. 그 후 무가사는 인간들을 떠났고, 인간들이 죽을 수밖에 없게 만든다. 무가사는 관습적인 의미의 어떤 숭배도 받지 않는다. 무구Mugu라고도 한다.

무기지 Mugizi

호수의 신. 부뇨로[우간다, 아프리카 동부]. 앨버트Albert 호수의 수호신으로 배로 호수를 건너고자 하는 사람들이 봉헌물을 바치며 이 신에게 기원했다.

무나카타노가미[宗像神] Munakata-No-Kami

바다의 신들. 신도[일본]. 어부와 뱃사람들을 보호하는 스미요시노가미*로 확인되는 세 신들의 집단. 진구코고[神功皇后]파의 특별한 숭배 대상이다. 이들은 또한 시인들의 수호신들이기도 하며 정화하는 기능을 가질 수 있다. 주요 신사들은 오사카에 있는 스미요시타이샤[住吉大社]와 무나카타타이샤[宗像大社]이다.

무누메 Munume

기후의 신. 부뇨로[우간다, 아프리카 동부]. 가뭄이나 홍수 때, 부족 추장의 황소나 마을 사람들의 양이나 닭을 제물로 바쳐서 무누메를 달랬다. 지성소 바닥에 피를 뿌렸고 문 앞에서 고기를 먹었다.

무니스바라 Munisvara

신격화된 성인. 힌두교. 신격화된 영웅이지만 인디아 남부의 드라비다 사람들은 신으로 숭배한다. 무니차미Municami라고도 한다.

무뒤깜뽀사잔 dMu-bDud Kam-Po Sa-Zan
하늘 신. 본족[티베트]. 본족 종교 고대 판테온의 수장.

무라자 Muraja
음악의 여신. 불교. 신격화한 큰 북이나 탬버린. 색깔은 연기색(smoky). 상징은 탬버린.

무루칸 Murukan
사냥과 전쟁의 신. 드라비다족과 타밀족[인디아 남부]. 힌두교의 신 스칸다*와 동일시된다. 무루칸의 탈것은 코끼리나 공작이다. 색깔은 빨간색. 상징은 창, 화환이 있는 지팡이.

무리의 아르티오 Artio of Muri
풍요의 여신이자 곰들의 정령의 수호신. 로마노-켈트(유럽 대륙). 스위스 베른 Berne 지방의 비문과 조각들을 통해서만 알려졌으며, 곰과 관련이 있다. 한 청동 상은 곰에게 과일을 주는 모습을 그리고 있다. 무리의 아르티오는 번영과 추수의 여신으로도 보인다. 로마의 신 메르쿠리우스*와 혼합되어 메르쿠리우스 아르타이오스Mercury Artaios가 되었다. 아르테미스 브라우로니아Artemis Brauronia라고도 한다.

무소코로니 Muso Koroni (태고의 영혼을 가진 순수한 여인)
지하의 풍산 여신. 밤바라족Bambara[말리, 아프리카 서부]. 무소코로니는 살아 있는 모든 것들의 어머니로, 농업의 원리로 인간에게 받아들여진다. 때로 많은 젖을 가진 인간의 형상이나 표범의 형상을 한 무서운 모습으로 묘사된다. 표범의 모습을 한 그녀는 여성에게 월경기를 가져다주고 남녀 모두에게 할례를 가져다주기 위해 발톱을 사용한다. 젊은이가 할례를 받기 전에는 완조wanzo, 곧 길들여지지 않은 야생성을 소유했다고 여겼다. 무소코로니는 나무(알비다 아카시아)의 형상으로 그녀를 임신시킨 태양신 펨바*의 추적을 받았다. 무쏘코로니Mousso Coronie라고도 한다.

무스담마 Musdamma
건물들의 신. 메소포타미아(수메르). '엔릴*의 위대한 건축가'로 묘사되는 무스담마는, 건축과 가옥에 대한 책임을 지도록 엔키*가 임명한 하급 신이다.

무시시 Musisi
사자使者 신. 은동가Ndonga[남아프리카 서부 나미비아]. 창조신 칼룽가*와 인간 사이의 중재자이다. 아버지는 칼룽가이다.

무아티 Muati
분명하지 않은 지역 신. 메소포타미아(수메르). 어떤 본문에서는 신비로운 낙원섬 딜문과 관계있으며, 뒤에 나부*와 혼합된다.

무자지 Mujaji
비의 여신. 로베두Lovedu[남아프리카]. 드라켄즈버그Drakensberg 산맥 북부에 사는 것으로 알려졌으며 파괴적이고 사나운 비바람과 부드럽고 생산적인 비를 보내준다. 과거에는 소를 바쳤고 때로는 어린 소녀들도 제물로 바쳐서 무자지를 달랬다. 무자지는, 멋진 명성을 지니지만 죽을 수밖에 없는 운명적 여왕의 계보를 잇는 신으로 묘사된다. 작가 라이더 하가드Rider Haggard의 소설 〈쉬 She〉는 여기에 기초를 두고 있다. 모자지Modjadji라고도 한다.

무찰린다 Mucalinda
수호신. 불교. 보드가야Bodh Gaya 근처 한 호수의 수호신. 뱀 신들의 왕이며, 붓다* 주위에 똬리를 틀어 폭풍에서 그를 보호했다고 한다.

무카사 Mukasa
최고신. 부간다족Buganda[우간다, 아프리카 동부]. 빅토리아 Victoria 호수 부벰베

Bubembe 섬에 주요 신탁 지성소가 있던 자비로운 신. 무카사의 첫 번째 대사제는 세마궁가Semagunga였다. 관습상 오직 부족의 지도자만 지성소의 신탁을 들을 수 있었다. 무카사는 비와 음식과 가축을 제공해준다.

무탈람만 Muttalamman (진주 어머니)
역병의 여신. 드라비다족(타밀족)[인디아 남부]. 특히 천연두와 동일시된다. 무티얄람마Mutyalamma라고도 한다.

무트 Mut
테베의 수호 여신. 이집트. 상이집트에서 무트는 멤피스 출신의 하이집트 여신 사크메트*와 유사한 신이었다. 여신 아마우네트*를 대신한 이후 무트는 지역에서 태양신 아문*의 배우자가 되었고, 이 때문에 달의 신 콘수Khonsu의 어머니가 된다. 무트는 또한 테베 왕들의 거룩한 어머니로 여겨지기도 했다. 무트는 상·하이집트 쌍둥이 관이 올려져 있는, 독수리 머리 장식을 한 인간의 형상으로 묘사된다. 전형적으로 밝은 빨간색이나 푸른 무늬의 가운을 입고 있다. 자주 있는 일은 아니지만, 사자의 머리를 한 모습으로 그려지기도 한다. 중심 숭배지 테베에 있는 무트의 지성소는 이세루Iseru로 알려졌다.

무티누스 Mutinus
하급 풍요 신. 로마. 매우 외설적으로 그려지며 여인들이 아이를 갖기 위해 이 신에게 기원했다.

무힝고 Muhingo
전쟁의 신. 부뇨로[우간다, 아프리카 동부]. 특히 전투에 참가하기 전에 전사들이 이 신에게 기원했다.

문신(門神) Men Shen
통행의 신. 중국. 활과 화살로 무장하여 출입문을 지키는 두 신 중 하나. 신년 축제에서 악령을 몰아내기 위해 가정의 출입구에 문신 그림을 붙여놓는다.

문젬말리크 Munjem Malik
저승 신 또는 땅의 신. 카피르족[아프가니스탄]. 이므라*의 적수이자 전임자로 나타나지만 그의 영역은 하늘이라기보다는 땅이다. 이므라*는 산과 고지대 초원지를 통제한다. 문젬말리크는 계곡의 땅을 다스린다. 그는 신들의 회의를 관장한다. 크고 둥근 돌이 그의 머리를 상징했던 파룬Parun 계곡의 아르테Arte 에 주요 지성소가 있었다.

문창(文昌) Weng shiang
문학의 신. 도교 (중국). 많은 중국인 가정의 벽에 이 신의 명패가 걸려 있다.

물라 Mula
행운의 하급 여신. 힌두교(서사시와 푸라나). 악의를 지닌 나크사트라* 또는 별의 신. 다크샤*의 딸이자 찬드라*(소마*)의 배우자.

물렌텡가무니예 Mlentengamunye (한 다리)
사자使者 신. 스와지족Swazi[스와질랜드, 남아프리카]. 인간과 창조신 음쿨룸칸디* 의 중재자이다.

물로 Mullo
노새의 신. 로마노-켈트. 비문에서 알려졌고 신 마르스*와 관련이 있다.

물린드와 Mulindwa
수호 여신. 부뇨로[우간다, 아프리카 동부]. 부족의 추장들과 고귀한 혈통을 구성 하는 그 가족들의 수호자.

물릴투 Mulliltu

여신. 메소포타미아(바빌로니아-아카드). 엘릴*(엔릴*)과 아수르*의 배우자. 수메르 여신 닌릴*에서 유래했다.

뭉구 Mungu

창조신. 스와힐리족Swahili[아프리카 동부]. 그리스도교의 확산에 영향을 받은, 하늘에 있는 유일한 신 관념에 이 신의 이름이 적용된다. 물룽구Mulungu라고도 한다.

뭉안응구르 Mungan Ngour

창조신. 호주 원주민. 호주의 빅토리아 주 쿠르나이 쿠리Kurnai Koori 원주민들이 주로 경배한다. 호주의 오로라는, 신들이 인간에게 내린 법과 질서가 악용되었을 때 뭉안응구르가 불만을 표현한 것이라고 한다. 그의 아들 툰둔Tundun은, 성인이 되는 통과 의례를 비롯한 오직 남자들에게만 밝히는 비밀 의식을 관장한다. 이런 의식이 여자들에게 알려졌을 때 꿈의 시대가 끝났고, 그에 따라 혼돈의 시대가 왔으며, 이후 뭉안응구르는 하늘에서 살아가도록 선택되었다.

므네모시네 Mnemosyne

기억의 여신. 그리스. 제우스*의 배우자이며 헬리콘Helicon의 전설적인 아홉 뮤즈의 어머니이다.

므라트나이르긴 Mratna'irgin (오른쪽 새벽)

새벽의 정령. 척치족[시베리아 동부]. 여러 방향의 새벽과 관련된 네 존재 중 하나이다. 트네스칸*, 리에트나이르긴*, 나치트나이르긴* 등을 보라.

므르가시라스 Mrgasiras (가젤의 머리)

행운의 하급 여신. 힌두교(서사시와 푸라나). 자비로운 별의 신(나크샤트라*), 다크샤*의 딸이며 찬드라*(소마*)의 부인.

믈크아무클로스 Mlk-Amuklos

영웅 신. 서셈족[시리아-팔레스티나]. 키프로스. 서기전 1100년 무렵의 비문에서
알려졌고, 헬레니즘 이전 시기의 모델 중 하나로 아마도 여기에서 아폴론*이
유래했을 것이다.

미나토노가미[水戸神] Minato-No-Kami

강 입구와 어귀의 신. 신도[일본]. 이자나기노가미*와 이자나미노가미*의 아들
이며 천상의 물과 땅의 물을 분할하는 이들의 아버지이다.

미낙시 Minaksi (물고기의 눈을 한)

지역 물고기 여신. 시바*의 배우자 여신으로 여겨지며 쿠베라*의 딸이다. 미낙
시는 우그라의 어머니이다. 인디아 남부에서 주로 알려졌으며, 마두라이Madurai
에 주요 신전 중 하나가 있다.

미네르바 MINERVA

기원: 로마. 전쟁의 여신.

숭배 시기: 서기전 400년 무렵부터 서기 400년 무렵까지.

별칭: 팔라스*, 아테나*.

숭배 중심지: 유피테르* 및 유노*와 공유하는 카피톨리나Capitolino 신전. 에스킬리네Esquiline
   에도 중요한 지성소가 있다. 아테나*를 보라.

참조 예술: 서기 115년에 세워진 베네벤툼Beneventum의 트라야누스Trajanus 개선문에 유노*
   및 유피테르*와 함께 묘사되어 있다.

문헌 자료: 베르길리우스의 〈아이네이스〉.

미네르바는 아마도 에트루리아 여신 멘르바Menrva에서 유래했을 것이나, 후에
그리스 여신 아테나를 모델로 삼게 된다. 아테나처럼 미네르바는 불카누스*의

도끼로 쪼개진 유피테르(제우스*)의 머리에서 나왔다. 미네르바 메디카Minerva Medica로서의 미네르바는 로마의 수호 여신이다. 전쟁과 평화의 여신으로 다양하게 인식되지만, 지혜와 예술의 여신이고, 바느질을 포함한 기능의 여신이기도 하다. 미네르발리아Minervalia 및 퀸쿠아트리아Quinquatria(3월 19~23일) 등 해마다 미네르바를 기념하는 축제들이 열렸고, 축제 때에는 올림포스에서 떨어졌다고 주장하는 여신상을 들고 행렬했다.

미노스 Minos

지하세계의 하급 신. 그리스-로마. 제우스*와 에우로페Europe의 아들이며, 크레타의 신화적 왕이다. 하데스*로 들어가는 죽은 영혼들의 심판관들 중 하나이다. 미노스 숭배는 황소 숭배와 연결되어 있다.

미디르 Midir

땅의 신. 켈트(아일랜드). 다양한 형상으로 나타난다. 전설에 따르면 에이딘Etain의 배우자이며 맥모르Mag Mor 땅의 통치자이다. 미디르는 개암나무 지팡이에 맞아서 한쪽 눈을 잃어버렸으나, 의사 신 디안케흐트*가 회복시켜주었다. 로마 시대에는 지하세계 신에 더욱 가깝게 되었다. 미데르Mider라고도 한다.

미라 Myrrha

풍산 여신. 서셈족(페니키아). 비문을 통해서 킨누르Kinnur의 어머니로 알려졌다. 시르나Syyrna라고도 한다.

미르사 Mirsa

빛의 신. 그리스도교 이전의 코카서스 지역. 페르시아 신 미트라(1)*에서 왔을 것이다. 불을 관장하기도 한다.

미륵불(彌勒佛) Mi-Lo Fo

신. 중국 불교. 중국에서 붙인 미륵보살의 이름. 인도의 모델처럼 붉은 모습이다. 상징은 장미와 지갑.

미미르 MIMIR

기원 : 북유럽 (아이슬란드). 지혜와 영감의 신.

숭배 시기 : 서기 700년 무렵이나 그 이전부터 서기 1100년 무렵 그리스도교 시기까지.

별칭 : 미므르Mimr, 미미Mimi, 밈Mim.

숭배 중심지 : 알려진 바 없음.

참조 예술 : 알려진 게 없지만, 익명의 조각들의 주인공일 것이다.

문헌 자료 : 아이슬란드 사본들, 스노리의 〈산문 에다〉.

서리거인들(frost giants)의 세계에 사는 에시르* 신이다. 미미르는 지식의 우물을 지킨다. 이 우물은 세계나무 익드라실Yggdrasil 아래에서 흘러나오는 샘으로 채워지며, 이 샘은 태초의 물에서 채워진다. 오딘(2)*은 미미르에게 자기의 눈 하나를 잃어버리면서도 지식을 얻기 위하여 샘물을 마셨다. 오딘(2)은 신들 중에서 가장 현명하다고 한다. 어떤 자료에 따르면 미미르는 에시르와 바니르*의 싸움에 인질로 보내졌고 그들에게 죽음을 당했다고 한다. 몇몇 저자들은 미미르가 신보다는 거인에 가깝다고 주장한다. 종종 침묵의 신 호에니르*가 그를 동반한다고 한다. 미미르는 라그나뢰크 때 오딘(2)에게 마지막 습격을 경고한다.

미이노가미 [御井神] Mi-Wi-No-Kami

우물의 신. 신도[일본]. 우물을 관장하는 세 신 중 하나로 미이신사[御井神社]에서 함께 숭배한다. 미이노가미는 특히 가정용 우물의 신이다.

미즈하노메 [罔象女] Mizu-Ha-No-Me

물의 여신. 신도[일본]. 태초의 창조 여신 이자나미노가미*가 불의 신 히노가구쓰치*를 낳으면서 불에 타 중병에 걸린 동안 그녀의 오줌에서 탄생했다.

미치노가미[道の神] Michi-No-Kami

통행의 신. 신도[일본]. 도로 및 교차로와 관련된 세 신의 총칭. 이들은 집의 경계 및 집으로 가는 길들을 수호한다. 역병으로부터 지켜주는 액막이 신으로 알려질 수 있다. 구나도노가미*를 보라. 치부리노가미[地触神]라고도 알려져 있다.

미카페틀라콜리 Micapetlacoli

지하세계의 하급 여신. 아스텍(고대 메소아메리카)[멕시코]. 믹틀란테쿠틀리*로 분류되는 신 집단의 일원이다.

미카하야히[甕速日] Mika-Haya-Hi

태양신. 신도[일본]. 태양 여신 아마테라스*를 추종하며 불의 신 가구스치노가미*의 피에서 생겼다. 몇몇 일본인들은 지금도 태양을 숭배하며 아침에 밖으로 나가서 동쪽을 향해 절하고 손뼉을 치는 의례를 매일 행한다. 히하야히노가미*도 보라.

미칼 Mikal

지역 신. 서셈족(페니키아). 키프로스에서 열심히 숭배했다. 역병의 신으로 간구를 받았다는 전거들도 있다.

미쿠라타나노가미[御倉板擧之神] Mi-Kura-Tana-No-Kami

집의 신. 신도[일본]. 가정의 수호신들 중 하나로, 특히 창고 보호와 관련이 있는 것으로 알려졌다.

미토시노가미[御歳神] Mi-Toshi-No-Kami

농업의 신. 신도[일본]. 쌀 수확의 신 오토시노가미*와 카가요히메[香用比売]의 자손이며 농작물과 쌀을 책임진다.

미트라(1) MITHRA (친구)

기원: 페르시아 [이라크]. 상층 대기의 신.

숭배 시기: 서기전 400년 무렵부터 서기 200년 무렵까지.

별칭: 미트라 (2)* (힌두교), 미트라스* (로마).

숭배 중심지: 페르시아 영향을 받은 전 지역.

참조 예술: 다양한 조각과 부조.

문헌 자료: 〈아베스타 Avesta〉.

인디아에 기원을 둔 빛의 신 미트라는 페르시아 빛의 종교에서는 아후라마즈다*의 수행 신으로 바뀌었다. 미트라는 여기에서부터 로마의 신 미트라스로 채택된다. 미트라는 일반적으로 하늘 신이 아니라, 따듯하고 가벼운 공기의 풍요로운 힘이 인격화한 것으로 여겨진다. 〈아베스타〉에 따르면 미트라는 1만 개의 눈과 귀를 가지고 있으며 하얀 말들이 끄는 수레를 타고 다닌다.

눈에 띄게 미트라를 강등시킨 이원론적 조로아스터교에서 미트라는 빛과 어둠의 세력 사이에서 벌어지는 끝없는 전쟁과 관련이 있다. 그는 진리를 나타낸다. 미트라는 맹세와 계약을 지키는 것에 대한 책임을 맡고 있다. 전설에 따르면, 그는 바위에서 태어났고 아후라마즈다의 첫 피조물인 거친 황소와의 원시적 싸움에 관여한다. 미트라는 황소를 복종시키고 굴속에 가둔다. 황소는 탈출하지만 다시 미트라에게 붙잡히고 미트라는 황소의 목을 베어버린다. 피에서 지상 식물의 생명이 피어났다. 미트라의 최대 적은 어둠의 힘인 아리만*이다. 미트라는 보통 독자적으로 숭배받지 않지만, 아후라마즈다의 미트라적 숭배에서 빠질 수 없는 신이었다. 여기에서 미트라는 신과 인간의 중재자로 활동한다. 헬레니즘 시기에는 태양신의 역할을 하는 신으로 변화된다. 아후라마즈다*를 보라.

미트라(2) Mitra (친구)

하급 태양신. 힌두교(베다와 푸라나). 아디티*의 여섯 아들인 아디티야* 중 하나로 원래 바루나*와 연결되어, 바루나가 밤을 다스리는 동안 미트라는 낮을 다

스렸다. 바로 이 모델에서 페르시아의 미트라(1)*와 로마의 미트라스*가 유래
했다. 미트라는 친밀한 우정의 신이기도 하다. 상징은 두 연꽃, 삼지창, 제례
용 음료인 소마.

미트라스 Mithras

군인들의 신. 그리스-로마. 인도-페르시아 모델에서 유래했다. 미트라스는 특
히 1~2세기 동안 로마제국의 군인들 가운데서 충성과 진실을 상징화하는 신
으로 두드러졌다. 미트라스 숭배는 지하 신전인 미트라이움mithraeum에서 거행
했고, 황소를 희생물로 바쳤다. 로마의 영향 아래 있었던 미트라교Mithraism는
완전히 남성적인 종파였다.

미티 Miti

모성적 정령. 코랴크족[시베리아 남동부]. 퀴킨아쿠*의 배우자이다. 전승에 따르
면 미티의 아버지는 미티가 아주 어렸을 때 그녀를 버린 황혼의 인간 기틸리란
Gi'thililan이다. 미티는 코랴크인들의 어머니로 여겨진다. 에멤쿠트*, 난카칼레*,
이네아네우트*, 카나이나우트Cana'ina'ut는 미티의 아들과 딸이다.

미호스 Mihos

사자의 신. 이집트. 여신 바스테트*의 아들. 암사자의 형상으로 묘사되며, 하
이집트 레온토폴리스Leontopolis(텔 엘무크담 Tell el'Muqdam)의 숭배 중심지에서 기원
한다. 미호스를 기리는 지성소는 부바스티스Bubastis에 지어졌다. 미이시스라고
도 한다(그리스).

믹스코아틀카막스틀리 Mixcoatl-Camaxtli

전쟁의 신. 아스텍(고대 메소아메리카)[멕시코]. 붙잡힌 포로들의 인간 희생제를 받
았던 사냥과 불의 신이기도 하다. 전승에 따르면 태양신 테스카틀리포카*는
거룩한 불쏘시개를 돌려서 불을 만들기 위해 자신을 믹스코아틀카막스틀리로
변화했다고 한다.

믹테카키우아틀 Mictecacihuatl

지하세계 저승 신. 아스텍(고대 메소아메리카)[멕시코]. 믹틀란테쿠틀리*와 한 쌍을 이루는 신이다. 이들은 우주 태초의 물에서 괴물 여신 시팍틀리*를 창조했으며, 시팍틀리로부터 땅이 형성되었다.

믹틀란테쿠틀리 Mictlantecuhtli

지하세계 저승 신. 아스텍(고대 메소아메리카)[멕시코]. 지하세계의 창조자 믹틀란Mictlan이다. 해골과 같은 외양에 불쑥 나온 이빨을 한 모습으로 묘사된다. 믹테카키우아틀*과 한 쌍을 이루는 신이다. 이들은 우주 태초의 물에서 괴물 여신 시팍틀리*를 창조했으며, 시팍틀리로부터 땅이 형성되었다. 다른 전승에서 믹틀란테쿠틀리는 열세 하늘의 여섯 번째 신 일우이카틀마말우아조칸Iluicatl Mamalhuazocan이거나, 주요 네 방향에서 가장 낮은 하늘을 지탱하는 신들 중 하나이다. 믹틀란테쿠틀리는 남쪽에 거주하는 것으로 인식된다. 위대한 신전의 네 신 중 하나이기도 하다.

민 MIN

기원 : 이집트. 풍산 신.

숭배 시기 : 서기전 3000년 무렵부터 서기 400년 무렵 이집트 역사 끝까지.

별칭 : 메누Menu.

숭배 중심지 : 룩소르Luxor와 케나Qena 사이의 와디 함마마트Wadi Hammamat 서쪽 끝에 있는 키프트Qift, 아크밈Akhmim, 케나 북부.

참조 예술 : 서기전 3000년 무렵이나 그 이전 시기에 만들어진 부서진 석회암 거상을 포함한 조각, 부조, 벽화 등.

문헌 자료 : 피라미드 문서, 관상 본문 등.

민은 성적 생식력과 관련해 이집트 판테온에서 가장 중요한 신이다. 어떤 족보에서 민은 이시스*의 아들이며, 다른 곳에서는 이시스의 배우자로 표현되어 그들의 아들 호루스*와 함께 나타난다. 민은 깃털 두 개로 장식된 왕관을 쓰고 리본을 맨 모습으로 묘사된다. 보통 옆모습으로 그려지며, 두 다리를 하나로 모으고 자신의 도리깨가 만들어낸 각도를 향해 손을 올리고 있다. 가장 명확한 도상학의 모습은 크게 발기한 생식기이다. 민의 거룩한 동물은 하얀 황소이며, 발기한 남근상을 떠올리게 하는 키 큰 상추 종류와도 관련이 있을 수 있다.

서기전 2000년대 끝 무렵, 민은 부분적으로 호루스와 혼합되어 민호루스 Min-Horus 신이 되었다. 민은 또한 광산의 수호신이기 때문에 금광 원정 기지들이었던 키프트와 아크밈 등지에 중심 숭배지가 있었다. 두 지역의 신전 건물들은 그리스-로마 시대의 것으로 알려졌다. 이집트에서는 통치자 대관식에서 민에게 의례를 바침으로써 새로운 파라오의 성적 능력을 키우고자 했고 다산을 기원했다. 람세스 2세 및 람세스 3세와 관련해 이 축제를 묘사한 것이 테베에서 발견되었다. 종종 꽃과 거룩한 상추를 민에게 봉헌물로 바쳤다.

밀리타 Mylitta

여신. 그리스. 아카드 여신 물릴투*가 그리스화한 여신으로, 엘릴*과 아수르*의 배우자이다.

밀카스타르트 Milkastart

지역 수호신. 서셈족. 바알사폰*과 함께 공동으로 숭배를 받았던 것으로 보이는 움 엘암메드Umm el-Ammed에서만 알려졌다. 서기전 3세기 움 엘암메드에 지어진 주요 두 신전 중 하나는 아마도 밀카스타르트에게 헌정되었을 것이다. 이 신의 이름은 멜카르트*와 아스타르테*가 혼합된 것으로 보인다.

밀콤 Milkom

수호신. 서셈족(암몬족). 구약성서 열왕기 상권 11장 5절에 언급된 신들 중 하나로 이스라엘왕 솔로몬Solomon의 숭배를 받았다. 밀꼼Milcom이라고도 한다.

ㅂ

바 Ba(1)

숫양 신. 하이집트. 이집트 종교 초기부터 특히 멘데스Mendes에서 기원의 대상이 되었던 풍요의 신. 후대에 바라는 이름은 어떤 신의 신성을 나타내게 되었는데, 종종 황소와 같은 동물로 표현되거나 죽을 수밖에 없는 파라오로서의 신의 현시로 그려진다.

바가 Bhaga (행운의 분배자)

하급 태양신. 힌두교(베다와 푸라나). 베다 시대 혼인하는 여성의 행운의 화신이었다. 여신 아디티*의 여섯 아들인 아디티야* 중 하나이다. 배우자는 싯다*. 상징은 두 연꽃, 기도바퀴, 삼지창.

바가반 Bhagavan (주님)

수호신. 인디아 북부와 중앙부. 빌족을 비롯한 여러 부족들이 근원적인 창조자 영이자 죽은 이들의 영혼 심판관으로 숭배했다. 비슈누*와 크리슈나*의 별명이다. 바그완Bhagwan이라고도 한다.

바갈라 Bagala (잔인한 힘)

여신. 힌두교. 시바*의 샥티*(생명에너지, 정력, 배우자 여신)를 의인화한 열 마하비디야* 중 하나이다. 비라라트리*의 모습을 취하기도 한다.

바구루 Vahguru

창조신. 시크교도. 인디아 북부 암리트사르Amritsar의 황금 사원에서 숭배한다. 상(icon)이 없다.

바그바 Bagba

물활론적 정령. 아프리카 서부. 바람과 비를 관장한다고 알려진 물신이다. 바그바의 샤먼은 거대한 그릇에 바람을 넣어 보관하고 있다고 한다.

바그바르티 Bagvarti

수호 여신. 우라르투Urartian[아르메니아]. 창조신 할디*의 배우자.

바기슈트 Bagisht

홍수와 번영의 신. 카피르족[아프가니스탄]. 최고 여신 디사니*의 아들로, 디사니가 호숫가에서 소젖을 짜고 있을 때 숫양의 모습을 한 모호한 악마적 존재가 뒤에서 디사니를 강간해서 임신시켰다. 바기슈트는 프라순 강의 물살에서 태어났다고 하며, 그때에 사나운 강물은 부드럽게 흘렀고 강물이 갈라져서 아이가 강둑에 이를 수 있게 되었다고 한다. 정교한 지성소들은 없었던 것으로 보이지만, 물가 주변에는 항상 소박한 사원들이 많이 있었다. 농사와 관련된 카피르의 주요 축제들에서 바기슈트를 기렸고 고기를 제물로 바쳤다. 옵쿨루Opkulu라고도 한다.

바기스바라 Vagisvara (말[speech]의 주)

말의 신. 불교. 네팔의 수호신. 모든 디야니붓다*의 발현이며 만주스리*의 이형異形이다. 사자를 동반하거나 사자 옥좌에 앉아 있다. 상징은 푸른 연꽃.

바기타누스 Vagitanus

하급 통행 신. 탄생시 아기의 첫 울음을 돌보는 수호신.

바나두르가 Vana-Durga
두르가*의 모습. 숲에 사는 사람들이 이 여신에게 기원한다. 종종 코끼리 가죽을 걸치고 있고 팔이 여덟이며 여러 무기들을 가지고 있다.

바넵제데트 Banebdjedet
숫양의 신. 하이집트. 아마도 중재와 관련이 있으며, 물고기 여신 하트메히트*의 배우자이다. 하르포크라테스*의 아버지이기도 하다. 전승(체스터 비티 파피루스Chester Beatty papyrus)에 따르면 호루스*와 세트*가 이집트 왕좌를 위해 싸움을 벌일 때 중재를 맡았다고 한다. 어떤 이야기는 그가 첫 번째 나일 폭포 근처 세헤일Seheil 섬이 있는 상이집트에 모셔졌다고 하지만, 숭배 중심지는 하이집트(텔 엘-루바Tell el-Ruba) 삼각주 멘데스에 있었으며, 람세스 3세의 어머니와 밀접한 관련이 있다.

바니르 VANIR
기원 : 북유럽 (아이슬란드). 우선적으로 평화와 번영 및 땅의 풍요와 관련된 북유럽 신들의 주요 집단.

숭배 시기 : 서기 700년 무렵 바이킹 시대나 그 이전부터 1100년 무렵 그리스도교 시기까지 (지역에 따라서는 그 이후까지).

별칭 : 없음.

숭배 중심지 : 북유럽 영향권 내에 여러 지역들이 있지만, 특히 스웨덴 웁살라Uppsala.

참조 예술 : 돌조각, 무기들 위에 새겨진 그림.

문헌 자료 : 아이슬란드 사본들, 스노리의 〈산문 에다〉, 삭소의 〈덴마크 역사〉, 여러 고전 작가들.

오딘(2)*이 이끄는 에시르* 신들보다는 작은 신들의 집단이다. 이들 중 가장 중요한 신들은 프레위르*와 프레이야*이다. 바다의 신 니외르드*는 원래 바니르였으나 두 종족이 전쟁을 벌일 때 에시르의 인질이 되었다. 에시르*를 보라.

바달리 Vadali
하급 여신. 대승불교. 마리치*의 수행 신. 상징은 꽃, 바늘, 올가미, 지팡이.

바드라 Bhadra (상서로운)
하급 여신. 힌두교(서사시와 푸라나). 시바*의 수행 신. 보통 앉아 있다. 상징은
푸른 연꽃, 과일, 염주, 삼지창.

바디마타 Badi Mata
어머니 여신. 힌두교[인디아 북부]. 샥티*(생명에너지, 정력, 배우자 여신)이며 일곱 어
머니 여신(사프타마타라*) 중 하나로, 후기 힌두교에서는 사춘기 아이들을 공격
하는 악한 지향을 가진 여신으로 여겨졌다. 특히 벵골 지역에서 알려졌다.

바라니 Bharani
불운의 하급 여신. 힌두교(서사시와 푸라나). 악의를 지닌 나크사트라* 또는 별
의 신. 다크샤*의 딸이자 찬드라*(소마*)의 배우자. 아파바라니스Apabharanis라
고도 한다.

바라무키 Varahmukhi (멧돼지 머리를 가진)
하급 여신. 대승불교. 마리치*의 수행 신. 상징은 화살, 활, 꽃, 지팡이.

바라스타르 Barastar
지하세계 저승 신. 오세티아Ossetian(카우카수스Caucasus 지역). 영혼들의 판관으로
그들을 천국으로 인도하거나 망각에 빠지게 한다.

바라트마타 Bharat Mata (어머니 인디아)
어머니 여신. 근대 힌두교. 19세기 벵골 사람 반킴 찬드라 차터지Bankim Chandra
Chatterjee의 저술에서 나왔다. 사원들은 인디아의 지도 모양으로 꾸며졌다.

바라티 Bharati

희생의 하급 여신. 힌두교(베다와 서사시, 푸라나). 의례 전에 제의 마당에 나타나
기를 기원하며 이 신을 불렀다. 보통 여신 사라스바티*와 관련이 있다. 가네
샤*의 배우자로 여겨지기도 한다.

바라하 Varaha (멧돼지)

비슈누*의 화신. 힌두교(서사시와 푸라나). 멧돼지로 나타나는 비슈누의 세 번째
화신이다. 전설에 따르면 바라하는 악마가 제거한 땅을 구하기 위해서 원시
바다의 끝으로 내려간다. 바라하는 소녀의 형상으로 땅을 회복시킨다. 완전
히 동물로 묘사되거나 멧돼지 머리를 한 인간으로 묘사될 수 있다. 별명들 중
에 아디바라하 Adivaraha가 있다.

바라히 Varahi

어머니 여신. 힌두교(서사시와 푸라나). 후기 힌두교에서 악한 지향을 가진 것으
로 여겨지는 어머니 여신들(마타라*) 중 하나이다. 여덟 아스타마타라*(어머니
여신들) 중 하나이기도 하다. 아홉으로 이루어진 별의 신들(나바샥티스*) 집단에
도 속해 있다. 이 신들은 인디아 남부에서는 어머니 여신들인 사프타마타라*
보다 상급 여신들이다. 바라히는 멧돼지나 물소나 코끼리 위에 앉아 있다. 상
징은 멧돼지 머리, 활, 곤봉, 컵, 칼, 올가미, 쟁기, 무기, 삼지창.

바랄리 Varali

하급 여신. 대승불교. 마리치*의 수행 신. 색깔은 하얀색. 상징은 꽃, 바늘, 올
가미, 지팡이.

바루나 VARUNA

기원: 힌두교 (베다, 푸라나와 초기 타밀) [인디아]. 주요 수호신.

숭배 시기: 서기전 1700년 무렵부터 현재까지.

별칭: 없음.

숭배 중심지 : 인디아 전역. 그러나 남부에서는 비의 신으로 숭배한다.

참조 예술 : 조각, 부조.

문헌 자료 : 〈리그베다〉 등.

바루나는 베다의 주요 신들 중 하나로, 세상의 체계와 물의 운행을 안전하게 하는 것과 관련되어 있다. 아수라 asura 급 신들의 주인으로 페르시아의 신 아후라마즈다*와 동등하다고 여겨진다. 후대에는 서쪽 방향의 수호신이 되었다. 바루나는 또한 태양신이자, 카르다마 Kardama의 아들이며 가우리*의 배우자로 여겨지기도 한다.

인디아 남부, 특히 바루나가 나무들 속에 살고 있다고 생각하는 연안 지역에서는 지금도 가뭄 기간에 그를 숭배한다.

베다 시대에 바루나의 거룩한 동물은 숫양이었다. 물고기나 바다괴물, 또는 말 일곱 필이 끄는 전차를 타고 있다. 상징은 소라, 연꽃, 양산, 거룩한 실, 뱀 올가미, 삼지창, 보석들이 있는 물병. 배가 볼록 나와 있으며 머리가 넷이다.

바르샤민 Baršamin

기후 또는 하늘의 신. 그리스도교 이전의 아르메니아. 아마도 셈족의 신 바알샤민*에서 유래했을 것이다.

바리마테타케레 Vari-Ma-Te-Takere (맨 처음)

어머니 여신. 폴리네시아[쿡 제도]. 세계 코코넛 밑바닥에 사는 창조적 존재이며, 비좁은 공간에 무릎과 턱이 닿아 있는 채로 앉아 있다. 무언의 땅 테에누아테키 Te-Enua-Te-Ki에서 영원한 침묵 속에 살아간다. 여섯 자녀는 모두가 신들이다. 이들 중 셋은 자기 오른쪽에서 잡아서 빼냈고 나머지 셋은 왼쪽에서 빼냈다. 아바테아*, 티니라우*, 탕오*, 투무테아나오아*, 라카(3)*, 투메투아* 등을 보라.

바마나 Vamana

비슈누*의 화신. 힌두교(서사시와 푸라나). 난쟁이로 나타나는 비슈누의 다섯 번째 화신으로, 우주 안에 있는 인간의 미약한 상태를 상징화한다. 전설에 따르면, 특권으로 인드라*를 훼손하기 시작했던 히라냐카시푸의 증손자 발리(1)*를 속이기 위해서 이 형상을 취했다고 한다. 나라시나*를 보라. 바마나는 적절한 균형을 회복하기 위해서, 세 걸음에 밟을 수 있는 땅을 발리(1)에게 요구했다. 비슈누는 거인의 모습으로 다시 돌아와 두 걸음에 하늘과 땅을 덮어버렸다. 세 번째 걸음으로 지옥을 덮어버리려고 했으나 대신에 발리(1)를 밟아서 지옥을 다스리게 했다. 상징은 우산과 물병.

바바 Baba

풍산 신. 메소포타미아(수메르와 바빌로니아, 아카드). 구데아가 신전을 지은 라가쉬 지역에서 숭배했다.

바바나바시 Bhavanavasi

신들. 자이나교[인디아]. 접미사 쿠마라(-kumara)로 끝나는 젊은 외양을 한 열 신에 대한 포괄적인 명칭. 이들은 아그니쿠마라*, 아수라쿠마라*, 딕쿠마라*, 드비파쿠마라*, 나가쿠마라*, 스타니타쿠마라*, 수파르나쿠마라*, 우다디쿠마라*, 바유쿠마라*, 비디유트쿠마라*이다.

바비 Babi

악의를 지닌 신. 이집트. 구왕국(서기전 2700년경) 시대부터 알려졌다. 바비는 폭력적이고 적의 있는 신으로 나타나며, 진실의 방에서 심장의 무게를 재는 의례 과정에서 그의 현존은 무척 위험할 수 있다. 이와 반대로 바비는 또한 보호하는 능력을 보여줄 수도 있다. 지하세계의 성적 생식력과 밀접하게 연결된 바비의 모습은 외설적이다. 그는 어둠 속에서 활동하는 신이며, 그의 남근은 지하세계 연락선의 돛대로, 그리고 하늘 문의 빗장으로 다양하게 작용한다. 외설적인 수컷 개코원숭이로 묘사된다.

바사뭄 Basamum

치유의 신. 이슬람교 이전의 남아라비아. 이 이름은 아마도 치료 식물인 발삼 Balsam에서 왔을 가능성이 크다.

바산타데비 Vasantadevi

봄의 여신. 라마 불교[티베트]. 바산타데비는 스리데비*의 수행 신으로 나타나는 티베트에서 특히 알려졌다. 바산타데비의 동물은 노새이다. 상징은 컵과 무기.

바수 Vasu(s) (뛰어난)

신들의 집단을 일컫는 총칭. 힌두교(베다). 낮, 새벽, 불, 달, 북극성, 태양, 물, 바람 등을 형성하는 베다의 기후 신 인드라*를 수행하는 여덟 신이다. 보통 샥티*와 함께 염주를 들고 있다.

바수다라 Vasudhara (보물관리자)

1. 풍요의 여신. 힌두교(서사시와 푸라나). 쿠베라 Kuvera*의 샥티*.
2. 여신. 불교. 보살이며 바즈라사트바(금강살타)의 샥티이다. 악쇼비야* 또는 라트나삼바바*의 형상이다. 색깔은 노란색. 상징은 책, 벼이삭, 왕관 위의 악쇼비야와 라트나삼바바 이미지, 양산, 진주, 보석들이 있는 물병.

바수데바 Vasudeva

신. 힌두교. 크리슈나*와 발라라마*의 관대한 아버지. 배우자들 중에는 데바키*와 로히나* 등이 포함되어 있다.

바수마티스리 Vasumatisri (훌륭한 마음을 지닌 아름다운 분)

하급 여신. 대승불교. 바수다라*의 수행 신.

바수스리 Vasusri (아름다운 분)
하급 여신. 대승불교. 바수다라*의 수행 신.

바스테트 BASTET
기원 : 이집트. 태양신의 복수와 관련된 고양이 여신.
숭배 시기 : 서기전 2700년 무렵부터 이집트 역사 끝까지(서기 400년 무렵).
별칭 : 없음.
숭배 중심지 : 하이집트 삼각주 지역의 부바스티스와 아마도 상이집트의 카르나크 신전에서
　도 숭배했을 것이다.
참조 예술 : 조각, 벽화, 파피루스 도해.
문헌 자료 : 중왕국 시대 관상 본문들.

바스테트는 태양신 레*의 딸이며 그의 복수의 도구, '그의 눈의 분노'로 간주된다. 아문*의 장녀로도 알려졌다. 바스테트의 아들은 사자 머리를 한 신 미호스*이다.

　전투를 상술하는 본문들은 파라오의 원수들이 바스테트의 희생자들처럼 도살당하는 것으로 그려져 있다. 바스테트는 처음에 암사자로 묘사되고, 더 평화로운 기질을 갖게 되는 서기전 1000년 무렵 이후부터 고양이의 모습으로 그려졌다. 고양이는 그녀에게 신성하게 여겨졌고, 미라로 만든 동물들이 포함되어 있는 고양이 묘지들이 다양한 장소에서 발견됐다. 그녀의 이름은 설화석고로 만든 봉인된 향수병에 상형문자로도 나와 있다. 기자Giza에 있는 카프레Khafre 신전에는 그녀의 이름이 여신 하토르*의 이름과 함께 정면에 새겨놓아서 이들이 북쪽과 남쪽의 수호 여신들임을 상징하고 있다. 헬레니즘 시기에는 부분적으로 아르테미스*와 혼합되었다.

바시야타라 Vasya-tara (복종하는 타라*)
여신. 대승불교. 아모가시디*의 발현이며 아리야타라*와 분리될 수 없다고 여겨진다. 색깔은 초록색. 상징은 푸른 연꽃과 왕관 위의 아모가시디 이미지.

바시타 Vasita (의지력)

여신의 집단을 일컫는 총칭. 힌두교. 영적 재생 수련을 인격화한 열두 여신을 가리킨다.

바알 BAAL (주인)

기원 : 서셈족 (가나안) [북이스라엘, 레바논, 이집트]. 식물 신이자 국가 신.

숭배 시기 : 서기전 2000년 무렵이나 그 이전부터 서기전 200년 무렵까지.

별칭 : 알린바알Aliyn Baal, 하다드*.

숭배 중심지 : 우가리트 [라스 샴라, 예벨 엘 아크라Yebel el Aqra], 필리스틴 시기의 아쉬도드. 바알-하조르Baal-Hazor, 바알-시돈Baal-Sidon, 바알-티레Baal-Tyre [레바논] 등을 포함한 동부 지중해 연안 곡물 성장 지역 아래쪽. 멤피스 [이집트].

참조 예술 : 라스 샴라의 석주에는 황소의 뿔이 달린 앉아 있는 신이 묘사되어 있는데, 바알이나 일* 중 하나로 여겨진다. 바알을 상징화한 것으로 보이는 모형 송아지가 최근 발견되었다.

문헌 자료 : 라스 샴라에서 출토된 우가리트어 창조 본문들, 특히 바알과 아나트* 및 바알과 모트*에 대한 전설들, 구약성서.

바알은 농경 이전 시대의 폭풍과 비의 신에 기원을 두었을 것이다. 다간*의 아들이며 폭풍의 일곱 신과 구약성서의 바알들과 산파의 일곱 여신인 사수라툼*의 아버지이다. 바알은 적어도 서기전 19세기부터 숭배를 받았던 것으로 보인다. 후에 땅의 풍요와 연관된 식물 신이 되었다. 바알은, 태초에 신성한 장인들이 만들어준 무기의 도움으로(오딘(2)*을 보라), 바다와 강의 모양을 한 폭정에서, 더 구체적으로는 얌* 신으로부터 왕권을 손에 넣었다.

바알은 샤판Šapan이라는 산에 있는 거대하고 부유한 궁에서 산다. 바알의 목소리를 천둥처럼 묘사하는 본문들 안에는 기후 신을 함축하는 오래된 표현들이 남아 있다. 바알은 자기 궁의 마루에 있는 구멍에서 땅에 물을 준다. 어떤 본문에 따르면, 바알의 종들은, 일곱 견습기사와 여덟 멧돼지 형상으로, 그의 모든 딸들과 안개의 딸 피드라이* 및 소나기의 딸 탈라이Tallay처럼, 풍요의 기능을 가지고 있다. 그는 고대 서아시아의 종교들 안에서는 처음으로 설정된, 무질서의 세력과 지속적이고 정력적으로 관계했던 한 신에 대한 대립 주제를 반영한다. 그것은 그의 일시적인 불운을 일으키는 싸움이지만 거기서부터 해마다 그는 승리한다. 바알은, 신 모트*(인안나*와 이쉬타르*를 보라)의 형상인 카오스*의 세력에 맞서기 위해, 지하세계로 내려가기 전에 자기가 부재 시에 자신의 힘에 대한 보증으로 숫송아지를 낳게 했다고 전해진다. 그는 죽지만 아나트*의 노력으로 재생하며, 일곱째 해에 모트를 죽인다(구약성서 탈출기 23장 10~11절은 6년 추수하고 7년째 되는 해에는 땅을 놀려야 한다는 것을 설명하고 있다). 비가 내리길 기다리며 티쉬리Tišri 달 새해 가을 축제 때 승리를 경축했다. 구약성서의 바알제불Baal-Zebul은 바알과 왕자를 뜻하는 즈블zbl에서 유래한다.

이집트 신왕국 시대 서기전 16세기 중반부터 바알을 중요하게 섬겼으나 그의 죽음과 소생에 대한 전설은 오시리스*의 그것과는 결코 동등하게 다루어지지는 않았다.

그리스-로마 시대 바알은 제우스* 및 주피터와 함께 팔레스타인 지역에 흡수되었으나, 그는 페니키아의 신으로서 씨를 뿌리는 신인 사투르누스*와 관련이 있었다.

바알말라게 Baal Malage
지역 수호신. 서셈족(페니키아). 아마도 가나안에 기원을 두고 바알샤민*과 동일시된 신일 것이지만, 오직 비문으로만 알려졌다.

바알사폰 Baal Sapon
지역 수호신. 서셈족(페니키아). 가나안에 기원하며 바알샤민*과 거의 동일시됐을 것이다. 우가리트 문헌에 따르면 바알사폰은 사판Saphan이라고 알려진 페니키아 북부의 산에 거주한다. 사판은 선원들에게 등대로 기능했을 것이다. 바알헤르몬Baal Hermon과 바알브라티Baal Brathy 등 다른 지역의 변종 산신들도 있다.

바알샤민 Baal Šamin (하늘의 주인)

판테온의 우두머리. 서셈족(페니키아). 가나안 문화의 비와 식물의 신에 기원을 두었을 테지만, 키프로스와 카르타고에 이르는 넓은 지역에서 공경받았다. '천둥을 지닌 이'라는 별명도 있다. 바알샤민은 서기전 14세기 히타이트 왕 수필룰리우마Suppiluliuma와 우가리트의 니그마두 2세Nigmadu II가 맺은 조약문에 처음 보인다. 비문에 따르면 '예헤밀크Yehemilk가 지은' 주요 신전이 비블로스에 있었다. 요세푸스Josephus는 솔로몬 시대에 바알샤민을 숭배했다는 것을 확인시켜준다. 카라테페Karatepe의 전국 신들의 목록에는 맨 처음 나타나며, 셀레우코스 시대에 주조된 화폐에는 반달 왕관을 쓰고 빛나는 태양 원반을 든 모습으로 묘사되어 있다. '영원의 주인'이라는 별명도 가지고 있으며, 선원들의 수호신으로서 바다 폭풍의 신이기도 했다. 헬레니즘 시기 그리스 판테온에서는 제우스*와 동일시되었으며, 로마인들은 하늘 신 카엘루스와 동일시했다. 바알샤멤Baal-Šamem이라고도 한다.

바우보 Baubo

어머니 여신. 서셈족(시리아). 프리에네 지역에서 알려졌고 아타르가티스*, 키벨레* 등과 광범위하게 혼합되었다.

바유(1) VAYU(1) (바람)

기원: 한두교[인디아]. 바람의 신.

숭배 시기: 서기전 1700년 무렵부터 현재까지.

별칭: 파바나*.

숭배 중심지: 일정하지 않다.

참조 예술: 금속이나 돌로 만든 조각들.

문헌 자료: 〈리그베다〉를 포함한 베다 문헌들.

베다 문학의 가장 중요한 신들 중 하나이다. 후기 한두교에서 바유는 북서쪽 방향의 수호신으로 발전한다. 몇몇 문헌에서는 아그니*를 위해 전차를 몬다.

색깔은 어두운 푸른색. 상징은 화살, 갈고리, 기도바퀴, 지팡이, 물병.

바유(2) Vayu(2)

신. 불교. 북서쪽 방향의 수호신.

바유쿠마라 Vayukumara

신. 자이나교[인디아]. 바바나바시*(장소에 거주하는) 신들의 집단 중 하나. 이들은 젊은 외모를 하고 있다.

바이라바 Bhairava (끔찍한)

시바*의 공포스러운 형상. 힌두교(푸라나와 그 이후). 출입구의 수호신. 시바와 비슷한 모양으로 그려지는 우그라의 외양을 갖지만, 머리는 다섯, 팔이 열 개며, 시바의 피에서 태어났다고 한다. 상징은 갈고리와 올가미. 외양 및 별명들로는 칼라라트리 Kalaratri, 크세트라팔라*, 마하칼라* 등이 있다. 개 숭배와 연결되어 바이론 Bhairon이라고도 한다. 바이라바는 시바의 샥티*(생명에너지, 정력, 배우자 여신)를 의인화한 마하비디야* 중 하나이다.

바이라코차 VAIRACOCHA

기원 : 잉카[페루]. 창조신.

숭배 시기 : 서기 400년 무렵부터 1500년 무렵까지.

별칭 : 우이라코차*, 비라코차 Viracocha.

숭배 중심지 : 쿠스코 Cuzco.

참조 예술 : 다양한 돌조각과 귀금속 조각들.

문헌 자료 : 없음.

모든 초자연적 존재들과 인간과 동물들의 창조자인 바이라코차는 잉카의 황제 방식으로 하늘들을 다스린다고 알려졌다. 모든 거룩한 힘의 원천이나 세상 통치와 직접적인 관련이 있고 위기의 시간에만 나타난다. 인간에게 다양한 예술과 기술을 가르치며 세상을 여행한 영웅적 모습으로 묘사되기도 한다. 바이라코차는 물 위를 걸어서 태평양을 건넜다고 한다.

쿠스코에 있는 주요 신전에 황금 신상으로 표현된 판테온의 신들 중에서 가장 중요한 것은 바이라코차 신상이었다. 그 신상은 작은 소년 크기로, 주먹을 쥐고 오른손을 들고 있으나 엄지손가락과 집게손가락은 펴져 있다고 묘사된다. 스페인 침략자들이 바이라코차라고 줄여버린 이 신의 원래 이름은 일야티크시비라코카파카야카시크Ilya-Tiqsi Wiraqoca Pacayacaciq(오랜 토대, 주님, 세상의 교사)이다. 바이라코차라는 명칭은 남미 인디언들이 백인들에게 설명하기 위해서 최근까지 사용해오는 이름이다.

바이로차나 VAIROCANA (비로자나불毘盧遮那佛 / 대일여래大日如來)

기원 : 불교 [인디아]. 첫째이자 최연장 디야니붓다*.

숭배 시기 : 서기전 500년 무렵부터 현재까지.

별칭 : 붓다헤루카Buddhaheruka.

숭배 중심지 : 아시아 전역.

참조 예술 : 금속과 돌로 만든 조각들과 그림들.

문헌 자료 : 〈사다나마라〉, 밀교 의례 문헌들.

금강승불교에서 인간 붓다의 신비의 다섯 영적 대응자 중 하나. 신체 형상과 관련된 우주의 가지를 나타내는 아디붓다*에서 나왔다. 바이로차나는 하얀 만트라 음절 옴OM에서 기원하며, 천정天頂 낙원에서 산다. 바이로차나는 항상 절이나 불탑의 가장 안쪽에 있다. 샥티*는 바즈라다트비스바리*이며 보통 사자나 용 두 마리의 수행을 받는다. 색깔은 하얀색. 상징은 수도복 세 벌과 기도바퀴. 라마교[티베트]에서는 수호신으로 모시며 상징에 종과 기도바퀴가 포함된다. 사만타바드라*를 비롯해, 춘다*, 그라마트르카*, 마하사하스라프라마르다니Mahasahasrapramardani, 마리치*, 나마산기티Namasangiti, 시타타파트라아파라지타SitatapatraAparajita, 우스니사비자야*, 바즈라바히Vajravahi 등이 바이로차나의 발현이다. 악쇼비야*, 아미타바*, 아모가시디*, 라트나삼바바* 등을 보라.

바이로티야 Vairotya (도끼와 몰이막대기를 가진)

배움의 여신. 자이나교[인디아]. 여신 사라스바티*가 인도하는 열여섯 지혜의 여신들 중 하나다.

바이르긴 Va'irgin (나는 존재한다)

최고의 존재. 척치족[시베리아 동부]. 하늘의 천정에 사는 멀리 있고 불분명한 존재로 세상을 창조했다. 코랴크족의 신 테난토므완*과 비슷하다.

바이마니카 Vaimanika

신들의 집단을 일컫는 총칭. 자이나교[인디아]. 날아다니는 궁전 비마나 vimana에서 태어났거나 그곳에서 살고 있다고 하는 신들의 집단이다.

바이브 Badb

전쟁 여신. 켈트(아일랜드). 모리간*의 화신들 중 하나이다. 마음대로 형상을 바꿀 수 있는 능력을 지녔다. 바이브는 전투에 앞서 아일랜드 영웅 쿠훌린과 맞서며 까마귀이자 죽음의 예고자인 바이브카하로 변화함으로써 쿠훌린을 놀라게 한다.

바이사지야구루 Bhaisajyaguru (최고의 의사) (약사불 藥師佛)

의사의 신. 라마 불교[티베트]. 라마교의 의사 부처들 또는 맨라* 중 하나이다. 라마교에서는 일련의 인간불 人間佛(Manushi Buddhas)들 중에서 다섯 번째이다. 전형적인 모습은 귓불이 늘어지고 작은 곱슬머리가 이마에 테를 두르고 있다. 색깔은 푸른색, 또는 황금색. 상징은 과일이며, 때로 그릇과 함께 있다.

바이스나비 Vaisnavi

어머니 여신. 힌두교(서사시와 푸라나). 비슈누*의 샥티*이며 락슈미*의 형상으로 여겨진다. 후기 힌두교에서는, 악의를 지닌 것으로 여겨지는 일곱 어머니 여신 중 하나가 되었다. 여덟 아스타마타라*(어머니 여신들) 중 하나이기도 하다. 아홉으로 이루어진 별의 신들(나바샥티스*) 집단에도 속해 있다. 이 신들은 인디아 남부에서는 어머니 여신들인 사프타마타라*보다 상급 여신들이다. 바이스나비의 탈것은 혼성 동물 가루다*이다. 상징은 어린이, 곤봉, 소라, 연꽃, 기도바퀴.

바이아메 BAIAME

기원: 호주 원주민.

숭배 시기: 고대부터.

별칭: 비아메Biame. 비야미Byamee.

바이아메는 창조신이며 최고의 존재이자 선의 매개자로 경배를 받는다. 특히 호주 남동부의 원주민인 위라쥬리 부족과 카밀라로이 부족이 숭배했다. 바이아메의 주요 배우자는 비라그눌루*이다. 원주민의 의례용 악기(bull roarer)가 연주될 때 그의 목소리가 표출된다고 한다. 신화에 따르면 바이아메는 꿈의 시대에 동물들을 처음 창조하고 나서 그들의 다양한 특성을 선택하기 위해 모두 함께 모이게 했으며, 자기는 인간에 통합되었다. 그는 호주의 붉은 흙에서 두 남자와 한 여자를 만들었고 그들이 안전하게 먹을 수 있는 식물들을 보여주었으며, 그들이 따라야 하는 법도 창조했다. 바이아메는 다라물룸*의 아버지이고, 하늘의 남십자성으로 확인된다. 호주의 다른 원주민들의 전승에서는 트와니리카Twanyrika로 알려졌다.

바이쿤타 Vaikuntha

비슈누*의 모습. 힌두교(푸라나). 바이쿤타 비슈누는 바이쿤타라고 알려진 자기 자신의 하늘에서 거주하는 모습으로 묘사된다. 차투르무카caturmukha(四面) 형식에서는 네 얼굴을 가진 모습으로 나온다. 중앙에 있는 머리는 인간, 왼쪽은 샥티*, 오른쪽은 나라시나*, 뒤쪽은 바라하*이다. 이러한 형상의 비슈누는 신화적인 새를 타거나 아난타*(세사*)라는 뱀 위에서 휴식을 취한다. 바이쿤타는 트라일로키야모하나Trailokyamohana로 알려질 수 있다.

바즈라가르바 Vajragarbha (금강장보살 金剛藏菩薩)
신. 금강승불교. 보살. 색깔은 푸른색. 상징은 푸른 연꽃, 책, 지팡이.

바즈라간다리 Vajragandhari
하급 여신. 대승불교. 색깔은 푸른색 또는 황금색. 상징은 화살, 도끼, 종, 활, 갈고리, 아모가시디* 이미지, 칼, 올가미, 기도바퀴, 지팡이, 무기, 삼지창.

바즈라간타 Vajraghanta (금강령보살 金剛鈴菩薩)
하급 여신. 대승불교. 북쪽 방향의 수호 여신. 색깔은 초록색이나 하얀색. 상징은 종이 달린 지팡이.

바즈라다라 Vajradhara (금강수보살 金剛手菩薩 / 환희불 歡喜佛)
신. 불교. 아디붓다*의 별명이지만 가장 높은 붓다*의 상징이기도 하다. 특히 네팔과 티베트에서 알려졌다. 바즈라다라의 샥티*는 프라즈나파라미타*(반야 바라밀)이다. 상징은 컵, 갈고리, 올가미, 왕의 장식물과 지팡이. 머리가 셋이다.

바즈라다카 Vajradaka (금강다가 金剛茶迦)
신. 대승불교. 악쇼비야*의 발현으로 머리가 하나 또는 셋, 아니면 넷이다.

바즈라다트비스바리 Vajradhatvisvari (금강계자재녀 金剛界自在女)
여신. 불교. 바이로차나*의 샥티*이며 마리치*의 이형異形이다. 상징은 여럿이 지만 왕관 위의 바이로차나 이미지도 있다.

바즈라므르타 Vajramrta (군라리 軍拏利)
신. 대승불교. 아모가시디*의 발현. 바즈라므르타의 탈것은 정체가 불분명한 동물이다. 색깔은 초록색. 상징은 종, 곤봉, 갈고리, 기도바퀴, 지팡이, 무기.

바즈라바라히 Vajravarahi (금강해모 金剛亥母)

여신. 대승불교와 티베트 라마 불교. 바이로차나*의 발현이며 때로 헤바즈라 Hevajra(호금강 呼金剛)의 샥티*와 동일시된다. 라마 불교에서는 바즈라다카*와 동행한다. 남자를 밟고 있는 모습으로 묘사된다. 색깔은 빨간색. 상징은 주로 곤봉, 컵, 왕관 위의 바이로차나 이미지, 칼 등이지만 때때로 다른 물건들을 갖고 있다. 눈이 셋이고 머리가 셋이다.

바즈라비다라니 Vajravidarani (조각조각 찢는)

하급 여신. 대승불교. 상징은 화살, 깃발, 활, 갈고리, 올가미, 방패, 지팡이, 무기. 머리가 다섯이다.

바즈라스른칼라 Vajrasrnkhala

1. 하급 여신. 불교. 아모가시디*의 발현이라고 보는 대승불교의 신들 중 하나. 몇몇 문헌들은 헤바즈라의 샥티*로 보기도 한다. 색깔은 초록색. 상징은 화살, 활, 컵, 왕관 위의 아모가시디 이미지, 올가미 껍질, 지팡이. 눈이 셋이고 머리가 셋이다.
2. 배움의 여신. 자이나교. 여신 사라스바티*가 인도하는 열여섯 지혜의 여신들 중 하나다.

바즈라스포타 Vajrasphota (금강쇄 金剛鎖)

여신. 불교. 서쪽 방향의 수호 여신. 상징은 지팡이.

바즈라요기니 Vajrayogini (금강유가모 金剛瑜伽母)

하급 여신. 대승불교. 때로 자기 손에 머리를 들고 있다. 색깔은 노란색. 상징은 곤봉, 컵, 칼, 지팡이. 눈이 셋이다.

바즈라차르치카 Vajracarcika

여신. 대승불교. 악쇼비야*의 발현으로 시체 위에 서 있다. 색깔은 빨간색. 상징은 컵, 왕관 위의 악쇼비야 이미지, 보석, 연꽃, 올가미를 씌운 해골, 지팡이, 무기. 눈이 셋이다.

바즈라타라 Vajratara (금강다라 金剛多羅)

여신. 대승불교. 모든 디야니붓다*들의 발현으로 여겨진다. 라트나삼바바*의 발현 또는 브르쿠티*의 형상과 동일시되기도 한다. 연꽃 위에 서 있다. 색깔은 황금색. 상징은 화살, 푸른 연꽃, 활, 소라, 갈고리, 왕관 위의 다섯 선정불, 올가미, 지팡이. 눈이 셋이다.

바즈라파니 Vajrapani (금강역사 金剛力士)

신. 불교[주로 티베트]. 악쇼비야*의 발현이지만 때로 아디붓다*와 동일시되기도 한다. 보통 두 번째 디야니붓다*를 반영한다고 여겨진다. 가끔 공작과 함께 묘사된다. 힌두교의 인드라*의 대응신으로 여겨지기도 한다. 색깔은 군청색 또는 하얀색. 상징은 올가미, 밤, 지팡이. 아찰라바즈라파니 Acala-Vajrapani, 아차랴바즈라파니 Acarya-Vajrapani라고도 한다.

바즈라파시 Vajrapasi

하급 여신. 대승불교. 남쪽 방향의 수호 여신. 색깔은 노란색. 상징은 올가미가 있는 지팡이.

바즈로스니사 Vajrosnisa

신. 불교. 동쪽 방향의 수호신들과 관련이 있다. 색깔은 하얀색. 파드만타카*를 보라.

바츠 Vac (말)

1. 발설한 말의 여신. 힌두교(베다). 몇몇 문헌에서 바츠는 다크샤*의 딸이자 카시야파*의 배우자이다. 다른 곳에서는 암브르나 Ambhrna의 딸로 나온다. '신들의 여왕'이라는 별명으로 알려지기도 했다. 바츠는 언어 현상과 구술 통신이

의인화한 존재이다. 듣고 말하고 보는 은혜를 내리며 인간을 브라만에게 인도한다. 의인화한 진리이며 환시와 불멸의 음료인 소마를 맡고 있다. 바츠는 초기 힌두교 신화의 기초가 되는 네 가지 베다를 창조했다고 한다.

바츠가 〈리그베다〉에서는 뛰어난 위치를 차지하고 있지만, 후기 힌두교 전승에서 대규모로 사라졌다. 지혜의 여신 사라스바티*와 혼합되었을 수도 있다. 보통 황금 옷을 입은 우아한 여인의 모습으로 묘사되지만, 어머니 여신의 역할을 할 때에는 암소로 그려지기도 한다.

2. 신. 불교. 아미타바*의 발현이며, 만주스리*의 이형異形이다.

바칵스 Bacax

지역 신. 로마 시대 북아프리카. 이 지역에서 이름을 붙인 매우 드문 신이며, 동굴의 신으로 숭배받았다고 여겨진다. 현대 알제리에 있었던 누미디아 왕국의 주도 키르타Cirta의 비문에서 알려졌다.

바캅스 Bacabs

수행 신들. 마야(고대 메소아메리카)[멕시코]. 동쪽에 사는 오브닐Hobnil(빨간색), 북쪽에 사는 칸칙날Can Tzicnal(하얀색), 서쪽에 사는 삭시미Zac Cimi(검은색), 남쪽에 사는 오사네크Hozanek(노란색) 등, 방위점方位點들과 색깔들로 확인되는 네 신들이다. 드레스덴 사본(Codex Dresden)에서 이들은 주머니쥐들(opossum actors)로 나오며, 각자 자기 등에 다가오는 해를 지배할 신의 상을 짊어지고 있다. 오브닐은 양봉업자들의 수호신이기도 하다.

바쿠나 Vacuna

하급 여신. 사비누스족. 시인 호라티우스Horatius의 주택 근처에 이 신에게 봉헌했던 지성소가 존재했던 것으로 알려졌다. 바쿠나는 디아나* 또는 미네르바*의 별칭일지도 모른다.

바쿠스 BACCHUS

기원: 로마. 술과 도취의 신.

숭배 시기: 서기전 400년 무렵부터 서기 400년 무렵까지.

별칭: 리베르*, 그리스에서는 디오니소스*.

숭배 중심지: 로마 세계 전역.

참조 예술: 조각과 부조들.

문헌 자료: 베르길리우스의 〈아이네이스〉.

바쿠스는 그리스의 신 디오니소스를 모델로 삼았다. 로마 신화에서 바쿠스의 부모는 유피테르*와 카드모스의 딸 세멜레*이다. 바쿠스는 유모인 이노 레우코테아*와 함께 어린 시절을 보냈다. 바쿠스의 젊은 시절은 사티로스 실레누스Silenus에게 맡겨졌다. 바쿠스는 담쟁이 덩굴이나 포도로 만든 관을 쓰고 지팡이를 든 젊은 모습으로 묘사된다. 종종 표범들이 끄는 마차에 탄 모습으로 그려지기도 한다.

술과 도취의 신으로서 그의 구애 대상에는 여사제들인 바칸테스Bacchantes, 요정들, 반인반양의 목신들인 파우누스*들과 사티로스들이 포함된다. 광범위한 지역에서 바쿠스를 숭배했고 리베랄리아와 바카날리아Bacchanalia 등을 포함한 여러 축제에서 기념했다. 이 축제들에는 남근숭배적 함의가 강하게 있었고 때로 바쿠스는 남근 형상으로 표현되었다.

바타 Vata

바람의 신. 힌두교(베다)와 페르시아[이란]. 〈리그베다〉에는 폭력적인 신으로 나온다. 〈아베스타〉 전승에 따르면 승리의 신 베레트라그나*가 바타의 모습으로 자라투스트라Zarathustra에게 나타났다.

바타파트라사인 Vatapattrasayin (무화과 잎에 기대는)

비슈누*의 모습. 힌두교(푸라나). 고전적인 청동 조각에서 발견된다. 폭력적인 형상의 비슈누를 나타내거나, 이전의 세상 질서가 파괴된 후 새로운 우주의 원시 대양에 떠 있는 무화과 잎 위에서 휴식을 취하는 크리슈나*를 묘사한다.

바트 Bat

암소 풍산 신. 상이집트. 서기전 2700년 무렵부터 구왕국 시대에 잘 알려졌다. 얼마 동안 하이집트에서 하토르*와 경쟁했을 수 있으나, 주로 상이집트와 관련이 깊으며, 서기전 16세기 신왕국 시대에 이르러서는 그 영향력이 약해졌다. 바트는 두 왕국의 통일을 기념하는 나르메르 팔레트Narmer Palette에도 표현되었을 것이다. 바트는 단지 큰 조각과 그림들 속에서만 드물게 발견되지만, 종종 이집트 시대 장신류의 주제였으며, 부적이나 의례에 쓰는 딸랑이 악기(시스트럼sistrum)에도 나타난다. 암소의 모습이나 소의 귀와 뿔을 지닌 의인화된 형상으로 묘사된다. 바타Bata라고도 한다.

바페프 Ba-Pef

지하세계 저승 신. 이집트. 서기전 2700년 무렵 구왕국 시대부터 알려졌으며, 악의를 지닌 모호한 신으로 담당 사제가 있었던 것으로 보인다. 제한적이지만 일부 피라미드 문서에 따르면, 바페프에게는 열렬한 숭배자들이 있었으며, 그는 왕에게 영향을 끼치는 고통이나 영적 고민과 다소 관련이 있었다.

바포메트 Baphomet

성전 기사단(Knights Templar)이 비밀스럽게 숭배했다고 전해지는 중세의 신이다. 바포메트는 14세기나 그 이전부터 알려졌다. 이 신의 이름은 이슬람교 예언자 마호메트가 와전된 것일 수 있지만 어원은 불확실하다. 비판자들은 악의 원천이나 창시자로 묘사했고, 기사단이 실행했던 입회 의례나 여러 의례의 중심에 바포메트 신상을 두었다고 하는 전문가들도 있다. 부분적으로는 이러한 전통이 있었기 때문에 기사단은 13세기 말엽과 14세기 초엽에 이단으로 찍히게 되었으며, 이후에 불명예를 얻게 되었다. 바포메트 신상이 에페소스의 아르테미스*를 모델로 했다는 주장들이 있으나 근거는 없으며, 바포메트의 정확한 특성은 여전히 알려져 있지 않다.

독일의 골동품 연구가 요셉 폰 함머-푸르그슈탈Josef von Hammer-Purgstall은 19세기에 바포메트의 이미지를 낭만화했다. 그는 〈드러난 바포메트의 신비 Mysterium Baphometis Revelatum〉라는 출판물에서 절단된 머리에 두 얼굴을 가지고 수염을 기른 모습이나, 검은 고양이의 모습으로 바포메트를 묘사했다. 수염을 기른 바포메트의 모습은 프랑스 파리의 생메리St. Merri 교회에 있다. 또 다른 이미지는 양성적인 사탄 염소의 모습으로, 지구 위에 앉아서 두 뿔 사이에 불타는 횃불을 지니고, 눈 위에는 별이 하나 있고, 여자 가슴을 하고, 뱀이 얹혀 있는 파충류 배에, 염소 발굽들을 하고 있다. 이 이미지는 19세기의 낭만적 오컬트 해석가 엘리파 레비Eliphas Levi가 그린 것이며, 그 뒤 바포메트는 20세기 영국의 흑마술사 알리스터 크로울리Aleister Crowley가 창설한 유사 마술조직 동방기사단(Ordo Templi Orientis)에서 수호신으로 채택했다.

바한 Vahagn
승리의 여신. 그리스도교 이전의 아르메니아. 용감함의 전형으로 여겨지며, 불에서 태어나 불꽃 머리를 가진 신으로 묘사된다.

반바 Banba
풍요의 여신. 켈트(아일랜드). 모리간*의 화신들 중 하나이다. '아일랜드의 주권'이라는 명성이 있었고 상징적인 의례에서 왕과 결혼했다. 소녀에서 노파까지, 새에서 동물까지, 마음대로 형상을 바꿀 수 있는 전쟁의 여신이기도 하다. 바이브*, 에리우*, 모리간*, 매이브*를 보라.

발(魃) Ba(2)
가뭄의 여신. 중국. 어떤 문헌에서는 황제黃帝*의 딸로 나온다.

발데르 BALDER (주)
기원: 아이슬란드 (북유럽). 죽음의 신.
숭배 시기: 서기 700년 무렵이나 그 이전부터 서기 1100년 무렵 그리스도교 시기까지.

별칭: 발드르Baldr, 발다엑Baldaeg.

숭배 중심지: 알려지지 않음.

참조 예술: 돌에 새긴 조각들.

문헌 자료: 이슬란드 사본들, 스노리의 〈산문 에다〉, 삭소의 〈덴마크 역사〉, 룬 문자 비문들.

발데르는 오점 없는 선한 신, '빛나는 분', 오딘(2)*이 사랑하는 둘째 아들이다. 그는 브레이다블리크Breidablik라는 곳에서 살며, 포르세티*의 아버지이다. 스노리의 설명에 따르면, 발데르의 어머니 프리그*는 발데르를 해치지 말라는 약속을 '모든 것들'한테서 얻어내서 그가 상처받거나 죽지 않도록 했다. 그러나 프리그는 너무 작고 별로 중요하지 않은 겨우살이를 빠트렸다. 이 사실을 안 로키*는 겨우살이의 어린 가지를 치명적인 화살로 변화하게 하고 맹인 신 회두르*를 이용하여 발데르를 죽음에 이르게 했다.

이와 달리 삭소는, 여신 난나*를 얻기 위해 발데르와 회두르 사이에 벌어진 전투에서 발데르가 마법의 무기에 살해당했다고 묘사한다. 발데르가 여러 죽은 전사들과 함께 헬*이 다스리는 지하세계로 여행했다는 이야기들은, 그가 큰 전투에서 죽었음을 암시한다. 발데르 이야기와 비슷한 전례가 없는 것으로 봐서 발데르는 순수하게 북유럽에서 나온 신일 가능성이 크다. 발데르가 그리스도의 모방이라는 것을 드러내려는 시도들이 있었지만, 완전히 근거가 없는 이야기다. 라그나뢰크 때 헬이 발데르를 풀어줄 것이라는 암시가 있긴 하지만, 두무지*나 텔레피누*나 오시리스* 등 다른 종교들의 신들처럼 발데르를 죽었다가 살아나는 신들과 연결시키는 것은 불가능하다. 그가 헬의 왕국에서 귀환했다는 암시가 전혀 없기 때문이다.

발라 Bala (소녀)

1. 어머니 여신. 힌두교(서사시와 푸라나). 관련성이 약하지만 보통 젊은 외양을 하고 있다. 연좌에 앉아 있다. 상징물은 책과 염주.
2. 사자使者의 여신. 자이나교(인디아). 스물네 사사나데바타*들 중 하나이다.

발라라마 Balarama (라마*의 힘)

비슈누*의 화신. 힌두교(서사시와 푸라나). 베다 시대 농사의 수호신에 기원을 두고 있을 것이다. 로히니*의 자궁에서 태어나긴 하지만, 바수데바*와 데바키*의 아들이다. 이복형제인 크리슈나*와 함께 비슈누의 여덟 번째 화신으로 확인되거나, 라마*와 함께 일곱 번째 화신으로 확인된다. 전설은 비슈누가 하얀 머리카락과 검은 머리카락으로 여신 데바키를 어떻게 임신시켰는지 설명한다. 마왕으로부터 확실하게 지켜주기 위해서 데바키의 뱃속에 있던 아이들은 태어나기 전에 로히니의 자궁 속으로 옮겨진다. 크리슈나는 검은 피부로, 발라라마는 밝은 피부를 가지고 자란다. 발라라마는 크리슈나와 비슷한 특성을 가지지만 그와 똑같은 대중적 인기를 얻지는 못한다. 보통 크리슈나의 오른편에 묘사되며, 드물게는 혼자 서 있는 모습도 있다. 발라라마의 배우자는 레바티*이고 그의 아들들은 니사타 Nisatha와 울무카 Ulmuka이다. 아난다 Ananda(기쁨)라는 별칭도 갖고 있다. 자이나교에서 발라라마는 발라데바 Baladeva로 알려졌다. 상징은 화살, 봉, 절굿공이, 물주전자, 쟁기, 기도바퀴, 방패와 칼.

발라샥티 Bala-Sakti

여신. 드라비다족(타밀)[인디아 남부]. 여섯 차크라*나 기도바퀴를 관장하는 젊은 신. 종종 기하학적인 그림인 얀트라 yantra와 함께 나온다. 상징은 책, 갈고리, 올가미, 염주.

발라크리쉬나 Balakrsna

신. 힌두교(서사시와 푸라나). 어린이 형상의 크리슈나*. (크리슈나*를 보라.)

발라파라미타 Balaparamita (힘의 완전함) (역바라밀 力波羅蜜)

철학적 신. 불교. 열두 바라밀 중 하나. 라트나삼바바*의 영적 자손이다. 색깔은 빨간색. 상징은 책과 보석이 있는 깃발.

발람 Balam (재규어)

수호신들. 마야(유카텍족, 고대 메소아메리카)[멕시코]. 빈약하게 정의된 정령들로 일상생활에서 개인들을 보호한다. 위험한 동물들로부터 지키기 위하여 마을 주변 네 방위에 네 발람이 서 있다. 이들은 또한 도둑들로부터 작은 자작농지의 네 방향을 지킨다.

발리(1) Bali

악마적 신. 힌두교(서사시와 푸라나). 비로차나 Virocana의 아들로 비슈누*는 바마나*의 형상으로 발리의 힘을 제거했다.

발리(2) Vali

신. 북유럽(아이슬란드). 오딘(2)*의 아들 중 하나로 어머니는 린트*이다. 비정하고 대담한 전사이며 뛰어난 사수이다. 발리는 회두르*를 죽여서 발데르*의 죽음을 복수했다. 라그나뢰크 때 살아남은 자들 중 하나로 아스가르드를 대치하는 땅 이다볼 Idavoll에서 살아갈 운명이었다. 알리 Ali라고도 한다.

발리(3) Valli

여신. 힌두교. 스칸다*의 두 번째 배우자이며 보통 그의 오른편에 서 있는 모습으로 묘사된다. 원래 맥락에서 발리는 '땅'이라는 뜻이다.

발티스 Baltis

지역의 여신. 이슬람교 이전의 아라비아. 메소포타미아 서부 카르하이 Carrhae에서 알려졌고 금성이 신격화한 존재로 확인된다.

방가 Banga

담수의 신. 응반디족[자이르 북부, 중앙아프리카공화국]. 동이 틀 무렵 기도를 받는 일곱 신들 중 하나로, 피부가 하얀 사람들의 창조신이다.

방푸티스 Bangputys
바다의 신. 그리스도교 이전의 리투아니아. '파도를 날리는 신'으로 알려졌다.

베 Ve
신. 북유럽(아이슬란드). 스노리의 〈산문 에다〉에는 보리Bori의 아들 중 하나이자 아스가르드의 신들 중 하나로, 오딘(2)*과 빌리*의 형제로 나온다. 이 세 신은 태고의 거인 이미르Ymir의 살과 피에서 땅과 바다를 만들었다고 한다.

베누 Benu
태양신이 새처럼 변형된 형상. 상이집트. 서기전 25세기경 피라미드 문서에서 언급된 신이며 헬리오폴리스의 태양신 아툼*과 연결되어 있다. 태초의 대양에서 스스로 창조되었다고 하며, 때로는 다음 세상에서의 재탄생의 상징이기도 하다. 베누는 포이닉스Phoenix에 대한 그리스 고전 전승을 확대했을 수 있다. 구왕국 시대에는 노란 할미새로 나타나지만, 후에는 상이집트의 하얀 원뿔형 관을 쓰고 두 개의 가느다란 깃털이 볏 뒤쪽을 가리키는 형상을 한 왜가리가 된다.

베누스 VENUS
기원: 로마. 성적 사랑과 미의 여신.

숭배 시기: 서기전 400년 무렵부터 서기 400년 무렵까지.

별칭: 아프로디테*, 디오네Dione, 키테레아Cytherea.

숭배 중심지: 다양한 장소들, 시실리의 에릭스Eryx(베누스 에리시나로서).

참조 예술: 밀로Milo의 베누스를 포함한 다양한 조각들.

문헌 자료: 베르길리우스의 〈아이네이스〉.

이름은 형태상 중성적이지만 베누스는 그리스 여신 아프로디테를 모델로 삼았다. 로마 신화에서 베누스는 유피테르*와 디오네의 딸이다. 배우자들 중에는 마르스*와 아도니스*가 포함되어 있다. 베누스는 트로이의 왕 안키세스Anchises

와도 낭만적으로 엮여 있다. 정원의 여신이기도 하다. 하드리아누스Hadrian 황제는 서기 2세기에 로마의 비아사크라Via Sacra에서 베누스에게 신전을 봉헌했다. 이 신전은 4세기에야 복원되었다.

베누스 축제인 베네랄리아Veneralia는 4월 1일 열렸다.

베델 Bethel

지역 수호신. 서셈족(페니키아). 아람Aram이나 시리아에 기원을 두었을 것이다. 서기전 14세기 히타이트 왕 수필룰리우마와 우가리트(라스 샴라)의 니그마두 2세가 맺은 조약문에 처음 보인다. 서기전 7세기 말엽 이후의 비문들에서 자주 등장하며 신바빌로니아 시기에는 상당한 대중적 인기를 누렸다. 구약성서 예레미아서 48장 13절에는 이스라엘 사람들이 이 신을 알고 있었다는 것을 암시하는 언급이 나온다. 역사적 장소의 이름과 관련되어 있다는 증거는 없다.

베라페누 Bera Pennu

식물 여신. 인디아 북부. 벵골의 콘드족Khond이 숭배했다. 특히 향신료 강황의 풍작을 기원하고 질병으로부터 보호하기 위해 이 신에게 인간을 희생 제물로 바쳤다. 제의의 희생자는 젊은이이며, 종종 죽기 전에 여러 해 동안 거룩한 사람으로 부양되었다. 이 희생자는 이전 제의의 희생자 후손이거나, 제의를 위해 가난한 집안에서 사들였는데, 보통 교살되거나 때로 축제 후에 나무에 목을 매달았다. 희생자가 산 채로 절단되었다는 사례도 있다.

베레트라그나 Verethragna

승리의 신. 페르시아(이란). 적들을 분쇄하기 위해 쇠로 된 발을 가진 야생 멧돼지로 나타나며 바람 속에 현존한다고 여겨진다.

베르박토르 Vervactor

하급 쟁기질의 신. 로마. 텔루스*와 케레스*에게 바치는 희생 제물과 관련이 있다.

베르브티 Verbti

불의 신. 그리스도교 이전의 알바니아. 베르브티는 북쪽 바람과 관련이 있다. 그리스도교의 영향으로 악마와 동일시되었다.

베르툼누스 Vertumnus

정원과 과수원의 하급 신. 로마. 에트루리아에 기원이 있으며, 여신 포모나*의 배우자이다. 보통 정원 도구들과 함께 표현되며 이 신에게 과일과 꽃을 봉헌했다. 베르툼누스 축제인 베르툼날리아 Vertumnalia는 8월 13일 열렸다.

베스 BES

기원: 이집트. 노동하는 여인들의 수호신.

숭배 시기: 서기전 1500년 무렵이나 그 이전부터 예술 안에 나타나며, 서기 400년 무렵 이집트 역사 끝까지.

별칭: 없음.

숭배 중심지: 특정한 성소는 없으나, 가족의 신으로서 대개 왕들의 탄생지들을 포함한 탄생 장소들과 연결되어 있다.

참조 예술: 테베의 신전 벽들, 중왕국 시대의 굽은 상아 지팡이, 탄생지 집들의 벽들.

문헌 자료: 중대한 자료는 없다.

왜소하고 무시무시하지만 본질적으로 자비로운 신으로, 자신의 추함으로 악을 몰아낸다. 베스는 보통 보호하는 힘을 발휘하며 탄생의 순간에 현존한다. 그는 긴 수염을 기르고 간신히 인간의 얼굴을 하고 있으며, 뚱뚱한 몸과 짧은 팔과 짧은 안짱다리를 한 모습으로 나타난다. 깃털이 있는 왕관을 쓰며 자주 짧은 칼을 휘두른다. 사자의 갈기와 귀와 꼬리를 가지고 있으며, 보통 입은 열려 있고 혀는 나와 있다. 탄생의 신으로서 종종 보호의 상징인 사SA를 가지고 있다. 베스는 때로 탬버린을 든 음악가로도 그려진다.

그리스-로마 문화도 베스를 채택했다. 그리스인들은 베스를, 불균형적으로 크고 발기한 성기를 지닌 무척 외설적인 모습으로 묘사했다. 로마의 점령기부터는 짧은 상의 제복을 입은 군인의 모습으로 나타난다.

베스타 VESTA

기원: 로마. 불과 화로의 여신.

숭배 시기: 서기전 400년 무렵부터 서기 400년 무렵까지.

별칭: 헤스티아*.

숭배 중심지: 이탈리아 전역에 여러 지성소가 있으나, 신들의 거룩한 불꽃과 함께 트로이의 팔라디움Palladium을 보관했다는 로마에 있는 원형 신전이 그 중심이다.

참조 예술: 조각과 부조.

문헌 자료: 베르길리우스의 〈아이네이스〉.

다양한 베스탈리아Vestalia 축제에서 베스타를 숭배했지만, 그녀는 가정의 수호자로서도 인기가 있었다. 팔라티노Palatino 언덕 발치에 작은 신전이 있었다. 베스타는 타는 횃불과 봉헌 그릇을 든 무척 아름다운 여인으로 묘사된다.

베스타를 수행하는 여사제들(Vestal Virgins)은 여섯 살 때부터 뽑혀서 거룩한 불꽃의 수호자들로 적어도 30년 동안 직무를 수행했다. 이 기간 동안 이들은, 위반하면 산 채로 매장된다는 조건 하에, 엄격히 정절 서약을 지킬 것을 요구받았다. 베스타의 여사제들은 테두리가 자주색으로 된 하얀 가운을 입었으며, 로마 사회 구성원들의 존경을 받았고 많은 특권을 누렸다. 베스탈리아 축제 기간에는 당나귀들을 화관으로 장식했다. 서기 380년 테오도시우스Theodosius 황제는 베스타 숭배를 폐지했다.

베아이 Ve'ai (풀 여인)

식물의 정령. 코랴크족[시베리아 남동부]. 목초지가 의인화한 존재이자 목초지의 수호신이다. 베아이는 무당으로 인식되며 에멤쿠트*의 배우자이다.

베이베 Veive

하급 신. 에트루리아. 젊은 신으로 상징들에는 화살이 포함되어 있다. 베이베의 동물은 염소이다.

베자마테 Veja Mate
바람의 여신. 그리스도교 이전의 라트비아. 새와 삼림지대를 관장하기도 한다.

베탈리 Vetali
끔찍한 외양의 여신. 라마 불교[티베트]. 가우리* 집단의 일원. 색깔은 빨간색.
상징은 사슬.

베한진 Behanzin
물고기의 신. 폰족[베냉, 아프리카 서부]. 어부들이 풍어를 기원하며 이 신을 불렀다.

벡쩨 Beg-Tse (감추어진 우편물의 외투)
전쟁의 신. 불교와 라마교[티베트]. 끔찍한 외모와 왕의 복장을 한 다르마팔라*
의 하나. 한 발은 말 위에 두고 또 한 발은 사람 위에 두고 서 있다. 색깔은 빨
간색. 상징은 깃발, 불, 가죽과 칼. 눈이 셋인 모습으로 나타날 수 있다. 캄스
린 Cam-srin이라고도 한다.

벤다 Venda
창조신. 드라비다족(타밀)[인디아 남부]. 고대의 식물 신. 평원에 있는 마을들에
서 숭배했고, 나무들 속에 살고 있다고 여겨졌으며, 인드라*와 동일시되었다.

벤디스 Bendis
어머니 여신. 트라키아. 그리스화되었고 사냥 여신 아르테미스*와 양식적으로
연결되어 있다. 펠로폰네소스 전쟁 기간에 아테네에서 보이게 되었다. 상징은
부츠, 햇불, 뾰족한 모자.

벤카타 Venkata

비슈누*의 형상. 힌두교(서사시와 푸라나). 〈아디티야 푸라나 Aditya Purana〉에 따르면, 벤카타는 인디아 남부에서 무척 중요한 신이다. 인디아 북부에서는 이 신의 이름이 나타나지 않는다. 힌두교도들이 널리 숭배했으나, 특히 티루파티 Tirupati의 타밀 사원에서는 벤카타가 시바* 또는 카르티케야*를 묘사한다는 논쟁이 있다. 왼쪽에는 비슈누의 상징물들을, 오른쪽에는 시바의 상징물들을 들고 있다. 벤카테사 Venkatesa라고도 한다.

벤텐산 [弁才天] Benten-San

행운의 여신. 신도[일본]. 행운의 일곱 신 중에서 유일하게 여신이다. 대중적인 신으로 여러 사당이 벤텐산에게 봉헌되었으며, 음악의 수호신이기도 하고 손에 비파를 들고 있다. 질투를 나타내는 것으로 보이는 뱀들이 종종 벤텐산 주변을 휘감고 있다. 이 때문에 결혼한 부부들은 벤텐산 사당을 방문하기를 꺼려한다. 신도와 불교에 벤텐산 사제가 있으며 하천河川 신 사라스바티*와 밀접한 관련이 있다.

벨 Bel

'주인'을 뜻하는 포괄적인 이름이다. 메소포타미아(바빌로니아-아카드). 바빌로니아의 신 마르둑*은 종종 벨로 불렸고, 그 이름은 구약성서에도 나타난다. 바빌로니아 신년 축제인 아키투에는 '손으로 벨을 인도하는' 예식이 포함되었다. 번개와 독수리를 상징으로 하는 수호 창조신으로서 팔미라에서도 벨의 이름이 보인다.

벨라우테므틸란 Velaute'mtilan (사초 인간 sedge man)

식물의 정령. 코랴크족[시베리아 남동부]. 사초류(sedges)가 의인화한 존재로 툰드라 늪지대와 그곳에 사는 동물들의 수호자이다.

벨라투카드로스 Belatucadros

전쟁 신. 켈트(브리튼). 몇몇 저자들에 따르면 북부의 케르눈노스*와 비슷한, 뿔이 달린 신이다. 로마인들은 마르스*와 혼합하였다.

벨라페누 Bella Pennu

태양신. 인디아. 콘드족. 오리사 지역의 신으로 별칭은 부라페누*이다.

벨레누스 BELENUS

기원 : 켈트 (중부 유럽과 아일랜드). 빛과 태양 숭배, 치유와 관련된 목자 신.

숭배 시기 : 선사 시대부터 서기 400년 무렵 그리스도교 시기까지. 지역에 따라서 더 후대까지 숭배한 경우도 있다.

별칭 : 아폴론벨레누스 Apollo Belenus, 빌레 Bile.

숭배 중심지 : 주로 이탈리아 북부와 갈리아 남서부의 지성소들.

참조 예술 : 작은 말 조상들, 돌 조각과 부조.

문헌 자료 : 〈침략의 서〉, 〈왕들의 전설〉, 테르툴리아누스 Tertullian · 헤로디아누스 Herodian · 아우소니우스 Ausonius 등 로마 작가들, 봉헌 비문들.

가장 오래된 켈트의 신들 중 하나로 여겨지며 그런 만큼 널리 알려졌다. '따뜻한 계절'이 시작되는 5월 1일에 열렸던 벨티네 Beltine 또는 케트소빈 Cetshamain이라고 불리던 축제를 통해서 그리스도교 시기에도 벨레누스를 기렸다. 축제에서는 거대한 화톳불들을 지피고 그 사이로 가축들을 몰아넣어 질병에서 보호하고자 했다. 그리고 이 의례는, 겨울이 끝난 뒤 가축들을 자유롭게 풀어주어서 목초지로 방목하는 계절이 시작되었음을 나타내기도 했다.

벨레누스는, 빛과 태양과 치유의 그리스 신 아폴론*과 유사점이 많다. 순수한 켈트의 신으로 더 자주 나타나기는 하지만, 때로 아폴론벨레누스로 숭배를 받았다. 예를 들면, 프랑스 코트도어 Cote-d'Or에 있는 따뜻한 봄의 신전에서 아폴론벨레누스를 숭배했으며, 여기서 벨레누스는 말들과 관련을 가지게 되었는데, 말들은 켈트 청동기 시대에 태양의 상징이었다. 갈리아 유적지에서는 모형 말들이 발견되었다. 보르도Bordeaux 출신의 4세기 시인 아우소니우스는 프랑스 아키텐Aquitaine에 벨레누스 신전들이 있었다고 언급한다. 테르툴리아누스는 오스트리아에, 헤로디아누스는 이탈리아 북부에 벨레누스 신전들이 있었다고 전한다.

벨레스 Veles
지하세계 저승 신. 슬라브. 가축의 신으로도 확인된다. 볼로스Volos라고도 한다.

벨레트세리 Belet-Seri
지하세계 저승 여신. 메소포타미아(바빌로니아-아카드). 저승으로 들어가는 사자死者들의 기록자이다. '땅의 서기관'으로 알려졌다.

벨레트일리 Belet-Ili (신들의 여인)
어머니 여신. 메소포타미아(바빌로니아-아카드). 바빌로니아에서 알려졌고 닌후르쌍*이 그 모델이었을 것이다.

벨로나 Bellona
어머니 여신이자 전쟁의 여신. 로마. 카파도키아의 어머니 여신 마*와 혼합되었다. 로마인들은 서기전 296년 마벨로나Ma-Bellona에게 첫 신전을 봉헌했다고 알려졌다. 아시아풍의 사제들이 벨로나를 보좌했는데, 그들은 광란의 춤을 추었고 칼로 자신에게 스스로 상처를 내어 여신의 제단에 피를 봉헌했다. 의례의 폭력적인 성격 때문에 로마는 공식적으로 3세기까지만 이러한 숭배를 인정했다.

벨루마테 Velu Mate
지하세계 저승 여신. 그리스도교 이전의 라트비아. '죽은 자들의 여왕'이다. 하얀 옷을 입은 모습으로 묘사되며 공동묘지에서 죽은 자들을 맞이한다.

벨릴리 Belili

여신. 메소포타미아(바빌로니아-아카드). 게쉬틴안나*를 보라.

벨티야 Beltiya (나의 여주)

여신에 대한 일반적인 명칭. 메소포타미아(바빌로니아-아카드). 바빌로니아의 신 마르둑*의 배우자 자르파니툼*을 종종 벨티야라고 불렀다.

보단 WODAN

기원 : 게르만. 전쟁의 신.

숭배 시기 : 선사 시대부터 서기 500년 무렵까지.

별칭 : 보탄 Wotan, 보덴 Woden.

숭배 중심지 : 여러 곳에 흩어진 숲의 지성소들.

참조 예술 : 돌과 금속으로 만든 조각들.

문헌 자료 : 타키투스의 〈게르마니아〉, 프로코피우스 Procopius의 〈고딕전쟁 Gothic War〉, 조르 다네스 Jordanes의 〈고트족의 역사 History of Goths〉, 스트라보의 〈지리학 Geography〉, 오로 시우스 Orosius의 〈세계사〉.

보단은 오딘(2)*과 비슷한 특징들을 가졌을 수 있으며, 북유럽인은 보단의 자 손이라고 여겼다. 헤룰리족 Heruli, 킴브리족 Cimbri, 고트족 Goths 등 게르만 종족 들은 찌르기와 태우기를 포함해 보단을 달래는 희생 의례를 바쳤다. 킴브리족 은 사로잡은 포로들을 큰 청동 솥 위에 매달았고 여사제들이 그들의 목을 베 었다. 무기와 금, 은, 동물 등의 노획물과 교수형에 처해지거나 교살되거나 목 이 잘린 인신 제물은 보단을 위한 희생 제물로서 거룩한 호수들에 던졌다.

　고대의 작가들은 보단을 로마의 신 메르쿠리우스*로 대체했다. 그래서 주 간의 수요일이 영어로는 웬스데이 Wednesday이지만 프랑스어로는 메르크레디 mercredi가 되었다. 여러 앵글로-색슨 Anglo-Saxon 왕들은 자기들의 왕가 혈통의 기 원을 신성한 조상 보단에게 두고 있다.

보두 Vodu
신들을 일컫는 집단적 명칭. 폰족[베냉, 아프리카 서부]. 카리브해 지역의 부두 voodoo라는 용어의 기원이다.

보디사트바 Bodhisattva (본질이 완벽한 지식인 존재) (보살)
보살을 일컫는 통칭. 불교[인디아 북부, 티베트, 중국, 일본]. 미륵불의 초기 단계들 중 하나. 제왕의 예복을 입고 관을 쓰고 있다. 관세음보살(아발로키테스바라*), 미륵보살(마이트레야*), 문수보살(만주스리*) 등이 무척 중요한 의미를 지니는 보살들이다.

보레아스 Boreas
북쪽 바람의 신. 그리스와 로마. 보레아스는 아테네로 향하는 페르시아 함대를 파괴한 폭풍을 통제한다. 겨울 서리와 동일시된다. 헤시오도스의 〈신통기〉에 따르면 보레아스는 에오스*와 아스트라이오스Astraeos의 아들이다. "……트라키아의 보레아스가 짙은 구름을 주워 모을 때"라는 구절에서 알 수 있듯이 이 신은 트라키아에 기원을 두고 있다.

보르(1) Bor
원형적 신. 북유럽(아이슬란드). 스노리에 따르면, 창조 이야기에서 이미르라고 불리는 살아 있는 존재가 긴눙가가프Ginnungagap의 안개 낀 공간에서 형성되었다. 이미르는 암소 아우둠라Audhumla의 젖을 먹고 자랐다. 아우둠라는 소금기 있는 얼음 더미를 핥았고 거기에서 부리*가 나왔다. 부리에게는 보르라는 아들이 있었다. 보르는 에시르* 신들인 오딘(2)*, 빌리*, 베*를 차례로 낳았다. 보르Borr라고도 한다. 오딘(2)*을 보라.

보르(2) Vor
여신. 북유럽(아이슬란드). 스노리의 〈산문 에다〉에는 게르만 기원의 에시르* 여신들 중 하나로 나와 있다. 스노리는, 보르가 서약 및 혼인 합의와 관련이 있으며 그런 약속을 깨뜨리는 이들에게 벌을 내린다고 암시한다. 스노리가 바르 Var를 다른 여신으로 구분하고 있지만, 보르와 바르(또는 바라 Vara)는 동일한 신일 가능성이 있다.

보르보 Borvo
치유의 신. 로마노-켈트(갈리아). 치료 효과가 있는 몇몇 샘들 및 광천 목욕탕들과 동일시되었다.

보세구스 Vosegus
산신. 로마노-켈트. 비문을 통해서만 알려진 보쥬의 지역 신이다.

보안 Boann (하얀 암소들의 그녀)
강의 여신. 켈트(아일랜드). 보인 Boyne 강의 여신이다. 보안은 다그다*의 배우자들 중 하나이다. 보안은 지역 하급 신 엘크마르 Elcmar의 배우자인데, 다그다가 아홉 달 동안 그를 심부름 보내고 보안과 바람을 피웠다는 전승도 있다. 앙구스맥오그 Angus mac Og의 어머니이다.

보현(普賢) Bo Hsian
신. 도교(중국). 불교의 사만타바드라*에 비견되는 도교의 신. 보통 하얀 코끼리에 있는 모습으로 묘사되며 지혜의 신으로 여겨진다.

복신(福神) Fu Shen
행운의 신. 중국. 도상학에서는 재신*, 장수長壽 신과 자주 연결된다. 보통 아들과 함께 묘사되며, 공적 지위를 나타내는 푸른색의 긴 옷을 입고 있다.

본초르 Bonchor
수호신. 이슬람교 이전의 베르베르 Berber[튀니지 Tunisia]. 창조신으로 인식되었을 것이다.

볼도가스조니 Boldogasszony

수호 여신. 그리스도교 이전의 헝가리. 여성과 아이들의 수호신으로 그리스도교 시기 이후에는 동정마리아와 혼합되었다.

볼론티쿠 Bolon Ti Ku

지하세계 저승 신들. 마야(고대 메소아메리카)[멕시코]. 명확하게 정의되지 않은 아홉 신을 일컫는 집단적 명칭. 현대의 멕시코 인디언들도 여전히 이 신들에게 기원하고 있을 것이다.

볼룸나 Volumna

육아의 여신. 로마. 탁아소와 유아들의 수호신이다.

볼툼나 Voltumna

수호신. 에트루리아. 원래 식물 신이었다가 에트루리아 판테온에서 최고신의 지위로 상승되었다. 로마 문화에서는 베르툼누스*로 알려졌다.

봄베이카마얀 Bombay Kamayan

지역 질병의 신. 힌두교[인디아 북부]. 특히 가야Gaya에서 숭배했다.

부다 Budha (깨어 있음)

1. 별의 신. 힌두교(베다, 서사시와 푸라나). 수성이 의인화한 존재. 소마*(찬드라*)와 타라* 또는 로히니*의 아들. 여덟 필의 말이나 사자들(때로 사자 한 마리)이 끄는 전차에 있는 것으로 묘사된다. 색깔은 노란색. 상징은 활, 봉, 염주, 방패와 칼. 찬드라자Candraja 또는 찬드라수타Candrasuta라고도 한다.
2. 별의 신. 불교. 수성이 의인화한 존재. 연꽃 위에 서 있다. 상징은 활과 화살.

부라페누 Boora Pennu

빛의 신. 인디아 콘드족. 땅의 여신 타리페누*를 자기 배우자로 창조하고 그녀를 통해 다른 위대한 신을 낳은 오리사 지역의 신이다. 최근까지도 폭력적으로 인간 제물을 바쳤던 악명 높은 메리아meriah 의례는 이 신과 관련된 의례였다.

부리 Buri
원형적 신. 북유럽(아이슬란드). 스노리에 따르면, 태초의 두 존재들 중 하나이다. 이미르는 긴눙가가프의 안개 낀 공간에서 형성되었고, 부리는 우주의 암소 아우둠라가 핥은 소금기 있는 얼음 더미에서 출현했다. 부리는 아들 보르(1)*를 낳았고 보르(1)는 에시르* 신들인 오딘(2)*과 빌리*와 베*를 낳았다. 보리라고도 한다. 오딘(2)*을 보라.

부리야스 Buriyas
전쟁의 수호신. 카시트족[이란]. 서기전 16세기 무렵 바빌로니아를 무너뜨린 카시트족 무사들이 이 신에게 기원했다.

부미 Bhumi (모든 것이 형성된 땅)
신들을 일컫는 집단적 이름. 금강승불교. 보살이 완벽한 지식을 얻기 위해 통과해야 하는 영적 영역이 의인화한 열두 신들. 공통 상징은 지팡이.

부미데바타 Bhumi Devata
식물 여신. 인디아. 여러 원시 부족들이 숭배했다.

부미데비 Bhumidevi (땅의 여신)
풍산 여신. 힌두교(서사시와 푸라나)[인디아 남부]. 비슈누* 또는 크리슈나*의 두 번째 부인. 아들은 나라카Naraka이다. 부미데비는 종종 비슈누*의 세 번째 화신 바라하*(멧돼지)의 오른쪽에 (때로 왼쪽에) 서 있는 모습으로 묘사된다. 북쪽에서는 푸스티*로 알려졌다. 벌거벗은 가슴을 하고 연좌에 앉은 모습으로 묘사된다. 상징은 푸른 연꽃, 연꽃, 류트, 석류, 허브가 있는 그릇, 야채가 있는 그릇, 물병. 부Bhu, 부데비, 부미*, 마히*, 바수다라*, 자미마타Zami-Mata라고도 한다.

부미야 Bhumiya (들판의 수호자)
풍산 신. 힌두교(베다와 푸라나)[인디아 북부]. 들판의 수호신이며 거친 돌의 형상으로 숭배받았다. 후대에는 비슈누*의 형상이 되었다.

부바네스바리 Bhuvanesvari (영역들의 여주)
여신. 힌두교(서사시와 푸라나). 시바*의 샥티*(생명에너지, 정력, 배우자 여신)를 의인화한 마하비디야*(위대한 지혜) 중 하나이다. 몇몇 여신들에게 적용되는 별명이기도 하다. 싯다라트리Siddharatri의 모습을 취하기도 한다. 상징은 갈고리와 올가미.

부앗자 Buadza
바람의 신. 간족[가나 아크라 주변, 아프리카 서부]. 폭풍 신으로 여겨지기도 한다. 올릴라Olila라고도 한다.

부크 Buk
강의 여신. 누어족[수단]. 악어의 공격에서 보호해주는 수호신이며, 염소를 제물로 바치면서 이 신에게 기원한다. '개똥벌레들의 딸'로 알려졌다.

부타다마라 Bhutadamara (악령의 소란)
신. 대승불교. 힌두교 여신 아파라지타*에게 기댄 모습으로 묘사될 수 있다. 상징은 머리의 뱀, 지팡이. 눈이 셋이다.

부타마타 Bhutamata (마귀들의 어머니)
냉혹한 여신. 힌두교. 파르바티*의 공포스러운 형상. 사자와 함께 있다. 상징은 (머리 위의) 남근, 방패와 칼.

부히드이아이바 Bugid Y Aiba
전쟁의 신. 푸에르토리코와 아이티. 지역 인디언들은 이 신이 자기들에게 힘을 줄 수 있다고 믿었다. 의례에서 이 신을 공경하며 담배를 피울 때 그들의 팔이 길어진다. 부히드이아이바는 상실한 시력을 회복시켜주기도 한다.

북제(北帝) PAK TAI

기원: 도교 (중국). 전쟁의 별의 신.

숭배 시기: 서기전 2000년 무렵부터 현재까지.

별칭: 현천상제玄天上帝, 상제공上帝公.

숭배 중심지: 장주 섬의 옥허궁.

참조 예술: 그림과 조각.

문헌 자료: 다양한 철학적·종교적 문헌들이 있지만 대부분 연구되거나 번역되지 않았다.

천군의 첫 사령관으로서 중국의 수호신이라 여겨지며 관우*와 비교되지만, 신화에서는 훨씬 오래되었고, 북쪽과 관련이 있다. 전승에 따르면, 북제는 서기전 2000년 무렵에 살았고 주나라와 상나라의 전쟁 중에 신격화되었다.

불룩찹탄 Buluc Chabtan

전쟁의 신. 마야(고대 메소아메리카)[멕시코]. 인간 희생 제물과 관련이 있으며, 눈을 에워싸고 볼까지 내려오는 검은 선이 특징으로 묘사된다. 신 에프(God F)라고도 한다.

불카누스 VULCANUS

기원: 로마. 불과 대장간의 신.

숭배 시기: 서기전 400년 무렵부터 서기 400년 무렵까지.

별칭: 헤파이스토스*.

숭배 중심지: 오스티아Ostia 항구의 수호신이었다.

참조 예술: 다양한 조각과 부조.

문헌 자료: 베르길리우스의 〈아이네이스〉.

장인들과 대장장이들의 수호신. 불카누스는 그리스의 신 헤파이스토스*를 모델로 삼았다. 대장간에 머물며 올림포스로는 거의 올라가지 않았다. 로마 족보에서는 유피테르*와 유노*의 아들이다. 불카누스가 신들의 분노에서 어머니를 지켜주려고 하자, 유피테르는 땅으로 그를 집어던져버렸고 그 결과, 불카누스의 다리 한쪽은 다른 쪽보다 더 길어졌다. 그 후 불카누스는 다른 신들과의 교제를 중단하기로 결심했고 에트나Etna 산 중심부에 자기 집을 지었고 거인 대장간을 만들었다. 외눈박이 거인들인 키클롭스Cyclopes가 그의 일꾼들이다. 불카누스는 유노를 위해서 황금 옥좌를 만들었고, 유피테르의 번개와 큐피드*의 화살도 만들었다. 불카누스는 베누스*와 미네르바*를 포함해 여러 여신들과 짧은 관계를 가졌다. 불카누스 축제인 불카날리아Vulcanalia는 8월 23일 열렸는데, 이 시기는 이탈리아의 가장 긴 가뭄기이고 화재의 위험이 가장 높은 기간이다.

붐바 Bumba

창조신. 보숑고족Boshongo(반투)[남아프리카]. 혼돈(chaos)에서 나온 세상의 창시자. 배가 아팠을 때 땅과 해와 달을 토했고 마지막으로 인간을 포함한 모든 생물을 토해냈다.

붓다 BUDDHA (깨달은 자)

기원: 불교 [인디아]. 불교의 창시자.

숭배 시기: 서기전 500년 무렵부터 현재까지.

별칭: 가우타마Gautama, 싯다르타Siddharta.

숭배 중심지: 아시아 전역.

참조 예술: 조각, 그림 등등.

문헌 자료: 〈사다나마라〉, 밀교 의례 문헌들.

고락푸르Gorakhpur 근처 카필라성Kapilavastu(迦毘羅城)에서 태어난 역사적 인물로 여겨지는 신이다. 서기전 486년 무렵 쿠시나가라Kusinagara에서 죽었다. 아버지는 사키야족^{Sakya}의 숫도다나*(淨飯王)이고 어머니는 마야^{Maya}, 부인은 야소다라*이다.

붓다는 몇 가지 점에서 힌두교의 신 비슈누*와 유사하다. 보통 곱슬머리를 한 모습으로 묘사되며, 상징적 색깔은 황금색이다. 전승에 따르면, 붓다는 바라나시^{Varanasi} 근처 사르나트^{Sarnath}의 녹야원^{鹿野苑}(Mrgadava)에서 처음 설법을 하였다.

붓다로차나 Buddhalocana (붓다*의 눈)
여신. 진언종 불교. 여성 붓다 로차나*를 보라.

붓다보디프라바바시타 Buddhabodhiprabhavasita (붓다*의 인식의 빛을 통제)
하급 여신. 불교. 영적 재생 수련을 의인화한 열두 여신(바시타*) 중 하나. 색깔은 노란색. 상징은 보석으로 장식된 깃발 위의 기도바퀴.

붓다카팔라 Buddhakapala (붓다*의 두개골)
신. 대승불교. 악쇼비야*의 중요한 발현. 헤루카*의 다른 형상. 그의 샥티*는 치트라세나*이다. 색깔은 청흑색. 상징은 봉, 컵, 드럼, 악쇼비야의 이미지, 칼.

붓디 Buddhi (인식)
1. 하급 여신. 힌두교(푸라나). 때로 코끼리 신 가네샤*의 마하가나파티* 형상으로 확인되며, 그의 무릎에 앉은 모습으로 묘사된다.
2. 하급 여신. 자이나교.

브라기 BRAGI (시인, 지도자)
기원: 북유럽(아이슬란드). 시의 신.

숭배 시기: 서기 700년 무렵 바이킹 시대나 그 이전부터 서기 1100년 무렵 그리스도교 시기까지.

별칭: '긴 수염을 가진 분'으로 묘사되었다.

숭배 중심지: 알려지지 않음.

참조 예술: 알려지지는 않았지만, 익명의 조각들의 주인공이었을 것이다.

문헌 자료: 아이슬란드 사본들, 스노리의 〈산문 에다〉.

스노리에 따르면, 오딘(2)*의 아들이며 아스가르드 신들을 위해 불멸의 사과를 보관하는 여신 이둔*의 배우자이다. 브라기는 오딘(2)의 다른 이름일 가능성이 있다. 종종 아에기르*와 함께 있는 모습으로 나온다. 맹세할 때 사용하는 컵은 '브라기의 컵'으로 알려졌고, 브라기는 학살된 전사들의 전당인 발할라Valhalla에서 시인이자 웅변가로 나타난다.

브라마 BRAHMA (창조자)

기원: 힌두교 [인디아]. 창조신.

숭배 시기: 서기전 500년 무렵이나 그 이전부터 현재까지.

별칭: 아브자자Abjaja, 아브자요니Abjayoni, 아스타카르나Astakarna, 카말라사나* 등을 비롯한 많은 별명들이 있다.

숭배 중심지: 서기 700년 무렵부터 두 곳에 제한되었다. 한 곳은 라즈푸타나Rajputana의 푸스카나Puskana 호수에 있는 사원이고, 다른 곳은 아부Abu 산 근처의 이다르Idar에 있는 사원이다.

참조 예술: 일반적으로 청동 조각들이나 돌로 된 조각들도 있다. 부조.

문헌 자료: 〈리그베다〉에서도 언급되었으나, 〈라마야나〉 서사시와 푸라나 문헌들이 잘 묘사하고 있다.

비슈누*와 시바*와 더불어 힌두교 판테온의 삼신일체적 최고 창조신들 중 하나이다. 배우자는 보통 지혜의 여신 사라스바티*이지만, 말(speech)의 여신 바츠*가 그의 배우자라고 하는 자료들도 있다. 그리고 브라마는 젖 짜는 여자 가야트리*를 둘째 부인으로 삼았다. 원래 브라마라는 명칭은 신비스런 발언의 힘을 의미하다가, 사제들 또는 브라만들과 관계를 맺게 되었다.

브라마는 머리가 넷이고, 종종 수염이 달려 있으며, 네 방향을 보고 있고, 손이 넷이며, 축복을 내리거나 약속을 하기 위해 때로 한 손을 들고 있는 모습으로 묘사된다. 지식의 신으로서 한 손에는 베다Vedas(그의 머리에서 나왔다고 하는 가장 초기의 산스크리트 신화)를 든 모습으로 자주 나타난다. 풍요를 가리키는 물그릇, 숟가락이나 진주로 꿴 줄이 다른 상징들이다. 지팡이와 보시 그릇을 들고 있을 수도 있다. 빨갛거나 분홍색 피부에 하얀 옷을 입거나, 어깨를 교차하는 거룩한 줄이 있는, 허리에 두르는 옷을 입은 모습으로 묘사될 수 있다. 브라마의 거룩한 동물은 거위이다.

어떤 전설에 따르면 브라마는 태초 창조자의 오른편에서 창조되었다. 그의 수명은 한 해가 360 낮밤으로 이루어진다는 하늘의 셈법상 100살로 예상되었다. 하늘의 하루, 또는 칼파kalpa는 지상의 4,320,000년에 해당된다. 브라마의 현재 나이는 51세이며, 그가 나이를 먹을 때마다 우주가 파괴되었다가 재건된다고 한다.

브라마는 보통 비슈누나 시바만큼 인기가 없다. 그 이유는 아마도 태초의 창조 이야기에서만 확인되기 때문일 것이다. 전설은, 브라마가 자기 욕망의 힘을 사용해서 태초의 물에서 자기 자신을 어떻게 창조했는지 묘사하고 있다. 브라마는 씨앗을 만들었고 그것은 황금 알로 자라났으며 그는 1년 후에 거기에서 출현했다. 둘로 나뉜 껍질은 하늘과 땅이 되었으며, 그는 그 안에서 하늘의 모양을 지었다. 〈라마야나〉는 자기 뿔로 땅을 들어 올리는 멧돼지의 형태로 그를 묘사하고 있다. 이와 달리 〈마하바라타〉는 비슈누의 배꼽에 있는 연꽃에서 태어났다고 설명한다. 그가 물고기나 거북이로 출현한다는 전설도 있다. 취한 상태로 불성실하게 보이는 부정적인 모습의 브라마도 있다.

어떤 자료는, 아름다운 여신 사타루파*가 브라마의 반쪽에서 어떻게 형성되었는지 설명한다. 그러나 그가 근친상간 욕망을 가지고 자기 딸을 보는 것을 막기 위해서 사타루파는 브라마의 주변을 돈다. 그 결과 그의 머리가 네 개가 된 것이다. 다섯 번째 머리도 있었으나 시바가 왼쪽 엄지손가락으로 베어버렸다. 브라마 숭배가 제한된 데에는 부분적으로 딸과의 근친상간 때문이라는 이야기가 있다. 딸 바츠를 그에게 허락하는 다른 전설도 있다. 브라마는 바츠를 통해서 살아 있는 세상을 낳았다고 한다.

한편 불교 전승에서 브라마는 끔찍한 외모와 왕의 복장을 한 다르마팔라*의 하나이다.

브라마니 Brahmani

어머니 여신. 힌두교(서사시와 푸라나). 후기 힌두교에서 여덟 어머니 여신 중 하나가 된 여신이다. 아홉 어머니 여신(나바샥티스*)으로 이루어진 집단에도 속해 있다. 거위가 함께 있으며 노란 옷을 입고 있다. 상징은 책, 부호, 염주, 삼지창, 물병. 브라미 Brahmi라고도 한다.

브레스마켈라하 Bres Macelatha

식물 신. 켈트(아일랜드). 에리우*와 포모르족 Fomorian의 왕 엘라하 Elatha의 아들이다. 그래서 태생상 부분적으로는 투아하데다난*족이지만 아일랜드의 왕이 되었고 모이투라 전투에서 포모르족 편에서 싸워 패배한다. 땅에서 나는 식량 공급과 관련이 있다.

브르쿠티타라 Bhrkuti-Tara (찡그린 여인)

어머니 여신. 라마 불교[티베트]. 특히 라마 불교에서는 붓다*의 어머니 타라*의 잔혹한 형상이다. 이른바 '노란 타라'(yellow Tara)이다. 아미타불(아미타바*)의 발현이다. 여자 보살과 동일시된다. 색깔은 노란색. 상징은 아미타마의 이미지, 연꽃, 염주, 지팡이, 삼지창과 물병. 눈이 셋이며, 장굴리* 또는 바즈라타라*라고도 한다.

브르트라 Vrtra

혼돈의 악신. 힌두교(베다). 우주의 형성 전에 있던 태초의 존재이며, 어머니 여신 사라스바티*가 죽였다.

브르하스파티 Brhaspati

별의 신. 힌두교(베다, 서사시와 푸라나). 목성이 의인화한 존재. 베다 문헌에서 브르하스파티는 사제로 나타난다. 앙기라스Angiras의 아들이며 후기 힌두교 판테온의 구루이다. 브라마*와 거의 동일하게 여겨진다. 배우자는 여신 타라* 이며 아들은 카차Kaca이다. 말 여덟 필이 끄는 전차를 타고 있다. 색깔은 황금 빛 노란색. 상징은 화살, 황금 도끼, 책, 활, 염주, 지팡이, 물병.

브리간티아 Brigantia

수호 여신. 로마노-켈트(브리튼). 요크셔Yorkshire 웨스트 라이딩West Riding의 브리간테스 부족 수호 여신이다. 노섬벌랜드Northumberland 코브리지Corbridge에는 카엘레스티스브리간티아Caelestis Brigantia를 포함해 여러 신들이 새겨진 제단이 있다. 스코틀랜드 비렌스Birrens의 안토니누스Antonine 성벽 부조는 미네르바*의 상징물들과 함께 브리간티아를 묘사하고 있다. 브리간티아는 종종 물 및 목축과도 관련이 있다.

브리지트 BRIGIT (고양된 자)

기원 : 켈트 (유럽 대륙과 아일랜드). 풍요의 여신.

숭배 시기 : 선사 시대부터 서기 1100년 무렵 그리스도교 시기와 그 이후까지.

별칭 : 브리짓Brigid, 브리데Bride, 반필레Banfile (여성 시인).

숭배 중심지 : 켈트족 영향을 받은 지역의 여러 지성소들.

참조 예술 : 조각들.

문헌 자료 : 〈침략의 서〉, 〈왕들의 전설〉, 다양한 비문들.

'다그다*의 딸, 현명한 여인'으로 묘사되는 켈트족의 주요한 목자 신 브리지트 는, 서기 450년부터 523년까지 살았고 아일랜드에 첫 번째 여성 그리스도교 공동체를 창립한 인물인 킬데어Kildare의 성녀 브리지트로 그리스도교화 하였 다. 2월 1일 열렸던 임볼크Imbolc 축제에서 브리지트를 기렸으며, 이 시기는 암 양의 젖을 처음 짜는 시기와 겹친다. 스코틀랜드에서 이날은 브리지트가 푸른 얼굴의 겨울 노파를 물리친 날로 여겨졌다. 칼리아흐베라*를 보라. 그리스도 교 교회력은 똑같은 날을 성 브리지트 축일로 채택했다. 이 성녀가 진짜로 존재했는지에 대한 기록은 없으나, 아일랜드 신화는 성 브리지트가 동정마리아의 산파가 되었다고 한다. 아일랜드와 유럽의 여러 장소들 이름에서 브리지트라는 이름의 흔적을 찾을 수 있다. 브리지트는 산스크리트어로 '고양된 자'를 의미하는 브르하티Brhati와 무척 유사하다.

브리타니아 Britannia

수호 여신. 로마노-켈트(브리튼). 2세기 안토니우스 피우스Antoninus Pius의 화폐에 처음 나타난 브리튼의 수호자. 브리타니아는 로마의 전쟁 여신 미네르바*와 부분적으로 혼합된 후 대영제국의 상징이 되었다.

비그난타카 Vighnantaka (장애를 제거하는 자)

신. 대승불교. 힌두교의 신 가네샤*와 동격일 수 있는 악쇼비아*의 발현이다. 색깔은 푸른색. 북쪽 방향의 수호신으로 나타날 수 있으며, 이 경우에 색깔은 초록색이다. 상징은 컵, 북, 갈고리, 칼, 올가미, 지팡이. 머리가 셋이다. 아날라르카Analarka라고도 한다.

비그네스바라누그라무르티 Vighnesvaranugramurti

신들의 가족. 힌두교(푸라나). 검은 피부의 시바*와 파르바티*와 그들의 아들 가네샤*가 함께 나오는 대중적인 묘사이다. 아버지로부터 목이 잘린 가네샤는 코끼리 머리로 돌려받았다.

비나 Vina

음악의 여신. 불교. 류트가 의인화한 존재. 색깔은 노란색. 상징은 류트.

비다르 Vidar

전쟁의 신. 북유럽(아이슬란드). 잘 알려지지 않은 에시르* 신이며 조용한 존재로 묘사된다. 오딘(2)*의 아들 중 하나이다. 토르*와 거인 여신 기르트Gird의 간통으로 생긴 자식이 비다르라는 다른 전승도 있다. 엄청난 힘을 지닌 신이며 위험한 시기에 도움을 준다. 라그나뢰크 때 늑대 펜리르에게 죽은 오딘(2)의 미래 보복자이다. 비다르는 오랫동안 모은 재료로 만든 신발을 신는다고 하며, 펜리르의 턱을 찢어서 분리하고 자기 무기로 그를 찌르기 전에 턱 사이에 신발을 넣을 것이다. 마지막 불과 홍수에서 살아남은 이들 중 하나로, 아스가르드를 대신하는 이다볼에서 살아가기로 예정되어 있었다.

비다라자 Vidyraja
수호신. 대승불교. 법의 완성과 관련된 신들 중 하나.

비디야데비 Vidyadevi
여신들의 집단을 일컫는 총칭. 자이나교[인디아]. 여신 사라스바티*가 이끄는, 지식 또는 배움과 연결된 열여섯 신.

비디야파티로케스바라 Vidyapati-Lokesvara
신. 불교. 아발로키테스바라*의 이형異形. 연꽃 위에서 쉬는 형상으로 묘사된다. 상징은 파리채.

비디에스바라 Vidyesvara
신들의 집단을 일컫는 총칭. 힌두교. 시바*의 모습들이라고 여겨지는 해방된 여덟 존재들이다.

비디유즈발라카릴리 Vidyujjvalakarili (불의 혀들)
여신. 불교. 붓다*의 땀에서 형성되었다고 알려진, 머리가 열둘인 아카자타 Akajata의 형상. 종종 힌두교의 네 신들인 브라마*, 인드라*, 시바*, 비슈누*를 짓밟는 모습으로 묘사된다. 색깔은 푸른색이나 검은색. 상징은 여럿이며 다양하다.

비디유트쿠마라 Vidyutkumara
신. 자이나교(인디아). 바바나바시*(장소에 거주하는) 신들의 집단 중 하나. 이들은 젊은 외모를 하고 있다.

비라그눌루 Birrahgnooloo
창조 여신. 호주 원주민. 몇몇 원주민 씨족들은 비라그눌루를 창조신 바이아메*의 주요 배우자로 인정한다. 인류의 어머니이자 지상에 살아 있는 모든 것들의 창조자로 존경받는다. 비라그눌루의 역할은 바이아메의 역할과 매우 비슷하다. 전승은, 꿈의 시대에 비라그눌루가 태초의 세상을 통과하여 움직일 때 식물을 심었고, 진흙에서 피조물을 창조했으며 인간에게 영혼을 불어넣었음을 암시하고 있다. 비라그눌루의 장자는 다라물룸* 또는 가얀디이며 바이아메와 인간 사이의 중재자로 여겨진다.

비라라트리 Viraratri (용감한 밤)
힌두교. 친나마스타카*를 보라.

비라바드라 Virabhadra (위대한 영웅)
전쟁 신. 힌두교(서사시와 푸라나). 시바*의 형상으로, 때로는 비슈누*의 형상으로도 여겨진다. 비라바드라는 다크샤*와 싸우는 시바*의 호전적 모습이다. 어떤 이야기에 따르면, 다크샤가 작은 일에 복수하기 위해서 시바의 아내 사티*를 학대했고, 그녀를 화나게 하여 자기를 희생함으로써 자살하도록 이끌었다고 한다. 비라바드라는 팔이 넷인 모습으로 묘사된다. 상징은 화살, 활, 방패, 무기. 때로 해골 목걸이를 하고 있다. 눈이 셋이고 머리가 셋이다.

비라즈 Viraj
태초의 여신. 힌두교(베다). 〈리그베다〉에는 적극적인 창조적 여성 원리로 나온다.

비렴(飛廉) Fei Lian
풍백*을 보라.

비루다카 Virudhaka (싹이 튼)
신. 불교. 남쪽 방향의 수호신. 색깔은 푸른색 또는 초록색. 상징은 코끼리 머리에서 나온 가죽, 무기. 악신들의 집단인 쿰반다들 kumbhandas의 수장과 동일시되기도 한다.

비루파크사 Virupaksa (잘못된 정보를 받은 눈)
1. 신. 힌두교. 시바*의 별명이며 열한 루드라(에카다사루드라*) 중 하나다. 상징은 도끼, 종, 곤봉, 컵, 북, 갈고리, 칼, 연꽃, 기도바퀴, 염주, 샥티*, 무기. 머리가 셋이다.
2. 신. 불교. 서쪽 방향의 수호신. 뱀들의 신. 색깔은 빨간색. 상징은 보석, 뱀, 불탑.

비르두 Birdu
지하세계의 하급 저승 신. 메소포타미아(바빌로니아-아카드). 마눙갈*의 배우자이며 네르갈*과 혼합되었다.

비르바우스 Virbius
하급 대지의 신. 로마. 악의를 지닌 지하세계의 신으로, 아리키아 Arician 삼림지대에서 디아나* 숭배 기간에 네미 Nemi의 디아나 신전을 둘러싸고 종종 이 신에게 기원했다. 비르바우스는 삼림 속을 배회한다고 알려졌으며, 말들에게 깔려 죽었으나 아이스쿨라피우스*가 불멸의 존재로 만들어준 히폴리투스 Hippolytus의 발현이라고 한다. 이러한 이유 때문에 아리키아 숲에는 말들이 들어갈 수 없었다.

비르투스 Virtus
군대의 무용과 관련된 신. 로마. 특히 서기전 2세기부터 알려졌다.

비리야파라미타 Viryaparamita
철학적 신. 불교. 라트나삼바바*의 영적 자손. 색깔은 초록색. 상징은 푸른 연
꽃과 보석이 그려진 깃발.

비마 Bhima (끔찍한)
1. 전사의 신. 힌두교(서사시와 푸라나). 신화적인 판두Pandu 가家의 왕자이며 서
사시 〈마하바라타〉의 영웅들 중 하나. 비마는 보통 칼과 봉을 휘두르는 모습
으로 그려진다. 바람의 신 바유(1)*의 아들이다. 엄청난 힘을 지닌, 무척 잔인
한 신으로 인식되며 이것은 영웅적인 그의 형제 아르주나*와 구별하게 한다.
비마와 아르주나는 밀접한 관련을 맺는 것으로 서사시에 나와 있다. 상징은
곤봉. 비마세나Bhimasena라고도 한다.
2. 하급 여신. 대승불교. 붓다카팔라*의 수행 신.

비말라 Vimala (이구지 離垢地)
하급 여신. 금강승불교. 보살이 통과하는 영적 영역들(부미*) 중 하나로 신격
화한 존재이다. 색깔은 하얀색. 상징은 연꽃과 지팡이.

비바스반 Vivasvan (빛나는)
태양신. 힌두교(베다와 푸라나). 원래 베다에 나온 아디티*의 아들은 모두 태양
신들이며 여섯이었다. 후대에 열둘로 확장되었고 비바스반은 여기에 포함됐
다. 비바스반의 명칭 중 하나는 '조상의 법의 체현'이다. 그는 야마*와 야미*의
아버지이자 마누*와 아스빈스*의 아버지이고, 그의 배우자는 사라뉴*로 확인
된다. 색깔은 황금색. 상징은 숲의 화환, 두 연꽃, 삼지창. 비바스바트Vivasvat라
고도 한다.

비샤몬[毘沙門] Bishamon

행운의 신. 신도[일본]. 행운과 관련된 일곱 신(七福神) 중 하나. 완전무장을 한 전사 복장을 하고, 한 손에는 창을 들고 다른 손에는 '보물의 탑'인 장난감 탑을 든 모습으로 나타난다. 불교의 신 바이스라바나 Vaisravana(다문천 多聞天)와 관련이 있다.

비슈누 VIŠNU

기원: 힌두교 (베다. 서사시와 푸라나) [인디아]. 창조 삼신 중 하나.

숭배 시기: 서기전 1700년 무렵부터 현재까지.

별칭: 마트시야*, 쿠르마*, 바르차 Varcha, 나라시나*, 바마나*, 파라수라마*, 라마*, 크리슈나* 또는 발라라마*, 붓다*, 칼킨* 등 주요 화신들이 열 있다. 아브자자, 아브자요니, 아드호크사자 Adhoksaja, 아난타사야나 Anantasayana, 아니루다 Aniruddha 등 다른 별명들도 있다.

숭배 중심지: 인디아 전역에 있는 여러 사원들.

참조 예술: 조각, 부조.

문헌 자료: 〈리그베다〉, 서사시 〈마하바라타〉와 〈라마야나〉, 푸라나 문헌들.

베다 문헌에 따르면, 비슈누는 일출과 태양의 정점과 일몰을 의미하는 세 걸음으로 하늘을 건너는 우주적 신으로 출발했다. 태양신인 적이 없었으나 태양의 움직임과 관련을 갖게 되었다.

비슈누는 서사시들과 더불어, 그리고 힌두교 판테온의 정점을 구성하는 삼신 중 하나가 되면서 신망이 두터워졌다. 가장 널리 숭배를 받는 탁월한 신이다. (브라마*와 시바*를 보라.) 비슈누는 문명화된 도덕과 질서를 유지하는 존재이기도 하다. 〈마하바라타〉에서는 부분적으로 크리슈나*와 동일시된다. 어느 푸라나 문헌에 따르면, 비슈누는 태초의 창조적 힘 왼편에서 창조되었다. 푸라나 문헌은 또한 비슈누의 다양한 외양들에 대한 복잡한 분류를 제공한다. 가장 자주 등장하는 배우자는 행운의 여신 락슈미*이며, 비슈누는 락슈미와 함께 연꽃 위에 서 있거나 휴식을 취하는 모습으로 종종 묘사된다. 거룩한 동물은 가루다*이다.

비슈누는 세상의 보호자이다. 실제적인 시간, 또는 역사를 다스리며 카르마 karma(業)를 통해 도덕적 균형을 유지하고, 때로 자신의 화신들 중 한 모습으로 나타나 오류를 바로잡는다. 비슈누는 죽은 자들의 신 야마*의 주요 원수이며 죽음을 쫓아낼 수 있는 힘을 가지고 있다. 거룩한 물 나나*와도 밀접하게 동일시되며 그의 현존은 갠지스에 고루 스며든다. 비슈누는, 배꼽에서 피어나는 연꽃을 지닌 채 뱀 세사* 위에서 휴식을 취하고 매년 넉 달 동안 잠을 자며 그 후 특별한 의례를 통해 깨어난다.

비슈누 추종자들은 주로 인디아 북부에 있지만, 타밀 남부 사람들 가운데 서도 강력한 추종자들이 있다. 비슈누파의 카스트 부호는 브이(V) 자 모양의 상징으로, 하강하는 특성이 있는 물과 동일시된다.

비슈누는 머리가 여럿이거나 넷이고, 특히 소라와 기도바퀴 등 여러 상징물들을 지닌 팔이 넷인 모습으로 묘사된다. 파괴적인 모습을 반영하는 원반 및 권위의 철퇴와 연꽃 등을 지니며, 목 주변에는 거룩한 돌 카우스라바 kausrabha가 있을 수 있다.

비슈누트리비크라마 Višinu Trivikrama
비슈누*의 형상. 힌두교(서사시와 푸라나). 트리비크라마*는, 거대한 세 걸음으로 세상을 확실히 지배할 수 있도록, 난쟁이 화신 바마나*에서 거인으로 변형한 비슈누 형상이다.

비스바루파 Visvarupa
잘 알려지지 않은 비슈누*의 화신. 힌두교. 베다 문학에서는 트바스타르*의 아들로 확인된다. 비슈누*는 아르주나*의 요청에 이 화신을 취한다. 비스바루파의 동물은 가루다*이다. 상징은 여럿이다. 비라타푸루사 Viratapurusa라고도 한다.

비스바미트라 Visvamitra

하급 신. 힌두교(푸라나). 전설에 따르면 나라다*의 아버지이다.

비스바카르만 Visvakarman (우주의 설계사)

어설프게 정의된 창조신. 힌두교(베다). 디야우스피타*와 비슷하며 트바스타르*와 연결되거나 동일시되는 신들의 예술가로 묘사된다. 비스바카르만은 프라바사*와 요가싯다Yogasiddha의 아들로 때로는 어머니 여신 사라스바티*의 배우자로 발전했다.

비스바크세나 Visvaksena (모든 것의 정복자)

하급 신. 힌두교(푸라나). 비슈누*의 경호원이자 문지기. 시바*가 비슈누를 만나려 했으나 비스바크세나는 시바를 거절했다. 그러자 시바는 그를 처치해버렸다고 한다. 이러한 이유 때문에 비스바크세나는, 칸칼라무르티* 형상을 한 시바의 삼지창에 찔려진 해골 형상으로 묘사된다. 상징은 바퀴, 곤봉, 소라.

비스보스니사 Visvosnisa

신. 불교. 남쪽 방향의 수호신들과 연결된 우스니사*다. 색깔은 초록색.

비아 Bia

힘의 여신. 그리스. 지하세계 여신 스틱스*의 딸이며 힘의 신 크라토스*의 누이이다.

비야사 Vyasa

비슈누*의 하급 화신. 힌두교(베다, 서사시와 푸라나). 비야사는 〈베다〉와 〈마하바라타〉 및 푸라나 문헌들의 저자라고 한다. 지식과 지혜의 신으로서 하야그리바* 및 사라스바티*와 지위가 같으며, 지식의 나무를 나누는 책임을 진다. 문헌에서 비야사는 검은 피부를 하고, 네 학생인 수만타Sumanta, 파일라Paila, 바이삼파야나Vaisampayana, 자이미니Jaimini와 함께 나온다. 수염을 하고 있을 수

236

있다. 베다비야사Vedavyasa라고도 한다.

비자야 Vijaya (승리)

신. 힌두교(서사시와 푸라나). 에카다사루드라*(열한 루드라) 중 하나이다. 히라냐크사Hiranyaksa는 비자야의 화신들 중 하나로 여겨진다. 상징은 곤봉, 칼, 염주, 지팡이. 비자야는 인드라*의 활의 이름이기도 하다.

비칠리푸스틀리 Vitzilipuztli

우이칠포츠틀리*의 화신. 아스텍(고대 메소아메리카). 5월과 12월 일 년에 두 차례, 농경 축제 기간에 이 신에게 기원한다. 처녀 숭배자들이 옥수수가루와 비트beet 씨앗과 벌꿀을 반죽해서 이 신의 형상을 만들었다. 이 신의 눈과 이는 색유리 조각들과 옥수수 씨앗을 사용했고, 행진을 한 다음에는 성찬례를 하는 것처럼 조각내서 먹어치웠다.

비칼라라트리 Vikalaratri (황혼의 밤)

하급 여신. 대승불교. 붓다카팔라*의 수행 신.

비탈리 Vitthali

신. 힌두교(서사시와 푸라나). 잘 알려지지 않은 비슈누*(또는 크리슈나*)의 화신. 비탈리 숭배는 봄베이 근처 판하르푸르Panharpur에 집중되어 있다. 이곳에서 바르카리Varkari 분파가 비탈리를 모신다. 보통 벽돌 위에 서 있는 모습으로 묘사되며 터키모자 비슷한 모자를 쓰고 손을 허리에 대고 있다. 비토바Vithoba 또는 판두랑가Panduranga라고도 한다.

비하르 Bi-har

수호신. 라마 불교[티베트]. 악령으로부터 보호하는 수호신들인 마하라자들maharajas 중 하나. 사자와 함께 있다. 색깔은 하얀색. 상징은 화살, 활, 칼, 지팡이, 칼과 삼지창. 눈이 셋이다.

빅토리아 Victoria

승리의 여신. 로마. 특히 서기전 2세기부터 알려졌으며 유피테르*와 밀접히 연결되었다. 그리스도교는 빅토리아를 수용하여 천사로 채택했다.

빈디야 Vindhya

산신. 힌두교. 인디아 중부 데칸고원 북쪽 끝을 형성하는 산들이 의인화한 존재.

빌리 Vili

신. 북유럽(아이슬란드). 스노리의 〈산문 에다〉에는 보리의 아들 중 하나이자 아스가르드의 신들 중 하나로, 오딘(2)*과 베*의 형제로 나온다. 이 세 신들은 태고의 거인 이미르의 살과 피에서 땅과 바다를 만들었다고 한다.

뿌빠 Puspa (꽃)

어머니 여신. 라마 불교[티베트]. 어머니 여신 집단인 아스타마타라*의 일원. 색깔은 하얀색. 상징은 꽃.

사 Sa

저승의 창조신. 코노족Kono[기니 동부, 아프리카 서부]. 알라탕가나*와 함께 한 쌍의 창조신을 이룬다. 사는 하늘이나 빛이 존재하기 전에, 지상에 어떤 존재도 살아 있기 전에 태초의 늪에 살았다. 사에게는 알라탕가나*와 눈이 맞아 도망간 딸과, 세 쌍은 검고 네 쌍은 하얀 열네 자녀가 있었다. 사의 자녀들은 모두 다른 언어로 말했고 사는 그들에게 생존의 도구를 주었다.

사가라마티 Sagaramati (대양의 마음)

신. 불교. 보살. 색깔은 하얀색. 상징은 소라, 무기, 지팡이.

사누 Sanu

관련성이 모호한 신. 카피르족[아프가니스탄]. 여신 산주*의 아버지이며 전쟁 신 기쉬*의 적이다. '무슬림'으로 묘사되기에 외래에서 유입된 신일 것이다.

사니 Sani

1. 별의 신. 힌두교. 수리야(1)*와 차야*의 아들이며 의인화한 토성. 연꽃 위에 서 있거나 얼룩말 여덟 필이 끄는 철의 전차를 타고 있다. 색깔은 검정 또는 푸른색. 상징은 화살, 활, 염주, 지팡이, 삼지창.
2. 별의 신. 불교. 거북이 위에 서 있는 모습이다. 색깔은 푸른색을 띤 검정색.

상징은 지팡이.

사닝사리 Saning Sari
쌀의 어머니. 자바Javan. 쌀의 어머니로 알려진 벼의 일부로 표현되었다. 씨를 심을 때 가장 좋은 알곡을 가려 여신 형상의 못자리에 뿌리며 그다음에 나머지 곡식을 주위에 뿌린다. 옮겨 심을 때에는 쌀의 어머니를 형성하는 벼의 싹을 논의 특별한 장소에 심는다. 추수 때에는 쌀의 어머니 식물들이 '발견되고' 다음 해에 심기 위해 집으로 가져온다.

사닥사리(로께스바라) Sadaksari(Lokesvara)
아발로키테스바라*의 이형異形. 라마 불교[티베트]. 달라이라마들의 승계 중에 육화하는 아발로키테스바라의 형상. 색깔은 하얀색. 상징은 책, 소라, 보석, 연꽃, 염주.

사두마티 Sadhumati (선혜지 善慧地)
하급 여신. 금강승불교. 보살이 통과하는 신격화된 영적 영역들(부미*) 중 하나. 색깔은 하얀색. 상징은 지팡이와 푸른 연꽃 위의 칼.

사드라파 Sadrapa
치유의 신. 서셈족(시리아)과 폰투스. 사드라파는 전갈이나 뱀을 잡은 젊은이로 묘사된다. 원래 팔미라에서 알려졌지만 카르타고까지 대중성이 확산되었고 헬레니즘 시기에는 그리스 해안에서도 인기를 누렸다. 사트라피스Satrapis라고도 한다.

사드부자시타타라 Sadbhuja-Sitatara
신. 불교. 아모가시디*의 발현이며 시타타라*의 이형異形. 색깔은 하얀색. 상징은 화살, 푸른 연꽃, 활, 왕관 위의 아모가시디의 이미지, 연꽃, 염주. 눈이 셋이다.

사라뉴 Saranyu (빠른 분)

성격이 불확실한 태초의 여신. 힌두교(베다). 사라뉴는 비바스바트(비바스반*)의 배우자로, 인간의 쌍둥이 조상인 야마*와 야미*의 어머니라고 한다. 사라뉴에 대해서는 거의 알려진 것이 없으나 격렬한 본성의 소유자로 여겨진다.

사라데비 Saraddevi (가을의 여신)

풍요와 식물의 여신. 라마 불교[티베트]. 가을과 관련이 있으며 여신 스리데비*의 수행 신이다. 거룩한 동물은 영양. 상징은 컵, 칼, 공작 깃털.

사라마 Sarama (민첩한 분)

수행 여신. 힌두교(베다, 서사시와 푸라나). 인드라*의 사자使者이며 그의 동물들을 돌본다. 후기 힌두교 문헌에서 사라마는 모든 개들의 어머니이며 '하늘의 암컷'이라는 별명이 있다. 〈리그베다〉는 암소들을 훔친 하급 신 파니스Panis에게 사라마가 벌을 준다고 설명한다.

사라마마 Zara-Mama

옥수수 여신. 남아메리카 인디언[페루]. 하급 신. 이 신의 모형들을 옥수수 잎으로 만들고 한 해 동안 보관한 다음 풍작을 바라는 의례에서 태웠다.

사라스바티 SARASVATI (흐르는 물)

기원 : 힌두교 (베다, 서사시와 푸라나) [인디아]. 어머니 여신이자 지혜의 여신. 후대에는 예술의 수호신이 된다.

숭배 시기 : 서기전 600년 무렵부터 현재까지. 그러나 훨씬 이른 시기의 선사 시대 모델들에 기반을 두고 있음이 확실하다.

별칭 : 브라미, 바그데비 Vagdevi (언변의 신). 다른 별명은 바라티*.

참조 예술 : 일반적으로 청동 조각들이지만 돌로 된 것들도 있다.

문헌 자료 : 〈리그베다〉를 비롯한 다른 베다 문헌들, 서사시 〈라마야나〉와 푸라나 문헌들.

사라스바티는 베다 시대에 강의 여신으로 출발했을 것이다. (실제 사라스바티 강은 현재 사라졌으나 인더스 강과 관련이 있을 수 있다.) 베다 시대 사라스바티의 물결은 산들도 박살낼 정도였으며 그 소리는 급류의 노호와도 같았다고 한다. 사라스바티의 힘의 원천은 태초의 물이기 때문에 소진되지 않으며, 풍요와 풍부한 수확을 가져오는 신이다. 그래서 번영을 제공하는 신이기도 하다. 사라스바티의 현존은 더러움을 제거하며 고대에는 혼돈의 악신 브르트라*를 물리쳤다. 희생 제의를 지내는 마당에서 중요성이 조금 떨어지는 여신들인 일라*, 바라티*, 마히*, 호트라* 등과 함께 사라스바티에게 기도한다.

후대 푸라나 문헌들 안에서 사라스바티(브라미)는 창조신 브라마*의 첫 배우자가 된다. (가야트리*를 보라.) 다른 문헌들은 비슈누*의 배우자인 락슈미*와 싸우는 모습을 보여준다. 사라스바티는 또한 여신 바츠*와 혼합되기도 한다. 산스크리트어를 발명했다고 하며 지혜와 예술의 여신으로 확인된다. 〈베다〉는 사라스바티의 영감물이며 그래서 그녀는 "베다의 어머니"로 알려진다. 사라스바티를 경배하는 힌두교 축제는 1월 초나 2월 말에 열린다. 학생들의 수호여신이기도 해서 어린이들은 수업을 시작하기 전에 사라스바티에게 책과 연필과 펜을 봉헌한다. 종종 학교 정문에 사라스바티 이미지가 나타난다.

사라스바티는 보통 팔이 둘 또는 넷으로 묘사된다. 색깔은 하얀색. 백조나 공작이나 연꽃에 앉아 있거나 타고 있을 수 있다. 특별한 상징은 류트이지만 화살, 종, 책, 활, 소라, 곤봉, 올가미, 기도바퀴, 물병 또는 다른 것들을 가지고 있을 수 있다. 사라스바티는 사탕수수나 꽃을 브라마에게 바칠 수 있다. 아주 가끔 머리가 셋으로 나온다.

사라피스 Sarapis

신. 후기 이집트. 서기전 4세기 무렵 초기 프톨레마이오스 왕조 시대부터 알려졌으나 서기 2세기나 3세기까지 유럽에서도 존속했다. 이집트 종교에서 사라피스는 지하세계의 신 오시리스*와 프타*의 지상적 현존을 상징하는 황소 신 아피스*의 특성들을 합성한 모습이다. 사라피스는 땅의 풍요와 죽음 이후의 거룩한 황소의 삶을 완벽하게 보여주는 것으로 인식된다. 그리스 신화에서는 제우스*, 헬리오스*, 아스클레피오스*, 디오니소스* 등의 모습들을 갖게 된다. 사라피스는 로마제국 시대에 널리 숭배를 받았다. 영국 요크에 있는 지성소는 제6군단의 한 군인이 봉납한 것이며, 런던 근교의 월브룩 미트래움 Walbrook Mitraeum과 스페인 메리다 Merida에서 엄청난 조상들이 발견되었다. 세라피스 Seraphis라고도 한다.

사르바니바라나비스캄빈 Sarvanivaranaviskambhin (얼룩 제거자)
신. 대승불교. 지혜보살 또는 선정불. 색깔은 하얀색. 상징은 책, 보석, 달 원반, 무기와 지팡이.

사르바붓다다르마코사바티 Sarvabuddhadharma-Kosavati (모든 부처의 덕성을 갖춘)
문학의 신. 불교. 신격화한 문헌. 다라니*들 중 하나. 색깔은 노란색. 상징은 보석 바구니와 지팡이.

사르바소카타모니르가타마티 Sarvasokatamonirghatamati (슬픔 파괴자)
신. 불교. 지혜보살 또는 선정불.

사르바스트라마하즈발라 Sarvastramahajvala (모든 무기들의 위대한 광휘)
배움의 여신. 자이나교[인디아]. 여신 사라스바티*가 이끄는 열여섯 비디아데비* 중 하나.

사르바카르마바라나비소다니 Sarvakarmavaranavisodhani (모든 행위의 장애를 치우는)
문학의 신. 불교. 신격화한 문헌. 다라니*들 중 하나. 색깔은 초록색. 상징은 지팡이.

사르반파얀자하 Sarvapayanjaha (불행 제거자)
신. 대승불교. 지혜보살 또는 선정불. 색깔은 하얀색. 상징은 두 손에 있는 갈고리.

사르파니툼 Sarpanitu(m)
자르파니툼*을 보라.

사리토르 Sarritor
하급 농경 신. 로마. 곡물을 키우고 추수하는 동안에 이 신에게 기원한다.

사마 Sama
모호한 영웅적 신. 드라비다족(타밀)[인디아 남부]. 서기 5세기 무렵에 처음 알려졌다. 사랑의 신 카마*의 동생이며 인디아 북부에서 숭배를 받는 삼바*에 비견된다.

사마엘 Samael
창조신. 영지주의 그리스도교. "눈이 먼 신". 얄다바오트*를 보라.

사만타바드라 Samantabhadra (보현보살 普賢菩薩)
신. 불교. 바이로차나*의 한 형상이자 선정불이다. 하얀 코끼리가 끄는 왕좌에 앉아 있다. 색깔은 푸른색, 초록색, 하얀색. 상징은 종, 컵, 보석, 연꽃, 기도 바퀴, 무기. 티베트에서는 뀐뚜상뽀*로 알려져 있다. 보현*을 보라.

사만타프라바 Samantaprabha (우주의 광채를 지닌)
하급 여신. 금강승불교. 보살이 통과하는 신격화된 영적 영역들(부미*) 중 하나. 색깔은 빨간색. 상징은 손에 있는 아미타불 이미지, 지팡이.

사바리 Savari

끔찍한 외양을 한 여신. 라마 불교[티베트]. 가우리* 집단의 일원. 색깔은 하얀색. 메루Meru라고 알려진 산을 들고 있다.

사바오트 SABAOTH

기원 : 영지주의 그리스도교 [지중해 동부]. 창조신.

숭배 시기 : 서기 400년 무렵이 되기까지 기원이 정확하지 않음.

별칭 : 없음. 아래를 보라.

숭배 중심지 : 초기 그리스도교 영향을 받은 지역 내 정체불명의 작은 수도원들.

참조 예술 : 없음.

문헌 자료 : 나그 함마디Nag Hammadi 사본들.

영지주의 그리스도교에서 사바오트는 첫 부모 얄다바오트*의 일곱 자식 중 하나이다. 〈세상의 기원에 대하여 On the Origin of the World〉와 같은 작품에 나오는 이야기는 혼란스럽고 장소들도 모순적이다. 사바오트는 거만하고 사악하게 된 자기 아버지를 거슬러 반란을 일으켰고, 얄다바오트를 책임지며 자신이 창조했던 것을 두려워했던 태초의 여성적 힘 소피아*를 지지했다. 소피아는 얄다바오트를 '맹인 신 사마엘Samael'로 묘사한다. 사바오트는 자비로운 일곱 천사와 동맹하여 첫 번째 우주 전쟁에서 카오스*의 힘을 포함한 모든 것을 지배하게 된다. 사바오트가 이스라엘의 신 야웨*와 같은 신이라는 주장도 있다.

사바지오스 Sabazios

신. 프리지아[터키 북서부]. 결국 그리스화하여 제우스* 및 디오니소스*와 동일시되었고, 서기전 400년 무렵부터 아테네에서 나타나는 디오니소스적 신비들과 연결되었다. 사바지오스를 나타내는 장치는 청동으로 된 오른손 주물이며 그의 자비를 표현하는 상징들로 꾸며져 있다. 사바지오스의 영향은 로마 문화에까지 확장되어 서기 200년 무렵 최고 인기를 누렸다. 서기 300년에 만들어진 비비아Vibia의 무덤에는 사바지오스 프레스코들이 있다. 비비아의 남편은 사바지오스를 숭배하는 사제였다.

사베아시울레오 Savea Si'uleo
죽은 자들의 신. 폴리네시아. 바위들의 신 살레바오*의 형제.

사비타르 Savitar (추진하는 자)
태양신. 힌두교(푸라나). 원래 베다에 나온 아디티*의 아들은 모두 태양신들이
며 여섯이었다. 후대에 열둘로 확장되었고 사비타르는 여기에 포함됐다. 떠오
르고 지는 태양의 신이다. 색깔은 황금색. 상징은 곤봉, 기도바퀴, 두 연꽃.

사사나데바타 Sasanadevata
사자 使者 여신. 자이나교[인디아]. 자이나교의 성인들 또는 티르탄카라들
tirthankaras에게 봉사하는 스물넷으로 이루어진 집단의 총칭.

사수라툼 Sasuratum
산파 여신. 서셈족(가나안). 바알*이 아버지인 일곱 여신들. 코샤로트Kosharot라
고도 한다(히브리).

사야이치타 Xaya Iccita
산의 정령. 야쿠트족Yakut[시베리아 중부]. 산의 소유주 또는 주인이다.

사우바기아부바네스바리 Ssubhagya-Bhuvanesvari (행운의 붓다)
행운의 여신. 불교. 부드럽고 자비로운 신. 색깔은 빨간색. 상징은 붉은 연꽃,
보석이 있는 물병.

사울레 Saule
태양 여신. 그리스도교 이전의 라트비아. 농업과도 관련이 있으며, 신화적인
산인 하늘의 농장 꼭대기에서 사는 것으로 인식된다. 곡식의 풍작과 숙성을 위

246

해 이 신에게 기원한다. 사울레의 배우자들은 하늘 신 디에브스*와 달의 신 메네스*이다.

사이알카움 Sai' Al Qaum (포도주를 마시지 않는 선하고 아름다운 신)

지역 수호신. 서셈족(나바테아). 팔미라의 두 비문에서 알려졌다. 비문들은 사이알카움이 대상隊商들의 보호자임을 암시하고 있다. 상징물에는 투구가 포함되어 있다. 이집트의 신 사이Sai로부터 발전했을 수 있다.

사자라 Sajara

무지개 신. 송가이족[말리 동부, 아프리카 서부]. 무지갯빛 뱀으로 인식되었고 하얀 숫양이 희생되어 매달린 나무로 상징화되었다. 동물의 피는 나무에 뿌려졌다. 의례에는 기우 춤(rain dance)이 포함되었다.

사쿠모 Sakumo

전쟁의 신. 간족[가나 아크라 지역, 아프리카 서부]. 간족의 수호신.

사크라 Sakra (용감한 분)

신. 불교. 달(month)의 신이자 베다의 신 인드라*의 별명.

사크메트 SAKHMET (강력한 분)

기원: 이집트. 전쟁의 여신.

숭배 시기: 서기전 3000년 무렵부터 서기 400년 무렵 이집트 역사 끝까지.

별칭: 사크메트Sachmet, 셰스메테트*일 가능성도 있다.

숭배 중심지: 헬리오폴리스, 멤피스 및 나일 계곡의 여러 지성소들.

참조 예술: 조각, 특히 서기전 16세기 이후 카르나크의 조각. 벽화, 테베 왕들의 무덤들 등.

문헌 자료: 관상 본문들, 테베의 왕들의 무덤 등.

사크메트는 이집트 신왕국의 중요한 신이다. 아버지는 태양신 레*이며 배우자는 프타*이다. 사크메트는 태초 연꽃의 신 네페르툼*의 어머니라는 암시가 있다. 도상학에서 사크메트는 보통 인간의 형상으로 그려지지만 태양 원반을 얹은 암사자의 머리를 하고 있다. 때로 젖가슴에 장미꽃 문양이 그려져 있다. (이쉬타르*를 보라.)

사크메트는 테베의 태양신 아문*의 배우자 여신 무트*와 부분적으로 혼합되었다. 카르나크 신전에 있는 많은 사크메트의 상들은 전형적으로 검은 화강암으로 만들어졌고, 생명의 상징인 앙크ankh 십자를 잡고 있거나 파피루스 줄기를 들고 있으며, 무트의 지성소 구역에 세워졌다.

사크메트는 파라오의 적들을 향하여 불을 발산한다고 하며, 인간을 파괴하려는 하토르*처럼, 복수심에 불타는 '레의 눈'이 될 수 있다. 사크메트는 때로 '사크메트 집의 여주인'으로 묘사되는 하토르와 관련이 있다. 질병에 대항하는 수호 여신이라는 더 자비로운 모습도 있다.

사키야무니 Sakyamuni (사키야족의 현인)
신. 라마 불교[티베트]. 주로 티베트에서 알려진 역사적 붓다*. 연꽃 위에 서 있다. 색깔은 황금색. 상징은 사발.

사타루파 Satarupa (천 가지 형상을 지닌)
하급 여신. 힌두교(푸라나). 브라마*의 딸로 브라마와 근친상간을 한다. 사타루파의 아름다움은 브라마가 자기 머리를 넷으로 만들도록 했는데, 이는 모든 방향에서 그녀를 볼 수 있게 하기 위함이다.

사타비사 Satabhisa
행운의 하급 여신. 힌두교(서사시와 푸라나). 악의를 지닌 나크사트라*(별의 신). 다크샤*의 딸이자 찬드라*(소마*)의 아내이다.

사투르누스 Saturnus
별의 신. 로마. 토성과 동일시되지만, 파종과 관련된 농경 신에 기원을 둔 것으로 여겨진다. 서기전 450년 무렵부터 포로 로마노Foro Romano에 신전이 있었다. 사투르누스를 기리는 사투르날리아Saturnalia 축제는 12월 17부터 19일까지 열렸고, 이 기간에는 주인과 노예들이 역할을 바꾸었으며, 겨울의 어둠을 상징화하는 양초를 선물로 주었다.

사트루그나 Satrughna (원수들의 파괴자)

하급 신. 힌두교(서사시와 푸라나). 락쉬마나*의 형제이자 라마*의 배다른 형제. 어머니는 수미트라이다. 손에 파리채를 잡고 있는 모습으로 묘사될 수 있다.

사티 SATI

기원 : 힌두교 (서사시와 푸라나) [인디아]. 어머니 여신.

숭배 시기 : 서기 400년 무렵부터 현재까지.

별칭 : 샥티*, 파르바티*.

숭배 중심지 : 일정하지 않음.

참조 예술 : 보통 청동으로 된 조각들이지만 돌로 된 것도 있다.

문헌 자료 : 〈라마야나〉 및 다른 문헌들.

사티는 자비로운 여신 샥티의 오래된 화신이다. 락슈미*의 화신으로 인식되기도 한다. 전설에 따르면 사티의 아버지는 다크샤*이고 어머니는 프라수티*였다. 프라수티는 딸 열여섯을 낳았는데 막내가 사티였다. 사티는 힌두교의 이상적인 아내이자 어머니로, 처녀 때 시바*와 사랑에 빠진다. 남편을 고르는 예식에서 아버지가 시바를 초대하지 않자 비탄에 빠진 그녀는 공중으로 신부의 화관을 던져버렸고, 그때 시바가 그녀 앞에 나타났다. 그녀는 시바의 배우자가 되지만, 부부간의 결합은 시바가 바바Bhava 형상일 때 이루어지는 것으로 인식된다. 바바*는 '존재'의 의미를 지니는 시바의 별명이다. 결국 사티는 순수하고 뜨거운 자기희생적 열기 때문에 다크샤의 발에 죽는다. 그녀는 파르바티로 환생한다.

이 신화는 사티sati 또는 수티suttee로 알려진, 자기희생적 풍속의 토대이다.

사티는 불 위를 걷는 의례와도 연결되어 있다.

사티르 Satyr
삼림 지역의 신. 그리스-로마. 인간의 몸통과 다리를 가지고, 염소의 털과 뿔을 지니고 있는 거룩한 존재들에 대한 통칭이다. 이들 중에는 판*, 그리고 미숙한 바쿠스*를 키운 실레누스도 포함되어 있다.

사티스 Satis [그리스]
하급 여신. 이집트. 상이집트 남쪽 경계의 수호신. 숫양 신 크눔*의 배우자이며 아누키스*의 어머니라는 암시가 있다. 사티스는 긴 깃털이나 영양의 뿔이 있는 상이집트 원뿔형 하얀 왕관을 쓰고 있는 모습으로 그려진다. 특히 사카라 Saqqara에 있는 스텝 Step 피라미드 본문들에 묘사되어 있으며 엘레판티네 Elephantine에 사티스의 지성소가 세워졌다는 언급이 있다. 이집트식으로는 사트지트 Satjit, 또는 사테트 Satet라고도 한다.

사티야바마 Satyabhama (참된 광채를 지닌)
여신. 힌두-드라비다족(타밀). 특히 인디아 남부에서 크리슈나*의 두 번째 배우자로 알려졌다. 크리슈나는 사티야바마 왼편에 서 있다. 비슈누*의 두 번째 배우자이기도 하다. 상징은 꽃.

사포틀란테난 Zapotlantenan
치유의 신. 아스텍(고대 메소아메리카)[멕시코]. 약용 송진과 연고 상인들의 신. 틀랄록*으로 분류된 집단의 일원이다.

사프타마타라 Saptamatara
어머니 여신 집단의 총칭. 힌두교(서사시와 푸라나). 보통 어린이들에게 질병을 주거나 다른 해를 끼치는 악한 영향의 일곱 신이다. 공통 색깔은 빨간색. 상징은 컵과 연꽃.

사하르 Sahar

달의 신. 서셈족(아람). 비문에서 알려졌다.

삭스노트 Saxnot

수호신. 색슨족Saxon. 그리스도교의 세례식 때 거부했던 신들 중 하나로 투노르Thunor 및 보덴과 함께 언급된다. 에식스Essex의 색슨 왕조 창립자라는 주장도 있다. 이 신의 이름은 '무기의 동료'라는 뜻의 사스기노트sahsginot에서 유래했을 수 있다. 삭스노트는 게르만 신 티르(2)*와 동일시되기도 한다.

산드야 Sandhya

여신. 힌두교(서사시와 푸라나). 브라마*의 딸이자 시바* 또는 다른 신들의 배우자.

산무카 Sanmukha (머리가 여섯인)

신. 힌두교(서사시와 푸라나). 스칸다*의 형상이자 파수파티*와 스바하Svaha의 아들이다. 달(month)의 신. 비자야*와 자야Jaya가 배우자 여신들이다. 산무카는 다양한 상징들을 들고 있다. 아루무칸Arumukan이라고도 한다.

산주 Sanju

추수의 여신. 카피르족[아프가니스탄]. 전쟁 신 기쉬*의 배우자이며 사누*의 딸로 별로 소개되지 않은 신이다. 곡물의 추수와 타작과 키질 및 밀과 버터의 안전한 저장을 관장한다. 황금으로 된 키를 가지고 있으며 인간이나 염소의 형상으로 그려진다. 산주 숭배는 중요한 지성소가 있는 힌두쿠시 남부의 프론즈Pronz 마을에서부터 주로 알려졌다. 지성소에는 신상 주변으로 돌로 된 의자들이 있었고 일부는 지금도 남아 있다고 한다. 목상들은 허리까지 알몸인 인간 형상으로 산주를 묘사한다. 산주는 사신으로 활동하는 새로 인식되기도 한다. 희생 동물의 피가 신상에 뿌려졌다. 술메크Sulmech 또는 사누라고도 한다.

산즈나 Sanjna (양심)
여신. 힌두교. 트바스타르*의 딸이자 수리야(1)*의 배우자이고, 어떤 문헌에서는 야마*의 어머니이다.

산카(팔라) Sankha(pala)
뱀의 신. 힌두교(서사시와 푸라나). 일곱으로 이루어진 뱀 신들 집단의 일원. 상징은 컵과 염주. 눈이 셋이다.

산카리 Sankari
어머니 여신. 힌두교(서사시와 푸라나). 사프타마타라* 중 하나.

산타 Santa (진정된)
어머니 여신. 힌두교(서사시와 푸라나). 어머니 여신들인 사프타마타라*와 아스타마타라* 집단의 일원이다. 차문다*라고도 한다.

산타나 Santana (자손)
하급 신. 힌두교. 우그라와 디크사*의 아들. 낙원의 다섯 나무 중 하나가 의인화한 존재.

산토쉬마타 Santoshí Mata
어머니 여신. 현대 힌두교. 1960년 인디아 북부에서 처음 나타났으며, 그 이후 상당한 추종자가 생겼다. 개인적인 출세와 번영을 얻기 위해서 이 신에게 기도한다.

산티 Santi (마음의 평화)
여신. 힌두교. 트리비크라마*의 배우자.

살라그라마 Salagrama

비슈누*의 반우상적 형상. 후기 힌두교. 암모나이트 조개 화석으로, 신을 체현하고 수도원에 나타날 뿐만 아니라 비슈누파의 여러 집안에서 매일 올리는 의례의 부분을 형성한다.

살레바오 Salevao

태초의 바위들의 신. 폴리네시아. 죽은 이들의 신 사베아시울레오*의 형제이며 임신해서 땅의 중심에 모아Moa를 낳은 땅의 어머니 파파투아누카Papatuanuka의 배우자이다. 모아는 아담에 비견되는 인류의 조상일 수 있다.

살루스 Salus (구원)

건강의 신. 로마. 로마의 일곱 언덕 중 하나인 퀴리날리스Quirinal에 서기전 302년 이 신에게 봉헌된 신전이 있다. 로마제국 식민지들도 살루스를 숭배했다. 영국 노섬벌랜드의 코브리지에는 살루스에게 봉헌되었다는 비문을 갖춘 제단이 있다. 상징물에는 그릇과 뱀이 포함되어 있다.

삼바 Samba

영웅적 신. 힌두교[인디아 북부]. 크리슈나*와 루크미나*의 아들로 비슈누*의 아들로도 나온다. 카마*의 동생이자 인두카리*의 배우자이다. 판차비라pancavira 예배에서 브리스니족Vrisni의 숭배를 받는 비슈누의 하급 화신들 중 하나이기도 하다.

삼바라 Samvara (받아들이지 않는)

신. 대승불교. 악쇼비야*와 헤바즈라의 발현이다. 라마교에서는 머리가 넷인 수호신 이담yi-dam이다. 배우자 여신은 바즈라바라히*이다. 색깔은 푸른색이나 검은색. 상징은 도끼, 종, 컵, 북, 왕관 위의 악쇼비야의 이미지, 네 얼굴의 브라마* 이미지, 칼, 달 원반, 가죽, 지팡이, 삼지창.

삼사 Sampsa (사초 莎草)

식물 신. 그리스도교 이전의 핀란드. 삼사는 겨울 동안 잠을 자는 씨앗에게 생명을 주는 자로 인식된다. 삼사는 이름이 없는 배우자와 파종기에 신성한 결혼식을 올렸다. 배우자는 그의 계모이기도 하다.

삼카르사나 Samkarsana

발라라마*가 지역화한 형상. 드라비다족(타밀)[스리랑카, 인디아 남부]. '우유처럼 하얀' 피부에 푸른 옷을 입고 있으며, 빨간 화환을 쓰고 쟁기를 들고 있다.

상가리오스 Sangarios

강의 신. 프리지아[터키 북서부]. 그리스화한 아시아 신이다. 몇몇 전승에 따르면 딸 나나*가 식물 신 아티스*의 어머니이다. 상가리오스는 아몬드 씨앗으로 스스로 임신했다.

상고 Sango

천둥 신. 요루바족Yoruba[나이지리아, 아프리카 서부]. 상고의 거룩한 동물은 울음소리가 천둥소리와 비슷한 숫양이다. 상징물은 머리가 닳고 눈이 여섯 개 있는 도끼이다.

상제(上帝) Shang Ti

창조신. 도교(중국). 옥황상제*를 보라.

샤니 Shani

별의 신이며 불운을 가져오는 신이다. 후기 힌두교. 샤니 숭배는 서기 8세기 무렵 인디아 천문학의 발달과 함께 전개되었다. 종종 불운을 막기 위해서 샤니를 달래며, 연꽃에 앉아 있거나 전차를 타고 있는 모습으로 묘사된다.

샤다나나수브라마냐 Shadanana-Subrahmanya

카르티케야*의 형상. 힌두교(푸라나). 머리가 여섯이고 팔이 열둘이다. 전설에 따르면, 불의 신 아그니*가 리시스risis의 여섯 배우자(별의 신들)와 간통을 했기 때문에 자식을 양육해야 해서 머리 여섯 개가 생겨났다고 한다. 카르티케야처럼 보통 공작을 타고 있다.

샤라 Šara

하급 전쟁 신. 메소포타미아(수메르와 바빌로니아-아카드). 주로 우눅(우루크) 북동쪽 도시 움마에서 확인되며 어떤 본문에서는 인안나*(이쉬타르*)의 아들로 나온다.

샤라이투 Šarra Itu

풍산 여신. 메소포타미아(수메르와 바빌로니아-아카드). 원래 도시 슈신Šu-Sin의 수호신이었다. 헬레니즘 시기에 와서 더욱 중요한 여신 사라히투Sarrahitu가 되었고 우루크의 판테온에 들어오며 다양한 숭배 문헌에서 언급된다. '신부'(bride)로 묘사되는 샤라이투는 아마도 성스러운 결혼식과 관련되었을 것이다.

샤라히투 Šarrahitu

샤라이투*를 보라.

샤루마 Šarruma

신. 히타이트와 후르리족. 원래는 히타이트 국가 종교가 채택한 후르리족 신이다. 기후의 신 테슈브*와 그의 배우자 헤바트*의 아들이다. 샤루마의 거룩한 동물은 표범이며 상징물은 도끼이다.

샤르 Šar

새벽의 신. 서셈족(시리아). 보통 저녁의 신 샬림*과 연결되어 있다.

샤마쉬 Šamaš

태양신. 메소포타미아(바빌로니아-아카드). 시파르Sippar와 라르사Larsa의 수호신. 배우자는 어머니 여신 아-아*이다. 샤마쉬는 수메르 판테온의 우투*에서 유래하며 정의와 관련되어 있다. 상징은 태양 원반과 발산하는 태양 광선으로 둘러싸인 별이다. 샤마쉬는 표범 머리로 장식된 칼을 지닐 수 있다. 지성소는 에밥바르E-babbar로 알려져 있다. 인간의 머리를 한 황소와도 관련이 있다. 샤마쉬의 수행 신들로는 메샤루Mešaru(정의)와 케투Kettu(공정)가 있다. 샤마쉬는 서기전 8세기 무렵부터 바빌론 판테온에서 더욱 두드러지게 되었다.

샤우쉬카 Šauška

풍산 여신. 히타이트와 후르리족. 후르리 기원의 샤우쉬카를 히타이트 국가 종교가 채택했다. 전쟁과도 관계가 있으며 특히 치유의 여신으로 유명했다. 두 수행 신을 동반하고 사자와 함께 서 있는 날개 달린 인간의 형상으로 묘사된다. 샤우쉬카의 모습이 상세하게 알려진 것은 히타이트의 왕 하투실리스 2세Hattusilis II의 수호 여신이 되었기 때문이다.

샤이 Šay

운명의 하급 신. 이집트. 온전한 인간의 형상으로 그려진다. 아니Ani 파피루스에는, 심장의 무게를 재는 의례에서, 장례 여신 메스케네트Meskhenet, 셰프세트*, 레네누테트*와 함께 샤이가 현존한다고 언급되어 있다. 그리스-로마 시대에는 뱀 신 아가토스다이몬*과 혼합되었다.

샤카(안) Šakka(n)

가축의 신. 메소포타미아(바빌로니아-아카드). 목자들의 수호신이며 아마도 수메르 신 라하르*에서 유래했을 것이다. 아마칸두Amakandu나 수무칸Sumuqan이라고도 한다.

샤파쉬 Šapaš

태양신. 서셈족(가나안). 메소포타미아(바빌로니아-아카드) 신 샤마쉬*가 모델이다.

샥티 Sakti (에너지)

신의 의인화. 힌두교, 자이나교, 불교. 여성의 형상을 한 효율적인 힘 또는 창조적인 힘. 특정한 맥락에서 샥티는 시바*의 창조적인 힘, 특히 폭력적인 두르가*와 칼리(1)*의 힘과 동일시된다. 샥티는 종종 주요한 신과 똑같은 특징을 지니며 똑같은 상징물을 지니고 있다. 밀교에서는, 시바*의 남근상과 결합하는 여성적 성(sexuality)인 샥티에 의해 반대자들의 일치가 명확히 된다.

샨크파나 Shankpana

역병의 신. 요루바족[나이지리아, 아프리카 서부]. 샹고*의 아들로서 한때 질병으로 나라를 침공했던 전쟁의 신이기도 했다. 샨크파나는 특히 천연두와 동일시된다. 그의 상징은, 금기의 형식을 띠고 집으로 들어오는 누구에게나 질병을 준다는 참깨나무이다. 샨크파나를 달래기 위한 축제가 9월에 열리며 축제 때 동물과 과일을 바친다.

샬라 Šala

전쟁의 여신. 메소포타미아(바빌로니아-아카드). 아다드*의 배우자이며 사자 머리들로 장식된 칼(매이스시미터 mace-scimitar)을 가지고 있다.

샬림 Šalim

저녁의 신. 서셈족(시리아). 보통 여명의 신 샤르*와 관련되어 있다.

샴스 Šams

태양신. 이슬람교 이전의 아라비아. 북쪽에서는 남성이었고 남쪽에서는 여성이었다. 샤마쉬*에서 유래했을 것이다.

샹고 Shango

저승의 폭풍 신. 요루바족[나이지리아, 아프리카 서부]. 땅의 신으로서 샹고는 죽는 인간, 오요Oyo의 왕이었으나, 자기 스스로 죽지 않는 존재로 바뀌었다. 전승에 따르면, 샹고는 살아 있는 동안 불의 혀를 발산했다. 그런 다음 금으로 된 사슬을 타고 하늘로 올라가서 천둥과 번개의 신이 되었다. 샹고는 또한 도둑들과 거짓말쟁이들에게 벌을 내리는 정의의 신이기도 하다. 오야*, 오슌 Oshun, 오바Oba 등이 그의 배우자들이다. 샹고의 추종자들은 적에게 번개를 내리칠 수 있다고 여겨졌다. 사원들 안에 있는 샹고의 상은 숫양 머리로 장식되어 있다. 상고*라고도 한다.

서왕모(西王母) HSI WANG MU

기원 : 도교 (중국). 불로장생의 여신.

숭배 시기 : 선사 시대부터 현재까지.

숭배 중심지 : 중국 전 지역.

참조 예술 : 그림과 조각.

문헌 자료 : 다양한 철학적·종교적 문헌, 대부분 충분히 연구되거나 번역되지 않았다.

중국에서 알려진 가장 오래된 신들 중 하나로, 호랑이 이빨과 꼬리를 지닌 모습으로 묘사되는 역병의 여신에 기원을 두었을 것이다. 도교에서 서왕모는 그 성격이 더욱 자비롭게 되어 인간 세상을 지배하고 장수를 부여하는 신으로 인식되며, 때로는 불사도 제공한다. 서왕모의 집은 곤륜산崑崙山, 또는 그녀가 다섯 선녀의 수행을 받았다는 힌두쿠시에 있다고 한다. 전승에 따르면 서왕모는 서기전 985년 목왕穆王과 서기전 2세기에 한무제漢武帝를 방문했다고 한다.

서왕모는 서쪽의 지배자이며 노년기 계절인 가을과 관련이 있다. 서왕모가 어떤 문헌에서는 거북의 어머니로 나온다. 거북은 우주를 나타내지만 겨울과 죽음을 상징하는 음울한 전사이기도 하다. 서왕모의 거룩한 동물은 장수를 상징하는 학이다. 학은 종종 장례식에도 사용된다. 서왕모는 신비한 불사조로 나타난다고도 한다.

세늑스 Senx

태양신. 벨라쿨라 인디언[캐나다 브리티시컬럼비아]. 신들의 집 누스메타 Nusmeta(신화의 집)가 있는 낮은 하늘 소늑스 Sonx의 지배자이다. 벨라쿨라 인디언들이 기도하고 봉헌물을 바치는 유일한 신이다. 사냥꾼들은 산양의 고기조각이나 바다표범 고기를 희생제 불에 던졌다. 타아타 Ta'ata(우리 아버지) 또는 스마이야킬라 Smi'yakila(거룩한 분)라고도 한다.

세드나 Sedna

바다 여신. 에스키모[배핀섬 Baffin Land]. 바다의 모든 생물의 어머니이며 어부들이 이 여신에게 기원했다.

세르케트(헤티트) Serket(-hetyt)

영안실의 여신. 서기전 3000년대 중기부터 알려졌고 전갈의 모습으로 왕권을 보호한다. 세르케트는 침을 올린 전갈 머리 장식을 한 인간 형상으로 묘사된다. 피라미드 본문에서는 전갈 신 네헤부카우*의 어머니로 나온다. 영안실의 여신으로서 세르케트는 죽은 사람들의 내장을 담은 그릇을 보호하는 책임을 진다. 세르케트는 전갈 침의 영향에서 벗어나게 해주는 것과 거리가 있지만, 다른 독성의 공격으로부터는 보호해준다고 여겨졌다. 셀키스 Selkis라고도 한다.

세멜레 Semele (땅)

어머니 여신. 그리스-로마의 신이지만 트라키아 또는 프리지아에 기원을 두었을 가능성이 크다. 전설에 따르면 세멜레는 카드모스의 죽을 운명을 가진 딸이었고, 제우스*(유피테르*)와 간통 후에 디오니소스*(바쿠스*)의 어머니가 되었다. 세멜레는 올림포스에서 신적 형상을 한 제우스의 존재를 견딜 수 없어서 불에 타 죽었으나, 그 뒤 제우스가 신으로 만들어주었다.

세비티 Sebitti

하급 전쟁 신 집단. 메소포타미아(바빌로니아-아카드). 전쟁 신 에라*를 따라 전투에 참여하는 신 아누(1)*의 자식들. 이들이 다른 전승에서는 선하거나 악한 영향을 끼친다. 그리스 전승에서는 플레이아데스Pleiades가 된다.

세사(나가) Sesa(naga) (나머지)

뱀 신. 힌두교(베다, 서사시와 푸라나). 태초의 바다에 누워서 세상을 감싸고 있는 거대한 뱀이다. 카시야파*와 카드루*의 아들이다. 머리가 여럿 달린 비슈누*의 수행 신이며, 비슈누는 우주의 순환주기 사이에 휴식하기 위해 뱀들을 침상으로 사용한다. 세사나가의 많은 두건들은 비슈누를 가리고 보호한다. 전문적인 신의 기능을 하는 것은 아니지만 문학에서는 신에 포함될 만큼 중요하다. 아디세사Adisesa 또는 아난타*라고도 한다.

세샤트 Sešat

도서관과 글쓰기의 여신. 이집트. 서기전 2500년 무렵이나 그 이전부터 서기 400년 무렵 이집트 역사 끝까지 알려졌다. 머리 위에 일곱 방향으로 난 별이나 장미 문양을 지니고 있는 의인화한 형상으로 묘사된다. 가끔 지팡이 끝과 활 모양의 물체 아래에 있는 모습으로 그려진다. 초기의 세샤트는 지성소 부지를 측량하기 위해 '줄을 펴는'(stretching the cord) 의례와 연결되었다. 이 의례 중에 왕은 지성소의 기반을 재기 전에 땅에 경계 기둥을 박았다. 서기로서의 세샤트는 외국인 포로들과 그들의 공물 목록을 기록했다. 상이집트 카르나크와 덴다라에서는 새김눈이 있는 야자수 줄기에 왕의 기념일들을 기록했다. 세프케트-아브위*를 보라.

세세 Sese

저승의 여신. 웅반디족(자이르, 중앙아프리카). 매일 해가 뜰 무렵 기도를 받는 일곱 신 중 하나.

세아카틀 Ce Acatl
하급 창조신. 아스텍(고대 메소아메리카)[멕시코]. 케찰코아틀*로 분류된 집단의 일원이다. 아카틀Acatl이라고도 한다.

세욘 Seyon (붉은 자)
창조신. 드라비다족(타밀)[스리랑카, 인디아 남부]. 특히 인디아 남부에서 구릉 지역들과 관련된 초기의 신이다. 나무에 산다고 여겨진다. 무루가Muruga라고도 한다.

세위오소 Xewioso
천둥의 신. 에웨족[베냉, 아프리카 서부]. 도끼와 함께 있는 숫양으로 묘사되며, 비를 동반하는 천둥과 번개의 풍산 신으로 인식되기도 한다.

세쿠리타 Securita
수호 여신. 로마. 로마제국의 지속적인 안정을 위해 이 여신에게 기원했다.

세쿠아나 Sequana
강의 여신. 로마노-켈트(갈리아). 세쿠아나이Sequanae 부족의 수호 여신. 센Seine 강 발원지 근처 디종Dijon 북서쪽에 있는 로마 시대 이전의 지성소에서 200개 이상의 작은 조각품들이 나왔다. 사지들과 머리들과 신체조직 모형들은 치유의 여신으로서의 세쿠아나의 중요성을 입증한다. 로마 점령기 동안에도 샘들이 세쿠아나에게 봉헌되었고 치유와 치료의 장소로 여겨지게 되었다. 배에 서서 팔을 벌리고 왕관을 쓴 이 여신의 작은 청동 상이 발견되었다. 뱃머리는 세쿠아나의 성스런 동물인 오리 모양이며, 입에는 케이크가 있다. 비록 그리스-로마의 의사 신 아이스쿨라피우스*와 유사성이 있긴 하지만, 특히 치유와 관련이 있는 동물인 개들의 모형들도 발견되었다.

세크헤트호르 Sekhet-Hor

암소의 여신. 하이집트. 호루스*의 유모이며 특히 가축의 안전을 위해서 불려진다.

세타 Seta

풍산 여신. 수크족Suk과 포코트족Pokot[우간다, 케냐 서부, 아프리카 동부]. 플레이아데스로 구체화한 창조신 토로루트*의 배우자. 비의 신 일라트*와 달의 여신 아라와*, 금성의 신 토포*들이 세타의 자녀들이다. 밤하늘에 플레이아데스가 출현하면 파종기가 왔음을 나타낸다.

세트 SETH

기원: 이집트. 혼돈과 역경의 신.

숭배 시기: 서기전 3000년 무렵이나 그 이전부터 서기 400년 무렵 이집트 역사 끝까지.

별칭: 세트Set, 세테크Setekh, 세테쉬Seteš, 수테크Sutekh, 수티Suty.

숭배 중심지: 옴보스-나카다Ombos-Naqada에 있는 상이집트 지성소에서 주로 숭배했지만, 나일 삼각주 북동쪽 하이집트에서도 숭배했다.

참조 예술: 조각, 부조, 벽화 등.

문헌 자료: 피라미드 본문, 관상 본문들, 〈사자의 서 Book of the Dead〉 등.

세트는 보통 적개심과 폭력을 나타내는 신이지만 무척 존중을 받기도 했다. 세트의 부모는 게브*와 누트*이며, 이시스*와 오시리스*, 때로 배우자로 나타나는 네프티스*는 그의 동기이다. 세트는 아나트*와 아스타르테*를 포함한 셈족의 전쟁 여신들과 관련이 있다. 전설은 세트가 어머니의 자궁을 폭력적으로 찢어서 떠났다고 한다. 그는 곤두선 귀와 길게 구부러진 주둥이를 가진 땅돼지와 비슷한 동물 머리를 한 인간 형상으로 묘사된다. 어떤 생물과도 유사한 점이 없지만 꼬리는 완고하게 선 짐승의 모습으로 그려지기도 한다. 세트를 상징하는 다른 동물들로는 오릭스, 돼지, 멧돼지 및 강을 어지럽히는 하마 등이다. 세트는 또한 악어로 표현되기도 한다. (게브*를 보라.)

제2왕조 시대, 서기전 3000년대 중반 언젠가 호루스*와 관련을 맺었던 이집트 왕들의 전통이 단절되는 시기가 있었다. 그에 따라 호루스의 매 상징은 세트의 상징으로 대치되었다. 몇몇 이집트 통치자들은 가까이서 세트를 숭배했다. 예를 들어 제18왕조의 투트모시스 3세는 자신을 '세트의 연인'이라 칭했다.

피라미드 본문에 처음 기록된 오시리스 전설과 후에 대중화되고 그리스 작가 플루타르코스Plutarchos가 윤색한 전설에서 세트는 자기 형제 오시리스의 질투심 많은 적대자이다. (오시리스*를 보라.) 나중에 세트는 오시리스의 아들인 매의 신 호루스와 80년 동안 전쟁을 벌였다. (호루스*를 보라.) 이 기간 동안에 태양신이 그를 선호했다는 암시는 남아 있다. 그러나 강압적인 다툼으로 두 이집트 왕국의 정당한 군주인 호루스에게 승리가 넘어가는 결과를 낳았다. 다른 신화는 지하세계의 영원히 적대적인 뱀 아포피스Apophis가 세트를 삼키려는 순간, 호루스가 태양신 레*의 보호를 받았다고 한다. 〈사자의 서〉는 세트를 폭풍우와 천둥을 관장하는 '북쪽 하늘의 주인'이라고 설명한다.

람세스 2세는 히타이트와의 조약에서 세트가 히타이트 폭풍 신 테슈브*와 합병되었음을 암시한다.

세프케트아브위 Sefkhet-Abwy (뿔 일곱 개를 가진 여신)
도서관과 저술의 여신. 이집트. 아마도 여신 세샤트*의 한 형태일 것이다. 머리에 일곱 방향으로 난 별이나 장미 장식을 하고 활 모양의 물체 아래에 있는 모습의 인간 형상으로 그려진다.

센둡 gSan Sgrub
신. 본족과 라마교[티베트]. 원래 라마교에서 야마*의 이형異形으로 혼합된 본족의 신이다. 그의 동물은 황소이고, 황소 머리를 한 모습으로 나타날 수 있다. 색깔은 빨간색. 상징은 컵, 칼, 기도바퀴.

센뒤 San-Dui
수호신. 라마 불교[티베트]. 개인적 수호신들로 선택된 라마교 수호신 집단의 일원. 색깔은 푸른색. 상징은 종, 보석, 연꽃, 기도바퀴, 왕의 덫, 지팡이, 무기. 눈과 머리가 셋이다.

센랍 gShen-Rab

최고신. 라마교 이전의 본족[티베트]. 고대 종교에서 센랍은 멀리 떨어져 있는 신이며 창조신으로는 거의 정의되지 않았다. 상징은 연꽃과 만자(卍) 무늬.

센테오시우아틀 Centeocihuatl

옥수수 여신. 아스텍(고대 메소아메리카)[멕시코]. 이달고 Hidalgo의 툴라 Tula를 비롯해 여러 곳에서 이 신을 표현하고 있다. 보르지아 Borgia 사본과 코스피 Cospi 사본, 페헤르바리-마이에르 Fejervary-Mayer 사본에 따르면 센테오시우아틀은 신전의 신 넷 중 하나이기도 하다. 센테오틀 Centeotl이라고도 한다.

센하와카 gShen-Lha-Odkhar

빛의 신. 라마교 이전의 본족[티베트]. 고대 종교에서 센하와카는 창조신이며 그로부터 다른 모든 신들이 생겨났다. 라마교에서는 지혜의 신으로 변화되었다.

셀라르디 Selardi

달의 신. 우라티아 Uratia[아르메니아]. 메소포타미아의 신인 신*과 유사하다.

셀레네 Selene (빛나는)

달의 여신. 그리스. 히페리온*의 딸이며 태양신 헬리오스*의 누이이다. 마술사들의 수호신이며 두 마리 말이 끄는 전차를 탄다. 전설에 따르면 셀레네는 잠자는 엔디미온 Endymion과 사랑에 빠졌다고 한다. 셀레네는 헤카테*와 광범위하게 혼합되었고 로마 문화에서는 여신 루나*와 동일시된다.

셈노코수스 Semnocosus

전쟁의 신. 로마노-이베리아. 때로 포로들을 이 신에게 바친 로마의 군대들에

국부적으로 인기가 있었다.

셰드 Šed

수호신. 이집트. 개인적인 신으로 인기가 있었으며 종종 수호 부적에서 확인되었다.

셰리다 Šerida

어머니 여신. 메소포타미아(수메르). 아카드 판테온에서는 아야*로 알려지게 되었다.

셰스메테트 Šesmetet

이집트 여신. 사크메트*를 보라.

셰즈무 Šezmu

포도주와 기름을 짜는 하급 신. 이집트. 서기전 3000년 무렵부터 서기 400년 무렵 이집트 역사 끝까지. 후대의 도상학에서는 셰즈무가 사자의 형상으로 묘사되지만 인간 형상으로 그려지는 것이 더 일반적이다. 나일 계곡의 무척 비옥한 지대인 파이윰에서 숭배했던 것이 확실하지만, 아마도 대부분의 지성소들, 특히 의례용 연고를 만들고 보관했던 지성소들에서 숭배했을 것이다. 셰즈무는 자비로우면서도 악의 있는 역할을 하는 것으로 인식되었다. 악의 있는 역할을 할 때에는 인간의 머리를 포도처럼 짜버린다는 평판을 얻었지만, 자비로울 때에는 향기로운 기름과 연고를 준다.

셰프세트 Šepset

지역의 장례 여신. 이집트. 멤피스에서 주로 알려졌다. 심장의 무게를 재는 의례에서 수행 신으로 나타난다.

소 So
기후의 신. 에웨족과 후아족Hua[토고, 가나 남동부, 아프리카 서부]. 소그블렌*과 소드자*의 특성이 합쳐서 발현된 신이다.

소그보 Sogbo
폭풍 신. 폰족[베냉, 아프리카 서부]. 리사*와 마우*의 형제로 천둥과 번개를 관장하며 불과 비의 신이다.

소그블렌 Sogblen
사자使者의 신. 에웨족과 후아족[토고, 가나 남동부, 아프리카 서부]. 높은 신들에게 열성 신자들의 기도를 전달해주고, 축복이나 형벌을 가지고 돌아온다고 한다. 일반적으로 풍부한 곡식과 자녀들을 가져오는 자비로운 신으로 알려졌다. 매년 축제 때 흰 양을 제물로 바치며 소그블렌을 달랬다.

소다시 Sodasi (열여섯 살 소녀)
하급 여신. 힌두교(서사시와 푸라나). 시바*의 샥티*가 의인화한 마하비디야* 집단의 일원이다. 디비야라트리Divyaratri도 소다시의 상 중 하나다.

소드자 Sodza
하늘 신. 에웨족[토고, 아프리카 서부]. 해마다 열리는 축제에서 마와 흰 양을 봉헌해서 소드자의 비위를 맞추려고 했다. 소드자의 사제들은 매주 비를 보내달라고 기도한다. 사제들은 하얀 예복을 입는다.

소레구스 Sore-Gus
하늘 신. 호텐토트족Hottentot[남아프리카 나미비아]. 황금 숫양의 형상으로 구체화한 태양신으로 길고 푹신한 털을 가지고 있다.

소르스 Sors

행운의 신. 로마. 그리스의 티케*에서 유래했으며, 판테온에서는 여신 포르투나*보다 덜 두드러졌다.

소마 Soma (본질)

하급 신. 힌두교(베다, 서사시와 푸라나). 성스런 노란 음료 소마의 신격화. 수리야(2)*의 배우자이기도 하다. 후기 힌두교에서는 북쪽 방향의 수호신으로 여겨지며, 인드라*에 응답하는 바수* 신들 집단의 일원이기도 하다. 상징은 갈고리, 연꽃, 기도바퀴. 찬드라*를 보라.

소마스칸다 Somaskanda

신. 힌두교(서사시와 푸라나). 시바*의 모습. 기원이 불분명하나, 시바와 그의 배우자 우마*(파르바티*)와 아들 스칸다*를 함께 표현하는 것일 수 있다. 팔이 넷이다. 시바의 상징은 도끼, 시체, 손도끼이고 우마의 상징은 연꽃, 스칸다의 상징은 책, 머리 장식, 망고 열매, 장신구이다.

소베크 Sobek (사나운 존재)

파라오의 힘을 나타내는 신. 이집트. 사이스의 창조 여신 네이트*의 아들이라고 전해진다. 소베크는 깃털이 있는 머리 장식을 한 악어이면서 부분적으로 인간인 모습으로 묘사된다. 악어 이미지는 순식간에 공격하고 죽일 수 있는 능력을 암시한다. 나일 계곡 주변의 넓은 지역에서 소베크 숭배가 이루어졌지만, 특히 비옥한 파이윰 지역에서 성행했다. 소베크에게 봉헌된 상이집트 아스완 근처의 한 지성소는, 그가 하토르*의 배우자이며 콘수의 아버지임을 확인시켜 준다. 그리스어로 수코스Suchos라고도 한다.

소울루이 Soului

식물 신. 후아족[가나 남동부, 아프리카 서부]. 풍작과 부를 선사하는 자비로운 신. 소울루이는 또한 의술과 음악의 신이기도 하다. 신자들은 하얀 옷을 입고 얼굴에 하얀 분칠을 한다. 상징은 조개껍데기이다.

소천낭랑(扫天娘娘) Sao Ching Niang Niang
어머니 여신. 중국. 수호 역할을 하는 아홉 여신들 중 하나이다. 비구름이 곡식을 잠기게 하려고 위협할 때 이를 물리친다.

소츠 Zotz
수호신. 마야(소칠Zotzil 인디언, 메소아메리카)[과테말라]. 박쥐의 형상으로 나타난다.

소치케찰 Xochiquetzal
풍요와 분만의 여신. 아스텍(고대 메소아메리카)[멕시코]. 배우자가 필친테쿠틀리 Piltzintecuhtli인 이름 없는 반신반인半神半人의 어머니이며 옥소모코Oxomoco와 시팍토날*을 낳았다. 테테오이난*으로 분류된 집단의 일원이다. 아스텍 여성들 사이에서 인기를 누렸던 신이며, 특히 다산을 기원하며 이 여신에게 빌었다. 신부는 자기 머리를 땋아서 틀어 올리며, 소치케찰에게 거룩한 케찰Quetzal 새의 깃털 두 개를 남긴다. 도기로 만든 작은 상들은 깃털로 장식했다. 이달고의 툴라를 포함한 여러 곳에서 소치케찰을 숭배했다. 직공들의 수호 여신이기도 하다.

소치케찰이츠푸츠틀리 Xochiquetzal-Ichpuchtli (소녀)
하급 풍요 신. 아스텍(고대 메소아메리카)[멕시코]. 테테오이난*으로 분류된 집단의 일원이다. 성적 사랑과 꽃 및 쾌락과 관련된 젊은 신으로 묘사된다.

소카르 Sokar
지하세계의 저승 신. 이집트. 멤피스 공동묘지의 수호신이며 풍요와 관련이 있을 수 있고, 오시리스*와 강하게 연결되어 있으며 죽음에서 부활한 신으로 인식된다. 소카르는 또한 구왕국 시대에(서기전 4500년 무렵) 멤피스의 창조신 프타*와 혼합되었고, 아마도 그곳에서 매장 장식물 제조업과 관련된 다양한 기술의 신으로 시작되었을 것이다. 소카르는 배 위에 있는 매의 형상이나, 매의 머리에 정교한 아테프atef 관을 쓴 인간 형상으로 묘사된다. (오시리스*를 보라.) 소카르는 테베에서 주로 숭배를 받았고, 그곳에서 거룩한 왕권이 지속되길 기원하는 축제에서 매년 정교한 범선으로 옮겨졌다. 그리스어로 소카리스Sokaris 라고 한다.

소코 Soko

하늘 신. 누페족Nupe[나이지리아, 아프리카 서부]. 소코라는 이름은, 곡물의 성장을 촉진하는 우기가 시작되는 무렵의 어두운 하늘과 특별한 관련이 있다.

소티스 Sothis [그리스]

별의 여신. 이집트. 소티스는 7월 새벽하늘에서 떠오르는 별 시리우스Sirius가 의인화한 신으로 나일 강의 범람을 알려준다. 소티스는, 별이 얹혀 있는 하얀 하이집트 원뿔형 관을 쓴 나체 모습으로 묘사된다. 이집트 역사 후기에는 이시스*와 광범위하게 혼합되었다. 소프데트Sopdet라고도 한다.

소페두 Sopedu

수호신. 이집트. 동쪽 경계를 수호하는 신이며, 보통 매나 긴 깃털이 달린 머리 장식을 한 베두인Bedouin 사람으로 묘사된다. 나일 삼각주의 사프트 엘헨나Saft el-Henna에서 주로 숭배했다. 소페두는 피라미드 문서에서 매의 신 호루스*와 연결되어 있다.

소피아 SOPHIA (지혜)

기원 : 그리스. 영지주의 그리스도교인들이 채택한 원리. 우주에 있는 태초의 여성적 힘.

숭배 시기 : 첫 숭배 시기를 알 수 없으며 서기 400년 무렵까지 숭배했다.

별칭 : 피스티스소피아Pistis Sophia.

숭배 중심지 : 초기 그리스도교 영향을 받은 지역 내 정체불명의 작은 수도원들.

참조 예술 : 없음.

문헌 자료 : 플라톤 및 다른 그리스 철학자들, 나그 함마디 사본들.

유대교와 고대 서아시아 및 그리스의 철학적 요소들을 혼합했던 영지주의 그리스도교 저자들에 따르면, 소피아는 우주가 형성되기 전에 피스티스(신앙)에서 내려왔다. 소피아는 피스티스와 유사하게 묘사되며 태초의 빛의 요소인 듯 보인다. 소피아는 불사의 존재들인 아르콘*과 인간 사이에서 중재자 또는 '장막'으로 활동한다. 그리고 카오스*가 되는 태초의 '그림자'에게 도전하기도 한다. 나그 함마디 문서 〈세상의 기원에 대하여 On the Origin of the World〉에서, 피스티스 소피아는 일곱의 남녀 양성적 존재들의 아버지 또는 '첫 부모'인 얄다바오트*를 낳았다고 하며, 이 양성적 존재들은 근원적 권위와의 유사성을 영원히 지속하기 위하여 근원적 권위로 가장하여 하늘들을 다스린다고 한다.

소호도[야마다노소호도 山田之曾富騰] Sohodo-No-Kami (쿠에비코[久延毘古]의 별명)

허수아비들의 신. 신도[일본]. 일본 농부들이 만든 진짜 허수아비가 신격화한 것으로 카가시[案山子(かかし)]로 알려졌다. 전통적으로 갈대로 만들며 둥그런 농부 모자를 쓰고 있다. 문헌에는 '비록 다리로 걸을 수 없지만 하늘 아래의 모든 것을 알고 있다'고 나와 있다.

손오공(孫悟空) Sun Wu-Kong

원숭이 신. 중국. 바람을 통해 돌에서 태어났다. 인간에게 다양한 솜씨와 기술을 제공한다. 전승에 따르면 불사의 열매를 발견하고 먹어버렸다고 한다.

솔 Sol(1)

태양신. 로마. 온전한 이름은 '고유의 태양'을 의미하는 솔인디게스Sol Indiges로 알려졌다. 이 이름은 순전히 로마의 토속적 명칭임을 암시하기는 하지만, 더 오랜 고대에 기원을 두는 신이라는 추론들도 있다. 솔을 빛나는 모습으로 묘사한 이탈리아 남부의 동전들은 서기전 200년 무렵까지 거슬러가지만, 이 신은 특히 공화정 시대에 와서 두드러진 모습을 보인다. 솔 축제는 해마다 8월 9일 열렸다. 네로는 로마에 거대한 자기 석상을 솔처럼 세웠고, 아우렐리우스는 보호자 유피테르(Jupiter Conservator)가 정복되지 않은 태양 솔(Sol Invictus)에게 자리를 내주었을 때 솔을 로마 판테온의 최고신으로 올렸다. 솔은 때로 새벽의 여신 아우로라*와 연결되기도 한다.

솔로틀 Xolotl (괴물)

괴물 같은 신. 아스텍(고대 메소아메리카)[멕시코]. 신들이 인간을 창조하기 위해서 자신들을 희생했을 때 솔로틀은 사형집행자의 역할을 수행했다. 그리고 그 후에 자기 자신을 희생했다. 솔로틀이 자신의 운명을 피하려고 시도했다가 에카틀케찰코아틀*에게 처형당했다는 다른 전승도 있다. 시우테쿠틀리*로 분류된 집단에 속하는 한 쌍둥이 중 하나이며, 공으로 하는 경기의 수호자로 여겨진다.

솔로틀나나우아틀 Xolotl Nanahuatl (소문)

괴물 같은 신. 아스텍(고대 메소아메리카)[멕시코]. 시우테쿠틀리*로 분류된 집단의 일원이며 솔로틀*의 쌍둥이이자, 공으로 하는 경기의 공동 수호자로 묘사된다.

솜누스 Somnus

하급 잠의 여신. 로마. 솜누스는 그리스 신 휘프노스*와 동일시된다. 전설에 따르면 솜누스는 밤의 여신 닉스*의 두 아들 중 하나이며 레테 강 옆 외딴 동굴에서 살아간다. 오비디우스가 묘사한 솜누스는 검은 옷을 입었다. 그러나 별이 흩뿌려진 긴 옷에, 양귀비 관을 쓰고, 아편 음료가 담긴 술잔을 들고 있다. 솜누스의 수행 신 모르페우스*는 꿈과 악몽의 영들을 감독한다. 솜누스의 상을 죽음의 신 모르스*의 상과 함께 배치했던 라케다이모니아인들의 예술품 때문에 유명해졌다.

솜투스 Somtus

하르솜투스*를 보라.

송자낭랑(送子娘娘) San Chou Niang Niang

어머니 여신. 중국. 송宋나라(960~1279) 때 관음*의 대중성과 싸우기 위해 처음 신격화되었다. 전승에 따르면 신들의 고향인 신비의 세 섬 '축복의 섬들'을 다스린다. 황제 신분을 상징화하는 노란 옷을 입은 모습으로 묘사되며 홀笏을 들고 있다. 미묘한 웃음을 띠고 있다.

숌데 Shomde

지역의 창조신. 카피르족[아프가니스탄]. 힌두쿠시 남부의 여러 마을에서 알려졌다. 숌데는 일반적으로 더욱 인지도가 높은 신 이므라*와 동등하거나 이므라보다 더 높은 신으로 여겨진다. 추종자들에 따르면, 숌데는 금과 은과 비단과 버터, 치즈, 크림, 밀가루 등을 제공한다고 한다. 주요 지성소는 아마도 데와 마을에 있었을 것이다. 다양한 목상들 중에서 숌데는 인간 형상으로 묘사된다.

수그리바 Sugriva (아름답고 강한 목)

원숭이 신. 힌두교. 태양신의 아들이며 원숭이 군대의 지도자로 서사시 전승에 따르면 라마*를 도왔다고 한다.

수노인(壽老人) Shou Lao

장수의 신. 중국. 인간의 수명을 늘려주는 별의 신[壽星]에서 기원한다. 남극노인南極老人이라고도 한다. 거룩한 동물은 장수를 상징하는 학이다.

수두르자야 Sudurjaya (난승지 難勝地)

하급 여신. 금강승불교. 보살이 통과하는 신격화된 영적 영역들(부미*) 중 하나. 색깔은 노란색. 상징은 에메랄드와 지팡이.

수드렘 Sudrem

기후의 신. 카피르족[아프가니스탄 힌두쿠시]. 별로 알려지지 않은 신이다. 최고신 이므라*의 호흡에서 창조되었다. 노간주나무 가지에서 태어났다는 이야기도 있다. 부인은 여신 난기우트르이며, 풍산 여신 디사나*의 아버지이기도 하다. 수드렘은 하늘까지 닿는 뿔을 가진 거대한 황금 사슴으로 묘사된다. 비와 관련된 신인 수드렘은 거룩한 호수 수르 Sudrem Sur에서 산다. 모든 야생동물들은 생존하기 위해서 한 번은 꼭 그곳의 물을 마셔야만 한다. 수줌 Sujum, 수다람 Sudaram, 사타람 Sataram이라고도 한다.

수라 Sura (포도주)

포도주의 여신. 힌두교. 끔찍한 외양을 하고 배우자가 없는 것으로 알려졌다. 눈이 셋이다.

수라크시니 Suraksini

하급 여신. 대승불교. 붓다카팔라*의 수행 신.

수랑가마 Surangama (밝게 채색된)

신. 대승불교. 보살. 색깔은 하얀색. 상징은 무기.

수레스바라 Suresvara (신들의 주)

신. 힌두교(서사시와 푸라나). 에카다사루드라*(열한 루드라) 중 하나. 상징은 화살, 도끼, 종, 활, 사발, 곤봉, 북, 갈고리, 쇠지팡이, 기도바퀴, 삼지창.

수르바르나바드라비말라라뜨나쁘라바사 Survarnabhadravimalaratna prabhasa (밝고 순수한 보석의 광채)

의사 신. 라마 불교[티베트]. 의사 부처들 또는 맨라* 중 하나이다. 귓불을 늘인 모습이 전형적이다. 색깔은 누르스름한 하얀색.

수리야(1) SURYA(1)

기원 : 힌두교 (베다. 서사시와 푸라나) [인디아]. 태양신.

숭배 시기 : 서기전 1700년 무렵부터 현재까지.

별칭 : 디아카라Diakara (낮을 창조한 자), 그라하파티Grahapati (행성들의 왕), 수리야나라야나 Surya(Narayana).

숭배 중심지 : 오리사 코나르크Konark에 있는 '검은 탑' 사원.

참조 예술 : '검은 탑'에 성애적 부조를 포함해, 서기 600년 무렵부터 나온 조각들. 보통 청동 조각들이지만 돌로 된 것들도 있다.

문헌 자료 : 〈리그베다〉와 다른 베다 문헌들, 서사시와 푸라나 문헌들.

베다에서 수리야는 탁월한 존재이다. 하늘의 태양과 우주적 질서가 의인화한 존재일 뿐만 아니라, 영원한 지식의 원천이기도 하다. 수리야는 이란에서 도입되어 온 신으로 여겨지며, 태양신들의 집단인 아디티야*의 수장이다. 디야우스*와 아디티*의 아들이며, 배우자들로는 락슈미*와 차야*, 산즈나* 등이 있다. 마누*와 레반타*, 야마*와 야무나*가 모두 수리야의 자식들이다. 태양 여신 또한 수리야로 이름이 같다.

수리야는 서 있거나 앉은 모습으로 묘사되며, 때로 말 일곱 필이 하늘로 끄는 바퀴가 하나 달린 전차를 운전한다. 팔이 넷이다. 인디아 북부에서는 보통 무릎까지 오는 신발을 신고 있는 모습으로 나온다. 남부에서는 맨발이다. 상징은 곤봉, 소라, 칼, 두 연꽃, 기도바퀴, 사자가 있는 지팡이, 삼지창, 전쟁용 북. 눈이 셋일 수 있다.

수리야(2) Surya(2)

태양 여신. 힌두교(베다, 서사시와 푸라나). 태양신 수리야의 딸이다. 전설에 따르면 모든 신들의 유혹을 받았으나, 결국 쌍둥이 신들인 아스빈스*가 수리야를 얻었으며 그들과 함께 전차에 함께 탄다. 소마*와 푸산*이 수리야의 배우자들이라고 설명하는 다른 전설들도 있다. 수리야는 우주의 본질이다. 사비트르Savitr라고도 한다.

수마티 Sumati (매우 현명한)

신격화한 문헌. 불교. 다라니*들 중 하나. 색깔은 노란색. 상징은 벼 이삭, 지팽이.

수말리니 Sumalini (좋은 화환을 쓴)
하급 여신. 대승불교. 붓다카팔라*의 수행 신.

수바가 Subhaga
하급 여신. 대승불교. 붓다카팔라*의 수행 신.

수바드라 Subhadra (아주 빛나는)
여신. 힌두교(서사시와 푸라나). 바수데바*의 딸이자 크리슈나*의 누이. 자간나
트* 옆에 서 있는 모습으로 나타날 수 있다.

수바메칼라 Subhamekhala (멋진 허리띠를 지닌)
하급 여신. 대승불교. 붓다카팔라*의 수행 신.

수브라마냐 Subrahmanya
하급 전쟁 신. 힌두교(서사시와 푸라나). 카르티케야*의 형상으로 머리가 여섯이
고 팔이 열둘이다. 샤다나나수브라마냐*라고도 한다. 스칸다*도 보라.

수빠리끼르띠따나마스리 Suparikirtitanamasri (복된 이름과 함께 있는 주)
의사 신. 라마 불교[티베트]. 의사 부처들 또는 맨라* 중 하나이다. 귓불을 늘인
모습이 전형적이다. 색깔은 노란색.

수시나크 Susinak
지역 신. 엘람족[이란]. 수사Susa의 수호신.

수이진 [水神] Suijin
물의 신들을 일컫는 집단적 이름. 신도[일본]. 이 신들은 관개수로, 호수, 연못

등지에서 숭배를 받는다. 뱀, 뱀장어, 물고기 등으로 묘사되며 특히 여성들이 경배한다. 이들의 우두머리는 미즈하노메*이다.

수카라시야 Sukarasya (암컷의 얼굴)
하급 여신. 불교.

수켈로스 SUCELLOS (훌륭한 사수)
기원: 로마노-켈트 (갈리아).

숭배 시기: 선사 시대부터 서기 400년 무렵 그리스도교 시기까지.

별칭: 수켈루스 Sucellus.

숭배 중심지: 다양하다.

참조 예술: 청동 조각, 돌조각, 부조.

문헌 자료: 봉헌 비문들.

수켈로스는 손잡이가 긴 망치, 그리고 아일랜드계 켈트족 신 다그다*의 솥과 같다고 여겨지는 컵 또는 접시를 들고 있다. 수켈로스는 주로 론Rhone 강과 손Saone 강 계곡에서 주로 알려졌으며 예술품과 봉헌 비문에는 종종 강의 여신 난토수엘타*와 짝을 이루고 있다. 적어도 두 곳, 라인 강 하류 운터제바흐 Unterseebach와 루마니아의 바르헬리Varhely에서 수켈로스는 까마귀와 (지하세계의 수호자 케르베루스Cerberus를 암시하는) 머리 셋 달린 개를 동반하여 장례식과 관련이 있음을 보여준다. 수켈로스는 삼림지대의 신 실바누스*와도 관련이 있어서 풍요를 암시하며, 프랑스에서는 치유 및 회춘의 힘을 암시하는 샘물, 개, 뱀 등과 연결되어 있다. (일반적으로 개들은 죽음보다는 치유의 신 아이스쿨라피우스*와 연결되어 있다.)

수코나 Souconna
강의 여신. 로마노-켈트(갈리아). 손 강의 수호자이다. 주로 샬롱Chalon의 비문에서 알려졌다.

수쿠 Suku

창조신. 오빔분두족Ovimbundu[앙골라 중부, 아프리카 서부]. 수쿠는 하늘과 강과 산과 땅 위의 사람들을 창조했다.

수쿠나히코나 [少彦名神] Sukuna-Hikona

치유의 신. 신도[일본]. 오쿠니누시노미코토*와 함께 야생동물, 뱀, 곤충 등으로부터 보호하는 수단과 질병을 치유하는 방법을 만들었다. 바다와 땅의 상인들의 수호신으로 숭배받기도 한다. 소통의 신이며, 일본 제국 시대에는 정복지의 절과 신사에 모셔지기도 했다. 불교에서는 야쿠시보사츠[藥師菩薩]로 숭배받는다.

수크라 Sukra (밝은)

별의 신. 힌두교(서사시와 푸라나). 의인화한 샛별이며 악신들의 교사이다. 자기의 수행 신 카차를 삼키고 다시 살려놓았기 때문에 때로 여신으로 나타나기도 한다. 색깔은 하얀색. 말 여덟 필이나 열 필이 끄는 황금 마차나 은 마차에 타고 있다. 상징은 책, 기도바퀴, 지갑, 지팡이, 보물, 물병.

수크스마 Suksma (아주 작은)

시바*의 모습들로 여겨지는 '지식의 주인들'(비디에스바라*) 중 하나. 상징은 손도끼와 삼지창.

수클라타라 Sukla-Tara

여신. 대승불교. 디야니붓다* 중 하나이며 '하얀 타라*'와 구별할 수 없는 존재로 여겨진다. (타라*를 보라.) 색깔은 하얀색.

수파르나쿠마라 Suparnakumara

신. 자이나교[인디아]. 바바나바시*(장소에 거주)라는 일반 명칭으로 불리는 집단의 일원. 이들은 젊은 외양을 하고 있다.

순다라 Sundara (매력적인)
1. 여신. 힌두교(푸라나). 순조로운 시바*의 모습.
2. 하급 여신. 대승불교. 붓다카팔라*의 수행 신.

술레비아이 Suleviae
통행의 여신. 로마노-켈트(갈리아). 교차로와 관련이 있는 여신들을 일컫는 집단적 이름.

술리니 Sulini
하급 여신. 힌두교. 끔찍한 외양을 하고 있다. 동물은 사자. 상징은 삼지창.

술리스 Sulis
지하세계 저승 여신. 로마노-켈트. 지식 및 예언과도 관련이 있는 신이다. 영국 배스의 온천수의 수호 여신이며, 로마의 여신 미네르바*와 밀접한 관련이 있다.

숨마무스 Summamus
폭풍 신. 에트루리아. 특히 번개 및 벼락과 관련이 있다. 로마에서 한 신전이 이 신에게 봉헌되었다.

숨바 Sumbha
여신. 불교. 밑바닥 방향의 수호 여신. 숨바의 대응 남신은 숨바라자*이다. 색깔은 푸른색. 상징은 뱀 올가미.

숨바라자 Sumbharaja
신. 불교. 밑바닥 방향의 수호신. 색깔은 푸른색. 상징은 보석, 연꽃, 지팡이, 무기. 머리가 셋이다.

숫도다나 Suddhodana (정반왕 淨飯王)

태초의 신. 불교. 붓다*의 아버지. 신격화한 사키야족의 왕으로 그에게서 붓다가 태어났다. 배우자는 마야데비*.

쉬아 Ši'a

하급 수행 여신. 서셈족(페니키아). 바알샤민* 지성소들의 거룩함이 인격화하였다. 헬레니즘 시기에 쉬아는 티케*와 혼합되었을 것이다.

슈 Šu

태초의 대기의 신. 이집트. 헬리오폴리스 사제들의 족보에 따르면, 슈는 창조 태양신 아툼*의 장자이고, 자기 누이인 테프누트*와 함께 대지의 신 게브*와 하늘의 여신 누트*를 낳았다. 게브가 바닥에 누운 자세를 취한 상태에서, 슈는 팔을 올리고 서서 누트를 위로 받치고 있는 인간 형상으로 묘사된다. 슈는 자기 누이처럼 '레*의 눈'의 현현 중 하나인 사자로도 표현될 수 있다.

슈르디 Shurdi

폭풍의 신. 일리리아 Illyria[알바니아]. 천둥과 번개를 보내는 신으로 여겼으며, 최근까지도 숭배를 받았다.

슈무간 Šumugan

강과 평원의 신. 메소포타미아(수메르). 창조 신화에서 엔키*는 슈무간에게 메소포타미아 남부의 평평한 충적토에 대한 책임을 맡긴다.

슈테크 Šutekh

기후의 신. 히타이트와 후르리족. 인간을 기원으로 하지만 히타이트 판테온에 편입되었다. 서기전 1271년 하투실리스 2세와 람세스 2세가 맺은 조약 인장에 나와 있다. 아마도 테슈브*의 다른 이름일 것이다.

슐라트 Šullat

하급 신. 메소포타미아(바빌로니아-아카드). 태양신 샤마쉬*의 수행 신이다.

슐마니투 Šulmanitu

풍산 여신. 서셈족. 사랑 및 전쟁과 관련이 있으며 지하세계와도 연결되어 있다. 주로 시돈에서 알려졌으나 우가리트 판테온에 포함되었다. 구약성서 아가서 7장 1절의 술람의 아가씨(Shulamite woman)는 슐마니투에서 직접 유래했다고 여기는 학자들이 있다.

슐만(우) Šulman(u)

대지의 풍산 신. 메소포타미아(바빌로니아-아카드)와 서셈족. 전쟁 신으로도 알려졌다. 서기전 1400년 무렵부터 서기전 700년 무렵까지 아시리아에서 발견되며, 시돈의 청동기 시대 비문에서부터 알려졌다.

슐쌍 Šulsaga

별의 여신. 메소포타미아(수메르).

슐우툴라 Šul-utula

수호신. 메소포타미아(수메르). 도시 에닌누의 왕 엔테메나Entemena의 개인적인 신으로만 알려졌다.

슐파에 Šul-pa-e (젊은 광채)

풍요와 별의 신. 메소포타미아(수메르). 목성의 화신으로 알려졌으며, 어머니 여신 닌후르쌍*의 배우자라고 기록된 것도 있다.

스가나 Sga'na

바다의 신. 하이다Haida 인디언[캐나다 퀸 샬롯 섬]. 살인 고래 오르카Orca로 체화했다. 우주에는 스가나쿠에다스Sga'na Queda's라는 초자연적 존재들이 살고 있으며, 땅도 처음에는 이들을 위해서 창조되었다고 한다. 마세트 산Masset San이라고도 한다.

스눌쿨살스 Snulk'ulxa'ls
원형적 신. 벨라쿨라 인디언[캐나다 브리티시컬럼비아]. 인류의 오랜 통치자로 친절한 처사와 악의 있는 대우 사이에 갈등을 제공했다. 스눌쿨살스의 지위는 세늑스*와 알쿤탐*이 대신하게 되었다.

스라바나 Sravana (절름발이 암소)
행운의 하급 여신. 힌두교(서사시와 푸라나). 자비로운 나크사트라*(별의 신). 다크샤*의 딸이자 찬드라*(소마*)의 아내이다. 스로나Srona라고도 한다.

스라비스타 Sravistha
행운의 하급 여신. 힌두교(서사시와 푸라나). 자비로운 나크사트라*(별의 신). 다크샤*의 딸이자 찬드라*(소마*)의 아내이다.

스리(데비) Sri(devi) (번영)
1. 여신. 힌두교(서사시와 푸라나). 스리락슈미를 형성하는 락슈미*의 이름과 혼합된 초기의 이름이다.
2. 여신. 라마 불교[티베트]. 끔찍한 외모에 왕의 복장을 하고 달라이 라마를 지켜주는 다르마팔라* 중 하나. 때로 비슈누*와 함께 나오며 그럴 때에는 보통 비슈누 오른편에 서 있다. 스리데비의 가슴은 좁은 천 조각으로 덮여 있다. 부를 위해 스리데비를 부르기도 한다. (락슈미*를 보라.) 스리데비의 수행 신들에는 계절의 여신들이 포함되며, 그녀의 동물은 노새이다. 색깔은 푸른색. 상징은 주로 컵과 지팡이이지만 때로 핑크색 연꽃을 포함한 다른 것들을 지닐 수 있다. 눈이 셋이며, 머리도 셋일 수 있다. 하모*라고도 한다.
3. 여신. 자이나교.

스리바수무키 Srivasumukhi (뛰어난 얼굴의)
하급 여신. 대승불교. 바수다라*의 수행 신.

스리바순다라 Srivasundhara (땅)
하급 여신. 대승불교. 바수다라*의 수행 신.

스리비디야데비 Srividyadevi (뛰어난 지식을 지닌)
하급 여신. 힌두교. 끔찍한 외양을 한 신. 상징은 뼈 목걸이, 이빨.

스리칸타 Srikantha (아름다운 목)
하급 신. 힌두교(서사시와 푸라나). 시바*의 모습들로 여겨지는 여덟 '지식의 주인들'(비디에스바라*) 중 하나. 이 경우 그의 어둡고 푸른 목을 지칭한다. 에카다사 루드라*(열한 루드라) 중 하나이기도 하다. 상징은 손도끼와 삼지창.

스메르트리오스 Smertrios
전쟁의 신. 켈트(갈리아). 트레베리의 수호신. 수염을 기르고 뱀을 잡고 있는 신을 묘사한 봉헌 기념물의 주인공이라고 한다.

스므르티 Smrti (전승)
하급 신. 대승불교.

스미요시노가미 [住吉三神] Sumiyoshi-No-Kami
바다의 신들. 뱃사람들의 수호신들로 무나카타노가미* 셋이 포함되어 있다. 진구코고파의 특별한 숭배 대상이다. 이들은 또한 시인들의 수호신들이기도 하며 정화하는 기능을 가질 수 있다. 주요 신사는 오사카에 있는 스미요시타이샤이다.

스바다 Svadha (봉헌물로 간청받다)

하급 여신. 힌두교. 다크샤*와 프라수티*의 딸이다. 때로 루드라* 또는 아그니*의 배우자로 인식되기도 한다.

스바라고사라자 Svaraghosaraja

의사 신. 라마 불교[티베트]. 의사 부처들 또는 맨라* 중 하나이다. 귓불을 늘인 모습이 전형적이다. 색깔은 누르스름한 빨간색.

스바로직 Svarozic

태양신. 슬라브. 불을 준 신이며 대장장이 신이기도 하다. 혼인과도 관련이 있다. 스바로그Svarog라고도 한다.

스바스타베시니 Svasthavesini (자연적인 상태로 들어감)

여신. 힌두교. 끔찍한 외양의 여신 중 하나. 색깔은 주홍색. 상징은 북. 눈과 머리가 각각 셋이다.

스바티 Svati

행운의 하급 여신. 힌두교(서사시와 푸라나). 자비로운 나크사트라*(별의 신). 다크샤*의 딸이자 찬드라*(소마*)의 아내이다. 니스티야Nistya라고도 한다.

스반테비트 Svantevit

전쟁의 신. 그리스도교 이전의 라트비아. 덴마크 역사가 삭소 그람마티쿠스는 하얀 말을 타고 뿔 모양의 장식품을 들고 있는 모습으로 묘사했다. 스반테비트는 뤼겐 섬 지역에서 알려졌다. 농작물의 수호자이기도 하다.

스사노오 [須佐之男命] SUSANO-WO

기원 : 신도 [일본]. 땅과 기후의 신.

숭배 시기 : 서기 600년 무렵이나 그 이전부터 현재까지.

별칭: 없음.

숭배 중심지: 일본 전역.

참조 예술: 조각과 그림.

문헌 자료: 〈일본서기〉와 〈고사기〉.

태양신 아마테라스*의 동생이며 태초의 창조신 이자나기노가미*의 코에서 태어났고 자연적이고 물질적인 세계를 대표한다. 배우자들로는 팔도의 통치자 야시마지누미노가미[八嶋士奴美神]를 낳은 구시나다히메[櫛名田比賣], 그리고 추수의 신 오토시노가미*를 낳은 가무오이치히메[神大市此賣]가 있다.

　창조 이야기에서 스사노오와 아마테라스의 출현은 우주의 마지막 분열이 갖가지 다양한 물질로 변하는 것을 보여준다. 이들은 생존하기 위해 서로 결합해야만 했다. 그러나 스사노오가 이 결합의 필요성을 인식한 반면, 아마테라스는 그를 불쾌하게 여긴다. 스사노오가 하늘에 있는 아마테라스의 집으로 들어가려고 하자, 아마테라스는 동굴로 숨어버렸다. 상당한 노력을 기울이고 다른 신들이 계략을 쓴 이후에야 아마테라스는 출현한다. 스사노오는 하늘에서 추방되고 땅에 거처를 마련하며 그곳에서 여신 오게츠히메노가미[大氣津都比賣神]에게 먹을 것을 구걸해야 했다.

스카디 Skadi

여신. 북유럽(아이슬란드). 에시르* 여신 중 하나이다. 거인 티아시의 딸이자 니외르드*의 배우자이다. 전승에 따르면 스카디는 자기 남편과 떨어져서 산다. 니외르드는 해안을 좋아하고 스카디는 산을 좋아한다. 그녀는 '하늘의 여인'으로서 스키로 여행하고 활로 사냥 놀이를 하는 여자 사냥꾼이다. 스카디는 항상 로키*와 불화하며, 한번은 로키를 붙잡아 그에게 독을 주려고 독사를 그의 얼굴 위에 달아놓았으나 로키의 배우자 지긴*이 사발에 독을 모두 수집해서 그를 구했다.

스칸다 SKANDA

기원 : 힌두교 (서사시와 푸라나) [인디아]. 전쟁의 신.

숭배 시기 : 서기전 300년 무렵이나 그 이전부터 현재까지.

별칭 : 쿠마라Kumara, 카르티케야*, 수브라마니야Subrahmanya, 다른 여러 별명들.

숭배 중심지 : 다양하다.

참조 예술 : 주로 청동 조각들이지만 돌로 된 것들도 있다.

문헌 자료 : 서사시 〈라마야나〉와 〈마하바라타〉.

신들의 거룩한 군대 지도자로 여겨진다. 시바*의 아들 중 하나로 스칸다의 탄생 이야기는 기괴하다. 신들은 시바와 파르바티*의 끊임없는 성행위를 억제하기 위해 그들을 설득했다. 그러자 사용하지 않은 엄청난 양의 정액을 처분해야 했다. 브라마*는 그것을 불[Agni]과 물[Ganges] 사이에서 흔든 후 해가 뜨는 산에 두었는데 수많은 세월이 흐른 뒤 그것은 스칸다가 되었다.

카우마리*(데바세나*)와 발리(3)*는 스칸다의 배우자들이며 사카Sakha, 비사카Visakha, 나이가메야*는 아들들이다. 스칸다는 정력적이고 젊게 인식되며, 그 이름은 정액의 분출을 의미할 수 있다. 그는 싸우는 동안 '도약하는 이'로 나타날 수 있으며 그의 거룩한 동물들에는 공작과 수평아리가 포함된다. 수평아리는 공격적이면서도 도약을 잘하는 동물이다. 상징은 깃발, 수평아리, 손도끼, 공작 깃털, 지팡이. 스칸다는 다양한 물건과 무기들을 가지고 있을 수 있다. 카르티케야*로서의 스칸다는 종종 머리 여섯과 팔 열둘이 있는 모습으로 묘사된다.

스타니타쿠마라 Stanitakumara

신. 자이나교[인디아]. 바바나바시*(장소에 거주)라는 일반 명칭으로 불리는 집단의 일원. 이들은 젊은 외양을 하고 있다.

스테르쿨리우스 Sterculius

하급 농경 신. 로마. 밭에 비료를 주는 일과 관련이 있다.

스트리보그 Stribog
바람의 신. 슬라브. 〈네스토르 연대기〉에 언급되어 있으며 '스트리보그의 손자들'이라는 완곡한 표현은 바람과 관련이 있다.

스틱스 Styx
지하세계 저승 여신. 그리스. 오케아노스*와 테튀스*의 딸이며 니케*의 어머니다. 신들이 서약을 하는 강 스틱스의 여신이다.

스판다라메트 Spandaramet
땅의 여신. 그리스도교 이전의 아르메니아. 땅의 풍요 및 죽음과 관련되어 있다. 그리스도교의 영향 아래서 이 여신의 이름은 지옥과 동일시된다.

스페스 Spes
희망의 여신. 로마. 티베리우스Tiberius 황제가 시작했던 한 신전의 기초공사는 야누스*에게 봉헌했던 비슷한 건물과 관련이 있다. 스페스는 정원들과 연관이 있으며 꽃다발을 든 젊은 여인으로 묘사된다.

스피니엔시스 Spiniensis
하급 농경 신. 로마. 작가 파비우스 픽토르Fabius Pictor가 언급한 적이 있다. 가시덤불을 갈아엎는 일을 관장한다.

시 Si
달의 신. 치무 인디언(콜럼버스 이전)[페루 해안 지역]. 판테온의 수장이자 기후의 수호신이며 추수의 신이다. 날개 달린 왕관을 쓰고 초승달과 마주 대하는 모습으로 묘사된다. 여신으로 표현되기도 한다.

시나 Sina
달의 여신. 폴리네시아(사모아). 히나*를 보라.

시나츠히고[志那都比古] Shina-Tsu-Hiko

바람의 신. 신도[일본]. 바람의 신들 중 가장 연상이다. 아침 안개를 흩뜨리고 부드러운 산들바람을 일으킨다. 배우자는 시나츠히메*이며 이들은 농부들과 뱃사람들로부터 널리 숭배를 받는다. 이들은 13세기에 칭기즈칸의 군대가 침입하지 못하도록 바다로 향하는 바람으로 기적을 일으켰다고 한다. 이세신궁에서 주로 경배하지만 주요 신사는 야마모토의 작은 마을에 있다. 시나토베노미코토[級長戸辺命]라고도 한다.

시나츠히메[志那都比売] Shina-Tsu-Hime

시나츠히고*를 보라.

시니발리 Sinivali

번영의 하급 여신. 힌두교[베다]. 특별히 어린이들의 부탁과 연결되어 있다. 핵가족의 여주이다. 아줌마 같은 모습으로 그려진다.

시두리 Siduri

양조(brewing)의 하급 여신. 메소포타미아(바빌로니아-아카드). 지혜와도 관련이 있다.

시두쿠 Si'duku

어머니 영. 캄차달족[시베리아 남동부]. 쿠트쿠*의 딸이고, 자기 오빠 티질쿠트쿠*의 배우자이며, 아플레이(Amle'i)의 어머니이다. 아플레이는 이름 없는, 시두쿠의 또 다른 딸과 결혼하고 캄차달 부족의 조상이 되었다.

시라라 Sirara

페르시아 걸프Gulf의 여신. 메소포타미아(수메르와 바빌로니아-아카드). 창조 신화에서 엔키*는 걸프 바다에 대한 책임을 시라라에게 맡긴다.

시로나 Sirona

지역의 치유 여신. 로마노-켈트(갈리아). 제한된 비문을 통해서만 알려졌고 보통 그라누스* 또는 켈트의 아폴론*과 연결되어 있다. 독일 모젤 분지의 호흐샤이드Hochscheid에서 나온 조각은, 손목을 감아서 왼손에 있는 알 세 개가 담긴 그릇을 향해 뻗어가는 뱀과 함께 시로나를 묘사하고 있다. 시로나는 작은 애완견을 가지고 있을 수 있다. 몇몇 작가들은 시로나가 하늘과 관련이 있음을 암시한다. 디보나*와 오누아바*를 보라.

시르시르 Sirsir

선원들의 신. 메소포타미아(바빌로니아-아카드). 사공들의 수호신.

시르투르 Sirtur

양의 여신. 메소포타미아(수메르와 바빌로니아-아카드). 비문에서 알려졌고 문헌에서 잠깐 언급되었다. 닌순*과 혼합되었다.

시므스칼린 Si'mskalin

수호정령. 캄차달족[시베리아 남동부]. 쿠트쿠*의 아들 중 하나이다.

시바 ŠIVA (파괴자)

기원: 힌두교 [인디아]. 주요한 창조신이자 파괴신.

숭배 시기: 서기전 300년 무렵부터 현재까지.

별칭: 힌두교 저술에 천 개가 넘는 별명들이 있다고 한다. 바이라바*와 칸도바*를 보라.

숭배 중심지: 베나레스Benares 등.

참조 예술: 보통 청동 조각들이나 돌로 된 것들과 부조도 있다.

문헌 자료: 서사시 〈라마야나〉와 푸라나 문헌들.

시바는 생명의 창조자이자 파괴자 역할을 하는 신이다. 시간의 냉혹한 경과를 의인화하며 파괴로부터 새로운 생명을 창조한다. 베다의 폭풍 신 루드라*가 인더스 계곡 문명의 인장에 상징들이 나타나고, 인도-유럽의 신보다 더 오래된 신이라고 여겨지기는 하지만, 시바는 루드라에서 발전되었을 수 있다. 시바의 배우자는, 더 정확히 말하자면 그의 여성적 외양은 샥티*이지만 끔찍한 칼리(1)* 및 여신 사티*와도 밀접히 관련되어 있다.

시바는 인간을 죽음에서 구원하기 위해 최초의 독을 마셔서 목이 검푸르게 된 금욕자의 모습으로 묘사된다. 시바의 거룩한 동물은 황소 난디Nandi이다. 시바의 네 팔에는(가끔 팔이 둘이다) 활, 해골이 묶인 곤봉, 창조의 리듬을 나타내는 북, 올가미 등 여러 상징들이 있다. 시바는 불과 강하게 연결되어 있으며 불로 된 공을 들고 있을 수 있다. 이것은 창조에 따른 파괴적인 모습이다. 시바의 상징은 남근상이며 종종 여음상女陰像 요니yoni와 함께 나타난다. 돌로 된 이 상들은 숭배의 중심이 되기도 한다.

시바를 최고신으로 숭배하는 사이비테Saivite 파는 시바를 창조자이자 보전자이자 파괴자로 제시하며, 시바는 자신의 거룩한 힘을 나타내는 세 모습 안에 현시된다. 요기yogi로 표현된 금욕자 시바는 그의 파괴적인 모습이다. 시바의 배우자들은 칼리(1)*와 두르가*이다. 그는 아무런 감정 없이 파괴한다. 이 요기는 나체이며 재로 문질러져 있고 헝클어진 머리에 탁발 그릇을 들고 바니안banyan 나무 아래에 앉아 있다. 춤의 왕 나타라자* 시바는 우주적인 힘의 리듬에 따라 걷는다. 불의 원 안에서 무지가 의인화한 왜소한 인물을 밟으며 춤을 춘다. (바마나*를 보라.) 이러한 모습의 시바는 명랑한 인물이나 술꾼, 사냥꾼으로 그려진다. 신자들이 널리 숭배하는 시바의 남근상 형상은 창조적인 힘의 상징이다. 시바는 자신의 우주적인 능력 안에서는 춤의 왕 나타라자로 나타난다.

전설은 시바가 히말라야 너머에 있는 카일라스Kailas에 산다고 한다. 특정한 사이비테 파가 12세기에 창설한 링가야트들Lingayats은 은상자에 박은 돌로 된 남근상을 목이나 팔에 걸고 다니기도 한다. 주로 인디아 남부에 있는 시바 사원들은 종종 데바다시devadasi들의 집이기도 한데, 이들은 춤을 추는 소녀들의 무리이며 종교 의례의 매춘부로 일한다. 시바는 또한 가정의 신으로도 광범위한 인기를 누리는 신이다. 판차나나*를 보라.

시보타마 Sivottama (최상의 시바*)

하급 신. 힌두교(서사시와 푸라나). 시바*의 모습들이라고 여겨지는 비디에스바라*(지식의 주인들) 집단의 일원이다.

시비니 Sivini

태양신. 우라티아[아르메니아]. 비문에서 알려졌다.

시뻬겔모 Sipe Gialmo

어머니 여신. 라마교 이전의 본족[티베트]. 세상의 여왕이라고 한다. 시뻬겔모의 동물은 노새이다. 상징은 깃발, 사발, 양산, 만자(卍) 무늬, 무기, 삼지창. 눈이 셋이다.

시시포스 Sisyphos

태양신. 코린토스Corinth. 특히 쇠퇴해져가는 태양의 신이며, 히타이트 기후의 신 테슈브*와 같은 신일 것이다.

시신 Cizin (악취)

죽음의 신. 마야(유카텍족 및 다른 부족들, 고대 메소아메리카)[멕시코]. 마야 문화에서 가장 중요한 죽음의 신이다. 유카텍족의 죽음의 장소인 메트날Metnal에 산다고 한다. 영혼이 불평하면, 시신은 처음에는 입과 항문을 불태우고 물에 처넣는다. 영혼이 이런 처우에 불평하면 시신은 아무것도 남지 않을 때까지 영혼을 다시 불태운다. 그다음에 영혼은 수쿠니움Sucunyum에게 가며 수쿠니움이 그의 손에 침을 뱉어서 깨끗하게 하고, 그 후 영혼은 자기가 선택하는 곳으로 자유롭게 갈 수 있다. 시신의 상징 중에는 살이 없는 코, 아래턱, 또는 해골로 묘사된 머리 전체가 포함될 수 있다. 종종 등뼈와 늑골들이 보인다. 죽음의 목걸이를 하고 있고, 머리털 사이에 죽음의 눈이 있으며, 귓불에 긴뼈가 달려 있다. 시신의 몸은 검은색으로 칠해져 있으며, 특히 마야인에게 죽음의 색깔인 노란 점들이 있다.

시아 Sia

자각의 신. 이집트. 레*의 오른손에서 지식의 파피루스를 잡고 있다. 시아는 태양신의 범선을 타고 여행한다. 전설에 따르면, 시아는 레의 성기에서 떨어지는 핏방울에서 만들어진 신들 중 하나이다.

시아마타라 Syamatara (검은 타라*)

여신. 라마 불교[티베트]. 여신 타라*의 자비로운 형상. 아모가시디*의 발현이며 아발로키테스바라*의 형상. 색깔은 검은색이나 초록색. 상징은 푸른 연꽃.

시우아코아틀킬라스틀리 Cihuacoatl-Quilaztli

창조 여신. 아스텍(고대 메소아메리카)[멕시코]. 마법의 그릇을 사용하여 앞선 세상의 이전 인간 세대에서 얻은 뼛조각을 갈아서 가루로 만든다. 그러면 신들은 자기들의 피가 그릇 안으로 떨어지게 하면서 자기를 희생한다. 혼합의 결과로 다섯 번째 태양의 인간 종족이 형성된다.

시우테쿠틀리 Xiuhtecuhtli

별의 신. 아스텍(고대 메소아메리카)[멕시코]. 스페인 정복기에 열세 하늘 중 첫 번째 하늘, 또는 가장 낮은 하늘로 알려진 틀랄티팍Tlalticpac(땅 위의)의 통치자이다.

시치후쿠진[七福神] Shichi-Fuku-Jin

행운의 신. 신도[일본]. 에비스*, 다이코쿠*, 벤텐산*, 비샤몬*, 후쿠로쿠주*, 호테이*, 주로진* 등 행운과 관련된 일곱 신이다. 이 집단은 종종 자기들의 보물선 타카라부네[寶船]에 함께 있는 것으로 묘사된다. 타카라부네는 투명모자, 비단, 떨어지지 않는 돈지갑, 신성한 보물의 집으로 들어갈 수 있는 열쇠 등을 포함한 다양한 마법 도구들을 운반한다.

시칸딘 Sikhandin (트레머리를 한)

하급 여신. 힌두교(서사시와 푸라나). 시바*의 모습들이라고 여겨지는 비디에스바라*(지식의 주인들) 집단의 일원이다. 상징은 칼과 무기.

시킨 Sikhin

의사 신. 라마 불교[티베트]. 라마교의 의사 부처들 또는 맨라* 중 하나이다. 귓불을 늘인 모습이 전형적이다. 색깔은 노란빛이 나는 빨간색. 시킨은 불의 상징적 사용을 의미하기도 한다.

시타 SITA (밭고랑)

기원 : 힌두교 (서사시와 푸라나) [인디아]. 땅의 여신.

숭배 시기 : 서기전 300년 무렵이나 그 이전부터 현재까지.

별칭 : 락슈미*의 화신.

숭배 중심지 : 일정하지 않다.

참조 예술 : 대개 청동 조각들이지만 돌로 된 것들도 있다.

문헌 자료 : 발미키의 〈라마야나〉와 후대 푸라나 문헌.

베다 신화에서 시타는 밭고랑에서 태어난 땅의 신이며, 쟁기질과 쟁기질 한 밭과 관련이 있다. 시타는 비의 신들인 인드라*와 파르자냐*의 배우자로 나온다. 보통 라마*의 오른편에 서 있다. 서기 200년 무렵 이후부터 시타는, 비록 락슈미 때문에 빛을 잃고 그와 떨어진 모습으로 나타나지만, 비슈누*의 주요 화신들 중 하나인 라마의 배우자가 된다. (라마*를 보라.)

시타는 힌두교의 완벽한 아내상이지만 전설은 그녀의 불행한 삶을 들려준다. 라마와의 결혼 초기에 외래의 신 라바나에게 유괴당해 랑카(스리랑카)로 가며 그곳에서 정원에 갇히게 된다. 자기 남편에게 완전히 헌신하는 시타는 더럽혀지지 않은 상태로 돌아오지만 남편은 시타의 정절을 의심하고 그녀를 거절한다. 결국 시타가 자신의 순수한 내면의 불을 통해서 신에게 자신을 희생물로 바치려고 위협하자, 라마는 잠깐이기는 하지만 마지못해서 그녀를 받아들인다. 라마는 다시 의심을 하고 임신한 시타는 추방되어 그곳에서 두 아들을 낳는다. 라마의 거절은 결국 그 대가를 치른다. 시타가 자기의 어머니 대지에 구원을 청하자 땅에서 황금 옥좌가 나타난다. 라마가 자신의 실수를 슬퍼하기 위하여 영원히 떠나는 동안, 시타는 옥좌의 자기 자리에 앉고 끝없이 내려간다. 상징은 푸른 연꽃, 머리끈.

시타타라 Sitatara (하얀 타라*)
여신. 라마 불교[티베트]. 여신 타라*의 한 형상이고, 아모가시디*나 바이로차나*의 한 발현이다. 후대에는 아발로키테스바라*, 파드마파니*(지연화보살持蓮花菩薩)의 여성적 변형으로 인식되었다. 전승에 따르면 시타타라는 중국 공주의 화신이다. 색깔은 하얀색. 상징은 화살, 푸르거나 하얀 연꽃, 활, 아모가시디* 이미지, 보석, 달 원반, 염주. 눈이 셋이거나 일곱이다.

시타파트라 Sitapatra (하얀 우산을 지닌)
여신. 대승불교. 바이로차나*의 한 발현이자 보살이다. 색깔은 하얀색. 상징은 화살, 활, 올가미, 갈고리, 양산, 기도바퀴, 하얀 지팡이. 때로 눈과 머리가 세 개다.

시탈라(마타) Sitala(mata) ('차가운 어머니'라는 뜻일 수 있다)
어머니 여신. 힌두교(서사시와 푸라나). 후기 힌두교에서 악한 지향을 지니고 질병을 퍼뜨리는 신으로 여겨지는 일곱 여신(삭티스*) 중 하나. 특히 뱅골 지역에서 알려졌으며 그곳에서는 칼리(1)*와 동일시 될 수 있다. 보통 연꽃 위에 알몸으로 서 있거나 당나귀를 타고 있다. 얼굴이 그려진 돌로 상징화되기도 한다. 상징은 물병.

시트랄라토낙 Citlalatonac (빛나는 별)
창조신. 아스텍(고대 메소아메리카)[멕시코]. 오메테오틀*로 분류된 신 집단의 일원이다. 배우자는 시틀랄리쿠에*이다. 이 둘이 별들과 밤하늘을 창조했다.

시트착코 Cit Chac Coh

전쟁의 신. 아스텍(고대 메소아메리카)[멕시코]. 붉은 퓨마로 알려졌다.

시틀랄리쿠에 Citlalicue (그녀의 치마는 별)

창조 여신. 아스텍(고대 메소아메리카)[멕시코]. 오메테오틀*로 분류된 신 집단의
일원이다. 배우자는 시트랄라토낙*이다. 이 둘이 별들과 밤하늘을 창조했다.

시파크나 Zipakna

지진의 신. 마야(고대 메소아메리카)[멕시코]. 보통 카브라칸*과 짝을 이루며 뒤에
카브라칸이 파괴하는 산들의 창조자이다.

시팍토날 Cipactonal

창조신. 아스텍(고대 메소아메리카)[멕시코]. 오메테오틀*로 분류된 신 집단의 일
원이다.

시팍틀리 CIPACTLI (위대한 땅의 어머니)

기원 : 아스텍 (고대 메소아메리카) [멕시코]. 태초의 여신.

숭배 시기 : 서기 750년 무렵부터 1500년 무렵이나 그 이후까지.

별칭 : 없음.

숭배 중심지 : 특별히 없음.

참조 예술 : 사본 삽화, 조각.

문헌 자료 : 콜럼버스 이전의 사본들.

엄밀히 말해서 여신이 아니지만 아스텍의 우주 창조 이야기에서는 신에 포함
될 정도로 중요하다. 전승에 따르면 지하세계의 신들인 믹틀란테쿠틀리*와 믹
테카키우아틀*이 거대한 악어와 같은 괴물 형상으로 시팍틀리를 창조했다. 시
팍틀리는, 찢어져서 하늘과 땅이 된 두꺼비와 같은 괴물 틀랄테쿠틀리*와 동일
시될 수 있다. 한 전승에 따르면 시팍틀리는 태초의 물에서 출현하였고 태양신

테스카틀리포카*와 격렬한 싸움에 돌입하였다. 이 둘이 싸우는 중에 테스카틀리포카는 시팍틀리가 다시 심연에 잠기는 것을 막기 위해서 그녀의 아래턱을 잡아떼었고, 그녀는 그의 오른발을 물었다고 한다. 산들은 시팍틀리의 피부에서 돌출되어 비늘처럼 일어난 것들이라고 한다.

시페토텍 XIPE TOTEC (가죽이 벗겨진 우리의 주)

기원: 아스텍 (고대 메소아메리카) [멕시코].

숭배 시기: 서기 750년 무렵이나 그 이전부터 1500년 무렵까지.

별칭: 붉은 테스카틀리포카.

숭배 중심지: 테오티우아칸, 테노츠티틀란Tenochtitlan.

참조 예술: 조각, 벽화, 사본 삽화들.

문헌 자료: 콜럼버스 이전의 사본들.

메소아메리카 판테온의 주요 신이다. 태양신 테스카틀리포카*의 붉은 화신이다. 믹스코아틀카막스틀리*를 보라. 봄의 신이며 해마다 이루어지는 식물 재생의 상징이다. 시페토텍은 종종 의례에서 제물로 바친 인간 가죽을 입은 사제로 제시되었으며, 가죽은 비가 온 후 출현하는 땅의 새로운 식물을 나타냈다. 사제는 21일 동안 가죽을 입었다. 시페토텍은 금세공인을 비롯한 소중한 금속 세공인들의 수호신이기도 하다.

시피레네 Sipylene

어머니 여신. 스미르나(아나톨리아)[터키 해안 서부]. 위대한 어머니가 지역화된 이름으로 메트룬Metroon 지성소에서 숭배했다.

신 Sin

하급 신. 메소포타미아(바빌로니아-아카드). 오래된 수메르 모델 난나*에서 유래했다. 배우자는 니칼*(닌갈*)이다. 신은 초승달로 상징되며 초승달 모양의 뿔을 지닌 황소로 인식된다. 우르, 하란, 네이랍 등이 숭배지들이었다. 수엔이라고도 한다.

신갈라 Singala

지역 신. 이슬람교 이전의 북아라비아. 바빌로니아의 왕 나보니두스가 단지 이름만 언급했던 신으로 타이마에서 숭배받았고 이집트 문화의 영향을 강하게 받았다.

신농(神農) Shen Nung

농업의 신. 중국. 거룩한 농부로 알려졌다. 전승에 따르면 신농은 쟁기를 발명했고 기본 농법과 약초 사용에 대해서 가르쳤다. 열풍의 신이기도 하다. 신농은 소의 머리를 한 모습으로 묘사되며 여와*의 계승자라고 여기는 이들도 있다.

신두 Sindhu

강의 여신. 힌두교(베다). 〈리그베다〉에서만 알려졌고, 근원을 모른다.

신스스가나그와이 Sins Sga'nagwai (빛나는 하늘들의 힘)

최고신. 하이다 인디언[캐나다 퀸 샬롯 섬]. 모든 것에 힘을 주는 신.

실라나히그 Sheela Na Gig

어머니 여신. 켈트(아일랜드). 삶과 죽음과 밀접하게 관련된 최초의 땅의 어머니. 그리스도교 시대에도 살아남은, 드물게 볼 수 있는 아일랜드계 켈트족의 신들 묘사 중 하나이다. 실라나히그는, 알몸에다 큰 가슴을 지녔으며 다리를 벌려서 음부를 열어젖히는 모습으로 나타난다. 이 이미지는 종종 아일랜드 교회 벽화를 장식하고 있다.

실라파라미타 Silaparamita (시라바라밀 尸羅波羅蜜)

철학적 신. 불교. 라트나삼바바*의 영적 자손이다. 색깔은 하얀색. 상징은 꽃무늬 기도바퀴, 보석 지팡이.

실로넨 Xilonen

하급 식물 여신. 아스텍(고대 메소아메리카)[멕시코]. 옥수수 여신 치코메코우아틀*의 화신으로 어린 옥수수 묘목이 의인화한 존재이다.

실마이누아 Silma Inua

최고신. 에스키모. 멀리 떨어져 있고 아리송하게 규정된 신으로 이 신에게 기원하거나 기도하는 일은 거의 없다.

실바누스 Silvanus

삼림지대와 숲의 신. 로마. 실바누스 숭배는 이탈리아 북부에만 제한된 것으로 보인다. 실바누스는 켈트 판테온에 병합되었고, 그의 상징물들 중에는 낫과 그릇과 망치가 포함되어 있다. 실바누스의 거룩한 동물은 수사슴이다. 이신의 이름은 실바니Silvani 또는 실바나이Silvanae 등으로 삼림지대의 신들 집단을 지칭하는 데까지 확장되었다.

실스가나그와이 Xil Sga'nagwai

의술의 신. 하이다 인디언[캐나다 퀸 샬롯 섬]. 까마귀로 나타난다고 한다.

싯디 Siddhi (성취, 성공)

행운의 하급 여신. 힌두교(서사시와 푸라나). 친절을 베푸는 신. 때로 코끼리 신 가네샤*와 연결되며, 그의 무릎에 앉아 있을 수 있다. 바가*의 배우자로 그려진다.

싱하나다 Sinhanada (사자의 포효)

의사의 신. 라마 불교[티베트]. 아발로키테스바라*의 이형異形. 늘어진 귓불과 사자의 수행을 받는 모습이 전형적이다. 색깔은 하얀색. 상징은 컵, 파리채, 아미타불 이미지, 연꽃, 달 원반, 염주, 뱀, 무기, 삼지창. 눈이 셋이다. 의사 부처들 또는 맨라* 중 하나로도 여겨진다.

아가토스다이몬 Agathos Daimon (good demon)

행운의 신. 그리스-로마. 알렉산드리아에서부터 알려졌고 뱀의 형상으로 그려진다. 자웅동체 다산신에 기원하는 신일 수 있으나, 후에 아가테티케Agathe Tyche의 배우자로 인식된다(티케*를 보라). 식사 후에는 규칙적으로 이 신에게 술을 바쳤으며, 가정의 다정한 수호신으로 여겼다.

아게 Age

동물들의 신. 폰족[베냉, 아프리카 서부]. 사바나 지역에서 사냥꾼들의 경배를 받았다.

아구국스 Agu'gux

창조신. 알류트족Aleut[알류산 열도]. 러시아 정교회의 영향으로 그리스도교의 신이라고 주장됐다.

아그노스토스테오스 Agnostos Theos

보통 복수 형태로 언급되는 알려지지 않은 신(들). 이들은 특히 아테네에서 제단에 새긴 글의 주인공이었다. 이것은 아마도 대중적이지 않은 신들을 무시하거나 잊지 않으려는 관심에서 나왔을 것이다.

아그니 AGNI (불)

기원: 힌두교[인디아]. 불의 신.

숭배 시기: 서기전 1500년 무렵부터 현재까지.

별칭: 없음.

숭배 중심지: 힌두교 영향이 있는 전 지역.

참조 예술: 금속과 돌로 만든 조각 및 부조.

문헌 자료: 〈리그베다〉 및 다른 문헌들.

희생적 불의 신이자 신들과 인간 사이의 중재자인 아그니는 카시야파*와 아디티*, 또는 디아우스피타*와 프르티비*의 아들이다. 배우자는 스바하이다. 어떤 본문에 따르면, 스칸다*의 아버지다. 파괴적인 힘 안에서는 시바*의 모습으로 나타난다. 그는 또한 남동쪽의 수호신 또는 딕팔라이기도 하다. 고대 찬가들은 그가 모든 나무와 식물의 초기 생명력으로 숲에서 태어났다고 노래한다. 그는 나무들이 함께 비벼댈 때 나타난다. 탈것은 암염소, 또는 빨간 말이나 앵무새가 끄는 마차이다. 색깔은 빨강. 상징은 일곱 개의 팔과 염소의 머리, 여러 물건을 운반한다.

아그니쿠마라 Agnikumara

신. 자이나교[인디아]. 바바나바시*(장소에 거주하는) 신들의 집단 중 하나. 이들은 젊은 외모를 하고 있으며, 비와 천둥과 관계있다.

아글리볼 Aglibol

달의 신. 이슬람교 이전의 북아라비아. 팔미라에서 알려졌고 태양신 야리볼Yarhibal과 연결되어 있다. 헬레니즘 시기까지 계속 숭배의 대상이었고, 뒤에 로마로 확장되었다. 상징에 초승달이 포함된다.

아나울리쿠차익스 Anaulikutsai'x

강의 여신. 벨라쿨라 인디언[캐나다 브리티시컬럼비아]. 강에서 연어의 도착과 출발을 감독한다고 한다. 누스케시우츠타Nuskesiu'tsta라는 동굴에서 산다.

아나이티스 Anaitis
풍요 여신. 페르시아[이란]. 아나이티스는 동부 유럽까지 영향을 미쳤다. 그리스도교 이전의 아르메니아에 있던 중심 숭배지는 아킬리세나Acilisena였고 여기에서 귀족들은 정기적으로 딸들을 종교 의식의 매춘부로 바쳤다.

아나트 ANAT
기원 : 가나안과 페니키아 [북이스라엘, 레바논, 시리아]. 풍산과 전쟁의 여신.

숭배 시기 : 선사 시대 (서기전 2500년 무렵)부터 서기 200년 또는 그 이후까지.

별칭 : 아나트Anath, 산의 여인, 이집트의 안티트Antit.

숭배 중심지 : 우가리트 (라스 샴라)와 동부 지중해 연안 곡물 성장 지역들.

참조 예술 : 벳산Bethsan에서 나온 석판에 이집트 상형문자로 이름이 새겨져 있다. 여러 다른 봉헌 비문, 점토판 등에 묘사됨.

문헌 자료 : 라스 샴라에서 출토된 우가리트어 본문들, 다양한 봉헌 목록들.

바알*의 누이인 아나트는 기본적으로 풍산 여신이다. 예술 작품 안에서는 보통 가슴과 생식기 부분이 두드러진 알몸으로 그려진다. 종종 이집트 여신 하토르*가 했던 머리 장식과 비슷한 장식을 하며, 하토르와 밀접하게 연결되는 경우도 많다. 아나트는 '신들의 어머니'와 '하늘의 여주인'으로 다양하게 묘사된다. 젊고 공격적인 전쟁 신 아나트의 풍산 신 역할은 (서기전 18세기 초) 중왕국 시대 말엽부터, 특히 하이집트에서 힉소스Hyksos 왕조를 통해 이집트에 수용되었다. 타니스Tanis에서 성소가 아나트에게 봉헌되었고, 태양신 레*의 딸과 동일시되었으며 창, 전투용 도끼, 방패 등 전쟁의 상징물을 지녔다. 람세스 2세는 아나트의 영감을 받아 자기 딸을 빈아나트Bin-Anat라고 불렀는데 이는 아나트의 딸을 의미한다. 람세스 3세는 그녀를 양녀로 삼아서 전쟁에서 자기의 '방패'가 되도록 했다.

라스 샴라 석판은 아나트를 '하늘의 여왕이며 모든 신들의 여주인 안티트'

로 묘사한다. '처녀 아나트'로 알려진 그녀는 '허벅지까지 피로 물든 채 맹공격하면서' 폭력의 파티에 탐닉했다. 아티라트*, 아셰라*와 더불어 삼인조 여신 중 하나일 것이다. 고전적인 가나안의 대결 전설에서 바알과 모트*의 외관을 한 선과 악의 원초적 싸움 이후에, 아나트는 바알의 몸을 찾아냈다. 아나트는 그것을 묻고 그를 살해한 모트를 잡아서 응당한 징벌을 내렸다. 아나트는 모트를 쪼개고 키질하고 태우고 갈아버렸는데, 이는 식물 신들과 관련된 공통 주제의 기묘한 변이이다. (오시리스*를 보라). 아나트는 〈아카트의 전설 Legend of Aqhat〉에서 크게 다루어진다. 여기에서는 젊은이가 자기의 마법 활을 아나트에게 주지 않자 그녀는 젊은이를 죽이려고 독수리를 보낸다.

아난타 Ananta
뱀 신. 힌두교(푸라나). 일곱 뱀 신 중 하나이거나 마하나가*들 중 하나.

아난타무키 Anantamukhi (아난타*의 얼굴로)
문헌이 신격화한 존재. 불교. 열두 다라니* 중 하나. 색깔은 녹색. 상징은 지팡이와 보물이 있는 물 단지.

아난테사 Anantesa
신. 힌두교(푸라나). 시바*의 모습들로 여겨지는 여덟의 '지식의 주인들'(비디에스바라스) 중 하나.

아날라 Anala (불)
수행 신. 힌두교(푸라나). 인드라* 신에게 응답하는 여덟 바수*들 중 하나.

아낭케 Ananke
운명의 여신. 그리스. 보편적으로 현존한다고 여겨지며, 물레가락을 잡고 있는 모습으로 묘사된다.

아넥스티오마루스 Anextiomarus
지방의 부족 신. 로마노-켈트(브리튼). 관련성이 불확실한 신이지만 아폴론*과
연결되어 있다.

아누(1) Anu(1)
창조신. 메소포타미아(바빌로니아-아카드). 안투*의 배우자. 수메르 신 안(1)*에
서 유래했다. 아누는 바빌로니아와 우루크 및 다른 도시들에서 서기전 200년
무렵까지 아키투 축제에서 중요한 역할을 하였다. 후대에 아누가 중요하게 된
것은 그리스 하늘 신 제우스* 및 우라노스*와 동일시된 연유로 돌릴 수 있다.

아누(2) Anu(2)
대지의 어머니 여신. 켈트(아일랜드). 풍요 및 투아하데다난*족의 태초의 어머니
와 밀접하게 연관되어 있다. 아일랜드 남서부 먼스터의 킬라니Killarney 근처에
있는 쌍둥이 언덕은 '아누의 젖가슴'이라고 불린다. 아나Ana라고도 한다.

아누라다 Anuradha
행운의 하급 여신. 힌두교(푸라나). 자비로운 나크사트라* 또는 별의 신. 다크
샤*의 딸이자 찬드라*(소마*)의 배우자.

아누마테 Anu-Mate
공간의 신. 폴리네시아. 랑이누이*가 바다의 신 탕아로아*의 누이인 포코하루
아Pokoharua를 임신시켜 태어나게 한 아들 중 하나. 아누마테는 아누마타오Anu-
Matao, 아누와카레레Anu-Whakarere, 아누와카토로Anu-Whakatoro 등과 함께 창조 때
생긴 신들 중 하나이다. 이들은 모두 천상 세계의 다양한 공간을 지배한다.
아누마테는 '추운 죽음의 공간'을 관리하지만, 사실 이들은 모두 엄청나게 추
운 영역들을 관리하는 신들로 인식된다.

아누비스 ANUBIS [그리스]

기원: 이집트. 영안실의 신.

숭배 시기: 서기전 2700년 무렵부터 (그러나 왕조 이전 시대까지 올라간다) 서기 400년 무렵 이집트 역사 끝까지.

별칭: 이미우트Imy-ut (영안실에 있는 분), 켄티이멘티우Khenty-imentiu (서쪽 사람들의 수장), 켄티세네체르Khenty-she-netjer (신의 건물의 수장), 넵타제세르Neb-ta-djeser (거룩한 땅의 주인), 테피주에프Tepy-dju-ef (산 위에 있는 분).

숭배 중심지: 멤피스 공동묘지.

참조 예술: 무덤의 상들, 벽화, 작은 조상들.

문헌 자료: 피라미드 문헌, 장례 문서와 찬가.

아누비스의 가문은 혼란스럽다. 그러나 그가 레*와 네프티스* 또는 이시스*의 아들이라는 것이 가장 대중적인 인식이다. 영안실의 신 아누비스는, 검은 개나 자칼의 형상을 취하며, 보통 눕거나 웅크린 자세로 귀를 세우고 긴 꼬리를 달고 있다. 마술적 의미가 있는 목걸이를 하고 있다. 가끔 개의 머리를 한 인간 형상으로 나타나기도 한다. 개의 이미지는 아마도 파헤쳐진 얕은 무덤에서 시체들이 먹히는 모습에 기원을 두고 있을 것이며, 아누비스를 개로 표현한 것은 그러한 운명으로부터 보호하고자 하는 욕구일 것이다. 〈사자의 서〉는 진실의 방에서 심장의 무게를 재는 저울 옆에 서 있는 아누비스를 묘사하며, 때로 '심장의 인수자'로 알려져 있다. 아누비스는 영안실의 왕들과 신하들의 시체를 방부처리하고 그다음에 붕대로 묶는 일을 지휘하는 신으로 인식되었다. 아누비스의 옷 색깔은 검은색으로 여겨졌는데 그것은 방부처리 과정 후의 시체 색깔 때문이다. 방부처리 후 시체를 봉인하기 위해서는 검은 타르를 사용했다. 영안실의 신으로서 아누비스의 상징은 머리가 없고 피를 흘리면서 기둥에 묶인 동물 가죽이다. 장례식의 입을 여는 의식에서 사제는 자칼 머리 장식을 했다. 주요 공동묘지들은 해가 지는 나일 서쪽 강둑에 있다. 아누비스의 별명이 '서쪽 사람들의 수장'인 것은 바로 이 때문이며, '산 위에 있는 분'이라는 이름은 높은 경사지에서 공동묘지를 굽어보는 아누비스의 이미지를 불러낸다.

그리스-로마 시대에 아누비스는 땅과 하늘의 우주적인 신이 되어 옛 기능과는 다소 분리되었다.

아누키스 Anukis [그리스]

탄생 여신. 상이집트. 누비아와 엘레판티네에 숭배지가 있는 하급 신이다. 아누키스는 레*와 크눔*과 사티스*의 딸 등으로 다양하게 나오며, 나일 하류의 폭포에서 살아간다. 아누키스의 초상은 람세스 2세의 신전에 나타나며, 파라오에게 젖을 주는 모습으로 묘사됨으로써 탄생 및 산파와 관련이 있음을 암시한다. 그러나 이방인으로서 악의 있는 모습을 보여주기도 한다(하토르*를 보라). 아누키스의 거룩한 동물은 가젤이다. 타조 깃털이 있는 터번식 모자를 쓰고 있다. 이집트에서는 아누케트라고 한다.

아눈나키 Anunnaki

하늘 신의 아이들과 신하들. 메소포타미아(수메르, 바빌로니아-아카드). 적어도 서기전 2500년부터 서기전 200년 무렵까지(바빌로니아) 알려졌다. 아눈나키는 땅의 풍요 신들에 기원을 두지만 후대에 쿠르와 에레쉬키갈*에 응답하는 지하 세계의 무서운 일곱 판관으로 그려지며 여신 인안나*에 대한 심판을 포함해서, 사형 선고를 내리는 책임을 진다. 이들은 종종 이기기*와 밀접하게 연결된다.

아눈니투 Anunitu

어머니 여신. 메소포타미아(바빌로니아-아카드). 안투*를 보라.

아뉴 Aine

모호한 하늘의 여신 또는 태양 여신. 켈트(아일랜드). 말[馬]과 관련이 있을 수 있다.

아니 Ani

하늘 신. 에트루리아. 가장 높은 하늘에 산다고 알려져 있고, 때로 두 얼굴을 가진 모습으로 묘사된다. 로마의 신 야누스*와 같은 신이었을 가능성이 있다.

아닐라 Anila (바람)
수행 신. 힌두교(푸라나). 인드라* 신에 응답하는 여덟 바수*들 중 하나.

아다드 ADAD (바람)
기원: 메소포타미아(바빌로니아-아카드). 기후의 신.

숭배 시기: 서기전 1900년 무렵 또는 그 이전 시기부터 서기전 200년 무렵까지.

유사 신: 람만(천둥의 신), 이쉬쿠르*(수메르).

숭배 중심지: 카라카라, 알레포Aleppo, 마리 [시리아].

참조 예술: 부조, 석주, 조각.

문헌 자료: 〈아트라하시스〉 토판을 포함한 쐐기문자 본문들.

아다드는 수메르의 옛 이쉬쿠르* 모델에서 유래했다. 시리아 마리에서 주요 숭배 대상이었다. 때로 메소포타미아와 시리아 일부에서 성스러운 결혼식의 주체였다. 아다드의 아버지는 최고 하늘 신 아누(1)*이다. 아다드는 땅에 생명을 주는 은혜로운 신으로 묘사되지만, 폭력적인 폭풍의 신이기도 하다. 아카드어로 그의 이름은 '바람'을 뜻한다. 그의 동물은 황소이다. 그는 뿔을 달고 별 모양의 상징으로 장식된 층이 진 치마나 긴 옷을 입은 인간의 모습으로 묘사된다. 표범 머리로 장식한 칼을 지닌 모습으로 묘사되기도 하며, 한 쌍의 집게로 고정된 번개창이 그의 상징이다. 하다드*를 보라.

아다마스 Adamas
근원적 창조자. 영지주의 그리스도교(나세네Nassene). 터키 북서쪽 프리지아 지역에서 우주 안의 양성兩性적인 힘으로 인식되었다.

아데오나 Adeona
통행의 여신. 로마. 아베오나*를 보라.

아도니스 ADONIS (주님)

기원: 페니키아와 시리아 문화에서 광범위하게 채택한 그리스계 이름이며, 옛날 서셈족 신[레바논과 시리아]에 기반을 두고 있다. 풍산과 식물의 신.

숭배 시기: 서기전 200년 무렵 (셀레우코스 왕조 시기)부터 서기 400년 무렵까지.

별칭: 아돈 Adon (주님).

숭배 중심지: 주로 베리투스와 아파카.

참조 예술: 조상, 장식판, 기념 석비, 조각 등.

문헌 자료: 다양한 문학 본문들 (약간의 비문들).

아도니스는 메소포타미아의 죽어가는 식물 신 두무지*(히브리에서는 탐무즈)를 모델로 삼았다. 그는 젊은 신으로 나타난다. 아도니스 강[나흐르 이브라임Nahr Ibrahim]은, 심한 겨울비가 내린 후 철을 함유한 산화물로 말미암아 강물이 붉게 변하기 때문에 아도니스의 피에 물들었다는 전설이 있다. 그리스계 전승에서 그는 키프로스의 왕 키니라스Cinyras의 아들이며 그의 어머니는 미라*이다. 헤시오도스에 따르면 아도니스는 또한 포이닉스와 알페시보이아Alphesiboea의 아들이기도 하다. 전승은 그가 사냥 중 멧돼지에 죽었다고 알려주며 매년 6개월 동안 지하세계에 있게 되는 단죄를 받는다. 이 기간에 땅의 식물은 마르고 여름 태양과 가뭄 때문에 죽는다. 아도니스는, 사제들이 여자 복장을 하고 칼로 자해했던 봄 축제 때 기려졌다. 종종 나체로 그려지며 때로 수금을 들고 있다. 프리지아의 아티스*, 에트루리아의 아투니스*.

아드라스테아 Adrastea

산의 여신. 그리스화한 프리지아[터키 북서부] 지역의 아나톨리아 산신에서 유래했을 가능성이 크다. 그리스 비문에서 서기전 400년 무렵부터 의인들을 방어하는 신으로 알려졌다. 이 여신이 켈트의 여신 안드라스테Andraste와 어떤 관련이 있는지에 대해서는 확실하지 않다.

아드로 Adro

수호신. 루그바라Lugbara[앨버트 호수, 아프리카 동부]. 고대에 인류를 창조한 초원의 불길과 회오리바람이 의인화한 존재이다. 강물 근처에서 여러 아내들과 자녀들과 함께 산다고 여겨졌다.

아디다르마 Adidharma (본래의 법)

최초의 여신. 라마 불교(티베트). 특히 라마교에서 숭배했다. 아디붓다*의 샥티*.

아디무르티 Adimurti (최초의 현현)

비슈누*의 화신(아바타) 또는 형상. 힌두교(서사시와 푸라나). 나라야나*와 아주 비슷하다. 두 아내를 동반한 가운데 똬리를 튼 뱀 세사* 위에 앉은 비슈누로 그려진다. 상징은 비슈누의 상징들. 바이쿤타나타Vaikunthanatha 또는 파라마파타나타Paramapathanatha라고도 한다.

아디묵티바시타 Adhimuktivasita (신념 통제)

하급 여신. 불교. 영적 갱생 훈련이 의인화한 열두 여신(바시타*) 중 하나. 색깔은 흰색. 상징은 꽃봉오리.

아디묵티차리야 Adhimukticarya (승해행지 勝解行地)

하급 여신. 금강승불교. 신성시되는 보살의 경지 중 하나. 색깔은 빨간색. 상징은 빨간 연꽃과 지팡이.

아디붓다 Adibuddha (본초불 本初佛)

본래의 붓다*. 불교. 5위五位의 선정불을 낳은 원초적인 힘. 공空의 화신. 금강살타와 동일시되기도 한다. 불교의 다른 신들이 연꽃 위에 앉아 있는 그를 수행하는 모습으로 종종 나타난다. 호칭들에는 스바바바Svabhava(자기-창조)와 스바얌부Svayambhu(자기-깨침)가 포함되어 있다.

아디키아 Adikia

불의의 여신. 그리스. 정의의 여신 디케*에 의해 교살당하는 추악한 모습이 킵셀로스의 상자에 묘사되어 있다.

아디티 Aditi (자유로운 존재)

고대의 어머니 여신. 힌두교(베다). 〈리그베다〉에 따르면 아디티는 카시야파* 또는 브라마*의 아내이거나 미트라(2)*, 아리야만*, 바가*, 바루나*, 다크샤*, 아니사 Anisa 등을 포함하는 하급 신들 집단인 아디티야*의 어머니라고 한다. 문헌에서는 다른 배우자가 언급되지 않는다. 그녀는 하리*의 어머니라고도 한다. 다른 전설들은 비의 신 인드라*의 어머니로 여긴다. 때로 암소의 외양을 갖추기는 하지만, 인간의 육체적 모습을 띠지는 않는다. 아디티는 또한 번영을 가져다주고 숭배자들의 문제를 풀어주며 장애물들을 치워주는 수호신으로 인식된다. 후기 힌두교 전통에서부터 크게 나타나지 않는다.

아디티야 Aditya (아디티의 후손)

태양신들을 가리키는 집단적 명칭. 힌두교(베다와 푸라나). 베다 시대에는 이들이 여섯이었으나 후에 열둘로 증가한다. 근원적 여신 아디티*의 아들들이다. 수리야(1)*의 별명이기도 하다.

아라 A'ra

지역 수호신. 이슬람교 이전의 북아라비아. 보스트라 Bostra[다마스쿠스 근체에서 나온 비문에서 알려졌다. 아라라는 이름은 제단 또는 거룩한 장소를 암시하지만, 이 이름의 아랍적 뿌리는 '염색하다'라는 말을 뜻하며, 제단들이 제사에 희생된 어린이들의 피로 얼룩졌다는 것을 암시한다.

아라니야니 Aranyani

삼림지대의 하급 여신. 힌두교(베다). 원시 시대의 물활론적 동물 수호령에서 발전되었을 가능성이 있는 아라니야니는 알기 어렵고 드물게 나타나며, 특히 황혼 녘에, 나무들의 소리 안에서 인식되는 신이다. 자비롭고 향기로운 여신이며, 극심하게 화를 불러일으키지 않는 한, 파괴하고 싶어 하지 않는다고 알려졌다.

아라와 Arawa

달의 여신. 수크족과 포코트족[케냐, 우간다, 아프리카 동부]. 두 부족은 같은 판테온을 공유한다. 아라와는 창조신 토로루트*와 그의 배우자 세타*의 딸이다.

아라운 Arawn

지하세계 저승 신. 켈트(웨일스). 붉은 귀를 가진 한 무리의 사냥개들과 함께 하얀 수사슴을 쫓는 모습으로 나타나는 유령 사냥꾼들의 지도자이다. 웨일스 남부에서 알려진 비슷한 신, 권압니드*와 동일시된다. 아라운은 지하세계의 주요 적대자인 하프간Hafgan에게 도전하기 위해서 디버드의 왕자 퓔*을 매수하고, 대가로 돼지들을 선물로 준다.

아라이 Aray

전쟁 신. 그리스도교 이전의 아르메니아. 그리스의 신 아레스*에서 유래했을 것이다. 몇몇 전승은 아라이가 죽고 부활하는 신이었다고 암시한다.

아라크네 Arachne

하급 여신. 로마. 직조 기술과 관련되어 있다.

아라파차나 Arapacana (아라파차나 阿囉跛者曩)

신. 불교. 보살, 또는 영적 선정불. 원래 신격화한 문수보살의 다라니陀羅尼(주문, 진언)이다. 네 신들과 함께 있다. 다섯 부처의 집단적 이름이기도 하다. 색깔은 노란색이나 빨간색. 상징은 수도승의 옷을 입고 책과 칼을 들고 서 있다.

아랄로 Aralo

지역 농경 신. 그리스도교 이전의 그루지야Georgia, 아르메니아의 신 아라이*에서 유래했을 것이다.

아레바티 Arebati

창조신. 밤부티족Bambuti[콩고, 아프리카 서부]. 이투리Ituri 강둑을 따라서 살아가는 피그미족의 숭배를 받았다. 진흙과 피에서 인간을 창조해서 피부로 덮었다고 한다.

아레스 ARES (허다한 전쟁)

기원: 그리스. 전쟁의 신.

숭배 시기: 서기전 800년 무렵이나 그 이전부터 서기 400년 무렵 그리스도교 시기까지.

별칭: 없음.

숭배 중심지: 로마 시대에 아테네 아고라agora에 신전을 봉헌했으나 그 이전까지는 알려진 지성소가 없었다.

참조 예술: 파르테논Parthenon 신전 소벽, 알카메네스Alkamenes의 유명한 아레스 상, 당대의 다른 조각들.

문헌 자료: 주로 호메로스의 〈일리아스〉와 헤시오도스의 〈신통기〉.

아레스는 올림포스 판테온의 다른 큰 신들에 비하면 덜 알려졌으며, 제우스*와 헤라*의 아들로 트라키아에서 살았다고 한다. 전사 신 아레스는 그보다 더욱 뛰어나고 성공적인 여신 아테나*와 대조된다. 아테나는 신들의 전쟁에서 아레스와 싸워서 그를 정복한다. 아테나가 전쟁에서 영광과 영예를 통한 승리를 나타내는 반면, 아레스는 악과 전쟁의 잔인한 양상을 상징한다. 제우스가 보기에 아레스는 '신들 중에서 가장 싫은' 신이었다. 포보스(두려움)와 데미오스(공포)가 아레스의 전차를 끌었다.

아레스의 아들들은 심지어 아레스보다 더 잔인했다. 키크노스Kyknos는 인간의 해골로 신전을 건축하려고 했던 무서운 살인귀였으나 헤라클레스*에게 죽었다. 아레스의 악명 높은 또 다른 아들은 카드모스가 도시 테베를 세우려고 했을 때 그에게 죽은 용이다. 카드모스가 땅에 뿌린 용의 이빨들은 전사들로 자라났다. 이들은 아레스의 손자들이다. 아레스는 헤파이스토스*의 배우자 아프로디테*와 간통하여 딸 하르모니아*를 낳았고, 카드모스는 뒤에 하르모니아와 결혼함으로써 평화와 조화의 분위기 속에서 테베를 건설하는 길을 닦았다.

아레이마니오스 Areimanios
지하세계 저승 신. 그리스. 페르시아의 신 아리만*에서 유래했을 것이다. 플루타르코스는 하데스*의 체현이라고 보았다.

아렌스누피스 Arensnuphis (그리스식 이름)
특성이 불확실한 지역 신. 이집트(누비아). 서기전 700년 무렵부터 서기 400년 무렵까지 이시스*의 중요한 수행 신이었을 것이다. 그리스-로마 시대에 이집트 지성소들에 나타나며 자비로운 모습을 띠게 되었다. 아렌스누피스는 이시스와 관련을 맺었던 필라이에 지성소가 있다. 깃털 달린 왕관을 쓴 의인화한 형상이나 사자의 형상으로 그려진다. 이집트식으로는 아리헤스네페르Ari-hes-nefer 라고 한다.

아롬 Arom
계약 협정의 하급 신. 카피르족[아프가니스탄]. 아롬은 힌두쿠시 남부의 캄Kam 이라고 알려진 부족에게만 의미 있는 신으로 알려져 있다. 평화조약을 할 때 숫염소를 제물로 바쳐 아롬에게 경의를 표했다. 아롬에게는 일곱 형제가 있었다고 한다.

아루루 Aruru
어머니 여신. 메소포타미아(수메르와 바빌로니아-아카드). 닌후르쌍*을 보라.

아룬다티 Arundhati (충실)

별의 여신. 힌두교(푸라나). 샛별이 의인화한 신이며, 특별히 바시스타Vasistha와 연결이 되어 있긴 하지만, 브라마*의 영감을 받은 모든 아들들의 아내이다. 상징은 구걸 그릇들.

아르나쿠아그삭 Arnakua'gsak

물활론적 정령. 에스키모(북아메리카). 에스키모의 모든 물질적 요구들을 대양에서 공급해주는 '바다의 나이 든 여인'이다.

아르네메티아 Arnemetia

기후의 신. 로마노-켈트(브리튼). 비문을 통해서만 알려졌다.

아르다나리(스바라) Ardhanari(svara)o (반은 여성으로 존재하는 주님)

신. 힌두교(푸라나). 시바*는 하나의 몸에 자신의 샥티*를 결합시켰다. 수행 동물은 황소이다. 도상학에서는 상像 왼쪽이 여성이며 오른쪽은 남성이다. 인디아 환관들의 수호신이다. 오른편 상징은 푸른 연꽃, 컵, 자귀새, 류트, 달 원반, 절굿공이, 가죽, 칼, 삼지창이고, 왼편 상징은 도끼, 거울, 올가미, 물주전자, 염주, 거룩한 밧줄과 삼지창이다. 머리가 셋 달린 모습으로 나타날 수도 있다. 암마이아판Ammaiappan, 또는 나라나리Naranari라고도 한다.

아르두이나 Arduinna

숲과 사냥의 여신. 로마노-켈트(유럽 대륙). 아르덴Ardennes 지역의 비문과 작은 상들을 통해서만 알려졌다. 멧돼지를 탄 모습으로 묘사되며, 멧돼지들의 수호자로 추정된다. 로마인들은 여신 디아나*와 동일시했다.

아르드라 Ardra

불운의 하급 여신. 힌두교(푸라나). 악의를 지닌 나크사트라* 또는 별의 신. 다크샤*의 딸이자 찬드라*(소마*)의 배우자.

아르마 Arma

달의 하급 신. 히타이트와 후르리족. 날개가 달리고 뿔 모양 투구에 얹은 초승달을 지닌 모습으로 그려진다.

아르마즈 Armaz

최고신. 그리스도교 이전의 그루지야. 황금 갑옷에 보석으로 치장하고 무기를 휘두르는 모습으로 묘사된다.

아르베르누스 Arvernus

지역의 부족 신. 켈트(갈리아). 아르베르니족Arverni의 신이다.

아르사이 Arsay

지하세계 저승 신. 서셈족(가나안). 창조 서사시에 따르면 아르사이는 우가리트(라스 샴라) 바알*의 셋째 딸이며 알라툼*과 동일시되기도 한다.

아르산두올라이 ARSAN DUOLAI (끔찍한 지하의 거주자)

기원 : 야쿠트족 [시베리아 동부]. 지하세계의 수장 정령.

숭배 시기 : 선사 시대부터 서기 1900년 무렵까지.

별칭 : 없음.

숭배 중심지 : 없음.

참조 예술 : 나무로 만든 상들의 주인공일 가능성이 있지만 불명확하다.

문헌 자료 : 요헬슨의 〈야쿠트 The Yakut〉.

지하 세상에서 살면서 모호한 정령들의 집단인 아바시Abasy를 통치하는 것으로 여겨지지만, 이 물활론적 신에 대해서는 알려진 바가 별로 없다. 이 지하의 신들을 위해 뿔이 달린 소들을 도살했다. 아바시는 땅 위의 세상에서도 살았는데 땅 위에서는 말들을 희생 제물로 받았다.

아르수 Arsu

별의 수호신. 이슬람교 이전 북아라비아. 아르수는 금성이 의인화한 것이며 형제인 샛별 아지주Azizu와 함께 팔미라에서 숭배했다. 북아라비아에서 루다*와 동일시된다. 팔미라에서는 말이나 낙타와 관계가 있다.

아르주나 Arjuna (은과 같은)

영웅 신. 힌두교(베다, 서사시와 푸라나). 아르주나는 서사시 〈마하바라타〉에 나타난다. 판두 가의 아들 중 하나로 아버지는 인드라*이다. 아르주나는 보통 전사의 신 비마*와 함께 나타난다. 비슈누*에게 비스바루파* 형상을 취하도록 요청하는 책임을 지지만, 비슈누의 화신 또는 육화로 여겨지기도 한다. 불의 신 아그니*로부터 받은 활을 지닌 모습으로 묘사된다. 그러나 칼과 방패를 든 모습으로도 나타날 수 있다. 나라*라고도 한다.

아르치스마티 Arcismati (빛나는) (염혜지 焰慧地, arcismati bhumi)

하급 여신. 금강승불교. 신성시되는 보살의 경지 중 하나. 색깔은 녹색. 상징은 푸른 연꽃과 지팡이.

아르콘 ARCHON(S) (통치자들)

기원 : 영지주의 그리스도교 (지중해 동부). 태초의 창조신들.

숭배 시기 : 서기 100년 무렵부터 400년 무렵이나 그 이후까지.

별칭 : 엑수시아이eksousiai (그리스어로 '권위들'이라는 뜻).

숭배 중심지 : 초기 그리스도교 영향을 받은 지역 내 정체불명의 작은 수도원들.

참조 예술 : 없음.

문헌 자료 : 나그 함마디 사본들.

아르콘들은 우주의 천상적인 태초의 통치자들이다. 영지주의 우주론은 이스라엘의 하느님이 근원적이거나 유일한 창조자가 아니라, 빛과 어둠의 결투에서 결국 패배하게 되는 더 오래된 포악한 세력들의 산물이라고 주장한다. 아르콘들은 인간의 근원적인 창조자들이지만, 그들이 만들어낸 인간 형상은 영혼을 소유하지 않았다. 주요 문헌들 중에는 〈아르콘들의 실체 Hypostasis of the Archons〉와 〈세상의 기원 The Origin of the World〉에 관한 논문이 포함되어 있으며, 이 둘은 나그 함마디 사본의 일부로 서기 3~4세기에 씌어졌고, 그리스 철학의 영향을 많이 받은 것으로 보인다. 초기 그리스도교 교부들은 이 영지주의 자료를 검열해서 금지시켰다.

아르타프라티삼비트 Arthapratisamvit
논리적 분석의 여신. 금강승불교. 넷으로 이루어진 한 집단의 일원. 색깔은 녹색. 상징은 보석과 올가미이다.

아르테미스 ARTEMIS
기원 : 그리스. 그러나 서아시아 전역에 알려졌다. 동물들과 사냥의 여신이지만, 그리스어를 말하는 아시아 지역에서는 어머니 여신이다.

숭배 시기 : 서기전 800년 무렵이나 그 이전부터 서기 400년 무렵 그리스도교 시기와 그 이후까지.

별칭 : 포트니아테론Potnia Theron (동물들의 여주).

숭배 중심지 : 피시디아 근처의 안티오크, 델로스, 마이안데르Maeander의 마그네시아 Magnesia, 팜필리아Pamphylia, 페르게Perge, 에페소스.

참조 예술 : 숭배 조각상들. 에페소스에 있는 가슴이 여럿 달린 상이 가장 유명하다.

문헌 자료 : 쐐기문자 본문들(초기의 아시아 모델들), 호메로스의 〈일리아스〉, 헤시오도스의 〈신통기〉.

아르테미스는 먼 고대에 기원을 둔 신으로, 소아시아와 그리스에서 엄청난 인기를 끌었으며 그리스도교 시대까지 살아남았다. 아르테미스의 많은 기풍이 동정마리아에게 전이되었다는 주장이 있다. 아르테미스와 동정마리아 모두 에페소스에 주요 지성소들이 있었다. 아시아 여신으로서의 아르테미스는 날개를 달고 있으며 야생동물 사이에 서 있는 모습으로 종종 묘사된다. 이런 맥락에서는 보통 목긴 신발과 횃불과 뾰족한 모자를 갖춘 모습으로 나타난다. 아르테미스는 또한 남녀 양성적 특성을 강하게 지니며 이는 에페소스의 아르테미스 상에 극적으로 묘사되었다. 에페소스의 아르테미스 신전은 서기전 4세기까지 거슬러가며 세계의 7대 불가사의 중 하나로 꼽힌다. 5월 25일 행했던 의례에서는 아르테미스 신상들을 들고 3만여 명에 이르는 군중 속으로 행렬했다.

그리스인들에게 아르테미스는 제우스*와 레토*의 딸이었다. 서기전 700년 무렵부터 유명한 뿔 제단(Horn Altar)이 있는 신전에서 아르테미스를 공경했다. 그리스 신화에서는 남녀 양성적 면모가 확고하게 배제되었다. 호메로스 이전 가장 초기의 '동물들의 여주' 형상의 아르테미스는 들판을 거니는 모든 야생 동물새끼를 양육한다.

호메로스 시대에 이르러서는, 계모 헤라*의 지배를 받는 온순한 소녀의 모습을 좋아해서, 선사 시대의 사나운 요소가 약해졌다. 〈오디세이아 Odyssey〉는 더 적극적으로 묘사한다. 요정의 무리들과 함께 언덕과 들판을 넘어 멧돼지와 사슴을 쫓아가서 죽이는 걸음 빠른 처녀 여신으로 그리고 있다. 아르테미스는 자연과 어린 소녀들의 통과 의례를 관장한다. 그녀는 또한 피의 희생제의 여신이기도 하다. 아내의 역할을 맡게 된 처녀들을 위협할 때에는 잔인한 요소가 출현한다. 역설적으로, 아르테미스는 셈족의 특징과 더 조화를 이루어, 탄생의 여신으로 여겨지기도 한다.

아리마니우스 Arimanius
지하세계 저승 신. 로마. 아레이마니오스*를 보라.

아리만 Ahriman
어둠의 지하세계 신. 조로아스터교(페르시아). 빛의 신 아후라마즈다*와 그의 수행 신 미트라(1)*의 적대자. 아리만이라는 이름은 원래 아베스타 이름인 앙그루마이뉴*의 근대적 파생어이다. 이원론적 갈등이 있는 원래 전설에서, 아리만은 미트라(1)가 살해한 황소의 피를 마시기 위해 전갈, 개미, 뱀 등을 포함한 자기 부하 동물들을 설득하려 했다고 한다. 만일 그가 성공했다면 그는 땅에 생명을 형성하는 것을 방지할 수 있었을 것이다. 또 다른 전설에서 아리만은 세상을 파괴하기 위해 홍수를 보냄으로써 아후라마즈다를 방해하려고 시도한다. 그는 로마 미트라교에서도 알고 있었다. 의례에는 동물 희생제가 포함되었다. 아리마니우스*라고도 한다.

아리스타이오스 Aristaios
목자들의 신. 그리스. 아우토노에Autonoe의 배우자. 고대에 기원을 두고 있으며 농부들이 목자들과 양봉업자들의 수호신으로 숭배했다. 여러 세기 동안 키레네Kyrene[리비야]에서 숭배를 이어갔다.

아리아드네 Ariadne
식물의 여신. 그리스. 크레타에서 확인된 이름 없는 여신에서 유래했을 가능성이 있다. 호메로스와 헤시오도스에 따르면 아리아드네는 미노스*의 딸이며 디오니소스*의 배우자이다. 코로나 보리알리스Corona Borealis는 아리아드네가 제우스*로부터 받은 왕관이다. 전승은 아리아드네가 영웅 테세우스Thesus의 구애를 받았다가 그에게서 버림받았다고 한다.

아리안로드 Arianrhod
대지의 여신. 켈트(웨일스). 카이르 시디Caer Sidi 성채에서 저승 영혼들의 입문식을 관장한다. 〈마비노기온〉에는 벨리Beli의 딸로, 그리고 돈(1)*의 배우자이며 흘레우흘라우게페스*와 딜란Dylan의 어머니로 언급된다.

아리야만 Aryaman (동료)
하급 태양신. 힌두교(베다와 푸라나). 베다 시대에 공식적인 환대의 신이었다. 여신 아디티*의 여섯 아들(아디탸야*) 중 하나이다. 상징은 봉, 두 연꽃과 기도 바퀴.

아리야타라 Arya-Tara (명예로운 타라*)

여신. 불교. 아모가시디*의 샥티*. 종종 축약된 이름인 타라*가 사용된다. 아리야타라는 탐TAM 씨앗에서 기원한다. 색깔은 녹색이고, 상징은 녹색 연꽃과 지팡이이다. 바시야타라*라고도 한다.

아린나 Arinna (태양의 여신)

태양신. 히타이트와 후르리족. 남녀 양성적 형상을 취할 수 있지만 기후의 신 테슈브*의 배우자로 확인되기도 한다. 아마도 히타이트 판테온의 수장이었을 것이다. 아린나의 종교 중심지는 오직 문헌에서만 알려졌기 때문에 아린나에 대한 상세한 설명은 별로 없다. 이 태양 여신은 최상의 저승 여신, 또는 대지의 여신으로 인식되기도 한다. 후르리족의 여신 헤바트*와 광범위하게 혼합되었다.

아마샤그눌 Amašagnul

풍요의 여신. 메소포타미아(바빌로니아-아카드). 헬레니즘 시기 우루크에서 출토된 성직 문헌에서 언급되었고 파프수칼*의 배우자로 여겨졌다.

아마아르후스 Ama-arhus

풍요의 여신. 메소포타미아(바빌로니아-아카드). 헬레니즘 시기 우루크의 판테온에 있는 존재로 언급되지만, 더 이른 시기의 굴라* 신의 현현으로도 나온다. 아라드아마아루스 Arad-Ama-arhus 또는 아마트아마아루스 Amat-Ama-arhus라고도 한다.

아마우네트 Amaunet (숨겨진 자)

풍산 여신. 이집트(상이집트). 아마우네트가 초기에는, 오그도아드*라는 여덟 신 중 하나이며 숨겨진 힘을 나타내는, 아문*의 배우자 역할을 취했던 것 같다. 이러한 맥락에서 여신은 뱀의 머리를 가졌지만 의인화된 모습으로 그려진다. 아마우네트는 부조에서 볼 수 있으며, 테베 카르나크 신전의 투트모시스

3세 홀에는 유명한 조상彫像이 있다. 테베에서 아마우네트는 수호신으로 인식되었고, 특히 왕위 계승식에서 중요하게 여겨졌다. 풍산 여신으로서의 지위는 여신 무트*때문에 많이 가려졌다. 아마우네트는 때로 사이스의 창조 여신 네이트*와 비교된다. 상징에는 "붉은 왕관"이 포함되기도 한다.

아마이톤 Amaethon

농경 신. 켈트(웨일스). 돈(1)*의 아들이자 귀디온*의 형제로, 소수의 웨일스 문헌에 나오며, 아라운*에 대항하는 신화적 전쟁에 참여한다. 농부를 일컫는 근대 웨일스어는 아마이투르amaethwr이다.

아마츠마라[天津麻羅] Ama-Tsu-Mara

대장장이의 신. 신도[일본]. 그리스의 키클롭스와 비교할 수 있는 외눈의 외설적인 신이다. 태양 여신 아마테라스*를 유혹하는 '완벽하게 신성한 거울'을 만드는 데 큰 역할을 한다.

아마테라스오미가미[天照大神] AMATERASU-O-MI-KAMI

기원: 신도 [일본]. 태양 여신.

숭배 시기: 서기 600년 무렵이나 그 이전부터 현재까지.

별칭: 오히루메노무치[大日靈貴], 텐소코다이진[天照大御神].

숭배 중심지: 이세신궁, 일본 전역.

참조 예술: 조각과 그림 등.

문헌 자료: 〈일본서기〉〈고사기〉

신도의 주요 신이자 황실의 조상신이다. 태초의 신 이자나기노가미*가 친애하던 딸이며 이자나기노가미의 왼쪽 눈에서 태어났다고 한다. 아마테라스는 폭풍의 신 스사노오*의 누나이다.

신화에 따르면 아마테라스와 스사노오는 생존하기 위해 서로 결합해야만 했다. 스사노오는 아마테라스와 함께 하늘로 올라가지만 그녀의 집에 들어가려고 시도하고 여러 악행을 저지른 후에 쫓겨난다. 아마테라스는 더럽혀지기를 거부하고 동굴 속에 끈질기게 숨어버린다. 다른 신들은 아마테라스가 나오도록 합동으로 술책을 펼친다. 아마테라스를 유혹할 물건은 그녀를 반영해 줄 '완벽하고 신성한 거울'이다. 두 신의 탄생은 우주적 기원과 물질적 기원 사이의 변천을 특징짓는 것으로 여겨진다.

해마다 5백만 명 정도의 열성 신자들이 이세신궁을 방문하며, 아마테라스는 모든 가정의 신단에서도 높은 위치를 차지한다. 때로 아마테라스 신사는 스사노오 신사와 인접해 있다. 아마테라스는 또한 천황의 수호 여신이기도 하다. 아마테라스 숭배는 일신교적 경향이 있어서 그녀와 함께 있을 때에는 다른 모든 신들이 보조적인 자리를 차지한다. 아마테라스는 힘이 있지만 언제나 성공하는 것은 아니며 종종 공격을 받는다. 불교의 비로자나불*과 동일시되어왔다.

아메노미나카누시노가미[天之御中主神] AME-NO-MINAKA-NUSHI-NO-KAMI

기원: 신도 [일본]. 최고신.

숭배 시기: 서기 600년 무렵부터 현재까지.

별칭: 없음.

숭배 중심지: 없음.

참조 예술: 없음.

문헌 자료: 〈고사기〉.

신도 판테온의 최고신이며 하늘과 땅이 형성되었을 때, 천상 세계 타카마노하라에서 처음 출현했다. 홀로 태어났고 아홉 번째 하늘에 거주하며 육안으로부터 언제나 스스로를 숨긴다. 어떤 형상도 만들어진 바가 없는 아리송하고 불명확한 신으로 이 신을 향해 직접적인 숭배를 하지도 않는다. 아메노미나카누시노가미라는 이름은 〈고사기〉에 단 한 차례 나타나며 〈일본서기〉에는 나타나지 않는다. 이 신의 정체는 중국 종교의 영향을 강하게 받았다. 이름은 태초의 존재들인 타카미무수비노가미[高御産巣日神]·카미무수비노가미[神産巣日

320

神]와 밀접한 관련이 있다.

아메노미쿠마리노가미[天之水分神] Ame-No-Mi-Kumari-No-Kami
물의 여신. 신도[일본]. 강어귀의 신 미나토노가미의 딸 중 하나로 '천상의 물 분배자'로 알려졌다. 아메노미쿠마리노가미 숭배는 쿠니노미쿠마리노가미[国之水分神] 숭배와 관련이 있다.

아메노우스메[天鈿女] Ame-No-Uzme
무희들의 여신. 신도[일본]. 거울을 사용해서 태양 여신 아마테라스*가 동굴로부터 나오도록 유혹하는 역할을 한다.

아메노카가세오[天香香背男] Ame-No-Kagase-Wo
별의 신. 신도[일본]. 우주를 창조하는 과정 동안 후츠누시[經津主神]가 진정되지 않아서 그에게 처형되었다는 가장 중요한 별의 신이다.

아메노타나바타히메노미코토[天棚機姬命] Ame-No-Tanabata-Hime-No-Mikoto
직공들의 별의 여신. 신도[일본]. 신격화한 두 별 중 하나로 전승에 따르면 둘은 서로를 깊이 사랑했다. 그녀의 짝은 히코보시*이다. 아메노타나바타히메노미코토는 보통 타나바타[七夕]로 줄여서 부르는데, 이 약칭은 이 여신을 기리는 축제의 이름으로 서기 755년 일본에서 전국적인 행사가 되었다. 쇼쿠조[織女]라고도 한다.

아메노토코타치가미[天之常立神] Ame-No-Toko-Tachi-Kami
태초의 존재. 신도[일본]. 하늘에서 출현한 다섯 번째 신으로 〈고사기〉와 〈일본서기〉에 이름이 나오지만 아마도 중국 종교의 영향을 강하게 받았을 것이다. 태초의 물에 떠 있는 갈대에서 탄생했다. 우마시아시카비히코지노가미*라고도 한다.

아메와카히코[天若日子] Ame-Waka-Hiko (하늘의 젊은 왕자)

신. 신도[일본]. 전승에 따르면 아메와카히코는 중요한 임무를 띠고 지상에 파견되었으나, 여인들에게 마음을 빼앗겨 자기가 온 목적을 잊어버리고 하늘에 보고하지 않았다. 그는 '하늘의 활'로 발사한 화살을 맞고 죽는 벌을 받았다.

아모가시디 AMOGHASIDDHI (불공성취불 不空成就佛)

기원: 불교 [인디아]. 다섯 번째 선정불 (디야니붓다*).

숭배 시기: 기원전 500년 무렵부터 현재까지.

별칭: 카르마헤루카Kharmaheruka.

숭배 중심지: 아시아 전역.

참조 예술: 조각, 그림.

문헌 자료: 〈사다나마라〉, 밀교 의례 문헌들.

금강승불교에서 인간 붓다의 신비적인 다섯 영적 대응자 중 하나. 의식과 관련된 우주의 가지를 나타내는 아디붓다*에서 나왔다. 아모가시디는 녹색 만트라 훔HUM에서 기원하며 북쪽 낙원에 산다. 그의 샥티*는 아리야타라*이며 그는 보통 가루다*(금시조 金翅鳥) 두 마리 또는 난쟁이들과 함께 있다. 색깔은 녹색. 상징물은 지팡이, 때로는 머리가 일곱 달린 뱀. 아모가시디는 라마교의 수호신이기도 하며, 이 경우에 상징물은 종, 수도승의 옷 세 벌, 기도바퀴 등이다. 비스바파니Visvapani를 비롯한 여러 이름들을 낳았다. 악쇼비야*, 라트나삼바바*, 바이로차나* 등을 보라.

아모가파사 Amoghapasa

신. 불교. 머리는 하나인데 팔은 여섯이나 여덟 개 달린 모습으로 그려진다. 상징물은 화살, 종, 연꽃, 올가미, 기도바퀴, 염주, 지팡이, 호랑이 가죽.

아모르 Amor

사랑의 신. 로마. 그리스 신 에로스*에서 발전했다. 날개를 단 젊은이로 묘사된다. 전승에 따르면 아모르는 입맞춤으로 여신 프시케를 깨웠다. 상징에는 화살과 활과 횃불이 포함되어 있다. 대중적인 별명인 큐피드*는 시인들이 붙인 이름이었다.

아무루 Amurru

산의 신. 서셈족. 아티라트*의 하급 배우자로 상징은 목자의 지팡이이며 목자들의 숭배를 받았던 것으로 보인다. 주로 비문들로부터 알려졌다. 마르투*라고도 한다.

아무센캅 Ah Muzencab

꿀벌의 신들. 마야(유카텍족, 고대 메소아메리카)[멕시코]. 유카탄 일부에서는 지금도 기원을 받는 양봉가들의 수호신들. 이 신들은 치첸이트사Chichen Itza에서 돌기둥의 꼭대기와 바닥에서 긴 수염에 팔을 올린 노인들로서 상상된다. 그들은 독특한 문양의 옷을 허리에 두르고 있다.

아무트 Ammut (죽은 자들을 포식하는 여신)

지하세계 저승 여신. 이집트. 사자들의 심장 무게를 재는 진실의 방에서 죄 때문에 저울이 내려가면 죽은 자들을 먹었다는 중요한 신이다. 아무트는 무시무시한 모습을 하고 〈사자의 서〉에 이름이 나온 마흔둘의 배심원 신들과 나란히 앉아 있다. 악어 머리에 사자의 코와 앞다리, 하마의 뒷다리를 한 모습으로 묘사된다.

아문(1) Ah Mun

옥수수의 신. 마야(유카텍족, 고대 메소아메리카)[멕시코]. 여물지 않은 옥수수를 보호하는 신이다.

아문(2) AMUN (숨겨진 자)

기원: 이집트.

숭배 시기: 선왕조 시대부터 숭배했을 가능성이 크지만, 역사적으로는 서기전 2400년 무렵부터 서기 400년 무렵 이집트 시대 끝까지.

별칭: 아문켐아테프Amun kem-atef (뱀의 신), 아문카무테프Amun kamutef (풍요 신).

숭배 중심지: 테베(룩소르) 카르나크에 있는 아문 대신전, 아문카무테프의 남근 형상에 봉헌된 카르나크 남쪽 룩소르 신전.

참조 예술: 성전 벽 등지의 많은 초상화들, 부조, 조상, 하트셉수트Hatshepsut 여왕의 오벨리스크를 포함한 여러 오벨리스크들.

문헌 자료: 제5왕조의 말기(서기전 2494~2345년) 피라미드 문서, 신전 찬가, 〈사자의 서〉, 해리스Harris 파피루스, 그 외 여러 참조 문헌들.

아문은 태양신이며 하늘의 주인이고 이집트 세계의 왕이다. 우주가 창조될 때 혼돈 속에 있는 태초의 신이다. 오그도아드*라는 여덟 신 중 하나이며 아마우네트* 여신과 짝을 이루고 숨겨진 힘을 대변한다. 아문은 파란 피부에 터번을 입은 파라오로 그려진다. 그의 터번에는 상이집트와 하이집트를 모두 다스리는 상징인 두 깃털이 달려 있다. 룩소르의 주요 신전들에 더하여, 첫 번째 나일 폭포 지나서 아마다Amada, 솔레브Soleb, 게벨 바르칼Gebel Barkal, 아부 심벨Abu Simbel 등지에 또 다른 신전들이 지어졌다.

아문은 주로 구부러진 뿔이 달린 숫양으로 상징화된다. 나일 강의 거위 또한 그에게는 신성하다. 숨겨진 신이지만, 보이지 않으면서도 전 우주 모든 곳에 퍼져 있는 신이다. 의인화된 모습으로 그려지기는 하지만 '숨겨진 모습'이나 '신비한 형상'으로 묘사된다. 아문은, 서기전 16세기 중반 이후 신왕국 시대에, 헬리오폴리스의 고대 태양신의 현현으로 그려진다. 이것은 그의 명망을 효과적으로 높이고 '신들의 왕'이라는 이름을 얻게 했다. 아문 역시 모든 파라오의 아버지와 같은 존재로 여겨졌다. 테베에서는 불멸과 끝없는 소생을 함축하는 뱀 신으로 숭배받았다. 오그도아드의 일원으로서 그는 뱀의 머리를 가지고 있다.

아문의 남근상 형태는 아마도 그가 신들 중에 '처음 형성된' 신이며, 아버지를 가질 수 없었고, 그래서 자기 어머니를 임신시켜야 했다는 인식에서 유래했을 것이다. 일반적으로 그는 거대한 성적 상징을 지닌 신으로 여겨진다. 디르 엘-바하리Dier el-Bahari에 있는 하트셉수트 여왕의 신전에는 아문이 임신시킨 여왕의 어머니 부조가 있다. 비슷한 장면이 룩소르의 아멘호테프 3세Amenhotep III 신전에도 있다. 대열주실(Great Hall of Hypostyle)은 아문과 파라오의 그림으로 채워져 있고 아문에게 경의를 표하는 행렬들도 있다. 서기전 12세기 무렵 아문 사제직은 이집트에 강력한 세력이었고 아문과 아텐* 사이의 최종전을 이끌었다. 아텐은 아멘호테프 4세가 '창조한' 신이었다. 아문이 실추한 시기는 짧았고 그는 이집트 역사 끝까지 특별한 영향을 발휘했다.

아미다 [阿弥陀] Amida
태초의 신. 일본 불교. 서기 11세기에서 12세기부터 알려진 아미타바*(아미타불)의 일본식 이름.

아미미틀 Amimitl
호수와 어부의 하급 신. 아스텍(고대 메소아메리카)[멕시코]. 믹스코아틀카막스틀리*로 분류되는 집단의 일원이다.

아미타바 AMITABHA (아미타불 阿彌陀佛)
기원: 불교 [인디아]. 네 번째 선정불 (디야니붓다*).

숭배 시기: 서기전 500년 무렵부터 현재까지.

별칭: 바즈라다르마Vajradharma (금강법보살), 아미타유스Amitayus.

숭배 중심지: 아시아 전 지역.

참조 예술: 조각, 그림.

문헌 자료: 〈사다나마라〉, 밀교 의례 문헌들.

금강승불교에서 인간 붓다의 신비적인 다섯 영적 대응자 중 하나. 의식과 관련된 우주의 가지를 나타내는 아디붓다*에서 나왔다. 아미타바는 붉은 만트라 흐릭HRIH에서 기원하며, 서쪽에 있는 붉은 색 순수한 땅(西方淨土) 수카바티

Sukhavati에서 산다. 아미타바 숭배는 이란의 빛의 종교들로부터 영향을 받았을 수 있다. 아미타바의 샥티*(생명에너지, 정력, 배우자)는 판다라*이고 그는 보통 두 공작과 함께 있다. 색깔은 빨간색. 상징물은 머리카락 뭉치, 연꽃, 수도승의 옷, 물병 등이다. 티베트 라마 불교에서는 아미타바를 수호신으로 섬기며, 그럴 경우에 상징은 종, 보석, 수도승의 옷 세 벌이다. 파드마파니*(지연화보살持蓮花菩薩), 만주스리* 등을 포함해 여러 이름들을 낳았다.

악쇼비야*, 아모가시디*, 라트나삼바바*, 바이로차나* 등을 보라.

아바테아 Avatea

달의 신. 폴리네시아[쿡 제도]. 위대한 어머니 바리마테타케레*의 첫 아들이며 티니라우*의 형이다. 전승에 따르면 바리마테타케레는, 반은 물고기이고 반은 사람인 아바테아를 얻기 위해서 자기 오른쪽 일부를 잡아당겼다. 아바테아의 몸은 수직으로 나뉘었는데, 왼쪽은 물고기 같고 오른쪽은 인간 형상이다. 그는 신들과 인간의 아버지이며 세상의 코코넛 속에서 살아간다고 한다. 임시로 코코넛 껍데기 속에서 지낸 후, 티니라우*의 집 바로 위에 있는 천상 세계로 파견되었다. 바테아*, 와케아Wakea라고도 한다.

아반디누스 Abandinus

특성이 알려지지 않은 신. 로마노-켈트(브리튼). 이 신의 이름은 영국 캠브리지 갓맨체스터Godmanchester의 한 비문에 나타난다.

아발로키테스바라 AVALOKITESVARA (자비로운 주) (관세음보살 觀世音菩薩)

기원: 불교 [인디아]. 보살 (보디사트바*).

숭배 시기: 서기전 500년 무렵부터 현재까지.

별칭: 열아홉 형상이 존재한다.

숭배 중심지: 아시아 전 지역.

참조 예술: 조각, 그림.

문헌 자료: 〈사다나마라〉, 밀교 의례 문헌들.

대승불교의 가장 중요한 신들 중 하나. 라마교에서는 티베트의 수호신이다. 힌두교에서는 비슈누*와 같으며 파드마파니*와 관련을 맺고 있다. 우주 신화에서 아발로키테스바라는 창조신이다. 그의 샥티*는 판다라*이고 수행 동물은 사자이다. 여러 형태의 아발로키테스바라가 존재하는데, 피라미드 형태로 배열된 머리를 열하나 가진 형상도 있다. 색깔은 하얀색이나 빨간색. 상징은 푸른 연꽃, (피라미드 맨 위에 있는 머리인) 아미타바*의 이미지, 연꽃, 염주, 무기와 물병. 중국과 일본의 불교에서는 관음* 여신으로 나타난다.

아베오나 Abeona
통행의 여신. 로마. 아데오나* 여신과 관련이 있으며, 어린이의 안전한 왕래에 관여한다.

아베타 Aveta
탄생과 분만의 여신. 로마노-켈트(갈리아). 프랑스의 툴롱-쉬르-알리에Toulon-sur-Allier에서 발견된 흙으로 된 작은 상들을 통해서 주로 알려졌다. 이 상들은 가슴에 아기들을 안은 여신을 보여준다. 아베타는 특히 젖을 주는 어머니들과 관련이 있다. 종종 작은 애완견이 함께 묘사되어 있다.

아벨리오 Abellio
나무의 신. 로마노-켈트(갈리아). 프랑스 남서부 가론Garonne 계곡에 있는 비문으로부터 알려졌으며, 사과나무와 관련이 있는 신으로 추정된다.

아본삼 Abonsam
악의를 지닌 영. 아프리카 서부. 황금 해안 등지의 부족들에게 알려졌다. 전통적으로 해마다 총을 쏘고 크게 소리 지르고 집의 가구를 비우고 몽둥이로 내부를 때리는 등의 추방 의례를 통해서 이 악령을 쫓아냈다. 아본삼은 결국 바다로 추방된다. 추방 의례를 행하기 전에 4주 동안 완전한 침묵을 지켰다.

아볼론자캅 Ah Bolon Dz'acab (여러 세대들)

대지의 풍요 신. 마야(고대 메소아메리카)[멕시코]. 비 및 천둥으로 확인되는 신이다. 농경 및 어린 곡물과도 강하게 연결되어 있다. 이구아나 신 이참나*의 식물 화신일 수 있다. 상징으로, 코에 나뭇잎 같은 장식물을 걸쳤다.

아부 Abu

하급 식물 신. 메소포타미아(수메르). 엔키*의 머리에서 나왔다고 하며, 흙에서 나오는 식물을 상징한다.

아분단티아 Abundantia

풍요의 하급 여신. 로마. 풍요가 의인화한 신이다. 로마가 점령한 이후 프랑스 신화에도 이어졌으며, 밤에 집으로 들어가 번영을 일으키는 숙녀로 묘사된다.

아브갈 Abgal

1. 사막의 신. 이슬람교 이전의 북아라비아. 팔미라 사막 지역에서 베두인족과 낙타몰이꾼들의 수호신으로 알려졌다.
2. 하급 수행 영. 메소포타미아(수메르). 엔키*와 관련이 있으며, 지하수의 신 압주* 안, 또는 태초의 물에 거주한다.

아브노바 Abnoba

숲과 강의 여신. 로마노-켈트(유럽 대륙). 독일 흑림 지역으로부터 알려졌다. 여러 강들과 관련된 '에이번 Avon'이라는 말은 이 여신의 이름에서 유래한다.

아브리키티 Avrikiti

물고기들의 신. 폰족[베냉, 아프리카 서부]. 이 신의 상들은 앉아 있는 형태로 해변에 배치되었으며, 어부들과 지역의 장로들이 해마다 풍어를 기원하며 제물을 바친다.

아비무키 Abhimukhi (친절한 성품의)

하급 여신. 금강승불교. 신성시되는 보살의 경지 중 하나(현전지現前地 : 십이연기를 관함). 색깔은 노랑. 상징은 책과 지팡이.

아비즈나라자 Abhijnaraja

의사 신. 라마 불교(티베트). 여러 의술 부처들인 맨라* 중 하나이다. 귓불이 늘어진 모습으로 묘사된다. 색깔은 빨강.

아버지트 Abhijit (승리의)

행운의 하급 여신. 힌두교(푸라나). 자비로운 나크사트라* 또는 별의 신. 다크샤*의 딸이자 찬드라*(소마*)의 배우자.

아사르 Asar

기마의 신. 이슬람교 이전의 북아라비아. 팔미라의 비문에만 알려졌다.

아사세야 Asase Yaa

대지의 풍산 여신. 아샨티족Ashanti[가나, 아프리카 서부]. 아칸Akan어와 판테Fante어를 쓰는 가나의 광범위한 지역에서 숭배를 받는 주요 여신이다. 아사세야는 신전이나 사제가 없지만 목요일은 그녀를 위한 날로 정해져 있고 경작도 금지되어 있다. 전통에 따라서 농부는 해마다 풍작을 기원하며 수평아리를 바치고 땅에다 피를 뿌린다. 땅의 자궁인 아사세야는 죽은 이들의 여신이자 진리의 여신이다. 판테어로는 아사세에푸아Asase Efua라고 한다.

아살루하 Asalluha

하급 신. 메소포타미아(수메르와 바빌로니아-아카드). 엔키*의 아들로 자기 아버지를 위한 심부름꾼이자 보고자로 나타난다. 축귀(exorcism)와 연결되어 있다. 숭배 중심지는 쿠아라Ku'ara. 바빌로니아 시대에는 마르둑*과 광범위하게 혼합되었다.

아세라 AŠERAH

기원: 아모리, 가나안과 페니키아[티레 북쪽 레바논, 시리아]일 가능성도 있다. 어머니 여신.

숭배 시기: 서기전 3000년 무렵 선사 시대부터 그리스도교 시기까지 (서기 400년 무렵).

별칭: 아티라트*.

숭배 중심지: 우가리트 (라스 샴라)와 동부 지중해 연안 곡물 성장 지역들의 구릉지 성소들.

참조 예술: 남아 있는 게 없으나 전에는 광범위하게 묘사되었다.

문헌 자료: 라스 샴라에서 나온 우가리트어 본문들, 특히 〈바알과 아나트의 전설 The Legend of Baal and Anat〉, 〈구약성서〉.

아세라는 가나안의 위대한 어머니 여신이다. '바다의 여인 아세라'로 알려졌고 가나안 창조신 일*이 있던 곳 가까이 살았던 것으로 보인다. 아세라에게는 많은 아들들이 있었다고 한다. '신들의 여성 창조자'로 묘사되며 자연세계를 관장하는 여러 여신들의 보호자다. 바알*에게 분명치 않은 태도를 취하기도 한다. 바알이 자기의 궁전을 짓고자 했을 때 아세라는 일을 중재해주며, 그가 패하자 자기 자식 중 하나를 옥좌에 올리려고 시도한다. 에제키엘 등 예언서 저자들의 비방을 받은 나무들 아래 있던 성소들의 이름도 아세라를 따른 것이었다. 흠정역에서 '작은 숲'으로 번역된 아세라는 돌기둥 마세바massebah와 결합하여 중심 예배지를 이루었던 조각된 나무 기둥이었던 것으로 보인다. 아쉬라 Ašrah는 어머니 여신의 현존을 나타냈다. 많은 이스라엘 사람들 사이에서 아세라가 인기 있었다는 것은 논쟁의 여지가 없다. 그러나 특히 풍산 의례와 연결된 어머니 여신의 재현 등 이교도적인 측면 때문에, 아세라는 이스라엘 왕정기 동안 부족의 다른 종교 지도자들과 예언자들을 노하게 만들었다. 이것은 많은 대중을 자극해서 야웨* 신앙에 대해 매우 양면적인 태도를 버리게 했거나 아니면 취하도록 했을 것이다.

아세르투 Ašertu

풍산 여신. 서셈족(가나안)과 히타이트. 우가리트어(라스 샴라) 문헌에는 에이쿠니르사Eikunirsa의 불충실한 배우자로 나와 있다.

아소코타마스리 Asokottamasri (아쇼카의 위대한 아름다움)
의사 신. 라마 불교. 라마교의 의사 부처들 또는 맨라* 중 하나이다. 귓불을
늘인 모습은 전형적이다. 색깔은 빨간색.

아소포스 Asopos
지역의 강의 신. 그리스(보이오티아Boeotia). 포세이돈*의 아들 중 하나로 그리스
중부 지역에서만 알려졌다.

아수라 Asuras
하늘 신들. 힌두교(베다). 〈리그베다〉 서두에서 확인되며 후기 힌두교에서 데
바*(신)의 적수인 악마가 된다.

아수라쿠마라 Asurakumara
신. 자이나교[인디아]. 바바나바시*(장소에 거주)라는 일반 명칭으로 불리는 집단
들 중 하나. 이들은 젊은 외양을 하며 비와 천둥과 관련이 있다.

아수르 Assur
수호신. 메소포타미아(바빌로니아-아카드). 아시리아의 국가 신. 창조 서사시
〈에누마 엘리쉬〉의 아시리아어 본에서는 아수르가 영웅 마르둑*을 대체한다.

아수하노가미[阿須波の神] Asuha-No-Kami
안마당의 신. 신도[일본]. 수호신으로 집과 그 주변 보호와 관계있는 여러 신들
중 하나다.

아쉬 Aš
지역 풍산 신. 이집트(사하라 서부). 초기 왕조 시대부터 알려졌다. 사막의 오아
시스와 다른 풍요로운 지역의 자비로운 신으로 추정된다. '리비아의 주'라는
별명이 있다. 의인화된 모습으로 그려지며 때로 매의 머리를 하고 있다.

아쉬난 Ašnan

식물의 여신. 메소포타미아(수메르와 바빌로니아-아카드). 서기전 3500년 무렵이나 더 일찍부터 수메르인들에게 알려진 하급 신. 들판 곡식의 풍요로움과 관련되어 있고, 엔릴*과 엔키*가 곡식의 수호자로 파견했다. 창조 이야기에 따르면, 아쉬난과 가축의 신 라하르*의 처음 목적은 아눈나키*의 필요에 부응하기 위한 것이었다. 그러나 하늘의 피조물들이 자기들의 생산물을 사용할 수 없다는 것을 알게 되자 그들에게 출구를 제공하기 위해 인간이 창조되었다. 상징은 아쉬난의 어깨에서 자라나는 곡식 이삭.

아쉬라툼 Ašratum

풍산 여신. 서셈족(가나안). 아마도 셈족의 아티라트*나 아셰라*가 변형된 이름일 것이다. 헬레니즘 시기의 바빌로니아 문헌에서도 언급된다. 아쉬라트Ašrat라고도 한다(아카드).

아쉬아클레 Ashiakle

부의 여신. 간족[가나 아크라 주변, 아프리카 서부]. 바다의 신 나이*의 딸이다. 대양에서 태어났고 카누를 타고 땅에 왔다. 아쉬아클레의 색깔은 빨간색과 흰색이다.

아쉬타로스 Aštaroth

풍산 여신. 서셈족. 페니키아 여신 아스타르테*와 동일시되는 목자들의 여신. 이름의 복수형인 아쉬토레스*는 여신들에 대한 집단적 이름으로 사용되었다.

아쉬토레스 AŠTORETH

기원: 팔레스타인과 필리스틴 [이스라엘, 레바논]. 풍산 여신.

숭배 시기: 서기전 1200년 무렵이나 그 이전부터 서기전 200년 무렵까지.

별칭: 아쉬타로스*.

숭배 중심지: 예루살렘을 포함한 팔레스타인 연안 지역.

참조 예술: 다양한 조각.

문헌 자료: 비문, 구약성서.

아쉬토레스는 시리아 여신 아스타르테*와 동일시되며 둘 다 메소포타미아의 이쉬타르*를 모방했다. 아쉬토레스는 특히 사랑과 전쟁의 여신으로 받아들여졌다. 보통 뿔 달린 머리 장식을 한 모습으로 그려진다. 열왕기 상권 11장 5절과 열왕기 하권 23장 13절도 아쉬토레스를 언급하고 있다. 솔로몬이 예루살렘 근처에 아쉬토레스를 기념하는 성전을 지었다고 한다. 몇몇 작가들은 이 여신의 이름이 아쉬타로스*와 같은 말이라고 한다.

아쉬팔리스 Ašpalis

사냥의 여신. 서셈족. 프티아 Phthia의 멜리테 Melite에서 아쉬팔리스에 대한 언급이 아주 조금 있다. 아르테미스*가 지역화해서 아쉬팔리스가 됐을 가능성이 크다. 어떤 아르테미스 신화에서와 마찬가지로 아쉬팔리스도 스스로 목을 매었고 몸은 사라졌다.

아스바유자우 Asvayujau (마구를 찬 말들)

행운의 하급 여신. 힌두교(서사시와 푸라나). 악의를 지닌 나크샤트라* 또는 별의 신. 다크샤*의 딸이자 찬드라*(소마*)의 배우자. 아스비니 Asvini와 아스비니야우 Asvinyau라고도 한다.

아스빈스 Asvins

의사 신. 힌두교(베다). 말을 가지고 있는 쌍둥이 신으로 비바스반*과 사라뉴*의 아들들이다. 말이나 새가 끄는 전차 안에 있는 신으로 묘사된다. 상징은 책, 풀잎(herbs)과 물병이 있는 용기.

아스클레피오스 ASKLEPIOS

기원: 그리스. 의사들과 치유의 신.

숭배 시기: 서기전 800년 무렵이나 그 이전부터 서기 400년 무렵 그리스도교 시기까지.

별칭: 아스클라피오스 Asklapios, 아이스클라피오스 Aisklapios.

숭배 중심지: 에피다우로스 Epidauros, 코스 Kos, 페르가몬 Pergamon의 아스클레페이온 Asklepeion.

참조 예술: 다양한 조각들.

문헌 자료: 호메로스의 〈일리아스〉, 헤시오도스의 〈여성 목록〉.

아폴론*과 코로니스 Coronis의 아들 아스클레피오스는 죽을 운명의 존재로서 인상적으로 살다가 죽었다. 그럼에도 그는 신으로 여겨진다. 반인반마半人半馬의 켄타우로스 Centaur 가운데 하나인 키론 Chiron에게서 자랐으며 의사가 된 두 아들 포달레이리오스 Podaleirios와 마카온 Machaon을 낳았다. 더욱 친숙한 것은 그의 딸인 여신 히기에이아*(건강)이다. 아스클레피오스는 두 마리 뱀이 교차하며 감긴 형태의 지팡이로 상징화된다. 지성소에서는 포로로 잡힌 뱀으로 표현되기도 한다. 전설에 따르면 아스클레피오스는 죽은 사람도 되살릴 수 있었기에 제우스*의 손에 죽었다고 한다. 코스의 의사들은 아스클레피아다이 Asklepiadai(아스클레피오스의 아들들)라는 조합을 만들었다. 고대에 에피다우로스 지성소는 병자들과 약한 사람들에게 중요한 순례지가 되었다.

아스타르 Astar

별의 신. 에티오피아. 악숨 제국. 서기 200~400년 무렵의 비문을 통해서 알려졌다.

아스타르테 ASTARTE (별)

기원: 서셈족, 주로 페니키아[레바논과 시리아]. 풍산 여신.

숭배 시기: 서기전 1500년 무렵이나 그 이전부터 서기전 200년 무렵까지.

별칭: 아쉬타라트 Aštarat, 아타르트 Attart.

숭배 중심지: 주로 티레 지역. 시돈과 비블로스, 아스칼론 Ascalon, 카르타고, 키티온 Kition [키프로스], 몰타 Malta.

참조 예술 : 조각, 장식판, 기념 석주 등.

문헌 자료 : 주로 비문들.

저녁별(금성)의 여신, 전쟁과 성적 사랑의 여신. 시돈에 있는 아스타르테 주 신전의 서기전 5세기 비문들은, 바알샤민*이 자신의 거룩한 힘을 인격화해서 그녀를 발현했음을 암시한다. 아스타르테는 바알샤민의 배우자이기도 하다. 아스타르테의 동물은 스핑크스이며 그녀의 왕관 한쪽에 나타난다. 아스타르테는 종종 거룩한 석비, 또는 기념 석주에 묘사된다. 헬레니즘 시기에는 그리스 여신 아프로디테*와 광범위하게 혼합되었다. 델로스에서 아프로디테에게 봉헌된 신전의 서기전 1세기 비문은 '거룩한 시리아의 여신'이라고 밝히고 있다. 아스트라테는 알몸으로 묘사되는 특징이 있고, 이집트 양식에서는 태양 원반을 에워싸고 있는 암소의 뿔로 된 관을 쓰고 있다. 후자는 광선을 발산하는 모습이 될 수도 있다.

아스타마타라 Astamatara
어머니 여신들을 일컫는 포괄적인 이름. 힌두교(푸라나). 여신 차문다*가 변화한 여덟 신이며, 종종 악의를 띤다.

아스타비 Astabi
신. 히타이트와 후르리족. 오직 비문을 통해서만 알려졌다.

아스타파이오스 Astaphaios
태초의 신. 영지주의 그리스도교. 영지주의 신화에서 혼돈의 일곱 하늘을 다스리는 첫 부모 얄다바오트*에게서 태어난 남녀 양성적 원리들 중 하나이다.

아스틀리크 Astlik
별의 여신. 그리스도교 이전의 아르메니아. 메소포타미아의 이쉬타르*에서 유래했다. 그리스도교 시대에는 요정들의 어머니로 살아남았다.

아슬레사(스) Aslesa(s) (집착)
불운의 하급 여신. 힌두교(서사시와 푸라나). 악의를 지닌 나크사트라* 또는 별의 신. 다크샤*의 딸이자 찬드라*(소마*)의 배우자.

아시라 Asira
지역 신. 이슬람교 이전의 북아라비아. 타이마에서 숭배되고 이집트 문화의 영향을 크게 받은 바빌로니아 왕 나보니두스가 유일하게 이 이름을 언급한다. 마흐람의 살름*을 보라.

아시스 Asis
태양신. 수크족과 포코트족[케냐, 우간다, 아프리카 동부]. 이 두 부족은 같은 판테온을 공유한다. 아시스는 하늘의 최고신 토로루트*의 동생이다. 케냐 난디 Nandi 지역에서는 최고의 창조신이 된다.

아실리스 Ah Ciliz
일식의 신. 마야(고대 메소아메리카)[멕시코]. 일식 도중에는 태양을 먹지만 다른 시간에는 태양신에게 식사를 제공하며 시중을 든다.

아아 A-a
태양 여신. 메소포타미아(바빌로니아-아카드)와 서셈족. 태양신 샤마쉬*의 배우자. 아야*라고도 한다.

아아나쿠 Hahana Ku
사자使者 신. 마야(고대 메소아메리카)[멕시코]. 전승에 따르면, 아차키움*이 비를 보내기로 결정할 때 아아나쿠에게 검은 가루 제조자 멘자박*을 방문하게 한다. 아아나쿠는 판매자의 기대를 거슬러 아주 조금만 산다.

아아쉬 A'aš

지혜의 신. 히타이트와 후르리족. 엔키*/에아*의 메소포타미아 모델에서 유래한 신. 아아쉬는 운명의 책을 보관한다.

아야 Aya

어머니 여신. 메소포타미아(바빌로니아-아카드). 쉐리다*의 수메르 모델에서 유래했다. 태양신 샤마쉬*의 배우자이며, 새해에 바빌론에서 이들의 결혼을 경축했다.

아야바 Ayaba

마음의 여신. 폰족[베냉, 아프리카 서부]. 나무의 신 로코*의 자매이며, 가정에서 요리를 할 때 아야바의 나무는 불에 태워진다.

아야판 Ayyappan

성장成長의 지역 신. 힌두교. 특히 케랄라Kerala 지역에서 알려졌다.

아에기르 AEGIR (물)

기원 : 아이슬란드 (북유럽). 대양의 신.

숭배 시기 : 서기 700년 무렵 바이킹 시대나 그 이전부터 서기 1100년 무렵 그리스도교화했던 시기까지.

별칭 : 알려지지 않음.

숭배 중심지 : 알려지지 않았으나 노르웨이 서쪽 해안가와 북유럽 다른 지역에 있는 성소들에서 숭배했을 가능성이 크다.

참조 예술 : 북유럽 고대 문자 비명, 금속과 돌에 새겨진 부조.

문헌 자료 : 아이슬란드 사본과 스노리의 〈산문 에다〉, 삭소의 〈덴마크 역사〉.

아스가르드의 덜 알려진 에시르* 종족 신으로, 바다의 변화들 및 그 변화들이 선원들에게 주는 암시와 관련되어 있다. 아이더Eider 강이 바이킹들에게는 '아에기르의 문'이었다. 아에기르는 몇몇 시에서 '맥주 양조자'로 그려지는데, 아마도 바다 밑에서 나오는 것으로 생각했던 벌꿀술 솥에 대한 암시였을 것이다. (켈트 신 다그다*와 고브뉴*를 보라.) 색슨족이 고향을 향해 항해하기 전에 아에기르에게 포로들을 바치는 내용의 문학이 있다. 불확실한 방식으로 여신 란*과 연결된 아에기르는 바다의 파도들인 아이들 아홉을 낳게 했다고 하며, 이들은 여자 거인이었을 수도 있다.

아온도 Aondo
창조신. 티브족Tiv[나이지리아 중부, 아프리카 서부]. 하늘에 거주하는 추상적 원리. 매일 아침 태양을 내보내며, 자신의 폭풍우를 예고하는 천둥소리를 낸다. 땅의 창조자이다.

아우로라 Aurora
새벽의 여신. 로마. 그리스 여신 에오스*에서 유래했다.

아우세클리스 Auseklis (샛별)
하급 별의 신. 그리스도교 이전의 라트비아. 태양신의 수행원이며 풍요와 관련되어 있고 천상의 목욕탕에서 일어나는 활동에 참여한다.

아우크티캅 Ah Uuc Ticab
지하세계의 신. 마야(유카텍족, 고대 메소아메리카)[멕시코]. 풍산과 생장에 관여하는 하급 신이다.

아우파니아이 Aufaniae
어머니 여신들을 일컫는 집단적 이름. 켈트(유럽 대륙). 봉헌 비문을 통해서만 알려졌고 라인란트에 제한되었다.

아울넵 Ah Hulneb

전쟁의 신. 마야(고대 메소아메리카)[멕시코]. 코수멜Cozumel 시의 지역 수호신이다.

아워나윌로나 Awonawilona

창조신. 푸에블로Pueblo 인디언(주니족Zuni)[메소아메리카]. 자기 피부 조각들을 원시 대양에 던져서 하늘과 땅과 모든 생명을 창조한 남녀 양성적 존재이다.

아윈시르자캅 Ah Uincir Dz'acab

치유의 신. 마야(초르티족Chorti, 고대 메소아메리카)[과테말라 동부]. 식물학자들의 수호신이며 치료약 준비와 관련되어 있다. 남성 정체성과 여성 정체성을 가진 존재로 묘사되며 각 정체성은 해당 성의 치료와 관계있다. 아윈시르코포트Ah Uincir Kopot라고도 한다.

아유르바시타 Ayurvasita (삶의 통제)

하급 여신. 불교. 영적 재생 수련을 인격화한 열두 여신(바시타*) 중 하나. 색깔은 흰빛이 도는 적색. 상징은 아미다붓다Amidabuddha 이미지와 보석.

아이데스 Aides

하데스*를 보라.

아이드 Aed

지하세계의 신. 켈트(아일랜드). 비문을 통해서 알려졌다. 전승에 따르면, 리에*와 이브Aobh의 아들이었던 아이드맥리에Aed mac Lir는 계모인 이퍼Aoife가 백조로 바꾸어버렸다고 한다.

아이리쿠라 Aericura

지하세계의 신. 로마노-켈트. 비문을 통해서만 알려져 있다.

아이스쿨라피우스 Aesculapius

치유의 신. 로마. 그리스 신 아스클레피오스*로부터 발전하였고, 서기전 293년 역병의 신으로 로마에 소개되었다. 상징적 부속물에는 근대 의학의 상징인 두 마리의 뱀이 감기고 꼭대기에 두 날개가 있는 지팡이가 있다.

아이아코스 Aeacos

지하세계의 신. 그리스-로마. 지하세계로 들어오는 죽은 자들의 영혼을 평가하는 하데스*의 세 심판관 중 하나. (미노스*와 라다만토스*도 보라.) 플라톤은 제우스*와 아이기나Aigina의 아들로 보았다. 헤시오도스의 〈신통기〉에서 아이아코스는 프사마테Psamathe의 배우자이며 포코스의 아버지이다. 아이아코스Aiakos라고도 한다.

아이아파엑 Ai Apaec

최고신. 모치카Mochica 인디언(콜럼버스 이전의 남아메리카)[페루 북쪽 해안]. 아마도 표범 신에 기원을 두었을 것이나, 세상의 운명을 지배하기에 이르렀다. 보통 사람들처럼 살지만 자기 마음대로 인간이나 신으로 드러낼 수 있다고 한다. 의인화된 형태로 묘사되지만 큰 송곳니와 고양이처럼 주름진 얼굴에 콧수염이 있다. 높은 절벽 꼭대기에서 집어던지는 희생 제물을 받았다.

아이야나야카 Ayiyanayaka

역병의 신. 싱할리족[스리랑카]. 들판과 숲의 신이며 곡물의 수호자이자 역병을 물리치는 보호자로 지금도 숭배를 받는다.

아이올로스 Aeolos

폭풍과 바람의 신. 그리스. 포세이돈*의 아들. 가죽 가방에 바람을 보관했다가 영웅 오디세우스와 뱃사람들에게 항해할 수 있도록 바람을 보내주었다고 한다. 전설은 그의 고향이 아이올리안Aeolian 섬[리파리Lipari 섬]이었다고 한다. 한 전설에서 그는 에오스*와 결혼하였고 여섯 아들의 아버지이다. 여섯 아들은

다양한 방향의 바람들이다. 각 면에 바람이 날아가는 모습이 묘사된 육각의
바람 신전은 아이올로스에게 봉헌된 것이며, 지금도 아테네에 있다.

아이올루스 Aeolus
폭풍과 바람의 신. 로마. 그리스 폭풍의 신 아이올로스*에서 유래. 아우로라*
의 배우자이고 여섯 아들의 아버지이다. 여섯 아들은 북쪽 바람 보레아스*, 북
서쪽 바람 코루스*, 서쪽 바람 아킬로*, 남서쪽 바람 노투스*, 동쪽 바람 에우
루스Eurus(에우로스*), 남쪽 바람 제피루스*이다.

아이우룬토욘 Ayi'-Uru'n Toy'n (빛나는 창조주)
창조 정령. 야쿠트족[중앙시베리아]. 우룬아지토욘*을 보라.

아이키타스 Aequitas
하급 신. 로마. 특히 서기전 2세기부터 알려진 공정한 거래의 영이다.

아이테르 Aether
태초의 빛의 신. 그리스-로마. 멀리 떨어진 우주의 신이며, 에레보스*(어둠)와
닉스*(밤)의 아들로 원형적인 혼돈의 신들을 무너뜨렸다. 헤시오도스는 아이테
르를 우라노스*의 아버지로 묘사하기도 한다.

아자야 Ajaya (정복할 수 없는)
하급 여신. 대승불교. 붓다카팔라*의 수행원.

아잘라모 Ajalamo
태어나지 못한 아이들의 신. 요루바족[나이지리아, 아프리카 서부]. 전설에 따르
면, 어떤 신화적 지역에는 태어나지 않은 이들의 영혼들이 있는 시령들이 존재
한다. 이들은 아잘라모의 책임이다.

아제 Aje

부의 여신. 요루바족[나이지리아, 아프리카 서부]. 땅을 파는 닭으로 나타난다고 하며, 창조 신화에서는 땅의 여신 오두두와*와 함께 파견되었다.

아지시키타카히코네[阿遅鉏高日子根] Aji-Shiki-Taka-Hiko-Ne

비의 신. 신도[일본]. 천둥의 신[雷神]들 중 하나로 종종 카모와케이카즈치*와 연결된다.

아지시트 Ajysyt

어머니 정령. 야쿠트족(시베리아 중부). 임신해서 누워 있는 어머니를 바라보며 아기의 영혼을 아기 침대로 데려다주는 신이다. 아지시트라는 용어는 남성 정령에도 적용할 수 있다. 그래서 아지시트는 뿔 달린 암소와 수컷 말들의 탄생을 지켜본다.

아지조스 Azizos

별의 수호신. 이슬람교 이전 북아라비아. 샛별의 화신으로서 자기 형제인 금성과 함께 팔미라 지역에서 숭배를 받았다. 이와 별개로 시리아에서도 별의 신 모니모스Monimos와 더불어 샛별의 신으로서 공경받았다.

아차키움 Hachacyum (바로 우리의 주인)

창조신. 마야(라칸돈족Lacandon, 고대 메소아메리카)[멕시코]. 다른 세 명의 신들, 곧 배우자와 형제들의 도움을 받는 세상의 창조자이다. 조력자 중 하나는 수쿠니움Sucunyum으로 지하세계에 있는 그의 대응자(또는 다른 자아)이다. 노오차키움Nohochacyum(우리의 위대한 주인)이라고도 한다.

아찰라 Acala (부동지 不動地)

1. 하급 여신. 금강승불교. 보살이 통과하는 영적 십이지 계위 중 하나. 색깔은 흰색. 상징은 연꽃 위의 지팡이.

2. 수호신. 대승불교. 북동 방향을 지키는 수호신(덕팔라). 색깔은 푸른색. 상징은 보석, 연꽃, 지팡이, 무기.

아춘칸 Ah Chun Caan (하늘의 기초인 그)
지역 신. 마야(유카텍족, 고대 메소아메리카)[멕시코]. 스페인 메리다 시의 수호신. 비엔나 사전에 언급되어 있다.

아카라렌티아 Acca Larentia
분명하지 않은 어머니 여신. 로마. 몇몇 전통에서는 가정의 수호신 라레스*의 어머니라고 믿었지만, 헤라클레스*의 어머니이자 로마의 설립자 로물루스의 계모라고도 믿었다. 아카라렌티아를 기념하는 라렌탈리아 Larentalia 축제일은 12월 23일이며, 이날은 또한 죽은 이들의 축제일이기도 했다.

아카사가르바 Akasagarbha (허공장보살 虛空藏菩薩)
대승불교와 라마교[티베트]. 불보살 중 하나로 "하늘의 자궁"에 거주한다. 색깔은 녹색. 상징은 책, 보석, 연꽃, 태양면. 카가르바 Khagarbha라고도 한다. 일본식 발음은 고쿠조[虛空藏]이다.

아카킬라 Acacila
정령. 아이마라 Aymara 인디언[페루와 볼리비아, 티티카카 Titicaca 유역]. 비, 우박, 서리 등을 포함해 날씨를 관장하는 모호하게 규정된 존재들 가운데 하나.

아카트 Acat
문신하는 사람들의 신. 마야(고대 메소아메리카)[멕시코].

아칸 Acan
술의 신. 마야(유카텍족, 고대 메소아메리카)[멕시코]. 발체나무 껍질을 넣어 발효시킨 꿀로 만든 술 발체와 관련이 있다.

아칸쿤 Ah Cancun

사냥의 신. 마야(고대 메소아메리카)[멕시코]. 동물 사냥 및 보호와 관련된 마야 종교의 신들 중 하나. 또한 아카눔 Acanum이라고도 한다.

아케루 Akeru

지하세계 땅 신들. 이집트. 왕조 이전 시기부터 유래했을 가능성이 크다. 죽은 이들의 영혼을 잡고 감금할 수 있는 악의 있는 신들이다.

아케르 Aker

지하세계 통행의 신. 이집트. 구왕국 시대(서기전 2700년 무렵 이후)부터 알려졌다. 지하세계 동쪽 수평선과 서쪽 수평선 사이의 경계면을 통제하며, 왕이 지하세계로 들어오는 문의 관리자다. 아케르는 태양신이 밤에 지하세계를 통과하는 동안 안전한 경로를 제공한다. 배의 돛대를 지탱하는 구멍으로 보일 수 있다. 뱀이 깨무는 것을 반대하여 호의적으로 생각하기도 한다. 서로 반대편을 바라보는 한 쌍의 사자 머리를 하고 나타난다.

아켄 Aken

지하세계의 신. 이집트. 지하세계의 연락선 관리자이다.

아켈로스 Akelos

강의 신. 그리스. 오케아노스*와 테튀스*의 아들. 아켈로스는 데이아네이라 Deianeira를 두고 헤라클레스*와 경쟁을 벌인 구혼자였다. 데이아네이라는 헤라클레스의 부인이 된다. 아켈로스는 멜포메네 Melpomene의 배우자였고 전하는 바에 따르면 딸들은 인어들이었다고 한다. 아켈로스와 같은 이름의 강이 이오니아 바다로 흐른다. 상징에는 황소 뿔이 포함된다. 에트루리아에서는 아클라이 Achlae라고도 한다.

아코나디 Akonadi
신탁의 여신. 가나[아프리카 서부]. 신탁을 거행했던 사원이 있는 아크라 주변 지역에서 알려졌다. 아코나디는 정의의 여신이자 여성들의 수호신이다.

아콜나우아카틀 Acolnahuacatl
지하세계 저승 하급 신. 아스텍(고대 메소아메리카)[멕시코]. 믹틀란테쿠틀리*로 분류된 신들 중 하나이다.

아콜미스틀리 Acolmiztli (어깨의 사자)
지하세계 저승 하급 신. 아스텍(고대 메소아메리카)[멕시코]. 믹틀란테쿠틀리*로 분류된 신들 중 하나이다.

아콩고 Akongo
창조신. 응곰베족Ngombe[자이르, 중앙아프리카]. 세상을 주고, 세상에 있는 모든 것의 모양과 내용을 준 최고신이다.

아쿠믹스위니콥 Ah Kumix Uinicob
시중드는 물의 신들. 마야(유카텍족, 고대 메소아메리카)[멕시코]. 건조기에 거대한 아파트나르위니콥* 신들을 대신하는 네 작은 신들이다.

아쿠스탈 Ah Cuxtal (생명으로 오다)
탄생의 신. 마야(라칸돈족, 고대 메소아메리카)[멕시코]. 여성의 안전한 출산을 관장한다.

아쿱타 Acchupta (손상되지 않은)
배움의 여신. 자이나교(인디아). 사라스바티* 여신이 이끄는 열여섯 지혜의 여신들(비디야데비)* 중 하나.

아크사야즈나나카르만다 Aksayajnana-Karmanda (카르마에 대한 소실하지 않는 지식)

문헌의 신격화. 불교. 열두 다라니* 그룹 중 하나. 색깔은 빨강. 상징은 보석이 담긴 바구니와 지팡이.

아킨 Ah Kin

태양신. 마야(고대 메소아메리카)[멕시코]. 양면적 특성을 지닌 신. 달의 여신 아크나Acna의 젊은 구혼자이자 나이 든 하늘의 태양신. 가뭄을 가져오는 자로서 두려움의 대상이지만 어둠과 연합한 악의 힘으로부터 인간을 보호하기도 한다. 수쿠니움의 어깨 위에서 밤에 지하세계를 통해서 건너온다. 아킨은 일출 때 기도를 받으며 예식에는 향을 태우는 것이 포함된다. 질병을 고치고 총각들에게 부인들을 가져다주기 위해서 아킨에게 기원한다. 상징은 고리로 한계를 정한 네모난 제3의 눈, 강한 로마식 코, 사팔 눈과 티(T) 자 모양의 앞니. 아칸 춉Acan Chob(라칸돈족), 치착춉Chi Chac Chob, 키니크아우Kinich Ahau라고도 한다.

아킨속 Ah Kin Xoc

시詩의 신. 마야(고대 메소아메리카)[멕시코]. 마야의 시는 대부분 노래로 불리기 때문에 아킨속은 위대한 가수이자 음악가로 여겨진다. 벌새로 나타날 수 있고 태양신의 화신으로 보는 전거들도 있다. 아킨속빌툰Ah Kin Xocbiltun, 피슬림텍P'izlimtec이라고도 한다.

아킬로 Aquilo

기후의 신. 로마. 서쪽 바람의 신.

아타나은용모 Ataa Naa Nyongmo

창조신. 간족[가나 아카라 주변 지역, 아프리카 서부]. 땅을 생성했고 태양과 비를 관장한다. 자신의 법과 의례에 순종하지 않을 경우에는 전염병 및 지진과 같은 재앙을 내린다.

아타르 Attar

샛별의 신. 서셈족. 가나안 전설에서 아타르는 죽은 바알*의 지위를 빼앗지만 신의 권좌를 채우기에는 불충분하다는 것을 드러낸다. 물을 대는 것이 무척 중요했던 서아시아 반건조 지역에서는 때로 비의 신으로 숭배되기도 했다. 아타르의 여성 상대자는 페니키아의 아스타르테*이다. 더 남쪽 지방에서는 두샤마니Dhu-Šamani와 동일시됐을 가능성이 크다.

아타르가티스 Atargatis

어머니 여신. 시리아 북부. 키르베트 탄누르Khirbet Tannur에서는 아홉 개의 독립된 모양의 식물 여신으로 묘사됐고, 키르베트 브라크Khirbet Brak에서는 돌고래들과 관련되었다. 종종 운명의 여신 티케*와 연관되는 풍요의 뿔을 가지고 있으며, 보통 사자가 옆에서 지키고 있다. 아타르가티스는 때로 배의 키를 가지고 있거나, 성벽관城壁冠(mural crown)을 쓰고 있다. 12궁도나 후광 모양의 베일을 그리고 하늘의 종족이라고 암시하는 묘사들도 있다.

　아타르가티스의 맨 처음 배우자는 두샤라*이지만 후대에는 시리아의 폭풍신 하다드*의 배우자로 알려졌다. 두라Dura와 히에라폴리스Hierapolis에서는 헤라-아타르가티스Hera-Atargatis로서 하다드보다도 더 중요하게 보이는 경향이 있다. 아타르가티스는 인어처럼 묘사되는 물고기 여신이기도 하며, 성스러운 호수에 물고기를 방류한다. 히에라폴리스에서는 매년 두 차례 하다드와 헤라-아타르가티스의 조상彫像들을 이고 바다까지 가는 행렬이 있었고, 서기전 3세기 무렵에는 이집트에서도 아타르가티스를 숭배하기 시작했다. 헬레니즘 시기의 그리스 작가들은 아타르가티스를 빛을 방사하는 여신으로 묘사하며, 이는 태양의 상징과 연결되어 있음을 암시한다.

아타르샤마인 Ataršamain (하늘의 아침 별)

성이 확실하지 않은 별의 신. 이슬람교 이전의 북아라비아와 중앙아라비아. 특히 이샤메족Išamme이 열심히 숭배했으나 다른 아랍 부족들 가운데서도 널리 공경을 받았다. 서기전 800년 무렵부터 알려졌고 아시리아 왕들인 에샤르하

돈 Esarhaddon과 아수르바니팔 Assurbanipal의 편지들에도 나와 있다. 팔미라에서 숭배를 받았던 아랍의 여신 알라트*가 동일한 신이었을 가능성이 있다.

아타바이 Ah Tabai
사냥의 신. 마야(유카텍족, 고대 메소아메리카)[멕시코]. 동물 사냥 및 보호와 관계된 마야 종교의 여러 신들 중 하나다.

아타이키나 Ataecina
지하세계 저승 여신. 로마노-이베리아 Romano-Iberian. 로마인들이 아타이키나를 프로세르피나* 여신과 동일시했던 타구스 Tagus 지역의 비문에서 알려졌다.

아테 Ate
불운의 하급 여신. 그리스. 제우스*의 딸이며 불행으로 이끄는 어리석은 행동이 의인화한 존재다.

아테나 ATHENA
기원: 그리스. 전쟁의 여신이자 여러 그리스 도시들의 수호자.

숭배 시기: 서기전 800년 무렵이나 그 이전부터 서기 400년 무렵 그리스도교 시기나 그 이후까지.

별칭: 아테네 Athene, 팔라스 아테나이 Pallas Athenae (아테네의 소녀 여신), 로마에서는 미네르바*.

숭배 중심지: 아테네, 아르고스 Argos, 스파르타 Sparta, 고르틴 Gortyn, 라리사 Larisa, 린도스 Lindos와 일리온 Ilion.

참조 예술: 파르테논 신전 소벽과 피디아스 Phidias의 아테나상을 비롯해, 그리스 전역의 조각들 및 도상, 아테나가 헤라클레스*에게 하늘을 지탱하도록 도움을 주는 모습이 있는 올림피아의 메토페 metope.

문헌 자료: 호메로스의 〈오디세이아〉와 〈일리아스〉, 헤시오도스의 〈신통기〉, 〈팔라스 아테네 찬가 Hymn to Pallas Athene〉.

아테나는 그리스 판테온의 주요한 여신이며, 헤시오도스에 따르면 제우스*의 머리에서 무장한 채 태어난 메티스*의 딸이다. 전쟁의 여신이며 뱀 여신이라는 주장도 있고, 헤르메스*와 포세이돈*처럼 무법적 행동에 반대하여 규율을 옹호하는 신이다. 아테나의 가장 유명한 신전은 파르테논이다. 아테나에게 거룩한 나무는 올리브 나무이고, 특히 파나테나이아Panathenaia 제전에서 승리한 이들에게는 아크로폴리스Acropolis에서 자란 올리브의 기름을 주었다. 전설에 따르면 아테나가 인간에게 올리브를 주었다고 한다. 아테나의 상징은 희생 염소의 가죽 아이기스aigis이다. 아테나는 또한 배를 건조하는 일, 그리고 털실 세공 및 방적을 포함한 가정의 공예와도 관련이 있다. 아테네의 여인들은 파나테나이아 제전에서 긴 겉옷인 페플로스peplos를 입었다. 전설에서 아테나는 고르곤Gorgon과 싸우는 페르세우스Perseus와 아레스*와 싸우는 디오메데스Diomedes와 같은 영웅들을 돕는 반면, 아약스Ajax를 파괴하고 헥토르Hector를 유혹하여 죽음에 이르게 한다. 아테나는 또한 아가멤논과 아킬레우스Achilles의 갈등을 완화하는 역할도 하며, 이는 아테나의 특징적인 자기 통제력을 가장 잘 보여주는 예이다.

아테아 Atea

최고신. 폴리네시아. 혼성체로 묘사된 신들의 아버지이다. 몸은 수직으로 나뉘었으며, 왼쪽은 물고기 같고 오른쪽은 인간 형상이다. 쿡 제도의 전승에서 아테아는 태초의 어머니 바리마테타케레*의 장자이다. 코코넛 속에서 짧은 생애를 보낸 후에 자기 어머니 바로 위쪽에 있는 천상 세계로 옮겨갔다. 아테아는 빛의 신인 타네*와 널리 비교된다. 아바테아*, 바테아*, 와케아라고도 한다.

아테테 Atete

풍산 여신. 카파족Kafa[에티오피아, 아프리카 북동부]. 아테테는 그리스도교의 동정마리아 숭배로 동화되었으나, 갖가지 성스런 식물을 수집하고 그것들을 강물에 던지는 여성들이 수행했던 고대 풍산 의례의 주인이었을 가능성이 크다. 축제는 아스타르 요 마리암Astar yo Mariam(마리아의 현현)이라고 알려졌다.

아텐 ATEN (태양 원반)

기원: 이집트. 창조의 태양신.

숭배 시기: 서기전 2000년 무렵부터 이집트 역사 말기까지. 그러나 서기전 1362년 이후에
　　　는 영향력이 약화되었다.

별칭: 아톤Aton.

숭배 중심지: 주로 테베이지만, 헬리오폴리스, 멤피스, 엘아마르나el-Amarna와 나일 계곡의
　　　여러 성소에서도 숭배했다.

참조 예술: 기자의 기념물, 카르나크와 엘아마르나의 벽화.

문헌 자료: 다양한 파피루스와 비문과 관상 본문들.

태양 원반으로서의 아텐은, 아툼*이나 레*와 달리, 서기전 2000년 무렵이나 그 이전부터 자체의 신으로 공경받았다. 아멘호테프 2세와 투트모시스 4세, 헬리오폴리스에서 아텐 숭배를 시작한 아멘호테프 3세 등의 파라오들 아래서 아텐의 영향력이 커졌다. 아텐은 신의 영광을 위해서 자기 이름을 아케나텐Akhenaten으로 바꾼 아멘호테프 4세 치세에 궁극적 권위로 떠올랐다. 아케나텐이 다스리기 시작한 서기전 1379년부터 아텐은 다른 모든 신들을 능가하는 이집트의 최고신이 되었다.

　아텐의 도상圖像은 무척 독특하다. 처음에는 쭉 뻗은 팔을 지닌 날개 달린 태양 원반으로 시작했다. 그러나 세련되게 다듬어져서 뱀 모양의 표상(우라에우스)으로 꾸며졌고 태양의 광선과 같은 얇은 팔로 경계를 이루었는데 각 팔의 끝은 인간의 손 모양이었다. 손이 왕족의 인물을 향하는 경우에는 생명의 상징인 앙크 십자를 잡고 있다.

　아케나텐은, 테베 카르나크 신전에 있는 아문*의 성소 근처에 처음으로 아텐을 위한 성소를 지었다. 주요 숭배지는 엘아마르나에 있는 나일 강 동쪽 둑 위 테베 북쪽에 있었고, 여기에 거대한 성소가 건축되었다. 이 성소는 하늘(과 아텐의 광선)을 향해 열려 있었고 주요 의례는 새벽에 거행되었다. 아텐 숭배는

카르나크에서의 아문레 숭배와 지속적인 경쟁관계에 있었고, 아케나텐은 아문레 숭배를 억압했다. 아텐을 위한 신전들은 그의 도상들처럼 뒷날 모두 파괴되었다. 아케나텐은 남은 치세 기간 동안 엘아마르나에서 다스렸다. 그의 왕비들 중 하나인 네페르티티Nefertiti도 철저한 아텐 숭배자였다.

아텐이 높여진 것은, 아문레 사제직의 힘이 지나치게 커지는 정치의 영향 때문이며, 아케나텐 홀로 이 신에 접근했고 이 신에 대한 지식을 가졌다는 것은 주목할 만한 일이다. 아텐 숭배는 유일 창조신 관념에 대한 관심이 성장한 결과임을 부인할 수 없으며, 논쟁의 여지가 있는 일신론을 처음으로 보여준 것이었다. 숭배의 상세한 내용은 거의 남아 있지 않다.

아투니스 Atunis

신. 에트루리아. 서기전 350년 무렵부터 지역 비문에서 알려졌다. 아도니스*를 보라.

아투아이라로푸카 Atua I Raropuka

창조자. 폴리네시아[티코피아Tikopia]. 티코피아 땅이 대양 바닥에서 당겨 올라왔을 때 아투아파피네*와 한 쌍을 이루었다. 이들은 최초부터 거기에 있었거나, 아니면 외딴 곳에서 거북이 등을 타고 도착했다. 이들에게는 다섯 아들이 있으며 모두 신이다.

아투아이카피카 Atua I Kafika

최고신. 폴리네시아[티코피아]. 궁극적인 창조자나 관리자라기보다는 중재자로 여겨진다.

아투아파피네 Atua Fafine

창조자. 폴리네시아[티코피아]. 티코피아 땅이 대양 바닥에서 당겨 올라왔을 때 아투아이라로푸카*와 한 쌍을 이루었다. 이들은 최초부터 거기에 있었거나, 아니면 외딴 곳에서 거북이 등을 타고 도착했다. 이들에게는 다섯 아들이 있으며 모두 신이다.

아툼 ATUM
기원: 이집트. 태양신이자 창조신.

숭배 시기: 서기전 2700년 무렵 구왕국 시대부터 서기 400년 무렵 이집트 역사 마지막
까지.

별칭: 아툼레 Atum-Re.

숭배 중심지: 헬리오폴리스.

참조 예술: 테베 왕들의 계곡에 있는 신왕국 시대 무덤 벽화들, 봉헌 비문들, 조각.

문헌 자료: 피라미드 문서, 관상 본문들, 〈사자의 서〉.

아툼은, 그 동아리가 왕조 이전 단편적인 부족 역사의 산물인 이집트 주요 창
조신에 대한 몇 가지 해석들 중 하나이다. 아툼은 다른 태양신 레*와 헬리오폴
리스를 공유했고, 결국 아툼레 또는 레아툼으로 결합되었다. 태초의 대양에서
스스로 창조되었고 자위행위를 통해서 이집트 우주의 두 위대한 신인 슈*와 테
프누트*를 낳았다. 이들은 헬리오폴리스의 아홉 신(엔네아드*) 중 처음에 생겨
난 신들이다. 아툼은 보통 인간 형태로 표현되며, 종종 상이집트와 하이집트
를 결합시키는 왕관을 쓴다. 황소, 사자, 뱀, 도마뱀 등을 포함하는 다양한 동
물로 묘사되며, 이집트 파라오들의 조상으로 여겼다.

아툼과 레 모두 므네비스Mnevis 또는 메르웨르Mer-Wer라고 하는 거룩한 검은
황소로 표현되는데, 뿔 사이에 태양 원반과 뱀 모양의 표상(우라에우스)을 이고
있다. 검은 황소는 헬리오폴리스의 태양신과 그의 사제들 사이의 중재자로 활
동한다.

아트로포스 Atropos
운명의 여신. 호메로스 이전의 그리스. 헤시오도스에 따르면 제우스*와 테미
스*의 딸들 중 하나이다. 클로토* 및 라케시스와 더불어 고대의 삼신 모이라
이*를 이룬다. 이승 삶의 마지막 부분을 담당하며, 죽음의 필연성을 되돌리

지 않는다. 한 쌍의 자를 가진 모습으로 묘사된다. 아트로파 벨라돈나Atropa belladonna(죽음의 독초)라는 식물의 이름은 아트로포스에게서 유래한 것이다.

아틀 Atl

창조신. 아스텍(고대 메소아메리카)[멕시코]. 세계의 다섯 시대 중 네 번째 시대를 대표하는 태양신이다. 각 시대는 하늘의 해로 2028년 동안 유지되며, 하늘의 한 해는 지구의 해로 52년이다. 물에 파견되었고 찰치우틀리쿠에*의 지시를 받았다. 전승에 따르면 네 번째 시대는 대홍수로 파괴되었고 이 기간에 인간은 물고기로 바뀌었다고 한다. 예일대 자연사 박물관인 피바디 박물관(Peabody Museum)에는 〈네 태양의 돌 Stone of the Four Suns〉로 묘사되어 있다. 아토나티우Atonatiuh, 찰치우토나티우*라고도 한다.

아틀라우아 Atlahua

호수와 물고기 사냥꾼들의 하급 신. 아스텍(고대 메소아메리카). 믹스코아틀카막스틀리*로 분류되는 집단의 일원이다.

아티라트 Athirat

풍산 여신. 서셈족(가나안). 함무라비에 관한 고대 바빌로니아 본문에서 아티라트는 하늘나라 임금의 며느리이다. 이슬람교 이전 남아라비아에서는 달의 신 암*의 배우자로 알려졌다. 아셰라*를 보라.

아티스 ATTIS

기원: 프리지아[터키 북서부]. 식물의 신.

숭배 시기: 서기전 500년 무렵이나 그 이전부터 서기 400년 무렵까지.

별칭: 알려지지 않음.

숭배 중심지: 아나톨리아 지역과 후대에는 그리스 전역과 로마 문화 지역.

참조 예술: 조각과 부조.

문헌 자료: 로마 저자들, 특히 베르길리우스.

아티스는 메소포타미아의 두무지*를 모델로 삼은 '죽음과 소생'의 풍산 신이며, 양 치는 목자에 기원을 둔 것으로 보인다. 다른 전승들에서는 '위대한 어머니' 키벨레*가 아티스의 어머니이거나 배우자로 나온다. 또 다른 전설은 반신 반인의 여신 나나*가 자기 가슴에 익은 아몬드를 놓았을 때 아티스를 오점 없이 잉태했다는 것을 암시한다. 어떤 전설은 아티스가 멧돼지에 들이받혀서 죽었다고 한다. 아티스가 자기의 생명력을 키벨레에게 주기 위해서 소나무 아래서 스스로를 거세했다는 더 대중적인 이야기도 있다.

후자의 전설은 봄 의례에서 더 소중하게 받들었다. 이 의례 도중에 그리스와 (후대의) 로마 사제들은 여성 복장을 하고 스스로를 거세하거나 칼로 깊게 베어서 땅에 그것들을 묻음으로써 여신에게 피의 제물을 봉헌했다. 숭배 중심지는 프리지아의 페시누스Pessinus에 있었다. 서기전 204년 키벨레의 현존을 상징하는 돌이 페시누스에서 팔라티노 언덕 승리의 신전으로 옮겨져 안치되었을 때 아티스 숭배도 함께 로마로 유입되었다. 아티스에게 성스러운 날은, 소나무가 꽃과 아티스 모형으로 장식되어 키벨레 신전으로 옮겨졌던 3월 22일이다. 그리스도교 시대에는 부활 축제가 아티스 의례를 대신했다.

아티찬디카 Aticandika (무척 위대한)
여신 두르가*의 다른 형상. 힌두교(푸라나). '아홉 두르가들'로 알려진 아홉 신 중 하나.

아파 Apa
수행 신. 힌두교(푸라나). 인드라* 신에 응답하는 여덟 바수* 중 하나. 상징은 갈고리와 쟁기.

아파라지타 Aparajita (정복되지 않은)
1. 신. 힌두교(푸라나). 폭풍의 신 루드라*의 열하나 형상 중 하나. 상징물은 종, 사발, 갈고리, 창, 연꽃, 기도바퀴, 지팡이, 염주, 방패, 칼, 삼지창.
2. 하급 신. 대승불교.

3. 여신. 힌두교(푸라나). 두르가*의 형상. 수행 동물은 사자. 상징물은 화살, 방패, 뱀, 칼.

4. 여신. 대승불교. 가네샤* 위에 서 있거나 가네샤를 밟고 있다. 색깔은 노란색. 상징물은 종, 갈고리, 라트나삼바바*의 이미지, 올가미와 지팡이.

아파시타 Apacita
수호 영. 잉카(콜럼버스 이전의 남아메리카)[페루]. 어떤 길의 끝이나 여정의 중요 지점을 표시하는 돌무더기가 신격화한 것으로, 여행자들이 여행 중에 힘을 얻기 위해 작은 봉헌물을 바치면서 아파시타에게 기원한다.

아파트나르위니콥 Ah Patnar Uinicob (항아리 인간의 주인들)
시중드는 물의 신들. 마야(유카텍족, 고대 메소아메리카)[멕시코]. 항아리에서 땅으로 물을 붓는 거대한 네 신들. 건조기의 끝은 5월 3일이며, 8일 동안 비의 축제로 완성된다.

아파프 Apap
창조신. 테소족Teso[우간다, 아프리카 동부]. 메마른 땅에 비를 가져오는 자비로운 신으로 알려져 있다. 아쿠즈Akuj라고도 한다.

아팜나파트 Apam Napat (물의 손자)
1. 신선한 물의 신. 페르시아[이란]. 건조한 지역에 물을 제공하며 반란을 억압한다.
2. 신선한 물의 신. 힌두교(베다). 〈리그베다〉에 '외관상 황금빛'으로 묘사되어 있다.

아페데마크 Apedemak
전쟁 신. 수단(메로에Meroe). 이집트화된 신. 거대한 종교 단지와 여섯 번째 나일 폭포 북쪽 무사와라트에스수프라Musawwarat-es-Sufra에 있는 순례 중심지에 아페데마크의 주요 지성소가 있었다. 소와 아프리카 코끼리가 거룩한 동물들이다. 사자의 머리와 인간의 몸을 한 모습으로 묘사되며, 앉아 있는 사자가 아름답게 장식된 홀笏을 들고 있다.

아페쿠 Ah Peku

천둥의 신. 마야(라칸돈족, 고대 메소아메리카)[멕시코]. 언덕들 꼭대기에 살며 비가 내리기 전에 구름 속으로 올라간다.

아포 Apo (주)

산신. 잉카(콜럼버스 이전의 남아메리카)[페루]. 안데스 산이 신격화한 존재이다. 남아메리카 인디언들에게는 모든 산들이 거룩하다.

아폴론 APOLLO

기원: 그리스. 소아시아 문화일 가능성도 있다. 사냥과 치유의 신.

숭배 시기: 서기전 1300년 무렵이나 그 이전부터 서기 400년 무렵 그리스도교 시기와 그 이후까지.

별칭: 호메로스 이전에는 아펠론Apellon, 켈트족은 아테포마루스Atepomarus.

숭배 중심지: 델로스, 필로-델포이Pylo-Delphi, 그리스 세계 전역의 여러 신전들.

참조 예술: 판테온의 작은 벽, 바티칸의 벨베데레 아폴론Belvedere Apollo, 아폴론과 다프네*, 유명하지만 잃어버린 델로스의 아폴론상, 오른손으로 카리테스 세 자매를 잡고 있는 아폴론, 당대의 다른 조각과 그림.

문헌 자료: 호메로스의 〈오디세이아〉와 〈일리아스〉, 헤시오도스의 〈신통기〉와 〈아폴론 찬가 Hymn to Apollo〉, 다양한 신전 찬가들.

그리스의 주요 신들 중 하나로 항상 젊은 남성성을 상징하며, 소아시아 리키아 및 크레타와 관련 가능성이 있다. 일반적으로 친밀하고 쉽게 사귀기보다는 떨어져 있는 신이다. 그의 어머니 레토*는 델로스 섬을 발견해 은신처를 마련하기까지 고통 속에서 세상을 방황했다. 아폴론은 레토 및 아르테미스*와 함께 삼신으로 종종 표현된다. 그리스 남성 사회에서 아폴론은 청소년기에서 성인기로 넘어가는 전환을 상징한다. 델포이에 있는 아폴론 신전은 전체 신전 구조물의 중심이다. 델로스에서는 아르테미스 신전 다음으로 중요하게 여겨진다. 특히 스파르타 아미클라이Amyklai의 히아킨티아Hyakinthia 축제에서 알려진 치유의 찬가 무도는 아폴론 숭배와 밀접한 관련이 있다. 아폴론은 치유의 신일 뿐만 아니라 역병의 신이기도 하다. 그는 치유의 신 아스클레피오스*의 아버지이며 지속적으로 정화 의례 및 신탁과 관련을 맺는다.

대개 아폴론은 활과 화살을 들고 다니는 사냥꾼들의 신으로 그려지며 사슴과 관계가 있다. 사자들과 함께 묘사되기도 한다. 어울리지 않지만 아폴론은 시인들의 수호자이고 (제우스*의 딸들인) 뮤즈들의 지도자이다. 문학은 종종 아폴론을, 무서운 사냥꾼이자 훌륭한 리라 연주자의 모습을 지닌 이중적 인물로 표현한다. 무서운 사냥꾼으로서의 아폴론은 때로 무자비하게 나오며 니오베Niobe의 아들들을 모두 죽여버린다. 니오베는 레토에게 자기 자식들을 뽐냈다고 모든 자식을 잃고 만다. 아폴론은 델포이의 거대한 뱀 피톤python과 올림포스의 키클롭스를 무찌르지만 두 경우에서 그 자신은 도덕률에 종속되며 일시적인 추방으로 고통당한다. 아폴론은 신화적인 숫자 7과 강하게 연결되어 있는데, 이것은 확실히 메소포타미아의 개념이다. 우가리트 비문에서는 화살의 레세프*로 언급되어 있다. 레세프(레세프(아)무칼)*를 보라. 켈트족도 지방의 다양한 별칭을 사용하여 아폴론을 널리 공경했다.

아프로디시아스 Aphrodisias
풍산 여신. 카리아Caria(터키 남서부). 그리스 여신 아프로디테*와 동일시된다.

아프로디테 APHRODITE (거품에서 태어난)
기원: 그리스와 키프로스. 성적인 사랑의 여신

숭배 시기: 선사 시대 아시아 모델에서 발전하여. 서기전 1300년 무렵부터 서기 400년 무렵 그리스도교 시기와 그 이후까지.

별칭: 아카드에서는 이쉬타르*, 시리아에서는 아스타르테*, 페니키아에서는 아쉬토레스*.

디오네, 키테레이아, 로마에서는 베누스*.

숭배 중심지: 파포스Paphos, 아마투스Amathus, 키티온, 코린토스와 그리스 본토의 다른 곳.

참조 예술: 청동기 시대 조각품들 (키프로스), 봉헌 석비, 파르테논 신전 벽과 당대의 조각.

문헌 자료: 호메로스의 〈오디세이아〉와 〈일리아스〉, 헤시오도스의 〈신통기〉와 〈아프로디테 찬가 Hymn to Aphrodite〉, 신전 찬가들, 특히 〈사포의 찬가 Hymn of Sappho〉.

아프로디테는 그리스 판테온의 주요 여신들 중 하나이다. 전설에 따르면 아프로디테는, 크로노스*가 우라노스*의 생식기를 잘라서 바다에 던져버린 후 대양의 거품에서 태어난 우주적 신이다. 아프로디테가 제우스*의 딸이라는 다른 전승도 있다. 아프로디테는 헤파이스토스*의 배우자이며 때로 아레스*를 포함한 다른 신들의 연인이 되기도 한다. 목자 안키세스와 간통해서 아이네아스Aeneas를 낳았고, 아이네아스는 트로이가 약탈되는 동안 자기 아버지를 등에 지고 안전하게 옮겼다고 한다. 아프로디테의 거룩한 동물은 염소이다. 아프로디테는 페니키아나 메소포타미아의 사랑의 여신을 모델로 삼아 발전했던 것이 확실해 보이며, 초기에 아프로디테 숭배가 가장 흥했던 곳은 키프로스였다. 아프로디테라는 이름은 성적 행위와 관련된 그리스 단어에서 유래했다. 몇몇 맥락에서 아프로디테는 남녀 양성적 존재로 나오며 수염을 단 경우도 있다. 아르테미스*를 보라. 메소포타미아의 선배 여신들처럼 아프로디테는 전쟁과 승리의 여신이다. 그리스 모델에 직접적인 영향을 끼친 여신들은 특히 미케네 시대 키티온 지성소에 제시되어 있는 것처럼 보인다. 파포스의 지성소는 확실히 페니키아의 영향을 받았음을 암시한다. 〈일리아스〉에서 아프로디테는 메넬라오스Menelaus와 싸워서 진 파리스Paris를 구해주고 메넬라오스를 트로이의 헬레네*의 품으로 돌려보낸다.

그리스 예술에서 아프로디테는 특히 보석이 달린 좋은 옷을 입은 모습으로 그려진다. 아프로디테는 상대를 매혹시키는 마력 허리띠를 가지고 있다. 서기전 340년 무렵의 크니도스의 유명한 나체 아프로디테 상은 여러 성애적 해석들 중에서도 으뜸으로 꼽힌다. 파포스의 아프로디테 신전은 순례자들에게 남근 모형과 소금 덩어리를 나누어 주었다고 하며, 스트라보에 따르면 코린토스 신전에는 천 명 이상의 신전 창녀들이 있었다고 한다.

아플루 Aplu

기후의 신. 에트루리아. 이 신을 숭배했다는 증거는 확인되지 않았다. 아플루는 부분적으로 망토와 월계수 잎을 걸쳤지만, 벌거벗은 모습으로 묘사된다.

아피스 Apis

황소신. 이집트. 멤피스의 창조신 프타*가 의인화한 신으로, 최고신과 인간 사이를 중재한다. 아피스의 어머니 이시스*는 번개 속에서 그를 낳았다. 황소는 이마의 하얀 삼각형 부분만 제외하면 완전히 검은색이며 독수리 날개를 달고 있다. 뿔 사이에는 태양 원반(후대에는 달)과 뱀 모양의 상징(우라에우스)이 있었다.

황소 숭배는 아주 오래되었고 이집트에서는 적어도 서기전 3000년 무렵부터 시작했다. 그리스 작가 헤로도투스에 따르면, 거대한 아피스 상들이 멤피스의 프타 신전을 떠받들고 있었다고 한다. 성년 의례에서 왕은 자기의 힘을 갱신하기 위해서 황소와 나란히 보조를 맞추어 걸었다. 아피스 황소의 평균 수명은 열네 살이었고, 죽으면 미라로 만들어서 거대한 석관에 매장했다. 석관들은 세카라Seqqara의 공동 지하묘지에 두었다. 황소는 또한 지하세계와도 강하게 연결된다. 사라피스*를 보라.

아하 Aha (할머니)

강의 정령. 야쿠트족(시베리아 중부). 강의 보호자이자 강이 신격화한 존재이다.

아후라니 Ahurani (아후라의 부인)

풍산 여신. 조로아스터교(페르시아). 보통 사람들이 풍요와 다산을 위해 이 신에게 빌었다. 물을 봉헌하는 것이 의례의 중심 부분이었다.

아후라마즈다 AHURA MAZDA

기원: 페르시아[이란]. 빛의 신.

숭배 시기: 서기전 1500년 무렵부터 서기 400년 무렵 로마제국 끝까지.

별칭: 없음.

숭배 중심지: 페르시아와 로마제국 시기 동안 고대 서아시아 전 지역.

참조 예술: 다양한 조각과 부조.

문헌 자료: 〈아베스타〉.

아후라마즈다는 아마도 힌두교 베다 신 바루나*에 기원을 두고 있을 것이다. 페르시아 종교에서 아후라마즈다는 조로아스터교의 이원론적 개념에 따라 빛과 진리의 신이 된다. 그의 첫 번째 부하 신은 미트라(1)*이며 그의 적은 어둠의 신 아리만*이다. 전승에 따르면 미트라(1)는 아후라마즈다의 첫 피조물인 황소를 한 동굴에 감금했다. 황소가 탈출하자 미트라(1)는 황소를 찾아서 죽여야 하는 책임을 맡았다. 황소의 피는 땅에 떨어졌고 거기에서 생명이 형성되었다. 로마 미트라교 비문에서는 아후라마즈다가 언급되지 않지만 미트라교의 중심 존재임이 암시되어 있다. 로마 미트라 신전에는 미트라(1)가 누워 있는 아후라마즈다를 수행하는 것으로 보이는 장면이 있다.

미트라교는 시민들 사이에서는 대중적인 인기를 얻지 못했다. 그러나 플라비우스Flavius 치하에 확산되었고, 서쪽보다는 동쪽에서 더 많이 따르기는 했으나, 로마 군대 사이에 널리 퍼졌다. 더 일반적인 현상은 로마인들이 태양 숭배로 돌아온 것이었다. 서기 307년 제국 군대의 힘을 유지하려는 일환으로 도나우 강변의 한 지성소가 미트라(1)와 아후라마즈다에게 봉헌되었다.

악소마마 Axo-Mama

감자 수확의 여신. 남아메리카 인디언[페루]. 식물의 일부로 이 신의 모형을 만들어 추수의 물신으로 삼았고 1년 동안 보관했다가 풍성한 감자 수확을 기원하는 의례에서 불에 태웠다.

악쇼비야 AKSOBHYA (아촉불 阿閦佛)

기원 : 불교[인디아]. 두 번째 선정불 또는 무동불 無動佛.

숭배 시기 : 서기전 500년 무렵부터 현재까지.

별칭 : 바즈라사나Vajrasana, 바즈라헤루카Vajraheruka.

숭배 중심지 : 아시아.

참조 예술 : 조각, 그림.

문헌 자료 : 〈사다나마라〉, 밀교 의례 문헌들.

금강승불교의 오방승불 五方勝佛 또는 오지여래 五智如來 중 하나.

  의식과 관련된 우주의 가지를 나타내는 아디붓다*에서 나왔다. 악쇼비야는 푸른 만트라 훔-HUM에서 기원하며 동쪽 낙원 아비라티에 산다. 그의 샥티*는 로챠나*이고 그는 보통 두 마리의 코끼리를 동반한다.

악얀토 Ac Yanto (우리의 도움자)

백인들의 신. 마야(고대 메소아메리카)[멕시코]. 창조신 아차키움*의 형제다. 유럽 이민들과 그들의 재산 및 생산품 창조에 관여한다.

안(1) AN(1) (하늘)

기원 : 메소포타미아(수메르)[이라크]. 최고의 창조신.

숭배 시기 : 서기전 3500년 무렵부터 2000년 무렵까지이지만 서기전 100년이나 그 이후까지 바빌로니아의 창조신으로 계속 남았다. 아누(1)*를 보라.

별칭 : 아누(1).

숭배 중심지 : 우눅[와르카].

참조 예술 : 알려진 것이 없으나 아마도 서기전 3000년 무렵부터 인장이나 인감에 상징적으로 표현되었을 것으로 보인다.

문헌 자료 : 수메르 창조 이야기와 바빌로니아 창조 서사시 〈에누마 엘리쉬〉가 있는 쐐기문자 본문들.

수메르 창조 신화에서 안은 자기 지하세계의 여성적 원리인 키*를 가진 최고의 존재이며, 우주의 설립자이다. 또한 몇몇 문헌에서는 안샤르*와 키샤르*의 아들로 나타나기도 한다. 나이 많은 신들의 수장이다. 그는 역법의 기초를 형성했다고 하며, 처음에는 목자들의 판테온에서 유래하여 소의 형태로 묘사되었을 것이다. 몇몇 문헌에서는 '하늘의 황소'로 나타난다. 전설에 따르면, 하늘과 땅은 안과 키가 아들인 엔릴*을 낳을 때까지 분리되지 않았다고 한다. 바람의 신 엔릴은 하늘과 땅을 둘로 쪼갰다. 안은 하늘을 가져갔고, 키는 엔릴과 함께 땅을 가졌다. 안은 또한 여신 남무*와 짝을 이루었고 엔키*의 아버지가 되었다. 우눅(성서에서는 에렉Erech)의 수호신인 안은 가끔씩 운명의 균형이 기울게 하는 데 도움을 주면서 항상 조금 떨어져 있는 어렴풋한 존재이지만, 그렇지 않은 경우에는 하늘과 땅에서 벌어지는 일상적인 일로부터 멀어져서 지내는 경향이 있다.

안의 주요 성소는 에안나 신전이다. 서기전 2500년 무렵 사르곤Sargon에 의한 셈족의 수메르 탈취 이후에는 엔릴이 그를 대신해 수메르 도시국가들의 최고 국가 신이 되었다.

안(2) An(2)
창조신 안(1)*의 여성적 원리일 가능성이 있다. 메소포타미아(수메르). 초기의 도상학은, 젖통에서 비를 만들어내고 아카드 판테온에서 안투*가 되는, 암소 형상을 한 천상의 하늘 여신임을 암시한다.

안광낭랑(眼光娘娘) Yen Kuang Niang Niang
어머니 여신. 중국. 보호하는 역할을 하는 '아홉 여인' 중 하나. 눈의 질병을 치료한다.

안나무르티 Annamurti
비슈누*의 형상. 힌두교(푸라나). 부엌과 음식의 수호신. 인디아 남부 스리랑감Srirangam에 있는 사원에는 양팔이 두 개씩 달린 안나무르티의 청동 상이 있다. 상징을 보면 한쪽 손에는 쌀이, 다른 손에는 파야사_{payasa}(단 우유와 쌀)의 그릇이 있다.

안나쿠아리 Anna Kuari

지역의 식물 여신. 인디아. 초타 나그푸르_{Chota Nagpur}의 오라온족_{Oraon}이 숭배했다. 봄에 사람 제물을 받았고, 어린이의 모습으로 희생자의 집에서 사는 동안 희생자에게 부와 풍성한 수확을 내려준다고 믿었다.

안나페레나 Anna Perenna

수호 여신. 로마. 고대 로마 신화에서 안나페레나는 서민들이 귀족들과 갈등 관계에 있을 때 기근에서 그들을 구해주었다고 한다. 안나페레나에게 봉헌된 야외 축제가 매년 3월 15일 로마 북쪽 숲에서 열렸다.

안다르타 Andarta

풍산 신. 켈트(갈리아). 보콘티 부족의 수호 여신. 이 여신의 이름은 곰(bear)을 뜻하는 아르토스_{artos}나 경작지를 의미하는 아르_{ar}에서 왔을 것이다. 안드라스타*를 보라.

안드라스타 Andrasta

전쟁의 여신. 로마노-켈트(브리튼). 이케니족_{Iceni}의 수호 여신. 전사 여왕 보우디카_{Boudicca}는 전쟁을 시작하기 전에 안드라스타에게 기도했다고 하며, 이 여신은 인간을 희생 제물로 받았다고 한다. 로마의 작가 디오 카시우스_{Dio Cassius}가 안드라스타를 언급하기는 하지만, 고대 켈트 갈리아에는 나타나지 않는다. 이 이름은 여신 안다르타_{Andarta}와 관련이 있을 수 있다. 아드라스테_{Adraste}라고도 한다.

안드라타 Andrata

풍요의 여신일 가능성이 있다. 켈트(갈리아). 보콘티족_{Vocontii}의 수호 여신. 안드라타라는 이름은 낳다는 뜻의 아르토스artos나 경작지를 의미하는 아르ar에서 유래한 것으로 보인다. 안드라스타*도 보라.

안바이 Anbay
지역 수호신. 이슬람교 이전의 남 아라비아. 정의의 신이자 달의 신 암*의 시중을 들면서 신탁을 전한다.

안사 Ansa
하급 태양신. 힌두교(푸라나). 아디티*의 여섯 아들인 아디티아* 중 하나.

안샤르 Anšar
태초의 신. 메소포타미아(바빌로니아-아카드). 바빌로니아 창조 서사시 〈에누마 엘리쉬〉에 아누(1)*가 차례대로 창조한 라흐무*와 라하무*가 낳은 한 쌍의 자식 중 하나로 키샤르*와 함께 언급되어 있다. 키샤르가 땅과 관련이 있는 반면 안샤르는 하늘과 관계있다.

안제아 Anjea
물활론적 풍요의 정령. 오스트랄라시아Australasia. 오스트레일리아 퀸즐랜드 펜파더Pennefather 강변의 부족들에게 알려졌고 임신한 여성의 자궁에 진흙 아기들을 둔다고 한다. 신생아의 할머니는 출산 뒤에 나오는 태를 묻었는데, 안제아는 자궁의 다른 아이에게 주입하는 시기가 올 때까지 이 태를 수집해서 속이 빈 나무나 지성소에 보관했다.

안제티 Andjety
지하의 저승 신. 하이집트. 피라미드 문서에서 알려진 의인화된 하급 신. 제9의 노모스nome(고대 이집트 행정구역)와 관계있다. 다음 생에서의 재탄생에 책임이 있으며 몇몇 풍산 여신들의 배우자로 여겨진다. 안제티는 부시리스Busiris에서 숭배를 받았는데 여기에서 그는 오시리스* 숭배를 확실히 알렸다. 상징은 큰 깃털 두 개, 지팡이, 도리깨 등으로 장식된 높은 원뿔형 관(오시리스의 아테프 관과 비슷함). 초기 피라미드 문서들에는 깃털들이 초승달 모양의 자궁으로 대치된다. 오시리스*를 보라.

안칼람만 Ankalamman
수호 여신. 힌두-드라비다족(타밀). 특히 인디아 남부 지역에서 악마를 막아주는 여신으로 알려졌다. 칼리(1)*의 모습 중 하나이다.

안캄나 Ancamna
물의 여신. 로마노-켈트(유럽 대륙). 독일 트리어 지방의 비문에서만 알려졌다.

안투 ANTU
기원: 메소포타미아(바빌로니아-아카드) [이라크]. 창조 여신.
숭배 시기: 서기전 2000년 무렵이나 선사 시대부터 시작해서 서기전 200년 무렵까지.
별칭: 안툼Antum, 아눈니투*.
숭배 중심지: 우루크와 바빌로니아.
참조 예술: 조각, 돌조각 등.
문헌 자료: 바빌로니아 창조 서사시 〈에누마 엘리쉬〉와 아키투 축제와 관련된 문헌들.

비록 우주 발생이 분리된 전통에 적합하게 변경되어오긴 했지만, 안투는 수메르의 키*에서 유래한 바빌로니아 여신이다. 하늘 신 아누(1)*의 배우자인 안투는 서기전 200년 무렵까지 행해진 아키투 축제의 주연이었다. 후대에 안투가 중요하게 된 것은 그리스 여신 헤라*와 동일시된 연유로 돌릴 수 있다.

안티 Anti
수호신. 상이집트. 호루스*에 동화되어왔던 것처럼 보이며 태양이 뜨는 동쪽 하늘의 수호자들 중 하나였다. 어떤 자료에 따르면, 안티는 이집트의 권좌를 위한 갈등에서 여신 하토르*를 참수하는 책임을 졌다고 한다. 안티는 (서기전

2000년 무렵) 중왕국 시대 관에서 나온 문헌들로부터 알려졌다. 매 또는 초승달 모양의 배에 서 있는 매의 머리를 한 인간으로 묘사된다.

안후리 Anhouri
하급 신. 이집트. 전승에 따르면 안후리의 미라는 타니스에 보관되어 있다.

알라(1) Ala
지하세계 풍산 여신. 이보족 Ibo[나이지리아 동부, 아프리카 서부]. 대중적인 신으로, (그녀의 자궁 안에 영면하는) 죽은 자들의 숭배와 연결된 지하세계의 여신이기도 하다. 알라의 신전 음바리 Mbari에는 초승달로 치장하고 팔로 아이를 안아서 앉아 있는 알라 신상이 있다. 여신은 수행 신들의 보호를 받으며, 봉헌물로 채워진 신전에서 풍요를 누린다. 살인을 포함한 중대한 범죄는 알라를 거슬리는 행위로 여겨진다. 알라의 영광을 축하하기 위해 해마다 얌 yam 축제가 벌어진다. 알레 Ale 또는 아나 Ana, 아니*라고도 한다.

알라(2) ALLAH
기원: 나바테아와 아라비아. 서셈족의 신 일*에서 유래.
숭배 시기: 서기전 300년 무렵부터 현재까지.
숭배 중심지: 메카 [사우디아라비아].
참조 예술: 없음.
문헌 자료: 코란.

이슬람교의 창조신. 이슬람교 이전 시기에는 물과 불의 창조자로 인식되었다. 예언자 무함마드 Muhammad가 참된 유일신으로 이름 붙였고 코란에는 100개의 칭호가 주어졌으나, 99개만 인간에게 알려져서 이슬람 염주(타스비흐)에 투영되었다. 마지막 이름은 신비로 남아 있다. 알라를 대변하는 예술은 없다.

알라드우둑라마 Alad Udug Lama

수호신들에 대한 집단적 명칭. 메소포타미아(수메르와 바빌로니아-아카드). 주요 신들과 동반하는 모호한 정령들이며 행운을 나눠준다.

알라루 Alalu

태초의 신. 히타이트와 후르리족. 우주가 형성될 때 아누(1)*보다 앞서는 원형적 신. 그리스인들은 휘프시스토스*(지극히 높은 분)로 인식했다.

알라우누스 Alaunus

지역 신. 로마노-켈트(유럽 대륙). 만하임과 잘츠부르크 주변에서 알려졌다. 로마인들은 메르쿠리우스*와 혼합했다.

알라이시아개 Alaisiagae

하급 여신들. 로마노-켈트(브리튼). 노섬벌랜드 하우스테즈Houseteads에 있는 마르스 틴크수스Mars Thincsus 신전에서 확인된다.

알라탕가나 Alatangana

창조신. 코노족[기니 동부, 아프리카 서부]. 두 창조신 들 중 하나. 다른 하나는 사*이다. 알라탕가나는 늪에서 땅을 창조했고 지상에 식물을 배치했다.

알라툼 Allatu(m)

지하세계 저승 여신. 서셈족. 메소포타미아 여신 에레쉬키갈*을 모델로 했으며, 가나안 신화의 아르사이*와 동일시했을 가능성이 있다. 카르타고인들은 알라투Allatu라고 했다.

알라트 Allat (여신)

별의 여신이자 수호 여신. 이슬람교 이전의 북아라비아와 중앙아라비아. 알라트는 팔미라에서 가정의 수호신으로서 정기적인 기도의 대상이었고 알라트 또는 알라트와 아주 가까이 연결되어 있는 아스타르테*로 불렸다. 타이프 Ta'if에서는 하얀 화강암 형상으로 상징화되었다. 헬레니즘 시기에 아테나*와 혼합되었거나, 알라트를 알리라트 Alilat로 부른 헤로도토스는 아프로디테*와 혼합되었다고 했다. 아타르샤마인*을 보라.

알레모나 Alemona
통행의 여신. 로마. 태어나지 않은 아이의 건강과 관련이 있다.

알리사노스 Alisanos
지역 대지의 신. 로마노-켈트(갈리아). 프랑스 코트도어 지역의 비문에서 알려졌고 땅과 관련이 있다. 알리소누스 Alisonus 또는 알리사누스 Alisanus라고도 한다.

알마카 Almaqah
하늘의 수호신. 이슬람교 이전의 아라비아 남부. 사바족 Saba들이 숭배했다. 알마카의 거룩한 동물은 황소이다. 상징은 빛나는 번개와 구불구불한 무기이다.

알쿤탐 Alk'unta'm
태양신. 벨라쿨라 인디언[캐나다 브리티시컬럼비아]. 세늑스*와 밀접하게 연결되어 있으며, 둘 다 똑같이 중요한 의미를 지녔다. 알쿤탐의 어머니는 모기로 변화할 수 있는 식인 여성 누누소미키코네임 Nunuso' mikeeqone'im이다.

알키스 Alcis
지위가 불확실한 신. 게르만과 아이슬란드. 쌍둥이 신 알키스는 하늘 신들의 아들들로 알려졌다. 고대 게르만 시대의 한 라텐 La Tène 문화 항아리에는 한 쌍의 남성이 말에 탄 그림이 그려져 있다. 타키투스는 나하르발리족의 쌍둥이 신 숭배를 묘사하고 있으며, 쌍둥이 신의 사제들은 여성의 복장을 하고 있었다고 한다. (프리지아의 신 아티스*를 보라.) 아마도 유럽 북부 해안 지역의 숲에 있는 지성소들에서 알키스를 숭배했을 것이다.

알파누 Alpanu

지하세계 저승 여신. 에트루리아. 보석과 헐렁한 망토를 걸치고 샌들을 신은 모습으로 묘사되지만 벌거벗고 있다. 성적인 사랑의 여신이라고 한다.

암 Amm

달의 신. 이슬람교 이전의 아라비아 남부. 카타반족Qataban의 수호신. 기후의 신으로 숭배되기도 한다. 상징은 빛나는 번개.

암마 Amma

1. 지역 수호신. 드라비다족(타밀). 인디아 남부에서 알려졌다.

2. 창조신. 도곤족[아프리카 서부 말리]. 암마는 찰흙 그릇을 가장 뜨거워질 때까지 굽고 그 주변을 구리로 여덟 번 감아서 태양을 창조했다. 달도 비슷한 방식으로 창조했으나 구리 대신 놋쇠를 사용했다. 흑인들은 태양빛에서 창조되었고 백인들은 달빛에서 창조되었다. 그 후 암마는, 음핵陰核이 개미집이었던 땅의 여신에게 할례를 행하고 나서 임신시켰고 첫 번째 피조물인 자칼을 낳았다. 그다음에는 식물을 생산하기 위해 비로 그녀를 수정시켰고, 마지막에는 인간의 아버지가 되었다.

암마바루 Ammavaru

태초의 어머니 여신. 힌두-드라비다족. 인디아 동부 중앙 지역에서 알려졌으며 텔루구Telugu의 드라비다족이 숭배했다. 암마바루는 우유의 바다에 우주적인 알을 낳았다고 한다. 큰 신들인 브라마*와 비슈누*와 시바*는 이 우유의 바다에서 탄생했다.

암피온 Amphion

신. 그리스. 폴리데우케스*의 테베식 명칭이다.

암피트리테 Amphitrite

바다의 여신. 그리스. 헤시오도스의 〈신통기〉에 따르면, 네레우스*와 도리스*
가 낳은 딸이 50이 되는데, 그중 하나이다. 폭풍우가 치는 바다를 고요하게
하며 홍합으로 만든 배를 타고 여행한다고 한다. 아폴론*이 태어날 때 현장에
있던 이들 중 하나다.

암헤 Am-Heh

지하세계의 신. 이집트. 불의 호수에서 거주한다고 여겨지는 하급 신. "수백만
을 먹어치우는 자"라고도 한다. 개의 머리를 지닌 모습으로 그려진다.

압사라스 Apsaras

물의 정령들. 힌두교(베다). 음악가들과 행운을 가져오는 노름꾼들의 수호신
들로 간주된다. 이들은 광기를 가져올 수도 있다.

압수 Apsu

지하세계 태초의 물의 신. 메소포타미아(바빌로니아-아카드). 수메르의 압주*에
서 유래했다. 바빌로니아 창조 서사시 〈에누마 엘리쉬〉에서 압수는 잠을 자는
동안 엔키*에게 살해된다. 엔키는 심연 위에 자기 거주지를 세운다. 압수의 죽
음은 마르둑*과 티아마트*가 우주적 결투를 하게 만들었다.

압주 Abzu

깊은 물, 지하수 태초의 신. 메소포타미아(수메르). 숭배 중심지는 메소포타미
아 남부 에리두에 있으며 아카드인들은 종종 압수*라고 했다.

앙그루마이뉴 Angru Mainyu (악령)

지하세계 어둠의 저승 신. 페르시아[이란]. 아후라마즈다*의 주요 적대자 이름.
아리만*을 보라.

앵거스 AENGUS

기원 : 켈트 (아일랜드). 지위가 불확실한 신.

숭배 시기 : 서기전 500년 무렵이나 그 이전부터 서기 400년 무렵 그리스도교화 시기까지.

별칭 : 맥옥Mac Oc, 앵거스옥Aengus Oc.

숭배 중심지 : 브루 나 보인 (보인 계곡).

참조 예술 : 다양한 기념 조각과 비문들.

문헌 자료 : 〈침략의 서〉, 〈왕들의 전설〉.

타라*의 왕들 중 하나인 엘크마의 아내와 다그다*의 아들. (엘크마의 아내는 아마도 여신 보인Boinn이었을 것이다.) 앵거스는 보인 계곡에서 살았고 그 지역의 고대 고분과 밀접한 관련이 있다. 전설에 따르면 앵거스는 한 여자와 사랑에 빠졌으나 그이가 누구인지 확인할 수 없었다. 그가 쇠약해지자 아버지와 어머니는, 150마리의 백조들과 함께 백조의 모습으로 용의 호수에 살던 코나하트의 공주 크르를 찾을 때까지 앵거스의 연인을 조사했다. 결국 앵거스는 그녀를 찾았고 자기 또한 새로 변화했다.

야 Yah

달의 신. 이집트. 야는 셈족 이민들이 이집트로 들여왔을 수 있으며, 그들은 메소포타미아의 신*에 기반을 두고 야의 모습을 그렸다. 야는 서기전 20세기부터 광범위하게 언급되며 인간 형상으로 묘사되지만 매와 따오기로도 표현될 수 있다.

야가우비스 Jagaubis

불의 신. 그리스도교 이전의 리투아니아. 가비야* 때문에 광범한 지역에서 빛을 잃었다.

야누스 JANUS

기원 : 로마. 통행의 신.

숭배 시기: 서기전 400년 무렵부터 서기 400년 무렵까지.

별칭: 야누스Ianus.

숭배 중심지: 입구가 넷 있어서 야누스 콰드리폰스Janus Quadrifons라고 불리던 유명한 신전을 포함해(현재는 존재하지 않음), 이탈리아 전역에 많은 지성소들이 있다.

참조 예술: 조각과 부조.

문헌 자료: 베르길리우스의 〈아이네이스〉.

야누스는 보통 '두 얼굴을 한 신'으로 알려졌고, 통로와 출입문과 초기의 모든 단계를 관장하는 신이다. 전쟁 시기의 자비로운 중재자이기도 하다. 그리스에는 야누스와 대응하는 신이 없으나 그는 과거와 현재와 미래의 신이다. 전설에 따르면, 아폴론*의 아들이고 테살리아에서 태어났으며 티베르 강 건너편에 도시 야니쿨룸Janiculum을 세웠다.

야누스는 반대쪽을 보는 두 얼굴의 모습으로 묘사되며, 이는 과거와 미래에 대한 그의 지배를 상징화한다. 문이나 도로의 수호자로서 오른손에는 열쇠를 왼손에는 지팡이를 잡고 있다. 새해의 시작을 관장할 때에는 숫자 300과 65를 잡고 있다. 야누스는 일출 및 일몰과 동일시되기도 한다. 새로운 모든 계절과 매일의 새벽이 야누스에게 바쳐졌다. 특히 새해에 야누스를 기렸으며 재뉴어리January라는 달의 이름도 그에게서 유래했다. 야누스 콰드리폰스 신전은 완벽하게 균형 잡힌 정사각형으로 유명했으며, 각 면에 네 계절을 상징하는 문과 열두 달을 의미하는 창문들이 세 개씩 달려 있었다.

야로 Yaro

창조신. 카파족[에티오피아]. 하늘 신이며, 시골 지역의 산꼭대기나 강둑에서 여전히 이 신에게 제물을 바친다. 그리스도교의 하느님과 널리 혼합되었다. 예로Yero라고도 한다.

야로누스 Ialonus

풀밭의 신. 로마노-켈트(브리튼과 유럽 대륙). 랭커스터Lancaster와 님 지역의 비문

372

에서 알려졌다.

야리 Jarri

재앙의 신. 히타이트와 후르리족. 전쟁에서 왕을 보호했던 '활의 주인'으로 알려진 전쟁의 신이기도 하다.

야마 Yama (쌍둥이, 억제하는 자)

1. 죽음의 신. 힌두교[베다]. 바바스반Vavasvan과 사란주Saranju, 또는 수리야(1)*와 산즈나*의 아들로 배우자는 두모르나* 또는 야미*이다. 야마는 죽은 자들의 심판관이며 죽음의 여신 야미의 쌍둥이 형제이기도 하다.

크리슈나*가 우주의 체현으로 인식될 때 그의 송곳니들이 바로 야마이다. 야마는 남쪽 방향의 수호신으로 발전했다. 동물은 검은 물소. 색깔은 검정색.

2. 수호신. 라마 불교[티베트]. 끔찍한 외모에 왕의 복장을 하고 달라이 라마를 수호하는 다르마팔라* 중 하나. 사람 위에 서 있다. 색깔은 빨간색, 푸른색, 하얀색, 또는 노란색. 상징은 갈고리와 지팡이가 가장 흔하지만, 곤봉, 그물, 방패, 무기, 삼지창, 엄니 두 개도 될 수 있다.

야마노가미[山の神] Yama-No-Kami

산의 신. 신도[일본]. 특히 봄에 논으로 내려왔다가 가을에 되돌아간다. 야마노가미의 하강을 기념하는 축제가 있다.

야마두티 Yamaduti

사자使者 여신. 대승불교. 야마*의 수행 신. 탈것은 물소. 색깔은 푸른색. 상징은 컵, 파리채, 칼, 연꽃.

야마리 Yamari (야마*의 원수)

신. 금강승불교. 힌두교의 신들인 시바*와 야마*의 영향을 받았을 것이다. 야마리의 탈것은 물소이고 색깔은 빨간색. 상징은 곤봉, 컵, 올가미, 지팡이.

야만따까 Yamantaka (야마*의 파괴자)

수호신. 라마 불교[티베트]. 악쇼비야*의 발현이며, 끔찍한 외모에 왕의 복장을 하고 달라이 라마를 지켜주는 다르마팔라* 중 하나이다. 전승에 따르면 야만따까는 야마*의 엄청난 분노를 진압했다. 그의 샥티*는 비디야다라Vidyadhara이다. 동쪽 방향의 수호신이기도 하다. 인간을 비롯한 여러 피조물을 짓밟으며, 서른두 개의 팔과 열여섯 개의 다리를 가지고 있다. 색깔은 빨간색, 푸른색, 검정색, 하얀색. 상징은 여럿이다.

야무나 Yamuna

강의 여신. 힌두교. 수리야(1)*와 산즈나*의 딸이자 야마*의 자매. 야무나는 푸라나 문헌에서 묘사되며 마투라Mathura 시의 야무나 강과 관련되어 있다. 색깔은 푸른색.

야미 Yami

어머니 여신. 힌두교(서사시와 푸라나). 후기 힌두교에서 악한 지향을 가진 것으로 여겨지는 일곱 샥티* 중 하나이다. 차문다*라고도 한다.

야브루 Jabru

하늘 신. 엘람족[이란]. 안(2)* 때문에 중요성이 크게 상실된 지역 수호신.

야소다라 Yasodhara (영광 보존)

여신. 불교. 단다파니Dandapani의 딸이자, 온전한 경지에 이르기 전 붓다*의 배우자이다.

야오 Yaw (원수)

전능한 신. 아스텍(고대 메소아메리카)[멕시코]. 보편적이면서도 보통 악의를 지닌 신이다. 테스카틀리포카*로 분류되는 집단의 일원이다.

야우케메 Yauhqueme

풍요와 비의 신. 아스텍(고대 메소아메리카)[멕시코]. 틀랄록*으로 분류되는 집단의 일원이다.

야웨 YHWH (나는 지금 있는 나다)

기원: 유대교 [이스라엘]. 창조신.

숭배 시기: 서기전 1200년 무렵부터 현재까지.

별칭: 야훼Yahweh, 여호와Jehovah.

숭배 중심지: 헤브론Hebron, 예루살렘 (서기전 587년까지), 그 뒤로는 그리스도교 세계 전역에 퍼졌다.

참조 예술: 현존하지 않는다.

문헌 자료: 구약성서, 쿰란 문서.

레위와 벤야민이 이끌었던 이스라엘 남부 부족의 창조신이다. 서기전 15세기 파라오 아멘호테프 4세가 소개한 이집트의 신 아툼*(또는 아텐*)을 모방한 신일 가능성도 있다. 유일신 숭배의 대상이지만 팔레스타인의 히브리 정착민들이 꼭 유일신 숭배만 했던 것은 아니다. 참으로 보편적인 신 개념이 살아남은 것은 야웨가 처음일 것이다.

전승에 따르면, 야웨는 시나이Sinai 산(호렙 산)에서 모세에게 나타났고 10계명을 주었다. 야웨는, 이스라엘인들의 숭배의 중심인, 계약의 궤 위에 있는 두 거룹 사이에서 명령을 내린다고 한다. (출애굽기 25장) 야웨는 결국 북쪽의 신 엘*을 대신하여 이스라엘의 최고신이 되었다. 헬레니즘 시기에는 사마리아의 그리짐Gerizim 산에 있던 야웨 지성소가 제우스*에게 다시 봉헌되었다.

야웨라는 이름은 '이름이 없다'는 뜻의 정체 모를 이름이다. 야웨는 히브리 성서에만 자주 나타나지만 그리스도교 안에서도 살아남았다. 영어권 번역에서는 주로 '주님'이 야웨를 대체했다. '여호와'는 서기 1200년에서 1300년 무렵 잘못 전해진 것이다.

구약성서의 여러 책들, 특히 시편은 판테온의 여러 신들을 수용하는 구절들로 깔려 있다. 번역가들은 '성인들'이나 '거룩한 사람들'처럼 표현하는 완곡어법을 사용했다.

야웨가 인간의 형상으로 인식되기는 했지만, 낭만적으로 묘사된 그리스도교 예술 이외에는 표현된 바가 없었다. 유대교 전승에서 야웨의 현존은 오직 계약의 궤의 빈 공간으로만 확인되었다. 야웨는 육체적 욕구가 없는 완전히 초월적인 존재이며, 유대-그리스도교 전승에 따르면, 배우자가 없다. 이 보편적 신이 이슬람교 전승에서는 알라(2)*로 알려졌다.

야유 Yayu

하늘 신. 응반디족[자이르, 중앙아프리카]. 동이 틀 무렵 기도를 받는 일곱 신 중 하나이다.

야즈나 Yajna (희생)

신. 힌두교. 비슈누*의 하급 화신이며 브라만교 의례가 체현된 것이다.

야치나우트 Ya'china'ut (달 여인)

달의 정령. 코랴크족[시베리아 남동부]. 달이 의인화한 존재.

야카우이스틀리 Yacahuiztli

지하세계의 여신. 아스텍(고대 메소아메리카)[멕시코]. 아스텍 우주 창조론에서 배우자 요알테쿠틀리*와 함께 밤을 낳았다. 믹틀란테쿠틀리*로 분류되는 집단의 일원이다.

야카콜리우키 Yacacoliuhqui (구부러진 코)

상업과 상인들의 하급 신. 아스텍(고대 메소아메리카)[멕시코]. 야카테쿠틀리*로 분류되는 집단의 일원이다.

야카테쿠틀리 Yacatecuhtli (코의 주)
상업과 상인들의 신. 아스텍(고대 메소아메리카)[멕시코]. 야카테쿠틀리로 분류되는 집단의 수장이다.

야카피차우악 Yacapitzahuac (양의 코)
상업과 상인들의 하급 신. 아스텍(고대 메소아메리카)[멕시코]. 야카테쿠틀리*로 분류되는 집단의 일원이다.

야크샤 Yaksa(s)
나무의 정령들. 힌두교. 서기전 5세기 무렵 파니니Panini가 언급한 물활론적 존재들을 일컫는 총칭이다.

야키크닌 Ya'qhicnin
창조신. 코랴크족[시베리아 남동부]. 코랴크인들은 자기들의 최고의 존재 테난토므완*과 구별하기 위해서 그리스도교의 신에게 이 이름을 붙였다.

야할나우트 Ya'halna'ut
수호정령. 코랴크족[시베리아 남동부].

야할란 Ya'halan (구름 인간)
수호정령. 코랴크족[시베리아 남동부]. 최고의 존재 테난토므완*의 아들이며 이네아네우트*의 배우자이다. 다른 전승에서는 관리자 존재 이나히텔란*의 아들로 나온다. 야할란은 젊은 부부들의 수호자이며, 젊은이들은 소녀의 마음을 돌리기 위해 이 정령을 부르며 성스런 북을 친다.

야훼 Jahwe
야웨*를 보라.

얄다바오트 Yaldabaoth

창조신. 영지주의 그리스도교. 영지주의 우주 창조론에서 '첫 부모'라 불린다. 피스티스(소피아*)가 혼돈의 무에서 얄다바오트를 창조했다. 얄다바오트는 형상을 갖추고 우주의 실체를 위임받았다.

얄다바오트는 처음에 피스티스소피아의 존재를 깨닫지 못하며, 자기 능력으로 일곱의 남녀 양성적 존재들을 낳아서 하늘들에 배치한다. 그가 스스로 자기 홀로 전능하다고 선포하자, 피스티스소피아는 그에게 '사마엘'(눈이 먼 신)이라고 이름 붙인다. 얄다바오트의 자식 중 가장 중요한 이는 아버지를 반대하여 피스티스소피아 편에 선 사바오트*이다. 피스티스소피아가 결국 얄다바오트에게 순수한 밝은 빛으로 자신을 드러내자 그는 비천하게 되었다.

얌 Yamm

대양의 신. 셈족. 이집트 파피루스에 다른 신들로부터 공물을 강탈하는 자로 간단히 언급된 시리아의 신이다.

에게리아 Egeria

풍요 여신. 로마. 오크나무 숲의 여신이다. 여사제가 매년 유피테르*의 역할을 맡은 로마의 왕과 이 여신의 성스런 결혼식을 제정했다. 이 축제는 아테네에서 벌어진 제우스*와 헤라*의 결혼 축하 의례가 변화한 것이다. 에게리아와 관련된 다수의 거룩한 샘들과 호수들이 있었다.

에그레스 Egres

풍요의 신. 카렐리아 Karelia[핀란드]. 순무 수확을 관장하는 신.

에눈두 Enundu

역병의 신. 기수족[우간다, 아프리카 동부]. 천연두의 신이며 염소를 바쳐 달랜다.

에데케 Edeke

재난의 신. 테소족[우간다, 아프리카 동부]. 창조신 아파프*의 적수이다. 기근이 들고 역병이 돌면 에데케를 달랜다.

에두사 Edusa

유아들의 하급 신. 로마. 어린이의 양육을 책임진다.

에라 Erra

전쟁의 신. 메소포타미아(바빌로니아-아카드). 주로 서기전 1000년 무렵의 〈에라 서사시 Erra Epic〉에서 알려졌다. 습격과 소동의 신이기도 하며 땅을 마르게 한다. 네르갈*과 밀접한 관계가 있으며 숭배지는 쿠타 Kutha 시의 에메쉴람 Emešlam이다. 바빌로니아 시대에는 역병의 신과 동일시됐다.

에레보스 Erebos

태초의 신. 그리스-로마. 카오스*와 닉스*에게서 태어났으며, 우주의 첫 원소들인 아이테르*(빛)와 헤메라*(날)를 창조하기 위해서 자기 어머니와 근친상간을 한다.

에레쉬키갈 EREŠKIGAL

기원: 메소포타미아(수메르와 바빌로니아-아카드)[이라크]. 지하세계 저승 여신.

숭배 시기: 서기전 3500년 무렵이나 그 이전부터 서기전 200년 무렵이나 그 이후까지.

별칭: 알라툼*.

숭배 중심지: 없음.

참조 예술: 장식판, 기념 석주, 조각.

문헌 자료: 창조 서사시 및 〈인안나의 하강과 두무지의 죽음〉을 포함하는 문헌들.

에레쉬키갈은 네르갈*의 배우자이며 지하세계의 여왕이다. 닌아주*의 어머니이기도 하다. 어떤 본문에 따르면, 무서운 신 쿠르가 한때 하늘의 여신이었던 에레쉬키갈을 납치했다고 한다. 에레쉬키갈은 간지르Ganzir 궁전에 살며 그리스의 페르세포네*와 동일시된다. 논쟁의 여지가 있지만, 에레쉬키갈은 여신 인안나*의 어두운 분신으로 나타날 수 있다고 하며, 어떤 본문에서는 인안나의 언니로 나타난다. 배우자 또한 구굴안나*로 확인된다. 전설에서 에레쉬키갈은 인안나의 도전을 받는다. 그러나 일곱 아눈나키*의 심판 후에 이 지하세계 여신은 그녀가 지혜의 신 엔키*의 중재를 통해서 살아날 때까지 3일 동안 그녀를 시체로 만든다. 서셈족 판테온에서 에레쉬키갈은 알라투가 된다.

에로스 Eros
태초의 신. 그리스-로마. 호메로스 이전의 우주에서는 아이테르*와 헤메라의 자식들 중 하나이다. 헤시오도스의 〈신통기〉에는 카오스*, 가이아*와 더불어 세 원형적 존재들 중 하나로 나온다.

에루아 Erua
자르파니툼*을 보라.

에르킬레크 Erkilek
사냥의 신. 에스키모. 개의 머리와 코에 인간의 몸을 가진 악의를 지닌 신. 활과 화살이 든 전통箭筒을 들고 다니며, 뛰어난 사수이다.

에리니스 Erinys
분노의 대지 여신. 그리스. 전설에 따르면 에리니스는 포세이돈*의 배우자였고 멋진 말 아레이온Areion을 낳았다고 한다. 에리니스가 모든 말들을 낳은 엄한 모성적 여신이었다는 암시도 있다. 격분에 찬 데메테르*와 동일시되기도 하며, 데메테르에게는 때로 에리니스라는 별명이 붙기도 했다. 에리니스는 셋이 함께 에리니에스Erinyes로 집단적 형상으로 나타날 수 있다. 그들의 머리털은 뱀-머리로 되어 있고 지하세계의 횃불을 들고 있다. 〈일리아스〉에는 '거짓 맹세를 한 죽은 모든 자들을 땅 밑에서 응징하는 이들'로 묘사되어 있다. 로마 신화에서 이들은 푸리에스이다.

에리스 Eris
반대 또는 투쟁의 여신. 그리스. 전쟁의 신 아레스*의 배우자이며 호르코스*(서약)의 어머니이다. 에리스는 결혼식 손님들 가운데 불화의 사과를 던지는 모습으로 묘사된다. 다툼을 일으키기 위해서 '가장 아름다운 자에게' 사과를 제공한다. 로마 신화에서 에리스는 디스코르디아*가 된다.

에리우 Eriu
풍요의 여신. 켈트(아일랜드). 모리간*의 화신이다. '아일랜드의 주권'으로 알려진 신들 중 하나이며 상징적으로 죽는 왕과 결혼했다. 소녀에서 노파까지, 새에서 동물까지 마음대로 형상을 바꿀 수 있는 전쟁의 여신이기도 하다. 미스Meath 우슈네흐Uisnech 왕가의 수호자이다. 에이레Eire와 에린Erin은 에리우가 와전된 이름이다. 바이브*, 반바*를 보라.

에메쉬 Emeš
식물 신. 메소포타미아(수메르). 에메쉬는, 지상의 숲과 들과 양과 말에 대해 책임을 맡으려는 엔릴*의 소망에 따라 창조되었다. 그는 땅의 풍요로움 및 여름과 관련이 있다. 도상학에서 쟁기를 든 알려지지 않은 신이 에메쉬일 가능성이 크다.

에멜리힌 Emeli Hin
창조신. 투아레그족Tuareg[수단 중부]. '나의 주님'을 의미하는 일반적인 명칭.

에멤쿠트 Eme'mqut
물활론적 정령. 시베리아-코랴크. 쿼킨아쿠*를 보라.

에비스[えびす:惠比須, 夷] Ebisu

행운의 신. 신도[일본]. 신도의 칠복신七福神 중 가장 대중적인 신이며 종종 다이코쿠*와 연결된다. 한 손에는 낚싯대를 들고 다른 손에는 도미를 잡고 있으며 뚱뚱하고 웃는 얼굴의 턱수염이 난 어부 모습으로 묘사된다. 〈일본서기〉와 〈고사기〉에는 이름이 나오지 않으나, 어부들 사이에서는 고대부터 숭배를 받았다. 에비스는 16세기 이후 특성이 변화하여 이익과 관련된 신이 되었다. 상업의 수호신으로 대부분의 시설에 그의 그림이 걸려 있다. 에비스는 아마도 히루코* 및 고토시로누시[事代主]와 혼합되었을 것이다. 에비스는 이즈모[出雲]에서 10월에 열리는 축제에서 신도 판테온의 다른 신들과 합류하지 않는다. 귀머거리이기 때문이다. 같은 시기에 에비스 신사에서도 축제가 벌어진다.

에수 Esu

통행의 신. 에도족Edo[나이지리아 베냉, 아프리카 서부]. 신들의 집 문에서 열쇠 꾸러미를 잡고 서 있는 무서운 신이다. 에수는 속임수로 유명하다.

에수스 Esus

전쟁의 신. 켈트(유럽 대륙). 로마의 작가 루카누스Lucan가 언급하고 있지만 사실상 알려지지 않은 신이다. 에수스는 나무 신에 기원을 두고 있을 수 있다. 트리어의 한 조각은 가지에 새들이 있는 나무를 베는 에수스를 그리고 있다. (인안나*를 보라.) 다른 곳에서 에수스는 세 마리의 학 및 황소 한 마리와 함께 나온다.

에쉬문 Ešmun

치유의 신. 서셈족(페니키아). 철기 시대 시돈에서부터 처음 알려졌으며, 카르타고, 키프로스, 사르디니아 지역까지 숭배가 확산됐다. 멜카르트*와 혼합되었을 가능성이 있으며, 헬레니즘 시기에는 의사의 신 아스클레피오스*와 혼합되었을 것이다. 에쉬문이라는 이름은 어머니 여신 카엘레스티스*와 관련을 가지게 되었다.

에슈 Eshu

순회하는 신. 요루바족[나이지리아, 아프리카 서부]. 창조신 올로두마레*의 수행신이자 사자使者 신으로 여겨지는 고대의 신. 에슈는 인간들 사이에서 사람됨을 평가하고 형벌을 준다. 추종자들은 검은색이나 갈색 구슬로 된 목걸이를 한다.

에스 Es

창조신. 케트족Ket[시베리아]. 길고 검은 수염을 기른 노인으로 묘사되며 진흙에서 첫 인간들을 만들었다. 오른손으로 던진 것은 남자들이 되었고 왼손으로 던진 것은 여자들이 되었다.

에스차나틀레히 Estsanatlehi (변화하는 여인)

풍요의 여신. 나바호 인디언[미국 뉴멕시코와 애리조나]. 나바호 판테온에서 가장 강력한 신일 것이다. 자신을 영원히 젊게 만드는 힘을 가지고 있다. 전승에 따르면, 위대한 신들이 의례를 통해서 작은 터키석 상에 생명을 불어넣어 에스차나틀레히를 창조했다고 한다. 에스차나틀레히는 여신 욜카이에스탄*의 자매이며, 태양신 초하노아이*의 배우자이고, 전쟁 신 나예네즈가니*의 어머니이기도 하다. 서쪽에 살고 있으며, 부드러운 여름비와 따뜻한 봄바람을 보내주는 자비로운 여신이라고 한다.

에시르 AESIR

기원: 아이슬란드. 고대 스칸디나비아 지역의 주요 하늘 신 종족.

숭배 시기: 바이킹 시대(서기 700년 무렵)나 그 이전부터 1100년 무렵 그리스도교화 시기까지. 몇몇 지역에서는 더 오래 지속되었다.

별칭: 알려지지 않음.

숭배 중심지: 북유럽인들의 영향력이 미치는 전 지역, 특히 스웨덴 웁살라.

참조 예술: 돌과 무기 위에 조각. 다른 예술품에도 그려졌다.

문헌 자료: 스노리의 〈산문 에다〉, 삭소의 〈덴마크 역사〉, 다양한 고전 작가들.

최고신 오딘(2)*이 이끄는 열둘의 에시르 신들은 아마도, 부분적으로는 역사 이전에 세워진 게르만 판테온에서 유래했을 가능성이 크다. 대개 중요한 신들 일곱이나 열둘을 모신 '고참' 판테온을 세운 문화에서 에시르는 공통 패턴을 따른다. 이들 중 몇몇은 창조신들이지만 원형적인 우주 설립자들이 여기에 꼭 포함되는 것은 아니다. 신화에서 에시르족은, 북유럽과 게르만 전승에서 여러 하늘 중 하나로 알려진 아스가르드에 존재한다. 신들은 거대한 방에서 살아 간다. 오딘(2)은 지붕이 은으로 된 발라스칼프를 차지하며, 분리된 건물인 발할라에 살해된 영웅들을 소집한다. 언젠가 이 전사들은, 서리거인들과 다른 적들이 세운 기존 질서에 반대하여, 마지막 공격 때 아스가르드를 보호하는 일을 할 것이다. 에시르족은 첫 전투에서 상대편 신들의 모임인 바니르족*과 싸운다. 그들의 영원한 원수들은 서리거인들, 북유럽을 에워싼 거대한 바다뱀 인 미트가르트 뱀, 최후의 심판일인 라그나뢰크 때 태양을 잡고 삼킬 거대한 이리 펜리르 등이다. 아스가르드의 신들은 멸망할 것이고 땅은 불에 태워질 것 이며, 결국 새롭게 태어나기 전에 불어나는 바닷물로 정화되어야 한다고 예고 된다.

에아 EA

기원 : 메소포타미아 (바빌로니아-아카드) [이라크]. 태초의 물의 신.

숭배 시기 : 서기전 1900년 무렵부터 서기전 200년 무렵까지.

별칭 : 에아샤루 Ea-šarru, 엔키* (수메르).

숭배 중심지 : 에리두, 바빌로니아.

참조 예술 : 조각.

문헌 자료 : 바빌로니아 창조 서사시 〈에누마 엘리쉬〉와 길가메쉬 서사시, 〈네르갈과 에레쉬 키갈〉 등을 포함하는 쐐기문자 본문들.

고대 바빌로니아-아카드 판테온의 주요 신들 중 하나로, 엔키에서 진화한 모 델이다. 담수와 지혜의 신. 배우자는 담키나*이고 신전은 압수*의 집 또는 에 리두에 있는 에-엔구라 E-engurra이다. 신바빌로니아 시기에 이르자 에아의 인기는 시들해졌고 마루둑의 아버지 역할로 격하되었다.

에아쿠스 Eacus

기후의 신. 로마노-이베리아. 카스티야Castille 지역에서 알려졌고 지역 신 유피
테르솔루토리우스Jupiter Solutorius와 혼합되었다.

에알롬 E Alom (어린이들을 품는 자)

태초의 창조자 여신. 마야(키체족, 고대 메소아메리카)[과테말라 고지대]. 에쿠아올
롬*의 배우자이며 마야인의 거룩한 책 〈포폴 부Popol Vuh〉에 나와 있다. 아들은
아스텍의 신 케찰코아틀*과 동등한 구쿠마츠*이다. 비톨Bitol이라고도 한다.

에오스 Eos

하늘 여신. 그리스화한 인도-유럽. 새벽의 정령. 히페리온*과 테아*의 딸이며
헬리오스*와 셀레네*의 누이이다. 포세이돈*의 아들 폭풍 신 아이올로스*의 배
우자인 에오스는 다양한 바람을 상징하는 여섯 자식들을 낳았다. 헤시오도스
는 에오스를 아스트라이오스의 배우자라고 설명한다. 다른 전승에서 에오스
는 트로이에서 처형당한 멤논Memnon의 어머니로 나오며, 그녀의 눈물은 아침
이슬이 되었다고 한다. 아우로라*를 보라.

에오스트레 Eostre

봄의 풍요 신. 앵글로-색슨. 부활절(Easter)이라는 말은 이 신의 이름에서 유래
했다. 부활 시기의 여러 모호한 대중적 관습들과 영국에서 지금도 실시되는 관
습들은 에오스트레 숭배와 관련이 있을 것이다.

에우노미아 Eunomia

질서의 여신. 그리스. 제우스*와 테미스*의 자식 중 하나이며 호라이Horae, 디
케*, 에이레네*와 자매간이다.

에우로스 Euros

동쪽 바람의 신. 그리스-로마. 에오스*의 아들 중 하나이다. 특히 스파르타에서 알려졌고 후대에는 에우루스Eurus로 로마화되었다.

에우리노메 Eurynome

바다 여신. 그리스. 니소스Nisos의 딸이자 그라케스Graces의 어머니이다. 글라우코스*의 배우자로 여겨지지만, 포세이돈*과 함께 벨레페론Bellepheron을 낳았다. 숭배 중심지는 아르카디아의 피갈레이아Phigaleia였다.

에이레네 Eirene

평화의 여신. 그리스. 제우스*와 테미스*의 딸이며 호라이와 디케*, 에우노미아*의 자매이다.

에일레이티이아 EILEITHYIA (도래)

기원 : 그리스와 미케네. 탄생의 여신.

숭배 시기 : 서기전 1500년 무렵부터 서기 400년 무렵 그리스도교 시기까지.

별칭 : 엘레우티이아Eleuthyia, 일리티이아Illithyia.

숭배 중심지 : 암니소스Amnisos에 초기의 동굴 지성소가 있는 크레타, 그리고 라코니아Lakonia 지역.

참조 예술 : 조각과 부조.

문헌 자료 : 헤시오도스의 〈신통기〉와 〈아폴론 찬가〉.

주로 여성들의 숭배를 받았으며, 특히 분만의 고통과 위험을 완화하기 위해 에일레이티이아에게 기원했다. 분만할 때 고함소리가 이 여신을 소환했다고 한다. 제우스*와 헤라*의 딸이며 헤베*와 아레스*의 자매인 에일레이티이아는 아폴론*이 탄생할 때 도움을 주웠다. 이 여신의 역할은 후에 아르테미스*가 상당 부분을 대신했다. 에일레이티이아라는 이름은 복수 형태의 집단적 의미로도 사용되는데, 이것은 분만을 도와주러 오는 이웃 여인들의 관습을 반영한

다. 스파르타에는 경주로(running track) 끝에 에일레이티이아 신전이 있었다고
한다.

에지오그베 Eji Ogbe
수호신. 요루바족[나이지리아, 아프리카 서부]. 판테온의 왕이라 불렸고 번영의 상
징인 비둘기에 대한 전설 속에 언급되었다.

에카네트라 Ekanetra (눈이 하나인)
하급 신. 힌두교(서사시와 푸라나). 시바*의 모습들로 여겨지는 자유로운 비디에
스바라스(지식의 주인들) 중 하나이다. 실제로 에카루드라*와 동일시되지만 눈
이 하나이다.

에카다사루드라 Ekadasarudra
한 무리의 신들을 나타내는 집단적 이름. 힌두교. 루드라*의 열한 가지 형상들
로 각각은 열여섯 개의 팔을 가진 것으로 표현된다. 도끼, 달 원반, 호랑이 가
죽 등이 공통 상징들이다.

에카루드라 Ekarudra
하급 신. 힌두교(서사시와 푸라나). 시바*의 모습들로 여겨지는 '지식의 주인
들'(비디에스바라*) 중 하나. 실제로 에카네트라*와 동일시되지만 눈이 하나
이다.

에카자타 Ekajata (뒷머리를 땋아 올린 여인)
행운의 여신. 금강승불교. 에카자타는 행복을 주고 개인적 장애물을 없앤다.
때로 여신 카디라야니타라 Khadirayani-Tara를 수행한다. 악쇼비야*의 한 발현이자
타라*의 형상이다. 머리가 한 개 또는 열두 개일 수 있다. 색깔은 푸른색. 상징
은 화살, 도끼, 종, 푸른 연꽃, 책, 활, 조개, 갈고리, 왕좌의 아미타불 이미지,
칼, 올가미, 해골, 지팡이, 무기, 호랑이 가죽. 눈이 셋이다.

에카틀 Ehecatl

창조신. 아스텍(고대 메소아메리카)[멕시코]. 세계의 다섯 시대 중 두 번째 시대를 대표하는 태양신이다. 각 시대는 하늘의 해로 2028년 동안 유지되며, 하늘의 한 해는 지구의 해로 52년이다. 에카틀은 대기 또는 바람에 파견되었고 자기가 속한 케찰코아틀*의 관할을 받았다. 전승에 따르면 두 번째 시대는 허리케인이 일으킨 엄청난 파괴로 끝났고, 모든 인간은 원숭이로 바뀌었다. 예일대 자연사 박물관인 피바디 박물관에는 〈네 태양의 돌〉로 묘사되어 있다. 에카토나티우Ehecatonatiuh라고도 한다.

에카틀케찰코아틀 Ehecatl-Quetzalcoatl

태초의 신. 아스텍(고대 메소아메리카)[멕시코]. 에카틀*과 케찰코아틀*이 혼합한 신이며, 주요 네 방향에서 가장 낮은 하늘을 지탱하는 신들 중 하나이다. 보르지아 사본과 바티칸 비(B) 사본에는 서쪽에 거주하는 것으로 나와 있다. 에카틀케찰코아틀은 열세 하늘 중에서 아홉 번째 하늘인 이츠타팔 나나츠카얀Itztapal Nanatzcayan을 다스리며, 여기에서 돌판들이 요란한 소리를 낸다. 다른 전승에서 에카틀케찰코아틀은, 인간 창조를 위해 자기희생으로 피를 봉헌하라는 요청을 괴물신 솔로틀*이 거부하자 그를 처형했다.

에쿠아올롬 E Quaholom

태초의 창조신. 마야(키체족, 고대 메소아메리카)[과테말라 고지대]. 에알롬*의 배우자이며 마야인의 거룩한 책 〈포폴 부〉에 나와 있다. 아스텍의 신 케찰코아틀*과 동일한 구쿠마츠*의 아버지이다. 트사콜Tzacol이라고도 한다.

에포나 EPONA (암말)

기원: 켈트(갈리아). 풍요의 의미를 지닌 말의 여신.

숭배 시기: 서기전 400년 무렵이나 그 이전부터 서기 400년 무렵 그리스도교 시기까지.

별칭: 없음.

숭배 중심지: 갈리아의 알레시아Alesia에 기원을 두지만 차츰 로마를 포함해 넓은 지역으로

퍼졌다.

참조 예술 : 작은 석상과 청동 상들(주로 룩셈부르크와, 프랑스의 코트도어), 다양한 기념 조각들.

문헌 자료 : 비문들.

켈트족의 말 무역 및 가사에 말을 사용하는 것과 밀접히 결합된 대중적인 말의 여신이다. 치유 및 가축의 다산과 관련이 있다. 에포나 숭배는, 율리우스 카이사르Julius Caesar에 맞서서 싸운 베르킨게토릭스Vercingetorix의 마지막 항전지인 갈리아 중심부 알레시아에 기원이 있을 것이다. 에포나는 로마에서도 숭배를 받은 유일한 켈트의 여신이라고 하며 에포나의 인기는 로마 점령지 전역으로 확장되었다. (모리간*을 보라.) 에포나 축제는 12월 18일 열렸다.

에포나는 보통 여성용 안장에 타거나, 아니면 그냥 말들이나 망아지들과 함께 묘사되는 것이 전형적이다. 에포나는 또한 풍요의 뿔 모양 장식과 곡식이나 과일을 들고 있어서 식물 여신의 역할도 맡고 있다는 점을 암시한다. 에포나는 때로 개들 및 새들과도 관련이 있다.

알르레Allerey, 아르망송Armancon, 에쎄Essay, 자브레이유Jabreilles, 뤽세이유Luxeuil, 산타네Santanay 등지에서 봉헌 비문들이 발견되었다. 다른 지역에서는 에포나 혼자서 말(들)과 같이 나오거나 때로 모신들과 함께 있는 모습으로 묘사된다. (마트레스*를 보라.) 특히 로마의 기병 군단이 에포나를 숭배했다. 아르망송에서 에포나는 북부의 다른 풍요 여신의 여행을 생각나게 하는 수레에 타고 있다. (네르투스*를 보라.) 라 오르그 오 사블롱La Horgue au Sablon과 같은 매장지에서 발견된 작은 에포나 상들은, 고대와 근대의 숭배에서 입증된, 풍요와 죽음의 공통 관련성을 묘사한다. 에포나는 때로 온천 가까이에 안치될 수 있으며, 그런 환경에서는 알르레Allerey와 쇼롱 라 샤펠Saulon-la-Chapelle에 있는 모습처럼, 종종 발가벗은 물의 요정으로 나타난다.

에피메테우스 Epimetheus

하급 창조신. 그리스와 로마. 티탄족* 이아페토스*와 클리메네Clymene의 네 아들 중 하나이며 프로메테우스*의 동생이다. 인간 창조에 공동으로 관여했다. 에피메테우스는, 신들이 피해야 할 상대라고 주의를 주었던 첫 여자 판도라Pandora와 관계를 맺은 것으로 유명하다. 판도라는 호기심이 강해서 항아리를 열었는데, 유피테르*는 그 안에 인간의 모든 악과 질병과 고통을 넣었고 자비로운 희망의 영도 포함시켰다고 한다.

엑스추찬 Hexchuchan
전쟁의 신. 마야(이차Itza, 고대메소아메리카)[멕시코]. 전투에 앞서서 나무의 진을 태움으로써 공경했던 몇몇 신들 중 하나. 부족의 조상이었을 수 있다.

엑추아 Ek Chuah
상인들의 신. 마야(고대 메소아메리카)[멕시코]. 카카오 수확을 관장하는 신이기도 하다. 전통적으로 카카오는 메소아메리카 전역의 표준 통화였다. 푸툰족Putun에 기원을 둔 엑추아의 전형적인 모습은 입술과 턱 주변의 붉은 부분만 빼고 검은색으로 묘사된다. 그는 아래쪽으로 향해 튀어나온 아랫입술, 눈 주위의 편자 모양 생김새, 무척 가늘고 긴 코를 가지고 있다. 엑추아는 또한 전갈의 꼬리를 가지고 있을 수 있다. 다른 상징에는 머리 장식 띠와 때로 등에 보따리를 지고 있을 때도 있다. 신 엠(God M)이라고도 한다.

엔네아드 Ennead
헬리오폴리스 판테온. 하이집트. 하이집트 태양 숭배 중심지인 헬리오폴리스의 사제들은 아홉 주요 신들의 족보를 열거하고 제공했다. 태양신 아툼* 또는 아툼레를 포함한 그의 자손들인 슈*, 테프누트*, 게브*, 누트*, 오시리스*, 이시스*, 세트*, 네프티스* 등이다. 이집트의 다른 숭배지들에도 신들의 목록이 반드시 똑같지는 않았으나 비슷한 판테온들이 있었다. 그래서 예를 들면, 테베에서는 신 프타*가 수장 노릇을 했다.

엔누기 Ennugi
신. 메소포타미아(수메르와 바빌로니아-아카드). 엔릴*(엘릴*)의 심부름꾼이자 옥좌 수행 신이다.

엔도우렐리쿠스 Endouellicus

신탁과 치유의 대지 신. 로마노-이베리아. 포르투갈 지역에서 알려졌다. 돼지
를 희생 제물로 받았을 것이다.

엔두르상 Endursaga (고결한 지팡이)

사자使者 신. 메소포타미아(수메르). 엔두르상은 특히 갈등의 시기에 수메르 판
테온을 이끈다. 이슘*이라고도 한다.

엔릴 ENLIL

기원 : 메소포타미아(수메르) [이라크]. 대기(바람)의 신.

숭배 시기 : 서기전 3500년 무렵이나 그 이전부터 서기전 1750년 무렵까지.

별칭 : 엘릴*, 일릴Illil, 일루Ilu, 누남니르Nunamnir.

숭배 중심지 : 니푸르, 두르 쿠리갈주Dur Kurigalzu, 에리두, 우르.

참조 예술 : 장식판, 기념 석주, 조각.

문헌 자료 : 창조 문헌들, 특히 〈우르의 애가 Lament of Ur〉, 〈괭이의 창조 Creation of the Hoe〉 및
〈엔릴 찬가 Hymn to Enlil〉를 포함하는 신전 찬가들.

엔릴은 안(1)*과 키*의 아들이다. 니푸르에는 수호신이었던 엔릴에게 경의를
표하여 에쿠르Ekur 신전이 지어졌다. (재발견되지는 않았다.) 서기전 3000년 무렵
메소포타미아 남부에서 가장 중요한 신이었다. 엔릴의 배우자는 달의 신 난
나*를 창조하기 위해 '엔릴의 물'로 임신된 닌릴*이다. (아카드 판테온에서 엔릴의 배
우자는 물릴투*가 된다.) 엔릴은 뿔 달린 머리 장식을 하고 층이 진 스커트를 입거
나 뿔 달린 왕관을 쓴 모습으로 묘사된다. 〈엔릴 찬가〉에 따르면 엔릴은 혼
자 일하며 도움을 받지 않는다. 그는 곡괭이를 만들었고, '좋은 날이 오도록
했으며' '땅에서 씨앗을 가져왔다'고 한다. 사람들은 그의 도시들을 축복하고
번영과 풍요로움을 지켜달라고 그에게 기원했다. 다른 도시들의 수호신들이

엔릴에게 바칠 봉헌물을 가지고 니푸르로 '여행'했을 정도로 그는 중요했다. 엔릴은 자연세계를 감독하는 일과 관련된 몇몇 신들을 창조했다. 그는, 탄생의 여신에게 출생 시에 죽이라고 허락하는 파괴적인 모습도 보이며, 암소와 암양의 유산에 대한 책임이 있었다. 그는 자비로우면서도 파괴적인 모습으로 자신을 드러내는 것으로 나타난다. 특히 국가적 지위 때문에 그는 바빌로니아와 아시리아의 판테온에서는 격하되었고, 마르둑*과 아수르*가 각각 그의 자리를 대신하게 되었다.

엔메사라 Enmesarra

지하세계 법률의 신. 메소포타미아(수메르, 바빌로니아-아카드). 문헌에 따르면 그는 신성한 규칙들을 통제한다.

엔비루루 Enbilulu

강의 신. 메소포타미아(수메르와 바빌로니아-아카드). 창조 신화에서 엔키*는 거룩한 강 티그리스와 유프라테스를 엔비루루에게 관리하게 한다. 엔비루루는 수로와 관개와 농업의 신이기도 하다. 바빌로니아 시대에 에아*의 아들이 되었고 아다드*와 혼합되었다.

엔주 Enzu (수엔)

신. 메소포타미아(바빌로니아-아카드). 엔주라는 이름은, 신*의 옛날 형태인 수엔 Suen을 잘못 읽어서 생긴 결과이다.

엔키 ENKI (영원의 주)

기원: 메소포타미아 (수메르) [이라크]. 창조신, 지혜의 신, 담수의 신.

숭배 시기: 서기전 3500년 무렵부터 서기전 1750년 무렵까지.

별칭: 에아* (심연의 신, 아카드), 루갈이드 (아크)Lugal-id (ak) (강의 주인), 누딤무드* (상像 형성자).

숭배 중심지: 에리두 (아부 샤흐라인Abu Šahrain)일 가능성이 크지만 문헌에만 나와 있다.

참조 예술: 장식판, 기념 석주, 조각.

문헌 자료: 〈아트라하시스〉, 〈엔키와 세계질서〉, 신전 찬가 등을 포함한 창조 서사시.

땅을 풍요롭게 하는 물의 신 엔키는 수메르의 주요 신들 중 하나이다. 안(1)*
과 남무*의 아들인 그는 판테온에 늦게 이름이 올려졌다고 보는 이들도 있다.
배우자는 담키나*이고 에리두에 있는 그의 성소는 에-엔구라이다. 보통 뿔 달
린 머리 장식을 하고 자기 어깨나 화병에서 솟아나는 두 줄기의 물(티그리스와
유프라테스)과 도약하는 물고기가 포함된 층이 진 스커트를 입은 모습으로 그
려진다. 엔키는 또한 독수리 같은 천둥새를 잡고 있을 수도 있는데 이는 물에
서 떠오르는 구름을 의미한다. 그의 발은 야생 염소 위에 의지할 수 있다. 자
손들 중에는 아샬루하ʼAšalluha, 닌사르ʼNin-sar, 닌임마*, 웃투* 등이 있다.

엔키는 복잡한 신이며, 때로 교활한 모습으로 나타난다. 일상사의 흐름이
그에게 맡겨지고 창조 신화에서 그는 땅을 조성하고 법과 질서를 세운다. 엔
키는 또한 선善과 용 쿠르로 형상화한 악惡 사이의 태초의 싸움에 참여한 세
주요 신들 중 하나로 영웅적 빛 안에 나타난다. 수메르 창조 서사시에서 엔키
는, 여신 에레쉬키갈*을 쿠르가 유괴하는 것을 보복하기 위해 배로 여행을 떠
난다. 쿠르는 거대한 바위로 반격한다.

엔키는 거룩한 담수로 티그리스와 유프라테스를 채운다. 그는 또한 자연세
계의 안녕과 관련해서 신들에게 다양한 임무를 내린다. 엔키는 예술가들과 장
인들의 신이기도 하다.

한 전설에 따르면, 엔키는 자기 정액으로부터 식물을 생성했고, 몸 안에서 그
것이 그를 아프게 하자 닌후르쌍*은 자기 자궁에 그를 두어 그의 아이를 낳았
다. 인안나*와 닌후르쌍*과 엔릴*은 때로는 심각한 적으로 다양하게 그려진다.

엔킴두 Enkimdu
수로와 도랑의 신. 메소포타미아(수메르). 창조 신화에서는 엔키*가 엔킴두에
게 임무를 준다. 엔비루루*를 보라.

엔텐 Enten

풍산 신. 메소포타미아(수메르). 엔릴*이 하급 신 에메쉬*와 나란히 농부들의 수
호신으로 창조했다. 엔텐은 특히 암양, 염소, 암소, 당나귀, 새들 및 다른 동
물들의 풍산에 대한 책임을 맡았다. 엔텐은 땅의 풍요로움 및 겨울과 관련이
있다.

엘 EL

기원 : 서셈족 지역과 이스라엘(북히브리족) [시리아, 레바논, 이스라엘]. 창조신.

숭배 시기 : 서기전 2500년 무렵부터 서기전 700년 무렵까지.

별칭 : 엘 엘리온el elyon (가장 높으신 신), 엘 샷다이el sadday (산의 신), 엘 올람el olam (영원한 신),
엘 베텔el betel (폭풍의 신), 일* [남아라비아].

숭배 중심지 : 티르자Tirzah, 사마리아Samaria, 베델Bethel, 단Dan을 비롯한 여러 지역의 구릉
지 신전들.

참조 예술 : 후대 예술 이외에는 현존하지 않음.

문헌 자료 : 구약성서, 쿰란 문서.

팔레스타인 북부에 자리를 잡았던 히브리인들이 경배했고 황소로 표현되었던
가나안의 창조신 일*을 모델로 삼았다. 몇몇 우가리트(라스 샴라) 본문에 따르
면, 원래 창조신이 아니라 나이 든 수장 신 엘엡*(아버지인 신)의 자손이다. 성서
본문에서 엘el이라는 단어는 보통 '주님'을 뜻하는 의미로 사용하게 되었다. 엘
은 아마도 북부 부족 모든 창조 영들의 집합을 대표하게 된 것 같다. 이스라엘
은 남왕국 유다의 억압에 반대하여 이 이름을 공유하려고 하지 않았으나(야웨*
를 보라), 이 이름은 아시리아의 티글라트필레세르 2세Tiglathpileser II의 이스라엘
진압 이후 사용하지 않게 되었다. 엘림*이 하위 질서의 신들에게 적용되는 반
면, 엘로힘*은 '상위 계급'의 위대한 신들을 나타낼 수 있다.

⇨주 : 성서 전통은 남왕국 유다가 계승했다. 엘 신은, 인간 형상으로 이미지가 만들어진 적
은 없는 듯 보이지만, 멀리 떨어져 있으면서도 불명확한 인간의 형상으로 그려진다는
인상을 준다. ('그는' 보고 듣고 걷고 만질 수 있다.) 엘은 서기전 922년 무렵부터 이스라

엘에서 다시 수송아지로 상징화되는데, 이는 아마도 가나안의 선례를 따랐던 것으로 보인다(열왕기 상권 12장). 엘의 목소리는 천둥과 같고, 구름은 전차이며, 그는 하늘에서 산에 물을 준다.

엘라가발 Elagabal (산의 주님)

지역 수호신. 시리아. 아마도 강렬한 태양과 관련된 산신에 기원을 두었을 것이다. 엘라가발의 거룩한 동물은 독수리이다. 그에 대한 숭배는 에메사Emesa[홈스 Homs] 지역에 근거해 있었다. 여기에서 그는 둥근 지붕 모양의 검은 돌 오벨리스크 모양으로 숭배받았다. 그리스화한 그의 이름은 헬리오가발로스Heliogabalos이다.

엘라만 Ellaman (경계의 여주)

통행의 여신. 힌두-드라비다족(타밀)[인디아 남부]. 마을과 들판의 경계지를 수호하는 여신. 나바샥티* 또는 별의 신들 중 하나이다. 엘라이얌만Ellaiyamman 이라고도 한다.

엘렐 Ellel

창조신. 히타이트와 후르리족. 바빌로니아-아카드의 신 엘릴*에서 유래했다.

엘로아이 Eloai

태초의 존재. 영지주의 그리스도교. 영지주의 신화에서 혼돈의 일곱 하늘을 다스리는 최초의 부모 얄다바오트*에게서 태어난 남녀 양성의 원리들 중 두 번째이다.

엘로힘 Elohim

신들을 지칭하는 집단적 용어. 유대교. 구약성서에 나오며 하급 신들인 엘림*과 구분되는 상위 질서의 위대한 신들이다. 이스라엘 신 야웨*에도 적용되었다.

엘릴 Ellil

창조신. 메소포타미아(바빌로니아-아카드). 엔릴*을 보라.

엘림 Elim

신들을 나타내는 집단적 용어. 유대교. 구약성서에 나오며, 위대한 신들인 엘로힘*과 달리 낮은 계급의 신들을 의미한다.

엘엡 El'eb

태초의 신. 서셈족(가나안). 어떤 본문에서 엘* 신은 근원적 존재가 아니라 아버지 신이 있다. 엘엡은 '아버지인 신'으로 번역한다. 얄다바오트*를 보라.

엘쿠니르사 Elkunirsa

창조신. 서셈족(가나안)과 히타이트. 가나안 신 일*에서 차용되고 변형되었다는 설이 있다. 배우자는 아셰르두스Ašerdus(가나안에서는 아셰르투*).

여동빈(呂洞賓) Lu Tong-Pin

불멸의 존재. 도교(중국). 도교 신화의 팔선* 중 하나. 죽을 운명이었으나 수련을 통해 불사를 얻는다. 이발사들의 수호신. 상징은 악마를 정복하는 칼. 팔선*을 보라.

여와(女媧) Nu Kua

창조 여신. 중국. 남녀 양성적 모습을 할 수 있는 태초의 신이며 황토 덩어리에서 인간을 창조했다. 피리도 발명했다고 한다.

예메콘지 Yemekonji

창조신. 몽고족Mongo과 은쿤도족[자이르, 중앙아프리카]. 전승에 따르면, 사람들이 세상이 너무 어둡다고 불평하자 예메콘지는 태양신 은콤베Nkombe에게 세 꾸러미를 주었다. 둘은 밝은 색이었고, 하나는 흐릿한 회색이었다. 은콤베는 자기가 속아 넘어가려 한다는 것을 깨닫고 회색 꾸러미를 열자 세상은 빛으로 넘쳤다.

예모자 Yemoja

물의 여신. 요루바족[나이지리아, 아프리카 서부]. 지역 모든 강들, 특히 오군Ogun 강의 창조자. 예모자는 여성들이 주로 숭배했고 거룩한 강물을 불임증의 치료약으로 여겼다. 동물과 채소를 바침으로써 예모자를 달랬다. 상징물은 조개껍데기.

옐로제 Yeloje

태양신. 유카기르족[시베리아]. 정의와 도덕이 의인화한 자비로운 신이다. 무지개는 옐로제의 혀라고 한다. 푸구* 또는 예르페옌Ye'rpeyen이라고도 한다.

오군 Ogun

전쟁과 사냥과 금속 가공의 신. 에도족[베냉, 아프리카 서부]. 다소 느슨하게 정의된 이 신은, 농작물이 경작될 수 있도록 땅을 잘라서 열라고 오사노부아*의 파견을 받았다. 오군은 금속이 본래 가지고 있는 힘이며 그의 지성소 옆에는 금속 더미들이 남겨져 있다. 전쟁의 신으로서 오군은 부족을 보호하며, 갑옷을 입고 빨간 눈을 가진 것으로 묘사된다. 사냥꾼과 농부들의 자비로운 신이기도 하다.

오그도아드 Ogdoad

태초의 세력들. 이집트. 태양신이 창조되기 전에 존재했던 혼돈의 여덟 요소들이며 중기 이집트 켐누Khemnu로부터 알려졌다. 오그도아드는 메디네트 하부Medinet Habu에 지성소가 있었다. 이들은 성적 결합이 아니라 자기들 스스로 언덕을 창조했다. 이 언덕은 태초의 물에서 나왔으며 거기에 알이 있었다. 그리고 그 알에서 젊은 태양신이 출현했다. 오그도아드는 보통 떠오르는 태양을 알리는 개코원숭이들로 묘사된다. 이들은 태초의 심연을 상징하는 눈*과 나

우네트*, 어둠을 상징하는 케크*와 카우케트*, 무한을 상징하는 헤*와 하우헤
트*, 숨겨진 힘을 상징하는 아문*과 아마우네트*이다.

오그마 Ogma

오그미우스*를 보라.

오그미오스 Ogmios

오그미우스*를 보라.

오그미우스 Ogmius

시와 웅변의 신. 켈트(아일랜드). 오그미우스에 대해서는 거의 알려지지 않았다.
그러나 로마 시대 작가 루키아누스Lucianus는 헤르쿨레스*와 유사한 지혜의 신
오그미오스*를 언급하며, 자기 혀와 사람들의 귀를 사슬로 연결하여 한 무리
의 군중을 데리고 있는, 사자 가죽을 걸친 노인으로 묘사했다.

　　여신 오그마*도 언급한다. 그녀는 아마도 원래 아일랜드 판테온에서 어머니
여신으로 지내왔을 것이다.

오기우 Ogiuwu

죽음의 신. 에도족[베냉, 아프리카 서부]. 살아 있는 모든 것들의 피를 소유하고
있는 신이라고 믿었다. 그는 지하세계에 있는 자기 궁전 벽에 이 피를 바른다.
최근까지도 에도족의 수도 베냉 시에서 이 신에게 정기적으로 인간을 제물로
바쳤다.

오누리스 Onuris [그리스]

사냥과 전쟁의 신. 이집트. 오누리스는 상이집트 아비도스 근처 티스This에서
처음 알려졌다. 후대의 숭배 중심지는 나일 강 삼각주 사만누드Samannud에 있
었다. 배우자는 사자의 여신 메크히트Mekhit이다. 오누리스는 보통 수염을 기
르고 자두 네 개가 달린 왕관을 쓰고 창을 휘두르거나 밧줄을 들고 있는 인간

의 형상으로 묘사된다. 도상학에서는 때로 메크히트와 함께 나오기도 한다. 이집트 태양신 레*의 적들을 잡고 살해한 사냥꾼으로 나온다. 오누리스를 호루스*와 세트*가 벌이는 전투와 관련짓는 전설들도 있다. 오누리스는 고전 시대에 그리스 전쟁 신 아레스*와 광범위하게 혼합되었다. 이집트에서는 안후레트Anhuret라고도 한다.

오누아바 Onuava

풍요의 여신. 켈트(갈리아). 땅과 관련이 있으며 오직 비문을 통해서만 알려진 신이다.

오두두와 Oduduwa

창조 여신. 요루바족[나이지리아, 아프리카 서부]. 최고신 올로두마레*의 배우자이며 딸로 나오는 경우도 있다. 올로두마레가 생명을 낳기 위해 임신시킨 땅의 실체 또는 자궁으로 인식된다. 오두두와는 또한 전쟁의 여신이기도 하며 아들 중에는 요루바족의 위대한 영웅 신 오군*도 있다. 어떤 전승에서는 남신으로 인식되기도 한다.

오딘(1) Odin

오딘(2)*을 보라.

오딘(2) OTHIN (모든 아버지)

기원: 북유럽(아이슬란드), 게르만. 에시르* 하늘 신들의 수장이며 전쟁 승리의 주요한 신이다. 죽은 이들의 신이기도 하다.

숭배 시기: 서기 700년 무렵 바이킹 시대나 그 이전부터 서기 1100년 무렵 그리스도교 시기와 그 이후까지.

별칭: 오딘Odin, 시그티르Sigtyr (승리의 신), 발포드르Valfodr (살해된 전사들의 아버지), 애꾸눈, 교수형에 처한 이들의 신, 화물의 신, 죄수들의 신.

숭배 중심지: 스웨덴 웁살라.

참조 예술 : 다양한 돌 조각들.

문헌 자료 : 아이슬란드 사본들, 스노리의 〈산문 에다〉, 삭소의 〈덴마크 역사〉, 봉헌 비문들.

오딘은 바이킹 에시르 하늘 신들의 수장이며 주인들의 주인이고 아스가르드의 발할라(학살된 전사들의 전당)에서 사는 승리의 신이다. 오딘은 전사 영혼인 발키리들의 군대를 다스린다. 오딘은 지상 전투에서 죽은 자기가 선택한 영웅들과 함께 살며, 이들은 신들의 심판인 라그나뢰크 때 서리거인들에 맞서 신들의 영역을 방어할 것이다. 오딘은 자기가 선택한 땅의 영웅들에게 마법의 무기들을 건네준다. 오딘은 탁월하지만, 신뢰할 수 없고 약속을 파기하는 자로 여겨진다. 그는 날개와 발이 여덟 개 달린 말 슬라이프니르를 타고 다니며, 마음대로 모양을 바꿀 수 있는데 이것은 오딘이 더 오래된 샤머니즘적 종교에서 유래했다는 것을 암시한다.

　오딘의 상징은 까마귀이며 그의 무기는 룬 문자가 새겨진 창으로, 그가 창을 던지면 전투 과정에 영향을 끼친다고 한다. 오딘은 또한 전사자들의 장식 발크누트 Valknut로 상징화되기도 하는데, 발크누트는 아마도 전사들의 마음을 묶거나 풀어서 전투 결과에 영향을 끼치는 그의 힘을 나타내는 장치일 것이다. 오딘은 죽은 자들과의 소통을 통해서 신비로운 지식을 추구하는 지속적인 열망 때문에 무당으로 인식되기도 한다. 그는 여행자로 변장하여 지상을 방랑하며, 자기 창으로 자기 자신을 찔렀고 세계나무 익드라실에 스스로 목을 맸다. 그는 세계나무 아래서 솟아나는 지식의 샘물을 마시는 대가로 눈 하나를 미미르*에게 주었다.

　문헌 속의 오딘은 여신 프레이야*와 관련이 있다. 몇몇 전설에서 니외르드* 의 아내라고 나오는 여신 스카디*는 오딘의 아이들을 낳았다는 이야기가 있으며 그래서 바니르* 신들과도 관련이 있다. 브레멘 Bremen의 아담 Adam은 사람들과 동물들을 처형하고 나무에 목을 매달았던 시기의 웁살라에서 있었던 신들의 특별한 축제에 대해 보고한다. 오딘의 추종자들은 또한 장례식 장작더미 위에서 태워지기도 했다. 오딘은 게르만 전쟁 신들인 보단* 및 티바츠*와 혼합되어 발전했던 것으로 여겨진다. 그는 광신적인 전사 숭배자들인 베르세르크

Berserk들의 수호신이었다.

보탄으로서 오딘의 이미지는 리차드 바그너Richard Wagner의 서사 오페라 〈니벨룽의 반지 Der Ring des Nibelung〉를 통해서 대중화되었다. 그러나 오딘의 신화적 일대기가 가장 광범위하게 사람들의 마음을 끈 것은 12세기 아이슬란드 시인이자 역사가인 스노리 스툴루손이다. 그는 오딘을 '용감한 자'로 언급하지만, 세부적으로는 거인들과의 중요한 서약을 깨는 데 그가 어떤 쓸모가 있었는지에 대해 묘사하고 있다. 결국 에시르 판테온의 몰락은 바로 이러한 결점으로 말미암은 것이었다.

오라이오스 Oraios (부)
태초의 신. 영지주의 그리스도교. 영지주의 신화에서 혼돈의 일곱 하늘을 다스리는 최초의 부모 알다바오트*에게서 태어난 남녀 양성적 요소들 중 하나이다.

오레아데스 Oreades
물활론적 산의 정령들. 그리스-로마. 큰 신들이 산들을 수호하라고 임명한 여성적 정령들이다. 여행자들이 안전을 위해 이 정령들에게 기원한다.

오로 Oro
전쟁의 신. 폴리네시아[타히티]. 탕아로아*의 아들 중 하나.

오로탈트 Orotalt
수호신. 이슬람교 이전의 아라비아. 북아라비아의 신 루다*와 동등한 신으로 생각된다. 헬레니즘 시기에 헤로도투스는 최고신으로 언급했다. 디오니소스*와 혼합되었을 가능성이 있다.

오록스토틸 Ohoroxtotil (전능한 신)
창조신. 마야(고대 메소아메리카)[멕시코]. 태양의 창조주이며, 한때 만연했던 재규어들을 멸망시켜 인간이 거주할 수 있는 세상을 만든 신이다.

오룬밀라 Orunmila
운명의 신. 요루바족[나이지리아, 아프리카 서부]. 세상 창조와 인간의 운명이 결정
되었을 때 창조신 올로두마레*와 동반했다. 오룬밀라는 이파Ifa에서 신탁자로
서 의견을 듣고 어떤 동물을 제물로 바칠 것인가 하는 것과 같은 사안들에 대
해 결정한다. 오룬밀라는 또한 치유의 신이기도 하며 많은 가정에서 그를 기리
는 개인적 사당을 두고 있다. 사당에는 야자수 열매나 상아 조각 또는 바닷
조개 등이 있다.

오르독 Ordog
악의를 지닌 땅의 신. 그리스도교 이전의 헝가리. 그리스도교 시기 이후 악마
와 혼합되었다.

오르쿠스 Orcus
지하세계 저승 신. 로마. 그리스 신 하데스*를 모델로 삼았다.

오르티아 Orthia
어머니 여신. 스파르타. 지역에서 숭배받았고, 얼마 지나지 않아서 키벨레*처
럼 많이 알려진 소아시아의 모성적 신들과 혼합되었을 가능성이 크다.

오리 Ori (마음)
지혜의 신. 요루바족[나이지리아, 아프리카 서부]. 하늘에 있는 이 신은 영혼을 인
도하지만 개인의 수호신으로도 활동한다. 어떤 이는 현명하게 되고 어떤 이는
어리석게 되는 것은 오리가 개인의 정신적 능력을 통제하기 때문이다.

오리산라 Orisanla
하늘 신. 요루바족[나이지리아, 아프리카 서부]. 올로두마레*가 땅과 생물의 창조

자로 임명했다. 올로두마레*를 보라.

오마카틀 Omacatl

축제와 환락의 하급 신. 아스텍(고대 메소아메리카)[멕시코]. 테스카틀리포카*로 알려진 신 집단의 일원이다. 아카틀이라고도 한다.

오메알 O'meal

부족의 정령. 나크와닥스Na'kwaxdax 인디언[캐나다 브리티시컬럼비아]. '열린 평원 좁은 입구'에 사는 고대인들의 추장이며, 그의 형제들은 '신화의 사람들'이다.

오메테오틀 Ometeotl (두 신)

태초의 존재. 아스텍(고대 메소아메리카)[멕시코]. 몇몇 전승에 따르면, 아스텍인들은 다른 모든 것은 환상으로 보았고, 오직 양성적 힘으로 형상화한 이원적 원리인 오메테오틀만 유일한 실재로 믿었다고 한다. 오메테오틀은, 태양과 달과 바람과 다른 원소들 위에 있는 이원성의 장소 오메요칸Omeyocan이라고 하는 가장 높은 열세 번째 하늘에서 다스린다. 오메테오틀은 태양의 네 양상인 테스카틀리포카*들을 낳기 위해 스스로 임신했다. 그의 또 다른 여성적 모습인 코아틀리쿠에*는 아스텍의 민족 신 우이칠포츠틀리*를 낳았다. 오메테오틀을 위한 공식 숭배는 존재하지 않았으나 그는 의례의 모든 국면에 현존한다고 여겨졌다. 토나카테쿠틀리*와 토나카시우아틀*을 보라.

오메테쿠틀리 OMETECUHTLI (두 주인)

기원: 톨텍─아스텍Toltec-Aztec (고대 메소아메리카) [멕시코]. 최고신.

숭배 시기: 서기 750년 무렵부터 서기 1500년 무렵 스페인 정복 시기까지. 그러나 훨씬 이전부터 알려졌을 가능성이 크다.

별칭: 올린토나티우Olin-Tonatiuh.

숭배 중심지: 없음.

참조 예술: 사본 삽화들, 돌에 새긴 조각들.

403

아스텍 종교의 최고 존재로 살아 있는 모든 것과 자연세계의 생산력을 대표하
는 신이다. 오메테오틀*로 분류되는 신 집단의 일원이다. 톨텍족에 기원을 두
고 있을 가능성이 큰 '그'는 남녀 양성적 존재로 인식된다. 신전이 없으나 분만
의 순간이나 임신의 순간에 의인화한다. 오메테쿠틀리는 인간 형상으로 묘사
되며 종종 성적 결합을 하는 짝이 함께 나온다.

　가정의 화로는 오메테쿠틀리에게 봉헌하며, 그는 불의 신 시우테쿠틀리*
와 긴밀하게 연결되어 있다. 다른 창조 신화에 대해서는 테스카틀리포카*를
보라.

오메토츠틀리 Ome Tochtli

풍요의 신. 아스텍(고대 메소아메리카)[멕시코]. 죽은 다음 테스카틀리포카*가 다
시 살려냈다. 용설란 또는 용설란 음료를 의인화한 풍요 신들의 집단인 오메
토츠틀리의 수장이다. 토츠틀리Tochtli라고도 한다.

오미클레 Omichle

태초의 원리. 페니키아. 혼돈 속에 있는 어둠의 원소로 우주의 영적·육체적 존
재를 낳기 위해 포토스*와 결합한다.

오바라토르 Obarator

농경의 신. 로마. 특히 곡식에 비료를 주는 일을 관장한다.

오바탈라 Obatala

풍산 신. 요루바족[나이지리아, 아프리카 서부]. 창조신 올로두마레*가 낳은 첫 번
째 신. 오바탈라의 배우자는 예모워Yemowo이다. 오바탈라는 애를 못 낳는 여
성들이 아이를 가질 수 있게 해주며 자궁 속에서 태아를 만든다. 인간을 빚은
조각가로 알려져 있다. 오바탈라는 하얗고 긴 옷을 입은 모습으로 묘사되며

깨끗함을 상징화한다. 그에게 바치는 제물에는 코코넛과 옥수수 열매 등이 포함된다. 여사제가 매일 아침 깨끗한 물 한 단지를 지성소로 가지고 가며, 여성들은 수태를 기원하며 그 물을 마신다. 오리샤늘라Orishanla(고대), 오리샤포포Orisha-Popo, 오리샤오기얀Orisha-Ogiyan, 오리샤이자예Orisha-Ijaye라고도 한다.

오사노부아 Osanobua

창조신. 에도족[베냉, 아프리카 서부]. 올로쿤*의 아버지로 번영과 건강과 행복을 관장하는 자비로운 신으로 알려져 있다.

오산데 Osande

수호신. 오빔분두족[앙골라 중부, 아프리카 남서부].

오셀로틀 Ocelotl

창조신. 아스텍(고대 메소아메리카)[멕시코]. 세계의 다섯 시대 중 첫 시대를 대표하는 태양이다. 각 시대는 하늘의 해로 2028년 동안 유지되며, 하늘의 한 해는 지구의 해로 52년이다. 첫 시대는 테스카틀리포카*의 지배를 받는다. 전승에 따르면, 이 시대는 거인족으로 채워지고, 그들을 잡아먹는 거대하고 흉포한 재규어들이 일으키는 엄청난 파괴로 끝을 맺는다. 예일대 자연사 박물관인 피바디 박물관에는 〈네 태양의 돌〉로 묘사되어 있다. 오셀로토나티우Ocelotonatiuh, 요알토나티우Yoaltonatiuh, 틀랄치토나티우Tlalchitonatiuh라고도 한다.

오순 Osun

강의 여신. 요루바족[나이지리아, 아프리카 서부]. 오바주무Oba Jumu와 오바 도Oba Do의 딸이며 샹고*의 배우자이다. 오순 강의 수호신이며, 특히 오순 사원에 거룩한 무기들이 보관되어 있는 강둑 마을들에서 경배를 받았다. 오순은 또한 치유의 여신이기도 하다. 특별히 여성들의 숭배를 받았고, 해마다 열리는 이보-오순Ibo-Osun 축제에서 경의를 표했으며, 축제 기간에 새로운 여사제를 선출했다.

오스타라 Ostara

태양 여신. 게르만. 봄의 도래와 관련이 있으며 부활절을 의미하는 이스터Easter
의 어원들 중 하나이다. 앵글로-색슨의 신 에오스트레*와 동격이다.

오스타라키 Ostaraki (덮는)

하급 여신. 대승불교. 붓다카팔라*의 수행 신.

오슬라운티쿠 Oxlahun Ti Ku

하늘 신들. 마야(고대 메소아메리카)[멕시코]. 하늘의 열세 신을 일컫는 집단에 붙
은 이름으로, 아마 오늘날에도 메소아메리카 인디언들은 이 신들에게 기원할
것이다.

오시리스 OSIRIS

기원: 이집트. 지하세계 저승 신, 곡물 또는 식물의 신.

숭배 시기: 서기전 3000년 무렵부터 서기 400년 무렵 이집트 역사 끝까지.

별칭: 특별히 따로 없지만, 숭배의 보편성을 반영하는 여러 별명이 적용될 수 있다.

숭배 중심지: 이집트 전 지역. 주로 상이집트 아비도스Abydos와 하이집트 나일 강 삼각주의
부시리스. 다른 중요한 지성소들이 아스완 남부 상이집트 비가Biga와 테베 카르나크에
있다. 필라이에 주요 신전이 있었다.

참조 예술: 다양한 조각, 부조, 벽화, 파피루스 도해 등.

문헌 자료: 피라미드 본문들, 〈사자의 서〉를 포함한 관상 본문들.

오시리스는 이집트 판테온에서 널리 경배받는 신들 중 가장 중요하다. 헬리오
폴리스 사제들이 그린 족보에 따르면 오시리스는 멤피스의 (지하세계 관문) 네크
로폴리스의 로즈타우Rosetau에서 태어났다. 오시리스의 부모는 게브*와 누트*
이며, 그의 누이이자 배우자인 이시스*, 그의 원수인 세트*와 누이인 네프티스*
로 구성된 네 형제 중 최연장자였다. 이시스는 오시리스가 죽은 후 그의 정액
으로 스스로 임신해서 호루스*를 낳았다. 오시리스는 이시스와 가장 밀접한

관련이 있지만 죽음의 신 아누비스*와 전갈 같은 죽음의 여신 세르케트*와도 연관이 있다.

오시리스는 인간의 형상으로 묘사되지만 종종 미라 아마포에 쌓인 채 팔만 자유로운 모습으로 그려지며, 갈고리와 도리깨를 들고 있다. 그의 독특한 왕관인 아테프는 원뿔형 관으로 큰 깃털과 양의 뿔로 구성되어 있다. 피부는 녹색인 경우가 많다. 오시리스는 태양신 레*의 죽음의 한 짝으로 인식되었다. (레*를 보라.)

곡물 신으로서 오시리스는 푸른 싹을 틔운 씨앗들로 채워진 자루의 형상으로 숭배받았다. 오시리스는 분명한 모형들을 통해서 묘사되기도 했다. 여성들은 축제 때 거리를 행렬했고 신의 생식력을 표현하기 위해 이 모형들을 조종했다. 이집트 왕권과 오시리스의 관계는 무척 중요했다. 왕이 살아 있을 때에는 호루스의 체현이라고 여겼지만, 죽어서는 오시리스가 되었다.

오시리스 전설은 순수한 이집트 본문과 그리스 작가 플루타르코스가 윤색한 본문에 나온다. 후자는, 술에 취한 파티에서 세트가 어떻게 오시리스를 설득하여 정확하게 맞는 관 속으로 들어가게 했는지 묘사하고 있다. 그 관에는 단단히 못이 박히고 나일 강에 버려진다. 이 관은 레바논의 비블로스 해안으로 휩쓸려 갔고 거기에서 자라는 나무줄기에 넣어지게 되었다. 결국 그 줄기는 잘려지고 지역 통치자 궁전의 기둥이 되었다. 이시스는 여러 해 동안 오시리스를 찾다가 그를 발견했고 그의 몸을 집으로 가져왔다. 이시스는 거기에 생명을 불어넣었고 오시리스의 정액으로 스스로 임신했다. 이시스는 오시리스의 아들 호루스*를 낳았다. 한편 세트는 오시리스의 몸을 발견했고 그것을 다시 열네 조각으로 잘라서 나일 계곡에 던져버렸다. 그러나 이시스는, 세트가 악어에게 던진 오시리스의 성기를 제외하고, 오시리스의 모든 조각을 찾아서 여러 지성소에 묻었다. 이시스는 모형으로 성기를 복원했고 후에 이것은 오시리스 숭배의 중심이 되었다. 흩어진 몸은 곡물에서 겨를 까부르고 땅에 뿌리는 것에 비유되었다.

순수한 이집트 본문에는 관의 이야기와 그것이 비블로스에서 발견된 이야기가 없다. 이시스는 때로, 죽은 오시리스의 발기한 남근으로 잉태한 모습을 상징하는 솔개 형상으로 표현된다. 악어에게 던져버린 성기에 대한 이야기도 이집트 본문에는 없다. 이집트 본문에서 오시리스의 남근은 멤피스에 묻힌다.

오야 Oya
강의 여신. 요루바족[나이지리아, 아프리카 서부]. 샹고*의 배우자인 오야는 니제르 강의 수호신이다. 폭풍과 천둥의 여신이기도 하다. 오야의 거룩한 동물은 물소이며 물소의 뿔은 오야의 현존을 상징화한다.

오야마츠미[大山津見] O-Yama-Tsu-Mi
산들의 신. 신도[일본]. 신격화한 일본에 있는 산들 중 최고참이며 이자나기노가미*와 이자나미노가미*의 아들이며 광범위한 지역에서 숭배를 받는다.

오위오트 Owiot
달의 신. 루이세뇨Luiseno 인디언[미국 캘리포니아]. 부족의 조상신.

오이 Oi
질병의 신. 수크족[케냐 서부, 아프리카 동부]. 역병이 아닌 개인적 질병의 정령. 환자의 집이 비워지면 사제는 거주지에서 오이를 쫓아낸다.

오이와다이묘진[お岩大明神] O-Iwa-Dai-Myojin
석조공들의 신. 신도와 불교[일본]. 불교의 신인 것으로 추정되나 신도에서도 경배한다.

오케아노스 Okeanos
대양들의 신. 그리스. 제우스*가 신들을 올림포스로 소환했을 때 자기 자리에 머물렀던 신이다. 오케아노스의 배우자는 테튀스*이며, 오케아니데스*를 비롯해 주로 강의 신들과 스틱스*, 도리스, 메티스*, 티케* 등 많은 딸들을 낳았다.

오케아니데스 Okeanides

바다의 신들. 그리스-로마. 큰 신들이 대양들을 지키라고 임명한 하급 여신들로, 항해자들이 이 신들에게 기원한다. 이들은 오케아노스*의 아들들로 강의 신들이라고 하는 다른 전승도 있다.

오켈루스 Ocelus

치유의 신. 로마노-켈트(브리튼). 로마의 신 마르스*와 많이 혼합되었고, 이런 이유로 칼라일Carlisle에서 마르스 오켈루스Mars Ocelus 비문을 볼 수 있다.

오코 Oko (괭이)

농업의 신. 요루바족[나이지리아, 아프리카 서부]. 전승에 따르면 오코는 하늘에서 내려와 이라오Irao 마을 근처의 한 농장에서 아주 오랫동안 살았다. 어느 날 그는 지팡이만 남기고 사라졌는데 이 지팡이는 그의 현존을 나타내는 상징물이 되었다. 해마다 우기가 시작될 즈음에 그를 기리며 풍요를 비는 축제가 열린다.

오쿠니누시노미코토[大国主命] O-Kuni-Nushi-No-Mikoto

창조신. 신도[일본]. 신도 창조 신화의 위대한 땅의 조직자 통합자. 이자나기노가미*와 이자나미노가미*가 땅을 창조한 후 자기 의무를 수행했다. 전승은 오쿠니누시노미코토가 처음에는 고된 시련을 거친 후에 세상을 지배했다고 한다. 그는 많은 배우자들과 자손들이 있다.

오키츠히코노가미[奥津日子神] Oki-Tsu-Hiko-No-Kami

부엌의 신. 신도[일본]. 추수의 신인 오토시노가미*의 자손 중 하나이며 오키츠히메노가미[奥津比売神]의 배우자이자 물이 끓는 큰 솥을 관장한다.

오토시노가미[大年神] O-Toshi-No-Kami

추수의 신. 신도[일본]. 스사노오*와 가미오이치히메[神大市姫]의 아들이다. 농경신들의 판테온을 이끌며, 쌀 경작지의 수호신이다.

오포 Opo

대양의 신. 아칸족 Akan[가나, 아프리카 서부]. 창조신 은야메*의 아들 중 하나로, 가나의 내륙 호수들과 강의 신으로 여겨진다.

오포츠틀리 Opochtli (왼쪽)

호수 어부와 사냥꾼들의 하급 신. 아스텍(고대 메소아메리카)[멕시코]. 틀랄록*으로 분류된 신 집단의 일원이다.

옥제(玉帝) Yu-ti

하늘 신. 도교(중국). 도교 판테온의 최고신. 송나라 때 널리 알려졌다. 중국 황제는 지상에 있는 옥제의 화신이라고 여겨졌다. 옥황상제*를 보라.

옥카토르 Occator

농경의 신. 로마. 특히 곡식의 성장과 추수를 관장한다.

옥황상제(玉皇上帝) Yu Huang Shang Ti

최고신. 도교(중국). 특히 송나라 때 널리 알려졌다. 옥황상제는 멀리 떨어져 있고 보통 사람들과 직접적인 관계가 적은 신이다. 혼돈에서 우주를 생성했고, 우주를 일치시키는 원리이다. 도교에서 이 우주, 곧 천계天界는 서른여섯 하늘(36天)로 나누어져 있다. 상제*라고도 한다.

올라비비 Ola Bibi

지역 역병의 여신. 힌두교. 벵골에서 숭배하며 콜레라와 관련이 있다.

올로두마레 Olodumare

창조신. 요루바족[나이지리아, 아프리카 서부]. 올로두마레는 자기 대리자로 오바탈라*를 낳았다. 죽은 자들의 영혼은 올로두마레에게 고해를 해야 한다고 믿었다. 올로두마레가 땅을 창조했을 때 그는 먼지로 달팽이 껍데기를 채웠고 그 안에 암탉과 비둘기를 넣고 아래로 던졌다. 거기에서 암탉과 비둘기는 땅으로 흩어지기 시작했고 땅을 창조한다. 그런 다음 올로두마레는 카멜레온을 파견해 경과를 보고하게 한다. 모래가 보태졌고 야자수와 코코넛 나무와 콜라넛 나무가 심어졌다. 이 모든 것들이 자리를 잡자 신은 땅에 첫 번째 인간 열여섯을 두었다. 알라예Alaaye, 엘레미Elemii, 올로조 오니Olojo Oni, 올로룬*, 오리샨라Orishanla라고도 한다.

올로룬 Olorun
올로두마레*를 보라.

올로쿤 Olokun
담수와 대양의 신. 폰족과 요루바족[베냉, 나이지리아, 아프리카 서부]. 창조신 오사노부아*의 장자. 거룩한 강 올로쿤Olokun으로 상징화된다. 이 강은 거의 베냉의 길이만큼 흐르며 강의 원천에서 태어나지 않은 아이들의 영혼이 나온다. 여자 아이가 물 주전자가 있는 올로쿤 사원에 주어지며 그 아이가 결혼할 때 새집으로 물 주전자를 가지고 간다. 올로쿤은 특히 여성들 사이에서 인기가 있으며 여사제의 숭배를 받았다. 올로쿤은 또한 선원들의 수호자이기도 하다.

옵스 Ops
추수의 여신. 그리스-로마. 해마다 8월 25일 옵스를 기리며 축제를 벌인다. 옵스는 씨앗의 적절한 성장을 조절하는 것과 관련이 있다. 로마 레기아Regia의 한 신전은 옵스에게 봉헌되었다.

와드 Wadd
달의 신. 이슬람교 이전의 남아라비아. 와드의 신성한 동물은 뱀이다.

와랄덴올마이 Waralden Olmai
수호신. 라플란드[핀란드]. 창조신이나 수호신으로 존경받았다.

와말라 Wamala

풍요의 신. 부뇨로[우간다, 아프리카 동부]. 왕궁 근처에 지성소가 있었으며, 자녀와 가축과 곡물의 풍요를 위해서 와말라를 달랬다. 와말라는 신탁 능력이 있는 사제에게 나타나며 공식적인 중재자가 있다.

와우키 Wawki

수호정령. 잉카(콜럼버스 이전의 남아메리카)[페루]. 잉카의 황제가 자기의 개인적 수호신으로 대동했던 돌인 우아카*가 신격화한 존재이다. 이것은 '형제'라고도 알려졌다.

와이 Wai

태양신. 은톰바Ntomba[자이르, 중앙아프리카]. 숲의 동물들을 보호하고 통제하는 사냥꾼들의 신에 기원이 있을 것이다. 모켈레Mokele라는 아들을 두고 있다.

와제트 Wadjet

왕의 권위의 여신. 이집트. 와제트는 불을 뿜는 코브라의 형상을 취하며, 통치자의 머리 장식에 있는 뱀 모양의 상징(우라에우스)으로서 통치 권력을 의미한다. 와제트는 상이집트 네크베트*에 필적하는 하이집트의 여신이다. 주요 숭배지는 나일 삼각주의 부토Buto(그리스식 이름. 아랍식 이름은 텔 엘-파라인Tell el-Farain)에 있었다. 와제트는 태양신 레*의 상징에서 중요한 부분을 형성하는데, 태양 원반 주변을 휘감아서 레의 파괴력을 상징한다. 신화에 따르면 와제트는 삼각주의 파피루스 습지를 창조했다. 와제트는 호루스*의 유모로 묘사되며 태초의 연꽃 네페르툼*의 어머니이다.

와즈웨르 Wadj Wer (위대한 푸른 존재)

풍산 신. 이집트. 때로 남녀 양성 형태로 묘사된다. 지중해나 나일 삼각주의 주요 호수들을 상징한다. 생명의 상징인 앙크 십자와 **빵** 한 덩이를 들고 있는 모습으로 그려진다. 종종 임신한 상태로 나타나며 이는 나일 삼각주 강물의 풍요로움과 관련이 있다.

와카 Waka

창조신. 오로모족Oromo[에티오피아]. 그리스도교의 하느님과 광범위하게 혼합되었다. 아침마다 규칙적으로 와카에게 기도를 드렸다.

와카사나메노가미[若沙那売神] Waka-Sa-Na-Me-No-Kami

농업의 여신. 신도[일본]. 벼의 모종을 옮겨 심는 것과 관련된 신이다. 하야마토노가미[羽山戸神]와 오오게츠히메[大宜都比売]의 딸이다. 보통 불교 승려들이 섬긴다. 와카토시노가미*와 쿠쿠토시노가미*를 보라.

와카토시노가미[若年神] Waka-Toshi-No-Kami

농업의 신. 신도[일본]. 특히 벼의 성장과 관련된 신이다. 하야마토노가미와 오오게츠히메의 아들이다. 보통 불교 승려들이 섬긴다. 와카사나메노가미*와 쿠쿠토시노가미*를 보라.

와카히루메[稚日女尊] Waka-Hiru-Me

태양 여신. 신도[일본]. 태양 여신 아마테라스*의 여동생이거나 초기 아마테라스의 현현일 것이다. 와카히루메는 일출과 연결되어 있고, 신의 옷을 짜는 일을 한다.

와칸탕카 Wakan Tanka

창조신. 다코타Dakota 인디언[미국]. 멀리 떨어져 있고 아리송하게 규정된 신으로 부족의 무당들이 이 신에게 기원한다. 물활론과 샤머니즘에서는 정령을 일컫는 총칭이기도 하다. 자연에 존재하는 모든 것이 이 정령을 소유하고 있다.

와콘다 Wakonda

창조신. 오마하Omaha 인디언[미국]. 멀리 떨어져 있고 아리송하게 규정된 신으로 부족의 무당들이 이 신에게 기원한다. 물활론과 샤머니즘에서는 정령을 일컫는 총칭이기도 하다. 자연에 존재하는 모든 것이 이 정령을 소유하고 있다.

왕카 Wanka
수호정령. 잉카(콜럼버스 이전의 남아메리카)[페루]. 들판에 곧바로 세워진 키가 큰 돌 또는 거룩한 둥근 돌인 우아카*가 신격화한 존재이다.

요게스바리 Yogesvari
어머니 여신. 힌두교(서사시와 푸라나). 의인화한 욕망이며, 사프타마타라* 집단과 아스타마타라* 집단에 속해 있다. 상징은 종, 곤봉, 북, 방패, 무기, 삼지창.

요르트 Iord
땅의 여신. 북유럽(아이슬란드). 바이킹 전승에서 요르트는 심오한 땅의 거룩함을 체현한다. 토르*의 어머니라고 하며 어떤 전설에서는 오딘(2)*의 아내라고 한다. 피요르긴*을 보라.

요빈포길 Yobin-Pogil
숲의 정령. 유카기르족[시베리아 남동부]. 삼림이 신격화한 존재이며 삼림지대의 수호신이다.

요아이에카틀리 Yoalli Ehecatli (밤 바람)
창조신. 아스텍(고대 메소아메리카)[멕시코]. 오메오틀Omeotl로 분류된 집단의 일원이다.

요알테쿠틀리 Yoaltecuhtli (밤의 주)
창조신. 아스텍(고대 메소아메리카)[멕시코]. 아스텍 우주 창조론에서 배우자 야카우이스틀리*와 함께 밤을 낳았다. 스페인 정복기에 열세 하늘 중 여섯 번째 하늘로 알려진 테오틀코사우칸Teotlcozauhcan(노란 신의 장소)의 통치자이다. 믹틀란테쿠틀리*로 분류되는 집단의 일원이다.

요카우 Yocahu
수호신. 푸에르토리코와 아이티. 자비로운 신이고 우주의 어머니 아들이며 '위대한 정령'으로 알려졌다. 태양 속에서 산다고 한다. 마르코티Marcoti 또는 요카쿠바게마오로콘Jocakuvague-Maorocon이라고도 한다.

욜카이에스탄 Yolkai Estan
풍요의 여신. 나바호 인디언[미국 뉴멕시코와 애리조나]. 주요한 풍요 여신 에스차나틀레히*와 자매간이다. 신들이 하얀 조개껍데기로 만든 이미지에 생명을 불어넣어 욜카이에스탄을 창조했다.

우 Wu
바다의 신. 에웨족[베냉, 아프리카 서부]. 고깃배가 뭍으로 들어올 때 날씨가 너무 호된 경우에는, 우의 사제인 우노Wu-no가 우에게 기도를 바친다. 해안에서 가져온 봉헌물을 바쳐서 우를 달랬고, 과거에는 때로 사람 제물을 배 밖으로 던져서 우의 환심을 사기도 했다.

우가르 Ugar
식물 신. 서셈족(시리아). 우가리트(라스 샴라)의 가나안 사람들의 도시와 연결되었을 가능성이 있다.

우강(禺强/禺彊) Yu-Chiang
대양 바람의 신. 중국. 인간의 얼굴에 새의 몸을 한 형상으로 그려진다.

우그라찬디카 Ugracandika (폭력적인 찬다)
여신 두르가*의 형상. 힌두교(서사시와 푸라나). '아홉 두르가들'로 알려진 아홉 신 중 하나.

우그라타라 Ugratara (폭력적인 타라*)
여신. 힌두교(푸라나). 컵과 머리에 송장을 들고 다니는 끔찍한 신.

우나브쿠 Hunab Ku
창조신. 마야(유카텍족, 고대 메소아메리카)[멕시코]. 판테온에서 가장 위대한 신이며, 형상이 없다고 여겨지기 때문에 어떤 상도 없다. 우나브쿠의 아들은 이구아나 신 이참나*이다. 그리스도교의 하느님과 비슷한 존재가 되었을 것이다.

우나우 Hunhau
죽음의 신. 마야(유카텍족, 고대 메소아메리카)[멕시코]. 지하세계 믹틀란을 다스리는 '죽음의 주인들' 중 하나이다. 우나우는 대개 개와 같은 특징들을 갖거나 올빼미 머리를 한 모습으로 그려진다. 욤키밀*을 보라.

우나푸 Hunapu
창조신. 마야(유카텍족, 고대 메소아메리카)[멕시코]. 거룩한 마야 텍스트 〈포폴 부〉에 따르면 운우나푸*의 아들이며 익스발란쿠 Ix Balan Ku의 쌍둥이 형제. 지하세계의 신들과의 역사적 싸움에서 참수당했고 태양신이 되었다고 한다. 자매는 달이 신격화한 존재이다.

우눔보테 Unumbote
창조신. 바사리족Bassari[토고, 아프리카 서부]. 지상의 살아 있는 모든 것을 낳았다.

우니 Uni
수호 여신. 에트루리아. 하늘 신 틴*의 배우자이며 페루지아 Perugia 지역과 연결되어 있다.

우다디쿠마라 Udadhikumara
신에 대한 총칭. 자이나교[인디아]. 바바나바시*(장소에 거주하는) 신들의 집단 중 하나. 이들은 젊은 외모를 하고 있다.

우라노스 Ouranos

태초의 하늘 신. 그리스. 창조신이며, 근친상간 배우자인 땅의 어머니 가이아*
와 함께 거인 아들 여섯(오케아노스*, 히페리온*, 코이오스, 크로노스*, 크리오스, 야페
토스*), 그리고 딸 여섯(테티스*, 테아*, 포이베, 레아*, 므네모시네*, 테미스*)을 낳는
다. 티탄족*으로 알려진 이들이 바로 이 열둘이다. 우라노스는 이들의 힘을 두
려워하여 타르타로스 Tartaros의 심연으로 던져서 사슬로 묶어버렸다. 우라노
스 Uranos라고도 한다.

우라쉬 Uraš

저승 대지의 여신. 메소포타미아(수메르). 하늘 신 안(2)*의 배우자들 중 하나
이며 닌인신나*의 어머니이다.

우라칸 Huracan

창조신. 마야(키체족, 고대 메소아메리카)[과테말라 고지대]. 세상을 창조하면서 옥
수수 반죽에서 첫 인간을 만들었다. 우나브쿠*의 대응자이다.

우룬아지토욘 URU'N AJY TOYO'N (하얀 창조주)

기원 : 야쿠트족 [시베리아 중부]. 창조자 정령.

숭배 시기 : 선사 시대부터 서기 1900년 무렵까지.

별칭 : 아이우룬토욘* (빛나는 창조주).

숭배 중심지 : 고정된 지성소는 없다.

참조 예술 : 나무 조각들일 가능성이 있다.

문헌 자료 : 요헬슨의 〈야쿠트〉.

위쪽 세상 천정 '북동쪽'에 살면서 이키*(주인들이나 소유주들)를 감독하는 창조
적 존재이다. 태양을 의인화한 존재일 수도 있다. 이 신은 선을 위해 행동하려

는 경향이 있으며, 이 신에게 말들을 제물로 바쳤다. 보통 유익한 무당, 또는 하얀 무당 아지아유나ajyayuna가 이 신에게 이야기를 걸었다. 울루투야르울루 토욘*을 보라.

우리우프라닐리 Wuriupranili
태양 여신. 호주 원주민. 신들의 위계에서 우리우프라닐리의 지위는 불확실하다. 그러나 신화는, 그녀가 나무껍질에서 만든 불타는 햇불을 가지고 다니며 서쪽 바다로 내려오기 전에 매일 동쪽에서 서쪽으로 여행하고, 타다 남은 불을 사용하여 땅속 지하세계로 가는 자신의 길을 밝힌다고 설명한다. 일출과 일몰의 색깔은, 그녀가 스스로 장식한 몸에 칠한 빨간 황토 페인트가 반영된 것이라고 한다.

우마 Uma
여신 파르바티*의 형상. 힌두교(푸라나). 우마는, 달이 포함된 상징물들을 들고 있는 시바*의 형상인 찬드라셰카라Chandrashekhara의 배우자로 알려졌다. 이름의 의미는 불확실하지만 어머니와 관련된 의미를 함축하고 있을 것이다. 마히샤Mahisha를 포함한 악신들과 싸울 때에는 우마마헤시바라Uma Maheshvara로 싸운다.

우마시아시카비히코지노가미[宇摩志阿斯訶備比古遲神] Umashi-Ashi-Kabi-Hiko-Ji-No-Kami
창조적 존재. 신도[일본]. 〈고사기〉에 네 번째로 나와 있는 신. 태초의 물에 떠오른 갈대에서 태어났으며 인간에게서 자신을 숨기는, 멀리 있고 아리송하게 정의된 존재이다.

우베르타스 Ubertas
하급 농경 신. 로마. 특히 티베리아스Tiberias 지역에서 서기전 2세기에 알려졌으며 번영과 관련이 있다.

우사(雨師) Yu Shih

비의 신. 곡식이 익도록 비를 내려준다. 종종 천둥의 신 뇌공*과 함께 있다.

우사스 Usas

새벽의 여신. 힌두교(베다). 디야우스*의 딸이며, 어떤 문헌에 따르면, 태양신 수리야(1)*의 배우자이다. 상서로운 신 우사스는 새벽을 가지고 와서 수리야(1)에게 알리며 어둠을 쫓아낸다. 우사스는 모든 것을 보는 신들의 눈이다. 〈리그베다〉에서는 100대의 전차를 모는 아름다운 처녀로 묘사된다. 움직이는 모든 것을 바로 하며 신봉자들에게 힘과 명성을 줄 수 있다. 우사스는 하늘 여신으로 인식되며, 암소 형상의 어머니 여신으로 그려지기도 한다. '신들의 어머니', '암소들의 어머니' 등의 별명이 있다. 장수를 기원하며 우사스에게 기도하지만, 인간의 생명을 낭비하는 여자 사냥꾼이라는 악의적인 모습도 있다. 우사스는 때로 어둠과 악령을 쫓아내는 가정의 수호 여신으로 숭배받기도 한다. 그러나 후기의 힌두교 전승에서는 사라졌다.

우스니사 Usnisa

신. 불교. 천정 방향의 수호신. 우스니사를 포함한 여덟 위(位)의 신들 집단을 일컫는 집단적 명칭이기도 하다. 이들은 디야니붓다*들이 확장된 존재로 여겨진다. 색깔은 노란색. 상징은 보석, 연꽃, 기도바퀴, 무기. 머리가 셋이다.

　우스니사라는 말은 붓다*들의 특징적인 도상학에서 발견되는 곱슬머리 스타일의 종류를 뜻하기도 한다.

우스니사비자야 Usnisavijaya (승리의)

태초의 여신. 대승불교. 티베트에서 널리 숭배하는 바이로차나*의 형상이다. 보살로 여겨지며, 천정 방향의 수호신이다. 신격화한 문헌이기도 하다. 다라니*들 중 하나. 색깔은 하얀색. 상징은 화살, 활, 연꽃잎에 앉은 붓다 이미지, 올가미, 기도바퀴, 지팡이, 물병. 눈이 셋이고 머리가 셋이며 팔이 여덟이다.

우스쿠스 Wu'squus

어둠의 정령. 척치족[시베리아 동부]. 밤이 의인화한 존재이며 왼손 새벽의 정령 나치트나이르긴*과 형제간이다.

우스파다덴펜코르 Yspaddaden Pencawr

신. 켈트(웨일스). 아일랜드의 신 발로르 및 아이슬란드의 신 발데르*와 유사한 신일 수 있다. 전설 〈쿨후흐와 올웬 Culhwch and Olwen〉에서 올웬은 우스파다덴펜코르의 딸로 나온다. 그는 쿨후흐가 올웬의 손을 잡기 전에 몇 가지 어려운 임무들을 설정해 놓는다. 쿨후흐는 우스파다덴펜코르를 심하게 상처내고 복수를 하지만, 그는 올웬이 결혼하기 전에는 죽을 수 없다. 이 이야기는 아마도 원래의 의미를 잃어버린, 왜곡된 풍요 전설인 것으로 보인다.

우슬로 Uslo

산의 정령. 야쿠트족[시베리아 중부]. 산의 주인 사야이치타*에게 응답하는 자연 세계의 수호자들 중 하나이다.

우신스 Usins

별의 신. 그리스도교 이전의 라트비아. 샛별 및 저녁별과 관련이 있으며 양봉업자 및 봄과도 연결되어 있다. 그리스도교 영향 아래에서는 성 게오르기우스 St. Georgius에게 흡수되었다.

우아나카우리 Huanacauri

수호정령. 잉카(콜럼버스 이전의 남아메리카)[페루]. 쿠스코 근처에 있던 특별한 방추형 돌이 신격화한 존재로, 잉카 왕족을 보호했고 잉카 남성의 성 인식에서 중요한 역할을 했다. 와나카우리 Wanakawri라고도 한다.

우아일다크 Ua-Ildak

식물 여신. 메소포타미아(바빌로니아-아카드). 목초와 포플러나무를 관장하는 신.

우아카 Huaca

정령. 잉카(콜럼버스 이전의 남아메리카)[페루]. 바위나 지역에서 중요성을 띠는 장소인 샘처럼 자연 사물이 신격화한 존재. 물활론(애니미즘)적 원리인지 유생관有生觀(애니머티즘)적 원리인지는 확실하지 않다.

우에우에코요틀 Huehuecoyotl (늙은 코요테*)

성적 욕망의 하급 신. 아스텍(고대 메소아메리카)[멕시코]. 시우테쿠틀리*로 분류되는 신 집단의 일원이다.

우에우에코요틀코요틀리나우알 Huehuecoyotl-Coyotlinahual

깃털 일꾼들의 하급 신. 아스텍(고대 메소아메리카)[멕시코]. 시우테쿠틀리*로 분류되는 신 집단의 일원이다.

우에우에토틀 Huehuetotl (늙은 신)

불의 신. 아스텍(고대 메소아메리카)[멕시코]. 가부장제와 관련이 있으며, 시우테쿠틀리*로 분류되는 신 집단의 일원이다.

우이라코차 Huiracocha

바이라코차*를 보라.

우이칠포츠틀리 HUITZILPOCHTLI (왼쪽의 벌새)

기원: 아스텍 (고대 메소아메리카) [멕시코]. 태양신. 아스텍인들의 수호신.

숭배 시기: 서기 750년 무렵이나 그 이전부터 서기 1500년 무렵까지.

별칭: 푸른 테스카틀리포카.

숭배 중심지: 테노츠티틀란 [멕시코시티].

참조 예술: 조각, 벽화, 사본 삽화.

문헌 자료: 콜럼버스 이전의 사본들.

아스텍인들의 수호신이며 전쟁 신으로도 여겨진다. '높이 나는 태양'이라고 불리는 태양신 테스카틀리포카*의 남쪽(푸른) 형상 또는 발현이며 우이칠포츠틀리로 분류되는 신 집단의 수장이다. 다른 전승에서는 테스카틀리포카의 네 아들 중 하나로 여겨진다. 어머니는 참수당한 땅의 여신 코아틀리쿠에*로 우이칠포츠틀리는 그녀의 자궁에서 무장을 하고 태어났다. 그는 자기 어머니의 죽음에 대한 보복으로 자기 자매인 달을 처단했고 400여 형제들인 별들을 죽였는데, 이는 어둠에 대한 태양빛의 승리를 상징한다. 전승에 따르면 그는 안전하고 위대한 제국을 약속하며 아즈틀란 Aztlan에 있는 조상 전래의 고향에서 사람들을 이끌었다. 우이칠포츠틀리는 발톱으로 뱀을 붙잡고 바위섬의 선인장 위에 서 있는 독수리 모습으로 사람들에게 나타났다. 이곳은 테노츠티틀란으로 현재 멕시코시티가 있다.

코아테펙 Coatepec의 위대한 신전은 우주적 전투에 봉헌되었다. 우이칠포츠틀리는 포로로 잡힌 사람들의 심장을 먹으며 그들의 피는 그의 열을 식힌다고 한다. 희생제의 재료를 구하기 위해 몇 차례의 전쟁이 일어났다. 이름의 의미는 '왼쪽 발 위의 푸른 벌새'이다. 테스카틀리포카*를 보라.

우익스토키우아틀 Huixtocihuatl (우익스토린의 여인)
소금 제조자들의 여신. 아스텍(고대 메소아메리카)[멕시코]. 보통 비와 농업과 풍요와 관련이 있으며 틀랄록*으로 분류된 신 집단의 일원이다.

우추스마 Ucchusma
신. 불교. 악쇼비야* 또는 라트나삼바바*의 발현. 잠발라*의 형상이기도 하다. 아랫배가 볼록 나온 모습으로 그려지며, 입에서 보석들을 토하며 누운 힌두교 부의 신 쿠베라* 위에 서 있다. 상징은 컵, 맵시벌, 머리에 있는 악쇼비야 이미지, 달 원반, 뱀. 눈이 셋이다.

우코 Ukko
천둥 신. 그리스도교 이전의 핀란드. 말의 발굽이 길에 있는 돌들을 밟을 때 번개 불꽃을 일으키는 마차를 운전한다. 천둥소리는 바퀴에서 나거나, 우코가 큰 돌로 곡식을 갈 때 나는 소리이다. 상징은 도끼, 푸른 옷, 망치, 무기.

우쿠르 Ukur

지하세계 저승 신. 메소포타미아(바빌로니아-아카드). 엔키*를 보라.

우타라바드라파다 Uttarabhadrapada

행운의 하급 여신. 힌두교(서사시와 푸라나). 온화한 나크샤트라* 또는 별의 신. 다크샤*의 딸이자 찬드라*(소마*)의 배우자.

우타라사다 Uttarasadha

행운의 하급 여신. 힌두교(서사시와 푸라나). 온화한 나크샤트라* 또는 별의 신. 다크샤*의 딸이자 찬드라*(소마*)의 배우자.

우타라팔구니 Uttaraphalguni

행운의 하급 여신. 힌두교(서사시와 푸라나). 온화한 나크샤트라* 또는 별의 신. 다크샤*의 딸이자 찬드라*(소마*)의 배우자.

우투 UTU

기원: 메소포타미아 (수메르) [이라크]. 태양신.

숭배 시기: 서기전 3500년 무렵부터 서기전 1750년 무렵까지.

별칭: 샤마쉬*.

숭배 중심지: 시파르.

참조 예술: 장식판, 기념 석주, 조각.

문헌 자료: 다양한 창조 서사시 및 그 외 본문들.

우투는 햇빛의 힘이며, 사회적 맥락에서는 정의의 신, 법의 완성이다. 달의 신 난나*와 여신 닌릴*의 아들이다. 우투의 오누이는 이쉬쿠르*와 인안나*이다.

우투는 '동쪽 산에서' 떠오르며, '서쪽 산으로' 진다. 보통 뿔 달린 투구를 쓰고 톱날처럼 생긴 무기를 든 모습으로 묘사된다. 우투는 그 무기로 산을 자르고 출현했으며 여명을 상징하는 것으로 여겨진다. 또한 철퇴를 소지하고 산에 한 쪽 발을 딛고 서 있는 모습으로 나타날 수 있다.

우파야파라미타 Upayaparamita (원수들에 반하는 완벽한 성공)
철학적 신. 불교. 라트나삼바바*의 영적 자손. 색깔은 초록색. 상징은 보석 지 팡이, 노란 연꽃 위의 지팡이.

우파케시니 Upakesini
하급 신. 불교. 아라파차나*의 수행 신.

우파파티바시타 Upapattivasita (적합성 통제)
하급 여신. 불교. 영적 갱생 수련을 의인화한 바시타* 중 하나. 색깔은 혼합 색. 상징은 곤충.

우풀반 Upulvan (푸른 연꽃들처럼)
지역 신. 싱할리족[스리랑카]. 싱할리 판테온의 위대한 네 신 중 최고신. 비슈누* 와 동일시된다. 한 전승에 따르면 스리랑카의 문화를 불교로부터 보호하는 것이 우풀반의 특별한 임무였다고 한다. 그러나 역으로, 힌두교의 마라*를 반 대하는 가우타마 붓다* 옆에 서 있다.

우호페 Whope
여신. 수Sioux 인디언[미국]. 태양신 위*의 딸이며 남쪽 바람의 배우자이다. 우호 페는 수 인디언에게 (마취성 있는) 평화의 관(pipe)을 주었다고 하며, 이를 통해서 위대한 정령 와칸탕카*와 교류하였다고 한다.

우히로 Whiro

죽음의 신. 폴리네시아와 마오리족. 창조신 랑이누이*와 파파투아누쿠*의 빗나간 아들이며 빛의 창조신 타네마후타*의 최대 적수이다. 따라서 어둠과 악이 의인화한 존재이다. 우히로는 혼돈으로부터의 창조의 시간 중에 새로 형성된 하늘에서 타네마후타와 웅장한 싸움을 벌였다고 한다. 그는 패배해서 지하세계로 내려가야 했으며, 그곳에서 죽은 자들을 다스리게 되었고, 다양한 질병을 관장하는 지하세계 신들의 수장이 되었다. 현세에서는 죽음의 상징인 도마뱀이 우히로를 구현하고, 올빼미와 박쥐를 포함해 밤의 다양한 생물들과 모기와 같은 해충들은 그의 지상 왕국을 나타낸다. 똑같은 이름을 한 전설적인 인간 항해자이자 모험가와 혼동하지 말아야 한다. 과거에는 종종 이 신과 혼동하기도 했다.

운시아 Unxia

혼인의 여신. 로마. 신랑 집의 문에 기름을 바르는 일과 관련이 있다.

운우나푸 Hun Hunapu

창조신. 마야(유카텍족, 키체족, 고대 메소아메리카)[멕시코]. 우나푸*와 익스발란쿠의 아버지이다. 거룩한 마야 텍스트 〈포폴 부〉에 따르면 운우나푸는 축구 경기에서 참수당했고, 그의 머리는 호리병박에 들어가서 그날부터 열매를 맺었다.

운쿨룬쿨루 Unkulunkulu

창조신. 줄루족[남아프리카]. 움벨린캉이*의 남녀 양성적 아들(또는 딸). 갈대에서 태어났으며 인간을 낳았다.

울 ULL (영광)

기원: 북유럽 (아이슬란드). 게르만. 초기 게르만 북부의 하늘 신에 기원을 둘 수 있으나 풍요 및 바다와도 연결되어 있다.

숭배 시기: 선사 시대부터 서기 1100년 무렵 그리스도교 시기까지.

별칭: 울르Ullr.

숭배 중심지: 알려지지 않았으나 노르웨이와 스웨덴의 몇몇 장소 이름들은 울 숭배를 암시한다.

참조 예술: 익명의 조각들의 주인공이었을 가능성이 있다.

문헌 자료: 스노리의 〈산문 에다〉, 삭소의 〈덴마크 역사〉, 장소 이름들.

아스가르드의 하늘 신이나 바니르* 신들과도 관련이 있다. 지프*의 아들이며 토르*의 양아들인 울은 정의와 '울의 반지'를 두고 맹세한 서약들을 관장한다. 곡물의 풍요 신 역할도 맡을 수 있다. 고대 스칸디나비아의 시인 스칼드Skald 는 '울의 배'를 언급하는데, 이것은 배로 사용했던 울의 방패를 지칭하는 것으로 추정된다. 덴마크에서 발굴된 서기 3세기의 칼집에는 '울의 하인'이라는 룬 문자가 새겨져 있다. 스노리에 따르면 울은 활을 매고 눈이 올 때 신는 신발을 신고 있다. 삭소는 울이 마법의 뼈를(스키처럼) 타고 바다를 건넌다고 묘사한다. 울에게는 울린Ullin이라는 누이가 있을지 모른다.

울루투야르울루토욘 ULU'TUYAR ULU TOYO'N (이름만 무서운 주)

기원: 야쿠트족 [시베리아 중부]. 악의를 지닌 창조 정령.

숭배 시기: 선사 시대부터 서기 1900년 무렵까지.

별칭: 없음.

숭배 중심지: 고정된 지성소는 없다.

참조 예술: 나무 조각들일 가능성이 있다.

문헌 자료: 요헬슨의 〈야쿠트〉.

이키*(주인들이나 소유주들)를 감독하는 창조적 존재이며 보통 파괴적인 능력으로 나타난다. 위쪽 세상 '서쪽에' 산다. 우룬아지토욘*을 보라.

움벨린콰이 Umvelinkwangi

창조신. 줄루족[남아프리카]. 지상의 모든 식물과 동물을 낳았다. 갈대에서 태어나 인간을 낳은 신 운쿨룬쿨루*의 아버지이다.

웃투 Uttu

식물 여신이자 직물 여신. 메소포타미아(수메르). 태양신 우투*와 혼동하지 말아야 한다. 웃투는 하급 신이며 아버지는 엔키*이다. 전설에 따르면 엔키는 처음에 어머니 여신 닌후르쌍*을 임신시켰고, 닌후르쌍은 9일 동안의 임신으로 여신 닌샤르*를 낳았다. 엔키는 다음에 닌샤르를 임신시켰고 닌샤르는 9일 동안의 임신으로 여신 닌쿠라*를 낳았다. 닌쿠라는 자기 할아버지와 똑같은 과정을 통해서 여신 웃투를 임신했다. 웃투는 직물과 거미들의 여신으로 묘사된다.

워스레트 Wosret

지역의 수호 여신. 이집트. 테베에 숭배지를 가지고 있던 워스레트는 창조신 아문*의 초기 배우자였다가 무트*에게 자리를 빼앗겼다. 워스레트는 젊은 호루스* 수호자와 동일시된다. 워스에트Wosyet라고도 한다.

웨르 Wer

폭풍 신. 메소포타미아(바빌로니아-아카드). 아다드* 및 아무루*와 관련이 있는 하급 신이다. 웨르의 수행 신은 소나무 숲의 사나운 수호신 후와와Huwawa이며, 길가메쉬 서사시의 중요한 부분을 이룬다. 시리아의 알렙포 남쪽 아피스Afis에 숭배지가 있었다.

웨리쿰밤바 Weri Kumbamba

창조신. 기수족[우간다, 아프리카 동부]. 바위로 구체화한 신이며, 특히 할례 전후 환자의 빠른 회복을 기원하며 이 신에게 기도한다.

웨프와웨트 Wepwawet

통행의 신. 이집트. 자칼로 묘사된다. 상이집트의 신으로 시작했으나, 나일 계곡 전 지역으로 웨프와웨트 숭배가 확산됐다. 피라미드 문서에 따르면, 부토에 있는 여신 와제트* 지성소의 능수버들 아래에서 태어났다. 웨프와웨트는 매의 신 호루스*와도 밀접한 관련이 있다. 전쟁이나, 죽은 사람의 입을 부수고 열기 위해 그의 자귀가 사용되는 내세에서는, 그가 통치자보다 우위에 있는 것으로 인식되었다. 비슷한 맥락에서 그가 죽은 자들에게 '새벽하늘을 열 때' 태양신 레*와 관련되어 있다. 통과의 신으로서 웨프와웨트는 또한 자궁의 길을 연다.

위 Wi

태양신. 수 인디언[미국]. 여신 우호페*의 아버지이며 신성한 동물은 들소이다.

위우 Wiu

전쟁 신. 누어족[수단]. 위우라는 단어는 창(spear)을 의미한다.

윈디고 Windigo

얼음 신. 에스키모(오지브와족). 겨울의 굶주림을 상징하는, 얼음으로 형성된 무서운 존재이다. 윈디고들이 여럿 있다고는 하지만, 이들은 항상 단수로만 언급된다. 식인적인 윈디고는 얼음 해골로 나타나며, 사람도 윈디고에게 홀리면 그와 하나가 되어 다른 사람들을 죽일 수 있다.

유노 JUNO

기원: 로마. 하늘의 여왕.

숭배 시기: 서기전 400년 무렵부터 서기 400년 무렵까지.

별칭: 헤라*(그리스).

숭배 중심지: 스파르타, 로마, 헤라이움Heraeum.

참조 예술: 여러 조각들.

문헌 자료: 베르길리우스의 〈아이네이스〉.

유노는 그리스 여신 헤라*를 모델로 삼았다. 로마 판테온에서는 크로노스*와 레아*의 딸이며, 뻐꾸기 형상으로 유노를 유혹한 유피테르*의 여동생이자 근친상간 배우자이다. 유노는, 다양한 첩들과 놀아나는 유피테르의 엽색 행각을 참아야만 했지만, 올림포스 산에서 결혼식을 올린 뒤 혼인의 여신이라는 칭호를 받았다. 유노는 마르스*와 불카누스*와 헤베*의 어머니이다. 유노의 거룩한 동물들은 공작과 뻐꾸기이며, 그녀는 변함없이 위엄 있는 모습으로 묘사된다. 로마에서 유노를 기리는 주요 축제는 마트로날리아Matronalia였다.

유노네스 Iunones

여성성의 여신. 그리스-로마. 보통 세 어머니로 함께 묘사된다. 론 삼각주 생트 마리Saintes Maries에 있는 신전은 원래 유노네스에게 봉헌된 것이었다.

유미스 Jumis

풍요의 신. 그리스도교 이전의 라트비아. 윗부분이 한데 묶이거나 구부러지거나 땅에 묻힌 곡물줄기로 상징화된다.

유벤타스 Juventas

젊음의 여신. 로마. 그리스 여신 헤베*를 모델로 삼았다.

유비(劉備) Liu Pei

신. 도교(중국). 관우* 및 장비*와 함께 나온다. 유비는 황제의 이상을 구현하며 하늘의 권위가 있는 옥새를 가지고 다닌다. 그는 인간적이며 온건하다고 여겨진다. 예술작품 안에서는 보통 장비와 관우 사이에 있는 모습으로 그려진다.

유사스 Iusaas

창조 여신. 하이집트. 헬리오폴리스로부터 알려졌고, 태양신 아툼*과 동일시되는 우주의 여성적 원리로 인식되었다. 머리에 풍뎅이가 있으며 의인화한 모습으로 묘사된다.

유투르나 Iuturna

샘과 우물의 여신. 로마. 특히 가뭄 시기에 이 신에게 기원한다.

유피테르 JUPITER

기원: 로마. 로마 만신전의 수장.

숭배 시기: 서기전 400년 무렵부터 서기 400년 무렵까지.

별칭: 유피테르Iuppiter, 요베Jove, 유피테르Juppiter.

숭배 중심지: 로마 세계 전역.

참조 예술: 조각, 부조 등.

문헌 자료: 베르길리우스의 〈아이네이스〉.

유피테르는 그리스 최고신 제우스*와 대응한다. 그의 근원은 인도-유럽의 하늘 신 디야우스피타*에 있다. 배우자는 유노*이다. 유피테르의 주요 신전은 로마 카피톨리노 언덕에 있다. 유피테르는 무엇보다도 낮의 광명을 주는 존재이지만, 토난스Tonans(천둥을 울리는 자)와 풀구라토르Fulgurator(번개를 보내는 자)도 그의 별칭들이다. 제우스와 마찬가지로 유피테르도 하늘에서 천둥 번개를 집어 던진다고 하며, 유피테르 페레트리우스Jupiter Feretrius 신전에서는 가공하지 않은 돌덩어리로 표현되었다. 유피테르는 특히 그의 이름으로 맹세하는 서약을 존중하는 책임을 진다.

로마에서 유피테르는, 전쟁과 농업의 신 마르스* 및 퀴리누스*와 더불어 초기의 삼위신을 형성했다. 이것은 뒤에 유피테르, 유노, 미네르바*를 포함하는 모습으로 바뀌었고, 이들 셋은 모두 카피톨리노 신전을 공유했다.

유피테르는 다양한 이름으로 알려지게 되었다. 군대를 승리로 이끌면 승리자 유피테르(Jupiter Victor)였고, 방어적 역할을 할 때에는 머무는 자 유피테르(Jupiter Stator) 또는 보호자 유피테르(Jupiter Protector)였다. 로마를 떠나서는 시리아/히타이트의 신 돌리케누스*와 연합되었고 이 형상은 로마 군대와 함께 대중화되어 브리튼에까지 신전들이 지어졌다.

윰카스 Yum Kaax

식물 신. 마야(고대 메소아메리카)[멕시코]. 옥수수의 성장 및 추수와 관련된 신이지만 보통 농업의 신으로 알려졌다. 머리 장식에 옥수수 이삭이 있는 젊은 신으로 묘사된다. 신 이(God E)라고도 한다.

윰키밀 Yum Cimil

죽음의 신. 마야(유카텍족, 고대 메소아메리카)[멕시코]. 해골 머리에 휑한 입술, 척추의 가시 모양 돌출부, 또는 고리 모양으로 분해되어서 부풀려진 육체로 묘사된다. 윰키밀은 머리에 종 모양의 장신구를 쓰고 있다. 제의 희생자들을 거룩한 샘 세노테cenote에 익사시켜서 이 신에게 봉헌했다. 신 에이(God A)라고도 한다.

은다울라 Ndaula

역병의 신. 부뇨로[우간다, 아프리카 동부]. 특히 천연두와 관련이 있다. 은다울라의 사원들은, 질병이 퍼지지 않도록 그에게 기도하기 위해서 보통 한 공동체의 끝머리나 부족 땅의 경계에 자리를 잡고 있다.

은드잠비 Ndjambi

하늘 신. 헤레로족Herero[나미비아, 아프리카 남서부]. 자연적으로 죽음을 맞이하는 모든 사람들을 보호해주고 들어 올려주는 자비로운 신. 이 신의 이름을 발설하는 것은 대개 금지되어 있다.

은송고 Nsongo

달의 여신. 방갈라족[자이르, 중앙아프리카]. 최고의 태양신 리반자*의 누이이자 배우자. 서사적 전설 〈은송고와 리안자〉에서 은송고는 신격화한 부족-영웅의 쌍둥이 누이이자 배우자이다.

은야메 Nyame

창조신. 아칸족[가나 남부, 아프리카 서부]. 태양으로 남성성을 상징하고 달로 여성성을 상징하는 남녀 양성적 존재. 인간에게 영혼을 준 은야메는 운명의 지배자이다. 전담 사제가 있으며 나무줄기의 형상으로 숭배를 받는다. 오도만코마Odomankoma, 온야메Onyame, 온얀코폰Onyankopon, 토트로본수Totrobonsu라고도 한다.

은야비레지 Nyavirezi

사자(lion)의 여신. 르완다족[중앙아프리카]. 전설에 따르면 원래는 부족 추장의 딸이었다고 한다. 그런데 걸어가는 동안 암사자로 변했다. 인간의 형상으로 돌아오기는 하지만 때로 암사자로 변했고, 암사자의 모습을 한 상태에서 그녀의 비밀을 알게 된 남편을 죽였다.

은야카야 Nyakaya

악어 여신. 실룩족[수단]. 나일 강에 사는 신으로 오크와의 배우자이며, 실룩족 첫 번째 왕의 어머니이다. 실룩족은 은야카야에게 제물을 바친다.

은자파 Nzapa

창조신. 웅반디족[자이르, 중앙아프리카]. 동이 틀 무렵 기도를 받는 일곱 신 중 하나. 지상 모든 생명의 조상이며 인간에게 법을 주었고 운명을 통제한다. 은자파는 네 자녀가 있으며 이들은 야자나무의 형태로 나타난다.

은잠비 Nzambi

창조신. 바콩고족[자이르, 중앙아프리카]. 은잠비는 첫 번째 부부를 창조했다. 다른 전승에서는 문투 왈룽가Muntu Walunga(완벽한 인간)라고 불리는 야자나무 모습의 남녀 양성적 존재로 나온다. 은잠비는 또한 타고난 지능을 지녔다. 나무로 된 조각에서 야자나무는 여성의 머리를 하고 가슴 한쪽에는 유방을 달고 있으며, 얼굴 한쪽에는 수염이 나 있다. 이 나무는 결국 두 개의 다른 성으로

432

나누어진다. 은얌비Nyambi, 은잠베Nzambe, 얌베Yambe, 잠비Zambi라고도 한다.

은제 Nze
달의 신. 응반디족[자이르, 중앙아프리카]. 행운의 신 케투아*와 평화의 여신 로모*의 일곱 자녀 중 하나이다. 여성 및 다산과 밀접하게 연결되어 있다. 생리 때에는 은제가 '소녀를 베었다'고 하며, 임신 중에는 '달이 그녀를 위해 어두워졌다'고 한다.

음보툼보 Mbotumbo
창조신. 바울레족[아이보리코스트, 아프리카 서부]. 보통 원숭이 머리를 한 자비로운 수호신.

음봄바 Mbomba
창조신. 몽고족과 은쿤도족[자이르, 중앙아프리카]. 음봄바는 빌리마bilima라고 알려진 중재자들과 죽은 자들의 영혼인 바칼리bakali를 통해서 활동한다. 얀다Ianda, 콤바Komba, 음봄보Mbombo, 은자콤바Njakomba, 와이*라고도 한다. 똑같은 이름을 가진 거대한 물귀신이나 강의 신이 응반디 부족에도 알려져 있다.

음봄베 Mbombe
어머니 여신. 은쿤도족[자이르, 중앙아프리카]. 이톤데*의 배우자이자 영웅 리안자Lianja의 어머니.

음봉고 Mbongo
강의 신. 응반디족[자이르, 중앙아프리카]. 매일 아침 일출 시 기도를 받는 일곱 신 중 하나. 모든 흑인의 창조신이며 검은 물에 거주한다고 알려져 있다.

음쿨룸칸디 Mkulumncandi
창조신. 스와지족[스와질랜드, 남아프리카]. 비록 '위대한 첫 존재'로 알려지긴 했지만, 이 신에 대한 숭배는 없다.

응가이 Ngai

창조신. 키쿠유 Kikuyu와 마사이족 Masai[아프리카 동부]. 그리스도교의 영향을 받아서 하늘에 있는 유일신에게 이 이름을 부여했다. 응가이는 기후의 신으로 인식되기도 하는데, 번개를 상징으로 하는 기후의 신에서 진화되었을 것이다.

응구누오 Ngunuwo

수호신들의 일반적 명칭. 에웨족[토고, 아프리카 서부]. 이름의 의미는 대략 '운명들'과 비슷하다.

이갈리리크 Igalilik

사냥의 정령. 에스키모. 물개 한 마리를 전부 담을 수 있는 냄비가 포함된 부엌용품을 가죽 끈으로 등에 매고 얼음물 사이를 여행한다. 이동할 때 냄비가 끓는다.

이그네르수아크 Ignerssuak (큰 불)

바다의 신. 에스키모. 대개 자비로운 신들 집단의 일원이다. 이그네르수아크의 숫자는 선원들을 둘러쌀 정도라고 하며, 그들의 집으로 들어가는 입구는 해변가에 있다.

이기기 Igigi

신들을 나타내는 집단적 이름. 메소포타미아(수메르와 바빌로니아-아카드). 엔릴*을 수장으로 하는 판테온의 젊은 하늘 신들의 그룹. 이들은 종종 아눈나키*와 함께 문헌에 나타난다.

이나라 Inara

하급 여신. 히타이트와 후르리족. 기후의 신 테슈브*의 딸이다. 전설에서는 용

일루얀카스Illuyankas와의 전쟁에서 이나라는 악에게 승리하기 위해 자기 아버지를 돕는다.

이나리[稻荷] Inari

벼의 신. 신도[일본]. 황실 사원에서 미케츠노가미[御饌津神]라는 대중적 이름으로 숭배를 받았다. 이나리는 성性의 변화를 보여주며 여러 특성을 발전시켰고 일본에서 광범위하게 경배를 받는다. 종종 하얀 여우를 타고 수염이 난 남자로 묘사되지만, 신사에서 판매하는 그림들 속에서는 늘어진 머리에 벼 한 묶음을 들고 있는 여성으로 그려진다. 때로 하얀 여우를 타고 있다. 신도의 다른 신사들과 달리 이나리 신사들은 밝은 빨간색으로 칠해진다. 그리고 사원으로 인도하는 나무들이 터널을 형성하며 줄지어 있는 게 특징이다. 일본 전통에서 초자연적 힘을 가진 것으로 여겨지는 여우 조각들은 다산의 상징이다. 이나리 신사들은 작은 불꽃으로 둘러싸인 배(pear) 모양의 호주노다마[宝珠の玉]로 장식되어 있다. 종종 식물의 여신 도요우케비메*와 동일시되기도 한다.

이나므나우트 Yina'mna'ut (안개 여인)

안개와 연무의 정령. 야쿠트족[시베리아 남동부]. 배우자는 안개 남자 이나므틸란*이다. 다른 정령들과 함께 신화적인 장소에서 산다고 한다.

이나므틸란 Yina'mtilan (안개 남자)

안개와 연무의 정령. 야쿠트족[시베리아 남동부]. 배우자는 안개 여인 이나므나우트*이다. 다른 정령들과 함께 신화적인 장소에서 산다고 한다.

이나즈마[稻妻] Inazuma

번개의 여신. 신도[일본]. 벼의 배우자로 불린다. 특정 지역에서는 번개가 논을 칠 때 그 장소 주변으로 대나무들이 일어서서, 하늘의 불로 거룩하게 되었다는 것을 나타낸다. 이나비카리[稻光], 이나츠르비[稻つるび]라고도 한다.

이나히텔란 Ina'hitelan

수호정령. 코랴크족[시베리아 남동부]. 구름 인간 야할란*의 아버지이며 하늘의 관리자로 인식된다. 이나히텔란에게 순록들을 희생 제물로 바친다.

이네아네우트 Yine'ane'ut

수호정령. 코랴크족[시베리아 남동부]. 큰 까마귀 퀴킨아쿠*의 딸 중 하나이며, 지하세계 악마들인 칼라우-kalau와의 지속적인 투쟁에 참여하는 무당으로 여겨진다. 카나이나우트와 자매간이며 땅의 정령 타누타*의 배우자이다.

이둔 IDUNN

기원: 북유럽 (아이슬란드). 불사의 사과를 지키는 여신.

숭배 시기: 서기 700년 무렵 바이킹 시대와 그 이전부터 서기 1100년 무렵 그리스도교 시기까지.

별칭: 이둔Idun, 이두나Iduna.

숭배 중심지: 알려지지 않음.

참조 예술: 알려지지 않았으나 익명의 조각들의 주인공이었을 것이다.

문헌 자료: 아이슬란드 사본들. 스노리의 〈산문 에다〉.

신화에는 거의 기록되지 않았다. 이둔은 시인의 신 브라기*의 배우자이며 아스가르드의 신들을 위해 영원한 젊음을 유지시켜주는 황금 사과를 지킨다. 로키*가 이둔을 납치했으나 발할라를 짓는 조건으로 거인 티아시에게 넘겨진다. 신들이 나이를 먹기 시작하자 로키는 이둔의 과일로 그녀의 회복을 거둔다. 이둔은, 하늘의 생명 연장 열매를 지키는 신에 대한 고대 상징의 북유럽판 변형을 반영한다.

이랑(二郎) Erh Lang (스승)

수호신. 중국. 천상의 개(天狗)와 관련된 이랑은 베이징의 한 사원에서 경배했다. 전승에 따르면 이랑과 친구는 홍수로부터 도시를 구했다. 이랑의 상징에는 그가 당기는 활과 화살이 있다. 개는 쥐로 대치될 수 있는데, 이런 경우에는 화살이 포함되지 않는다. 쥐는 다가오는 부의 상징이며, 그래서 쥐를 향해 빈 활을 잡아당기는 것은 어린이들의 부를 기원하는 상징이 된다.

이루바 Iruva

태양신. 아프리카. 특히 카메룬, 콩고, 탄자니아 등지의 부족이 이 이름으로 태양을 숭배한다.

이르민 Irmin

전쟁 신. 게르만. 아마도 티바츠*에 필적하는 신일 것이며, 명칭이 강력한 힘을 암시한다. 이 신을 언급하는 것일 수 있는 이르민 기둥이 작센Saxony에 있다.

이리스 Iris (무지개)

사자使者 여신. 그리스와 로마. 여신 헤라*의 특별한 수행 여신인 이리스는 하늘과 땅 사이에 무지개다리를 놓는 처녀 여신이다. 날개를 달고 지팡이를 든 모습으로 묘사된다.

이마나 Imana

창조신. 부룬디족Burundi[아프리카 동부]. 이마나는 첫 인간 키앙가Kihanga를 창조했고 키앙가는 밧줄을 타고 하늘에서 내려왔다. 어린 양으로 상징화되며, 황소의 포효를 통해서 말한다고 여겨진다.

이므라 IMRA

기원 : 카피르 [아프가니스탄 힌두쿠시 남부] 창조신.

숭배 시기 : 첫 숭배 시기는 알려지지 않았으며 지역에 따라 오늘날까지 이어진다.

별칭 : (프라슌 지역에서) 마라*라고 한다.

숭배 중심지 : 주로 쿠쉬테키Kushteki이다.

참조 예술 : 큰 나무 조각들.

문헌 자료: 로버트슨의 〈힌두쿠시의 카피르족〉, 모르젠스티르네의 〈카티 신화와 찬가〉.

황금 염소 가죽 안에 자기 숨을 휘저어서 생명으로 만들어서 다른 모든 신들을 창조한 카피르의 최고신이다. 기존 판테온에서 간계를 통해서 최고 지위를 얻었고, 아마도 초기의 창조신 문젬 말리크*를 대신했을 것이라는 다른 전설도 있다. 이므라의 어머니는 엄니 네 개를 가진 거인이었다고 한다. 이므라는 구름과 안개 속에 살고 있으며, 적어도 부분적으로는 우주 창조 책임을 맡은 하늘 신이다. 이므라는 하늘에 태양과 달의 위치를 정했다. 모든 프라순 부족 추장들의 조상이다. 이므라의 거룩한 동물인 숫양은 정기적으로 제물이 되었고, 암소도 정기적으로 바쳐졌으며, 말은 양이나 소보다 덜 희생되었다. 이므라 신의 모습들은 조야하게 의인화된 모습들이다. 쿠쉬테키에 있던 주요 지성소는 1900년대 초기에 파괴되었으나, 훌륭하고 화려하게 조각된 나무로 된 구조였다. 다른 작은 사원들은 지역 전역에 흩어져 있다.

보통 이므라는 가축, 개, 곡식, 바퀴, 기본적인 철 등 다양한 선물을 인간에게 주는 자비로운 교사로 감지된다. 그러나 홍수나 다른 재앙을 일으키는 파괴적인 본성도 있다.

이미우트 Imiut

하급 저승 신. 이집트. 공동묘지 수행 신들 중 하나로 아누비스*와 관련이 있으며, 왕조 시대 이전에는 막대기에 걸린 피부로 표현되었다.

이사(1) Isa(1)

1. 시바*의 한 모습. 힌두교(푸라나). 동북 방면의 수호신이며, 에카다사루드라*(열한 루드라) 중 하나이다. 염소나 황소를 타고 있다. 색깔은 하얀색. 상징은 다섯 개의 화살, 활, 북, 열매, 도끼, 갈고리, 류트, 올가미, 염주, 지팡이. 눈이 셋이다.

2. 수호신. 불교. 황소가 수행하는 하급 수호신. 색깔은 하얀색. 상징은 컵, 달 원반과 삼지창.

이사(2) Isa(2)

강의 여신. 송가이족[니제르, 아프리카 서부]. 니제르 강의 어머니 여신.

이사키 Issaki

여신. 힌두교(서사시와 푸라나). 머리 없는 아이를 들고 있는 모습으로 그려진다. 케랄라Kerala라고도 한다.

이샤라 Išara

혼인과 분만의 여신. 메소포타미아(바빌로니아-아카드)와 서셈족. 맹세를 강화하는 것과 관련된 신이기도 하다. 주로 비문들과 아카드어 문헌에서 알려졌다. 메소포타미아의 숭배 중심지는 키수라Kisurra라는 바빌로니아인 마을이었으나 시리아인, 가나안, 히타이트인들 가운데서도 광범위하게 숭배받았던 것으로 보인다. 상징은 전갈이다. 에샤라Ešara라고도 한다.

이쉬쿠르 IŠKUR

기원: 메소포타미아(수메르)[이라크]. 천둥의 신.

숭배 시기: 서기전 2700년 무렵 초기 왕조 시대나 그 이전부터 서기 400년 무렵 이집트 역사 끝까지.

별칭: 아다드*.

숭배 중심지: 카르카라Karkara.

참조 예술: 장식판, 봉헌비문, 조각 등.

문헌 자료: 쐐기문자 본문들.

비와 천둥을 관장하는 목동들의 최고신 이쉬쿠르는 태양신 우투*와 형제간이다. 창조 신화에서 신 엔키*는 '하늘 심장의 은 자물쇠'라고 불리는 바람에 대한 관할권을 이쉬쿠르에게 주었다. 어떤 저자들에 따르면, 선사 시대에 이쉬쿠르는 천둥소리를 내는 황소나 사자로 인식되었다고 한다. 이쉬쿠르는 전차를 타고 하늘을 가로지르면서 비와 우박을 내리는 전사로 묘사될 수 있다. 어떤 본문에서 이쉬쿠르는 안(1)*의 아들이자 엔키의 쌍둥이 형제로도 그려진다. 일차적으로 농부들의 신이었던 닌우르타*와 비교되기도 한다. 히타이트인들은 이쉬쿠르를 폭풍의 신으로 받아들였다.

이쉬타누 Ištanu

여신. 히타이트. 왕관이나 머리 장식에 날개 달린 태양이 있으며, 꼬부라진 지팡이를 가지고 있는 모습으로 묘사된다.

이쉬타란 Ištaran

지역 신. 메소포타미아(수메르). 바빌로니아 북부의 티그리스 강 동쪽에 있는 데르Der 시의 수호신. 구실림*이라고도 한다.

이쉬타르 IŠTAR

기원: 메소포타미아(바빌로니아-아카드) [이라크]. 풍요와 전쟁의 여신.

숭배 시기: 서기전 2500년 무렵부터 서기 200년 무렵까지.

별칭: 인안나* [수메르].

숭배 중심지: 메소포타미아 전 지역, 특히 바빌론과 니네베Nineveh, 작은 지성소들이 있던 마리를 포함한 고대 도시들.

참조 예술: 봉헌비문, 도장인장, 인장날인, 석회암부조 등.

문헌 자료: 〈이쉬타르와 길가메쉬와 에타나의 하강 The Descent of Ištar, Gilgameš and Etana〉을 포함한 쐐기문자 문헌들, 신전 찬가들.

이쉬타르는 고대 서아시아의 모든 여신들 중에서 가장 중요하고 영향력이 있는 신일 것이다. 이쉬타르는 수메르의 인안나*와 비슷하며 인안나로부터 많은 것을 이어받았다. 이쉬타르는 분리된 두 전승에서 달의 신 신*의 딸로, 그리고 하늘 신 아누(1)*의 딸로 나타난다. 보통 날개를 달고 어깨에 무기 용기를 지닌 모습으로 묘사된다. 사자 머리들로 장식된 의례용 칼(매이스 시미터)을 들고 종종 사자와 함께 있는 모습으로 나타날 수 있다. 이쉬타르는 팔각별로 상징화된다.

이집트에서는 치유의 신으로 숭배받았다. 심각한 치아 농양으로 고통을 받았던 것으로 보이는 아멘호테프 3세는, 이쉬타르의 치유의 힘으로 고통을 덜어보려고, 니네베로부터 이쉬타르의 상을 빌려왔다는 증거가 엘아마르나에서 발견된 서한에 나온다.

이슘 Išum

하급 신. 메소포타미아(바빌로니아-아카드). 태양신 샤마쉬*와 형제간이며 재앙의 신 에라*의 수행 신이다. 문헌에 따르면 불의 신이었을 수 있으며, 사자使者로서 신들을 전쟁에 끌어들였음에도 자비로운 신으로 여겨졌다. 바빌로니아의 '에라와 이슘' 전설로부터 알려졌다. 엔두르상*이라고도 한다.

이스데스 Isdes

죽음의 저승 신. 이집트. 중왕국 시대부터 알려진 이스데스는 죽은 이들의 심판과 관련된 하급 신들 중 하나이다. 아누비스*와 혼합되었다.

이스바라 Isvara

시바*의 별명. 힌두교(푸라나). 산스크리트어로는 '우주를 통치하는 최고신'을 가리킨다. 힌두교도들의 개인적인 상급 신을 일컫는 총칭이다. 불교에서는 야쿠샤*가 11대 티르탄카라 tirthankara를 수행한다.

이스키테카틀 Izquitecatl

풍요의 신. 아스텍(고대 메소아메리카)[멕시코]. 용설란이 의인화한 신으로 오메토츠틀리*로 분류되는 신 집단의 일원이다. 풀케라는 성적 능력이 있는 술을 용설란으로 양조한다.

이스타데바타 Istadevata

1. 개인적 신을 이르는 총칭. 힌두교. 개인이 특별히 숭배하기 위해 선택한 신

에게 이 이름을 붙이며, 대신에 이 신은 보호해주고 영적 안내를 해준다. 가족의 초상에도 이 이름을 붙인다.

2. 수호신. 불교, 특히 티베트. 밀교 입문식 준비와 관련된 개인적인 신이다.

이스텐 Isten

창조신. 그리스도교 이전의 헝가리. 전승에 따르면, 이스텐의 거룩한 동물은 헝가리 사람들을 그들의 고향으로 인도하는 독수리이다. 다른 상징들로는 화살, 말 남근상, 나무.

이시무드 Isimud

사자使者 신. 메소포타미아(수메르). 반대 방향을 바라보는 두 얼굴을 소유해서 즉시 알아볼 수 있는 이시무드는 엔키*의 사자이다. 이시누Isinu, 우수무Usumu라고도 한다.

이시스 ISIS

기원: 이집트. 어머니 여신.

숭배 시기: 초기 왕조 시대(서기전 2700년 무렵) 또는 그 이전부터 서기 400년 무렵 이집트 역사 끝까지.

별칭: 없음.

숭배 중심지: 이집트 영향이 미치는 전 지역, 특히 기자와 나일 삼각주의 베흐베이트 엘하가Behbeit el-Hagar. 테베, 덴다라, 아비도스에 있는 세티 1세(Seti I) 신전. 그리스-로마식 지성소가 필라이에 있었다 (현재는 아길키야Agilqiya로 옮김).

참조 예술: 기념 건물의 조각, 당대의 조각물, 벽화와 부조.

문헌 자료: 피라미드 문헌, 아메네모세Amenemose 석비에서 나온 〈이시스에 대한 위대한 찬가 Great Hymn to Isis〉 등.

이시스는 이집트 판테온의 위대한 신들 중 하나이며, 오시리스*와 더불어 이집트 밖에서도 가장 보편적으로 받아들였던 신이었다. 그리스-로마 문화는 특별히 이시스에게 매료되어 그녀를 바다의 별(Stella Maris)이라고 불렀으며 북극성으로 나타났다고 보았다. 헬리오폴리스 족보 상 게브*와 누트*의 딸인 이시스는 신격화된 이집트 왕들의 어머니이며 오시리스의 누나이자 배우자이다. 세트*와 네프티스*도 이시스의 형제들이다. 이시스는 인간의 형상으로 묘사되지만, 보통 옥좌 모양의 왕관이나 태양 원반을 두른 암소 뿔 모양의 왕관을 쓰고 있다(하토르*를 보라). 이시스는 또한 솔개의 모습으로 그려질 수 있다. 서기전 1500년 무렵 신왕국 시대 이후부터 이시스는 앙크 십자 상징과 크게 다르지 않은 '이시스의 매듭'과 연관된다. 이 상징은 티예트tyet로 알려진 혈석(bloodstone) 부적으로 통합되었다.

전설 속에서 이시스는 오시리스를 두 번 되살리는 책임을 진다. 한 번은 세트가 오시리스를 나일 강에 던져버린 이후이고, 두 번째는 세트가 그의 팔다리를 절단한 이후이다. 이시스는 오시리스가 지배자로서 지하세계에 들어갈 때 그의 시체에서 스스로 임신시키고 오시리스의 정액에서 호루스*를 임신한다. 이시스는 나일 삼각주 켐미스Khemmis에 있는 파피루스 늪지에서 호루스를 낳는다. 호루스는 평생 자신이 이집트의 왕이라고 스스로에게 각인시켰고, 오시리스는 죽음을 지배한다(호루스*와 오시리스*를 보라). 이시스의 가슴에서 젖을 먹는 어린 호루스(하르포크라테스*)는 이집트의 왕이 된다. 이시스가 호루스를 위험에서 지켜줄 때 그녀는 또한 이집트의 왕권도 보호해주었다. 이시스는 신들의 법정에서 세트의 왕권 주장에 반대하여 호루스를 도움으로써 강력한 도전에 부딪히게 되지만 세트에게 잘못이 있다는 것을 보여주었다.

그리스-로마 시대에 델로스 섬과 폼페이에 이시스 지성소들이 지어졌다. 그리스도와 동정마리아에 대한 묘사들은 호루스와 이시스에 대한 묘사와 놀라울 정도로 비슷한 부분이 있다. 그리고 동정마리아 또한 바다의 별로 알려졌다. 이러한 이유 때문에, 이시스 숭배가 그리스도교의 동정마리아 묘사에 영향을 주었다는 주장이 생겨났으며, 이와 관련해 많은 논쟁이 존재한다.

이시코리도메[伊斯許理度命] Ishi-Kori-Dome

석수石手들의 (여)신. 신도[일본]. 성이 모호한 이 신은 돌을 창조하여 완전한 성스런 청동 거울로 만들었다. 이 거울은 태양신 아마테라스*가 자기 모습이 비추어진 것을 볼 수 있도록 사용되었고, 그녀가 스사노오*의 난폭함에서 벗어나고자 몸을 숨긴 어두운 동굴에서 나오도록 유혹했다. 이시코리도메는 거울을 만드는 사람들의 수호신이기도 하며, 니니기노미코토* 왕자가 하늘에서 땅으로 내려올 때 수호자들 중 하나였다. 보통 불의 신 및 대장장이의 신들과 함께 이 신에게 간구한다.

이아오 Eee-A-O (야오 Yao)

태초의 존재. 영지주의 그리스도교. 영지주의 신화에서 혼돈의 일곱 하늘을 다스리는 첫 부모 얄다바오트*에게서 태어난 남녀 양성적 원리들 중 첫째.

이아페토스 Iapetos

신. 그리스. 우라노스*의 아들 중 하나이며 올림피아 신들과 충돌한 티탄족*의 일원이다. 영웅들인 아틀라스Atlas와 프로메테우스*의 아버지다.

이자나기노가미[伊邪那伎神] Izanagi-No-Kami

창조신. 신도[일본]. 창조에 관여하는 열일곱 존재 중 하나. 배우자는 이자나미노가미*이다. 이들은 중국이나 불교의 영향이 없는 일본 고유의 신들이다. 이들은 다른 태초의 열다섯 존재가 '이 표류하는 땅에다 창조하고 결합하고 탄생할 수 있도록' 그들을 관장한다. 〈고사기〉에는 태초의 물에 뜨는 것으로 여겨지는 갈대 침대들에 대한 언급이 있다. 이자나기노가미와 이자나미노가미에게는 하늘의 창이 부여되고 그들은 하늘의 다리에 서서 창으로 물을 휘저었다. 창을 뽑았을 때 거기서 떨어진 소금물이 첫 번째 육지인 오노고로시마[能碁呂島]를 생성했다. 이 섬이 아와지[淡路] 남쪽 해변에 있는 누시마[沼島]라고 한다. 신화에 따르면 이들은 아들 히루코*와 아와지섬[淡路島]을 낳았다. 그들은 일본을 형성하는 열네 섬을 만들고 가미 판테온의 나머지 신들을 창조하기 시작했다. 이자나기노가미의 가장 중요한 자손은 그의 코에서 난 태양 여신 아마테라스*와 그의 왼쪽 눈에서 난 폭풍의 신 스사노오*로 우주의 공동 통치자들이다. 이자나기노미코토[伊邪那伎命]라고도 한다.

이자나미노가미 [伊邪那美神] Izanami-No-Kami

창조 여신. 신도[일본]. 자세한 사항은 이자나기노가미*를 보라. 이자나미노
가미는 불의 신 히노가구쓰치*를 낳으면서 타서 죽으며, 그 후 이자나미노가
미의 시체에서 천둥 신 여덟이 솟아났다. 이자나미노미코토[伊邪那美命]라고도
한다.

이참나 ITZAM NA (이구아나의 집)

기원 : 마야(고대 메소아메리카)[멕시코]. 창조신.

숭배 시기 : 서기 300년 무렵부터 서기 900년 무렵까지.

별칭 : 우나브쿠*, 운이참나Hun Itzamna, 약스코카으무트Yaxcocahmut.

숭배 중심지 : 치첸이트사를 비롯한 여러 장소들, 주로 유카탄 반도에 있다.

참조 예술 : 돌로 된 조각들, 사본 삽화들.

문헌 자료 : 주로 〈비엔나 사본 Vienna Codex〉.

〈비엔나 사본〉에 따르면 마야 판테온의 최고신이다. 이참나는 하늘에서 살며
비를 보낸다. 의술의 신이자 불의 신이기도 하다. 전승에 의하면 마야인들은,
세상이란 거대한 집 안에 자리를 잡은 것이고, 집의 벽과 지붕은 거대한 이구아
나들이 똑바로 서서 머리를 숙여 만든 것이라고 믿었다. 그리고 각각의 이구
아나들은 자신의 방향과 색깔이 있다.

현대 유카탄 반도의 농부들은 이참나에게 기원하지 않지만 그가 의례의 주
인공이었던 때가 있었다. 의례에서는 사원의 가장 낮은 계단을 흙으로 칠하고
다른 계단들은 푸른 물감으로 칠했다. (푸른색은 비의 신들 특유의 색깔이다.) 치첸
이트사에서는 이 신이 형상화한 존재라고 믿었던 큰 악어에게 정기적으로 희생
물을 바쳤다.

이참나는 아마도 우나브쿠*와 같은 신일 것이다. 우나브쿠는 어떤 문헌에
서는 이참나의 아버지로 나오지만 파충류의 형상을 하고 있다. 이참나는 의인

445

화한 형상으로 묘사될 수 있다. 식물 신으로서의 이참나는 사본들에 나오는 신 케이(God K)와 같은 모습으로, 나뭇잎을 접은 형상 안에 가지처럼 긴 코로 확인할 수 있다. 이참나의 땅의 형상은 이참캅*이라고 한다.

이참캅 Itzam Cab
땅의 신. 마야(고대 메소아메리카)[멕시코]. 창조신 이참나*의 땅의 형상. 불의 신이기도 하며 벽난로의 바닥돌을 '이참캅의 머리'라고 한다. 불쏘시개들은 이참캅의 허벅지이며 불꽃은 혀이고 불에 놓인 냄비는 그의 간이다. 그의 머리에서 옥수수 잎이 돋아나는 식물적인 모습으로도 그려진다.

이철괴(李鐵拐) Li Thieh-Kuai
불멸의 존재. 도교 (중국). 도교 신화의 팔선* 중 하나. 죽을 운명이었으나 수련을 통해 불사를 얻는다. 상징은 쇠지팡이, 호리병박. 팔선*을 보라.

이츠쿠인틀리 Itzcuintli
난로들의 여신. 아스텍(고대 메소아메리카)[멕시코]. 불로 형상화한 가정의 수호신이다. 시우테쿠틀리*로 분류되는 신 집단의 일원이다.

이츠타팔토텍 Itztapal Totec (석판이신 우리의 주인)
풍요의 신. 아스텍(고대 메소아메리카)[멕시코]. 농업의 신이지만 귀중한 금속 학자들의 수호신이기도 하다. 시페토텍*으로 분류되는 신 집단의 일원이다.

이츠틀리 Itztli (흑요석 칼)
정의의 여신. 아스텍(고대 메소아메리카)[멕시코]. 테스카틀리포카*로 분류되는 신 집단의 일원이다.

이츠파팔로틀 Itzpapalotl (흑요석 나비)
하급 어머니 여신. 아스텍(고대 메소아메리카)[멕시코]. 테테오이난*으로 분류되는 신들 집단의 일원. 불의 여신으로도 인식된다.

이츠파팔로틀이츠쿠에이에 Itzpapaloti-Itzcueye (흑요석 치마의 소유자)
하급 어머니 여신. 아스텍(고대 메소아메리카)[멕시코]. 테테오이난*으로 분류되는 신 집단의 일원. 멕시코 계곡에만 제한되어 있었다.

이카우나 Icauna
강의 여신. 로마노-켈트(갈리아). 욘Yonne 강의 수호신.

이카테레 Ikatere
물고기의 신. 폴리네시아. 풍아Punga의 아들이자 창조신 탕아로아*의 손자로 폴리네시아 여러 지역에서 바다의 모든 생물, 특히 물고기의 선조로 존중받는다. 도마뱀과 뱀 및 다른 파충류의 안녕을 책임지는 신 투테와나와나Tu-Te-Wanawana는 그의 형제다. 바람의 신 타우히리마테아*의 지배를 받는 창조의 시간에 강한 폭풍우가 일어났을 때, 이카테레가 바다의 안전을 지키는 동안 투테와나와나는 황폐함에서 벗어나기 위해 내륙으로 갔다고 한다. 이 사건은 타우히리마테아의 분열로 알려지게 되었고 숲의 신 타네마후타*와 바다의 신 탕아로아* 사이에 영원한 갈등을 낳게 되었다.

이칼아하우 Ikal Ahau
죽음의 신. 마야(초칠족Tzotzil, 고대 메소아메리카)[멕시코]. 낮에는 동굴에서 살아가는 자그마한 모습으로 인식되지만 밤에 돌아다니며 사람들을 공격하고 인간의 살을 그대로 먹는다고 한다. 멕시코에서는 그리스도교 교회의 탑에 거주한다고 여겨지며, 아마도 흡혈박쥐가 의인화한 존재일 것이다.

이켕가 Ikenga (오른쪽 팔뚝)
행운의 신. 이보족[나이지리아, 아프리카 서부]. 인류에게 도움을 주는 은혜로운 신. 뿔 모양의 머리 장식을 하고 무기와 절단한 머리를 들고 있는 모습으로 그려진다. 가사의 수호신으로 불려진다.

이코벨라우나 Iccovellauna

물의 여신. 켈트(유럽 대륙). 비문에서만 알려졌다.

이쿠이카스치노가미 Iku-Ikasuchi-No-Kami

천둥의 신. 신도[일본]. 이자나미노가미*의 송장에서 출현한 야쿠사노이카즈치노가미(八雷神) 중에서 가장 상징적인 신이다.

이키 Icci

물활론적 정령들. 시베리아. 우룬아지토욘*을 보라.

이톤데 Itonde

죽음의 신. 몽고족과 은쿤도족[자이르, 중앙 아프리카]. 이톤데는 식량으로 쥐를 먹는다. 어두운 밀림에서 사냥꾼들의 신이기도 하다. 〈리안자 서사시 Epic of Lianja〉에는 죽는 첫 인간으로 묘사된다. 그의 영혼은 죽음의 순간에 자기 아들 리안자로 환생환다. 그는 마술적 특성을 지닌 종 엘레포elefo를 가지고 있으며, 이 종으로 어디서 죽을 것인지 예언한다.

이파 Ifa

지혜의 신. 요루바족[나이지리아 서부, 아프리카 서부]. 전승에 따르면, 거룩한 도시 일레 이페Ile Ife의 지성소에 살지만, 수호신 올로두마레*가 조언을 주기 위해 방문해서 신탁을 주는 신이다. 이파의 여덟 자녀는 모두 탁월한 추장이 되었다. 그가 땅을 떠나자 거기에 굶주림과 역병이 내렸다고 한다. 그는 예언의 도구인 야자열매를 통해서 지혜를 얻는다.

이팔네모아니 Ipalnemoani

창조신. 아스텍(고대 메소아메리카)[멕시코]. 오메테오틀*로 분류된 신 집단의 일원.

이펜 Ih P'en
땅의 풍요 신. 마야(고대 메소아메리카)[멕시코]. 식물의 성장과 관련된 신이며 콩의 여신 익스카난*의 배우자이다. 가정생활과 재산과 부의 신이기도 하다. 파종기에 칠면조와 닭을 희생물로 바치면서 동일한 특성을 지닌 이 부부 신에게 기원한다. 이펜은 뿌려지는 옥수수 씨앗으로 나타날 수 있다.

이프루 Ifru
신. 로마노-북아프리카. 이 지역에서는 드문 이름의 신이다. 키르타[알제리 콘스탄틴]의 비문에서 알려졌다.

이피 Ipy
어머니 여신. 이집트. 피라미드 문헌에서 이피는 가끔 은혜로운 수호자이자 왕들의 유모로 나타난다. 부적에 자비로운 영향을 발휘하는 여신으로 인식되기도 한다. 하마나 하마의 머리를 가진 의인화한 모습으로 묘사된다.

이호이호 Ihoiho
창조신. 폴리네시아[소시에테Société 제도]. 이호이호 전에는 아무것도 없었다. 이호이호는 태초의 물을 창조했고 거기에 인간의 창조자인 티노타타*를 띄웠다.

이히(1) Ihy
음악의 신. 상이집트. 일반적으로 여신 하토르*와 관련된 예식용 딸랑이 악기(시스트럼)가 내는 기쁨에 찬 소리를 인격화한 하급 신. 하토르와 호루스*의 아들이다. 특히 덴다라에 있는 하토르의 지성소로부터 알려졌다. 손가락을 입에 물고 옆에 타래진 머리를 한 알몸의 어린이 모습으로 의인화되어 묘사된다. 시스트럼을 들고 목걸이를 한 모습일 수 있다.

이히(2) Yhi

태양 여신이자 빛을 가져오는 분. 호주 원주민. 이히는, 특별히 카라우르 Karraur 원주민 집단을 위해서, 바이아메*와 공동으로 인간 창조를 맡았다고 한다. 신화는, 이히가 바이아메의 시끄러운 포효에 깨어날 때까지 태초의 꿈의 시대 어둠 속에서 잠들어 있었다고 기록하고 있다. 이히가 눈을 떴을 때 세상은 밝게 되었고, 땅에 걸어갔을 때에는 그녀의 발자국에서 식물들이 자랐고, 그다음에는 동물들이, 마지막에는 인간이 나왔다고 한다.

익스네스틀리 Ixnextli (속눈썹)

직조자들의 여신. 아스텍(고대 메소아메리카)[멕시코]. 테테오이난*으로 분류되는 신 집단의 일원이다.

익스바쿠 Iksvaku

창조신. 힌두교(베다). 태양신들의 고대 가문 중 하나.

익스사칼녹 Ix Zacal Nok (옷을 짜는 여인)

창조 여신. 마야(고대 메소아메리카)[멕시코]. 태양신 키니치아하우 Kinich Ahau의 배우자이며 직조술의 발명가이기도 하다. 어머니 여신 콜렐캅*의 모습으로 나타나기도 한다. 익스아살우오 Ix Azal Uoh, 또는 익스첼*이라고도 한다.

익스체벨얏스 Ix Chebel Yax

어머니 여신. 마야(고대 메소아메리카)[멕시코]. 직조의 여신이며 짜는 사람의 수호 여신으로 익스첼*과 함께 수호 업무를 맡는다.

익스첼 Ix Chel

달의 여신. 마야(유카텍족, 키체족, 고대 메소아메리카)[멕시코]. 출산과 의료와 무지개의 여신이기도 하다. 태양신의 배우자이다. 주요 사원이 코수멜에 있으며 출산하는 여성들의 침대 아래에 작은 여신상들을 두었다. 출산하는 여성들은 월식을 매우 위험하다고 여겼는데, 이 기간에 태어나지 않은 아이들은 기형이 될 수 있다고 생각했다. 익스첼은 질병을 막아주는 수호자로 받들여지는 한편으로, 키체족 인디언들에게는 또한 풍산과 성적 행위의 여신으로 여겨졌다.

또한 지상에서 처음으로 옷을 지었다고 여겨지는 직조의 수호 여신이다. 태양신의 관심을 처음 끌었을 때 이 직조 기술로 채용되었다. 익스첼은 재규어로부터 자신을 보호하기 위해 하늘을 가로질러 베틀 막대기를 들고 다닌다. 그리스도교의 영향으로 동정마리아와 광범위하게 혼합되었다. 익스체벨약스*를 보라.

익스카난 Ix Kanan
식물 여신. 마야(고대 메소아메리카)[멕시코]. 콩과 식물의 수호 여신. 배우자는 옥수수의 신 이펜*이다. 파종기에 칠면조와 닭을 희생물로 바치면서 이 부부에게 기원한다.

익스코사우키 Ixcozauhqui (집 안의 노란 얼굴)
불의 신. 아스텍(고대 메소아메리카)[멕시코]. 가부장제와 관련이 있으며, 시우테쿠틀리*로 분류되는 신 집단의 일원이다.

익스키밀리이츨라콜리우키 Ixquimilli-Itzlacoliuhqui
정의의 신. 아스텍(고대 메소아메리카)[멕시코]. 테스카틀리포카*로 분류되는 신 집단의 일원이다.

익스탑 Ixtab
여신. 마야(고대 메소아메리카)[멕시코]. 자살한 희생자들의 수호 여신이다.

익스틀리톤 Ixtlilton (조금 검은 얼굴)
성적 욕망의 하급 신. 아스텍(고대 메소아메리카)[멕시코]. 시우테쿠틀리*로 분류되는 신 집단의 일원이다.

익스푸스텍 Ixpuztec (망가진 얼굴)
지하세계의 하급 신. 아스텍(고대 메소아메리카)[멕시코]. 믹틀란테쿠틀리*로 분류
되는 신 집단의 일원이다.

인두카리 Indukari
여신. 힌두교(서사시와 푸라나). 삼바*의 배우자 여신. 상징은 방패.

인드라 INDRA
기원 : 힌두교 [인디아]. 기후의 신.

숭배 시기 : 서기전 1500년 무렵이나 그 이전부터 현재까지.

별칭 : 없음.

숭배 중심지 : 없음.

참조 예술 : 금속이나 돌로 만든 조각과 부조.

문헌 자료 : 〈리그베다〉를 비롯한 다른 문헌들.

가장 중요한 베다의 신들 중 하나. 원래 기후 신이었는지 태양신이었는지 불확
실하다. 〈리그베다〉는 인드라를 황소로 확인한다. 히타이트의 기후 신 테슈
브*와 관련이 있는 것으로 여겨진다. 그래서 인드라는 풍요와 전쟁의 신이기도
하다. 후기 베다에서는 디야우스피타*와 프르티비*의 아들로 묘사된다. 배우
자는 인드라니*이고 자얀타*, 미드후사Midhusa, 닐람바라Nilambara, 르부스*, 르
사바*가 아들들이다.
　후기 힌두교에서는 동쪽 방향의 수호신이다. 불교에서 인드라는 노란색의
수호신이나 힌두교의 인드라보다는 중요성이 떨어진다. 자이나교에서도 인드
라는 여러 하늘의 수장이지만 역시 중요성이 떨어진다.

인드라니 Indrani
분노의 여신. 힌두교(베다와 푸라나). 인드라*에게 죽은 악신 풀로만Puloman의 딸
이며 인드라의 배우자 여신이다. 후기 힌두교에서 악한 지향을 가진 것으로 여

겨지는 일곱 어머니 여신(마타라*) 중 하나이다. 질투를 의인화한 여덟 어머니 여신 중 하나이다. 이 경우에는 아인드리Aindri라고 한다. 아홉으로 이루어진 별의 신들(나바샥티스*) 그룹에도 속해 있다. 이 신들은 인디아 남부에서는 어머니 여신들인 사프타마타라*보다 상급 여신들이다. 인드라니의 수행 동물은 코끼리나 사자이다. 상징은 갈고리, 염주, 산타나꽃, 지팡이, 물병. 눈이 천 개이다. 아인드리, 마헨드리Mahendri, 파울로미Paulomi, 사키Saci, 수자타Sujata라고도 한다.

인드르 Indr
수호신이자 기후 신. 카피르족[아프가니스탄]. 기쉬*의 형제이며 디사니*와 파노Pano의 아버지. 아리안족의 신 인드라*에서 유래했을 것이다. 인드르는 주로 힌두쿠시 남부 와이갈Waigal과 프라순 지역에서 주로 알려졌다. 일반적으로 이므라*에게 그 중요성을 빼앗겼다고 여겨진다. 인드르는 또한 풍성한 포도밭을 지닌 포도주의 신이며 누리스탄Nuristan 지역 남부에서 포도주 의례와 연결된다. (알렉산더 대왕 연대기는 그가 힌두쿠시에서 포도주를 마시는 '디오니소스* 숭배자들'을 만났다고 암시한다.)

카피리스탄Kafiristan 남서쪽 아쉬쿤Ashkun 지역 와마이스 마을 근처에 있는 유명한 포도밭은 인드르에게 봉헌되었다. 인데르Inder라고도 한다.

인마르 Inmar
하늘 (여)신. 보탸크족Votyak(피노우그리아). 이 이름은 그리스도교 전승과 통합되었고 '하느님의 어머니'로 번역되었다.

인무테프 Inmutef (어머니의 기둥)
하급 신. 이집트. '하늘을 품은 자' 인무테프 숭배는 여신 하토르* 숭배와 연결되어 있다.

인시토르 Insitor

하급 농업 신. 로마. 곡물의 파종과 관련된 신.

인안나 INANNA (하늘의 여왕)

기원: 메소포타미아(수메르)[이라크]. 풍요와 전쟁의 여신.

숭배 시기: 서기전 3500년 무렵부터 1750년 무렵까지.

별칭: 인닌나Inninna, 이쉬타르*, 닌메사르라Nin-me-sar-ra (무수한 일터의 숙녀).

숭배 중심지: 우눅, 에르빌Erbil, 니네베.

참조 예술: 장식판, 부조, 봉헌석주, 조각 등.

문헌 자료: 쐐기문자 문헌들, 특히 길가메쉬 서사시, 〈인안나의 하강과 두무지의 죽음〉, 신전 찬가들 등.

수메르 판테온의 최고 여신. 기능적으로 '어머니 여신'이 아니지만 자연세계의 풍요와 관련해 역사에 기록된 여신들 중에서 첫째이다. 인안나는 또한 전쟁의 여신이기도 하다. 달의 신 난나*의 딸이자 우투*와 이쉬쿠르*의 자매이다. 안 (1)*의 딸이라는 전승도 있다. 인안나의 수행 신은 닌슈부르*이고 그녀의 전사는 신화적 영웅 길가메쉬이다. 여러 배우자들 중 가장 중요한 배우자는 식물 신 두무지*이다. 인안나는 하늘의 신인 안(1)*의 하녀가 된다. 또한 지하세계 여신 에레쉬키갈*의 여동생과 동일시되기도 한다. 인안나는 메소포타미아 남부 도시 우눅(우루크)의 수호신으로 여기에 그녀의 지성소인 에안나 신전이 있다.

인안나는 보통 뿔 달린 머리 장식을 하고 층이 진 치마를 입고 있으며, 날개를 달고 어깨에 무기 용기를 지닌 모습으로 그려진다. 가장 초기 상징은 세 부분으로 묶인 갈대 다발과 긴 가지들이었으나, 후에 사르곤 왕조 시대에는 별이나 장미로 바뀌었다. 인안나는 사자나 사자 새끼와 관련될 수 있고 종종 산 정상에 서 있는 모습으로 묘사된다. 인안나는 메소포타미아의 성수聖樹로 체현될 수 있다. 이 거룩한 나무는 귀중한 보석과 금속 장식을 한 정형화된 나무 토템으로 발전했다.

두무지가 대추야자 추수의 신이었던 것처럼, 인안나는 근원적으로 대추야자의 여신이었다. 그러다가 그녀의 역할은 양털, 고기, 곡식으로 뻗어나갔고 결국에는 자연세계 전체로 확장되었다. 인안나는 또한 비의 여신이자 샛별과 금성의 여신으로도 알려졌다. 동틀 무렵에는 제물을 받으며 숭배되었고, 밤하늘에서 매춘부가 유혹하듯 금성이 나타나는 저녁에는 신전 창녀들의 수호신이 되었다. 보편적으로 알려진 인안나의 역할은 아니지만, 그녀는 불을 피우고 끄는 여신, 눈물과 기쁨의 여신, 증오의 여신, 공정한 관계의 여신이고, 갈등과 원칙의 여신이다.

전설에 따르면, 에리두 시 지하수 심연 또는 압주*에 사는 엔키*는 인안나의 속임수 때문에 취해 있는 동안 설득을 당해서 그녀에게 100개 이상의 신성한 법칙을 주고 만다. 그녀는 신성한 법칙을 갈대로 만든 자기의 배에 넣어서 우눅으로 가지고 갔는데 이것이 수메르 문화적 골자를 형성했다고 한다.

인안나는 선善과 용 쿠르로 형상화한 악惡 사이의 태초 전쟁에 참여했던 세 신 중 하나다. 더욱이 인안나는 에레쉬키갈과의 전쟁에 참여한다. 인안나는 에레쉬키갈에게 도전하기 위해서 지하세계로 내려오며, 지하세계의 일곱 판관들인 아눈나키* 앞에서 완전히 발가벗겨지고 재판을 받는다. 인안나는 선고를 받고, 엔키의 명령으로 소생되기 전 3일 낮과 밤 동안 죽은 채 남겨진다. 지혜의 신 엔키는 인안나의 석방을 확실하게 하고 생명의 음식과 물을 흩뿌려서 그녀를 소생하기 위해 쿠르가르라 Kur-gar-ra와 갈라투르라 Gala-tur-ra를 창조한다.

인카냠바 Inkanyamba

폭풍의 신. 줄루족[남아프리카]. 특히 토네이도를 관장하는 신이며, 둘둘 휘감으면서 하늘에서 땅으로 내려오는 거대한 뱀으로 인식된다. 몇몇 줄루족 권위자들에 따르면 인카냠바는 폭풍과 물의 신이다.

인탈 Intal

불의 신. 아스텍(고대 메소아메리카)[멕시코]. 가부장제와 관련이 있으며, 시우테쿠틀리*로 분류되는 신 집단의 일원이다.

인테르시도나 Intercidona

하급 출생의 여신. 신생아로부터 악령을 물리치기 위해 부르는 수호신이다. 큰 칼로 상징된다.

인티 Inti (태양)

태양신. 잉카(콜럼버스 이전의 남아메리카)[페루]. 배우자는 달의 여신 마마킬야*이다. 인티는 쿠스코의 지성소들에서 삼위일체로 묘사되었는데 그리스도교의 삼위일체를 따랐을 가능성이 있다. 태양은 여러 위대한 천상적 세력 중 하나로 여겨졌기에, 태양의 신전에는 잉카의 모든 하늘 신들의 황금 상들을 보관했다고 한다. 인티는 또한 황금 원반의 얼굴로 묘사될 수 있다. 이른바 '태양의 뜰'(fields of the sun)은 잉카 사제직을 지원했다. 주인 태양인 아포인티Apo-Inti, 아들 태양인 코리인티Cori-Inti, 태양 형제인 인티와우키Inti-Wawqi가 세 태양신이다. 태양신(들)은, 아들 만코카팍Manco Capac과 그의 자매(또는 배우자) 마마오클로우아코Mama Oello Huaco 두 자녀를 통해서 쿠스코에서 잉카 지도자들을 낳는 존재로 인식된다. 중앙안데스의 케추아 인디언들은 똑같은 신을 인티우아나카팍Inti Huayna Capac이라 부르며 그리스도교의 하느님 및 그리스도와 삼위일체를 이룬다고 인식한다.

일 IL

기원: 가나안 [이스라엘 북부, 레바논, 시리아 해변 지역들]. 창조신.

숭배 시기: 서기전 2000년 무렵이나 그 이전부터 서기전 200년 무렵이나 그 이후까지.

별칭: 엘* (히브리족), 라티판*, 토를Tor-'ll.

숭배 중심지: 우가리트 (라스 샴라)와 가나안 영향을 받는 전 지역.

참조 예술: 제한된 수의 인장과 석조.

문헌 자료: 라스 샴라에서 출토된 우가리트 본문들.

일은 북이스라엘 신 엘*을 모델로 삼은 것일 수 있다. 도덕적·창조적으로 최고의 권위자이며 신들의 모임을 감독한다. 바알*은 궁극적으로 이 신에게 책임을 져야 한다. 전설에 따르면 일은, 두 강이 만나는 합류지 외딴 곳에 있는 고귀한 환경에서 산다. 라스 샴라에서 발견된 석판에는 황소의 뿔을 한 신이 앉아 있는데 이는 일이나 바알을 묘사한 것으로 보인다.

일라 Ila
희생 제물의 (여)신. 힌두교(베다). 의례 전에 제의 마당에 나타나달라고 이 신에게 기도한다. 보통 여신 사라스바티*와 관련이 있는 일라는 신성한 소와 연결되어 있으며 '버터를 건네주는 자', '버터를 밟는 자' 등의 별명이 있다.

일라브라트 Ilabrat
하급 신. 메소포타미아(바빌로니아-아카드). 최고의 하늘 신 아누(1)*의 수행 신이자 장관이다.

일라알게 Ilaalge
지역 신. 서셈족(나바테아). 알게 Al-Ge[아라비아 사막 와디무사 Wadi Musa에 있는 엘기 el-Gi]에서 숭배했다.

일라트 Ilat
비의 신. 수크족과 포코트족[우간다, 케냐 서부, 아프리카 동부]. 창조신 토로루트*의 아들. 전설에 따르면, 일라트의 아버지가 물이 나오게 하려고 그를 방문할 때 일라트가 항상 조금씩 흘렸는데 이것이 땅에 떨어져 비가 되었다고 한다.

일레나 I'lena (비의 여인)
물활론적 정령. 코랴크족[시베리아]. 창조자 정령인 테난토므완*(우주)의 배우자.

일마리넨 Ilmarinen

하늘 신. 그리스도교 이전의 핀란드. 하늘에 별을 배치하는 기후의 신. 여행자들의 수호신이자 철의 사용과 대장일을 인간에게 가르치는 대장장이 신이기도 하다.

일야파 Ilyapa

기후의 신. 잉카(콜럼버스 이전의 남아메리카)[페루]. 천둥 신으로 인식되었고, 스페인의 수호성인인 산티아고와 병합되었다. 인티일야파 Inti-Ilyapa, 코키일야 Coqi-Ilya, 이야파 Illapa, 카토야 Katoylla라고도 한다.

임 Im

폭풍의 신. 메소포타미아. 일반적으로 폭풍 신을 언급하는 쐐기문자에 나타나기에, 아마도 이쉬쿠르* 또는 아다드*를 의미할 가능성이 크다.

임마트 Immat

악신. 카피르족[아프가니스탄]. 카피리스탄 남서부의 아쉬쿤 마을들에서 이 신에게 제물을 바쳤다. 전설은 임마트가 매년 처녀 스무 명을 빼앗아갔다고 한다. 임마트 축제에는 피의 제의와, 조심스레 선택한 젊은 여사제 스무 명이 추는 춤이 포함되어 있다.

임마프우쿠아 Immap Ukua

바다의 여신. 에스키모[그린란드 동부]. 모든 바다 생물의 어머니이며 어부들과 물개사냥꾼들의 기원을 받는다. 세드나*를 보라.

임포르시토르 Imporcitor

하급 농업 신. 로마. 땅의 써레질과 관련이 있는 신이다.

잉(1) Ing

조상신. 앵글로-색슨. 고대 북유럽 시詩에 따르면 잉은 색슨족의 아버지로 바다 건너편에서 나타났다가 사라져서 다시는 돌아오지 않았다고 한다. 북유럽 에시르* 신들 집단의 일원으로 분류되기도 한다.

잉(2) Yng

창조신. 북유럽(아이슬란드). 가장 초기 스웨덴 왕들의 선조. 그리고 게르만 전승에서 잉은 발트해 연안의 부족 잉바에오네스Ingwaeones의 조상이다.

자간나트 JAGANNATH (세상의 주인 lord of world)

기원 : 힌두교 (푸라나) [인디아]. 비슈누*의 변용.

숭배 시기 : 서기 400년 무렵이나 그 이전부터 현재까지.

별칭 : 자게르나우트 Jaggernaut.

숭배 중심지 : 벵골과 푸리 Puri (오릿사).

참조 예술 : 청동 조각, 푸리에 있는 유명한 나무 조각상.

문헌 자료 : 서사시 〈라마야나〉, 푸라나 문헌들.

자간나트는 그 지위가 모호하다. 그의 자매는 수바드라*이고 형제는 발라바드라 Balabhadra이다. 거대한 머리와 튀어나온 눈을 가졌지만 다리가 없고 손이 짧은 무시무시한 괴물로 그려진다. 전설에 따르면 한 사냥꾼이 사고로 비슈누*를 살해했고 그의 뼈들은 상자에 담겼다. 장인의 신 비스바카르마 Visvakarma는 그 뼈들을 감추기 위해 새로운 몸을 창조하라는 위탁을 받았다. 그는 자기 작업을 끝낼 때까지 아무도 보지 못한다는 조건으로 동의했다. 그러나 호기심이 많은 크리슈나*가 그것을 보았고 그 결과 반만 완성된 기형으로 나온 것이 자간나트이다.

　푸리에 있는 자간나트 사원에서는, 평범한 의례에서 일탈하는 색다름 속에서, 자간나트의 상이 해마다 한 주 동안 대중이 볼 수 있게 바깥에 노출된다. 라타야트라 Rathayatra 축제와 스나나야트라 Snanayatra 축제는 자간나트와 그의 자손들에게 봉헌된 축제들이다.

자르파니툼 Zarpanitu(m)
출생의 여신. 메소포타미아(바빌로니아-아카드). 마루둑의 배우자이다. 해마다
바빌론에서 신년 축제 때 이들의 결혼을 경축했다.

자바바 Zababa
전쟁의 신. 메소포타미아(바빌로니아-아카드). 도시 키쉬Kiš의 수호신. 지성소는
에메테우르삭Emeteursag이다. 자마마Zamama라고도 한다.

자선낭랑(子孫娘娘) Tzu Sun Niangniang
어머니 여신. 보호하는 역할을 하는 '아홉 여인' 중 하나. 하급 관리의 아내였
으나 아들 다섯과 딸 둘을 낳고 미래의 정절을 위해서 자살했다. 결혼식에서
자녀들, 특히 아들들을 위해 이 여신을 부르며, 신랑과 신부는 특별한 케이크
를 먹는다. 주요 사원 중 하나가 대만에 있는 음양석 사원이다.

자야비자야 Jaya-Vijaya (승리의)
쌍둥이 여신. 힌두교(서사시와 푸라나). 아마도 사자와 함께 있는 두르가*의 형
상들일 것이다.

자야카라 Jayakara (승리의)
신. 불교. 힌두교에서 유래했을 것이다. 앵무새들이 끄는 탈것을 타고 있다.
색깔은 하얀색. 상징은 화살, 활, 화환, 포도주잔.

자야타라 Jayatara (승리의 타라*)
하급 여신. 대승불교.

자얀타 Jayanta (승리의)

신. 힌두교(베다와 푸라나). 인드라*의 아들 중 하나이며 에카다사루드라*(열한 루드라) 중 하나이다. 상징은 화살, 도끼, 활, 곤봉, 컵, 북, 망치, 갈고리, 기도 바퀴, 염주, 창, 삼지창, 물병.

자콤바 Jakomba

도덕의 신. 방갈라족[자이르, 중앙아프리카]. 마음의 신으로도 알려졌으며 인간의 생각을 통제한다. 은자콤바 Nzakomba라고도 한다.

잘린프라바 Jalinprabha (일광보살日光菩薩)

신. 불교. 보살 중 하나. 색깔은 빨간색. 상징은 지팡이, 태양 원반, 칼. 수리야프라바 Suryaprabha라고도 한다.

잘모시스 Zalmoxis

하늘 신. 트라키아. 헤로도투스의 저작에서 알려졌다. 전승에 따르면 잘모시스는 지상에서 얼마간 살았고 그 후 지하세계의 통치자가 되었다. 잘모시스 이야기는 이집트 오시리스* 숭배의 영향을 받았을 것이다.

잠발라 Jambhala (열렬한)

신. 대승불교. 악쇼비야*, 라트나삼바바*, 바즈라사트바(금강살타)의 한 발현, 또는 다섯 선정불들(디야니붓다*)의 집단적 발현으로 힌두교 신 쿠베라*와 동등하다. 배우자 여신은 바수다라*이며 한 사람이나 소라 위에 서 있을 수 있다. 색깔은 푸른색 또는 하얀색. 상징은 화살, 활, 컵, 갈고리, 맵시벌, 머리에 있는 아축불*의 이미지, 보석, 올가미, 지팡이, 칼과 삼지창. 머리가 셋이며 각 머리는 세 선정불을 나타낸다.

장과로(張果老) Zhang Kuo-Lao / Shang Kuo-Lao

도교 신화의 팔선* 중 하나. 죽을 운명이었으나 수련을 통해 불사를 얻는다.

전설에 따르면 장과로는 인간 형상을 취하기 전에는 박쥐였다고 한다. 거룩한 동물은 암소. 상징에는 북과 북채들이 포함된다. 수행 동물은 노새. 상징에는 북과 북채들이 포함된다. 팔선*을 보라.

장굴리 Januli (맹독에 관한 지식)
뱀의 여신. 대승불교. 뱀에 물리지 않도록 예방하고 물린 상처를 치유한다. 악쇼비야*의 한 발현이며, 신격화한 불교 본문인 다라니*들 중 하나이기도 하다. 뱀 또는 미확인 생물과 함께 있다. 색깔은 초록색, 하얀색, 또는 노란색. 상징은 화살, 푸른 연꽃, 활, 왕관 위의 아촉불*, 류트, 공작 깃털, 뱀, 지팡이, 칼과 삼지창. 머리가 하나 또는 셋이다.

장도릉(張道陵) Chang Tao Ling
내세의 신. 도교(중국). 천사도天師道의 창시자로 도교 사원(道觀)의 수장이라고 한다. 전승에 따르면, 독이 있는 다섯 동물(지네, 전갈, 뱀, 거미, 두꺼비)의 독을 병에 넣어서 그들을 정복했으며, 그 독으로 불로장생약을 제조했다. 123세 때 그 약을 마신 장도릉은 하늘로 승천했다. 장도릉은 호랑이를 타고 칼을 휘두르는 모습으로 그려진다. 공산화되기 이전 중국에서는 귀신을 쫓는 신들이 강서성 용호산에서 살았다.

장비(張飛) Chang Fei
전쟁의 신. 중국. 도상학에서는 종종 관우* 및 유비*와 함께 나타난다. 장비는 한 해의 어두운 부분인 가을과 겨울을 다스린다. 이 계절들처럼 그는 술에 취하고 난폭한 성격으로 그려진다. 전승에 따르면, 장비는 술에 취해 인사불성인 상태에서 자기 부하들에게 죽음을 당한다. 검은 얼굴에 턱수염이 많이 있고 거칠게 노려보는 눈을 가진 사나운 모습으로 묘사된다.

장선(張仙) Chang Hs'ien
어린이들의 수호신. 중국. 전승에 따르면 송나라 태조에게 죽임을 당한 사천

四川의 왕이었다. 부인은 붙잡혀서 왕궁에서 첩이 되도록 강요받았다. 죽은 남편의 그림 앞에 무릎을 꿇고 있는 모습이 왕에게 발견되었다. 부인은 죽은 남편을 '자녀들을 보내주는 장선'으로, 곧 지역 신으로 인식했다. 이 일을 계기로 사천에서 서기 100년 무렵 장선 숭배가 시작되었다. 장선은 뽕나무로 만든 활을 든 모습으로 그려지거나, 땅을 위협하는 하늘의 개[天狗]를 겨냥하는 모습, 또는 쥐를 겨냥해 빈 활을 들고 있는 모습으로 그려진다. (이랑*을 보라.)

재신(財神) Tsai Shen

부의 신. 중국. 관리들과 관련이 있는 신이다. 음陰 및 봄과 관련된 핑크색 옷을 입은 모습으로 묘사된다. 입고 있는 옷 가두리에 동전 줄이 있고, 가슴에는 풍요의 상징인 연꽃이, 손에는 장수의 상징인 황금 버섯을 들고 있다. 수행원 중 하나는 권력의 상징인 사슴뿔을 들고 있고 다른 수행원은 돈 그릇과 황금 풀 한 다발을 들고 있다.

재신은 복신* 및 장수신長壽神과 함께 나타날 수 있다.

적송자(赤松子) Chi Sung Tzu

비의 신. 중국.

제메파티스 Zemepatis

대지의 신. 그리스도교 이전의 리투아니아. 농부들의 수호신이자 가축의 보호자이다.

제미 Zemi

태초의 한 쌍의 존재 중 하나이다. 푸에르토리코와 아이티. 모로보Morobo와 비나텔Binatel로 알려진 이들은, 비록 우주를 창조하지는 않았어도 (신조에 따르면, 우주는 언제나 존재해왔던 것이다) 다른 모든 신들의 부모이다. 이들은 돌이나 나무나 흙으로 만든 형상으로 묘사되며 사람들의 기도를 받는다. 아이티 토아보이나Toaboyna에 있는 거룩한 동굴에는 나무로 된 두 제미가 보관되어 있으며 몇몇은 해마다 이곳으로 순례를 갔다. 태양과 달이 이 동굴에서 출현했다고 여겨진다.

제미나 Zemyna

대지의 여신. 그리스도교 이전의 리투아니아. 식물과 곡물을 관장하는 신. 파종기와 추수기에 이 여신에게 기원한다.

제우스 ZEUS (하늘 아버지)

기원: 그리스. 그리스 판테온의 수장.

숭배 시기: 서기전 800년 무렵이나 그 이전부터 서기 400년 무렵 그리스도교 시기까지.

별칭: 디야우스, 디우파테르Diu-pater, 유피테르*.

숭배 중심지: 아테네의 제우스 신전은 피사스트라투스Pisastratus 때 짓기 시작해서 하드리아누스 황제 때 완성되었다. 아테네뿐만이 아니라 그리스 전역에서 숭배했다.

참조 예술: 풍부한 조각들과 봉헌 비문들.

문헌 자료: 호메로스의 〈일리아스〉, 헤시오도스의 〈신통기〉.

제우스는 판테온 벽에 그려진 열두 그리스 신들을 이끌며, 앞선 시대 서아시아의 신이 그의 모델이 되었을 것이다. 아버지는 크로노스*이고 어머니는 레아*이나, 지혜의 여신 메티스*가 그의 어머니라는 다른 전승도 있다. 공식적인 배우자는 헤라*이다. 제우스는 보편적인 신이며 인간의 주권은 그를 통해서 온다. 그리스 전역의 가장 훌륭하고 부유한 신전들은 제우스 신전들이다. 전승에 따르면, 그는 테살리아Thessaly에 있는 올림포스라고 알려진 산에서 살며, 그곳에는 태풍 구름이 모인다고 한다. 또한 전승은, 크레타 크노소스Knossos 근처 유크타스Yuktas 산에 쿠레테스족Kouretes이 매장한 제우스 무덤이 있다고 한다.

독수리로 상징화되며 황소들을 희생 제물로 받았던 제우스는 신들 중에서 가장 강하지만, 기원으로 보자면 기후의 신으로서 수메르의 이쉬쿠르*와 히타이트의 테슈브*, 셈족의 하다드*와 유사하다. 제우스는 구름과 비를 다스리고, 번개를 보내며 키클롭스가 만든 그의 가공할 무기인 벼락을 내린다. 이와 마찬가지로 제우스는 전쟁의 결과를 결정한다고 하며, 승리자들은 제우스 신상과 다른 기념물들을 전리품으로 장식했다. 성대하고 지속적이었던 제우스 축제가 올림피아에서 열렸으며, 이것은 근대 올림픽 경기가 되었다.

전승에 따르면, 신들과 인간들의 아버지라는 위상에 걸맞게, 제우스는 자기 아버지 크로노스의 시대를 지배했던 티탄족*과의 초기 전투에서 승리해 권위를 얻었다. 크로노스는 자기의 모든 자식들을 삼켜버렸으나 제우스의 어머니 레아는 제우스를 돌과 바꿔서 그를 구했고, 제우스는 자기 아버지를 무너뜨렸다. 그는 메티스를 삼켜서 한 몸에 힘과 지혜를 지니게 되었다. 제우스의 실용적 능력은 유명했으며 전혀 틀림이 없었고, 그의 판결은 비평의 여지가 없었다. 호메로스는 제우스가 정의의 황금 저울을 든 모습으로 묘사하고 있다. 제우스는 태어날 때부터 쿠레테스 또는 코리반테스Korybantes로 알려진 젊은 전사들의 호위를 받았다.

제우스는 엄청난 성적 능력을 소유했고 여신들 및 죽을 운명의 파트너들과 끊임없는 관계를 통해서 엄청나게 많은 자식들을 낳았다. 이 점에서 그의 바람기는 후대 헬레니즘 철학 시대에 골칫거리가 되었다. 그는 레토*를 통해서 아폴론*과 아르테미스*를, 마이아*를 통해서 헤르메스*를 낳았고, 데메테르*에게서 페르세포네*와 디오니소스*를 보았다. 아테나*의 경우 어머니가 메티스라고 하지만 제우스의 이마에서 무장한 채로 태어났다. 죽을 운명에 있던 제우스의 자식들 중에서는 헤라클레스*, 페르세우스, 제토스*, 암피온*, 헬레네*, 미노스* 등이 유명하다. 제우스는 또한 젊은 트로이의 미소년 가니메데스Ganymede와 동성애를 했다는 의심을 받기도 한다.

제토스 Zethos
신. 그리스. 치명적인 약점을 가졌던 테베의 신. 카스토르Kastor와 비교된다.

제피루스 Zephyrus
남쪽 바람의 신. 로마. 봄의 도착을 알린다.

제호바 Jehovah

창조신. 그리스도교. 이 명칭은 서기 1200년 무렵부터 사용되었으며 영어권 교회에서 널리 야웨*를 대치한 훼손된 이름이다. 야웨*를 보라.

조국구(曹國舅) Kao Kuo-Jiu

불사의 존재. 도교(중국). 도교 신화의 팔선* 중 하나. 죽을 운명이었으나 수련을 통해 불사를 얻는다. 배우들의 수호신. 상징은 제례용 시스트럼 또는 캐스터네츠. 팔선*을 보라.

조에 Zoe (생명)

생명의 여신. 그리스와 영지주의 그리스도교. 피스티스소피아(소피아*)의 딸로, 영지주의 신화에 따르면, 천사들과 이스라엘과 예수그리스도를 창조하기 위해서 사바오트*의 배우자가 되었다고 한다.

조크 Jok

창조신. 아프리카. 다양한 부족들이 채용한 총칭이다. 보통 조크는 토템으로 표현되며 동물 이름을 가지고 있다. 우간다의 아촐리족Acholi은 조크가 동굴에 산다고 여기며 음식과 음료를 봉헌한다. 수단의 실룩족은 조크가 강의 흙에서 인간을 창조했다고 본다.

조키남 Jokinam

호수의 신. 앨버트 호[아프리카 동부]. 앨버트 호 바닥에서 풀을 뜯어먹으며 익사한 어부들의 보호를 받는 '호수 암소들'의 주인이다.

졸 Sol(2)

태양 여신. 북유럽(아이슬란드). 에시르* 여신들 중 하나다. 누브딜파에리Nubdilfaeri(Mundilferi)의 딸이다. 졸이 타는 말은 태양의 전차를 끌며 하늘을 가로지른다.

종괴(從魁) Chung K'uei

내세의 신. 도교(중국). 최고참은 아니지만 (장도릉*보다 하급자이다) 악령을 쫓는 부서에 속해 있으며, 아마도 축귀와 관련해 가장 인기가 많은 신일 것이다. 원래는 서기 8세기에 의사로 활동하던 인물이었다. 종괴는 공포스런 모습으로 묘사되는데, 그 얼굴이 너무도 끔찍해서 그에게 반대하는 모든 악령을 쫓아낼 수 있다고 한다. 종괴는 칼과 부채를 사용하여 전투에 임하는데, 부채에는 악마를 쫓아내는 주문이 쓰여 있다. 상징적인 복숭아들이 모자에 달려 있고 행복을 표현하는 박쥐가 그의 머리를 회전한다.

종규(鍾馗) Shong-Kui

문학의 신. 도교(중국). 전승에 따르면 종규는 시험에 떨어져서 자살했다. 악귀를 물리치는 수호신이기도 하다. 상징은 검이다.

종이권(鍾離權) Shong Li-Kuan / Zhong Li Kuan

불멸의 존재. 도교(중국). 도교 신화의 팔선* 중 하나. 죽을 운명이었으나 수련을 통해 불사를 얻는다. 상징은 부채로, 죽은 자들을 살리기 위해서 그들 위로 부채를 부친다. 팔선*을 보라.

주로진[寿老人] Jurojin

행운의 신. 신도[일본]. 칠복신 중 하나. 중국 은자로 그려지며, 때로 후쿠로쿠주*와 혼동되기도 한다. 큰 머리를 가진 작은 인물이며 작은 책이 부착된 지팡이를 들고 있다. 전승에 따르면 이 책에는 각 사람의 수명이 적혀 있다고 한다. 주로진은, 오래되어서 검게 된 사슴과 함께 있다.

주르반 Zurvan

현세의 시간과 운명의 신. 페르시아[이란]. 한때 조로아스터교의 주르반 숭배에서는 빛의 신 아후라마즈다*와 어둠의 신 아리만*의 아버지로 나타났다. 주르반은 운명의 신이자, 결국에는 저세상으로 인도하는 인간이 가는 모든 길

의 통제자로 인식된다. 마니교도 주르반을 채용했다. 제르반Zervan이라고도
한다.

즈나나다키니 Jnanadakini (지식)
여신. 대승불교. 악쇼비야*의 한 발현이며, 요감바라*의 배우자 여신이다. 색
깔은 푸른색. 상징은 도끼, 종, 곤봉, 지팡이, 칼.

즈나나바시타 Jnanavasita (지식 통제)
하급 여신. 불교. 영적 재생 수련을 인격화한 열두 여신(바시타*) 중 하나. 색깔
은 백청색. 상징은 푸른 연꽃 위의 칼.

즈나나파라미타 Jnanaparamita (지식의 완전함)
철학적 신. 불교. 라트나삼바바*의 자손. 색깔은 하얀색. 상징은 지혜나무와
보석이 달린 깃발.

즈바라하리스바라 Jvaraharisvara (열병의 주)
역병의 신. 힌두교. 특히 벵골에서 말라리아와 관련이 있다.

지긴 Sigyn
여신. 북유럽(아이슬란드). 로키*의 배우자이며 에시르* 여신들 가운데 하나다.
지긴의 아들은 나리Nari 또는 나르피Narfi이다. 전승에 따르면 니외르드*의 배
우자 스카디*는 사로잡힌 로키에게 독물을 떨어뜨리려고 독사를 묶어놓았지
만, 지긴이 대부분의 독을 모아서 던져버렸다고 한다.

지바구루 Dzivaguru
대지의 어머니 여신. 코레코레족(쇼나)[짐바브웨 북부, 아프리카 남부]. 원래 하늘과
땅을 다스렸고 거룩한 호수 단데Dande 근처의 궁에 살았다고 한다. 염소 가죽
을 입고 마술적인 내용이 담긴 뿔 모양의 장식품을 들고 있는 것으로 묘사된

다. 지바구루의 거룩한 피조물은 신비한 금빛 태양 새들이며, 이들은 짐바브웨에서 발견된 한 쌍의 제비를 모델로 했다.

지벨티우르도스 Zibelthiurdos

폭풍 신. 트라키아. 천둥과 번개를 보낸다고 믿었다.

지에스타 Jyestha

불운의 여신. 힌두교(푸라나와 푸라나 이전). 여신 락슈미*의 언니인 지에스타는 가난을 의인화한 여신이며 큰 배와 긴 코를 가진 것으로 그려진다. 초기 힌두교에서는 특히 인디아 남부에서 숭배했다. 악영향을 주는 별의 여신이기도 하며, 다크샤*의 딸이자 찬드라*(소마*)의 아내이다. 동물은 당나귀. 상징은 화살, 까마귀가 있는 깃발, 컵, 푸른 연꽃, 머리 장식, 지팡이.

지오픈 Siofn

여신. 북유럽(아이슬란드). 스노리의 〈산문 에다〉에는 에시르*의 여신들 목록에 들어 있다.

지우드 Zhiwud

사자使者 신. 카피르족[아프가니스탄]. 여신 디사니*와 관련이 있고 그와 혼합되었을 가능성이 있다. 전설에 따르면, 신들과 거인들 사이에 벌어진 태초의 전투에서 영웅 신 몬*에게 중요한 메시지를 전달했다. 몬은 불에 둘러싸인 호수 주변에서 산다. 메시지를 전달하는 과정에서 여신의 날개들이 불에 타지만 몬이 고쳐준다. (날개는 지우드가 새의 형상으로 나타날 수 있다는 것을 암시한다.) 다양한 몬의 전설들 중에는 그가 불을 내뿜는 황소의 형상으로 살아간다는 이야기도 있다. 주우트Zhuwut라고도 한다.

지프 Sif

곡물의 여신. 북유럽(아이슬란드) 그리고 게르만. 토르*의 배우자. 지프는 〈로

카센나의 노래Lay of Lokasenna〉와 〈하르바르트의 노래Lay of Harbarth〉에 언급된다. 스노리에 따르면 지프는 원래 시빌Sibyl이라는 여예언자였다. 그녀는 뛰어난 미모와 긴 황금빛 머리를 가지고 있다. 지프의 아들들은 울*과 로리디Loridi이다. 전승에 따르면 로키*는 장난으로 지프의 머리를 잘랐으나 토르와 마주 대하고 그의 위협을 받자, 난쟁이들에게 진짜 금으로 된 머리카락을 만들게 했다. 황금 머리카락은 지프의 머리에 닿자 그녀의 일부가 되었고 진짜 금발로 자라났다.

질라콘스 Djila'qons

바다의 여신. 하이다 인디언[캐나다 퀸 샬롯 섬]. 하이다 지역 주요 수원지에 살며 바다의 모든 생물을 통제한다.

차르치카 Carcika (반복적인 노래)
여신. 대승불교. 색깔은 빨간색. 상징은 컵과 칼.

차메르 Chamer
죽음의 신. 마야(초르티족, 고대 메소아메리카)[과테말라 동부]. 하얀 옷을 입은 해골로 나타난다. 배우자는 스타바이Xtabai이다. 상징에는 뼈로 된 날을 갖춘 큰 낫이 있다. 아마도 그리스도교인 이민들의 전통을 복사했을 것이다.

차문다 Camunda
1. 여신. 힌두교(서사시와 푸라나). 두르가*의 다른 형상. 차문다라는 이름은 차문다에게 죽은 악마적 존재인 찬다Canda와 문다Munda를 조합한 것이라고 한다. 차문다는 때로 나바샥티*로 여겨지며, 어머니 여신들인 사프타마타라*와 아스타마타라* 가운데서도 확인된다. 차문다는 사자나 올빼미, 시체 위에 다양한 방식으로 서 있다. 크고 다양한 물건들을 들고 있다. 눈이 셋이며 야미* 라고도 한다.
2. 여신. 불교. 시체 위에 서 있다. 색깔은 빨간색. 상징은 컵과 칼.

차야 Chaya (그림자)
여신. 힌두교(서사시와 푸라나). 수리야(1)*의 배우자이자 별의 신 사니*의 어머니인 여신 산즈나*의 반영이다.

차옵 Chaob (빼앗음)
바람의 신(들). 마야(라칸돈족, 고대 메소아메리카)[멕시코]. 이들은 주요 네 방향에서 살며, 전승에 따르면, 마지막 라칸돈족이 죽을 때 지진과 폭풍우로 현재 세계의 종말을 가져올 것이라고 한다. 이들은 나무에서 원숭이들을 떼어낼 정도로 격렬한 바람을 보낼 것이다. 이 바람의 신들 중 이름이 확인된 이들은 동쪽에 있는 우나우닉Hunaunic과 서쪽에 있는 치킨쿠Chikinkuh이다.

차우리 Cauri
끔찍한 외양의 여신. 불교와 라마교[티베트]. 여덟의 가우리* 여신들 중 하나. 색깔은 노란색. 상징은 올가미.

차이타냐 Chaitanya
탁발의 신. 힌두교(푸라나). 비슈누*의 여러 화신들 중 하나가 된 신격화된 인간. 서기 1484년 나디야Nadiya에서 태어났고 1527년 푸리에서 죽었다. 전설에 따르면, 차이타냐는 나무에 목을 매단 병약한 어린이였으나 신들이 소생시켰고 그래서 신격화되었다. 두 차례 결혼한 후 스물네 살에 엄격한 금욕주의자에게 입양되었고 그때부터 널리 여행하다 결국 거룩한 도시 베나레스에 정착했다. 차이타냐는 위대한 사회 개혁가로 기억된다. 나디야의 주요 사원에는 자그마한 크리슈나 상像이 있으며, 그는 크리슈나*에게 헌신했다.

차카마에 Tsa'qamae
연어 회귀의 신. 퀘그소테녹스Que'gsotenox 인디언[캐나다 브리티시컬럼비아]. '우두머리 겨울 춤꾼'이라 불리며 상징들에는 나무껍질로 만든 머리 고리와 목 고리가 포함되어 있다.

차크라 Cakra (바퀴)

창조주의 마음이 체현된 것. 힌두교. 살이 여섯인 바퀴(여덟 개인 경우도 있다) 형상으로 나타나는데, 이것은 시간의 흐름을 보여주는 것이며 온전함과 보호의 상징이기도 하다. 특히 비슈누* 및 크리슈나*와 관련되지만, 차크라는 많은 신들이 공유하는 상징이다. 서기전 1700년 이전 인더스 문명 시기부터 알려졌기 때문에 무척 오래된 것이다. 자이나교와 불교에서 차크라는 완성으로 인도하는 '법의 바퀴'(法輪)이다.

차크레스바리 Cakresvari (차크라*의 여주)

배움의 여신. 자이나교[인디아]. 여신 사라스바티*가 인도하는 열여섯 지혜의 여신들 중 하나다. 스물넷 사자使者 여신들(사사나데바타*)의 일원이기도 하다.

차투르무르티 Caturmurti

신. 힌두교(서사시와 푸라나). 네 얼굴을 가진 비슈누*의 독특한 형상. 브라마*, 비슈누, 시바*, 수리야(1)*의 혼합이기도 하다.

차트로스니사 Chattrosnisa (양산을 가진)

신. 불교. 하늘의 수호신들(딕팔라)과 연결된 것으로 보이는 여덟 우스니사* 중 하나. 색깔은 하얀색. 상징은 양산.

착 Chac

비의 신(들). 마야(유카텍족, 고대 메소아메리카)[멕시코]. 마야 신들의 체계에 속하지 않는 신이지만 지역적 차원에서는 엄청난 숭배를 받았다. 원래 인간에게 농업을 가르쳐준 엄청난 크기의 신 차악Chaac이 있었다. 그는 천둥과 번개와 비와 빵, 그리고 밭과 그 소출의 신으로 여겨졌다. 신 비(God B)라고도 한다.

뒤에 주요 네 착은 다양한 색깔과 다른 방향으로 알려지게 되었다. 대중적으로 이들은 아오야옵Ah Hoyaob(물 뿌리는 이, 오줌을 누는 이)으로 알려졌다. 왜냐하면 비가 그들의 다리 사이로 떨어진다고 믿었기 때문이다. 이들은 음악가들로도 여겨진다. 이들의 거룩한 동물은 개구리와 거북이이다. 상징으로는 흔들거리는 긴 코, 눈 밑의 돌기, 입가에 삐죽 나온 얇고 리본처럼 생긴 물체 등이 포함되어 있다. 착들은 햇불을 잡고 있을 수 있는데, 햇불은 비를 억제하거나 내려줄 수 있는 힘을 상징한다. 틀랄록*을 보라.

착우얍속 Chac Uayab Xoc
물고기 신. 마야(유카텍족, 고대 메소아메리카)[멕시코]. '위대한 악마 상어'로 알려졌고, 익사한 어부들의 시체를 먹고살아 가지만 물고기 잡이를 할 수 있게 한다.

찬다 Canda (폭력적인)
끔찍한 여신. 힌두교(서사시와 푸라나). 두르가*의 다른 형상이며 아홉 나바두르가* 중 하나. 찬다는 차문다*로 알려진 두르가 형상으로부터 문다와 함께 죽임을 당한다. (차문다는 찬다와 문다의 이름을 조합한 이름이다.) 찬다는 다양한 상징들로 묘사된다. 마히사수라마르디니*의 한 형상이기도 하다.

찬다나이카 Candanayika (사나운 여주)
여신. 힌두교(서사시와 푸라나). 두르가*의 다른 형상이며 아홉 나바두르가* 중 하나.

찬다로사나 Candarosana
신. 대승불교. 악쇼비야*의 한 형상. 색깔은 노란색. 상징은 올가미, 가죽과 칼.

찬다루파 Candarupa
여신. 힌두교(서사시와 푸라나). 두르가*의 다른 형상이며 아홉 나바두르가* 중 하나.

찬다바티 Candavati

여신. 힌두교(서사시와 푸라나). 두르가*의 다른 형상이며 아홉 나바두르가* 중
하나.

찬달리 Candali (버림받은 여인)

끔찍한 외양의 여신. 라마 불교[티베트]. 여덟의 가우리* 여신들 중 하나. 색깔
은 빨간색이나 푸른색. 상징은 불꽃.

찬데스바라 Candesvara (찬다의 주님)

하급 신. 힌두교(서사시와 푸라나). 시바*의 은혜로운 모습. 시바의 수행 신이기
도 하며 젊은 목자라고 한다. 찬데스바라는 연좌에 앉아 있다. 상징은 화살,
도끼, 활, 봉, 왕관, 도끼, 올가미, 염주, 뱀, 삼지창, 물병.

찬데스바리 Candesvari (사나운 여인)

하급 여신. 대승불교. 시체 위에 서 있다. 색깔은 노란색. 상징은 풀과 영양.

찬도그라 Candogra (사납고 끔찍한)

여신. 힌두교(서사시와 푸라나). 두르가*의 다른 형상이며 아홉 나바두르가* 중
하나.

찬드라 Candra

1. 행성의 신. 힌두교(서사시와 푸라나). 달의 신이며 북쪽 방향의 수호신 또는
딕팔라이기도 하다. 배우자들로는 카우문디 Kaumundi와 타라*, 별의 여신들(나
크사트라*)이 있다. 아들은 부다*이다. 열 필의 하얀 말이 끄는 전차를 탄다. 색
깔은 하얀색. 상징은 봉, 연꽃, 성스러운 밧줄, 기도바퀴. 찬드라라는 용어는
보통 제례용 노란 음료인 소마를 담고 있는 컵을 가리키며, 종종 소마* 신을
지칭한다. 찬드라는 희미하고 노란 달의 원반이 신격화한 존재이기도 하다.
2. 행성의 신. 불교. 거위와 함께 있다. 색깔은 하얀색. 상징은 연꽃 위의 달 원반.

찬드라세카라 Candrasekhara (초승달)

시바*의 형상. 힌두교(푸라나). 머리 장식 왼쪽에 달이 있으며, 뱀 모양의 보석으로 치장하고 꼿꼿하게 선 자세로 묘사된다. 상징은 도끼와 영양.

찬디카 Candika (사나운)

욕망의 여신. 힌두교(서사시와 푸라나). 어머니 여신들인 사프타마타라*와 아스타마타라*에 포함될 수 있다.

찬킬리카루판 Cankilikkaruppan (사슬을 한 검은 사람)

지역 신. 힌두-드라비다족(타밀). 인디아 남부에서 숭배했다.

찬티코 Chantico (집 안)

화로의 여신. 아스텍(고대 메소아메리카)[멕시코]. 화로의 불로 형상화한 가정의 수호신. 시우테쿠틀리*로 분류된 집단의 일원이다.

찰메카시우이틀 Chalmecacihuitl

지하세계 하급 저승 신. 아스텍(고대 메소아메리카)[멕시코]. 믹틀란테쿠틀리*로 분류된 집단의 일원이다.

찰메카틀 Chalmecatl

지하세계 하급 저승 신. 아스텍(고대 메소아메리카)[멕시코]. 믹틀란테쿠틀리*로 분류된 집단의 일원이다.

찰치우토나티우 Chalchiutonatiuh

아스텍. 아틀*을 보라.

찰치우토톨린 Chalchiutotolin (옥 칠면조)

참회의 신. 아스텍(고대 메소아메리카)[멕시코]. 테스카틀리포카*로 분류된 집단의 일원이다.

찰치우틀라토날 Chalchiuhtlatonal (옥처럼 선명한)

물의 신. 아스텍(고대 메소아메리카)[멕시코]. 틀랄록*으로 분류된 집단의 일원으로, 보통 비와 농업과 풍요와 관련되어 있다.

찰치우틀리쿠에 CHALCHIUHTLICUE (고귀한 녹색의 부인)

기원: 아스텍(고대 메소아메리카)[멕시코]. 물의 여신.

숭배 시기: 서기 750년 무렵부터 1500년 무렵이나 그 이후까지.

별칭: 없음.

숭배 중심지: 널리 숭배를 받았으나 주로 테오티우아칸에서 이루어졌다.

참조 예술: 조각, 벽화, 사본 삽화들.

문헌 자료: 콜럼버스 이전의 사본들.

창조 신화에서 중요하게 부각되는 찰치우틀리쿠에는 거대한 홍수로 끝장나는 네 번째 세계를 관장했다. 스페인 정복기에 알려진 열세 하늘 중 네 번째 하늘의 수호자이다. 찰치우틀리쿠에는 초록 세상, 특히 옥수수의 개화와 열매를 관장하는 식물 여신의 역할을 취한다. 소용돌이들과 같은 자연 현상을 책임지기도 한다. 비의 신 틀랄록*의 배우자이자 틀랄록으로 분류된 집단의 일원으로서, 특히 젊은 여성들의 수호신으로서 경배를 받았으며, 예측할 수 없는 사건들을 관장한다. 테오티우아칸에서 3미터 높이의 거대한 상이 발견되었고, 찰치우틀리쿠에의 상이라고 주장되는, 더욱 크고 200톤 정도 나가는 미완성 여신상(현재는 멕시코시티에 있음)이 틀랄록 Tlaloc 산 경사지에서 발견되었다. 상징에는 지팡이의 방울이 포함되어 있고, 찰치우틀리쿠에의 옷은 수련으로 장식되어 있다.

천모(天母) Tien Mu

번개의 여신. 중국. 천모는, 뇌공*의 과녁을 확실하게 하기 위해, 뇌공이 벼락을 내리려는 희생자를 자기 거울로 반짝인다고 한다.

천존(天尊) T'ien Tsun

신들에 대한 총칭. 도교(중국). 도교 사원의 거룩한 삼보군三寶君에게 붙여진 이름이다. 이들은 천보군天寶君, 영보군靈寶君, 신보군神寶君이다. 원시천존元始天尊이라고도 한다.

천후(天后) TIN HAU

기원: 도교 (중국). 물의 여신.

숭배 시기: 서기 1300년 무렵부터 현재까지.

별칭: 천비닝랑天妃娘娘, 천상성모天上聖母, 마조*.

숭배 중심지: 항저우 [杭州], 중국 문화의 영향을 받는 다양한 지역.

참조 예술: 그림과 조각.

문헌 자료: 다양한 철학적·종교적 문헌들이 있지만 대부분 연구나 번역이 되지 않았다.

천후는 푸젠[福建] 출신 여성으로 하급 관리의 딸이었다고 한다. 자신을 완성하고 자기 마을 근처의 고깃배들을 구하는 꿈을 반복해서 꾼 후 스물여덟에 죽었다고 한다. 이 전승은 1228년 항저우의 사원 벽에 새겨졌다.

몽골의 황제 쿠빌라이 칸은 1278년 천후를 신격화했으며, 천상의 왕후라는 명칭을 처음 도입했다. 청나라의 황제들은 천후에게 황제의 배우자라는 명칭을 부여했다. 그래서 천후는 옥황상제* 다음의 자리를 차지하게 되었다.

천후는 처음에 뱃사람들의 수호 여신으로 숭배를 받았으나 대양과 담수의 여신이 되었으므로 그 역할이 확장되었다. 고기잡이 계절 음력 3월 23일 첫 항해를 하기 전에 천후에게 예를 바친다. 예술에서는 천리안千里眼과 순풍이順風耳로 알려진 이들이 천후를 수행하는 모습으로 종종 그려진다.

첸칼라니얌말 Cenkalaniyammal (붉은 논의 여인)

지역 여신. 힌두-드라비다족(타밀). 인디아 남부 논의 수호신.

초르스 Chors

태양신. 그리스도교 이전의 슬라브[발칸]. 〈네스토르 연대기〉에서 확인되었다. 상징에는 뿔과 개와 같은 머리가 포함되어 있다.

초하노아이 Tsohanoai (낮을 가진 자)

태양신. 나바호 인디언[미국 뉴멕시코와 애리조나]. 최고신으로 여겨지지 않는다. 자기 방패인 태양 원반 뒤에서 하늘을 가로질러 움직이며 눈에 보이지 않는다. 풍요의 여신 에스차나틀레히*의 배우자이며 전쟁 신 나예네즈가니*의 아버지이다. 무지개 위를 걸어서 다니고 푸른 말을 탄다고 한다. 그림으로 묘사되거나 형상화된 적이 없다.

촌테목 Tzontemoc (머리가 내려오는)

지하세계의 하급 신. 아스텍(고대 메소아메리카)[멕시코]. 믹틀란테쿠틀리*로 분류된 집단의 일원이다.

최꾄 Chos-Skyon (보호자)

수호신. 라마 불교[티베트]. 왕의 옷을 입고 무서운 외모를 하고 있는 신들 중 하나. 하얀 코끼리를 타고 있다. 색깔은 푸른색. 상징은 칼과 올가미.

추니고아브 Tsunigoab (상처받은 무릎)

창조신. 코이족[나미비아, 남아프리카 서부]. 이름이 암시하듯이 절룩거리며 걷는다. 추니고아브는 주요한 적수인 어둠의 신 가우나브*와 태초의 전투를 벌이다 상처를 입는다. 가우나브는 결국 검은 하늘에서 살도록 쫓겨난다. 추니고아브는 매일 동이 틀 무렵에 기도를 받았다.

축융(祝融) Chu Jung

불의 신. 중국. 하늘의 사형집행자이기도 하다.

춘다 Cunda

여신. 불교[티베트, 벵골 동부]. 금강살타(바즈라사트바) 또는 비로자나불*의 발현. 여자 보살. 열두 다라니* 중 하나로 문헌이 신격화한 존재이기도 하다. 춘다는 남자로 서 있을 수도 있다. 색깔은 하얀색이나 녹색. 상징은 아주 다양하다. 아리야춘다Aryacunda라고도 한다.

출타카 Tzultacah (산 계곡)

대지와 천둥의 신들. 마야(고대 메소아메리카)[멕시코]. 땅과 비의 신들의 특징을 연합한 신들의 집단. 출타카의 수는 불명확하지만, 오직 열세 신만 기도에서 불려진다. 이들은 샘과 강에 살며, 샘이나 강으로 의인화할 수 있지만, 각자가 특정한 산의 주인이다. 이 신들은, 잘못을 저지르는 인간을 벌주기 위해 급파된 뱀들의 수행을 받는다. 작은 잘못을 한 인간들에게는 독이 없는 다양한 뱀들을 보내며, 중한 악행을 저지른 이들에게는 방울뱀들을 보낸다.

출타틱치테스바넥 Chul Tatic Chites Vaneg (거룩한 아버지, 인간의 창조자)

창조신. 마야(고대 메소아메리카)[멕시코]. 그리스도교의 하느님에 대한 마야인들의 이름이라고 여겨진다.

츠기요미[月読命] Tsuki-Yomi

달의 신. 신도[일본]. 아마테라스*는 이자나기노가미*의 왼쪽 눈에서 태어났는데, 바로 이어서 츠기요미가 그 오른쪽 눈에서 태어났다. 거룩한 문헌들은 츠기요미에 대해서 거의 언급하지 않는다. 츠기요미 숭배는 매우 심미적인 형상을 띤다. 그는 음식의 신 우케모치[保食神]를 처형했다고 한다. 말을 타고 있는 모습으로 묘사되며, 이세신궁에 있는 츠기요미 신사를 포함해 그를 숭배하는 많은 신사들이 있다. 이키섬[壹岐島]에는 고대부터 내려오는 신사가 있다. 츠기요미오토코[月読男]라고도 한다.

치둡 Phyi-Sgrub

신. 라마 불교[티베트]. 물소나 황소를 타고 있는 야마*의 한 형상. 색깔은 푸른색, 노란색, 하얀색. 상징은 올가미, 기도바퀴, 해골이 얹혀 있는 지팡이.

치비리아스 Chibirias

대지의 여신. 마야(고대 메소아메리카)[멕시코]. 창조신 이참나*의 배우자이며 바캅스*의 어머니이다. 치비리아스는 이참나를 위해 비를 보내고, 이구아나 신 이참나는 이전 시대에서 세상을 홍수로 잠기게 했다고 한다. 또한 치비리아스는, 땅과 어떤 식물의 잎들과 딱따구리의 볏을 자기 붓으로 빨갛게 칠한다. 직조술을 발명했고 직공들의 수호자이기도 하다. 상징에는 솜이나 천 한 다발이 포함되어 있다. 익스체벨약스*, 익스운타집 Ix Hun Tah Dz'ib(붓의 유일한 여 소유주), 익스운타녹 Ix Hun Tah Nok(옷의 유일한 여 소유주), 익스사칼녹*(옷을 짜는 여인)이라고도 한다.

치우케 Chiuke

하늘 신. 이보족[나이지리아, 아프리카 서부]. 창조신으로 여겨진다.

치카라 Chikara

하늘 신. (쇼나어를 쓰는) 코레코레족[짐바브웨 북부, 아프리카 남부]. 노셍가 Nosenga 라는 아들이 있다.

치코나우이 Chiconahui

화로의 여신. 아스텍(고대 메소아메리카)[멕시코]. 화로의 불로 형상화한 가정의 수호신. 시우테쿠틀리*로 분류된 집단의 일원이다.

치코나우이에헤카틀 Chiconahuiehecatl

하급 창조신. 아스텍(고대 메소아메리카)[멕시코]. 케찰코아틀*로 분류되는 신 집단의 일원이다.

치코나우이이츠쿠인틀리찬티코 Chiconahui Itzcuintli-Chantico
보석세공인들의 신. 아스텍(고대 메소아메리카)[멕시코].

치코메소치틀 Chicomexochitl
화가들의 신. 아스텍(고대 메소아메리카)[멕시코]. 태양과 관련된 기쁨의 신으로도
묘사된다.

치코메코우아틀 Chicomecohuatl
옥수수 여신. 아스텍과 후기-고대 메소아메리카[멕시코]. 치코메코우아틀 축제
는 9월에 열렸고, 이 기간에 이 여신의 역할을 맡는 어린 소녀가 희생된다. 이
소녀는 옥수수 더미 위에서 참수하고 소녀의 피는 큰 그릇에 모아서 여신의 나
무상 위에 뿌린다. 마지막으로 희생자의 가죽이 벗겨지고 춤추는 사제가 그것
을 입었다. 실로넨*을 보라.

치타바시타 Cittavasita (생각 통제)
하급 여신. 불교. 영적 갱생 수련을 의인화한 열두 여신(바시타*) 중 하나. 색깔
은 하얀색. 상징은 지팡이.

치트라 Citra (밝은)
불운의 하급 여신. 힌두교(서사시와 푸라나). 악의를 지닌 나크사트라* 또는 별
의 신. 다크샤*의 딸이자 찬드라*(소마*)의 배우자.

치트라세나 Citrasena (밝은 창을 지닌)
여신. 대승불교. 붓다카팔라*의 샥티*.

칙칸 Chiccan
비의 신들. 마야(초르티족, 고대 메소아메리카)[과테말라 동부]. 피가 차갑고 뱀에서
진화한 거대한 파충류 신들. 이들은 주요 네 방향에 있는 깊은 호수 바닥에 살

며 네 신이 한 쪽씩 맡는다. 칙칸은 물을 휘저어 구름을 일으킨다고 여겨진다. 그러면 아파트나르위니쿰* 신들은 구름에서 돌도끼로 비를 내리친다.

친나마스타카 Chinnamastaka (참수된)

여신. 힌두교(서사시와 푸라나). 두르가*의 머리 없는 형상. 시바*의 샥티*를 인격화한 위대한 지혜의 여신들인 열 마하비디야* 중 하나이다. 자기 손으로 자기 머리를 들고 있는 모습으로 그려질 수 있다. 비라라트리*도 친나마스타카의 외양이다. 상징은 언월도와 해골. 친나마스타 Chinnamasta라고도 한다.

카그느 Cagn

창조신. 칼라하리 부시맨Kalahari bushman[남아프리카]. 지상 모든 생명의 창시자.

카나야마비고노가미[金山毘売神] Kana-Yama-Biko-No-Kami

광부들의 신. 신도[일본]. 이자나미노가미*의 토사물에서 탄생했고 낭구신사 [南宮神社]를 비롯한 여러 신사에서 숭배한다. 배우자는 카나야마히메노가미* 이다. 광산의 신들 중 하나이다.

카나야마히메노가미[金山比売神] Kana-Yama-Hime-No-Kami

광부들의 여신. 신도[일본]. 이자나미노가미*의 토사물에서 탄생했고 낭구신사 [南宮神社]를 비롯한 여러 신사에서 숭배한다. 배우자는 카나야마비고노가미* 이다. 광산의 신들 중 하나이다.

카네 Kane

빛의 신. 폴리네시아[하와이]. 더 많이 알려진 폴리네시아의 신 아테아*와 비교 되는 하늘 신. 쿠*(견고함) 및 로노*(소리)와 함께 태초의 삼신을 이룬다고 여겨 진다. 타네*를 보라.

카데쉬 Kadeš

풍산 여신. 가나안. 뱀을 지닌 나체의 모습으로 묘사되며, 보통 사자 위에 서 있다. 이집트인들도 카데쉬를 받아들였다. 쿠아데쉬*를 보라.

카드루 Kadru

여신. 힌두교(서사시와 푸라나). 다크샤*의 딸들 중 하나이며, 카시야파*의 배우자이고, 나가사(뱀의 악신들)의 어머니이다.

카디르 Khadir

식물의 신. 이슬람교 이전의 북아프리카. 카디르는 500년마다 똑같은 곳으로 돌아오기 위해 지구를 배회하며, 생명의 우물을 마심으로써 영생을 얻었다고 한다. 몇 가지 점에서 시리아의 신 아도니스*와 비슷하며 알렉산더대왕도 카디르를 경배했다. 보통 알키드르Al-Khidr(녹색 존재)로 언급된다.

카라이신[渦雷神] Karai-Shin

번개의 신. 신도[일본]. 이카즈치노가미(雷神)들 중 하나이다.

카라이칼암마이야르 Karaikkal Ammaiyar

지역의 어머니 여신. 힌두교[인디아 남부]. 메마른 형상으로 묘사되는 신격화한 고행자로 카리칼Karikal 마을에서 알려졌다.

카르마바시타 Karmavasita (카르마 통제)

하급 여신. 불교. 영적 재생 수련을 인격화한 열두 여신(바시타*) 중 하나. 카르마는 미래에 보상받으리라는 희망 속에 기원을 두는 행위나 의례, 또는 업業이다. 색깔은 초록색. 상징은 지팡이.

카르멘테스 Carmentes

탄생의 하급 여신. 로마. 신생아를 빛으로 데려오는 일을 맡았다. 보통 루키나* 및 칸델리페라*와 관련되어 있다.

카르코타 Karkota

뱀 신. 힌두교. 일곱 마하나가* 중 하나. 색깔은 검은색. 상징은 염주와 물병.
눈이 셋이다.

카르타 Karta

운명의 여신. 그리스도교 이전의 라트비아. 민간전승에서만 알려졌다.

카르티케야 Karttikeya

1. 신. 힌두교(서사시와 푸라나). 플레이아데스 성단이 일으켜준 스칸다*의 한 형
상이며 보통 여섯 개의 머리를 가진 모습으로 표현된다. (힌두교 신화에서 플레이아
데스 성단은 일곱이 아닌 여섯이다.) 배우자 여신은 카르티키*이며 수행 동물은 공작
이다. 상징은 소라, 갈고리, 올가미, 기도바퀴, 방패, 창, 지팡이, 칼, 나무사과.
2. 신. 불교. 힌두교의 신 스칸다*와 동일시된다. 색깔은 빨간색. 공작을 타고
있다. 상징은 수탉, 지팡이.

카르티키 Karttiki

하급 여신. 힌두교(서사시와 푸라나). 인디아 남부에서는 사프타마타라* 어머니
신들보다 윗자리에 있으며, 아홉의 별 신들인 나바샥티스*들 중 하나이다.

카리니 Karini

하급 여신. 대승불교. 붓다카팔라*의 수행 신.

카리스 Charis

하급 여신. 그리스. 헤파이스토스*의 배우자. 후에 이 이름은 그라티아이* 또
는 그라케스라는 이름으로 더 친숙해지고, 로마 판테온에서는 카리테스(아글
라이아 Aglaia, 에우프로시네 Euphrosine, 탈리아 Thalea)가 된다.

카리오시에쿠스 Cariociecus

전쟁 신. 로마노-이베리아. 전쟁 신 마르스*와 혼합되었다.

카마(데바) KAMA(DEVA)

기원: 힌두교(푸라나)[인디아]. 육체적 사랑의 신.

숭배 시기: 서기전 1000년 무렵이나 그 이전부터 현재까지.

별칭: 카마Kama, 만마타*, 아난가Ananga.

숭배 중심지: 다양하다.

참조 예술: 돌과 금속으로 만든 조각들이나 부조.

문헌 자료: 〈라마야나〉 서사시와 다양한 푸라나 문헌들.

사랑의 신으로서 카마데바는 육체적 욕망을 자극한다. 비슈누*와 락슈미*의 아들이거나 그들의 환생인 크리슈나*와 루크미니*의 아들이다. 카마데바가 창조신 브라마*의 가슴에서 나타났다는 다른 전설도 있다. 카마데바의 주요 협력자는 봄의 신 바산타Vasanta이며, 중요한 배우자는 애정의 여신 라티*이다. 압사라스* 요정들이 카마데바를 수행한다. 카마데바는 초록 또는 빨간 피부를 지닌 젊은 신으로 묘사되며, 장식물과 꽃으로 치장하고, 사탕수수로 만든 활로 무장해서 꿀벌들로 시위를 팽팽하게 하고, 꽃을 단 화살을 쏜다. 눈이 셋, 머리가 셋인 모습으로 그려질 수 있고 종종 앵무새를 타고 있다.

카마데바의 배우자 여신들은 라티와 프리티*이다. 전설은 카마데바가 부주의해서 명상하는 시바*에게 욕망의 화살로 상해를 입혔고 그를 파르바티*와 사랑에 빠지게 만들었다고 전한다. 그래서 시바는 자기 가운데 눈에서 나온 불꽃으로 카마데바를 태워 죽였다. 아난가(몸이 없는)라는 별명은 이러한 맥락에서 카마데바에게 붙여진 것이다. 카마데바는 카마로 환생하고 다시 크리슈나의 아들 프라디움나*로 환생한다. 특히 예비신부가 자기 집을 떠날 때 이 신에게 기원한다.

카마가미 [窯神] Kama-Kami

도공들의 신. 신도[일본]. 화로에는 이 신의 작은 석상이 있어서 도공은 불을 붙이기 전에 소금을 봉헌한다. 카마도가미라고도 한다.

카마도노가미 [竈神] Kamado-No-Kami

가족의 신. 신도[일본]. 특히 부뚜막의 신.

카마이츠 Qamai'ts

창조 여신. 벨라쿨라 인디언[캐나다 브리티시컬럼비아]. 상부의 하늘 아트사악슬 Atsa'axl에서 살면서 땅을 관리한다고 한다. 전승에 따르면, 카마이츠가 (산들을) 정복하고 크기를 줄이기 전까지는, 산들은 세상을 거주할 수 없게 만드는 악의를 지닌 존재들이었다고 한다. 카마이츠에게는 기원을 하거나 기도를 바치지 않는다. 치시스나악실 Tsi Sisnaaxil(우리의 여인), 또는 에크야킴톨실 Ek Yakimtolsil(아무것도 두려워하지 않는 자)이라고도 한다.

카마크시 Kamaksi

여신. 드라비다족(타밀)[스리랑카, 인디아 남부]. 칸치푸람 Kanchipuram에서는 시바*의 샥티*로 인식되지만, 인디아 남부 몇몇 장소에서는 독립적 신이다. 카마트치 Kamatchi라고도 한다.

카막스틀리 Camaxtli

신. 아스텍(고대 메소아메리카)[멕시코]. 믹스코아틀카막스틀리*를 보라.

카만타카무르티 Kamantakamurti

하급 신. 힌두교(푸라나). 시바*의 폭력적인 모습. 시바는 자기의 세 번째 눈에서 나오는 불로 성적 사랑의 신 카마*를 희생시킨다. 이러한 폭행의 이유는, 카마가 시바로 하여금 파르바티*를 열망하게 함으로써 시바의 금욕적 명상을 방해했기 때문이다.

카말라 Kamala (연꽃에서 태어난)

여신. 힌두교(서사시와 푸라나). 특히 인디아 남부에서 숭배한다. 시바*의 샥티*가 의인화한 존재들인 마하비디야* 중 하나이며 마하라트리Maharatri를 나타낸다.

카말라사나 Kamalasana

신. 힌두교(푸라나). 브라마*의 별명. 힌두교 예술의 고전적 묘사들 중 하나로 브라마가 비슈누*의 배꼽에서 피는 연꽃에 앉아 있다.

카모와케이카즈치[賀茂別雷] Kamo-Wake-Ikazuchi

비의 신. 신도[일본]. 신도에서 기원하는 여러 비의 신들 중 하나. 라이진*으로 총칭되는 천둥과 폭풍우 신들 집단에 포함된다.

카물로스 Camulos

전쟁 신. 켈트(브리튼). 아마도 현재 영국 콜체스터Colchester의 로마식 이름인 카물로두눔Camulodunum은 이 신에게서 유래했을 것이다. 비문들과 멧돼지 상징을 담은 화폐를 통해서 알려졌다.

카므루세파 Kamrusepa

치유의 여신. 히타이트와 후르리족. 아루나Aruna의 어머니. '사라진' 식물의 풍요 신 텔레피누* 전설과 관련이 있다.

카미니 Kamini (사랑스런 여인)

하급 여신. 대승불교. 붓다카팔라*의 수행 신.

카베이로이 Kabeiroi

대장장이 신들. 그리스 전승에 따르면 대장장이의 신 헤파이스토스*의 아들들이거나 손자들이다. 서기전 500년 무렵까지 에트루리아 전통이 있었던 렘노스

Lemnos와 테베가 숭배 중심지였다. 카베이로이는 아나톨리아[터키]의 그리스 이전 아시아 풍요 신들로부터 유래했다고 여겨진다.

카브라칸 Kabrakan
지진의 신. 마야(고대 메소아메리카)[멕시코]. '산들의 파괴자'로 불리며 보통 산을 만드는 신 시파크나*와 짝이 된다.

카브란나 Kavra'nna (여인 주변을 걷는)
태양의 영. 척치족[시베리아 동부]. 척치족 신화에서 태양의 배우자이다. 여인을 즐거워한다는 의미를 가진 '코르기나' Ko'rgina라고도 한다.

카브타 Kabta
장인匠人의 신. 메소포타미아(수메르). 창조 신화에서는 벽돌 틀과 곡괭이에 대한 관장권이 카브타에게 주어진다.

카사 Khasa (가려움)
하급 여신. 힌두교(베다). 다크샤*의 딸이자 카시야파*의 배우자이며 숲의 정령들을 통제하는 신이다.

카사파르나 Khasaparna (공중에서 미끄러지는)
신. 불교. 관음보살(아발로키테스바라*)의 한 이형異形. 색깔은 하얀색. 상징은 왕좌의 아미타불 이미지, 연꽃.

카쉬쿠 Kašku
달의 신. 히타이트 이전 시기와 히타이트. 비문에서 알려졌다. 쿠슈*라고도 한다.

카시야파 Kasyapa (산스크리트어 '거북'에서 유래)

태초의 신. 힌두교(베다와 푸라나). 베다 문학에서 거룩한 조물주이며 인간과 뱀의 악령 및 신들의 아버지이다. 카시야파라는 이름은 우주를 거대한 거북으로 보는 인식에서 나왔다. 배우자가 열셋이다. 다른 문헌에서는 다크샤*의 딸들 중 하나와 결합한 나라다*의 아버지로 나온다. 프라자파티*라고도 한다.

카엘레스티스 Caelestis

하급 여신. 카르타고[북아프리카]. 카르타고 여신 타니트*의 로마화한 형상. 다른 곳에서는 아프로디테* 숭배와 혼합되었다. 카엘레스티스를 기념하며 매년 경기가 열렸다. 추상적인 돌덩이 형상으로(페시누스의 키벨레*처럼) 로마로 들여왔고 서기 3세기 초반에 대중화되었다. 이 모습은 '타르페이아 언덕의 용감한 수호 여신'으로 알려졌다.

카오스 Chaos

태초의 신. 그리스-로마. 여성적 현존인 닉스*와 함께, 우주 형성에 앞서 존재했던 빈 공간을 의인화하는 무형태적 남성적 힘이다.

카와딜리쿠알라 Qa'wadiliquala

최고신. 자와디녹스Dza'wadeenox 인디언[캐나다 브리티시컬럼비아]. 부족의 수호신이지만 해마다 연어를 데리고 오는 강의 신이기도 하다. 그와에Gwae 강에 산다고 한다. 카와딜리쿠알라의 장자는 염소 사냥꾼들의 신 테위실락*이다. 상징물에는 삼나무 껍질로 만든 머리띠가 포함된다.

카우마리 Kaumari

어머니 여신. 힌두교(서사시와 푸라나). 스칸다*(카우마라Kaumara)의 배우자 여신이며 후기 힌두교에서 악한 지향을 가진 일곱 어머니 여신 중 하나로 여겨지게 되었다.

카우무디 Kaumudi (달빛)

달빛의 여신. 힌두교. 찬드라*의 배우자.

카우케트 Kauket

태초의 여신. 이집트. 혼돈을 나타내는 오그도아드* 여덟 신 중 하나이며 케크*와 짝을 이룬다. 의인화한 형상으로 나타나지만 머리는 뱀의 모습을 하고 있다. 이 쌍은 태초의 암흑을 상징한다. 카우케트는, 떠오르는 태양을 맞이하는 개코원숭이 모습으로 그려지기도 한다.

카우타 Cautha

태양신. 에트루리아. 상징에는 각 손에 든 태양 원반 왕관과 불이 포함되어 있다. 바다에서 떠오르는 모습으로 묘사된다.

카이난 Qaynan

대장장이들의 신. 이슬람교 이전의 남아라비아. 비문에서 알려졌다.

카이윰 Kai Yum (노래하는 주)

음악의 신. 마야(라칸돈족, 고대 메소아메리카)[멕시코]. 하늘에 살며, 마야 창조신 카코치*의 수행 신이다.

카이카라 Kaikara

추수의 여신. 부뇨로[우간다, 아프리카 동부]. 추수하기 전에 수수를 봉헌하면서 비위를 맞추었다. 도기로 된 북과 같은 화로 모양으로 묘사된다.

카이타칼닌 Qaitakalnin

수호정령. 코랴크족[시베리아 남동부]. 큰 까마귀(Big Raven) 퀴킨아쿠*와 어머니 정령 하나Ha'na(A'na)의 형제이다.

카죠바 Kazyoba

태양신. 니암웨지족Nyamwezi[탄자니아, 아프리카 동부]. 부족의 수호신이자 창조자로 알려졌다.

카차페스바라 Kacchapesvara (거북이들의 주)

신. 힌두교(푸라나). 시바*의 별명. 어떤 작품들, 특히 남근석들에 새겨져 있는 쿠르마바타라*, 거북 형상의 비슈누*는 시바를 경배하는 모습으로 그려진다. 이러한 묘사들은 비슈누에 대한 시바의 우월성을 나타내기 위한 홍보의 일환으로, 시바를 최고신으로 숭배하는 사이비테 파들이 고안했다.

카카 Kakka

하급 신. 메소포타미아(바빌로니아-아카드). 아누(1)*와 안샤르*의 수행 신이자 각료였고, 특히 〈네르갈과 에레쉬키갈〉에 대한 문헌으로부터 알려졌다.

카카시야 Kakasya (까마귀 얼굴을 한)

하급 여신. 불교. 더 자세한 사항을 알 수 없다.

카카크 Ka'cak

바다의 정령. 아시아 에스키모[시베리아 동부]. 대양 심연에 살며 바다의 생물을 소유하는 흉포한 노파이다. 익사한 어부들을 먹어치운다고 하며 희생제의 주인이다.

카코치 Cacoch

창조신. 마야(고대 메소아메리카)[멕시코]. 전승에 따르면, 카코치는 수련을 창조했고 마야 판테온의 다른 모든 신들은 이 수련에서 나왔다고 한다. 창조신 아차키움*의 사자使者로 그려지기도 한다.

카쿠파카트 Kakupacat (격렬한 섬광)

전쟁의 신. 마야(고대 메소아메리카)[멕시코]. 불의 방패를 들고서 전쟁에서 자신을 지킨다고 한다.

카타라가마 Kataragama

수호신. 타밀족[스리랑카]. 위대한 민족 신 넷 중 하나이며 힌두교의 신 스칸다*와 동일시된다. 세이온Ceyon이라고도 한다.

카타불 Katavul

최고신. 타밀족[스리랑카, 인디아 남부]. 세상에 존재하는 모든 것의 창조자이며 자기 의지로 인간에게 보상을 주거나 벌을 줄 수 있는 심판관.

카타잘리나 Katajalina

물활론적 정령. 호주 원주민. 한때 카펜테리아Carpenteria 만 서쪽에 살았던 빈빈가Binbinga 부족 성년식에서 카타잘리나를 불렀다. 카타잘리나는 개미둑에 살면서, 젊은 입문자의 영을 빼앗아 죽인 다음 성인으로 되살려놓는다고 알려졌다. 카타잘리나의 악기 불로러bull-roarer의 소리로 공표된다.

카투보두아 Cathubodua

전쟁 여신. 켈트(유럽 대륙). 비문을 통해서만 알려졌고 아마도 아일랜드 켈트 신 바이브카하와 비슷한 신일 것이다.

카트야야니 Katyayani

여신 두르가* 또는 파르바티*의 형상. 힌두교(푸라나). 고행자 칼리(1)*로서의 파르바티는 검은 피부를 가지고 있었다. 시바*가 검은 피부를 비웃자 그녀는 그것을 벗어버렸고, 그 뒤 그것은 카트야야니를 창조하기 위한 '신들의 광택'으로 채워졌다. 카트야야니의 수행 동물은 사자 또는 호랑이이다.

카티엘레오 Ka Tyeleo

창조신. 세누포족Senufo[아이보리코스트, 아프리카 서부]. 전승에 따르면 창조 7일째에 열매를 맺는 나무를 만들었다.

카팔리 Kapali (두개골을 입는)

신. 힌두교(서사시와 푸라나). 에카다사루드라*(열한 루드라) 중 하나이다.

카팔리니 Kapalini

하급 여신. 대승불교. 붓다카팔라*의 수행 신.

카하쿠[河伯] Kahaku

강의 신. 신도[일본]. 종종 화재에서 집을 보호하기 위해서 가장자리 벽돌에 이 신의 이름을 새긴 것을 볼 수 있다.

카후쿠라 Kahukura

농업 신이자 무지개의 창조자. 폴리네시아와 마오리. 곡물의 안녕을 위해 롱오마이*의 아들인 카후쿠라에게 기원하며, 몇몇 지역에서는 농업의 신 롱오마타네*와 동일하게 나타난다. 카후쿠라는 특히 마오리 부족의 주요 농산물인 뿌리식물 쿠마라Kumara와 관련이 있다. 쿠마라는 뉴질랜드로 유입되었으며 많은 마술적 특성을 지닌다고 한다. 고대에 그물 제조법을 익힌 전설적 영웅도 이름이 같은 카후쿠라이므로 이와 혼동하지 말아야 한다.

카힐란 Kahilan

수호신. 이슬람교 이전의 아라비아. 오직 비문에서만 알려졌다.

칸다미우스 Candamius

별의 신. 로마노-이베리아. 스페인 북부의 비문과 지명에서 알려졌고 유피테르*와 혼합되었다.

칸델리페라 Candelifera

탄생의 하급 여신. 로마. 신생아를 빛으로 데려오는 일을 맡았다. 보통 루키나* 및 카르멘테스*와 관련되어 있다.

칸도바 Khandoba

시바*의 형상. 후기 힌두교. 칸도바 숭배는 13세기나 14세기 이후, 주로 푸나 근처의 제주리를 중심으로 서부 인디아에서 본격적으로 시작된 것으로 보인다. 칸도바는 시바가 악신들과 싸울 때 취하는 호전적인 형상들 중 하나로 여겨진다. 배우자는 파르바티* 형상으로 여겨지는 말사*이다. 네 팔을 가지고 말 위에 탄 형상으로 묘사되지만 개가 함께 보일 수 있다. 상징은 사발, 칼, 삼지창. 마크하리Makhari, 말라리Mallari, 마르틀란드Martland라고도 한다.

칸카르마타 Kankar Mata

어머니 여신. 힌두교(서사시와 푸라나). 후기 힌두교에서는 악한 지향을 가진 사프타마타라*, 곧 어머니 신으로 생각하게 되었다. 특히 벵골 지역에서 질병을 퍼뜨리는 여신으로 알려졌다.

칸칼라(무르티) Kankala(murti)

하급 신. 폭력적이고 무겁게 무장한 시바*의 모습. 전통적으로 해골과 함께 나오는 칸칼라는 신화에서 비슈누*의 경호원 비스바크세나*를 죽이는 신의 표상으로 자리를 차지한다. 이는 시바가 비슈누를 만나는 것을 비스바크세나가 거절했기 때문이다. 이러한 묘사는 비슈누에 대한 시바의 우월성을 나타내기 위한 홍보의 일환으로, 시바를 최고신으로 숭배하는 사이비테 파들이 만들었다.

칸타트만 Kantatman

모호한 의학의 신. 힌두교(서사시와 푸라나). 비슈누*의 서른아홉 하급 화신들 중 스무 번째 화신이며, '신의 음료를 운반하는 이'라고 알려졌기 때문에 아마

도 단반타리*와 동일한 신일 것이다. 다른 족보에서는 사랑의 신 프라디움나*
와 동일시되었다.

칸티 Kanti (열망)
여신. 힌두교(서사시와 푸라나). 나라야나*의 배우자 여신.

칼라 Kala
죽음의 신. 힌두교(베다와 푸라나). 야마*의 별칭이며 때로 시바*의 별명이기도
하다. 〈아타르바베다 Atharva-veda〉에서는 시간이 의인화한 존재다.

칼라두티 Kaladuti (죽음의 사자 使者)
여신. 대승불교. 말과 함께 있을 수 있다. 색깔은 빨간색. 상징은 암소의 머리,
컵, 망치, 삼지창.

칼라바드라 Kala-Bhadra
죽음의 하급 여신. 힌두교(푸라나). 장례식의 상서로운 수행 신으로, 망자가 저
세상으로 가는 동안 보호해달라고 묘지에서 이 신에게 빈다. 때로 카랄라바
드라 Karala-Bhadra라고도 한다.

칼라비카르니카 Kalavikarnika
열병의 여신. 힌두교(푸라나). 상징은 컵, 해골.

칼라차크라 Kalacakra (시간의 바퀴)
수호신. 대승불교와 라마교[티베트]. 개인적인 선택에 기초하여 선정된 이담 수
호신들 중 하나. 차크라*(회전하는 바퀴) 형상의 시간으로 인식되며 힌두교의 신
들인 카마*와 루드라*를 지배한다. 색깔은 푸른색. 스물넷에 이르는 손에는
다양한 상징들이 있다. 전형적으로 머리가 넷이다.

칼룽가 Kalunga

창조신. 은동가[나미비아 북부, 남아프리카]. 항상 일부분이 구름에 숨겨진, 거인의 형상을 취한 신이라고 한다. 보통 넬라고스nelagos라고 알려진 여성 중재자들에게만 나타나는데 이들은 그와 대화하기 위해 거룩한 장소로 간다. 칼룽가는 무시시*의 아버지이다. 전쟁과 질병의 시간에 칼룽가에게 기원하지만, 풍산 신이기도 하며, 여행 전에도 이 신에게 기원한다.

칼리(1) KALI(1)

기원: 힌두교 (푸라나) [인디아]. 파괴의 여신.

숭배 시기: 서기 400년 무렵이나 훨씬 이전부터 알려져서 현재까지 숭배를 받고 있다.

별칭: 많은 별명들이 있으며 두르가*와도 연관이 있다.

숭배 중심지: 주로 벵골.

참조 예술: 돌이나 청동으로 된 조각들.

문헌 자료: 〈라마야나〉 서사시와 다양한 푸라나 문헌들.

칼리라는 이름이 몇몇 여신들에 적용되는 별명이기는 하지만, 칼리는 여신 샥티*의 가장 끔찍하고 악의적인 모습이다. (두르가*를 보라.) 배우자는 보통 시바*로 알려져 있다. 칼리는 시바의 더욱 악의적인 면모를 부추긴다. 칼리는 또한 의인화한 시바의 샥티인 마하비디야* 중 하나이기도 하다. 가장 초기의 칼리 형상은 악령이 의인화한 것일 수 있다.

칼리는 길게 헝클어진 머리와 엄니처럼 생긴 이빨이나 엄니, 피를 바른 입술, 새의 발톱 같은 손에 긴 손톱 등을 지닌 다양한 모습으로 묘사된다. 혀는 종종 불쑥 나와 있다. 특별한 탈것을 가지고 있지 않지만 엎어진 시바 위에서 춤을 추는 모습으로 그려질 수 있다. 팔이 열이며, (때로 열여덟까지 늘어난다) 해골 목걸이를 하고 잘린 팔로 된 허리띠와, 어린이의 송장으로 된 귀걸이에, 뱀을 팔찌로 찰 수 있다. 칼리는 종종 검은 피부에 반나체의 모습이다. 칼리는 유혈이 낭자한 전장을 걸으며 자기 희생자의 피를 마시는 모습으로 묘사된다. 종종 한 손에 잘린 머리를 들고 다른 손으로는 칼을 들고 있다. 화장터에서의 칼리는 자칼들에 둘러싸여서 죽은 자 위에 앉아 있다.

조금 자비로운 칼리의 모습들도 있다. 칼리는 악마를 쳐부수고 때로 손을 들어 축복을 내려준다. 상반되는 칼리의 특성은 파괴에서 재생이 온다는 광범 위한 인식을 따르고 있다.

벵골에서는 디파발리Dipavali 축제 동안에 칼리를 숭배한다. 인디아 남부에서 는 콜레라와 관련된 역병의 여신으로 숭배한다.

칼리(2) Kali(2)
배움의 여신. 자이나교. 여신 사라스바티*가 인도하는 열여섯 지혜의 여신들 중 하나다.

칼리게네이아 Kalligeneia
모호한 출산의 여신. 그리스. 오직 아테네의 의례 문헌에서만 알려졌다.

칼리그니루드라 Kaligni-Rudra (장례식의 불 루드라*)
하급 신. 힌두교(푸라나). 화장터에 있는 시바*의 폭력적인 표상으로 칼, 방패, 활, 화살 등 호전적인 상징들을 갖고 있다.

칼리시아 Kalisia
창조신. 피그미족[자이르, 콩고, 중앙아프리카]. 사냥꾼과 밀림의 수호신. 피그미 사냥꾼들은 특별한 의례로 칼리시아에게 호소하며, 이 신은 시합의 장소를 꿈 으로 알려준다.

칼리아흐베라 Cailleach Bheur
겨울의 여신. 켈트(스코틀랜드). 10월 31일(삼하인Samhain) 다시 태어나는 푸른 얼 굴의 노파로 묘사된다. 여신 브리지트*가 칼리아흐베라를 물리치는 날까지 눈을 가져오며, 결국 4월 30일(벨타인Beltine) 돌로 변한다. 후대 신화의 마녀처 럼 생긴 '검은 아니스'(Black Annis)는 칼리아흐베라에게서 유래했을 것이다.

칼리야 Kaliya

창조신. 하급 뱀 신. 힌두교(베다, 서사시와 푸라나). 선과 악 사이의 영원한 투쟁 속에 있는 나가스 중 하나로 자기 독물로 담수에 독을 넣는다. 어린 크리슈 나*는 그 물을 마시고 살아나서 뱀들을 자기 추종자로 삼기 전에 칼리야를 거의 파괴시켰다. 전승에 따르면 칼리야는 야무나Yamuna 강 심연에서 살고 있다.

칼리카 Kalika (검은)

1. 여신. 대승불교. 종종 시체 위에 서 있는 모습으로 묘사된다. 색깔은 어두운 청색. 상징은 컵과 칼.
2. 여신. 힌두교(푸라나). 니르티*의 배우자 여신이며 두르가*의 별명이다.

칼킨 Kalki(n) (하얀 말을 가진)

말의 신. 힌두교(베다, 서사시와 푸라나). 아마도 비슈누*의 열 번째 화신일 것이다. 칼킨은 선을 보상해주고 악을 벌한다. 불교의 마이트레야*(미륵보살)에 해당한다. 말들은 빠른 움직임 때문에 고대 인디아에서 거룩한 왕의 직분과 관련되어 있다. 태양신들은 말을 타고 하늘을 가로지르는 것으로 여겨져서 말을 희생 제물로 바치는 것이 매우 중요하게 되었다. 칼킨은 의인화한 모습으로 그려지거나 말의 머리와 네 개의 팔을 가진 모습으로 묘사된다. 하얀 말이 칼킨을 수행한다. 상징은 화살, 소라, 기도바퀴, 방패와 칼. 비쉬누야사스 Višinuyasas라고도 한다.

칼테쉬 Kaltesh

풍요의 여신. 우그리아족Ugric(시베리아 서부). 분만 및 아이의 미래 운명과 관련된 여신이다. 하늘 신 눔Num의 배우자이다. 산토끼와 거위가 거룩한 동물들이며 자작나무로 상징화될 수 있다.

캉갈로그바 Kangalogba

태초의 정령. 수크족과 포코트족[우간다, 케냐 서부, 아프리카 동부). 잠자리로 형상화한 여성적 정령이며 성스러운 강 우방기Oubangui가 신격화한 존재이기도 하다. 창조신 토로*의 어머니이다.

케레스 CERES

기원:로마. 어머니 여신.

숭배 시기:서기전 400년 무렵부터 서기 400년 무렵까지.

별칭:데메테르*.

숭배 중심지:로마 세계 전역.

참조 예술:조각과 부조.

문헌 자료:베르길리우스의 〈아이네이스〉.

케레스는 가장 최근의 어머니 여신이라는 주장이 있다. 인안나*, 이쉬타르*, 아르테미스*, 키벨레*, 데메테르* 등이 케레스의 선배 어머니 여신들이며, 특히 데메테르를 직접적인 모델로 삼았다. 케레스는 크로노스*와 레아*의 딸이며 유피테르*의 중요한 배우자들 중 하나이다. 위쪽 세상(upper world)에 있던 케레스의 딸 코레*는 플루토*에게 납치당해 지하세계의 여신 프로세르피나*가 되었다. 케레스는 트리프톨레무스Triptolemus의 양모가 되었다. 트리프톨레무스는 고대 그리스의 엘레우시스 신비 의례의 반신반인이었다. 식물의 체현인 케레스는 자기 딸이 플루토와 함께 땅속에 머무는 기간(겨울)에는 자연세계를 무시하여 돌보지 않지만, 프로세르피나가 돌아올 때에는 해마다 자연을 살려놓는다.

케레스는 그리스-로마 전역에 있는 신전들에서 테스모포리아 또는 케레알리아Cerealia 축제를 통해서 숭배를 받았다.

케레트쿤 Kere'tkun

바다의 정령. 척치족(시베리아 동부). 바닷가 척치족에게 대양 깊은 곳에 사는 우두머리로 알려졌다. 배우자는 시네이녠Cinei'nen이다. 바다 생물을 소유하고 있으며, 해마의 내장으로 만든 외투를 입고 극도로 흉포하다고 한다. 익사한 어부들을 먹어치우며 희생제의 주인이다.

케르눈노스 CERNUNNOS

기원 : 켈트 (주로 갈리아). 풍요와 대지의 신.

숭배 시기 : 선사 시대부터 서기 1000년 무렵까지.

별칭 : 없음.

참조 예술 : 군데스트룹 Gundestrup의 의례용 그릇, 큰 석조물과 부조들.

문헌 자료 : 봉헌 비문들.

케르눈노스는 현재 중부 프랑스인 갈리아 지역에서 알려졌던 것으로 나타난다. 수사슴 뿔이 달린 모습으로 그려지는 것이 전형적이다. 수사슴 뿔이 반드시 동물의 정령을 표현하는 것은 아니다. 그러나 이 신은 동물들과 밀접한 관련이 있으며, 즉시 동물의 형상으로 바꿀 수 있다. 켈트 세계에서 뿔은 일반적으로 생식력과 풍요를 의미했다. 덴마크 군데스트룹의 의례용 그릇에 나오는 케르눈노스는 멧돼지와 함께 있다. 켈트인들은 멧돼지의 속도와 호전성, 그리고 그 마법적 힘의 때문에 멧돼지에게 경의를 표했다. 그릇에는 케르눈노스가 황소와도 관련이 있는 것처럼 나타난다. 황소와 관련된 모습은 프랑스 랭스Reims의 돌 부조에 다시 나타난다. 케르눈노스는 또한 뱀들과도 관련이 있는 모습으로 그려지며, 영국 시런세스터에서 발견된 부조에 나온 것처럼, 때로 숫양의 뿔을 달고 있다. 그의 다리들이 뱀들로 대치된 모습으로 그려질 수 있다. 프랑스 오트마른Haute-Marne에서 발견된 한 부조에는 바구니를 들고 뱀에게 먹이를 주는 어떤 무명의 여신과 같이 나와 있다. 뱀의 상징은 보통 회춘과 관련이 있다. 다른 부조들은 돈주머니를 들고 있는 케르눈노스의 모습을 보여준다.

케르티 Kherty (낮은 자)

저승 또는 땅의 신. 이집트. 적어도 서기전 2500년 무렵부터 알려진 케르티는 왕들 무덤의 수호신으로 활동하지만, 통치자의 영혼을 위협하는 불길한 모습

도 가지고 있다. 피라미드 문헌들은, 왕이 케르티로부터 벗어나 태양신 레*의
보호를 받아야 한다고 경고한다. 의인화한 모습으로, 또는 숫양 머리를 한 모
습으로 그려진다.

케리드웬 Ceridwen
영감의 여신. 켈트(웨일스). 노파 형상의 어머니 여신으로 묘사되며 테지드포엘*
의 배우자이다. 케리드웬의 딸은 크레이뤼Creirwy이고 아들은 아파그두Afagddu이
다. 케리드웬은 지식의 솥을 준비한다고 한다.

케모쉬(1) Chemosh
케모쉬(2)*를 보라

케모쉬(2) Kemoš
수호신. 모아브족Moabite[요르단]. 구약성서 열왕기 상권 11장 7절에는, 이스라
엘 왕 솔로몬이 숭배한 신들 중 하나인 케모쉬(1)*라는 이름으로 언급되었다.
결국 그리스인들이 채택하여 아레스* 숭배에 흡수했다.

케베케트 Kebechet
저승의 뱀 여신. 이집트. 제주祭酒의 책임을 맡은 신으로 죽은 자들의 숭배와
관련된 아누비스*의 딸이다. 케베케트는 뱀으로 묘사된다.

케사바 Kesava (긴 머리를 가진)
비슈누*의 하급 화신. 힌두교(서사시와 푸라나). 배우자 여신은 키르티*이다.

케스키나쿠 Qeskina'qu (큰 빛)
하늘의 정령. 코랴크족[시베리아 남동부]. 퀴킨아쿠*의 아들 중 하나로, 긴 겨울
동안 소중하게 여겨지는 낮의 햇빛이 신격화한 존재이다.

케시니 Kesini (털 많은)

여신. 불교. 아라파차나*의 수행 신.

케아웨 Keawe

창조신. 하와이. 남성적 원리나 남성적 개체로 보이지만 남녀 양성적 존재이다. 한때 포Po의 어둡고 빈 심연에서 살았다. 그곳에서 케아웨는 태초의 혼돈을 정돈된 우주로 변화시켰다. 물을 운반하는 호리병박 꼭지에서 하늘을 만들었고, 호리병박 속에 있던 오렌지색 원반으로 태양을 만들었다.

케아웨의 첫 아들은 빛의 신 카네*이고 딸은 나와히네Na Wahine로, 둘 다 케아웨의 임신 능력을 통해서 창조되었다. 그 후 나와히네와 관계를 맺어서 삼신으로 유명한 쿠*와 로노*와 카날로아Kanaloa를 포함한, 하와이 판테온의 수장을 낳았다.

케찰코아틀 QUETZALCOATL (날개 달린 뱀)

기원 : 아스텍 (고대 메소아메리카) [멕시코].

숭배 시기 : 서기 750년 무렵, 또는 훨씬 이전부터 서기 1500년 무렵까지.

별칭 : 아홉 바람(nine-wind), 하얀 테스카틀리포카, 틀라우이스칼판테쿠틀리*.

숭배 중심지 : 테오티우아칸, 촐룰라Cholula, 소치칼코Xochicalco, 말리날코Malinalco 및 다른 지역들.

참조 예술 : 조각, 벽화, 사본 삽화들.

문헌 자료 : 콜럼버스 이전의 사본들.

태양신 테스카틀리포카*의 현현들인 네 태양 중 하나이다. 세계의 다섯 시대 중 둘째 시대를 관장하며 태양 에카틀*로 표현된다. 아스텍의 영웅적 창조신으로, 바람의 신으로 확인된다. 여러 전승 중 하나에 따르면 케찰코아틀은 자기 피에서 인간을 만들었고, 개미들이 산속에 숨겨놓은 옥수수를 훔치기 위해서, 스스로 개미로 변화되어 먹거리를 인간에게 제공했다고 한다. 케찰코아틀과 검은 테스카틀리포카 사이에 벌어진 거대한 전투는, 네 세상들, 또는 현재의 태양이 있기 이전의 태양들의 창조와 파괴로 끝났다. 역으로, 케찰코아틀과 테스카틀리포카는 함께 부서진 우주를 회복하고 다섯 번째 태양 올린Ollin을 창설해야 하는 공동책임을 지게 되었다. 이들은 괴물 틀랄테쿠틀리*의 몸을 통과하고 하늘과 땅을 형성하기 위해 괴물을 쪼개었다고 한다.

후에 케찰코아틀은 다섯 번째 인간을 창조하기 위해서, 지하세계 믹틀란의 통치자로부터 인간 자손들의 뼈와 유해를 얻으려고 그곳으로 내려갔다. 그가 뼈들을 떨어뜨려 부서지는 바람에 사람들의 신장身長이 달라졌다고 한다.

처음에 날개 달린 뱀으로 묘사된 이 신은, 나우아Nahua 인디언들에게 케찰코아틀로 알려졌다. 그리고 그들은, 케찰코아틀이 과학과 기술을 선물로 주었다고 여겨서 그를 경배했다. 서기 750년 무렵이나 그 이전부터 테오티우아칸에서 숭배했다. 테오티우아칸에 있는 6층 계단식 피라미드와 푸에블라 평원 촐룰라에 있는 거대한 인공 피라미드도 케찰코아틀 신전들이다. 촐룰라 신전은 '신대륙'에서 가장 큰 고대 구조물이다. 아스텍 왕 모테쿠소마Motecuhzoma는 수염이 난 스페인 정복자 코르테스Cortez를 케찰코아틀이라고 여겼다.

도상학에서는 날개가 달린 혼합적 존재로 묘사되며, 그의 화신인 틀라우이스칼판테쿠틀리*는 새벽별로 인식되었다.

토필친 케찰코아틀Topiltzin Quetzalcoatl은 서기 935년 무렵에 태어난 역사적 인물이기도 하다.

케크 Kek
태초의 신. 이집트. 혼돈을 나타내는 오그도아드* 여덟 신 중 하나이며 여신 카우케트*와 짝을 이룬다. 의인화한 형상으로 나타나지만 머리는 개구리 모습을 하고 있다. 이 쌍은 태초의 암흑을 상징한다. 케크는, 떠오르는 태양을 맞이하는 개코원숭이 모습으로 그려지기도 한다.

케투아 Ketua
행운의 신. 응반디족[자이르, 중앙아프리카]. 동이 틀 무렵 기도를 받는 일곱 신 중 하나. 행운과 불운을 통제한다. 전승에 따르면 케투아에게는 아침, 오후,

저녁, 밤, 태양, 달, 물 등 일곱 자녀가 있다. 케투아는 물에게 장자의 특권을
부여한다.

켄마 Khen-Ma

신. 불교[티베트]. 땅의 악령들의 여성 통제자이며 숫양의 수행을 받는다. 상징
은 황금 올가미.

켄빠 Khen-Pa

신. 불교[티베트]. 켄마*의 남성 상대자로 하늘의 악령을 통제하며, 하얀 개가
그를 수행한다. 상징은 수정 지팡이.

코(코)치메틀 Co(co)chimetl (마취제)

상인들과 무역의 하급 신. 아스텍(고대 메소아메리카)[멕시코]. 야카테쿠틀리*로
분류된 신 집단의 일원이다.

코도시로누시[事代主神] Koto-Shiro-Nushi

행운의 신. 신도[일본]. 아마도 초기 신도에서 에비스*와 혼합되었을 것이다.

코라바이 Korravai

전쟁의 여신. 드라비다족(타밀)[스리랑카, 인디아 남부]. 인디아 남부의 사막 지역
에서 숭배하고, 나무에 살며 두르가*와 같은 신이라고 알려졌다. 코라바이의
아들은 무루칸*이다. 카투키랄 Katukilal, 코라위 Korrawi라고도 한다.

코레 Kore (소녀)

곡식의 젊은 여신. 그리스. 페르세포네*의 일반적인 명칭으로 데메테르*의 딸
이다. 코레는 곡식을 주는 어머니 데메테르와 달리 곡식의 영이다. 동전에 곡
식 이삭으로 치장한 여성의 머리로 묘사된다. 엘레우시스 신비 의례에서 코레
는 중요한 역할을 담당하는데, 그녀가 하데스로 납치되자 그녀의 어머니는 비

탄에 빠지고 자연은 황폐해진다. 시리아-팔레스타인 지역 사마리아-세바스테Samaria-Sebaste에서 코레는 황제 이외에 숭배를 받았던 유일한 신이었다.

코루스 Corus

바람의 신. 로마. 특별히 북서풍을 관장하는 신이다.

코벤티나 COVENTINA

기원: 로마노-켈트 (브리튼). 동족 관계가 불확실한 수호 여신이자 물의 여신이다.

숭배 시기: 서기전 200년 무렵부터 서기 500년 무렵이나 그 이후까지.

별칭: 알려진 게 없다.

숭배 중심지: 하드리아누스 방벽 브로콜리티아Brocolitia (캐로버러Carrawburgh) 성채 근처의 거룩한 샘.

참조 예술: 조각과 부조.

문헌 자료: 기념 비문들.

조금 중요한 의미를 지닌 순수한 브리튼 지방 여신이라는 것 외에는 별로 알려지지 않았다. 코벤티나가 고전적인 영향을 보여주던 로마 점령기에 가장 많이 알려졌지만, 이 여신의 기원은 명확히 켈트족에 있다. 캐로버러에서 발견된 부조에 새겨져 있는 코벤티나의 이름은 개울 셋을 유출하는 그릇들을 들고 있는 세 요정과 관련되어 있다. 다른 곳에서 코벤티나는 잎 위에서 그릇으로 물을 붓는 물의 요정으로 묘사되어 있다. 캐로버러의 지성소는 지붕이 없는 작은 로마노-켈트 신전 디자인과 유사하며, 거룩한 샘이 흘러들었던 우물 옆에 있었고, 브로콜리티아의 로마 성채와 관련이 있었다. 이 우물에는 의례용 도랑과 물이 있어서 숭배 의례가 행해졌다는 것을 알 수 있다. 이곳에서 그라티아누스Gratian 황제 시기에 주조된 로마 동전이 1만 3천 개 이상 발견되었다는 것은 코벤티나가 오랫동안 인기를 끌었음을 입증한다. 그리고 후대 시기부터 '코벤티나 아우구스타'Coventina Augusta에게 향을 피워 공경해왔음을 알리는 향 연소기들이 발견되었다.

돈과 진주들 외에 바늘들도 우물로 던져서 봉헌했는데, 바늘은 분만을 암시할 수 있다. 의술의 신 아스클레피오스*와 연결되는 개와 풍요의 상징인 말의 모형들도 봉헌했다. 그리스도교인들이 신전을 더럽혔을 때 두개골, 제단, 돌조각 등은 덜 중요하다고 여겨지거나 버려졌다. 잘린 머리를 숭배하는 것과 관련이 있었다는 증거는 없다.

코스 Qos

지역의 기후신. 이슬람교 이전의 북아라비아. 키르베트 탄누르Tannur 근처의 와디 혜사Wadi Hesa 북쪽에 노출된 현무암이 신격화한 존재로 알려졌다. 무지개의 신이기도 하다. 황소들이 보위하는 왕좌에 앉은 모습으로 묘사된다. 왼손에 있는 갈라진 벼락이 상징에 포함된다. 코스 숭배자는 독수리를 봉헌물로 바친다.

코시호 Cocijo

비의 신. 사포텍족Zapotec(고대 메소아메리카)[멕시코]. 오악사카Oaxaca 계곡 사포텍어를 말하는 부족의 몬테알반Monte Alban 문화에서 숭배했던 것으로 알려졌다.

코아틀리쿠에 COATLICUE (뱀이 둘러싼 여신)

기원 : 아스텍 (고대 메소아메리카)[멕시코]. 어머니 여신.

숭배 시기 : 서기 750년 무렵부터 1500년 무렵이나 그 이후까지.

별칭 : 코아틀리쿠에치말만Coatlicue-Chimalman.

숭배 중심지 : 테노츠티틀란.

참조 예술 : 조각, 벽화, 사본 삽화들.

문헌 자료 : 콜럼버스 이전의 사본들.

땅과 인간의 창조 여신이며 오메테오틀*의 여성적 모습이다. 테테오이난*으로 분류된 집단의 일원이다. 코아틀리쿠에는 남쪽 하늘의 별들인 아들이 400이나 있으며, 여신 코욜사우키*의 어머니이다. 후에 과부로서 툴라 근처의 '뱀

산' 코아테펙을 청소하고 있었는데 어떤 깃털 뭉치가 그녀를 임신시켰다. 코아틀리쿠에의 자녀들은 어머니가 부정하다며 목을 베었으나, 그녀는 태양신 우이칠포츠틀리*를 낳았다. 우이칠포츠틀리는 코욜사우키와 다른 형제들을 처단했으며, 낮을 위해 밤을 추방했다. 테노츠티틀란에 있는 대신전은 이 태초의 전투를 기념한다.

코아틀리쿠에는, 아스텍 시대 후기 서기 1300년 무렵에 만들어진, 머리 없는 거대한 상으로부터 알려졌다. 이 상은 멕시코시티에 있다. 손톱과 발톱이 나와 있고, 인간의 손과 심장으로 된 목걸이에 해골 장식을 달고 있다. 뱀들로 치마를 형성했고, 뱀 두 마리가 목에서 일어나 만나서 얼굴을 형성하고 있다. 달팽이들로 장식된 가죽 끈 열세 개를 뒤에서 늘어뜨리고 있다. 전승에 따르면 코아틀리쿠에는 인간의 시체를 먹어치운다. 화초 재배자들의 수호신으로 인식되기도 한다.

코요테 Koyote

수호신. 북미 인디언. 나바호 인디언과 아파치Apache 인디언을 포함한 몇몇 부족에게 알려졌다. 코요테는 멀리 떨어진 창조자의 정령들을 중재하는 예배의 영웅이며 인디언을 가르친다.

코욜사우키 Coyolxauhqui (황금 종들)

별의 여신. 아스텍(고대 메소아메리카)[멕시코]. 신격화한 달이며, 달의 화신이다. 전승에 따르면 태양신 우이칠포츠틀리*의 배다른 자매이다. 우이칠포츠틀리는 참수당한 어머니 코아틀리쿠에*에게서 무장을 한 채 솟아나왔다. 그의 원수들이자 배다른 형제들인 400의 별 신들과 교전했다. 그는 자기 누이를 처단하고 산꼭대기에서 집어던져버렸다. 다른 전승은, 그가 누이와 동맹을 맺었지만 누이를 구할 수 없어서 누이의 목을 자른 후 하늘로 던졌고 그곳에서 누이는 달이 되었다고 한다. 코욜사우키는 테노츠티틀란에 있는 신전에 표출되어 있으며, 우이칠포츠틀리의 피라미드들 앞에 묘사되어 있다. 코욜사우키는 화로의 신으로 시우테쿠틀리*로 분류된 집단의 일원이기도 하다.

코우레테스 Kouretes

숲의 신들. 그리스. 에페소스 및 다른 지역에서 나무와 개울의 정령들로 알려졌다. 아기 제우스*를 수행하면서 춤을 추는 요정들로도 인식된다. 코우레테스는 새색시나 젊은 여성에게도 적용되는 용어이다.

코우로트로포스 Kourotrophos

모호한 유모 여신. 그리스. 의례 문헌에서만 알려졌다.

코카마마 Coca-Mama

코카나무의 여신. 남아메리카 인디언[페루]. 코카 열매의 추수를 관장하는 하급 여신. 코카 잎으로 이 신의 모형들을 만들어서 일 년 동안 보관한 다음, 풍작을 염원하는 의례에서 불태웠다.

코키디우스 Cocidius

사냥의 여신. 켈트(브리튼). 브리튼 북부의 신으로, 요크셔 라이징엄Risingham의 돌 부조에 묘사되어 있다.

코타르 Kotar

대장장이 신. 서셈족(시리아). 우가리트 문헌에서, 바알* 신을 위해 궁전을 짓고 바다의 신 얌*과의 싸움을 위해 자기 무기를 제련하는 신으로 확인되었다. 페니키아 비문에서도 알려졌다. 코샤르 또는 추소르Chusor라고도 한다.

코티스리 Kotisri

어머니 여신. 불교. '7000 부처들의 어머니'로 불린다.

콘다티스 Condatis

강의 신. 켈트(브리튼). 브리튼 북부의 신으로 더럼Durham에 봉헌 비문이 있다.

콘도스 Kondos

곡물의 신. 그리스도교 이전의 핀란드. 특히 밀의 파종과 동일시되었다. 그리스도교 이후 성 우르바누스에게 흡수되었다.

콘스 Khons(u) (방랑자)

달의 신. 상이집트. 적어도 서기전 2500년 무렵부터 알려졌으나 서기전 16세기 중반 신왕국 시대 동안에 가장 널리 알려졌다. 콘스가 아문*과 무트*의 아들로 알려진 테베에서 중요한 신이었다. 콘스의 거룩한 동물은 개코원숭이이다. 카르나크 유적지 아문 신전 안에 콘스 구역이 있다. 그리스-로마 시대부터 콤옴보Kom-ombo에 지성소가 있었는데, 여기에서 콘스는 악어의 신 소베크*와 어머니 여신 하토르*의 자식으로 나타난다. 의인화하거나 매의 머리를 한 모습으로 그려지지만, 어느 경우든 꼭 맞는 옷으로 싸여 있다. 초승달에 보름달이 놓인 모습의 관을 쓰고 있다.

콘트레비스 Contrebis

지역 신. 로마노-켈트(브리튼). 다른 신 야로누스*와 함께 랭커스터의 비문에서 확인되었다.

콜 Col (검은 존재)

비의 신. 누어족[수단]. 비와 폭풍우를 가져온다. 번개로 죽은 사람들의 영혼을 콜윅Colwic이라고 불렀다.

콜라푸라마할락스미 Kollapura-Mahalaksmi

여신. 힌두교(푸라나). 팔이 여섯이다. 상징은 곤봉, 방패, 술잔.

콜렐캅 Colel Cab (땅의 여주)

대지의 여신. 마야(고대 메소아메리카)[멕시코]. 이 신은 여신 치비리아스*의 화신인 익스사칼녹*의 다른 이름일 수 있다.

콜롭우우이츠킨 Colop U Uichkin (태양의 눈을 찢다)

하늘 신. 마야(고대 메소아메리카)[멕시코]. 하늘에 살고 있다고 알려졌지만, 지하 세계 죽은 자들의 땅인 메트날에 사는, 똑같은 이름을 가진 밤의 화신이자 질병을 가져오는 신과 함께 있다고 한다.

퀸마 Khon-Ma

땅의 여신. 티베트. 땅에 사는 악령 무리들의 통치자이며 집에도 출몰할 수 있다. 노란 옷을 입고 황금 올가미를 가진 모습으로 그려지는 게 전형적이다. 퀸마의 탈것은 숫양이다. 퀸마의 영향을 막기 위해서 숫양의 해골을 문기둥에 걸어놓았고 거기다 제물을 채웠다.

쿠 Ku

태초의 존재. 폴리네시아[하와이]. 빛인 카네*, 소리인 로노*와 더불어 삼신을 이루는 신. 이들은 혼돈과 어둠 속에 존재했다가 빛이 들어올 수 있도록 어둠을 갈랐다.

쿠느쿤술리가 Ku'nkunxuliga

부족 신. 마말렐레갈레 Ma'malelegale 인디언[캐나다 브리티시컬럼비아]. 상공 세계의 궁전에 사는 천둥 새가 의인화한 존재로 많은 인디언 부족들에게 알려졌다. 천둥소리는 날개를 치는 소리다.

쿠니나 Cunina

유아들의 하급 여신. 로마. 요람을 수호한다.

쿠드수 Qudsu

거룩함이 의인화한 존재. 서셈족. 티레의 비문에서 알려졌다. 나선형 머리 장식을 하고 연꽃과 뱀을 든 알몸 인간 형상으로 사자 위에 서 있다.

쿠루쿨라 Kurukulla

1. 배의 여신. 힌두교. 보석으로 만들어진 배로 묘사되는 밀교적 신. 술의 여신이기도 하다.

2. 여신. 대승불교. 아미타불(아미타바*)의 배우자 여신. 보통 끔찍한 외양이다. 상징은 화살, 활, 꽃, 갈고리, 올가미, 염주, 삼지창.

쿠르달리곤 Kurdaligon

대장장이들의 신. 오센티아족Ossentia[코카서스]. 죽은 영혼들의 말굽 편자에 동행하면서 그들의 통행을 돕는다.

쿠르마 (바타라) Kurma(vatara)

비슈누*의 화신. 힌두교(서사시와 푸라나). 비슈누의 두 번째 화신인 쿠르마는, 홍수 이후 태초의 우유 바다에서 신들이 불사약을 얻기 위해 바다를 휘저을 때 중심축으로 활약하는 거북의 형상으로 나타난다. 쿠르마는 인간 몸통에 거북이 등딱지를 씌운 모습으로 묘사된다. 비슈누는 대홍수 때 잃어버린 소유물들을 되찾기 위해 이런 형상으로 나타난다고 전해진다. 상징은 곤봉, 소라, 연꽃, 기도바퀴. 다양한 신들의 탈것 이름이기도 하다.

쿠마르비 Kumarbi

창조신. 히타이트와 후르리족. 좀 더 '신식' 신들에 의해 쫓겨난 고대의 신. 히타이트 전설에 나오는 울리쿰미Ullikummi의 아버지이다.

쿠마리 Kumari (처녀)

여신. 힌두교. 보통 두르가*의 별명으로 알려졌다. 인디아 최남단 코모린Comorin 곶에 있는 유명한 사원에서 숭배했다. 작은 소녀가 쿠마리 여신의 환생을 준비하는 네팔에서도 알려졌다.

쿠모쿰스 Kumokums

창조신. 모독Modoc 인디언[미국 오리건]. 쿠모쿰스는, 있는 것이라곤 호수 툴 레이크Tule Lake밖에 없었던 때에 호수 옆에 앉아 흙을 퍼서 세상을 창조했다. 동물과 식물도 만들었으나 결국 피곤해져서 호수 밑바닥의 구멍으로 잠자러 갔다. 그 구멍은 산을 삽으로 삼아 판 구멍이었다.

쿠바바 Kubaba

어머니 여신. 아나톨리아와 시리아 북부. 특히 카르케미쉬Carchemish에서 숭배받았고 히타이트 여신 샤우쉬카*와 동일시된 듯하다. 상징에는 석류와 거울이 포함된다. 구바바Gubaba 또는 쿠파파Kupapa라고도 한다.

쿠베라 Kubera

1. 부의 신. 힌두교(베다, 서사시와 푸라나). 원래 숲의 정령들인 야크사스*의 수장이었으나 푸라나 시대에 재산 및 생산과 연결되었다. 쿠베라는 또한 북쪽 방향의 수호신이기도 하다. 풀라스티야Pulastya와 이다비다Idavida의 아들이며, 야크시Yaksi와 바수다라*와 브리디Vriddhi가 그의 배우자들이다. 신비의 도시 알라카Alaka와 동일시된다. 쿠베라는 브라만이나 전차를 타고 있는 작은 모습으로 묘사된다. 색깔은 하얀색. 보통 지갑을 들고 다니지만 때로 다양한 물건들을 지니고 있다. 쿠베라Kuvera 또는 카우베리Kauveri라고도 한다.

2. 부의 신. 라마 불교[티베트]. 끔찍한 외모에 왕의 복장을 하고 달라이 라마를 수호하는 다르마팔라* 중 하나. 북쪽 방향의 수호신이기도 하다. 색깔은 노란색. 상징은 도끼, 깃발, 곤봉, 컵, 갈고리, 맵시벌, 뱉어내는 보석, 올가미, 때로는 삼지창.

쿠붓디 Kubuddhi (어리석은)

하급 여신. 힌두교. 가네샤*의 배우자들 중 하나.

쿠브지카 Kubjika (구부러진 등)
저술의 여신. 힌두교. 밀교의 서른두 음절이 의인화한 존재.

쿠슈 Kušuh
달의 신. 히타이트와 후르리족[아나톨리아]. 카쉬쿠*라고도 한다.

쿠스 Kus
목동들의 신. 메소포타미아(수메르와 바빌로니아-아카드). 〈둔누 신통기Theogony of Dunnu〉에서 확인되었다.

쿠시다마니기하야히[櫛玉饒速日] Kushi-Dama-Nigi-Haya-Hi
태양신. 신도[일본]. 니니기노미코토* 왕자가 지상에 나타나기 전에 태양 여신 아마테라스*가 보낸 아침 해가 신격화한 존재.

쿠시이와마도노미코토[櫛岩間戸命] Kushi-Iwa-Mado-No-Mikoto
수호신. 신도[일본]. 출입문을 수호하는 신.

쿠아데쉬 Quadeš (거룩한 분)
풍산 여신. 서셈족. 아마도 시리아에서 기원을 두고 있을 것이다. 쿠아데쉬는 마치 아스타르테*처럼 여성적 성과 에로티시즘을 잘 보여준다. 풍산 신 민*과 레셰프무칼*과 함께 이집트에 수용되어 부분적으로 여신 하토르*와 결합되었다. 쿠아데쉬는 보통 민과 레셰프무칼 사이에서 사자 등에 알몸으로 서 있는 모습으로 묘사된다. (인안나*와 닌후르쌍*을 보라) 쿠아데쉬는 민에게 연꽃을 바치고 레셰프무칼을 위해 뱀을 지닌다. 쿠아데쉬 숭배는, 그녀를 신봉하는 여사제들과 사제들이나 왕들이 행했던 고대 서아시아의 성스러운 결혼 형태를 전형적으로 따랐다.

쿠아트 Quat

창조신. 폴리네시아[뱅크스Banks 제도]. 폴리네시아의 여러 신들처럼 쿠아트도 온 종일 아무 일도 하지 않고 앉아 있는 아주 한가한 존재로 묘사된다.

쿠우르킬 Ku'urkil

세상의 창립자. 척치족(시베리아 동부). 신일 뿐만 아니라 강력한 무당이자 첫 인간이기도 하다. 코랴크인들의 신 퀴킨아쿠*와 동등하다.

쿠자 Quzah

산과 기후의 신. 이슬람교 이전의 북아라비아. 아마도 쿠오쉬Qoš와 동일시되었을 것이다. 이두메아Idumaea 부족부터 유대 남부까지 폭풍 신으로 숭배했다. 메카 근처에도 알려져 있었다. 상징에는 우박의 화살을 쏘는 활이 포함된다.

쿠주 Kuju

하늘의 정령. 유카기르족[시베리아 동부]. 인간에게 음식을 제공하는 자비로운 존재. 호수에 물고기가 엄청나게 나타나면 하늘에서 떨어졌다고 생각했다.

쿠쿠마츠 Kucumatz

최고신. 마야(키체 인디언, 고대 메소아메리카)[멕시코]. 자체로부터 모든 것을 창조한 남녀 양성적 존재이다. 쿠쿨칸*과 비교된다.

쿠쿠키와카무로츠나네노가미[久久紀若室葛根神] Kuku-Ki-Waka-Muro-Tsuna-Ne-No-Kami

수호신. 신도[일본]. 집과 그 주변을 보호하는 신.

쿠쿠토시노가미[久久年神] Kuku-Toshi-No-Kami

곡물의 신. 신도[일본]. 다 자란 쌀의 수확을 주관하는 신. 종종 불교 승려들이 이 신을 모신 사원에서 예배를 드린다.

쿠쿨칸 Kukulcan

창조신. 마야(고대 메소아메리카)[멕시코]. 쿠쿨칸은 원래 톨텍의 신이었으나 마야 인들이 받아들였고, 아스텍의 신 케찰코아틀*과 매우 비슷한 신이다. 쿠쿨칸은 주로 재생과 관련이 있으나 불과 땅과 물을 관장하기도 한다. 햇불, 불을 나타내는 도마뱀, 땅을 상징하는 옥수수, 물을 상징하는 물고기 등 다양한 상징물과 함께 묘사된다. 신 비(God B)라고도 한다.

쿠트지 Kutji

물활론적 정령들. 호주 원주민. 덤불이나 갈라진 바위틈에 숨어 지내는 악의를 지닌 신으로, 독수리나 까마귀·올빼미·캥거루·에뮤 등을 포함한 동물이나 새로 나타난다. 쿠트지는, 야생 생물들의 행동이 익숙하지 않은 형태를 취할 경우 그들을 점령한다고 한다. 오직 무당들만이 이 정령들의 영향력을 억제할 수 있다. 억제되지 않을 경우 이 정령들은 인간들에게 질병을 감염시키고 죽게 할 수 있는 잠재력을 가지고 있다.

쿠트쿠 Kutkhu

수호정령. 캄차달족[시베리아 남동부]. 코랴크족의 신 퀴킨아쿠*와 비슷하며, 창조 세계를 현재의 형태로 만들었고 창조신의 집사이다. 배우자는 일크숨Ilkxum이며 수틀리직Xutlizic은 그의 누이이다. 시므스칼린Si'mskalin, 티질쿠트쿠*, 시두쿠* 등을 포함해 여러 자식들이 있다. 신화에서 쿠트쿠는 호색적인 성격을 가지고 있다. 쿠트크Kutq, 쿠트키나쿠Kutkinnaqu라고도 한다.

쿤달리니 Kundalini

어머니 여신. 아스텍(고대 메소아메리카)[멕시코]. 인간 형상으로 인식되는 땅의 정령이며 흙에서 나는 모든 먹거리를 준비한다. 땅은 거룩한 것으로 여겨지며 한 사람이 소유해서는 안 된다. 그러나 전체 공동체의 이익을 위해 사용될 수는 있다. 쿤달리니는 모든 식물 신들의 어머니로 여겨진다.

쿨라 Kulla
건축가들의 신. 메소포타미아(수메르와 바빌로니아-아카드). 벽돌 창조를 책임진 신.

쿨라데바타 Kuladevata (가족의 신)
가족 신의 총칭. 힌두교. 가족이 자기들의 수호신이 되어달라고 이 신을 선택하며, 필요한 경우에는 숭배하기 위해 가족들이 사원에 모인다. 쿨라나야카 Kulanayaka라고도 한다.

쿨라데비 Kuladevi
여신. 힌두교. 쿨라데바타*와 동등한 여신.

쿨리산쿠사 Kulisankusa (도끼와 몰이막대를 가진)
배움의 여신. 자이나교[인도아]. 여신 사라스바티*가 인도하는 열여섯 지혜의 여신들 중 하나.

쿨리세스바리 Kulisesvari (도끼의 여인)
여신. 대승불교. 종종 시체와 함께 묘사된다. 색깔은 하얀색. 상징은 지팡이.

쿨리카 Kulika (좋은 가족의)
뱀 신. 힌두교. 일곱의 위대한 영웅 신들인 마하나가* 중 하나. 상징은 염주와 물병. 눈이 셋이다.

쿰아우 Cum Hau
땅속 죽음의 신. 마야(고대 메소아메리카)[멕시코]. 사본들에 나와 있는 죽음의 신의 여러 이름들 중 하나이다.

퀴노아마마 Quinoa-Mama
안데스 고산지에서 자라는 곡물인 퀴노아의 하급 여신. 콜럼버스 이전의 인디언[페루]. 퀴노아 잎으로 이 신의 모형들을 만들어서 한 해 동안 보관했다가 풍성한 수확을 기원하며 불에 태웠다.

퀴리누스 Quirinus

전쟁 신. 로마. 유피테르* 및 마르스*와 더불어 초기의 전사戰士 삼위신을 형성한다. 퀴리누스는, 로마의 일곱 언덕 중 하나인 퀴리날리스에 살았던 사비누스족의 수호신에 기원을 둔다. 주로 방어적인 역할을 맡은 전사 신이며, 수염이 나 있는 모습으로 묘사된다. 군대 타협안에 나타나며 성직자의 옷을 입은 모습으로 그려진다. 성스런 식물은 머틀myrtle(도금양)이다.

퀴킨아쿠 QUIKINN. A'QU (큰 까마귀)

기원: 코랴크족 [캄차카 반도, 시베리아 남동부]. 세상의 설립자.

숭배 시기: 먼 옛날부터 서기 1900년 무렵까지.

별칭: 없음.

숭배 중심지: 고정된 지성소는 없다.

참조 예술: 목조 조각들이 관계있을 수는 있지만, 특별한 것은 없다.

문헌 자료: 요헬슨의 〈아메리카 자연사협회 회고록 Memoirs of the American Natural History Society Vol. 10 (1905)〉.

지금도 물활론의 영향을 강하게 받는 원시 문화의 정령이다. 퀴킨아쿠는 신이면서 첫 인간이고 강력한 무당이다. 전에도 모든 것이 존재했었으나, 그는 감추어져왔던 영역을 드러내는 책임을 지고 있었다. 퀴킨아쿠는 미티*와 결혼해서 열두 자녀를 두었다고 한다. 이들 중 에멤쿠트*와 이나아나우트Yina-a-naut는 가장 중요한 자식들로 악의 정령들인 칼라우와 지속적으로 갈등한다. (에시르*를 보라.)

퀴킨아쿠는 여러 영웅적 모험들의 주인공이며 모험을 하면서 인간의 활동을 안전하게 지켜준다. 그는 까마귀 외투를 가지고 있으며, 그것으로 형상을 바꾸어 하늘로 날아갈 수 있다. 천상의 집사이자 창조신의 중재자로 활동한다.

전설에 따르면 퀴킨아쿠는 태양을 삼키고 죽었으며, 그의 딸은 그의 입에서 태양을 빼내서 다시 하늘로 가지고 갔다.

20세기로 들어서기 전까지 이 신에 대해서 바깥세상에 알려진 것은 거의 없었다. 1900년 스웨덴계 미국인 민족학자 발데마르 요헬슨Waldemar Jochelson은 캄차카 반도의 코랴크 부족을 비롯한 시베리아의 부족들과 많은 시간을 함께 보냈으며, 퀴킨아쿠와 관련된 광범위한 전승 목록이 있다는 것을 알게 되었다.

큐피드 Cupid
아모르*를 보라.

큥게고쩬 Khyung-Gai mGo-Can
지역 신. 불교[티베트]. 힌두교의 신 가루다*와 같다.

크그헤네 Cghene
창조신. 이소코족Isoko[나이지리아 남부, 아프리카 서부]. 거룩한 나무 토템 오이세Oyise 형상의 중재자로 체현된 추상적 존재. 이 신을 위한 신전이나 사제는 없다.

크눔 Khnum
저승 또는 땅의 신. 상이집트. 옹기장이의 바퀴에 인간의 생명을 창조했지만 창조신들의 명령을 엄격히 지켰다고 전해진다. 보통 옹기장이 바퀴 앞에 앉아 있으며, 바퀴 위에는 만들어지는 과정 중에 있는 발가벗은 인물이 서 있다. 크눔 숭배는, 첫 번째 나일 폭포 북쪽 에스나Esna와 금 나뭇잎으로 덮인 숫양 미라들이 석관에 묻힌 채 발견된 엘레판티네 지성소들에서 주로 행해졌다. 크눔은 하피* 신이 일으키는 나일 강의 홍수를 관장한다. 배우자는 에스나에 있는 여신 멘히트Menhyt이다. 다른 곳에서 크눔은 또한 바*, 또는 게브*와 오시리스*를 포함한 여러 신들의 영혼으로 묘사된다. 의인화하거나 숫양 머리를 한 모습으로 그려진다.

크라토스(1) Cratos

힘의 신. 그리스. 크라토스*를 보라.

크라토스(2) Kratos

힘의 신. 그리스. 여신 스틱스*의 아들 중 하나이며 비아*와 남매간이다.

크로노스 Kronos

원형적 풍요 신. 그리스 이전. 기원은 정확히 알 수 없으나 어머니 대지 가이아*
와 하늘 신 우라노스*의 아들이다. 크로노스는 우라노스의 성기를 자르고 아
버지의 자리를 찬탈했다. 배우자는 레아*이다. 자기 아버지와 같은 운명에 처
하는 고통을 당하지 않기 위해서 모든 자식들을 삼켜버렸으나 제우스*는 어
머니의 책략으로 살아남았다. 제우스는 결국 모든 타이탄들이 갇힌 심연인 타
르타로스로 크로노스를 던져버렸다. 그리스 수확 축제인 크로니아 kronia에서
크로노스를 기린다. 크로니아는 로마의 사투말리아 saturnalia와 같다. 헬레니즘
시기에 시리아 비블로스에서는 최고신이었다. 안티오쿠스 4세 Antiochus IV(서기전
175~164년)의 화폐에는, 알몸으로 홀笏에 기대어, 날개 세 쌍 중 둘은 펼쳐지고
하나는 접혀진 상태로 묘사되어 있다.

크르소다리 Krsodari (허리가 가는)

여신. 힌두교. 여원 차문다*의 형상으로 굶주림을 의인화한 것이다. 크르소다
리는 시체 위에 서 있다. 상징은 곤봉, 쇠 지팡이, 해골, 삼지창.

크르티카(스) Krttika(s)

행운의 하급 여신. 힌두교(서사시와 푸라나). 스칸다*의 유모들이 되는 플레이아
데스 여섯 별로 이루어진 악의적인 별의 신(들)이다. (힌두교 신화에서 플레이아데스
는 일곱이 아닌 여섯 개의 별로 이루어져 있다.)

크리슈나 KRSNA (검은 분)

기원: 힌두교 (서사시와 푸라나)[인디아]. 비슈누*의 화신.

숭배 시기: 서기전 300년 무렵이나 그 이전부터 현재까지.

별칭: 칸난Kannan. 이 밖에 여러 별명이 있다.

숭배 중심지: 인디아 전역이지만, 특히 마투라.

참조 예술: 보통 청동으로 된 조각들이지만, 돌로 된 것도 있다. 부조.

문헌 자료: 서사시 〈마하바라타〉, 〈바가바드기타 Bhagavad-Gita〉, 〈바가바타푸라나 Bhagavata-
　　　Purana〉.

크리슈나는 비슈누*의 여덟 번째 화신으로 가장 중요한 화신이다. 베다 문헌
에서는 불길하게 나타나기도 하지만 더욱 고상하게 되고 인기 있게 성장한다.
야무나 강둑 마투라에서 태어났다고 하며, 바수데바*와 데바키*의 아들로 난
다*와 야소다*가 양육했다. 크리슈나는 인간의 열망과 결핍을 함께 보여준
다. 그는 힌두교의 거룩한 영웅이자 술꾼 바람둥이이다. 정당한 배우자가 없
으나 주요 여인은 결혼한 여성인 라다*이다. 크리슈나는 1만 6천 번이나 밀회
를 즐겼다고 한다.

　크리슈나가 목동들과 식물의 풍요 신에 기원을 두며 서사시 〈마하바라타〉
의 영웅과 혼합되었다는 것은 거의 확실하다. 〈바가바타푸라나〉에서 크리슈
나는 우주의 구현으로 인식되는데, 창공은 그의 배꼽이고, 별들은 그의 가슴이
며, 하늘은 그의 눈이라고 한다.

　전승에 따르면 크리슈나의 화신은 악마의 왕 칸사Kansa로부터 세상을 구하
기 위한 것이었다. 특히 어린이 형상(발라크리쉬나*)으로, 그리고 라다의 수행을
받는 젊은 목자로 숭배를 받는다. 종종 플루트를 연주하는 숙련된 음악가로
묘사되며, 그가 연주하면 자연이 조용히 귀를 기울이고 폭풍이 잠잠해지며 강
이 조용히 흐르고 처녀들이 깨어난다.

　크리슈나의 유년기 전설은, 짓궂은 장난을 치고 버터 항아리 등을 찾아다니
는 다소 조숙한 어린이로 묘사된다. 버터와 관련된 사건은 조각가들에게 인기
있는 주제가 되었다. 성인 크리슈나는, 인간의 적들인 나가스와 싸워서 사악

한 뱀 칼리야*를 정복하는 승리자이다(가루다*를 보라). 크리슈나는 가루다 위에 앉아 있는 모습으로 나타날 수 있다. 색깔은 검은색 또는 어두운 청색. 상징은 플루트, 손가락 위의 고바르다나Govardhana 언덕, 장신구, 기도바퀴, 목자의 지팡이. 크리슈나는 때로 다른 물건을 지닐 수 있다.

크바지르 Kvasir

하급 지혜 신. 북유럽(아이슬란드). 전승에 따르면 크바지르는 에시르*와 바니르* 신들의 침에서 창조되었고 그래서 그들의 지혜가 하나의 존재로 합쳐졌다. 난쟁이들은 크바지르를 살해하고 그의 피에 꿀을 섞어 발효 음료를 만들었다. 이 꿀술은 시인들의 영감이 되었다. 크바지르는 웨일스 신화에서도 확인된다.

크사마 Ksama (인내)

하급 여신. 힌두교(서사시와 푸라나). 다크샤*의 딸 중 하나. 상징은 삼지창.

크산티파라미타 Ksantiparamita (인욕바라밀 忍辱波羅蜜)

철학적 신. 불교. 바라밀 중 하나로 라트나삼바바*의 영적 자손이다. 색깔은 노란색. 상징은 보석으로 수놓은 깃발과 하얀 연꽃.

크세트라팔라 Ksetrapala

통행의 신. 힌두교(푸라나). 바이라바*의 형상이며 특히 출입문의 수호신으로 임명되었다. 시바*를 최고신으로 숭배하는 사이비테 사원들의 수호신으로 여겨지기도 한다. 연꽃 위에 서 있으며 여러 상징을 갖고 있다.

크슈마이 Kshumai

풍요의 신. 카피르족[아프가니스탄]. 염소의 모습으로 나타나는 자비로운 여신. 크슈마이나 그녀의 장녀가 몬* 신의 어머니라는 전설이 있다. 크슈마이는 인간에게 염소와 포도를 비롯한 다른 열매와 식물을 주었다고 한다. 질병에 걸렸을 때 이 신을 부른다. 긴 젖과 음문을 가진 나무 조각상으로 묘사된다. 키메

Kime라고도 한다.

크시티가르바 Ksitigarbha (땅의 자궁)
여신. 대승불교. 인디아 북부에서 중국과 일본에까지 알려졌다. 보살들 중 하나. 색깔은 노란색이나 초록색. 상징은 책, 사발, 보석, 지팡이, 물병. 중국에서는 지하세계의 신, 지장地藏으로 인식된다. 일본에서 지장은 통행의 수호신이되었다.

크워트 Kwoth
창조신. 누어족[수단]. 이슬람 팽창의 영향을 받았으며, 그리스도교의 영향도받았을 가능성이 큰 누어족은 모든 것을 창조한 최고신 또는 최고의 영적 존재를 인정한다. 크워트의 별명 중 하나는 '강하고 제한이 없음'을 의미하는 투트가Tutgar이다.

클레멘티아 Clementia
하급 여신. 로마. 일반적으로 황제의 절대 권력을 거슬러 보통 사람을 보호하기 위해 이 여신에게 기원한다. 하드리아누스 황제 치세에는 클레멘티아 템포룸clementia temporum(자비로운 시간)이라는 용어가 일상화되었다.

클레하노아이 Klehanoai (밤을 가지고 있는 자)
달의 신. 나바호 인디언[미국 뉴멕시코와 애리조나]. 전승에 따르면, 새벽과 같은태초의 시간에 하얀 테를 두른 수정에서 창조되었다. 그의 얼굴은 빛나는 판과 성스러운 태초의 물로 덮여 있었다고 한다. 달 원반은 사실상 하나의 방패로, 이 신은 달 원반 뒤에서 눈에 보이지 않게 밤하늘을 가로질러 움직인다. 의인화하거나 묘사된 적이 없다. 틀레하노아이Tlehanoai라고도 한다.

클로토 Klotho
방적의 여신. 호메로스 이전의 그리스. 헤시오도스에 따르면 제우스*와 테미스*의 딸 중 하나이다. 라케시스* 및 아트로포스*와 더불어 운명의 세 여신을 이루는 고대의 신이다. 물레의 가락을 가진 모습으로 묘사된다.

키 Ki (위대한 존재)

원형적인 지하의 원리. 메소포타미아(수메르). 몇몇 전승에 따르면 키는 안샤르*와 키샤르*의 딸이고 안(1)*의 배우자이다. 우주가 생겨날 때 안은 하늘 신의 역할을 맡았고 키는 땅과 지하세계의 화신이 되었다. 키는 대기의 신 엔릴*의 어머니이고 그와 함께 하늘에서 내려왔다. 키가 결코 신으로 여겨진 적이 없다고 주장하는 전거들도 있다. 키를 숭배했다는 증거는 없으며, 키는 수메르 창조 문헌에서 아주 적게 나타난다. 우라쉬Uraš(경작지)라는 이름이 관계있을 수 있다. 안투*를 보라.

키니라스 Kinyras

금속 세공의 신. 그리스. 키프로스에서 마술사이자 대장장이로 알려졌다. 더 오래된 서아시아 모델에서 유래했다. 코타르*를 보라.

키니제 Kini' je

하늘의 정령. 유카기르족[시베리아 동부]. 시간 기록을 담당하는 존재이다. 킨젠 Ki'njen이라고도 한다.

키르티 Kirti (영광)

여신. 힌두교(서사시와 푸라나). 케사바*의 배우자 여신. 상징은 물병.

키벨레(1) Cybele

어머니 여신. 로마화한 이름. 키벨레(2)*를 보라.

키벨레(2) KYBELE

기원: 프리지아 [터키 북서부]. 어머니 여신.

숭배 시기: 서기전 1500년 무렵과 훨씬 이전 선사 시대부터 서기 400년 무렵 그리스도교화

   하는 시기까지.

별칭: 키벨레Cybele, 키베베Kybebe.

숭배 중심지: 소아시아 페시누스와 로마, 그리고 광범위한 다른 지역.

참조 예술: 검은 오벨리스크, 여러 고전 조각 작품들, 크노소스에서 출토된 유명한 인장.

문헌 자료: 봉헌 비문들.

아시아의 가장 중요한 어머니 여신 중 하나. 키벨레는, 그리스 어머니 여신들인 레아* 및 데메테르*와 밀접히 동일시된 산의 여신을 기원으로 하고 있을 것이다. 전설에 따르면, 그리스 신 제우스*는 키벨레를 강간하였고 키벨레는 괴물 아들 아그디스티스Agdistis를 낳았다. 키벨레의 배우자는 불충실한 아티스*이다. 아티스는 후회하면서 소나무 아래에서 스스로 거세했고 피를 흘리다 죽었다.

   서기전 204년 무렵 키벨레가 형상화한 검은 돌이 프리지아 페시누스에서 로마로 옮겨졌고, 팔라티노 언덕 승리의 신전에 위대한 어머니 키벨레(1)*로 안치되었다. 이것은 만일 '위대한 어머니'가 로마로 들어오면 침략자 한니발과의 전쟁은 승리할 것이라는 예언을 충족시켰다. 키벨레는 표범이나 사자들이 끄는 전차를 탄 모습으로 묘사되며, 열광적인 춤꾼들인 코리반테스들이 함께 나온다. 애도로 시작해서 3일 동안 진행되는 축제에서 키벨레에게 기도한다.

키부카 Kibuka

전쟁 신. 부간다족[우간다, 아프리카 동부]. 창조신 무카사*의 형제이며 세세Sese 섬에 거주한다고 알려졌다. 전승에 따르면, 키부카는 원수들 위에 멈추어서 창과 화살을 퍼붓는 구름의 형상을 취함으로써 전쟁에서 부간다를 위해 승리를 보장해주었다. 과거에는 키부카의 비밀스런 신상과 거룩한 방패를 보유했던 신전들이 있었다.

키샤르 Kišar

태초의 신(또는 여신). 메소포타미아(수메르와 바빌로니아-아카드). 안샤르*의 배우

자이거나 그와 대등한 신이며, 우주 창조에서 안(1)*과 키*의 어머니 또는 창조자이다.

키아우이틀 Quiahuitl

창조신. 아스텍(고대 메소아메리카)[멕시코]. 세계의 다섯 시대 중 세 번째 시대를 대표하는 태양신이다. 각 시대는 하늘의 해로 2028년 동안 유지되며, 하늘의 한 해는 지구의 해로 52년이다. 세 번째 시대는 불의 시대이며 비의 신 틀랄록*의 지배를 받았다. 전승에 따르면 이 시대는 맹렬한 비 때문에 격렬한 파괴로 끝났다. 인간은 사라지고 멸망하면서 개와 칠면조와 나비로 변했다. 예일대 자연사 박물관인 피바디 박물관에는 〈네 태양의 돌〉로 묘사되어 있다. 키아우토나티우Quiauhtonatiuh 또는 틀레토나티우Tletonatiuh라고도 한다.

키안다 Kianda

바다의 신. 킴분두족Kimbundu[앙골라, 남아프리카]. 대서양과 대서양 생물의 수호신이다. 바닷가에서 봉헌물을 바치는 어부들이 이 신에게 기원했다. 키안다의 현존은 두개골로 상징화될 수 있다.

키야르나라크 Kiya'rnarak (나는 존재한다)

최고의 존재. 에스키모. 보통 인간과는 접촉하지 않는, 아리송하고 멀리 떨어진 특성이 있으며, 세상을 창조했다.

키움베 Kyumbe

창조신. 자라모족Zaramo[탄자니아, 아프리카 동부]. 전승은, 키움베가 출현하기 전에 땅과 하늘이 나타났다고 한다. 그러나 키움베가 지상의 살아 있는 모든 것들을 낳았다고 받아들여진다. 그가 처음에 창조했던 동물들은 꼬리가 없었다. 몸들이 적당한 다리들을 가지게 되자 키움베는 추가로 꼬리를 붙였다.

키타니토위트 Kitanitowit (훌륭한 창조자)

창조신. 알곤킨 인디언(캐나다 동부). 우주의 모든 곳에 있는 첫 번째 존재이다. 눈에 보이지 않는다. 원이 둘러싼 점 모양의 도식 형태로 표현되며, 원에는 네 지역이 표시되어 있다.

키파 Khipa

수호신. 히타이트와 후르리족. 여신 마*의 오래전 이름일 수 있다. 케베Khebe라고도 한다.

킨나르 Kinnar

음악가의 신. 서셈족. 우가리트 문헌에 언급되었고 페니키아로부터 알려졌다. 시리아의 신 아도니스*와 같은 신일 가능성이 있다. 킨누르라고도 한다.

킨시아 Cinxia

혼인의 하급 여신. 로마. 적절한 신부의 예복과 관련이 있다.

ㅌ

타나라 Tanara
하늘의 정령. 야쿠트족[시베리아 중부]. 하늘이 신격화한 존재.

타나아오 Tana'ao
기후와 바다의 신. 폴리네시아[마르키즈 제도]. 바람의 신이자 어부들의 수호신으로 알려진 폴리네시아의 신 탕아로아*의 이형異形.

타나토스 Thanatos
하급 죽음의 신. 그리스. 전설에 따르면 밤의 여신 닉스*의 두 아들 중 하나이며, 레테 강 옆 동굴에서 쌍둥이 형제인 잠의 신 휘프노스*와 함께 산다.

타네(마후타) Tane(mahuta)
빛의 신. 마오리 부족을 포함한 폴리네시아. 첫 번째 부모 랑이누이*와 파파투아누쿠*의 자녀들 중 하나. 나무와 숲과 배를 만드는 사람들의 신이기도 하다. 배우자는 히네아후오네*이며, 죽음의 여신 히네누이테포*가 되기 위해서 지하세계로 내려온 히네아타우이라*의 아버지이기도 하다. 다른 전승에서 타네마후타는 히네누이테포의 배우자로 지하세계로 내려올 때마다 그녀와 합류한다. 자기 부모가 제거되기보다는 따로 떼어놓아야 한다고 제안했던 이도 타네마후타다. 마오리 문화에서 타네마후타는 다른 신들과 마찬가지로 두드러지지 않게 표출되며, 조상들을 묘사한 큰 토템이 아니라, 약간 다듬은 돌이나 나무 조각으로 표현된다. 하와이에서는 카네*라고도 한다.

타누타 Tanu'ta

땅의 정령. 코랴크족[시베리아 남동부]. 땅과 땅의 동식물들의 수호자이며, 이네아네우트*의 배우자다. (다른 전설에서 타누타는 최고 존재인 타얀*의 아들과 결혼했다.)

타니트 Tanit

달의 여신. 페니키아와 폰투스(카르타고). 북아프리카 해변가 여러 지역의 비문들에서 알려졌으며 여신 아스타르테*와 관련이 있다. 타니트의 상징은 평평한 막대기들이 있는 삼각형 장치로 달 원반을 지탱하고 있다. 두 신들은 '지성소의 여주인들'로 묘사된다. 타니트는 카르타고에서 '바알*의 얼굴'로 알려진 최고 여신이었으나, 로마 여신 유노*에게 자리를 빼앗겼다. 그래도 카엘레스티스*라는 이름으로 살아남았다. 카르타고의 타니트 신전에서는 여신 케레스*도 숭배했다. 테니트Tenit라고도 한다.

타디트카라 Taditkara (번개)

빛의 여신. 불교. 색깔은 초록색. 상징은 곤충 형상의 번개. 비디다라 Vidyddhara 라고도 한다.

타라 Tara (배고픈 자의 힘)

1. 여신. 힌두교(베다, 서사시와 푸라나). 타라라는 단어는 '별'로 해석할 수도 있기 때문에, 원래는 별과 관련이 있을 것이다. 시바*의 샥티*가 의인화한 마하비디아* 집단의 일원이다. 찬드라*(소마*)의 배우자일 수도 있다. 상징은 칼, 가죽, 해골, 뱀, 무기. 눈이 셋이다.

2. 여신. 대승불교와 금강승불교. 붓다*의 어머니 마야의 별명. 아발로키테스바라* 또는 아모가시디*의 샥티의 모습들로 여겨지는 디야니붓다샥티*들 중하나이다. 아디붓다*와 여러 선정불들의 샥티이기도 하다. 이 경우에 타라는

'하얀 타라'(White Tara)처럼 여러 다른 색깔로 특징지어진다. 브르쿠티*, 에카자타*, 쿠루쿨라*, 시타타라*, 시야마타라* 등을 보라. 티베트 불교에서는 될마sGrol-ma로 알려졌다.

타라니스 Taranis

천둥 신. 로마노-켈트(갈리아). 제한된 비문에서만 알려졌으나 게르만의 신 도나르*에 필적하며 타라누코스Taranucos와 동일한 신일 가능성이 있다. 로마인들은 유피테르*와 동일시했다. 영국 체스터Chester의 비문에 나온 유피테르 타나루스Jupiter Tanarus는 타라니스를 지칭하는 것일 수 있다. 타라니스의 상징은 살이 있는 바퀴이며, 그는 야만인들 의례의 대상이었던 것으로 추정된다. 천둥을 의미하는 근대 브르타뉴어Breton로는 타란taran이다. 타라노스Taranos라고도 한다.

타라브 Ta'lab

달의 신. 이슬람교 이전의 남아라비아. 신탁 기능을 지닌 신이기도 하다.

타루 Taru

기후의 신. 히타이트와 후르리족. 비문에서 알려졌고 이쉬쿠르*와 동일시된다. 아마도 후르리에서 기원했을 것이다. 타르훈트*와 텔레피누*를 보라.

타르 Tar

땅속의 신. 티브족[나이지리아, 아프리카 서부]. 창조신이자 땅의 창조자인 아온도*가 탄생시킨 타르는, 머리를 동쪽으로 향하고 엎드린 모습으로 묘사되며, 이집트 신 게브*와 비교된다.

타르보스트리가라노스 Tarvos Trigaranos

황소신. 로마노-켈트(갈리아). 티베리우스 황제 치하에 센 강의 사공들이 파리 근처에 세운 사각형 기념물에서 주로 알려졌다. 이 기념물은 에수스*, 불카누스*, 유피테르*, 타르보스Tarvos를 묘사하고 있다. 타르보스트리가라노스는 등에 세 마리의 두루미가 (앉아) 있는 황소로 묘사되며 영국 도체스터Dorchester 와 같은 곳에서도 볼 수 있다. 이와 달리 황소의 뿔이 셋인 경우도 있다.

타르훈트 Tarhunt
기후의 신. 후르리족(아나톨리아). 텔레피누*의 아버지로서 비문들에서 알려졌다.

타리페누 Tari Pennu
땅의 여신. 인디아(콘드족). 하늘 신 부라페누*와 벨라페누*가 판테온의 다른 신들을 임신시키기 위해 창조한 여신. 타리페누는 악의를 지닌 신으로, 오리사 지방의 악명 높은 메리아 의례의 주인이다. 이 의례에서 정기적으로 타리페누를 달래기 위해 인간을 희생물로 바쳤다.

타마츠팔리케타모예케 Tamats Palike Tamoyeke (모든 곳을 걷는 우리의 큰형)
바람과 대기의 신. 우이촐 인디언(메소아메리카)[멕시코]. 신들의 사자使者이며, 세상을 지금의 형태와 모양으로 만들었다.

타비트제트 Ta-Bitjet
전갈의 여신. 이집트. 전갈이 무는 것을 반대하는 주문에서는 호루스*의 배우자로 나온다. 호루스*가 타비트제트의 처녀막을 파열시켰을 때 흘러나온 피에는 독에 대항하는 마술적이고 치료적인 특성이 있다고 여겨졌다.

타비티 Tabiti
불의 여신. 스키타이Scythian. 모든 동물들의 수호자이기도 하다. 로마인들은 타비티를 화로의 여신 베스타*와 혼합하였다.

타세네트노프레트 Tasenetnofret
여신. 이집트. 하로에리스*로서의 호루스*(인간 호루스)의 배우자이며 여신 하토르*의 하급 발현으로 여겨진다. 콤옴보 지성소로부터 알려졌다.

타세트 Ta'xet
죽음의 신. 하이다 인디언[캐나다 퀸 샬롯 섬]. 폭력적으로 죽은 사람들을 관장하는 신. 티아*를 보라.

타쉬메툼 Tašmetu(m)
여신. 메소포타미아(바빌로니아-아카드). 나부*의 배우자.

타쉬미슈 Tašmišu
수행 신. 히타이트와 후르리족. 기후의 신 테슈브*의 형제.

타야우 Tayau (아버지 태양)
태양신. 우이촐 인디언(메소아메리카)[멕시코]. 전승에 따르면, 고대의 무당들이 곡식 어머니 타테오테가나카*의 어린 아들에게 의례적인 옷을 입힌 다음 화덕에 던져서 타야우를 창조했다고 한다. 타야우는 땅속을 여행했고 동쪽에서 태양으로 출현했다. 5월 말에 우이촐 인디언은 양과 칠면조를 의례적인 불에 제물로 바치고 그 후 해가 뜰 때까지 밤새워 노래한다. 타우 Tau, 또는 타베리크 Taverik라고도 한다.

타야우사카이모카 Tayau Sakaimoka
태양신. 우이촐 인디언(메소아메리카)[멕시코]. 태양을 서쪽에 배치하는 신이며 타야우*의 보조자로 여겨진다.

타얀 Ta'yan
최고의 존재. 코랴크족[시베리아 남동부]. 천정 어딘가에 사는 정체불명의 존재이며 대개 보통 인간들과는 접촉하지 않는다. 타얀의 배우자는 관리자 여신 라프나우트 Lapna'ut이며 아들은 구름 인간 야할란*이다. 타얀은 그의 우두머리 집사인 큰 까마귀 퀴킨아쿠*를 통해서 자연세계의 일을 관리한다.

타와 Tawa
창조신. 푸에블로 인디언[미국]. 태양과 부족의 아버지가 신격화한 존재이다.

타우마타아투아 Taumata-Atua
식물 신. 마오리 부족을 포함한 폴리네시아. 밭을 관장하며, 다른 이름의 롱오마타네*가 될 수 있다. 마오리 문화에서 타우마타아투아는 다른 신들처럼 두드러지지 않게 표출되며, 조상들을 묘사한 토템이 아니라, 약간 다듬은 돌이나 나무 조각으로 표현된다.

타우하키 Tawhaki
영웅 신. 폴리네시아와 마오리 부족. 창조신 레후아Rehua의 자손이자 천둥의 여신 와티티리Whatitiri의 손자이며, 헤마Hema와 우루통아Urutonga의 셋째이다. 여신 푸푸마이노노Pupu-mai-nono와 카리히Karihi 신의 동생이다. 몇몇 폴리네시아 전승에서 타우하키는 여신 탕오탕오Tangotango를 배우자로 삼았던 인간의 조상이라 여겨진다. 그는 탕오탕오에게서 딸 아라후타Arahuta를 얻었다. 타우하키의 아버지는 포나투리Ponaturi라고 알려진 신화적인 부족과의 전투에서 죽었으며, 여신 히네피리피리Hine-Piripiri에게 관심을 갖던 질투심 많은 경쟁자였다. 전투 중에 타우하키를 죽이려는 시도들이 있었다. 타우하키는 히네피리피리를 통해서 혜성으로 구체화한 존재로 인식되는 와히에로아Wahieroa를 포함해 여러 자녀들을 낳았다.

타우히리마테아 Tawhirimatea
바람의 신. 마오리 부족을 포함한 폴리네시아. 첫 번째 부모인 랑이누이*와 파파투아누쿠*의 자녀들 중 하나다. 우주 창조의 시간에 하늘과 땅인 어머니와 아버지의 분리를 유일하게 반대했으며, 그 결과 인간을 괴롭히고 고생시키는데 자기 시간을 쓴다. 마오리 문화에서 타우히리마테아는 다른 신들처럼 두드러지지 않게 표출되며, 조상들을 묘사한 토템이 아니라, 약간 다듬은 돌이나 나무 조각으로 표현된다.

타웨레트 TAWERET

기원: 이집트. 출산의 여신.

숭배 시기: 서기전 2500년 무렵부터 서기 400년 무렵 이집트 역사 끝까지.

별칭: 토우에리스Thoueris (그리스).

숭배 중심지: 명확한 중심지는 없으나 테베 카르나크 신전에 묘사되어 있다.

참조 예술: 부적들과 관통된 화병들의 주요 주제였다.

문헌 자료: 보통 마술적 주문들이 포함된 문헌에 나온다.

타웨레트는 이집트의 보통 사람들 사이에서 인기를 누렸고 특히 여성들이 임신했을 때 보호를 요청했다. 인간의 형상으로 그려지거나, 하마 머리에 인간 가슴을 하고 부푼 배에 사자 사지에다 악어 꼬리를 한 혼성적 모습으로 묘사된다. 이처럼 드문 모습은 출산 전후나 그 과정에서 악한 세력에게 겁을 주기 위한 것이다. 타웨레트는 종종 자기 음부 위에 걸린 보호의 상징인 사SA를 가지고 있다. 부적용 화병들은 타웨레트의 형상으로 만들었고, 젖꼭지에 구멍을 내서 의례 중에 우유를 부을 수 있게 했다.

타웨레트의 자비로운 특성은 종종 수컷 하마로 그려지는 세트*의 특성과 대조를 보이는데, 하마는 강과 강가의 초지에서 파괴적인 행동을 하는 동물로 알려졌다.

타응완라나 Ta'ngwanla'na (바다에서 가장 위대한 분)

최고의 바다 신. 하이다 인디언[캐나다 퀸 샬롯 섬]. 깊은 심연에 집이 있다고 알려졌다.

타이판 Taipan

뱀 신. 호주 원주민. 뱀 여신들인 만트야Mantya와 투크남파Tuknampa와 우카Uka

가 타이판의 배우자들이다. 퀸즈랜드 북쪽 케이프요크 반도 서부 연안에서 살아가는 부족들이 주로 숭배한다. 타이판은 무지개뱀을 포함해 호주의 다른 여러 뱀 신들이 지니는 상징들을 가지고 있다. 삶과 죽음을 심판하고, 뱀들이 지닌 보편적 특성인 큰 지혜를 가졌다. 죽이거나 치유할 수 있는 힘이 있으며, 원래는 꿈의 시대에 살아 있는 것들의 피를 만든 신이다.

타코치나카웨 Takotsi Nakawe (기원이신 우리 할머니)
대지의 식물 여신. 우이촐 인디언(메소아메리카)[멕시코]. 땅과 식물의 생명은 타코치나카웨에게 속하며 그녀는 신들의 어머니, 특히 불의 신 타테발리*의 어머니로 여겨진다. 타코치나카웨는 아주 나이가 많아서 장수를 염원할 때 이 여신에게 기원한다.

타쿠르데오 Thakur Deo
지역 신. 힌두교. 인디아 북부의 여러 마을에서 알려졌다. 배우자는 다르티마타*. 하얀 말과 함께 나타날 수 있다. 타쿠르Thakkur라고도 한다.

타크사카 Taksaka
뱀 신. 힌두교(서사시와 푸라나). 일곱 뱀 신들 중 하나. 상징은 염주, 만자(卍) 무늬, 물병.

타키라자 Takkiraja
신. 불교. 남동쪽 방향의 수호신. 색깔은 푸른색. 상징은 푸른 지팡이, 보석, 연꽃 지팡이, 무기, 삼지창. 바즈라즈발라날라르카Vajrajvalanalarka 또는 바즈라야크사Vajrayaksa라고도 한다.

타타타바시타 Tathatavasita (여여 如如의 통제)
하급 여신. 불교. 영적 갱생 수련을 의인화한 바시타* 중 하나. 색깔은 하얀색. 상징은 연꽃.

타테 Tate

창조신. 수 인디언[미국]. 타테는 구름 속에서 나타나며 그의 목소리는 바람이고, 계절의 변화를 관장한다. 죽은 자들의 영혼을 안내하기도 한다. 수 인디언의 무당들이 중재하는 신이다.

타테날리와이 Tate Naaliwahi (어머니 동쪽 물)

비와 물의 여신. 우이촐 인디언(메소아메리카)[멕시코]. 번개 속에 나타나며, 동쪽에서 비를 가지고 온다. 산타카타리나Santa Catarina의, 동굴들이 있는 깊은 골짜기에서 산다.

타테넨 Tatenen (고양된 대지)

대지의 신. 이집트. 멤피스 출신의 식물 신으로 기원하며, 범람이 가라앉은 후 나타나는 나일 강 침적토가 신성화된 존재이다. 식물 신으로서 초록색 얼굴과 사지를 한 의인화한 모습으로 묘사되며, 숫양의 뿔로 경계를 이룬 깃털 달린 왕관을 쓰고 있다. 구왕국 시대(서기전 27세기~서기전 22세기)에 이르러 타테넨은 프타*의 발현으로 창조 과정에 참여했고 샤바카 석(Shabaka Stone)에 언급되어 있다. 샤바카 석에는 타테넨이 '신들의 아버지'로 묘사되어 있으며 양성적 존재로 나와 있다. 타테넨은 죽은 왕들을 보호하기도 한다.

타테라파위에마 Tate Rapawiyema (어머니 남쪽 물)

비와 물의 여신. 우이촐 인디언(메소아메리카)[멕시코]. 타테키에위모카*와 비슷하지만 라구나 데 마그달레나Laguna de Magdalena의 수호 여신이기도 하다. 그곳에서 이 여신은 물도마뱀의 형상을 취한다고 여겨진다.

타테발리 Tatevali (우리의 할아버지)

불의 신. 우이촐 인디언(메소아메리카)[멕시코]. 생명과 건강의 신이기도 하며, 예언하고 질병을 치료하는 무당으로 인식된다. 무당들의 수호신이며 타토시*와 함께 최초의 우이촐 신전을 지었다고 한다. 타테발리의 동물들 중에는 마코앵무새, 왕 독수리, 홍관조, 퓨마, 주머니쥐 등이 포함되어 있다.

타테벨리카비말리 Tate Velika Vimali

태양 여신. 우이촐 인디언(메소아메리카)[멕시코]. 어린 소녀나, 발톱으로 세계를 잡고 보호하는 왕 독수리로 인식된다. 인간 형상일 때 별들이 있는 밤하늘은 이 여신의 옷이다.

타테아우체쿠푸리 Tate Hautse Kupuri (어머니 북쪽 물)

비와 물의 여신. 우이촐 인디언(메소아메리카)[멕시코]. 타테키에위모카*와 비슷하지만 엷고 짙은 안개를 관장하기도 한다.

타테오테가나카 Tate Oteganaka (어머니 곡식)

곡식의 여신. 우이촐 인디언(메소아메리카)[멕시코]. 태양신 타야우*의 어머니이다.

타테키에위모카 Tate Kyewimoka (어머니 서쪽 물)

비와 물의 여신. 우이촐 인디언(메소아메리카)[멕시코]. 번개 속에 나타나며 붉은 뱀과 비슷하다고 한다. 산타카타리나의, 동굴들이 있는 깊은 골짜기에 살며 서쪽에서 비를 가지고 온다. 타테키에위모카의 동물들에는 사슴과 까마귀들이 포함된다. 곡물의 신이기도 하다.

타토시 Tatosi (증조할아버지 사슴 꼬리)

불의 신. 우이촐 인디언(메소아메리카)[멕시코]. 타테발리*의 아들이라 여겨지며, 아버지의 깃털에서 창조되었으나 우두머리 사슴 신이기도 하다. 타토시의 거룩한 동물은 꼬리가 하얀 매이다. 마라크와리Mara Kwari라고도 한다.

타트마니투 Thatmanitu

지역 치유의 신. 서셈족. 주로 시돈에서 알려졌으나 우가리트 판테온에도 포함되었다.

타트카히크닌 Tatqa'hicnin (뿌리 인간)

식물의 정령. 코랴크족[시베리아 남동부]. 모호하게 정의된 대지의 신이며 땅 밑에 사는 신이다. 아마도 식용 뿌리와 그 뿌리의 유효성을 조절하는 신으로 추정된다.

타피오 Tapio

사냥 신. 그리스도교 이전의 핀란드. 숲에 산다고 여겨지며 사냥하기 전에 이 신에게 기원한다.

타힌 Tajin

비의 신 집단을 일컫는 총칭. 토토낙Totonac 인디언(메소아메리카)[멕시코]. 현대 부족의 숭배를 받았으며, 고대 베라크루스Veracruz 유적지인 엘 타힌El Tajin의 폐허지에 살면서 그곳에서 천둥 구름을 관장한다고 여겨진다.

탈나 Thalna

분만의 여신. 에트루리아. 젊은 여성으로 묘사되며 종종 하늘 신 틴*과 관련이 있다.

탈츄 Tailtiu

여신. 켈트(아일랜드). 전승에 따르면, 투아하데다난*족 에키드Eochaid의 배우자로, 루의 유모이다. 8월 1일 열렸던 루나사Lughnasad(루의 집회/놀이) 축제와 관련이 있었다.

탑하 Thab-Iha

마음의 신. 라마교 이전의 본족[티베트]. 색깔은 빨간색. 상징은 올가미 형상의 뱀.

탕아로아 Tangaroa

바다의 신이자 창조신. 마오리 부족을 포함한 폴리네시아. 탕아로아는 대양들인 모아나moana와 물고기인 이카ika를 관장한다. 하와이인들의 믿음 속에 탕아로아는 새의 형상을 취하고 태초의 물에 알을 낳은 태초의 존재이다. 알이 깨지면서 하늘과 땅을 형성했다. 다음에는 빛의 신 아테아*를 낳았다. (타네*를 참조하라.) 타히티의 전설에 따르면 탕아로아는 거대한 홍합 조개 속에서 세상을 창조했다.

탕아로아가 낚시하러 갔다가 대양의 심연에서 통아 제도를 끌어왔다는 다른 전승도 있다. 탕아로아는 인간의 조상이다. (인간에게 권위를 발휘하는 투마타우엥아*와는 다르다.)

탕아로아의 아들 필리Pili는 열대의 새인 시나Sina와 결혼해서 다섯 아이를 낳았고 그들에게서 나머지 폴리네시아 부족들이 태어났다. 마오리 문화에서 탕아로아는 다른 신들과 마찬가지로 두드러지지 않게 표출되며, 조상들을 묘사한 큰 토템이 아니라, 약간 다듬은 돌이나 나무 조각으로 표현된다.

탕오 Tango

신. 폴리네시아[쿡 제도]. 태초의 어머니 바리마테타케레*의 셋째 아들이다. 탕오는 자기 어머니의 오른쪽에서 뜯겨져 나왔으며, 에누아쿠라Enua-Kura에서 살았다. 에누아쿠라는 빨간 앵무새 깃털의 땅으로, 세계 코코넛 속에 있는 티니라우*의 집 바로 아래에 있다.

태산(泰山) T'ai Shan (신)

신. 중국. 땅과 인간의 직접적 통치자이다. 동악태산신東岳泰山神이라는 명칭이 붙여졌으며, 대종岱宗이라고도 한다.

태세성군(太歲星君) Tai-Sui-Jing

일시적 시간의 신. 중국. 12년 주기로 태양을 도는 목성이 신격화한 존재이다.

태일(太一 / 泰一) T'ai Yi

태초의 신. 중국. 우주가 창조되기 이전에 현존했던 우주의 기운이며 뜻은 '위대한 일치'이다. 송나라 때 별 신들의 수장으로 높여졌다. 중국 신화에서 자줏빛 행성의 신과 동일시되거나 북극성 신의 체현으로 여겨졌다.

테난토므니 Tenanto'mni

창조자 정령. 척치족[시베리아 동부]. 하늘의 정점 어딘가에서 살고 있는 불명확하고 외딴 영. 세상을 창조한 후 까마귀처럼 생긴 우두머리 하인 쿠우르킬*을 통해서 현재의 상태로 바꾸어놓았다.

테난토므완 Tenanto'mwan

창조자 정령. 코랴크족[시베리아 남동부]. 특히 타이고노스Taigonos 반도에서 순록을 사냥하는 코랴크인들과 함께 확인된다. 하늘의 천정 어딘가에 사는 불확실하고 동떨어진 정령이다. 테난토므완은 세상을 창조했고 퀴킨아쿠*는 그것을 현재의 상태로 변화시켰다. 테난토므완은 창조자의 화신들을 언급할 때 항상 사용되는 이름이다.

테라마테르 Terra Mater

태초의 지모신地母神. 로마. 그리스 모델에서 유래했다. 텔루스*를 보라.

테르미누스 Terminus

통행의 신. 로마. 경계를 표시하는 돌로 체현되었다. 테르미누스를 기념하는 축제 테르미날리아Terminalia는 2월 23일 열렸다.

테마나바로아 Te-Manava-Roa (오래 사는)

창조적 존재. 폴리네시아[쿡 제도]. 거대한 벌레의 형상으로 인식되며 우주의 영속 속성을 관리하고 책임지는 세 정령 중 하나이다. 세상을 나타내는 코코넛 껍데기 뿌리의 가장 높은 부분에서 산다.

테미스 Themis

정의와 질서의 여신. 그리스-로마. 티탄족*의 일원으로 분류되지는 않지만, 하늘 신 우라노스*와 땅의 어머니 가이아*의 딸이다. 제우스*의 배우자이며 호라이와 모이레스의 어머니다. 하데스*에서 눈을 가리고 앉아서 죽은 자들의 영혼이 천국으로 갈 것인지 지옥으로 갈 것인지 심판하는 공평한 신이다. 덜 중요한 세 심판관인 아이아코스*, 미노스*, 라다만토스*가 테미스를 수행한다. 죄인은 푸리에스에게 넘겼다. 아티카의 람누스에서 서기전 6세기에 테미스에게 신전을 바쳤으며, 테미스 신전 옆에는 서기전 5세기에 분노의 여신 네메시스*의 신전이 지어졌다.

테산 Thesan

새벽의 여신. 에트루리아. 테산은 매일 자신의 빛으로 새로운 생명을 세상으로 가져오기 때문에 아이를 분만할 때에도 이 신에게 기원했다.

테슈브 TEŠUB

기원: 히타이트와 후르리족 (아나톨리아) [터키]. 기후의 신.

숭배 시기: 서기전 1800년 무렵이나 그 이전부터 서기전 1100년이나 그 이후까지.

별칭: 테슈프Tešup, 아마도 슈테크*.

숭배 중심지: 하투사스Hattusas (보가즈쾨이Boghazköy), 아린나*, 타우루스Taurus 지역과 북시리아 평원에 있는 다른 여러 지성소들.

참조 예술: 인장과 인장 날인, 조각, 바위에 새긴 조각 등.

문헌 자료: 보가즈쾨이와 다른 곳에서 출토된 쐐기문자와 상형문자 본문들.

테슈브는 태양(여)신 아린나*보다 하급일 수 있지만, 헤타이트 국가 종교에서 가장 중요한 신이다. 기본적으로는 폭풍이나 변덕스러운 기후를 자주 경험하는 산악 지역에 적합한 기상氣象 신이다. 전쟁 신이자 '하늘의 왕, 하티Hatti 땅의 주인'이기도 하다. 배우자는 헤바트*로 알려졌다. 전설에 따르면 테슈브는 용의 형상을 한 무질서의 힘 일루얀카스와 대결을 벌인다. 테슈브는 용을 물리치며, 겨울 이후에 다시 땅에 원기를 주고 죽음을 넘어선 승리를 상징하게 된다. 이 드라마는 푸룰리야스Purulliyas의 신년 봄 축제에서 시행되었던 것으로 보인다.

히타이트 왕국의 왕은 테슈브의 대사제였다. 단편들은, 신전 창녀들을 동반해서 테슈브 신상을 거룩한 숲에 있는 타르누Tarnu실(숭배실 또는 목욕탕)까지 가지고 갔으며 그곳에서 다양한 의례를 수행했다고 묘사한다. 테슈브는 때로 사라지는 식물 신의 역할을 맡기도 했다(텔레피누*를 보라). 말라티야Malatya에 있는 조각들은 숫양 제의가 있었음을 알려준다. 테슈브는 뿔 달린 동물 위나 황소가 끄는 마차에 서서 활을 든 모습으로 그려진다.

테슈브는 미케네 시기(서기전 1500년~1200년 무렵) 그리스에서 유입된다. 미케네, 티린스Tiryns, 필라코피Phylakopi, 델로스 등지에서 청동 테슈브 상들이 발견되었다.

테스카츠온카틀 Tezcatzoncatl
하급 풍요의 신. 아스텍(고대 메소아메리카)[멕시코]. 오메토츠틀리*로 분류되는 집단의 일원이며 용설란 및 용설란으로 만든 술 풀케와 관련이 있다.

테스카코악아요페츠틀리 Tezcacoac Ayopechtli (거울, 뱀, 거북이, 의자)
탄생의 여신. 아스텍(고대 메소아메리카)[멕시코]. 소치케찰*의 화신이다. 테테오이난*으로 분류되는 집단의 일원이다.

테스카틀리포카 TEZCATLIPOCA (연기를 내는 거울)
기원: 아스텍(고대 메소아메리카)[멕시코]. 태양신.

숭배 시기: 서기 750년 무렵부터 1500년 무렵까지. 그러나 훨씬 이전부터 알려졌을 것이다.

별칭: 모요코야Moyocoya.

숭배 중심지: 없음.

참조 예술: 돌조각, 벽화, 사본 삽화들.

문헌 자료: 콜럼버스 이전의 사본들.

창조 신화에 따르면, 열세 번째 하늘의 위대한 어머니가 임신하게 되자, 그녀의 아기를 질투한 400의 별 신들은 분만할 때 죽이려는 음모를 꾸몄다. 그러나 그들은, 테스카틀리포카가 완전히 무장한 채 자기 어머니로부터 나와서 원수들을 파괴할 때까지 동굴에 갇히게 되었다. 테스카틀리포카의 유일한 친척은 누이 코욜사우키*뿐이었다. 그녀는 전투에서 죽었으나 테스카틀리포카가 하늘로 그녀의 머리를 던져서 달이 되어 살아갈 수 있게 했다. 테스카틀리포카가 태초의 자기-창조적 존재들인 토나카테쿠틀리*와 토나카키우아틀*의 산물이라고 묘사하는 다른 전승도 있다.

테스카틀리포카는, 세계의 다섯 시대 중 태양 4오셀로틀*이 의인화한 첫 시대를 다스린다. 스페인 정복기에 열세 하늘 중 열 번째 하늘로 알려진 테오틀 이스타칸Teotl Iztacan(하얀 신들의 장소)의 통치자이기도 하다. 테스카틀리포카와 케찰코아틀*은 몇몇 맥락에서 적대자로 나오기도 하지만, 부서진 우주를 회복하고 다섯 번째 (현재의) 태양을 창시하기 위해 함께 일한다. 테스카틀리코카는 불을 창조하기 위해서 스스로 화신인 믹스코아틀카막스틀리*, 곧 (그의 아들이라고도 하는) '붉은 테스카틀리포카'로 변화한다. 그는 거대한 악어의 형상인 시팍틀리*가 되어 태초의 물에서 땅의 어머니를 끌어당긴 위대한 마술사이기도 하다. 고투 속에서 그는 왼쪽 발을 그녀에게 물어뜯기지만, 그녀가 다시 창조의 물에 잠기는 것을 예방하기 위해 그녀의 아래턱을 뜯어낸다.

테스카틀리포카는 젊은 전사들의 수호신이며 능히 잔인할 수 있다. 해마다 선택되는 희생 의례의 희생자는 심장이 찢겨져서 살해되었다.

이 신은 다양한 화신들과 색깔들 및 태양의 위치에 따라서 인식된다. 그는, 동쪽에서는 노란색이나 하얀색이고, 남쪽에서는 푸른색이며(우이칠포츠틀리*를 보라), 서쪽에서는 빨간색, 북쪽에서는 검은색이다.

테스카틀리포카이츠틀라콜리우키 Tezcatlipoca-Itztlacoliuhqui

신전의 신. 아스텍(고대 메소아메리카)[멕시코]. 보르지아 사본과 코스피 사본, 페헤르바리-마이에르 사본 등에 묘사된 네 신들 중 하나. 토나티우*, 센테오시우아틀*, 믹틀란테쿠틀리*를 보라.

테아 Thea

여신. 그리스. 티탄족*의 일원이며 히페리온*의 배우자이고, 태양신 헬리오스*와 여신 에오스*(새벽) 및 셀레네*(달)의 어머니이다. 테이아Theia라고도 한다.

테아카라로에 Te-Aka-la-Roe (모든 존재의 뿌리)

창조적 존재. 폴리네시아[쿡 제도]. 거대한 벌레의 형상으로 인식되며 우주의 영속성을 관리하고 책임지는 세 정령들 중 하나이다. 세상을 나타내는 코코넛 껍데기 뿌리의 가장 낮은 부분에서 산다.

테안드로스 Theandros

신. 이슬람교 이전의 북아라비아. 그리스와 로마의 비문에서만 알려졌다.

테우카틀 Teuhcatl (테우틀란Teutlan의 그)

지역 전쟁 신. 아스텍(고대 메소아메리카)[멕시코]. 사냥의 신이기도 하며 믹스코아틀Mixcoatl로 분류되는 집단의 일원이다.

테우타테스 Teutates

지역 부족 신. 로마노-켈트(갈리아). 제한된 비문을 통해서만 알려졌다. 테우타테스는 '위대한'을 뜻하는 그의 별명보다는 중요성이 덜할 수 있다. 로마의 작가 루카누스에 따르면, 카이사르의 군대가 갈리아에서 만났던 켈트의 세 신 가운데 하나이며, 산 제물을 바치는 호수에 희생자들을 익사시켰던 야만적 의례의 대상이다. 브리튼의 신 토타티스*와 같은 신일 수 있다. 테우타테스는 메르쿠리우스*나 마르스*에 동화되었다. 테우타티스Teutatis라고도 한다.

테위실락 Tewi'xilak

염소 사냥꾼들의 신. 자와디눅스 인디언[캐나다 브리티시컬럼비아]. 최고신 카와딜릴칼라Qa'wadilliqala의 장남이다. 아주 쉽게 염소들을 죽여서 부족을 부양한다고 한다. 상징물 중에는 붉은 삼나무 껍질로 만든 머리띠가 포함되어 있다.

테이스바스 Teisbas

수호신. 우라티아(아르메니아). 비문에서 알려졌다.

테이카우친 Teicauhtzin (남동생)

하급 전쟁 신. 아스텍(고대 메소아메리카)[멕시코]. 멕시코의 수호신이며 우이칠포
츠틀리*로 분류된 집단의 일원이다.

테조스니사 Tejosnisa (날카로운 자)

신. 불교. 남동쪽 방향의 수호신과 연결되어 있다. 색깔은 하얀색이 도는 빨
간색. 상징은 태양 원반.

테지드포엘 Tegid Voel

물의 여신. 켈트(웨일스). 케리드웬*의 짝이며 웨일스의 시인 탤리에신Taliesin의 시
에도 나온다.

테차아우테오틀 Tetzahauteotl (두려운 조짐의 신)

하급 전쟁 신. 아스텍(고대 메소아메리카)[멕시코]. 멕시코의 수호신이며 우이칠포
츠틀리*로 분류되는 집단의 일원이다.

테차우이틀 Tetzahuitl (두려운 조짐)

하급 전쟁 신. 아스텍(고대 메소아메리카)[멕시코]. 멕시코의 수호신이며 우이칠포
츠틀리*로 분류되는 집단의 일원이다.

테코레 Te Kore (공허)

태초의 존재. 마오리 부족을 포함한 폴리네시아. 빛이 생기기 이전 혼돈의 어
둠이 의인화한 존재. 보통, 알려지지 않은 밤인 테포*와 짝을 이룬다.

테탕아엥아에 Te-Tanga-Engae (호흡)

창조적 존재. 폴리네시아[쿡 제도]. 거대한 벌레의 형상으로 인식되며 우주의 영속성을 관리하고 책임지는 세 정령 중 하나이다. 세상을 나타내는 코코넛 껍데기 뿌리의 중간 부분에서 산다.

테테오이난 Teteoinan

치료사들과 의사, 점쟁이들의 여신. 아스텍(고대 메소아메리카)[멕시코]. 테테오이난으로 분류되는 집단의 수장이다.

테테오이난테테오 Teteo Innan Teteo (신들의 어머니)

하급 불의 신. 아스텍(고대 메소아메리카)[멕시코]. 불과 관련된 가족주의적 신. 시우테쿠틀리*로 분류되는 집단의 일원이다.

테테오이난토키 Teteoinnan-Toci

산파들의 여신. 아스텍(고대 메소아메리카)[멕시코]. 멕시코 계곡에서 국부적으로만 알려졌으며 아이를 분만할 때 여성들이 이 여신에게 기원했다. 테테오이난*으로 분류되는 집단의 일원이다.

테튀스 Tethys

바다의 여신. 그리스. 티탄족*의 일원이며 우라노스*와 가이아*의 딸이고 오케아노스*의 누이이자 배우자이다.

테티스 Thetis

강과 대양의 여신. 그리스. 네레우스*의 딸 중 하나인 테티스는 오케아노스*와 함께 강과 바다를 책임진다. 테티스는 덜 알려진 신들 중 하나이며, 신화에 따르면 인어이지만, 특히 아킬레우스의 어머니이기 때문에 중요하다. 전설에 따르면 테티스는 아킬레우스를 스틱스Styx에 잠기게 함으로써 그를 불사의 몸으로 만들려고 했다. 그러나 그녀가 잡았던 발뒤꿈치가 마른 채로 남아서 이

시도는 실패했다. 테티스는, 반인반마의 켄타우로스 가운데 하나인 키론에게 아킬레우스의 교육을 맡긴다. 테티스는 네레이드Nereids라고 알려진 바다 요정들에 둘러싸여 그들의 수행을 받으며, 아킬레우스가 죽은 다음에는 대양의 심연으로 돌아갔다.

테페욜로틀 Tepeyollotl (언덕 심장)

하급 대지의 신. 아스텍(고대 메소아메리카)[멕시코]. 테스카틀리포카*로 분류되는 집단의 일원이다. 원래 재규어로 상징되는 지진의 신이었으나 뒤에 아스텍 판테온에 들어왔다.

테포 Te po

태초의 존재. 마오리 부족을 포함한 폴리네시아. 빛이 생기기 이전 혼돈에 존재하던 밤이 의인화한 존재. 보통, 혼돈인 테코레*와 짝을 이룬다.

테포스테카틀 Tepoztecatl

하급 풍요 신. 아스텍(고대 메소아메리카)[멕시코]. 오메토츠틀리*로 분류되는 집단의 일원으로 용설란 및 용설란으로 만든 술 풀케와 관련이 있다.

테프누트 Tefnut

태초의 습기의 여신. 이집트. 헬리오폴리스 사제들이 규정한 족보에 따르면, 테프누트는 창조 태양신 아툼*의 호흡이나 뱉은 침에서 창조되었다. 대기의 신 슈*의 누이이며 게브*와 누트*의 어머니이다. 주요 지성소는 헬리오폴리스에 있었다. 테프누트도 슈*와 마찬가지로 '레*의 눈'의 현현들 중 하나가 될 수 있다. 그런 경우에는 사자의 모습이나 암사자의 머리를 한 인간 형상으로 나타난다. 피라미드 본문에 따르면 테프누트는 자기 자궁에서 담수를 창조했다. 다른 맥락에서는 제왕의 홀笏을 둘러싼 뱀의 형상을 취하기도 한다.

테하론(히아와곤) Teharon(hiawagon) (손에 태양을 넣은 자)

창조신. 모호크Mohawk 인디언[미국, 캐나다]. 세상과 모든 생물을 창조했고, 무당들이 건강과 번영을 위해 이 신에게 기원한다. 테하론의 원수는 어둠을 상징하는 악신 타위스카론Tawiskaron이다.

텍시스테카틀 Tecciztecatl (소라 껍데기 주인)

달의 신. 아스텍(고대 메소아메리카)[멕시코]. 우주 창조 다섯째 날 신들은 새로운 태양신을 선출하기 위해 모여 앉았고, 나나우아틀*과 텍시스테카틀은 거룩한 불에 스스로를 태웠다. 나나우아틀의 심장은 승천하여 새로운 태양이 되었고 텍시스테카틀은 달이 되었다. 전승은, 텍시스테카틀이 부유하고 겁이 많은 반면, 나나우아틀은 병들고 가난했으나 위대한 용기를 지녔다고 시사한다. 그러나 이 둘이 케찰코아틀*과 틀랄록*의 아들들이며, 아버지들이 그들을 불 속으로 집어 던졌다는 다른 전승도 있다. 이들은 테스카틀리포카*로 분류된 집단의 일원이기도 하다. (결국 모든 신들은 인간을 위해서 스스로를 희생했다.)

텔레피누 TELEPINU

기원: 히타이트와 후르리족(아나톨리아)[터키]. 식물과 풍요의 신.

숭배 시기: 서기전 1800년 무렵이나 그 이전부터 서기전 1100년이나 그 이후까지.

별칭: 텔리푸나Telipuna.

숭배 중심지: 네리크Nerik를 포함해서 적어도 투루스Turus 지역의 네 도시와 관련이 있으나 시리아 평원에서도 알려졌다.

참조 예술: 인장과 인장 날인, 조각, 바위에 새겨진 기념 조각 등.

문헌 자료: 보가즈쾨이에서 출토된 본문들.

텔레피누는 풍산 신이며, 테슈브*의 아들이거나, 다른 전승에서는 천둥과 번개와 비를 가져오는 타루*이다. 후르리에 기원을 두고 있을 것이다. 텔레피누는 행방불명이 되었다가 해마다 자연의 죽음과 재생을 상징화하며 재발견된다.

텔레피누가 사라지는 이야기는 몇 개의 다른 서사가 있으며, 때로는 기후의 신 테슈브가 텔레피누의 역할을 맡는다. 전설은 텔레피누가 어떻게 분노해서 느닷없이 히타이트 왕국에서 벗어나는지 설명한다. 태양신은 히타이트의 여러 신들을 위해 축제를 열었으나 땅에 충분한 음식이 없었기 때문에 손님들을 모두 먹일 수 없었다. 처음에는 독수리인 테슈브가 음식을 찾으러 나갔다. 마지막에는 여신 한나한나스*가 벌을 보내 잠자는 텔레피누를 발견하고 쏘게 해서 자연에 분노를 유발한다. (영웅 렘민카이넨Lemminkainen에 대한 핀란드의 전설은 이와 비교되는 이야기이다.) 텔레피누는 결국 고향으로 돌아와서 조용해지고, 자연은 풍요롭게 된다.

텔레피누는, 속이 빈 나무줄기가 추수 봉헌물로 채워진 나무 형상으로 숭배를 받았을 것이다.

텔루스 Tellus

태초의 지모신. 로마. 대체로 자비롭다고 여겨지는 곡물의 신이지만, 죽은 자들의 여신이기도 하다. 적군들을 텔루스에게 바쳤고 텔루스의 이름으로 저주했다. 인간 희생 제물을 바침으로써 텔루스와 곡물 여신 케레스*를 달랬다.

텔리코 Teliko

뜨거운 바람의 신. 밤바라족[말리, 아프리카 서부]. 전승에 따르면 물의 신 파로*가 태초의 싸움에서 텔리코에게 도전했고 그를 산에 부딪쳐 박살냈다.

텔야벨리크 Teljavelik

창조신. 그리스도교 이전의 리투아니아. 태양신 사울레*를 낳았으며 하늘의 대장장이로 묘사된다.

텔포치틀리 Telpochtli (젊은 남자)

전능한 신. 아스텍(고대 메소아메리카)[멕시코]. 보편적이면서도 대체로 악의를 지닌 힘이다. 테스카틀리포카*로 분류되는 집단의 일원이다.

토(土) Tu(1)

땅의 여신. 중국. 풍요의 정령이다. 농부들이 밭에 남겨진 남근 모양의 흙더미로 풍성한 수확을 기원하며 부르는 여신과 동일시된다.

토나카키우아틀 Tonacacihuatl (우리의 몸 숙녀)

태초의 신. 아스텍(고대 메소아메리카)[멕시코]. 가장 널리 수용되는 아스텍 우주 창조 이야기에서 이 신은 스스로 창조된 영원한 여성적 원리로, 모든 생명을 창조하기 위해서 토나카테쿠틀리*와 결합하며 하늘의 영혼들을 세상의 자궁들로 옮겨준다. 토나카키우아틀은 가장 높은 열세 번째 하늘에 존재하며 태양신 테스카틀리포카*를 창조했고, 이 태양신으로부터 판테온의 다른 모든 신들이 생겼다. 오메오틀로 분류된 집단의 일원이다. 오메시우아틀Omecihuatl이라고도 한다.

토나카테쿠틀리 Tonacatecuhtli (우리의 몸 주인)

태초의 신. 아스텍(고대 메소아메리카)[멕시코]. 가장 널리 수용되는 아스텍 우주 창조 이야기에서 이 신은 스스로 창조된 영원한 남성적 원리로, 모든 생명을 창조하기 위해서 토나카시우아틀*과 결합한다. 가장 높은 열세 번째 하늘에 존재하며 태양신 테스카틀리포카*를 창조했고, 이 태양신으로부터 판테온의 다른 모든 신들이 생겼다. 오메테오틀*로 분류된 집단의 일원이기도 하다. 전승에 따르면 토나카테쿠틀리는 네 번째 세계 시대(아틀*)의 대홍수 후에 넘친 물을 분산시키기 위해서 땅의 중심을 통과하는 네 길을 뚫었다. 이름 없는 네 존재들의 도움을 받는 그의 네 아들들은, 동서남북 네 방향에서 테스카틀리포카와 케찰코아틀*이 창조한 거대한 나무들을 괴어서 떨어진 하늘을 끌어 올렸다. 틀라우이스칼판테쿠틀리*와 에카틀케찰코아틀*과 믹틀란테쿠틀리*를 보라.

다른 신화에서 토나카테쿠틀리는 스페인 정복기에 열세 하늘 중 여섯 번째 하늘로 알려진 일루이카틀 야야우칸Ilhuicatl Yayauhcan(검은 하늘)의 통치자이기도 하다. 오메테쿠틀리*라고도 한다.

토나티우 Tonatiuh (솟아오르는 독수리)

창조신. 아스텍(고대 메소아메리카)[멕시코]. 태양 욜린이 의인화하고 격변적인 지진으로 끝장날 운명인 세계의 다섯 번째(현재) 시대를 다스린다. 스페인 정복기에 열세 하늘 중 네 번째 하늘로 알려진 일루이카틀 토나티우Ilhuicatl Tonatiuh(태양의 하늘)의 통치자이다. 다른 문헌들, 특히 보르지아 사본과 코스피 사본, 페헤르바리-마이에르 사본에는 신전 신으로 묘사되어 있다.

토날레케 Tonaleque

여신. 아스텍(고대 메소아메리카)[멕시코]. 스페인 정복기에 열세 하늘 중 다섯 번째 하늘로 알려진 일루이카틀 우익스토틀란Ilhuicatl Huixtotlan(풍성한 소금 여신의 하늘)의 통치자이다.

토네닐리 Tonenili

비의 신. 나바호 인디언[미국 뉴멕시코와 애리조나]. '천상의 물의 주'로 불리며, 호수나 강이나 바다의 물과 대조적으로, 하늘들에서 오는 물(비)을 관리한다. 토네닐리는 자기의 물을 동서남북 네 방향으로 흩뿌리기 위해서 폭풍 구름을 한데 모은다고 한다. 판테온의 다른 신들을 위해서 물을 운반하는 신이기도 한다. 토네닐리는, 머리 술과 깃이 달린 푸른 가면을 쓰고, 허리에 주홍색 옷을 두르고, 은으로 장식된 가죽 허리띠를 차고, 등에 여우 가죽을 매달았지만 벌거벗은 모습으로 표현된다. 신화에 나오는 토네닐리의 상징은 가는 가지로 엮어서 만든 물병 둘뿐이며, 이 물병의 줄은 무지개로 되어 있다.

토로 Toro

창조신. 웅반디족[자이르, 중앙아프리카]. 토로는 거대한 뱀으로, 잠자리의 영혼이자 거룩한 강 우방기의 상징인 캉갈로그바*의 아들로 알려졌다.

토로루트 Tororut

창조신. 수크족과 포코트족[우간다, 케냐 서부, 아프리카 동부]. 곡물과 가축의 안전을 위해 해마다 황소를 희생물로 바치는 특별한 의례에서 토로루트를 부른다. 가뭄이나 기근 또는 역병이 돌 때에도 똑같은 의례를 수행한다. 토로루트의 형제 아시스*는 태양신이다. 배우자는 세타*이며, 비의 신 일라드*와 달의 신 아라와*, 금성의 신 토포*가 그들의 자녀들이다.

토르 THOR (천둥 신)

기원: 북유럽(아이슬란드). 본래 전쟁 신이지만 하늘, 폭풍, 바다 여행 및 정의의 신이기도 하다.

숭배 시기: 서기 700년 무렵 바이킹 시대 또는 그 이전부터 1100년 무렵 그리스도교 시기나 그 이후까지.

별칭: 호라갈레스*, 투노르.

숭배 중심지: 스웨덴 웁살라, 아일랜드 더블린Dublin, 북유럽 지역의 여러 장소들.

참조 예술: 작은 조각들, 부조, 아마도 익명의 조각품들의 주인공일 것이다.

문헌 자료: 아이슬란드 사본들, 스노리의 〈산문 에다〉, 삭소의 〈덴마크 역사〉, 봉헌 비문들 및 장소 이름들.

토르는 중요한 에시르* 하늘 신들 중 하나이며 아스가르드 지역의 주요 방어자이다. 토르의 어머니는 주인, 곧 땅의 근본 질료인 프리마 마테리아prima materia라고 하며, 그는 빌스키르니르Bilskirnir에서 산다. 토르는 오딘(2)*보다 더욱 큰 인기를 누렸을 것이다. 당당한 붉은 수염에 철 보호구와 권력의 허리띠를 차고, 손잡이가 짧은 망치 묠니르Mjollnir를 휘두르는 모습으로 묘사된다. 이 망치는 돌에 부딪히면 번개를 일으키고 내던지면 벼락이 된다. 토르가 도끼를 들고 있는 모습도 있는데, 망치와 도끼는 모두 풍요의 상징일 수 있다. 도끼에서 유래했다고 여겨지는 만자(卍)는 토르와 관련을 맺게 되었고, 그는 거룩한 금이나 은팔찌로 상징화될 수 있다.

토르는 술과 음식에 대해 엄청난 욕구를 가지고 있다. 탕그뇨스트Tanngniost와 탕그리스니르Tanngrisnir라는 두 마리 염소가 끄는 마차를 타고 하늘을 다니며, 마차의 바퀴는 천둥소리를 낸다. 토르는 나무들 및 거룩한 숲과 강하게

연결되어 있다. 토르라는 이름은 '목요일'의 기원이다. 곧, 토르의 날(Thor's day)
이 목요일(Thursday)이 된 것이다.

토르나르쑤크 Tornarssuk (큰 토르나크 또는 무당)

최고의 존재. 에스키모. 지배하는 신들 집단 토르나트Tornat의 주인이다. 본질
적으로 자비로우며 개인적인 무당을 통해서 소통할 수 있다. 토르나르쑤크의
집은 영혼들의 땅속 지하세계에 있다. 토르나르쑤크는 모호한 존재로 묘사되
며, 큰 곰의 모습으로 나타날 수 있다. 그러나 그린란드 에스키모 전승은 그
가 바다에 살며 긴 촉수를 가진 크고 살진 바다표범(어쩌면 오징어)과 같은 모
습으로 묘사한다. 토르나르쑤크는 자기가 생포할 수 있는 사람들의 영혼들
을 먹어치운다. 그리스도교가 들어오면서 악마와 혼합되었다.

토르크 Tork

산신. 그리스도교 이전의 아르메니아. 끔찍한 외양을 가지고 있으며, 산과 산
에 사는 동물들의 수호자이다.

토모르 Tomor

창조신. 일리리아[알바니아]. 바람의 신이기도 하다. 독수리들의 수행을 받는 인
간 형상으로 묘사되며 지금도 시골의 농부들은 이 신에게 기원한다.

토미야우테쿠틀리 Tomiyauhtecuhtli (우리의 남성 옥수수 개화기 주인)

풍요와 비의 신. 아스텍(고대 메소아메리카)[멕시코]. 틀랄록*으로 분류된 집단의
일원이다.

토바지스치니 Tobadzistsini (물의 아이)

전쟁 신. 나바호 인디언[미국 뉴멕시코와 애리조나]. 나바호족의 우두머리 전쟁 신
나예네즈가니*보다 젊고 하급이라고 여겨진다. 토바지스치니의 어머니는 폭
포의 마력을 통해서 그를 임신했다. 토바지스치니 사제는 나예네즈가니 사제

와 비슷한 옷을 입지만, 하얗게 경계를 이룬 검은 삼각형 부분만 빼고 전부 붉은색으로 칠해진 가면을 쓴다. 이 가면에는 노랗거나 붉은 실로 만든 술 장식도 있다.

토시 Tozi

치유의 여신. 아스텍(고대 메소아메리카)[멕시코]. 담수와 치료용 목욕탕의 신이기도 하다.

토아랄리트 Toa'lalit

사냥꾼들의 신. 벨라쿨라 인디언[캐나다 브리티시컬럼비아]. 산양 사냥을 관장한다. 토아랄리트는 눈에 보이지 않으나 위대한 사냥꾼들은 그의 모자나 신발 또는 돌아다니는 그의 일꾼을 흘낏 감지할 수 있다. 토아랄리트의 동물들은 스라소니와 까마귀이다.

토우모우 Toumou

기능이 불확실한 신. 이집트. 토우모우의 미라가 헬리오폴리스에 보관되어 있었다고 한다.

토우이아파투나 Touia Fatuna (철광석)

땅의 신. 폴리네시아[통가]. 켈레Kele(진흙)와 리무Limu(해초)의 딸이며 땅속 깊은 곳에 있는 바위가 신격화한 존재이다. 정기적으로 분만을 하며 그럴 때에는 덜커덕 소리를 내고 흔들어 움직이며 아이들을 낳는다.

토카카미 Tokakami

죽음의 신. 우이촐 인디언[메소아메리카][멕시코]. 토카카미의 주요 적대자는 달의 여신 메트사카*이다.

토코요토 Toko'yoto (게)

수호정령. 코랴크족[시베리아 남동부]. 코랴크족 전승에서 세상의 '소유자들' 중 하나이며 태평양의 주인이자 창조자이다. 이 신의 이름은 큰 바닷게의 이름이다. 몇몇 전설에서는 코랴크족의 어머니인 미티*의 아버지가 토코요토라고 한다.

토타티스 Totatis

테우타테스*를 보라.

토톨테카틀 Totoltecatl

풍요 신. 아스텍(고대 메소아메리카)[멕시코]. 오메토츠틀리*로 분류되는 집단의 일원으로 용설란 및 용설란으로 만든 술 풀케와 관련이 있다.

토트 THOTH

기원 : 이집트. 달과 지혜의 신.

숭배 시기 : 서기전 3000년 무렵부터 서기 400년 무렵 이집트 역사 끝까지.

별칭 : 제헤우티Djeheuty.

숭배 중심지 : 켐누 [엘아쉬무네인el-Ashmunein] 또는 헤르모폴리스, 시나이, 누비아, 서쪽 사막의 다클레Dakhleh 오아시스.

참조 예술 : 석판 부조, 벽화 등.

문헌 자료 : 피라미드 문서, 관상 본문 등.

토트는 필기사들과 과학·의학·수학적 저술을 포함한 지식의 수호신이며 상형문자를 인간에게 준 신으로 알려졌다. 토트는 신들의 중재자이자 상담자로 중요하며 헬리오폴리스 엔네아드* 판테온의 필기사이다. 몇몇 비문에서는 태양신 레*의 아들로 묘사되지만 신화에 따르면 세트*의 머리에서 태어났다. 토트는 따오기의 머리를 한 인간 형상이나, 온전한 따오기의 모습으로, 또는 몸통이 깃털로 덮인 앉아 있는 원숭이로 그려진다. 상징물에는 달 원반이 얹어진 초승달 모양의 왕관이 있다.

토트는 대개 자비로운 신으로 알려져 있다. 매우 공정한 신이며 저승으로 건너가는 영혼을 기록하고 진실의 방에서 판결을 내리는 책임을 진다. 피라미드 문서는 토트가 진리의 적들을 참수하고 그들의 심장을 비트는 모습을 묘사함으로써 토트의 폭력적인 특성을 보여준다.

토틸마일 Totilma'il (아버지-어머니)
창조자. 마야(초칠족, 고대 메소아메리카)[멕시코]. 조상 전래의 창조적 원천을 나타내는 남녀 양성적 존재이다.

토포 Topoh
별의 신. 수크족과 포코트족[우간다, 케냐 서부, 아프리카 동부]. 창조신 토로루트* 와 그의 배우자 세타*의 아들이다. 금성의 신이다.

톰워게트 Tomwo'get (스스로 창조한)
원형적 창조자. 코랴크족[시베리아 남동부]. 하나의 배우자이며 최고의 존재자 테난토므완*과 큰 까마귀 퀴킨아쿠*의 아버지이다.

투 Tu(2)
태초의 신. 폴리네시아. 타네* 및 로노*와 더불어 혼돈과 어둠 속에 있던 세 요소 가운데 하나이다. 이들은 밤을 조각내 낮이 들어오게 한다. 투는 안정성을 나타내며, 전쟁의 신으로도 여겨진다. 하와이에서는 쿠*라고 한다.

투네크 Tunek
바다표범 사냥꾼들의 신. 에스키모. 4미터나 되는 엄청난 키의 무시무시한 존재로 빙원에 살며 아주 빨리 달릴 수 있다고 한다. 안개 속에서 자기의 카약(에스키모의 가죽 배)에 앉아 거대한 덫으로 바다표범을 잡는다.

투란 Turan

사랑의 여신. 에트루리아. 불치Vulci의 수호신으로 날개가 달린 모습으로 백조, 비둘기, 꽃 등과 함께 묘사된다.

투레믈린 Thuremlin

통행의 신. 오스트랄라시아. 뉴사우스웨일스New South Wales 주 몇몇 부족들의 신. 청소년에서 성인으로 넘어가는 과정을 감독한다고 한다. 투레믈린은 입문자를 데려가서 '죽이고' 소생시킨다. 입문자는 성인기에 이르렀음을 상징하기 위해 이빨이 빠지는 것을 견딘 후에 부족 사회에 완전히 통합된다. 다라물룬Daramulun이라고도 한다.

투름스 Turms

지하세계 저승 신. 에트루리아. 그리스 사자使者 신 헤르메스*가 모델이며 날개 달린 지팡이 카두케우스 및 날개 달린 신발과 외투를 가지고 있다. 죽은 자들의 영혼을 지하세계로 인도한다.

투마타우엥아 Tumatauenga

전쟁의 신. 마오리족을 포함한 폴리네시아. 첫 번째 부모인 랑이누이*와 파파투아누쿠*의 자녀들 중 하나다. 투마타우엥아는, 부모를 하늘과 땅으로 분리시키자는 결정이 내려졌을 때, 부모의 도살을 제안했다. 그 후 인간을 책임지는 역할을 맡게 되었고, 전투와 폭력을 향한 자신의 욕망을 인간에게 불어넣었다. 전투와 폭력은 마오리 문화의 특징적인 부분이었다. 하와이에서는 쿠마타우엥아Kumatauenga라고 한다.

투메투아 Tu-Metua (부모에 충실하다)

신. 폴리네시아[쿡 제도]. 태초의 어머니 바리마테타케레*의 여섯째. 자기 어머니 오른편을 찢고 나와서 세계 코코넛 밑바닥의 제한된 공간에 어머니와 함께 머무르며, 영원한 침묵 속에서 살아간다.

투무테아나오아 Tumuteanaoa (메아리)

여신. 폴리네시아[쿡 제도]. 태초의 어머니 바리마테타케레*의 넷째. 자기 어머니 오른편을 찢고 나온 투무테아나오아는, 탕오*의 집 아래에 있는 테파라이테아 Te-Parai-Tea(속이 빈 회색 바위들) 안에서 산다.

투아하데다난 TUATHA DE DANANN (여신 다누의 사람들)

기원: 켈트 (아일랜드). 판테온을 일컫는 집단적 명칭.

숭배 시기: 선사 시대부터 서기 400년 무렵 그리스도교 시기까지.

별칭: 없음.

숭배 중심지: 아일랜드 전역에 여러 곳이 있지만, 주로 타라이다.

참조 예술: 다양한 돌 조각과 부조들.

문헌 자료: 〈침략의 서〉, 〈왕들의 전설〉, 봉헌 비문들.

부족 시대 이전 시기까지 거슬러가는 신들의 연합이다. 이 신들 중에는 다그다*, 루그*, 고브뉴*, 누아다아르게트라브 및 다른 신들이 포함되어 있다. 투아하데다난은 공동의 적 포모르족과 파괴와 불운의 세력 피르 볼그족에 반대하여 결합한 비부족적이고 초자연적인 연합체제이다. 적들은 선사 시대 아일랜드의 침략자들이었고 모이투라 전투에서 패배했다.

전승은 신 누아다*의 인도 아래 북쪽 어딘가에서 투아하데다난이 아일랜드에 도착했다고 주장한다. 옛 문헌에서 이들의 기원과 관련하여 언급되는 네 곳은, 팔리아스Falias와 피니아스Finias, 고리아스Gorias와 무리아스Murias이다. 그들은 포모르와 피르 볼그를 물리친 후 아일랜드의 통치자들이 되었다고 한다.

투아하데다난 신화는 모든 켈트족에게 친숙하며, 신들과 여신들의 이름들은 지역적 변화가 있지만 웨일스 신화에서도 알려졌다. 그리스도교의 영향 아래에서 판테온의 위상은 훼손되었고 개별 신들은 요정의 지위로 전락했다.

투투 Tutu

신. 메소포타미아(바빌로니아-아카드). 구바빌로니아 시대 함무라비 통치 기간 동안에는 바빌론 근처 보르시파의 수호신이었으나, 후에는 나부*가 그의 자리를 대신했다.

툴레 Tule
거미의 신. 잔데족Zande[수단, 자이르, 아프리카]. 툴레는 하늘에서 밧줄을 타고 내려오며 식물과 씨앗을 운반한다. 인간에게 물과 경작 도구를 주는 책임이 있었다.

트난토 Tna'nto (나타나는 새벽)
새벽의 정령. 코랴크족[시베리아 남동부]. 동쪽 하늘 첫 새벽빛이 신격화한 존재.

트네세이부네 Tnecei'vune (여인이 걸어 다니는 새벽)
새벽의 정령. 척치족[시베리아 남동부]. 새벽의 여성 배우자. 트네스칸*, 므라트나이르긴*, 리에트나이르긴*, 나치트나이르긴* 등을 보라.

트네스칸 Tne'sqan
새벽의 정령. 척치족[시베리아 남동부]. 각기 다른 방향에서 새벽을 통제하는 네 존재 중 하나. 트네스칸에게 희생제를 바치며 적합한 방향으로 피를 뿌린다.

트라야스트린사 Trayastrinsa (서른셋)
신들(devas)을 일컫는 집단적 이름. 힌두교(베다). 힌두교의 많은 신들 목록 중 하나로 〈리그베다〉에 포함되어 있으며, 세 개의 세계에 열하나씩 셋으로 나뉜 서른세 신이다. 이 신들은 여덟 바수*들, 열두 아디티야*들, 열한 루드라*, 두 아스빈스*이다. 후기 힌두교에서 서른셋이라는 숫자는 3억 3천만으로 과장되었고, 신(deva)은 주요 삼신인 브라마*, 비슈누*, 시바*를 제외하는 신들을 지칭하게 되었다.

트라일로키야비자야 Trailokyavijaya (세 세계들의 주)

신. 대승불교. 힌두교 신들인 마헤스바라와 가우리* 위에 서 있는 모습으로 나온다. 색깔은 푸른색. 상징은 화살, 종, 활, 갈고리, 올가미, 기도바퀴, 지팡이, 무기. 아찰라*의 다른 이름이기도 하다.

트리글라브 Triglav

전쟁의 신. 슬라브(발트해 연안). 슈테틴Stettin 판테온의 수장이며 브란덴부르크Brandenburg와 관련되어 언급되고, 머리가 셋인 것으로 묘사된다.

트리무르티 Trimurti

주요 삼신을 일컫는 집단적 명칭. 힌두교. 브라마*와 비슈누*와 시바*가 각자의 머리를 가지고 머리가 셋인 하나의 존재로 표현된 것. 몇몇 저자들은, 머리 넷을 가진 존재로 거의 일정하게 표현되는 브라마가 단지 여기에서만 하나의 머리로 표현될 수 있는 것인지에 대해 이의를 제기하기도 했다.

트리비크라마 Trivikrama (세 발자국을 취함)

신. 힌두교(서사시와 푸라나). 원래는 태양신의 이름이었을 것이나 비슈누*의 화신으로 채택되었다. 세계를 세 발짝 만에 활보하는 자그마한 비슈누의 현현이며, 여기서 세 발짝은 세계의 세 부분, 곧 하늘과 공중과 땅에 대한 힌두교의 인식과 관련이 있다. 보통 왼쪽 발이 들린 모습으로 묘사된다. 상징은 화살, 활, 곤봉, 소라, 칼, 연꽃, 올가미, 쟁기, 기도바퀴, 지팡이, 무기.

트리칸타키데비 Trikantakidevi (가시가 셋인 여신)

여신. 힌두교. 끔찍한 외양을 한 신이다. 색깔은 일부는 검은색, 일부는 빨간색. 상징은 소라, 등불 두 개, 기도바퀴, 이빨.

트리타 Trita (압티야)

(여)신. 힌두교(베다). 〈리그베다〉에서 알려졌다. 세찬 물을 속성으로 지닌 모

호한 형상의 인드라*. 압티야Aptya라고도 한다.

트리톤들 Tritons

하급 바다 신들. 로마. 포세이돈*과 암피트리테*의 자식들로 물고기-인간으로 묘사된다. 상징은 소라.

트리푸라 Tripura (세 도시들의 여인)

어머니 여신. 힌두교와 자이나교. 자이나교에서는 아스타마타라* 중 하나로 여겨진다. 힌두교에서는 시바*의 끔찍한 표현인 트리푸란타카Tripurantaka의 샥티*로, 여신 파르바티*의 다른 형상으로 여긴다. 세 도시들이란, 하늘과 공중과 땅에 있는, 금과 은과 철로 된 도시들이다. 트리푸란타카 형상의 시바가 이 도시들을 파괴했다. 트리푸라는 독수리들의 수행을 받는 모습으로 묘사된다. 상징은 책, 갈고리, 올가미, 염주.

트바스타르 Tvastar (목수)

창조신. 힌두교(베다). 지상에 살아 있는 피조물을 만드는 '거룩한 건축가'이다. 로마의 신 불카누스*에 해당되는 힌두교 신이다. 태양신(아디티야*)이며 사라뉴*의 아버지이다. 상징은 호마자칼리카homajakalika(분명하지 않은 불 기구), 국자, 두 연꽃. 타스타르Tastar, 트바쉬트리Tavashtri, 비스바카르만*이라고도 한다.

틀라솔테오틀(익스쿠이나메) Tlazolteotl (Ixcuiname)

대지의 여신. 아스텍(고대 메소아메리카)[멕시코]. 우아스테카Huaxteca 연안 지역에서 알려졌다. 성적인 죄 및 의인화한 추행과 관련된 모성적 여신이다. 테테오이난*으로 분류된 풍요 신들 집단의 일원이다.

틀라우이스칼판테쿠틀리 Tlahuizcalpantecuhtli (새벽의 주인)

샛별의 신. 아스텍(고대 메소아메리카)[멕시코]. 창조신 케찰코아틀*의 화신이며 믹스코아틀로 분류되는 집단의 일원이다. 스페인 정복기에 열세 하늘 중 열두 번째 하늘로 알려진 테오틀 틀라틀라우칸Teotl Tlatlauhcan(붉은 신의 장소)의 통치자이기도 하다.

보르지아 사본과 바티칸 비(B) 사본에는 동서남북 네 방향에서 가장 낮은 하늘을 지탱하는 신들 중 하나라고 묘사되어 있다. 틀라우이스칼판테쿠틀리는 동쪽에 거주한다.

틀라카우에판 Tlacahuepan (인간 광선)

하급 전쟁 신. 아스텍(고대 메소아메리카)[멕시코]. 멕시코의 수호신이며 우이칠포츠틀리*로 분류되는 집단의 일원이다.

틀랄레이토나티우 Tlalehitonatiuh (땅 위의 태양)

지하세계 저승 신. 아스텍(고대 메소아메리카)[멕시코]. 믹틀란테쿠틀리*로 분류되는 집단의 일원이다.

틀랄로케테픽토톤 Tlaloque-Tepictoton (작게 형성된 이들)

풍요와 비의 신. 아스텍(고대 메소아메리카)[멕시코]. 비를 머금은 작은 언덕들이 의인화한 존재이다. 틀랄록*으로 분류된 집단의 일원이다.

틀랄록 TLALOC

기원: 아스텍(고대 메소아메리카)[멕시코]. 비의 신.

숭배 시기: 주로 서기 750년 무렵부터 1500년 무렵이지만 훨씬 이전부터 숭배를 받았고, 농촌 지역 농부들 가운데서 지금도 숭배를 받고 있다.

별칭: 없음.

숭배 중심지: 테노츠티틀란, 테오티우아칸, 툴라 등.

참조 예술: 돌조각, 벽화, 사본 삽화들.

문헌 자료: 콜럼버스 이전의 사본들.

아스텍 창조 신화에서 중요한 역할을 담당하는 틀랄록은 물의 여신 찰치우틀리쿠에*와 함께 생겨났다. 몇몇 전승에 따르면 틀랄록은 달의 신 텍시스테카 틀*의 아버지이며, 달을 창조하기 위해 그를 큰 불에 제물로 바쳤다고 한다. 스페인 정복기에 열세 하늘 중 여덟 번째 하늘로 알려진 일우이카틀 소소우칸 Ilhuicatl Xoxouhcan(푸른 하늘)의 통치자로 인식되기도 한다. 틀랄록은 물과 비를 창조한 풍요의 신이며 세계의 다섯 시대 중 세 번째 시대를 다스렸으며 이 시대를 엄청난 비로 끝장냈다. 틀랄록은 번개도 관장한다. 검은색·하얀색·푸른색·붉은색의 네 가지 형상으로 인식되지만, '안경'을 쓰고 뱀의 이빨을 가진 푸른색 틀랄록이 전형적인 모습이다. 틀랄록은 올멕족Olmecs이 숭배하던 재규어 형상의 물활론적 신에서 발전한 신이라는 견해가 있다. 건기가 끝날 무렵에 산에 있는 제단에 많은 어린이들을 희생물로 바침으로써 비를 가져오도록 틀랄록을 달랜다.

테노츠티틀란에 있는 대신전은 우이칠포츠틀리*와 틀랄록에 봉헌된 신전이다. 가장 훌륭한 조각들 가운데 하나는 오악사카의 쿠일라판Cuilapan에서 나온 초기의 것이다. 테판티틀라Tepantitla의 왕궁 벽화들 가운데 있는 그림에는, 나무와 나비들과 인간들을 배경으로 손에서 물방울이 흘러나오는 신이 두드러져 있다. 사쿠알라Zacuala에 있는 벽화를 비롯해 벽화들이 많이 남아 있다. 이달고의 툴라에 있는 톨텍족이 사용했던 피라미드 비(B)에는, 차크물Chac-Mools로 알려진 인간 조각상들도 있는데 이들은 틀랄록을 위해 사람들의 심장들을 담고 있던 것으로 여겨지는 접시를 배에 올려놓고 있다.

틀랄테쿠틀리 Tlaltecuhtli

대지의 창조자 여신. 아스텍(고대 메소아메리카)[멕시코]. 아스텍의 우주 탄생 이야기에서 틀랄테쿠틀리는 두꺼비처럼 생긴 괴물 같은 신으로 하늘과 땅을 창조하기 위해서 둘로 찢어져서 테스카틀리포카*와 케찰코아틀이 된다. 스페인 정복기에 열세 하늘 중 두 번째 하늘로 알려진 일우이카틀 틀랄로칸 이판 메츠틀리Ilhuicatl Tlalocan Ipan Metztli(달 너머에 있는 비의 신의 낙원 하늘)의 통치자이며, 믹틀란테쿠틀리*로 분류되는 집단의 일원이기도 하다. 매일 저녁 태양을 삼키고 새벽에 토해낸다고 한다. 틀랄테쿠틀리는 죽은 자들의 영혼과 희생 의례의 제물로 바쳐진 사람들의 피와 심장을 먹어치운다. 시팍틀리*를 보라.

틀로케나아우케 Tloque Nahauque (가까이 있는 이들의 통치자)
창조신. 아스텍(고대 메소아메리카)[멕시코]. 오메오틀로 분류된 집단의 일원이다.

티노타타 Tino Taata
창조신. 폴리네시아[소시에테 제도]. 인간을 창조한 수호신으로 여겨지며, 더욱 널리 알려진 폴리네시아의 탕아로아*와 같은 신으로 인식된다.

티니라우 Tinirau (대단히 많은)
물고기 신. 폴리네시아[쿡 제도]. 위대한 어머니 바리마테타케레*의 둘째이자 아바테아*의 동생이다. 티니라우는 아바테아의 집 바로 아래 있는 모투타푸Motu-Tapu라는 거룩한 섬의 코코넛에 살며, 온갖 종류의 물고기로 가득한 호수들을 가지고 있다고 한다. 오른쪽은 인간으로 왼쪽은 물고기 형상으로 묘사된다.

티니트 Tinnit
여신. 폰투스(카르타고). 타니트*를 보라.

티라와 Tirawa
창조신. 포니Pawnee 인디언[미국]. 바람과 폭풍우의 원소 안에 현존하며, 멀리 떨어져 있고 희미하게 정의된 존재이다. 번개는 그의 눈의 번쩍임이다. 티라와는 부족이 필요한 것을 제공하며 포니족 무당들의 소환을 듣는다.

티루말 Tirumal (뛰어난 검은 분)
창조신. 초기 드라비다족(타밀). 나무에 거주하며 비슈누*와 같은 신이라고 여겨진다. 후기 힌두교에서 비슈누의 별명으로 사용됐다.

티르(1) Tir

지혜의 신. 이슬람교 이전의 아르메니아. 저술과 관련이 있으며 신탁을 전하는 사자로 경배를 받는다.

티르(2) Tyr

티바츠*를 보라.

티마이티웅아바링아바리 Timaiti-Ngava Ringavari (몸이 부드러운)

태초의 존재. 폴리네시아[쿡 제도]. 여성적 원리로, 티마테코레*와 함께 땅의 어머니 파파투아누쿠*를 낳았다.

티마테코레 Timatekore

태초의 존재. 폴리네시아[쿡 제도]. 티마이티웅아바링아바리Timaiti-Ngava Ringavari 와 함께 어머니 대지인 파파투아누쿠*를 창조한 남성적 원리.

티바츠 TIWAZ (신을 의미하는 인도-유럽 단어 디에우스 dieus에서 유래)

기원 : 게르만 (유럽 북서부). 우두머리 하늘 신, 전쟁의 신.

숭배 시기 : 서기전 500년 무렵이나 그 이전부터 서기 1100년 무렵 그리스도교 시기까지.

별칭 : 티르(2)*, 티브 Tiw, 티그 Tig, 테이바Teiwa.

숭배 중심지 : 여러 곳에 흩어져 있는 숲의 지성소들.

참조 예술 : 돌과 금속으로 된 부조.

문헌 자료 : 룬 문자 비문들. (보단*을 보라.)

게르만족의 전쟁 신이며 하늘 신들의 수장이고, 북유럽 문화에서 오딘(2)*의 모델이 되었던 것으로 보이는 두 경쟁자 중 하나이다. 고대 작가들은 로마의 전쟁 신 마르스*를 티바츠와 동일시하며, 그래서 한 주의 셋째 날이 프랑스어로는 마르디mardi이지만, 영어로는 튜스데이Tuesday가 된 것이다. 창(spear)들에 나타난 그림이 티바츠의 상징이 되었는데, 이것은 아마도 보호하는 부적이었을 것이다. 티바츠는 법과 질서를 대표하며 오딘(2)보다 더욱 정직한 재판관으로 나타난다.

전설에 따르면 티바츠는 늑대 펜리르를 묶어두려고 하다가 그 턱에 자기 손을 잃은 외팔이 신이다. 이것은 아마도 타키투스가 전해주는 관례, 곧 젬노넨Semnonen 부족이 티바츠에게 봉헌된 삼림지대의 지성소에 들어갈 때 손과 발을 묶던 관례의 기원이 되었을 것이다. 라그나뢰크 때 펜리르는 자유롭게 되고 태양을 삼켜버릴 것이라고 한다. 스노리의 〈산문 에다〉에 따르면, 늑대 가름Garm이 신들의 마지막 전투에서 티바츠*를 죽인다고 하는데, 가름은 아마도 펜리르의 다른 이름일 것이다. 영국 서리Surrey의 튜슬리Tuesley라는 지명은 이 신의 이름에서 유래한다.

티베리누스 Tiberinus

강의 신. 로마. 티베르 강의 신. 배우자는 물에 잠겨서 희생된, 여신 베스타*의 여사제들 중 하나이다. 티베르 강의 한 섬에 지성소가 지어졌고 공화정의 어느 시기까지는 유지되었으며, 강의 모든 다리들은 이 신이 성내지 않도록 완전히 나무로만 만들어졌었다. 철이 이 신을 거스르는 의미를 함축했는지는 불확실하지만, 철을 사용하는 것은 공식적으로 금지했었다.

티쉬파크 Tišpak

신. 메소포타미아(바빌로니아-아카드). 도시 에쉬눔마 Ešnumma의 수호신.

티아 Tia (폭력에 따른 죽음)

죽음의 신. 하이다 인디언[캐나다 퀸 샬롯 섬]. 폭력적으로 죽어가는 사람들은 티아가 그들에 대해 신음하는 소리를 들으며, 절단된 목에서 끝없이 피가 솟아나는 머리 없는 시체 모습의 티아를 보게 된다고 한다. 티아는 공중으로 날아간다. 타세트*를 보라.

티아마트 TIAMAT

기원 : 메소포타미아 (바빌로니아–아카드) [이라크]. 태초의 창조 여신.

숭배 시기 : 서기전 2000년 무렵부터 서기전 200년 무렵까지.

별칭 : 없음.

숭배 중심지 : 바빌론.

참조 예술 : 장식판, 기념 석주, 조각.

문헌 자료 : 쐐기문자 본문, 특히 창조 서사시 〈에누마 엘리쉬〉.

티아마트는 대양의 힘이며 바빌로니아 창조 이야기에 매우 깊이 관여되어 있다. 티아마트는 지하수의 신 압수*와 결합하여 괴물 열하나를 낳는다. 마르둑*을 수장으로 하는 신들 모임의 요청에 따라서 엔키*의 손에 압수가 죽자 티아마트는 격노했다. 이에 보복하기 위해 티아마트는 태초의 우주에서 다른 신들을 대항 집단으로 형성하고, 킹구Kingu를 두 번째 배우자를 선택해서 마르둑에 대항하는 자기 군대를 이끌도록 한다. 마르둑은 결국 티아마트를 둘로 쪼개서 하늘의 천장으로 만들고 그녀의 눈을 티그리스와 유프라테스의 원천으로 삼으며 그녀의 머리 위로 산을 쌓아올린다.

티에놀트소디 Tienoltsodi

대양과 담수의 신. 나바호 인디언[미국 뉴멕시코와 애리조나]. 땅으로 떨어진 물을 관장한다. 하늘의 물은 비의 신 토네닐리*가 다스린다.

티이키티 Ti'ykitiy

태양의 정령. 야쿠트족[시베리아 남동부와 중부]. 종종 최고의 존재 아이우룬토욘*과 동일시된다.

티질쿠트쿠 Ti'zil-Kutkhu

수호정령. 캄차달족[시베리아 남동부]. 창조자 정령 쿠트쿠*의 아들 중 하나이며, 배우자는 시두쿠Si'duku이다. 캄차달 부족의 선조라고 여겨진다.

티케 Tyche

행운의 여신. 그리스-로마. 호메로스의 〈데메테르 찬가〉에서는 바다의 요정으로 나온다. 헤시오도스의 〈신통기〉에 따르면 티케는 오케아노스*의 딸이다. 다른 곳에서는 제우스*와 헤라*의 딸로 나온다. 배의 키나 풍요의 뿔(코르누코피아cornucopia)을 들고 있는 모습으로 묘사된다. 아가토스다이몬*의 배우자인 아가테티케로도 언급된다. 티케는 아시아의 어머니 여신 키벨레(2)*와 널리 동일시되었으나 로마 시대에는 여신 포르투나*와 동일시되었고, 상징적으로 바퀴 장치와 연결되었다. 티케는 오랫동안 인기를 끌었다. 황제 율리아누스는 서기 361~362년에 안티오키아에서 티케에게 제물을 바쳤으며, 티케 신전은 테오도시우스 황제의 재위 기간(서기 379~395년)에도 그대로 있었다.

티키 Tiki

창조신. 마오리 부족을 포함한 폴리네시아. 인간을 창조한 랑이누이*와 파파투아누쿠*의 자녀들 중 하나이다. 몇몇 폴리네시아 전승에서 티키는 아담과 유사한 첫 인간으로 제시된다. 티키라는 말도 '막대기 신'을 뜻하는 티키-와낭아tiki-wananga로 구체화되었는데, 이는 50센티미터 정도의 나무나 돌로 만든 신상神像들이다. 그리스도교 선교사들이 대부분을 파괴했기 때문에 겨우 30개 정도의 신상들만 알려졌다. 유명한 마오리 부족의 토템들은 조상을 묘사한 것들로 인간이나 새 또는 파충류의 혼합체로 나타난다. 하와이에서는 키이Ki'i라고 한다.

티탄족 Titans

신들의 한 종족. 그리스. 헬레니즘 이전 시대 판테온의 두 번째 집단이며, 하늘신 우라노스*와 땅의 어머니 가이아*가 이끈다. 이들에게는 오케아노스*와 테튀스*, 크로노스*와 레아*, 히페리온*과 테아*, 코이오스와 포이베, 이아페토스*와 클리메네, 크레오스Kreos와 에우리베Eurybe 등 여섯 쌍의 자녀들이 있다. 전설에 따르면, 티탄족은 아버지의 지위를 찬탈했으나 결국 판테온의 주요 집단을 지휘하는 제우스*에게 제압당하며, 제우스는 티탄족을 타르타로스의 심연으로 던져버린다.

티틀라카우안 Titlacahuan (그의 노예들인 우리)

전능한 신. 아스텍(고대 메소아메리카)[멕시코]. 보편적이면서도 대체로 악의를 지닌 힘이다. 테스카틀리포카*로 분류되는 집단의 일원이다.

티페누아 Tifenua (땅의 주)

땅의 풍요 신. 폴리네시아(티코피아). 바다의 신 파이바롱오* 및 하늘 신 아투아이카피카*와 연결되어 있다. 티페누아의 아버지는 암초의 뱀장어로서 의인화한 강력한 신 푸시우라우라 Pusiuraura이고, 어머니는 사웅우티테모아나 Sa-Nguti-Te-Moana이다. 푸이테모아나 Pu-I-Te-Moana라고도 한다.

티흐마르 Ti'hmar

최고신. 콜리마 퉁구스 Kolyma Tungus족[시베리아]. 지역 문화가 러시아 정교회의 영향을 받은 이후에도 그리스도교의 신은 여전히 이 이름으로 불렸다.

틱스노스니사 Tiksnosnisa (뜨겁고 날카로운)

신. 불교. 북서쪽 방향의 수호신과 관련이 있다. 색깔은 하늘빛을 띤 녹색(흐리다는 의미일 수 있다). 상징은 책과 무기.

틴 Tin

하늘 신. 에트루리아. 틴의 상징물은 번개 불꽃 다발이며 탄생의 여신 탈나*와 함께 나타날 수 있다. 로마 문화에서 틴은 유피테르*와 혼합되었다.

틸라 Tilla

황소의 신. 히타이트와 후르리족. 기후의 신 테슈브*의 수행 신이자 탈것이다.

ㅍ

파나오 Panao

창조신. 카피르족[아프가니스탄]. 카피리스탄 남서부 아쉬쿤 마을에서 숭배한 지역 신이다. 자연세계를 통제하는 신들의 총칭이기도 하며 산에 산다고 한다. 풍요의 신 루트카리파나오Lutkari Panao, 건강의 신 사라문파나오Saramun Panao, 비와 건강의 신 플로사파나오Plossa Panao, 과일과 술의 신 인데르문파나오Indermun Panao, 견과수의 신 말레크파나오Malek Panao 등이 이 집단에 속한다. 이 신들은 대개 성스런 열린 공간에서 숭배를 받으며, 그들의 나무 상들은 정기적인 제의를 통해 피로 흠뻑 적셔진다.

파네발 Phanebal (바알*의 얼굴)

하급 수행 신. 서셈족. 아우구스투스 시대 아스칼론에서 주조한 동전에 나타나며, 오른손을 든 젊은 전사의 모습을 하고 있다.

파네스 Phanes

태초의 태양신. 그리스. 크로노스*의 우주 알에서 출현한 첫 번째 신으로 혼돈에서 나타나는 빛을 의인화한 존재이다. 한 전승에 따르면 파네스의 딸이 닉스*, 곧 밤이다.

파네우 Paneu

일곱 신들을 지칭하는 집단적 용어. 카피르족[아프가니스탄]. 최고의 여신 디사니*의 사냥꾼이자 추종자 배역을 맡은 거룩한 형제들이다. 각각은 황금 활과 화살통을 갖추고 있다. 이들은 보통 무자비하고 악의적인 세력으로 묘사된다. 파라디크 Paradik 또는 푸론 Purron 이라고 한다.

파드마 Padma (연꽃)

1. 뱀 신. 힌두교(서사시와 푸라나). 일곱으로 이루어진 뱀 신 집단인 마하나가스*의 일원. 상징은 염주, 물병. 눈이 셋이다.
2. 여신. 비슈누* 화신의 배우자인 락슈미*의 체현. 힌두교에서 창조의 상징이자 가장 중요한 그림 장치인 연꽃에서 나오는 것으로 묘사된다. 카말라*라고도 한다.

파드마타라 Padmatara (연꽃 타라*)

하급 여신. 대승불교.

파드마파니 Padmapani (손에 연꽃을 쥔)

신. 불교. 보살이며 관음보살(아발로키테스바라*)의 한 형상이다. 색깔은 하얀색 또는 빨간색. 상징은 책, 왕좌의 아미타불 이미지, 머리의 매듭, 연꽃, 염주, 물병. 눈이 셋이다.

파드만타카 Padmantaka (연꽃에 해를 끼치는)

신. 불교. 서쪽 방향 수호신. 색깔은 빨간색. 상징은 보석, 붉은 연꽃, 기도바퀴, 칼. 눈이 셋이다.

파드모스니사 Padmosnisa

신. 불교. 수호신들과 관련이 있으며 서쪽 방향과 연결되어 있다.

파라구볼 Faraguvol

봉헌(서약)의 신. 푸에르토리코와 아이티. 신격화한 나무줄기로 부족의 추장에게 건네졌다. 제미*로 분류되어 상징화된 이 존재는 방랑한다고 여겨지며 입구가 막힌 자루나 부대에서 빠져나올 수 있다고 한다. 제미*를 보라.

파라마스바 Paramasva (위대한 말 [horse])

신. 대승불교. 네 발로 힌두교의 네 주요 신을 짓밟는 하야그리바*의 형상으로 여겨진다. 색깔은 빨간색. 상징은 화살, 활, 말의 머리, 큰 연꽃, 연꽃, 지팡이, 칼. 눈이 셋이다.

파라미타 Paramita

철학적 신을 서술한 이름. 불교. 라트나삼바바*를 영적 아버지로 하는 열두 집단 중 하나에 적용된다. 공통 상징은 진주가 그려진 깃발, 연꽃.

파라수라마 Parasurama (도끼를 가진 라마*)

비슈누*의 화신. 힌두교(서사시와 푸라나). 비슈누의 여섯 번째 화신으로, 비슈누는 이 형상을 입어 폭군의 군대에서 세상을 구원했다. 라마*도 보라. 전설에 따르면 현자의 아들 라마는 능숙한 궁술가가 되었고 감사의 마음으로 히말라야에 갔고 그곳에서 시바*에게 자신을 헌신하며 지냈다. 그의 배우자는 다라니*이다. 라마는 자기 활을 갖고 있지 않았지만 악마와의 전쟁에서 신들의 전사로 활동했고 도끼를 보상으로 받았다. 비슈누가 포악한 횡포자들의 세상을 제거하기 위해서 파라수라마의 형상을 취했다는 다른 전설도 있다. 이 화신은 두 팔을 지니고 오른손에 도끼를 든 인간의 형상으로 나타난다. 다른 상징들은 화살, 활, 칼, 거죽, 검. 파라수라마바타라 Parasuramavatara라고도 한다.

파렌디 Parendi

번영의 하급 여신. 힌두교(베다). 부의 획득과 관련이 있다.

파로 Faro

강의 신. 밤바라족[말리, 아프리카 서부]. 창조 때 세상에 명령을 전달한 신으로 여겨진다. 파로는 스스로 임신해서 쌍둥이를 낳았고 그들은 첫 인간이 되었다고 한다. 니제르 강 어류의 조상이기도 하다. 파로의 주요 적수는 사막의 바람 신 테이코Teiko이다. 의례에서 춤을 추는 남자들의 모임인 코모Komo가 해마다 파로를 달랜다. 이들은 해마다 새로 만든 탈을 사용한다. 전설에 따르면, 파로는 대부분의 생물이 죽어나간 긴 가뭄 이후에 땅에 왔다. 인간에게 언어의 선물을 주었다고도 한다.

파르나사바리 Parna-Savari

여신. 대승불교. 악쇼비야*의 한 발현이며 보살이다. 문헌이 신격화한 다라니*들 중 하나이기도 하다. 파르나사바리는 특히 인디아 북서부 지역에서 알려졌다. 탈것은 장애물들을 얹은 가네샤*이다. 색깔은 노란색이나 녹색. 상징은 화살, 도끼, 활, 꽃, 올가미, 공작 깃털, 가죽과 지팡이. 눈과 머리가 각각 셋인 모습으로 그려진다.

파르바티 PARVATI (산의 딸)

기원: 힌두교 (서사시와 푸라나) [인디아]. 어머니 여신.

숭배 시기: 서기 400년 무렵부터 현재까지.

별칭: 샥티*, 알라디니사디니Aladini-Sadini, 사티*, 우마* 등. 암바Amba (어머니), 아자Aja (염소), 가우리* (곡물 여신), 부타마타* (악귀들의 어머니) 등을 비롯한 여러 별명이 있다.

숭배 중심지: 일정하지 않다.

참조 예술: 주로 청동 조각이지만 돌로 된 것과 부조도 있다.

문헌 자료: 서사시 〈라마야나〉와 다양한 푸라나 문헌들.

파르바티는 히말라야 산 속에 있는 부족들에게 기원이 있을 수 있다. 풍요의 여신으로서 자비로운 여신 샥티의 가장 어린 외양이다. 사티의 화신으로 나타나기도 한다. 히마반* (히말라야)과 메나*의 딸이며, 비슈누*의 누이이며 강가*의 여동생이다. 파르바티는 시바*의 배우자가 되며 헌신적이고 확고한 힌두교 최상의 모범적인 아내로 의인화한다. 가네샤*와 스칸다*는 그녀의 아들들이다.

파르바티는 아름다운 춤을 추는 소녀로 고행자 시바에게 나타난다. 그러나 시바가 그녀에게 관심이 없다는 것을 알고서 그녀는 시바가 늙은 브라만으로 나타나 자기를 배우자로 삼을 때까지 자기부정의 삶을 따른다.

파르바티는 시바와 함께 나올 때에는 팔이 둘이지만, 혼자 서 있을 때에는 팔이 넷이다. 코끼리 머리를 하거나 아기 가네샤를 안고 있을 수 있고 여러 변형으로 나타날 수 있다. 상징은 소라, 왕관, 거울, 장식된 머리띠, 염주, 때로는 연꽃.

파르스바 Parsva

자이나교. 스물세 번째 티르탄카바tirthankava이므로, 거룩한 구원의 교사들 중 끝에서 둘째다. 서기전 8세기 무렵에 살았던 역사적 인물이었을 가능성도 있다. 역사적 인물이었던 마하비바Mahaviva 또는 바르다마나Vardhamana를 계승했다. 파르스바는 자이나교의 신비적인 창시자로 신망을 얻어왔다.

파르자냐 Parjanya (비를 주는 자)

비의 신. 힌두교(베다). 후기 힌두교에서 인드라*를 대신하거나 그와 혼합되었다. 그러나 베다에서는 부드럽고 비옥하게 하는 비의 신으로 나타난다. 아디티야*로 여겨질 수 있다.

파르카이 Parcae

운명의 여신. 그리스-로마. 원래 데키마*와 노나*를 일컫는 한 쌍의 탄생의 여신들이었으나 후에 죽음의 여신 모르타*가 합류하였다.

파르툴라 Partula

탄생의 하급 여신. 로마. 분만과 관련이 있다.

파리스카라바시타 Pariskaravasita (정화 [purification]의 통제)
하급 여신. 불교. 영적 갱생 수련을 의인화한 바시타* 중 하나. 색깔은 노란색.
상징은 보석 지팡이.

파리아카카 Pariacaca
기후의 신. 잉카 이전의 중앙안데스[남아메리카]. 비와 천둥을 주관하는 신이며
매(falcon)로 형상화한 존재이다.

파바나 Pavana (정화하는 자)
바람의 신. 힌두교. 배우자는 안자나Anjana이다. 바유-(1)*라고도 한다.

파불리누스 Fabulinus
유아들의 하급 신. 로마. 어린이가 처음 하는 말을 관장한다.

파빌상 Pa-bil-sag
이신의 수호신. 메소포타미아(수메르와 바빌로니아-아카드). 닌인신나*의 배우자.
잃어버린 도시 라라크Larak와 함께 확인된다. 본문들은 파빌상이 니푸르까지
여행했고 엔릴*에게 선물을 봉헌했다고 묘사한다. 파빌상의 별명은 '여러 색깔
의 다리를 가진 야생 황소'이다.

파수파티 Pasupati (동물의 주)
동물들의 신. 힌두교[인디아]. 배우자는 스바하이며 아들은 산무카*이다. 파수
파티는, 인더스 문명 시기에 숭배했던 인도-아리안족 이전의 신에서 유래했다
고 여겨진다. 얼굴이 셋이고 뿔이 달려 있으며, 동물들이 그를 둘러싸고 앉아
있다. 힌두 문화에서는 시바*의 한 형상으로 여겨지며 시체 위에 서 있는 모습
으로 그려진다.

파우나 Fauna
하급 식물 여신. 로마. 숲과 식물을 수호하는 파우누스*의 배우자이다.

파우누스 Faunus
하급 식물 신. 로마. 숲과 식물을 수호하는 파우나*의 배우자이다. 뿔 및 염소 다리를 포함해 그리스의 신 판*의 상징을 부여받았다.

파이날 Painal (급한)
하급 전쟁 신. 아스텍(고대 메소아메리카)[멕시코]. 우이칠포츠틀리*로 알려진 신 집단의 일원으로 정기적으로 포로들을 희생 제물로 받았다.

파이바롱오 Faivarongo
선원들의 신. 폴리네시아[티코피아]. 아리키카피카투이시포 Ariki Kafika Tuisifo로 알려진 존재의 장자이며 뱃사람의 수호자이자 관리자이다. 티코피아 왕가의 조상으로 여겨진다. '대양의 할아버지'로도 알려졌다. 대지의 신 티페누아*와 하늘 신 아투아이카피카*와 밀접한 관련이 있다.

파이아온 Paiawon
전쟁 신. 그리스와 크레타. 크노소스에서 알려졌고 호메로스의 〈일리아스〉에서는 파이안*으로 언급되었다.

파이안 Paean
파이아온*을 보라.

파자이넨 Pajainen
신. 그리스도교 이전의 핀란드. 핀란드 전설에서 거대한 황소를 죽이는 신이다.

파존 Pajonn

천둥의 신. 그리스도교 이전의 라플란드. 이 이름은 '하늘에 거주하는 분'에서 유래했다.

파차마마 Pacha-Mama (대지의 어머니)

땅의 여신. 잉카(콜럼버스 이전의 남아메리카)[페루 고지대]. 농부들이 널리 숭배했으나 지금은 그리스도교의 성모마리아와 많이 혼합되었다.

파차카막 Pachacamac (대지의 창조자)

창조신. 남아메리카 인디언[페루 리마 지역]. 파차카막 마을 근교는 이 신에게 봉헌한 거대한 피라미드 신전 부지이다. 잉카 이전에 기원이 있지만 이 지역을 정복한 잉카 지도자들이 계속 숭배하도록 허락했다. 결국 파차카막은 바이라코차*와 혼합되었다.

파크헤트 Pakhet

사냥의 여신. 이집트. 베니 하산Beni Hasan에 지성소가 있는 동부 사막 지역에서만 알려졌다.

파타다리니 Patadharini (옷을 몸에 지닌)

통행의 여신. 불교. 커튼과 출입문을 지켜본다. 색깔은 푸른색. 상징은 커튼.

파테아틀 Pahteeatl (의술의 주)

하급 풍요 신. 아스텍(고대 메소아메리카)[멕시코]. 풀케라는 술을 만드는 용설란과 관련된 신으로 오메토츠틀리*로 분류되는 신 집단의 일원이다.

파티니데비 Pattinidevi (여신들의 여왕)

어머니 여신. 힌두교(싱할리족)[스리랑카]. 코볼란Kovolan의 배우자 칸나키Kannaki가 신격화한 존재. 고대 타밀 전승에 따르면 파티니데비는 황금 양말을 팔기 위해서 마두라이로 여행했다. 속임수 때문에 절도죄를 선고받고 처형되었으나 성인으로 추앙받았다. 또 다른 전승에 따르면, 파티니데비는 거룩한 화살에 찔린 망고에서 태어났다고 한다. 인디아 남부와 스리랑카에서는 결혼 생활의 정절과 충실의 여신이다. 홍역과 천연두를 포함한 질병에서 지켜주는 수호신이기도 하다. 파티니데비는 불 위를 걷는 의례와 연결되어 있다. 상징은 머리 뒤의 코브라 두건, 연꽃.

파파스 Papas

지역 신. 프리지아[터키 북서부]. 전승에 따르면 파파스는 바위를 수정시켜 남녀 양성으로 존재하는 아그디스티스를 낳았다. 파파스는 후에 제우스*와 혼합되었다.

파파투아누쿠 Papatuanuku

땅의 어머니 여신. 폴리네시아(마오리족 포함). 전승에 따르면 파파투아누쿠는 우주적인 밤에 테포*로 말미암아 자연스럽게 의인화했고, 땅인 파파papa가 신격화한 존재가 되었다. 다른 전승에서 파파투아누쿠는 하늘 신 랑이누이*와 태초의 양성적 존재인 아테아*에게서 태어났다고 한다. 파파투아누쿠와 랑이누이는 판테온의 첫 부모로 여겨지며, 장기간의 성교를 통하여 적어도 열 명의 주요 신들을 자녀로 낳았다. 마오리 문화에서 파파투아누쿠는 다른 모든 신들처럼 두드러지지 않게 표출되며, 조상들을 묘사한 토템이 아니라, 약간 다듬은 돌이나 나무 조각으로 표현된다.

파프니긴가라 Pap-nigin-gara (경계석의 주인)

전쟁의 신. 메소포타미아(바빌로니아-아카드). 닌우르타*와 혼합되었다.

파프수칼 Papsukkal

사자使者 신. 메소포타미아(바빌로니아-아카드). 후기 아카드어 본문에서 확인되었고 주로 헬레니즘-바빌로니아 시대에 알려졌다. 배우자는 아마사그눌

Amasagnul이며 판테온의 사자이자 문지기로 활동한다. 메소포타미아 므키쉬 Mkiš에서 지성소 에아킬E-akkil이 확인되었다. 파프수칼은 닌슈브르*와 혼합되었다.

팍스 Pax

평화의 영. 로마. 서기전 2세기부터 팍스 로마나Pax Romana와 팍스 아우구스타 Pax Augusta 때문에 유명해졌으며, 마르스Mars 광장에 있는 한 신전을 부여받았다. 뿔 모양의 장식품과 올리브 가지와 곡식단을 들고 있는 젊은 여인의 모습으로 묘사된다.

판 PAN

기원: 그리스-로마. 목자들의 신이며, 통제되지 않는 자연의 생산력이 의인화한 존재이다.

숭배 시기: 서기전 800년 무렵이나 그 이전부터 서기 400년 무렵 그리스도교 시기까지.

별칭: 콘센테스Consentes.

숭배 중심지: 아르카디아, 아티카의 마라톤Marathon.

참조 예술: 부조와 조각.

문헌 자료: 헤시오도스의 〈신통기〉.

전승에 따르면 판은 헤르메스*와 페넬로페Penelope의 아들이다. 염소의 뿔과 다리를 지녔고, 전형적인 남근숭배적 암시를 보여주며, 동굴에서 사는 것으로 알려졌다. 피리 연주가로서의 명성은 시링크스syrinx에게 열중한 데서 유래한 것이다. 땅의 여신 가이아*는 판의 호색적인 공격에서 시링크스를 보호하기 위해 그녀를 갈대로 바꾸어버렸다. 판의 피리들은 속이 빈 갈대들을 잘라서 만든 것으로 시링크스라고 불린다.

판이라는 이름은 다중의 의미를 가지고 있다. 판의 명성은 여행자들을 갑자기 공포에 몰아넣는 데까지 확장되었는데, 패닉panic이라는 말은 바로 이 신에게서 유래했다. 판은 소나무 가지 화환을 하고 시링크스 피리와 목자의 지팡이를 든 모습으로 묘사된다.

판다라 Pandara
여신. 불교. 아미타불(아미타바*)의 배우자 여신이며 보살이다. 밀교의 음절 팜
PAM에서 유래한다. 색깔은 장밋빛. 상징은 푸른 연꽃, 컵, 칼, 기도바퀴.

판사이마타 Pansahi Mata
어머니 여신. 힌두교. 후기 힌두교에서 악한 지향을 가진 사프타마타라*(어머
니 여신들)로 여겨진 일곱 여신 중 하나이다. 일곱 살 아래의 어린이들에게 질병
을 감염시키는 신이며 특히 벵골에서 알려졌다.

판차나나 Pancanana
악신. 힌두교(푸라나). 다섯 얼굴을 가진 시바*의 형상으로 여겨지며, 각 얼굴에
는 눈이 셋이다. 뱀 목걸이를 걸친 나체 고행자의 모습으로 묘사된다. 사원들
은 꼭대기가 빨간색으로 칠해진 돌로 이 신을 상징화하며, 이 돌은 보통 나무
아래에 있다. 판차나나는 벵골 지역에서 광범위하게 숭배를 받는다. 여성들이
그에게 기도를 바치며, 특히 질병에 걸렸을 때 돌에 기름을 바른다. 간질에 걸
린 어린이들은 이 신에게 붙잡힌 것이라는 믿음이 있다.

판차라크사 Pancaraksa (5중의 보호)
여신들의 집단. 불교. 보호해주는 주문이나 마술 공식이 의인화한 다섯 수호
여신들. '주문 여신들'로도 알려져 있다.

판차무카파트라데바 Pancamukha-Patradeva
신. 불교. '사발-신'. 상징은 열여섯 손에 있는 공양 그릇. 머리가 다섯이다.

판차브라마 Pancabrahma
시바*의 다섯 외양을 가리키는 집단적 이름. 힌두교. 다섯 외양은 아고라, 이
사나Isana, 사드요자타Sadyojata, 타트푸루사Tatpurusa, 바마데바Vamadeva이다. 이
사나다야스Isanadayas라고도 한다.

팔라니얀타반 Palaniyantavan

지역 신. 힌두-드라비다족(타밀). 인디아 남부 지역에서만 알려졌고 스칸다*의 형상이거나 옛 타밀 부족의 뱀 신 무루칸*의 형상으로 여겨진다.

팔라스(아테네) Pallas (Athene)

여신. 그리스. 이 신의 온전한 이름은 '아테네의 팔라스'이다. 팔라스라는 말의 기원과 의미는 알려지지 않았다. 아테나*를 보라.

팔라이몬 Palaemon

하급 바다 신. 그리스-로마. 원래 이노의 아들 멜리케르테스였으나, 어머니가 그를 안고 절벽에서 떨어졌을 때 신들에 의해 팔라이몬 신이 되었다. 서로 다른 전설에 따르면, 어머니가 미쳐서 그랬거나 테베의 왕 아타나스Athanas의 분노에서 탈출하려 했던 것이라고 한다.

팔레스 Pales

목축의 여신. 로마. 양떼와 소떼들의 수호자이다. 매년 4월 21일 로마에서 팔레스 축제가 열렸다.

팔선(八仙) Ba Xian

신들을 일컫는 집단적 이름. 도교(중국). 여덟의 신선들로, 한때 죽을 운명이었으나 모범적인 생활방식을 통해서 불사를 성취했다. 중국의 종교적 믿음에는 이와 유사한 집단이 많이 있다. 팔선은 아마도 가장 널리 존중을 받을 것이다. 많은 사람들이 이 신선들의 상징 형태로 된 부적이나 주문을 가지고 다닌다. 여덟 신선은 종이권*, 장과로*, 한상자*, 이철괴*, 조국구*, 여동빈*, 남채화*, 하선고*이다.

페 Fe

수호신. 가이족Gai[아이보리코스트, 아프리카 서부]. 전승에서 페는 추일로Chuilo 부족과 은야요Nyaio 부족의 다툼을 중재했다. 은야요 부족은 결국 패배했고 페는 특별히 추일로 부족의 신이 되었다. 무서운 탈을 쓰고 춤을 추면서 페를 달랜다.

페나테스 Penates
화로의 신들. 로마. 이 신들은 그리스인들에게 알려지지 않은 로마 고유의 신들이다. 집의 가장이 개인적으로 선택한 페나테스는 대다수 로마 가정의 집안일을 감독했다. 이사를 갈 경우에는 이 신들을 먼저 새로운 거주지로 옮겨놓을 정도로 중요하게 여겼다. 사람들의 형편에 따라서 흙이나 금으로 이 신들의 상을 만들었고 음식물을 정기적으로 봉헌했다.

페렌데 Perende
폭풍 신. 그리스도교 이전의 아라비아. 고대 일리리아 문화에서는 천둥과 번개가 페렌데의 현존을 알렸다. 그 후 이 이름은 그리스도교의 하느님을 확인하는 데 채택되었다.

페루와 Peruwa
말[馬]의 신. 히타이트. 비문에서만 알려졌다. 피르와Pirwa라고도 한다.

페룬 Perun
천둥의 신. 그리스도교 이전의 슬라브(발칸). 페룬의 상징물은 곤봉이며 거룩한 동물은 황소이다. 키예프에서 숭배를 받았던 것으로 알려졌다.

페르세 Perse
지하세계 저승 여신. 그리스. 태양신 헬리오스*의 배우자이며 키르케Kirke와 파시파이Pasiphae의 어머니이다. 지하세계의 달의 모습들을 의인화한 여신이다.

페르세포네 PERSEPHONE

기원: 그리스. 죽음의 여신.

숭배 시기: 서기전 1200년 무렵부터 서기 400년 무렵까지.

별칭: 코레*, 페르세파사Persephassa, 페레파타Pherrephatta, 프로세르피나*.

숭배 중심지: 엘레우시스, 데메테르*와 페르세포네에게 봉헌된 시라쿠사Syracuse에 있는
신전.

참조 예술: 조각과 부조.

문헌 자료: 호메로스의 〈데메테르 찬가〉, 〈일리아스〉, 헤시오도스의 〈신통기〉.

제우스*와 곡식의 여신 데메테르의 딸이다. 페르세포네와 데메테르의 페르소
나는 복잡한 한 쌍을 이룬다. 비록 페르세포네의 이름이 더 이른 선사 시대의
주요 여신으로서 독립적인 정체성을 암시하기는 하지만, 이 둘은 서로를 반영
하는 양상으로 지내왔을 수 있다. 페르세포네는 곡식 모신의 어린 딸 코레로
인식되지만, 지하세계의 신 하데스아이도네우스Hades-Aidoneus 또는 아이데스*의
배우자로서 죽은 자들과 불운한 자들의 여주로도 여겨진다.

전승에 따르면 페르세포네는 소녀들(오케아니데스*)과 함께 꽃을 따기 위해
어머니의 집을 떠난다. 유달리 아름다운 꽃을 따려고 무릎을 굽히자 갑자기
땅이 열리고 검은 말들이 이끄는 전차에 탄 지하세계의 신에게 붙잡혀 하데스
로 납치당하며, 그녀는 하데스*의 왕비가 되어 그곳을 다스린다. 시라쿠사 근
처의 한 곳을 포함해 다른 장소들도 꽃밭이 있던 자리로 언급되기는 하지만,
전통적으로는 엔나Enna의 라고디페르구스Lago di Pergus와 인접한 시실리 섬에 있
다고 여겨졌다. 페르세포네가 납치된 후 데메테르는 열매를 맺지 않고 자기
아이를 찾아서 땅을 헤매고 다녔다. 결국 딸이 있는 곳을 알게 되고 헤르메스*
가 지상으로 데려오려고 하지만, 페르세포네는 죽음의 석류를 맛보았고, 연중
8개월만 지상으로 돌아올 수 있었다. 페르세포네가 코레로서 어머니에게 돌아
올 때 자연은 풍성하지만, 하데스로 내려갈 때에 데메테르는 괴롭고 화가 나
서 생명 있는 세상은 시들고 죽는다.

한 전설에 따르면, 비록 디오니소스*의 어머니가 세멜레*로 알려지기는 했지

만, 제우스*는 뱀의 형상을 하고 페르세포네를 강간해서 디오니소스*를 낳게
했다고 한다.

페르콘스 Perkons
천둥의 신. 그리스도교 이전의 라트비아. 철 무기로 무장한 모습으로 묘사되
는 페르콘스는 은혜로운 비를 가져오는 풍요의 신이기도 하다. 리투아니아에
서는 페르쿠나스*라고 한다.

페르쿠나스 Perkunas
페르콘스*를 보라.

페에 Fe'e
죽은 이들의 신. 폴리네시아. 심해 지하 바위들의 신에게 정복당했던 거대한
오징어로 인식된다. 신화 시대의 모든 신에게는 타자를 이기거나 타자에게 지
는 상관과 하급자가 있다는 것이 폴리네시아 종교 원리의 요소이다.

페이토 Peitho
설득의 여신. 그리스. 아프로디테*의 하급 수행 신이다.

페줄페 Peju'lpe
수호정령들. 유카기르족[시베리아 남동부]. 동물들의 안녕을 돌보는 수행 신들
이다. 사냥꾼들이 일정한 규칙을 지키고 오직 필요한 경우에만 동물을 죽였을
때에는 사냥꾼들에게도 자비롭다.

펙코 Pekko
곡물의 신. 그리스도교 이전의 핀란드와 발트해 연안 지역들. 핀란드에서는 펠
론펙코*라고 하며, 특히 맥주 양조에 사용하는 보리의 신이다. 에스토니아에
서는 곡식의 신으로, 밀랍으로 만든 펙코의 이미지를 곡식 상자에 보관했다.

그리스도교인들이 점령하기 전까지 펙코는 성 베드로 축제일과 같은 날 공경을 받았었다.

펜안웬 Pen Annwen
지하세계의 신. 켈트(웨일스). 사실상 퓔* 및 프리데리*와 같다.

펠레 Pele
화산의 여신. 폴리네시아[하와이]. 전승에 따르면 펠레는 타히티에서 카누를 타고 하와이에 도착했다. 펠레의 다른 이름 중 하나가 히나아이말라마 Hina-Ai-Malama(달을 먹어치우는 히나*)이기 때문에, 폴리네시아 달의 여신 히나에서 유래했을 수 있다.

펠론펙코 Pellon Pekko
식물 신. 그리스도교 이전의 핀란드. 맥주에 사용하는 보리의 발아와 추수를 관장하는 신이다. 양조한 첫 맥주는 펠론펙코에게 바쳤다. 그리스도교 영향 아래서 성 베드로와 광범위하게 혼합되었다.

펠리키타스 Felicitas
하급 신. 로마. 농업의 번영과 관련이 있다. 특히 서기전 2세기부터 알려졌다.

펨바 Pemba (위대한 것)
창조신. 밤바라족과 만데족 Mande[말리, 아프리카 서부]. 펨바는 공허 또는 푸 Fu에서 창조되었고 첫 번째 임무는 세상의 알을 형성하는 것이었다. 펨바는 아카시아 씨앗 Acacia albida으로 땅에 내려왔고 용감한 나무로 자랐다가 죽었다. 펨바 나무에서 인간의 영혼들과 여성적 존재가 나왔고 펨바는 모든 인간과 동물의 생명을 낳기 위해 여성적 존재를 임신시킨다. 니제르 강의 창조자 파로*는 펨바의 형제다.

포레 Pore

창조신. 가이아나Guyana 인디언[남아메리카]. 땅과 살아 있는 것들을 창조했다.
푸라Pura라고도 한다.

포르세티 Forseti

지위가 불분명한 신. 북유럽(아이슬란드). 스노리는 포르세티가 아스가르드의
신으로 발데르*와 난나*의 아들이라고 한다. 아이슬란드 신들의 거주지 명부
에 따르면 포르세티는 금과 은으로 된 저택 글리트니르Glitnir를 가지고 있고,
훌륭한 법 제정자이자 논쟁 조정자였다고 한다. 포시테Fosite라고도 한다.

포르키스 Phorkys

하급 바다 신. 그리스. 헤시오도스에 따르면 포르키스는 폰토스*와 가이아*의
아들이다. 바다뱀 케토Keto의 배우자이며 고르곤스Gorgons와 그라이아이Graii의
아버지이다. 포르코스Phorkos라고도 한다.

포르투나 Fortuna

행운의 여신. 로마. 특히 여성들이 부분적으로는 신탁의 맥락에서 이 신에게
간청했다. 포르투나는 구체와 배의 키와 풍요의 뿔을 들고 있는 모습으로 묘
사된다. 아마도 그리스 여신 티케*를 모델로 발전했을 것이다. 포르투나의 주
요 상징은 운명의 수레바퀴이다. 르네상스 예술가들은 운명의 수레바퀴와 함
께 있는 포르투나의 모습을 그리곤 했다. 로마에 있는 포르투나 지성소들 중
에서 도미티아누스Domitian가 지은 포르투나 레둑스Fortuna Redux 신전은 게르만
지방에서의 승리를 기념하기 위해 건축한 신전이었다. 영국 글로스터Gloucester
박물관에는 세 가지 주요 상징물을 들고 있는 유명한 포르투나 조각이 있다.

포르투누스 Portunus

통행의 신. 로마. 도시와 주택의 입구를 지키는 신이다. 포르투누스 축제인 포
르투날리아Portunalia가 해마다 8월 17일 열렸고, 축제에서는 열쇠들을 축복하

기 위해서 불 속에 던졌다. 포르투누스는, 바다에서 로마로 들어오는 주요 관문인 티베르 강 하구의 수호신이기도 하다.

포모나 Pomona
과수원과 정원의 여신. 로마. 베르툼누스*의 배우자로 보통 정원의 도구들로 표현되며 과일과 꽃들을 이 여신에게 바쳤다.

포세이돈 POSEIDON
기원 : 그리스. 바다와 선원들의 신.

숭배 시기 : 크레타를 통해서 서기전 1600년 무렵부터 서기 400년 무렵까지.

별칭 : 미케네에서는 포세이다온Poseidaon, 도리아인들은 포테이단Poteidan이라고 불렀다.

숭배 중심지 : 수니온Sunion 곶 [그리스 남부], 필로스 [크레타], 미칼레Mykale 산 [터키], 칼라우리아Kalauria 섬의 초기 신전, 특히 시리아의 베리투스Berytus 등 그리스-로마 영향권 지역들.

참조 예술 : 조각, 장식판, 동전 등.

문헌 자료 : 호메로스의 〈일리아스〉, 헤시오도스의 〈신통기〉.

포세이돈은 바다의 신으로 인식되며 크로노스*와 레아*의 세 아들 중 하나이다. 제우스*와 하데스*가 그의 형제들이다. 포세이돈은 아테네의 왕이 된 테세우스의 아버지이며, 그가 땅에 처박았다고 알려진 아테네의 왕 에렉테우스Erechtheus와도 관련이 있다. 필로스의 왕 넬레우스Neleus와 테살리아 이올코스Iolkos의 왕 펠리아스Pelias도 그의 아들들이다. 전승에 따르면 아이올로스*와 보이오티아 조상들의 아버지이기도 하다.

포세이돈의 성스런 동물은 말이며, 땅을 수정시켜 첫 말이 임신했다고 한다. 그의 주요 배우자는 암피트리테*이지만, 다른 배우자들은 말과 친근하다는 것을 강조한다. 배우자들 중에는 악명 높은 메두사도 있었는데, 메두사의 시체에서 날개 달린 말 페가수스Pegasus와 전사 크리사오르Chrysaor가 나왔다고 한다. 여신 에리니스*와 간통하여 날개가 달린 또 다른 말 아레온Areon을 낳았다. 아레온의 어머니가 암말 모습을 취한 데메테르*라고 하는 전설도 있다.

포세이돈은 결코 젊은이 형상으로 나타나지 않으며, 삼지창을 들고 수염이 달린 나이 지긋한 신으로 그려진다. 전승에 따르면, 제우스는 하늘을, 포세이돈은 바다를, 하데스는 지하세계를 각각 취했으며, 땅은 셋이 모두 공유했다고 한다. 포세이돈은 인기를 누렸던 신탁의 신으로, 한 전설은 그가 델포이의 첫 관리자였음을 암시한다. 포세이돈에게 봉헌된 또 다른 신탁소가 타이나론 Tainaron 곶에 있다.

수니온 곶 절벽 위에 하얀 대리석으로 세웠던 인상적인 포세이돈 신전 잔해가 남아 있으며, 아테네로 향하는 모든 배들은 이곳을 통과했다. 포세이돈을 기리는 보트 경기도 이곳에서 열렸다. 특히, 전통적인 삼지창을 사용했던 참치잡이 계절에는 포세이돈에게 더욱 기원했다.

아르고스에서는 말들을 소용돌이에 빠트려 포세이돈에게 바쳤고, 필로스에서는 도살한 황소들을 바쳤다.

포스포로스 Phosphoros

새벽별의 신. 그리스. 어머니는 새벽 에오스*이다. 포스포로스는 횃불을 들고 어머니보다 앞서서 달리는 발가벗은 젊은이로 묘사된다. 로마 문화에서는 루키페르Lucifer가 된다.

포시스다스 Posis Das

하늘 신. 그리스. 헬레니즘 이전 시기, 어머니 대지 가이아*의 배우자이다. 헤시오도스의 〈신통기〉에서 확인되는 태초의 동반자들 중 하나이다. 포시스다스는 뒤에 제우스*에 혼합된다.

포에니누스 Poeninus

산신. 로마노-켈트(유럽 대륙). 고산지대에서만 알려졌고 일반적으로 유피테르*에 동화되었다고 여겨진다.

포증(包拯) Pao Kung

판관들의 신. 중국. 송나라 때 인물이다(999~1062년). 거무스름한 얼굴에 공평함을 암시하는 노란색과 자주색 옷을 입은 모습으로 묘사된다. 상징에는 나무로 된 홀笏이 포함되어 있다. 인장印章을 든 하급 신과 곤장을 든 하급 신이 그를 보좌한다.

포토스 Pothos

태초의 존재. 페니키아. 우주론에 따르면 포토스는 어둠인 오미클레*와 결합하여 혼돈에서 영적 힘인 아에르Aer와 아에르의 살아 있는 육체적 현현인 아우라Aura를 낳으려고 한다.

포티나 Potina

하급 여신. 로마. 유아들이 안전하게 음료를 마시는 일과 관련되어 있다.

폭슬롬 Poxlom

질병의 신. 마야(첼탈Tzeltal 인디언, 고대 메소아메리카)[멕시코]. 하늘의 별이나 불덩어리로 인식되었다. 폭슬롬은 옥수수 껍데기를 벗기는 풍요의 신으로, 또는 어부나 의사나 음악가나 사냥꾼으로 묘사될 수 있다. 옥스축Oxchuc의 그리스도교 교회에서 폭슬롬 신상이 발견되었는데 그것을 공개적으로 불태우기 전에 인디언들은 신상을 철회하고 신상에 침을 뱉도록 강요받았다.

폰 PON (어떤 존재)

기원 : 유카기르족 [중앙시베리아]. 최고의 창조신.

숭배 시기 : 선사 시대부터 서기 1900년 무렵까지.

별칭 : 폰유렉Pon-yu'lec (어두워진 어떤 존재), 포노목Pon-o'moc (좋게 된 어떤 존재), 폰티볼Pon-ti'bol (비를 만드는 어떤 존재), 쿠쿤Cu'kun.

숭배 중심지 : 고정된 지성소는 없다.

참조 예술 : 알려지지 않음.

591

폰은 막연하고 불분명한 창조자 영으로, 자연의 모든 가시적인 현상을 통제한다. 이 신을 숭배했다는 구체적인 자료는 없다. 폰은 멀리 떨어져 있으며 일상과 별 관계가 없는 존재로 여겨진다. 폰에게 기도를 하거나 기원하는 일은 없었으며 제물도 바치지 않았다.

폰토스 Pontos
바다의 신. 그리스. 폰토스의 어머니이자 배우자는 가이아*이다. 바다의 신 네레이스Nereis와 포르키스*의 아버지이다.

폴레람마 Poleramma
역병의 여신. 텔레구족Telegu[인디아]. 천연두와 관련이 있고 이 신에게 피의 희생제를 봉헌한다.

폴루크날라이 Poluknalai
동물들의 여신. 카피르족[아프가니스탄]. 카피리스탄 남서쪽에 있는 아스쿤Askun 지역의 마을들에서 여신 디사니*와 함께 경배를 받는다.

폴룩스 Pollux
말[馬]의 신. 로마. 폴리데우케스를 보라.

폴리데우케스 Polydeukes
말의 신. 그리스. 쌍둥이 신 디오스쿠로이* 중 하나이며 다른 신은 카스토르이다. 전승에 따르면 이들은 자기들의 근원인 스파르타 문화와 관련이 있다. 이들은 베다 신화의 인도-유럽 신 아스빈스*에서 유래했을 가능성이 있다. 폴리데우케스는 불사의 신인 반면 카스트로는 죽는 신이다. 그래서 카스트로는 전투 중에 치명적인 상처를 입지만 이 쌍둥이 형제는 분리되지 않은 채 남는다.

이들은 특히 바다에서의 재난과 위험으로부터 사람들을 구하며, 선박의 돛대와 같은 뾰족한 물체의 끝부분에 대기 전기가 방전되면서 나타나는 불꽃인 성엘모의 불(St. Elmo' Fire)로 체현되었다고 여겨진다. 로마에서는 카스토르Castor와 폴룩스*라고 한다.

푸구 Pu'gu
태양신. 유카기르족[시베리아 동부]. 정의롭고 영예로운 삶과 관련이 있는 영으로 사악하거나 폭력적인 이들에게 벌을 내린다.

푸나르바수 Punarvasu
행운의 하급 여신. 힌두교(서사시와 푸라나). 자비로운 나크사트라*. 다크샤*의 딸이자 찬드라*(소마*)의 아내. 잃어버린 재산의 회복과 관련이 있다.

푸니타바티 Punitavati (정화된)
지역 여신. 힌두교. 암마이야르Ammaiyar 근처 카라이칼Karaikkal에서 숭배한다. 브라만 사업가의 아내가 의인화한 존재이다.

푸디키타 Pudicita
순결의 여신. 로마. 위엄 있는 여인으로 묘사되며, 로마제국이 점점 쇠약해졌을 때 대중으로부터도 멀어졌다.

푸라나이 Puranai (충만)
어머니 여신. 드라비다족(타밀)[인디아 남부]. 나바샥티*이며 아이야나르Aiyanar의 배우자들 중 하나다.

푸란디 Purandhi
번영의 하급 여신. 힌두교(베다). 부의 획득과 관련이 있으며 때로 인드라* 또는 다른 남성 신들과 동일시된다.

푸루사 Purusa

태초의 창조신. 힌두교(베다). 태초의 존재로 묘사되며 그로부터 우주가 형성되었다. 위대한 어머니 마타*의 남성적 요소일 수 있다. 후기 힌두교에서는 비슈누*의 화신으로 여겨졌다.

푸르바바드라파다 Purvabhadrapada

행운의 하급 여신. 힌두교(서사시와 푸라나). 자비로운 나크사트라*, 다크샤*의 딸이자 찬드라*(소마*)의 아내.

푸르바사다 Purvasadha

행운의 하급 여신. 중간 성향의 나크사트라*. 다크샤*의 딸이자 찬드라*(소마*)의 아내.

푸르바팔구니 Purvaphalguni

행운의 하급 여신. 힌두교(서사시와 푸라나). 중간 성향의 나크사트라*. 다크샤*의 딸이자 찬드라*(소마*)의 아내.

푸마 Pu Ma

신들에 대한 총칭. 폴리네시아. 모든 상급 신들에게 부여되는 명칭이다.

푸산 Pusan (자양분을 주는 자)

태양신. 힌두교(베다와 푸라나). 원래 베다에 나온 아디티*의 아들은 모두 태양신들이며 여섯이었다. 후대에 열둘로 확장되었고 푸산은 여기에 포함됐다. 푸산은 태양의 전차를 모는 전사이며 여행과 통로의 수호신이다. 색깔은 황금색. 상징은 네 연꽃.

푸샤 Pusya

행운의 하급 여신. 힌두교(서사시와 푸라나). 자비로운 나크사트라*, 다크샤*의 딸이자 찬드라*(소마*)의 아내.

푸스티 Pusti (성장)
풍요의 여신. 힌두교(서사시와 푸라나). 인디아 북부에서는 비슈누*의 두 번째 배우자이다. 그러나 다른 곳에서는 사라스바티*와 연결될 수 있으며 가네샤*의 배우자일 수 있다.

푸스파타라 Puspatara (꽃의 타라*)
하급 여신. 대승불교. 색깔은 하얀색. 상징은 숲의 화환.

푸시 Pusi
물고기의 신. 폴리네시아[티코피아]. 모래의 뱀장어가 신격화한 존재이며 티코피아로 이주한 통아의 조상들과 함께했을 것이다.

푸타 Puta
농업의 여신. 로마. 특히 나무와 관목의 적절한 가지치기를 관장한다.

풀라 Fulla
하급 여신. 게르만. 〈메르제부르크 주문Merseburg Charm〉에서는 여신 프리그*의 수행 신으로 나오며, 프리그의 자매일 가능성도 있다.

풀마타 Phul Mata
어머니 여신. 힌두교(서사시와 푸라나). 후기 힌두교에서 악한 지향을 가진 사프타마타라*(어머니들)로 여겨지는 여신들 중 하나이다. 일곱 살 아래의 어린이들에게 질병을 감염시키는 신이며 특히 벵골에서 알려졌다.

풋카시 Pukkasi
끔찍한 외양을 한 여신. 금강승불교와 라마교[티베트]. 가우리* 집단의 일원. 색깔은 누르스름한 흰색이나 푸른색. 상징은 물병.

풍백(風伯) Feng Po
하늘 신. 중국. 자루를 풀어서 바람을 방출하는 바람의 신으로 묘사되며, 바다와 깊이 연결되어 있다. 원래는 악의를 지닌 신으로 여겨졌으며 후예后羿의 적수였다. 풍백은 흰 수염을 기른 노인으로 묘사되거나 사슴이나 새의 머리를 가진 용으로 그려진다. 비렴*이라고도 한다.

퓔 Pwyll
땅의 신. 켈트(웨일스). '디버드의 군주'로, 전승에 따르면 지하세계의 신 아라운*으로부터 선물로 돼지를 받아 웨일스로 가져왔다고 한다. 퓔은 사냥하는 동안 아라운을 만났고 그를 대신해서 그의 원수 하프간과 싸운 대가로 보상을 받았다.

프라나샥티 Pranasakti
여신. 힌두교. '육체적 삶의 중심'을 지배하는 끔찍한 신. 연꽃 위에 서 있다. 상징은 피로 채워진 컵.

프라니다나바시타 Pranidhanavasita (관념적 명상의 통제)
하급 여신. 불교. 영적 갱생 수련을 의인화한 바시타* 중 하나. 색깔은 노란색. 상징은 푸른 연꽃과 보석 지팡이.

프라니다나파라미타 Pranidhanaparamita
철학적 신. 불교. 라트나삼바바*의 영적 자손. 색깔은 노란색. 상징은 보석과 푸른 연꽃 위의 지팡이.

프라다나 Pradhana (가장 중요한)
어머니 여신. 힌두교(서사시와 푸라나). 아홉의 별 신들인 나바샥티스*들 중 하나이며, 인디아 남부에서는 어머니 여신들인 사프타마타라*보다 상급이다.

프라디움나 Pradyumna
사랑의 신. 초기 드라비다족(타밀)[인디아 남부]. 크리슈나*와 루크미니*의 아들이며 사마*의 형이다. 시바*에게 죽임을 당한 후 생환하는 카마데바* 또는 카마*와 같다. 후기 힌두교에서는 비슈누*의 화신으로 여겨지며 마야데비*와 카쿠드마티Kakudmati가 그의 배우자들이다.

프라디파타라 Pradipatara
빛의 하급 여신. 대승불교.

프라무디타 Pramudita (환희지 歡喜地)
하급 여신. 금강승불교. 보살이 통과하는 신격화된 영적 영역들(부미*) 중 하나. 색깔은 빨간색. 상징은 보석과 지팡이.

프라바사 Prabhasa (빛나는 새벽)
수행 신. 힌두교(서사시와 푸라나). 인드라*에 응답하는 바수* 신들 중 하나. 상징은 컵, 갈고리, 샥티*와 지팡이.

프라바카리 Prabhakari (발광지 發光地)
하급 여신. 금강승불교. 보살이 통과하는 신격화된 영적 영역들(부미*) 중 하나. 색깔은 빨간색. 상징은 연꽃 위의 태양 원반, 지팡이.

프라산나타라 Prasannatara (은혜로운 타라*)
하급 여신. 대승불교. 힌두교 신들인 인드라*, 브라마*, 루드라*, 우펜드라Upendra를 짓밟고 있는 라트나삼바바*의 형상으로 여겨진다. 색깔은 노란색. 다양한 상징들을 들고 있다. 눈이 셋이다.

프라수티 Prasuti

여신. 힌두교. 스바얌부바마누Svayambhuva Manu의 딸이며 다크샤*의 배우자들 중 하나.

프라자파티 Prajapati (피조물의 주)

태초의 존재. 힌두교(베다, 서사시와 푸라나). 베다 전설에서는 세상의 창조자이자 하늘과 땅의 창조자로 다양하게 묘사된다. 마음과 언어의 요소들을 혼합하여 스스로 잉태한 남녀 양성적 존재이다. 후대의 서사시에서는 성적(sexual) 기관을 수호하는 신이다. 후기 힌두교에서 프라자파티는 브라마*의 이름이기도 하다.

프라즈나 Prajna (지혜 [般若])

여신. 대승불교. 대승불교 신들의 배우자 여신, 특히 아디붓다*의 샥티*로 여겨진다.

프라즈나바르다니 Prajnavardhani (지혜의 성장)

신격화한 문헌. 불교. 다라니* 중 하나. 색깔은 하얀색. 상징은 지팡이, 푸른 연꽃 위의 칼.

프라즈나파라미타 Prajnaparamita (반야바라밀 般若波羅蜜)

여신. 불교. 경전이 의인화한 신이며 바즈라다라*의 배우자 여신이다. 악쇼비야*의 한 발현이다. 라트나삼바바*의 영적 자손으로 철학적 신이기도 하다. 초월적 직관의 구현체이다. 프라즈나파라미타는 연꽃 위에 서 있다. 색깔은 하얀색, 붉은빛이 도는 하얀색 또는 노란색. 상징은 푸른 연꽃, 책, 컵, 칼, 보석 지팡이, 붉은 연꽃.

프라즈나프티 Prajnapti (가르침)

배움의 여신. 자이나교[인디아]. 여신 사라스바티*가 이끄는 열여섯 비디야데비* 중 하나.

프라즈난타카 Prajnantaka
여신. 대승불교. 남쪽 방향의 수호신들 중 하나. 색깔은 하얀색. 상징은 보석, 연꽃, 칼, 삼지창, 하얀 지팡이.

프라찬다 Pracanda (격노한)
어머니 여신. 힌두교(서사시와 푸라나). 인디아 남부에서는 사프타마타라* 어머니 신들보다 윗자리에 있으며, 아홉의 별 신들인 나바샥티스*들 중 하나이다.

프라크데 Prakde (행렬)
지역 신. 카피르족[아프가니스탄]. 카피리스탄 남서쪽에 있는 아쉬쿤 마을들에서 알려졌다. 아마도 거룩한 일곱 파나오 또는 파라디크 형제들 중 하나일 것이다.

프라트양기라 Pratyangira (언변이 서쪽으로 향하는)
끔찍한 외양의 여신. 힌두교. 사자를 타고 있다. 상징은 컵, 북, 타오르는 머리, 뱀 올가미와 삼지창.

프라트유사 Pratyusa (신랄한)
수행 신. 힌두교(서사시와 푸라나). 인드라*에 응답하는 바수* 신들 중 하나. 상징은 갈고리, 칼, 샥티*와 무기.

프라티바나쿠타 Pratibhanakuta (뛰어난 지성)
신. 불교. 보살. 색깔은 노란색이나 빨간색. 상징은 연꽃 위의 칼.

프라티바나프라티삼비트 Pratibhanapratisamvit
상황 분석의 여신. 금강승불교. 넷으로 이루어진 집단의 일원. 색깔은 초록색.

상징은 세 갈래로 된 지팡이와 종.

프라티삼비트 Pratisamvit (분석적 과학)

네 여신을 일컫는 총칭. 금강승불교. 논리적 분석이 의인화한 존재들.

프레위르 FREYR (주)

기원: 스웨덴이나 게르만일 가능성이 있으나 인구가 가장 적은 아이슬란드를 포함해 북유럽 전역으로 확장되었다. 풍요의 신이다.

숭배 시기: 서기 700년 무렵 바이킹 시대나 그 이전부터 서기 1100년 무렵 그리스도교 시기까지.

별칭: 확증되지 않았으나, 덴마크의 프로디Frodi, 잉(2)* 또는 잉(1)*, 스웨덴의 리티르Lytir 등이 프레위르의 별칭일 가능성이 있다.

숭배 중심지: 스웨덴 웁살라와 노르웨이 트란다임Trandheim 그리고 북유럽 국가들의 다양한 신전들과 사원들(현존하지 않음).

참조 예술: 조각.

문헌 자료: 아이슬란드 사본들, 스노리의 〈산문 에다〉, 삭소의 〈덴마크 역사〉, 중세 독일의 사가 '브레멘의 아담(Adam of Bremen)'의 작품들, 봉헌 비문들 및 장소 이름들.

아스가르드에 거주하는 바니르* 신들 중 하나로 풍요와 번영 및 세상의 평화와 관련이 있다. 프레이야*의 쌍둥이 형제이며 니외르드*의 자식들 중 하나이다. 거인 여자 게르트Gerd와 결혼했으며, 몇몇 사람들은 이들의 관계가 수확으로 마무리되는 하늘 신과 땅의 혼인을 나타내는 것이라고 해석했다. 브레멘의 아담에 따르면, 프레위르는 웁살라 신전에 인상적인 남근상으로 표현되었다고 한다. 프레위르 숭배는 거룩한 혼인을 동반했을 가능성이 있으며, 그는 스웨덴 잉글링에Ynglinge 왕조의 창시자로 여겨졌다. 중세의 아이슬란드 연대기 〈플라테이야르보크Flateyjarbok〉에 따르면, 계절을 축복하기 위해서 프레위르 상을 지붕 있는 마차에 태우고 여사제가 동반하여 시골 주변으로 운반했다고 한다. 다른 축제들에서는 남성 참가자들이 여성 복장을 하고 의례 연회를 벌였을 것이다.

프레위르는 고대부터 보호하는 힘을 지닌 것으로 여겨졌던 수퇘지와 관련이 있다. 굴린보르스티Gullinborsti라는 황금 털이 난 수퇘지가 그의 거룩한 동물이었다. 프레위르는 말 숭배와도 강하게 연결되어 있으며, 말 숭배지들 중 한 곳이었던 트란다임에는 거룩한 마구간이 묘사되어 있다. 프레위르는 또한, 스키트블라트니르Skidbladnir 또는 스키오블라오니르Skioblaonir라는 환상적인 배에 대한 인식에 기반을 둔 선박 숭배와도 연결되어 있다. 이 배는 모든 신들을 실을 수 있을 만큼 크며, 접으면 사람의 주머니에 들어갈 수 있을 정도로 작다고 한다.

프레이야 FREYJA (숙녀)

기원: 북유럽 (아이슬란드) 또는 게르만. 풍요와 식물 여신.

숭배 시기: 서기 700년 무렵 바이킹 시대나 그 이전부터 서기 1100년 무렵 그리스도교 시기까지.

별칭: 게픈Gefn (주는 자), 마르돌Mardoll, 시르Syr, 호른Horn, 스키알프Skialf, 일부 북쪽 지방에서는 토르게르다Thorgerda일 가능성도 있다.

숭배 중심지: 주로 스웨덴과 노르웨이이지만 북유럽 전역으로 퍼졌다.

참조 예술: 조각.

문헌 자료: 아이슬란드 사본들, 스노리의 〈산문 에다〉, 삭소의 〈덴마크 역사〉, 봉헌 비문들 및 장소 이름들.

프레이야는 아스가르드의 가장 대중적인 신들 중 하나이다. 바니르족* 여신이며 프레위르*의 아내이자 쌍둥이 자매이며, 니외르드*의 딸이다. 마음과 혼인 및 번영과 관련된 사랑의 여신이다. 거인들의 인기를 많이 받았고, 신들 및 요정들을 포함해 여러 구혼자들과 성적인 관계를 가진 것으로 유명하다. 두 마리 고양이가 끄는 전차를 타고, 밤에 암염소의 형상으로 돌아다닌다고 한다. 프레이야는 황금 털이 난 수퇘지 힐데스빈Hildeswin을 타고 다니기도 한다. 죽음과 밀접한 관련이 있어서, 몇몇 전설에 따르면 프레이야는 전쟁에서 살해당한 사람들 절반을 받아들였다고 한다(오딘(2)*을 보라). 수퇘지로 상징화되며 황금 눈물을 흘리는 여신으로(프리그*를 보라) 의례적으로 중요한 의미를 지니는 목걸이 브리징가멘 Brisingamen을 차고 있다. 자유롭게 매의 형상을 취할 수 있으며 먼 거리를 날아다닐 수 있다고 한다. 여예언자 및 점이 포함된 마법과 관련이 있다. 프리그와 프레이야는 단일한 신성한 원리가 둘로 분리된 모습일 가능성이 있다.

프렌데 Prende

사랑의 여신. 그리스도교 이전의 아라비아. 그리스도교에서 성인으로 흡수된 천둥 신 페렌디 Perendi의 배우자이다.

프로노이아 Pronoia (선견)

태초의 존재. 영지주의 그리스도교. 영지주의 우주론에서 혼돈의 일곱 하늘을 다스리는 최초의 부모 알다바오트*에게서 태어난 남녀 양성적 원리들 중 하나로, 여성적 모습이다. 다른 영지주의 문헌에는 생각의 목소리인 프로텐노이아 Protennoia로 나오며, 인간 형상으로 땅에 내려와서 세상 태초의 구원을 담당하는 로고스*의 목소리로도 나온다.

프로메테우스 PROMETHEUS (선견)

기원: 그리스. 영웅 신이자 인간의 창조자.

숭배 시기: 서기전 800년 무렵이나 그 이전부터 서기 400년 무렵 그리스도교 시기까지.

별칭: 없음.

숭배 중심지: 주로 아테네.

참조 예술: 조각, 부조 등.

문헌 자료: 헤시오도스의 〈신통기〉, 아이스킬로스의 희곡.

프로메테우스는 티탄족* 이아페토스*와 그의 배우자 클리메네의 네 아들 중 하나이며 제우스*의 영웅적 대항자로 잘 알려졌다. 그는 제우스에게서 불을 훔쳐 인간에게 주었고, 불은 인간과 다른 생물을 구별하는 요긴한 것이 되었다. 프로메테우스와 그의 동생 에피메티우스Epimethius는, 제우스가 판도라와 그녀의 문제 많은 상자를 창조한 것에 대응하여, 인간을 창조하고 인간의 보호자 역할을 하게 되었다고 한다. 제우스는 카우카수스Caucasus의 거대한 바위에 견고한 사슬로 프로메테우스를 묶고 독수리를 보내어 그의 간을 쪼아 먹게 했다. 헤르쿨레스*는 독수리를 죽이고 프로메테우스를 고통에서 해방시켜주었다.

프로미토르 Promitor
하급 농경 신. 로마. 곡물의 성장과 추수를 관장한다.

프로비덴티아 Providentia
선견의 여신. 로마. 서기전 2세기에 티베리아스 지역에서 알려졌다.

프로세르피나 Proserpina
죽음의 여신. 로마의 신이지만 그리스 모델에서 유래했다. 지하세계의 신 플루토*는 프로세르피나를 유괴해서 왕비로 삼아 지하세계를 다스리게 하였다. 페르세포네*를 보라.

프로테우스 Proteus
하급 바다 신. 그리스. 트리톤*을 시중드는 노인으로 묘사되며 주요 관심은 대양의 생물들이다. 프로테우스는 신탁 능력도 가지고 있다. 시인 쿠퍼Cowper는 이렇게 쓰고 있다. "옛날에 늙은 프로테우스는, 자기의 바다표범들과 함께, 산과 숲을 찾으려고 했다." 글라우코스*, 네레우스*, 포르키스*로도 알려졌다.

프록수마이 Proxumae
여신들의 집단을 일컫는 총칭. 로마노-켈트. 개인적인 수호신들이다.

프르스니 Prsni

태초의 땅의 여신. 힌두교(베다). 〈리그베다〉의 '얼룩 암소'라 불린다. 밝게 채색된 소마 줄기로 인식되며, 이름이 같은 남성 짝인 태양의 얼룩 황소 프르스니와 연결되어 있다.

프르투 Prthu (넓은)

창조신. 힌두교(베다). 인간에 농업을 가르쳐준 태양신 판테온의 수장이며, 후기 힌두교에서는 비슈누*의 한 화신으로 나온다.

프르티비 PRTHIVI (땅의 어머니)

기원: 힌두교 (베다) [인디아]. 땅의 어머니 여신.

숭배 시기: 서기전 1500년 무렵이나 그 이전부터 현재까지.

별칭: 부데비.

숭배 중심지: 일정하지 않다.

참조 예술: 청동이나 다른 금속으로 만든 조각, 돌로 만든 부조.

문헌 자료: 〈리그베다〉와 〈아타르바베다〉를 포함한 다른 문헌들.

베다 문헌에서 프르티비는 창조신 디야우스피타*의 여성적 모습이다. 이 둘은, 바루나*가 갈라놓을 때까지 분리되지 않는 태초의 우주를 형성했다. 족보와 관련된 불합리한 전설에 따르면, 프르티비는 땅에 생명의 축복을 허락한 프리투Prthu의 딸이며, 베나Vena 왕 시체의 팔에서 출현했다고 한다.

프르티비는 땅의 여신으로 하늘 신 디야우스*가 비를 내려 그녀를 수태시킬 때 그의 짝이 된다. 프르티비는 세상의 중심에 입을 맞추었다고 하며, 증오 없이 스스로를 이용당하도록 허락함으로써 땅의 영원한 인내력과 회복력을 상징한다. 모든 식물의 원천인 식물의 여신이기도 하다. 어떤 전설에서 프르티비는 그녀를 보호하는 비의 신 인드라*의 배우자로 나오며, 파르자니야Parjanya, 프라자파이트Prajapait, 비스바카르마 등과 더불어 잘 알려지지 않은 창조신이다. 비록 〈아타르바베다〉에서는 디야우스가 언급되지 않지만, 디야우스의 떨어질 수 없는 짝으로서 프르티비만 홀로 제시되는 경우는 별로 없다. 보통 이 둘은 디야바프르티비Dyavaprthivi로 언급된다. 초기 인디아 문화에도 프르티비가 나오기는 하지만 후기 힌두교에서 꾸준히 나타나며, 비슈누*의 샥티*가 의인화한 존재들 중 하나로 비슈누와 연관이 있을 수 있다.

많은 힌두교인들은 쟁기질하거나 씨를 뿌리기 전에 새벽에 프르티비를 경배한다. 편자브Punjab 지방에서는 첫 우유를 이 신에게 봉헌하며 땅에 스며들게 한다. 죽어가는 사람을 땅에 누여 프르티비가 받아들이도록 하는 것도 이와 비슷한 정서이다.

프리그 FRIGG

기원: 북유럽(아이슬란드) 또는 게르만. 어머니 여신.

숭배 시기: 서기 700년 무렵 바이킹 시대나 그 이전부터 서기 1100년 무렵 그리스도교 시기까지.

별칭: 프리야Frija.

숭배 중심지: 북유럽 지역 여러 곳.

참조 예술: 조각.

문헌 자료: 아이슬란드 사본들, 스노리의 〈산문 에다〉, 삭소의 〈덴마크 역사〉, 봉헌 비문들 및 장소 이름들.

아스가르드에 사는 에시르* 고참 여신. 오딘(2)*의 배우자이며 발데르*의 어머니이다. 삭소는 프리그가 충실하지 않은 배우자였음을 암시하지만, 일반적으로 프리그는 합법적 배우자이자 '하늘의 여왕'으로 존경받았다. 프리그의 게르만식 이름은 프리야Frija이며 금요일(Friday)이라는 단어의 기원이다. 프리그는 분만 및 조산술과 밀접한 관련이 있는 것으로 여겨졌다. 프리그는 또한 흔적만 남은 여성 신들을 이끌었던 것으로 보이는데, 그리스도교 이전 유럽에서는 풍요 및 가정 보호와 관련하여 종종 이 여신들의 조각상을 세웠다. 이러한 석상들은 대개 라인란트에서 발견된다. 눈물을 흘리는 여신은 때로 매의 형상을 취하는 모습으로 묘사된다(프레이야*를 보라).

프리데리 Pryderi

땅속의 신. 켈트(웨일스). 필*과 리아논*의 아들이다. 전승에 따르면 거대한 매 또는 까마귀가 요람에서 프리데리를 납치했다고 한다. 지하세계에서 원수가 납치를 부추겼다는 암시가 있으며, 아마도 이 원수는 리아논의 거절당한 구혼자인 그와울Gwawl 가족일 것이다. 프리데리는 마구간에서 발견되었고 테이르니온Teirnyon이 구출해서 아들로 삼았다. 결국 프리데리의 진짜 부모가 밝혀지고 그는 가족의 품으로 돌아오게 된다. 프리데리의 배우자는 킥파Cigfa이며, 그는 필을 계승해서 '디버드의 군주'가 된다.

프리아포스 Priapos

풍요의 신. 그리스-로마와 프리지아. 디오니소스*와 아프로디테*의 아들로 선원들의 수호신이기도 하다. 그리스에서는 늦게까지(서기전 4세기 무렵부터 2세기 무렵) 중요한 신으로 여겨지지 않았고, 로마제국 시대에도 지방에서만 인기를 누렸다. 특히 프리지아에서 알려졌고 생식기가 두드러진 사티로스와 비슷한 모습으로 묘사된다.

프리아푸스 Priapus

그늘의 신. 로마. 헬레스폰트Hellespont 연안에서만 숭배한 것으로 보이는 시골 신으로 프리아포스*에서 유래한 것이 확실하다.

프리야다르사나 Priyadarsana (눈에 즐거운)

하급 여신. 대승불교. 붓다카팔라*의 수행 신.

프리티 Priti (즐거움)

여신. 힌두교(서사시와 푸라나). 다크샤*의 딸이자 사랑의 신 카마데바*의 배우자. 비슈누*와 연결된 열두 샥티*들 중 하나.

프리티비 Prithivi

프르티비*를 보라.

프타 PTAH

기원 : 이집트. 창조신이자 장인匠人들의 신.

숭배 시기 : 서기전 3000년 무렵이나 그 이전부터 서기 400년 무렵 이집트 역사 끝까지.

별칭 : 프타눈Ptah-Nun, 프타나우네트Ptah-Naunet, 케리바케프Khery-bakef.

숭배 중심지 : 주로 멤피스였지만 나일 계곡 전역에 지성소들이 있었다.

참조 예술 : 조각, 부조, 벽화, 파피루스 도해.

문헌 자료 : 피라미드 본문들, 샤바카 석.

프타는 나일 삼각주 남쪽 하이집트 멤피스의 수호신이다. 헬리오폴리스의 태양신 아툼*과 함께 이집트 판테온의 창조신으로서 선임자의 특권을 요구한 주요 경쟁자였다. 프타의 배우자는 사자 여신 사크메트*이고, 태초 연꽃의 신 네페르툼*이 그의 아들이라는 암시가 있다. 프타는 몸에 꽉 끼지만 팔만 자유로운 긴 옷을 입은 인간의 형상으로 묘사된다. 프타의 가장 독특한 모습은 얼굴과 귀만 보이는 불변의 작은 모자(스컬캡skullcap)와, 생명의 상징인 앙크 십자가 위에 있는 지배의 지팡이 와스was이다. 그는 자신의 거룩한 동물인 황소로 상징화되기도 한다.

멤피스 사제들의 족보에 따르면 프타는 '신들의 아버지' 아툼을 깔보았다. 그는 아툼뿐만이 아니라 헬리오폴리스 전체 만신을 생각과 말을 통해서 우주에 존재하게 했다. 모든 생명과 물질은 프타의 마음과 혀에서 나왔다. 이 우주론에서 눈*은 무정형의 원시 물질을 나타낸다. 프타는 이 눈에서 양성적 존재인 자신을 발생시키는데, 그의 남성성은 프타눈이고 여성성은 프타나우네트이다. 프타는 때로 케리바케프라는 이름으로 알려지기도 했다. 이 이름은 '자기 나무 아래 있는 자'라는 뜻으로, 모링가moringa 나무를 상징으로 하는, 멤피스의 늙은 나무의 신과 혼합되었음을 암시한다.

프타는 창조신의 역할 외에 장인들의 수호신이기도 하다. 보석을 포함한 다양한 무역에서 작업하는 왜소한 장인들의 예술 안에 종종 프타의 모습이 그려져 있다. 프타는 기본 재료에서 인간을 형성하는 신으로 그려진다. 그리스-로마 시대에는 그리스의 대장장이 신 헤파이스토스*와 동일시되기도 했다.

플라하스 Flaitheas

수호 여신. 켈트(아일랜드). '아일랜드의 주권'에 속하는 신들 중 하나이다. 전승에 따르면, 아일랜드의 미래 지도자들은 여신의 배우자임을 수용하는 의미로 데르그플라하dergflaith(붉은 주권)라는 잔을 마시도록 제공받았다.

플로라 Flora

꽃의 여신. 제피루스*의 배우자이며 주로 소녀들이 과일과 꽃을 바치며 숭배했다. 주요 플로라 축제들은 성적인 의미를 강하게 지니고 있었지만, 죽은 자들과도 관련이 있었으며 4월 28일부터 5월 초에 열렸다. 이 축제는 플로랄리아Floralia라고 알려졌다.

플루토 Pluto

지하세계의 신. 로마. 그리스 죽음의 신 하데스*에서 유래했다. 플루토는 케레스*의 딸 프로세르피나*를 유괴해서 왕비로 삼아 다스리게 하였다. 머리가 셋 달린 개 케르베루스는 하데스의 문을 지켰고, 왕국에는 죽음의 강들인 코키투스Cocytus와 아케론Acheron이 흘렀다. 이 강은 오직 카론Charon만 건너게 해줄 수 있었다. 로마 전승에 따르면 지하세계로 가는 입구는 로마의 아베르누스Avernus에 있었다고 하며, 그리스도교인들은 그 자리에 성 마리아 교회를 세웠다. 하데스*를 보라.

플루토스 Plutos

부의 하급 신. 그리스. 어렸을 때 버려진 데메테르*의 아들로 평화의 여신 에이레네*가 길렀다. 에이레네는 때로 플루토스를 안고 있는 모습으로 묘사된다. 플루토스는 정의로운 사람들 편을 들었기 때문에 제우스*가 앞을 보지 못하게 만들었다.

피니키르즈 Pinikirz
어머니 여신. 엘람족[이란]. 오직 비문에서만 알려졌다.

피다리 Pidari (뱀을 잡는 자)
시바*의 배우자들 중 하나. 힌두교(푸라나와 그 이후). 자비로운 나바샥티* 중 하나. 피다리 숭배는 서기 6~7세기 무렵에 시작되었고 대개 인디아 남부 지역에 제한되었을 것이다. 여신 칼리(1)*의 한 형상으로 여겨지며 악마와 악령을 쫓아내기 위해 여러 마을에서 이 신에게 기도한다. 피다리는 칼리(1)의 상징물을 대다수 가지고 있으며 가슴 주변에 뱀들이 있을 수 있다. 그러나 돌로 표현될 수도 있다. 피다리 숭배는 8세기에서 12세기 사이 인디아 동부에서 최고조에 이르렀다. 상징은 컵, 불, 올가미, 삼지창. 피타리 Pitari, 피탈리Pitali, 칼라피다리Kala-Pidari라고도 한다.

피데스 Fides
하급 신. 로마. 신의 및 충성과 동일시된다. 서기전 254년 무렵에 로마에서 피데스에게 신전을 봉헌했다. 악수하는 손으로 상징화되었다.

피드라이 Pidray
하급 풍산 여신. 가나안과 페니키아. 우가리트(라스 샴라)의 창조 서사 본문과 조약문에 바알*의 첫째 딸로 언급되어 있다. 틀리Tly의 어머니 바알사폰*의 배우자이며 그리스 작가 필로가 묘사한 여신 페라이아Peraia일 수 있다.

피디무쿨루 Fidi Mukullu
창조신. 베나 룰루아Bena Lulua 부족[콩고민주공화국, 중앙아프리카]. 피디무쿨루는 인간에게 음식과 도구와 무기를 제공한다. 태양과 달은 그의 양 볼에서 생성되었다.

피스티스 PISTIS (신앙)

기원:영지주의 그리스도교. 태초의 여성적 힘.

숭배 시기:서기전 200년 무렵부터 서기 400년 무렵까지.

별칭:피스티스소피아.

숭배 중심지:초기 그리스도교 영향을 받은 지역 내 정체불명의 작은 수도원들.

참조 예술:없음.

문헌 자료:나그 함마디 사본들.

피스티스의 명확한 기원은 결코 확실하지 않으며, 나그 함마디 이야기들은 혼란스럽고 모순적이다. 그러나 대다수 종교들에 있는 세상의 기원과 관련된 전형적인 여성적 원리라는 것은 명백하다. 피스티스는, 심지어 우주가 창조되기 전부터 다스렸던 태초의 불멸의 존재들 중에서 자비로운 여성적 원리로 나타난다. 그리고 소피아*(지혜)와 긴밀히 결합되어 있다. 무한에서 형성되어온 피스티스는, 혼돈으로 진화하게 되는 '그림자' 앞에 나타난다. 우주는 혼돈에서부터 꼴을 갖추었고, 무한한 빛 안에서 스스로를 규정했다. 소피아*와 얄다바오트*를 보라.

피에타스 Pietas

하급 신. 로마. 서기전 191년 무렵 피에타스에게 봉헌된 신전이 지금도 로마에 있다. 그는 피에타스 아우구스타 Pietas Augusta가 되었고 가족의 연대 및 애국심과 관련이 있다.

피요르긴 FJORGYN

기원:북유럽(아이슬란드). 초기의 풍요 여신.

숭배 시기:서기 700년 무렵 바이킹 시대나 그 이전부터 서기 1100년 무렵 그리스도교 시기까지.

별칭:아마도 주(lord)였을 가능성이 있다.

숭배 중심지:알려지지 않음.

참조 예술 : 알려진 바 없으나 익명의 조각들의 주인공이었을 것이다.

문헌 자료 : 다양한 아이슬란드 사본에는 거의 언급되지 않는다. 스노리는 〈시의 언어 Skaldskaparmal〉에서 피요르긴을 언급한다.

피요르긴이 토르*의 어머니라는 것이 암시되긴 하지만, 실제적으로 피요르긴에 대해서는 아무것도 알려져 있지 않다. 아마도 다른 이름의 주(lord)였을 것이다. 결혼을 했고, 똑같은 이름(Fjorgyn)의 형제가 있었을 것이다. 피요르긴은 〈시 에다〉의 〈볼루스파〉에서 언급되며, 아마도 바그너의 에르다Erda는 피요르긴을 모델로 삼았을 것이다.

스노리 스툴루손은 피요르그빈Fjorgvin(피요르긴Fjorgynn)이 여신 프리그*의 아버지라고 암시한다.

피유사하라나 Piyusaharana

모호한 의사 신. 힌두교(서사시와 푸라나). 비슈누*의 서른아홉 하급 화신들 중 열여섯 번째이다. '넥타의 운반자'로 알려졌다.

피쿨루스 Picullus

지하세계 저승 신. 로마노-켈트(프러시아). 그리스도교 시대에 악마와 혼합되었다.

피타오코소비 Pitao Cozobi

옥수수의 신. 사포텍족(고대 메소아메리카)[멕시코]. 오악사카 계곡에 있는 사포텍어를 말하는 사람들의 몬테알반 문화에서 숭배를 받았다. 이 신의 조각상들은 종종 옥수수 이삭으로 장식된다.

픽부킨 Picvu'cin

사냥꾼들의 신. 척치족[시베리아 동부]. 쥐들이 끄는 썰매를 탄 작은 모습으로 그려진다. 순록 및 다른 동물들의 수호자이며, 보통 야영지의 개들을 제물로 바치며 이 신에게 기원한다.

필룸누스 Pilumnus

하급 수호신. 로마. 태어나는 유아의 보호와 관련이 있다. 이 신을 공경하는 축제 때에는 땅에 말뚝을 박는다.

하(1) Ha

수호신. 이집트. 서쪽에서 오는 (아마도 리비아에서 오는) 원수들을 피하게 해주는 신으로 언급된 사하라 서부의 초기 신. 모래언덕 상징을 장식한 의인화된 모습으로 그려진다.

하(2) Lha

신에 대한 총칭. 라마 불교[티베트]. 산스크리트어 데바*에 해당되는, 옛 본족 판테온의 신을 일컫는 말이기도 하다.

하누만 Hanuman (큰 턱을 가진)

원숭이 신. 힌두교(서사시와 푸라나). 하누만은 라마*의 시중을 들며, 이상적이고 충실한 하인의 상징이다. 바람의 신 파바나*의 아들이며 빠르고 민첩하다고 알려져서 종종 젊은이들과 육상 선수들의 숭배를 받는다. 하누만은 원숭이들로 이루어진 신비로운 숲의 군대를 이끌고 긴 꼬리를 가진 원숭이로 묘사된다. 서사시 〈라마야나〉에 나온 하누만의 주요 역할은 악신 라바나에게 붙잡힌 여신 시타*를 찾고 구하는 것이다. 랑카Lanka의 여신을 짓밟는 모습으로 나타날 수 있다. 특히 인디아 남부의 마을들에서 숭배했다. 색깔은 빨간색. 상징은 활, 곤봉, 갈기, 바위, 지팡이. 머리가 다섯인 모습으로도 나타날 수 있다.

하누이오랑이 Hanui o rangi

바람과 기후의 신. 폴리네시아. 하늘의 신 랑이누이*가 바다의 신 탕아로아*의 누이 포코하루아Pokoharua에게서 낳은 아들이다. 하누이오랑이의 후손들은 다양한 기후를 관장한다고 한다. 하누이는 북서풍의 신 타우히리Tawhiri를 낳았고 타우히리는 타우Tiu를 낳았다. 이들은 동쪽에서 부는 맹렬한 폭풍우를 통제한다. 타우의 자식들인 히네이타파파우타Hine-I-Tapapauta와 히네투우헤누아Hine-Tu-Whenua는 부드러운 서풍을 감독한다. 히네투헤누아는 남풍과 남서풍을 통제하는 하코나티푸Hakona-Tipu와 푸아이타하Pua-I-Taha의 어머니이다.

하니 Hani(s)

하급 신. 메소포타미아(바빌로니아-아카드). 아다드*의 수행 신이며 술라트Sullat 와 관계있다.

하니야스히메[波邇夜須姫] Hani-Yasu-Hime

도공들의 여신. 신도[일본]. 하니야스히코*의 배우자이다. 태초의 여신 이자나미노가미*의 대변에서 탄생한 진흙의 신들 중 하나이다.

하니야스히코[波邇夜須毘古] Hani-Yasu-Hiko

도공들의 신. 신도[일본]. 하니야스히메*의 배우자이다. 태초의 여신 이자나미노가미*의 대변에서 탄생한 진흙의 신들 중 하나이다.

하다드 Hadad

기후의 신. 서셈족(시리아와 페니키아). 아카드의 신 아다드*에서 유래했다. 우가리트(라스 샴라)의 고대 가나안 수도에서 발견된 본문에는 하다드라는 이름이 바알*을 대체한다. 그의 목소리는 구름 속의 포효로 묘사되며 그의 무기는 천둥이다. 어머니는 여신 아세라*이다.

　헬레니즘 시기에는 프톨레마이스와 히에라폴리스에서 많이 숭배했다. 하다드의 시리아 배우자는 아타르가티스*로 히에라폴리스에서는 그보다 더욱 인기가 있었다. 사람들은 두 신의 조상을 들고 해마다 두 번 바다로 행진했다. 유대인 저자 요세푸스에 따르면 서기전 8~9세기에 다마스쿠스에서도 하다드를 크게 숭배했다. 하다드가 수테크Sutekh 신과 동일시된 서기전 3세기에는 하다드-아타르가티스 숭배가 이집트까지 확장되었다. 그리스 전승에서 그의 배우자는 헤라*가 된다. 아다드*를 보라.

하데스 HADES (보이지 않는 분)

기원: 그리스. 죽음의 신.

숭배 시기: 서기전 1500년 무렵부터 서기 400년 무렵 그리스도교 시기까지.

별칭: 아이도네우스Aidoneus, 디스Dis, 플루토스*, 오르쿠스*.

숭배 중심지: 필로스에 한정되어 있었다.

참조 예술: 특별히 없다.

문헌 자료: 호메로스의 〈오디세이아〉와 〈일리아스〉, 헤시오도스의 〈신통기〉.

하데스는 크로노스*와 레아*의 아들이며 저승의 제우스* 형상으로 인식될 수 있다. 모든 귀중품과 보석들이 땅에 묻히므로 하데스는 또한 부의 신이기도 하다. 네 마리의 검은 말이 끄는 전차에 타고 있다. 지하세계에 있는 하데스의 집은 아이스Ais의 집이다. 확실하게 지켜지는 그의 왕국 출입문들도 하데스라 불리며, 세상의 끝 대양 너머에 있다고 〈오디세이아〉는 전한다. 〈일리아스〉에는 땅 바로 아래에 있다고 나와 있다. 신들이 옆에서 신성한 서약을 하는 강 스틱스와 망각의 강 레테가 하데스를 통과하여 흐른다. 〈오디세이아〉에서 이 강들은 피리플레게톤Pyriphlegethon과 코키토스Kokytos로 나오며 둘 다 아체론Acheron으로 흐른다.

하데스는 데메테르*의 딸 페르세포네*(코레*)를 유괴하며 자기 왕후로 삼아 해마다 넉 달 동안 다스리게 하기 위하여 지하세계로 데려온다. 하데스는 검은 수염을 기르고 두 갈래 난 작살이나 쇠스랑과 열쇠를 지닌 모습으로 묘사된다. 대체로 하데스와 다른 신으로 여겨지지만, 플루토스*라고 불릴 수 있다.

하라 Hara (파괴자)
시바*의 별명. 힌두교(푸라나). 에카다사루드라*(열한 루드라) 중 하나이다.

하라야마츠미[原山津見] Hara-Yama-Tsu-Mi
산의 신. 신도[일본]. 특히 나무가 우거진 경사지의 신이다.

하라케 Hara Ke
담수의 여신. 송가이족[니제르, 아프리카 서부]. 니제르 강 지류의 물 아래에 살며 두 마리 용 고디Godi와 고루Goru의 수행을 받는다고 여겨진다. 죽은 이들의 영혼은 니제르 강 심연에 있는 낙원 도시에서 산다고 한다.

하라크티 Harakhti
호루스*의 한 형상. 이집트. 여명기에 동쪽 하늘에서 떠오르는 신의 모습. 피라미드 문서에 따르면, 왕은 태양신 레*의 아들이라는 일반적인 믿음과 달리, 동쪽 지평선에서 하라크티로 태어난다.

하렌도테스 Harendotes [그리스]
호루스*의 한 형상. 이집트. 호루스는 특히 죽은 자기의 아버지 오시리스*를 지켜주고 보호한다. 그래서 하렌도테스는 석관과 관련이 있게 되며 관상 본문들에 자주 나타난다. 하르네즈이테프Har-nedj-itef라고도 한다.

하로에리스 Haroeris [그리스]
인간으로서의 호루스* 신의 형상. 이집트. 어린이 호루스인 하르포크라테스*와는 구별되는 성숙한 호루스이다. 호루스는 하로에리스의 형상으로 아버지 오시리스*의 원수를 갚으며, 자기 삼촌인 세트*에게서 자기 왕국을 되찾는다. 그는 매의 신으로 묘사된다. 하루에리스Harueris 또는 하르웨르Har-wer라고도 한다.

하르다울 Hardaul

역병의 신. 힌두교. 특히 인디아 북부 분델칸드Bundelkhand에서 콜레라에서 지켜주는 신으로 숭배를 받으며, 서기 1627년에 죽은 역사적 인물이라고 여겨진다. 결혼의 신이기도 하다.

하르마키스 Harmachis [그리스]

호루스*의 한 형상. 이집트. 하르마키스는 태양신으로서의 호루스이다. 서기 전 1550~1000년 무렵의 신왕국 시대 비문들은 기자에 있는 스핑크스를 동쪽 지평선을 바라보는 하르마키스와 동일시한다. 하르엠아케트Har-em-akhet라고도 한다.

하르모니아 Harmonia

연결의 여신. 그리스-로마. 아레스*(마르스*)와 아프로디테*(비너스) 또는 키테레아의 딸이다. 카드무스Cadmus의 배우자이며 세멜레*, 아가베Agave, 아우토노에, 폴리도루스Polydorus의 어머니이다. 음악의 화음과 삶의 조화가 신격화한 존재이다. 헤르미오네Hermione라고도 한다.

하르사 Harsa (열망)

여신. 힌두교. 흐르시케사*의 배우자 여신.

하르솜투스 Harsomtus [그리스]

호루스*의 한 형상. 이집트. 호루스는 하르솜투스의 형상으로 이집트 남북 왕국을 통일한다. 하르솜투스는 하르포크라테스*와 비교되는 어린이로 그려진다. 에드푸 신전에는 나이 든 호루스와 하토르*의 자식으로 나온다. 하르마우Har-mau라고도 한다.

하르시에세 Harsiese [그리스]

호루스*의 한 형상. 이집트. 특별히 이시스*와 오시리스*의 아이를 의인화할 때 언급된다. 피라미드 문서에 따르면, 하르시에세는 죽은 왕을 위해 '입을 여는 의식'을 수행한다.

하르포크라테스 Harpokrates [그리스]

어린이로서의 호루스* 신의 형상. 이집트. 보통, 자기 어머니인 여신 이시스*의 왼쪽 가슴 아래 무릎에 앉고, 땋은 머리를 붙인 어린이 모습으로 그려진다. 위험한 동물을 피하기 위해 하르포크라테스에게 빌었으며, 악어와 뱀과 전갈 등이 그와 관련이 있다. 일반적으로 두 신의 일치를 완성하는 어린이-신 개념을 대표한다. 하르파케레드Har-pa-khered라고도 한다.

하르피나 Harpina

강의 여신. 그리스. 강의 신 아소포스*의 딸이다. 아레스*는 하르피나를 유혹하였고 그녀에게서 올림피아 근처를 다스렸다는 왕 오에노마우스Oenomaus를 낳았다.

하리 Hari (노란 갈색)

비슈누*의 화신. 힌두교(서사시와 푸라나). 현대 종교 운동으로 대중화된 하리는 브라마*의 가슴에서 나온 다르마*의 아들 중 하나이다. 하리는 크리슈나*와 가장 밀접하게 연결되었으나 이들은 또한 다르마의 다른 아들들인 나라*와 나라야나*에 필적한다. 하리는 힌두교의 몇몇 신들에게 적용되는 일반적인 별칭이기도 하다.

하리티 Hariti (녹색 또는 절도)

1. 어머니 여신. 힌두교(서사시와 푸라나). 자녀들의 수호신들인 어머니 여신들 중 하나이다. 여신 브리디와 동일시되기도 한다. 배우자는 판치카Pancika이나 쿠베라*일 때도 있다. 파괴적인 모습을 보일 때에는 아이들을 훔쳐서 먹는다. 특히 인디아 북부와 북서쪽 지역에서 알려졌다. 상징은 허리에 어린이가 달려 있거나 때로 먹히는 아이가 있는 경우도 있다.

2. 역병의 신. 불교. 천연두와 관련이 있다. 어떤 문헌에서는 풍요의 여신으로 알려져 있다.

하마드르야데스 Hamadryades
나무의 정령들. 그리스-로마. 모호하게 정의된 여성적 존재들로, 자기들이 보호하는 개별적 나무들에만 제한적으로 거주한다.

하마베하이 Hamavehae
어머니 여신. 로마노-켈트(라인란트). 비문에서 알려진 세 어머니 여신 중 하나이다.

하모 Lha-Mo (여신)
여신. 라마 불교[티베트]. 힌두교 여신 스리데비*에 해당하며, 옛 본족 판테온에서 유래했다.

하백(河伯) Ho-Po
강의 신. 도교(중국). 모든 강, 특히 황하를 통제하는 '강의 우두머리'라고 하며 공식적인 숭배와 희생의 주인이다. 전승에 따르면 돌로 자신을 눌러서 물에 잠김으로써 불사를 획득했다고 한다. 서기전 250년 무렵까지 하백에게 매년 어린 소녀를 제물로 바쳤다.

하사멜리 Hasameli
금속 세공인들의 신. 히타이트와 후르리족. 대장장이들이 이 신에게 기원한다.

하선고(何仙姑) He Xian-Ku
불사의 존재. 도교(중국). 도교의 팔선* 중 하나. 죽을 운명이었으나 수련을 통해 불사를 얻는다. 가정주부들의 수호 여신이며, 팔선 중 유일한 여성이다. 상징은 국자, 연꽃, 복숭아.

하스체바드 Hastsebaad

여신들의 수장. 나바호 인디언[미국 뉴멕시코와 애리조나]. 구마驅魔 의례에 관여하며 상당한 영향력을 발휘한다. 부족의 여섯 여신은 모두 같은 가면을 쓰며, 의례에서 신의 역할은 소년이나 작은 남자가 맡는다. 신의 역할을 맡은 사람은 머리와 목 전부를 가린 가면을 쓰고 거의 알몸이지만, 허리에는 화려한 스카프를 달고, 은으로 장식한 가죽 허리띠를 매며, 뒤에는 여우 가죽을 매달고 있다. 피부는 하얗게 칠한다.

하스체얄티 Hastseyalti

신들의 수장. 나바호 인디언[미국 뉴멕시코와 애리조나]. 창조신으로 여겨지지는 않으며, 새벽과 동쪽 하늘의 신이다. 수렵지 동물들의 수호신이며, 곡물의 수호신일 수도 있다. 인간을 도와주고 질병을 치료하는 자비로운 신으로 여겨진다. 나쁜 주문을 내리는 심술궂은 모습도 가지고 있다. 사제는 의례에서 하얀 가면을 쓰고 춤을 추면서 하스체얄티에게 기원한다. 가면에는 이삭 두 개가 달린 곡식 줄기 상징이 있으며, 가면 아래 끝에는 저녁 빛을 나타내는 노란 끈이 수평으로 달려 있고, 비를 나타내는 검은 줄 여덟 개가 수직으로 그어져 있다. 예비차이Yebitsai라고도 한다.

하스체올토이 Hastseoltoi

사냥의 여신. 나바호 인디언[미국 뉴멕시코와 애리조나]. 전쟁의 신 나예네즈가니*의 배우자로 나타날 수 있다. 양손에 각각 화살 한 개씩 들고 다니며 화살통과 활을 걸치고 있다. 나바호 전승은 이 여신의 그림을 그리지 말라고 지시한다. 아르테미스*를 보라.

하스체지니 Hastsezini

불의 신. 나바호 인디언[미국 뉴멕시코와 애리조나]. 은둔적이며 보통 다른 신들과는 떨어져 있는 '검은' 신이다. 불과 불 송곳과 판자의 발명자이다. 하스체지니 사제는 검은 옷을 입고, 테두리를 하얗게 칠한 눈과 입에 구멍들이 있는 검은 가면을 쓴다. 의례용 불 송곳은 삼나무로 만들어진다.

하스첼치 Hastseltsi

경기의 신. 나바호 인디언[미국 뉴멕시코와 애리조나]. 육상 경기를 조직하고 감독한다. 하스첼치를 체현한 사제는 훌륭한 경주자여야 하며 높은 가락의 소리를 내면서 다른 이들에게 도전한다. 사제가 이기면 경쟁자는 형벌로 유카과 식물로 만든 회초리를 맞는다. 경쟁자가 이기면 형벌은 없다. 어떤 불순한 물건과도 접촉하기를 거부하는 까다로운 신이다. 도미노 모양의 의례용 가면 눈과 입 위에는 하얀 조개껍데기들이 달려 있으며, 입과 목을 덮고 있다.

하스츠바카 Hastsbaka

신들의 남성 연장자. 나바호 인디언[미국 뉴멕시코와 애리조나]. 지위가 불분명한 신이다. 하스츠바카 사제는 사슴 가죽으로 만들어서 머리 술을 단 푸른 가면을 쓴다. 멋진 깃을 하고 있으며, 주홍색 옷을 허리에 둘러 은으로 장식한 가죽 허리띠를 매고, 여우 가죽을 뒤에 매단다. 알몸이거나, 몸에 하얀 색을 칠한다. 오른손에는 하얗게 칠한 조롱박 딸랑이를 들고 있으며, 딸랑이는 가문비나뭇가지로 장식될 수 있다. 왼손에는 가문비나무로 만든 지팡이를 들고 있다. 예바카Yebaka라고도 한다.

하스타 Hasta (손)

행운의 하급 여신. 힌두교(서사시와 푸라나). 자비로운 별의 신. 다크샤*의 딸이자 찬드라*(소마*)의 아내이다.

하스테호간 Hastehogan

집의 우두머리 신. 나바호 인디언[미국 뉴멕시코와 애리조나]. 일몰 때의 하늘 및 서쪽과 동일시되는 농업의 신이기도 하다. 인간을 도와주고 질병을 치료하는 자비로운 신으로 여겨진다. 산후안 근처의 동굴에서 산다고 한다. 나쁜 주문을 내리는 심술궂은 모습도 가지고 있다. 하스테호간 사제는 푸른 가면을 쓴다. 가면 끝에는 저녁 빛을 나타내는 노란 끈이 수평으로 달려 있고, 비를 나타내는 검은 줄 여덟 개가 수직으로 그어져 있다. 가면은 독수리와 올빼미 깃털로 장식되어 있다.

하야그리바 Hayagriva (말의 목) (마두분노명왕 馬頭忿怒明王)
1. 비슈누*의 가장 중요한 하급 화신이다. 힌두교(서사시와 푸라나). 아마도 말의 신에서 기원했을 것이나 후에 지혜 및 지식과 관련된 화신이 되었다. 하야그리바는 브라마*의 명령으로 원시 대양에서 두 악신에게 빼앗긴 베다를 구했다. 말의 머리를 한 인간 형상으로 묘사되며 손이 여덟이라고 한다. 상징은 책(베다), 말의 갈기, 염주, 비슈누의 상징물. 하야시르사 Hayasirsa 또는 바다바바크트라 adavavaktra라고도 한다.
2. 말들의 수호신. 라마 불교(티베트). 끔찍한 외모와 왕의 복장을 한 다르마팔라*의 하나. 아촉불*이나 아미타불(아미타바*)의 발현으로 여겨진다. 배우자 여신은 마리치*. 색깔은 빨간색. 상징은 말의 머리, 지팡이와 삼지창, 화살, 도끼, 깃발, 활, 곤봉, 불꽃, 꽃, 아촉불과 아미타불의 이미지, 연꽃, 올가미, 기도바퀴, 가죽, 뱀, 칼, 삼지창. 눈이 셋이다.

하야샤 Hayasya
1. 말의 신. 힌두교. 하야그리바*와 동일시되었을 것이다.
2. 말의 여신. 불교. 상징은 말의 머리.

하야숨 Hayasum
하급 신. 메소포타미아(수메르와 바빌로니아-아카드). 문헌에서 알려졌지만 기능이 불확실하다.

하야츠무지노가미 [夜都武自神] Haya-Tsu-Muji-No-Kami / Haya-Ji
바람의 신. 신도[일본]. 돌풍과 태풍의 신. 신화에서 하야치[速飄]는, 아메와카히코*가 "하늘의 활"에서 쏘아진 화살에 맞아서 죽은 후 그의 몸을 다시 하늘로 옮긴다.

하오 Hao

창조신. 잔제로족Janjero[에티오피아]. 악어로 체현되었고 기베Gibe 강에 사는 것으로 알려졌다. 인간을 제물로 바쳐 그의 비위를 맞추었다.

하우룬 Haurun

저승 신 또는 땅의 신. 서셈족(가나안). 기자 스핑크스의 조각에 하우룬을 관련시킨 이주 노동자들이 이 신을 이집트 종교에 끌어들였을 가능성이 크다. 하우룬은 지역에서 치유의 신으로 알려졌다.

하우메아 Haumea

어머니 여신. 폴리네시아[하와이]. 하우메아는 태초의 땅의 어머니 파파투아누쿠*의 딸이며 폴리네시아 여러 부족과 뉴질랜드 마오리족의 경배를 받는다. 하와이의 화산 여신 펠레*와 춤의 여신 히아이카*는 하우메아의 자녀들이다. 탄생을 주관하는 신으로서 하우메아는 마법 지팡이를 가지고 있으며, 열매나 무와 물고기를 창조하는 시간에 이 지팡이를 사용했다. 때로는 땅에 사람으로 채우기 위해서 이 지팡이를 사용한다. 신화에서 하우메아는 창조의 시간 동안 빵나무에 몸을 숨기고 독이 든 수액과 나무 가시들로 공격하는 원수들을 피해서 그들로부터 자기 자신과 배우자를 구한 여자 영웅으로 나온다.

하우미아티케티케 Haumiatiketike

식물 신. (마오리 부족을 포함한) 폴리네시아. 야생 식물을 음식으로 채집하는 것과 관련된 신이다. 특히 기근이나 궁핍한 시기에 마오리 부족이 의존했던 고사리와 관련이 있다.

하우바스 Haubas

역병의 신. 힌두교. 특히 인디아 북서쪽에서 콜레라와 관련이 있다.

하우킴 Haukim

지역 신. 이슬람교 이전의 남아라비아. 중재 및 법률과 관련이 있는 신이었을 것이다.

하우헤트 Hauhet

태초의 여신. 이집트. 오그도아드* 여덟 신 중 하나로 카오스*를 나타내며, 헤* 신과 짝을 이루었다. 의인화한 형상으로 나타나지만 뱀의 머리를 가진다. 하우헤트와 헤 부부는 영원성을 상징한다. 하우헤트는 또한 떠오르는 태양을 맞이하는 개코원숭이의 모습으로 그려지기도 한다.

하일리라즈 Haili'laj

역병의 신. 하이다 인디언(캐나다 퀸 샬롯 섬). 특히 천연두와 관련되어 있다. 너무 끔찍해서 음식으로도 이 신을 달래지 못한다고 한다. 역병을 인디언들에게 가지고 왔던 백인의 배들처럼 큰 배들과 함께 전염병을 실은 카누를 타고 항해한다.

하임달 HEIMDALL (땅의 파수꾼)

기원: 북유럽 (아이슬란드). 지위가 불확실하지만 아마도 수호신일 것이다.

숭배 시기: 서기 700년 무렵 바이킹 시대나 그 이전부터 서기 1100년 무렵까지.

별칭: 마르달Mardall, 리그Rig, '하얀 신'.

숭배 중심지: 알려지지 않음.

참조 예술: 알려지지 않았으나 아마도 익명의 조각들의 주인공일 것이다.

문헌 자료: 아이슬란드 고대 사본들, 스노리의 〈산문 에다〉, 장소 이름들.

하임달은 고문서에 자주 나오는 수수께끼 같은 신이다. 파수꾼이나 수호자, 또는 잠을 잘 필요가 없고 밤의 가장 깊은 어둠을 볼 수 있는 아스가르드의 지칠 줄 모르는 수호자로 그려진다. 신화에 따르면, 아스가르드와 다른 지역을 연결하는 무지개다리 옆에서 산다. 하임달의 상징은, 라그나뢰크(심판)의 시작을 신들에게 알리는 그잘라르호른Gjallarhorn이다. 하임달은 또한 세계 나무 익드라실을 보호하는 직무와 관련이 있다. 바다의 파도들인 아홉 거인들에게서 태어났다고 하며 어떤 전설에서는 인간의 아버지라고 한다. (아에기르*를 보라.) 〈볼루스파〉는 이렇게 시작한다. "나의 말을 들어라, 거룩한 모든 존재들이여, 높고 낮은 하임달의 모든 자녀들이여." 하임달은 프레이야*와 긴밀한 관련이 있고 그의 별칭인 마르달은 마르돌Mardoll과 유사하다(프레이야*를 보라). 하임달은 심지어 바니르*였을 수도 있다. 로키*와 바다에서 전투를 벌였다고 한다.

하찌 Hazzi

산의 신. 히타이트와 후르리족. 맹세를 책임지는 신으로 히타이트 사람들이 협정할 때 이 신에게 빌었다. 후르리인들도 똑같은 이름의 신을 숭배했으나 그 맥락까지 똑같지는 않았다.

하치만[八幡神] Hachiman

전쟁과 평화의 신. 신도[일본]. 기원이 불분명한 신이다. 신도의 책들에는 나오지 않으나 히메가미[比賣神]의 대안적 이름으로 먼 옛날부터 숭배했을 것이다. 큐슈의 우사[宇佐]가 숭배 중심지였다. 현대 신도의 하치만은 왕족의 일원으로 생겨났다. 그는 서기 200년 진구[神功] 황후에게서 태어난 오진텐노[應神天皇]와 동일시되며, 훌륭했던 통치 기간 동안 일본의 생활 수준과 문화를 크게 향상시켰다고 한다. 탄생 장소에는 신사가 들어섰고 죽은 후 몇 세기가 지난 후 어린이 모습을 한 가미[神]가 그곳 사제에게 나타났다. 이 가미가 자기를 하치만이라고 알려주었고 그래서 왕족과의 연결고리가 발전되었다. 오늘날 이 장소에는 장엄한 신사인 우미하치만구[宇美八幡宮]가 있다. 여기에서 하치만은 전쟁의 신으로 인식된다. 전쟁터에 나가는 병사들은 이 신사의 유물을 지니고 갔었다.

하치만은 또한 평화의 신이자 인생의 수호자이기도 하다. 특히 제2차 세계대전 이후 평화주의가 일본에서 득세했던 동안에 하치만을 평화의 신으로 여기는 경향이 강해졌다.

하케아 Hakea

지하세계의 여신. 폴리네시아, 하와이. 땅의 여신 미루Miru와 같은 역할을 맡는다.

하토르 HATHOR

기원: 이집트. 어머니 여신이자 사랑의 여신.

숭배 시기: 서기전 2700년 무렵 구왕국 시대 또는 그 이전부터 서기 400년 이집트 역사 끝까지.

별칭: 특별히 없다.

숭배 중심지: 덴다라, 기자, 테베.

참조 예술: 덴다라의 주요 지성소 벽화들, 기자의 멘카우레Menkaure 왕 신전의 뛰어난 작품을 포함한 조각들, 테베의 하트셉수트 여왕 신전의 부조들, 당대의 다른 조각과 그림, 시스트럼 방울 등.

문헌 자료: 〈사자의 서〉, 해리스 파피루스.

하토르는, 자비로운 어머니와 같은 본성을 지니고 하늘과 강하게 연결되는 암소 여신으로서, 한 형상이나 다른 형상으로 항상 묘사되는 이집트의 주요 신이다. 아버지는 태양신 레*이며, 그녀는 이집트 모든 파라오들의 어머니로 종종 그려진다. 초기의 증거는 하토르가 호루스*의 어머니로 여겨졌음을 암시한다. 그러나 오시리스* 전설이 일단 널리 퍼진 후에는 호루스의 어머니 모습보다는 복잡한 보호자의 모습을 지니게 되었다. 상이집트 에드푸의 호루스 숭배지에서 유래하는 한 전승에서 하토르는 호루스의 배우자로 그려지기도 한다. '레의 눈'의 전설 속에서는 하토르가 파괴적인 본성이 있음을 보여주지만 이것은 흔치 않은 예이다.

하토르는, 파피루스 식물 가운데서 어린잎을 먹는 모습과 투트모시스 3세의 하토르 지성소에서 파라오 아멘호테프 2세에게 젖을 먹이는 조각 등에서처럼 예술 속에서 암소로 묘사되거나, 메소포타미아의 '오메가' 상징(닌후르쌍*을 보라)을 모방하는 머리 스타일을 한 인간 형상으로 그려질 수 있다. 후대의 묘사에서는 굽어진 소뿔이 태양 원반을 둘러싸고 있는 모습을 한 왕관을 쓰고 있다. 하토르는 테베의 왕들의 계곡에 있는 여러 왕들의 무덤들 속에서 탁월한 모습을 보인다. 여기에서 그녀는, 레가 서쪽 지평선 아래로 내려올 때 레와 공고히 연결되는 매장의 신으로 나타난다. 하토르는 또한 건축물 기둥에도 자주 표현된다. 마치 닌후르쌍처럼 하토르는 사자들과 관계가 있다. 파피루스 갈대와 뱀도 그녀의 다른 상징들이다.

하토르는 또한 사랑과 성의 여신이며 음악과 춤의 성애적인 측면과 관련이 있다. 하토르의 여사제들은 시스트럼과 메나트Menat '목걸이'를 지녔는데 둘 모두 의례에서 사용했던 악기들이다. 파라오는 '하토르의 아들'이었고 이집트의 모든 공주들은 하토르의 여사제가 되었다. 파라오의 여러 무덤들과 마술 파피루스(magical papyri)들에는 아이가 탄생할 때 운명을 예언하는 '일곱 하토르'들에 대한 묘사가 있으며, 주문을 외울 때 종종 이 여신들에게 빌었다.

하토르는 그리스-로마 문화권에서 엄청난 인기를 누렸고 여신 아프로디테*의 많은 요소들이 하토르의 이집트 스타일을 모범으로 삼았다.

하트다스치시 Hatdastsisi

신. 나바호 인디언[미국 뉴멕시코와 애리조나]. 자기 사제의 중재로 질병을 치료하는 자비로운 신이다. 사제는 병든 부위에 매질을 한다. 하트다스치시의 집은 뉴멕시코의 체기히Tsegihi 근처에 있다고 한다. 하트다스치시에게 바치는 희생물은 푸른 유카과 식물을 나타내는 무늬로 장식된 갈대로 만들며, 부족 거주지 동쪽 땅에 묻는다. 사제는 올빼미 깃털로 장식된 사슴 가죽 가면을 쓰며 멋진 깃을 하지만, 그렇지 않은 경우에는 하얀 사슴 가죽 각반을 착용하는 평범한 나바호 인디언 복장을 한다.

하트메히트 Hatmehyt (물고기를 인도하는 여신)

물고기와 어부들의 풍산 여신이자 수호 여신. 이집트. 중심 숭배지는 나일 강 삼각주 멘데스[텔 엘-루바]에 있었다. 숫양의 신 바넵제데트*의 배우자이다. 의인화한 모습으로 묘사되거나 물고기로 그려진다.

하티 Hatthi

역병의 여신. 힌두교. 특히 인디아 북서부에서 콜레라와 관련이 있다.

하피 Hapy

나일 강의 풍산 신. 이집트. 나일 폭포에 인접한 동굴에 거주하며 해마다 일어나는 나일 강 유역의 범람을 감독한다. 하피의 신하들 중에는 악어의 신들과 개구리 여신들도 있다. 성소들은 알려져 있지 않다. 의인화한 모습이지만, 배가 많이 나오고, 가슴이 달려 있으며, 수생식물로 장식한 자웅동체의 모습으로 그려진다.

하하누 Hahanu

기능이 불확실한 신. 메소포타미아(수메르와 바빌로니아-아카드). 문헌에서는 대충 언급하고 비문에서 알려졌다.

한나한나스 Hannahannas

어머니 여신. 히타이트와 후르리족. '위대한 어머니'로 묘사되었다. 전설에서 한나한나스는 잃어버린 신 텔레피누*를 찾기 위해 꿀벌을 보낸다. 꿀벌이 텔레피누를 깨우려고 그를 찌르자 그는 자연세계에 자기 분노를 발산한다.

한사 Hansa (거위)

비슈누*의 화신. 힌두교(푸라나). 거위의 형상으로 묘사된다.

한상자(韓湘子) Han Xiang-Zhi

불멸의 존재. 도교(중국). 도교 신화의 팔선* 중 하나. 팔선은 죽을 운명이었으나 수련을 통해 불사를 얻는다. 상징은 꽃바구니와 피리. 팔선*을 보라.

할디 Haldi

수호신. 우라르투[아르메니아]. 서기전 1000년 무렵부터 800년 무렵까지 알려졌다.

할라 Hala
치유의 여신. 카시트족[이라크]. 아마도 후대에 아카드의 여신 굴라*와 혼합되었을 것이다.

할라할라 Halahala (맹독의 주)
독의 신. 대승불교. 관음보살(아발로키테스바라*)의 한 형상이다. 붉은 연꽃 위에 배우자 여신과 함께 앉아 있는 모습으로 묘사된다. 색깔은 흰색. 상징은 화살, 활, 컵, 풀, 아미타불 이미지, 연꽃, 호랑이 가죽, 삼지창. 머리와 눈이 각각 셋이다.

할키 Halki (보리)
곡물의 신. 히타이트와 후르리족. 맥주를 만드는 사람들도 할키에게 빌었다.

함몬 Hammon
저녁 해의 신. 리비아. 숫양의 뿔을 지닌 것으로 그려지는 고대의 신.

함무마타 Hammu Mata
어머니 여신. 힌두교. 빌족이 지역에서 숭배했다.

헤 Heh
태초의 신. 이집트. 오그도아드* 여덟 신 중 하나로 카오스*를 나타내며, 여신 하우헤트*와 짝을 이루었다. 의인화한 형상으로 나타나지만 개구리 머리를 가졌다. 헤와 하우헤트 부부는 영원성을 상징한다. 헤 또한 떠오르는 태양을 맞이하는 개코원숭이의 모습으로 그려지기도 한다. 다른 맥락에서, 보편성을 나타내는 상형문자 바구니에서 헤는 무릎을 꿇은 모습으로 종종 그려지기도 한다. 생명의 상징인 앙크 십자를 지니고 양손에 야자나무 줄기를 들고 있는 모습으로 그려질 수 있다.

헤게모네 Hegemone

그리스. 아테네 전승에서 아름다운 그라티아이* 여신들 중 하나에게 붙여진 이름이다.

헤라 HERA

기원: 그리스. 제우스*의 아내.

숭배 시기: 서기전 800년 무렵이나 그 이전부터 서기 400년 무렵 그리스도교 시기까지.

별칭: 없음.

숭배 중심지: 플라타이아Plataea와 다른 지역들.

참조 예술: 조각.

문헌 자료: 호메로스의 〈일리아스〉, 헤시오도스의 〈신통기〉.

긴 고통을 받았으나 질투심 많고 다툼을 좋아하는 여신이다. 연애를 좋아하는 전능한 신 제우스*의 아내로 그리스 판테온에서의 지위가 때로는 모호하다. 헤라는 크로노스*의 장녀이기 때문에 제우스의 누이가 되므로 그와의 관계는 근친상간이다. 신화는 헤라를 독립적이고 고집스러운 최고의 여신이자 희비극적 모습으로 묘사한다. 헤라의 결혼에는 어떤 속임수가 사용되는데, 제우스가 트로이 전쟁에 몰두하는 것을 잠시 잊어버리게 하려고 마술 허리띠를 사용해서 그를 설득한다. 다른 전설에서는 제우스가 헤라의 가슴으로 들어가기 위해서 뻐꾸기로 변한다. 누가 누구를 유혹했는지는 이처럼 모호한 채로 남아 있다. 이상하게도 문학이나 예술은 헤라를 어머니 여신으로 인식하지 않는다. 헤라가 낳은 제우스의 자식들은 얼마 되지 않는 것처럼 보인다. 가장 잘 알려진 아들인 아레스*는 신의 사랑을 적게 받았다. 헤베*와 에일레이티이아*도 헤라와 제우스가 낳은 신들이다. 헤라는 세 번의 독특한 '양상'으로 제우스와 관계한다. 소녀인 파이스pais로서, 결혼과 완성인 텔레이아teleia로서, 그리고 분리인 케라chera로 관계한다.

제우스의 불법적인 자녀들의 계모로서 헤라는 질투심 많고 악의적인 성격을 보여주는데, 특히 헤라클레스*와 디오니소스*를 싫어했다. 보이오티아에서 '위대한 다이달라Daedala'에게 거행했던 불의 축제 때에는, 질투심 많은 헤라가 제우스의 첩 중 하나였던 플라타이아Plataea를 발가벗기고 희생물로 바친 전설을 재현하기 위해 나무 상들을 불태웠다.

새해 축제 동안에는 헤라를 공경하기 위해 그녀의 여사제들인 헤라이아Heraia가 황소가 끄는 마차에 실려 신전으로 왔다. 마차에는 헤라의 조상彫像도 있었던 것으로 보인다. 전통적으로 헤라에게 봉헌되었던 여성들의 경기 축제가 4년마다 올림포스에서 열렸다.

헤라클레스 HERAKLES

기원: 그리스. 영웅 신.

숭배 시기: 서기전 800년 무렵부터 서기 400년 무렵 그리스도교 시기까지. 원래 선사 시대의 모델에 기원을 두고 있을 것이다.

별칭: 헤르쿨레스*.

숭배 중심지: 일정하지 않다.

참조 예술: 조각, 기념주.

문헌 자료: 에우리페데스의 〈헤라클레스 Herakles〉, 호메로스의 〈일리아스〉, 〈오디세이아〉, 헤시오도스의 〈여성 목록〉, 페이산드로스의 〈헤라클레스의 열두 노동 Dodekathlos〉, 봉헌 비문들.

헤라클레스는 아마도 사냥꾼들에 대한 영웅 신화들의 확산에 기원을 두고 있을 것이다. 사냥꾼들은 야생동물로부터 부족을 지키고, 사냥의 위험에서 보호하는 데 필요한 초자연적 기술들을 소유했던 사람들이었다. 이러한 토대는 고대 서아시아에서 발견되는 닌우르타*와 같은 역할 모델을 낳았을 것이다. 헤라클레스는 제우스*와 헤라*의 아들이며 데이아네이라의 배우자이다. 프로메테우스*를 해방시키는 일을 포함해, 강하고 용기 있는 많은 위업을 수행하며 큰 체구와 거대한 식욕을 지닌 영웅 신이다. 사자들을 처단하며, 메소포타미아 인장들에서 발견되는 동물들과 유사한 신화적 동물들과 싸운다. 헤라클레스는 머리가 일곱 달린 뱀을 죽이고 여러 다른 동물들을 사냥했다. 종종 사자 가죽을 입은 모습으로 묘사된다. 그의 공적 중에는 아우게이아스Augeas 왕의 외양간 청소, 스팀팔로스Stymphalos의 새와 저승의 개 케르베루스를 잡은 일, 불사의 황금 사과 따기 등을 포함해 여러 가지가 있다.

헤라클레스는 도리스 왕들의 조상신이 되었다. 알렉산더 대왕은 자기 화폐에 헤라클레스의 이미지를 넣었다. 전설에 따르면, 데이아네이라는 남편의 사랑을 잃을까 두려워한 나머지, 켄타우로스의 독혈毒血을 미약媚藥으로 알고 흰옷에 발라 남편에게 보냈다. 독혈은 역설적이게도 헤라클레스의 화살에서 온 것이었다. 이 옷을 입은 헤라클레스는 독혈 때문에 죽음이 다가온 것을 알고 오이타Oita 산에서 스스로 제물이 됨으로써 분신자살했다. 헤라클레스가 자기 아내와 아이들을 테베에서 죽였다는 또 다른 신화도 있다. 크레타를 제외한 많은 곳에 헤라클레스 숭배지가 있었다. 주요 신전들이 타소스Thasos 섬과 오이타 산에 있었으며 4년마다 희생적인 불의 축제를 열어서 헤라클레스의 죽음을 기념했다. 비슷한 의례가 실리시아Cilicia의 타르소스Tarsos에서도 산돈Sandon을 위해 행해졌던 것으로 알려졌다. 축제들에는 종종 거대한 잔치가 따랐다. 헤라클레스는 로마 문화에서 헤르쿨레스가 되었다.

헤레트카우 Heret-Kau

지하세계의 여신. 하이집트. 헤레트카우는 거의 알려지지 않았다. 서기전 27세기에서 22세기 무렵 구왕국 시대에 주로 알려졌다. 내세에서 죽은 사람들을 보호하는 임무와 관련이 있는 듯하고, 때로 건물 토대에서 이시스*를 모시는 작은 상像으로 나타난다.

헤로스 Heros

지하세계 저승 신. 트라키아. 기수騎手로 그려진다. 헤로스의 모습은 장례용 석판에 자주 나타난다.

헤루카 Heruka

신. 대승불교. 힌두교의 신 시바*의 영향을 많이 받았음에도 가장 대중적인 신들 가운데 하나이다. 원래 힌두교의 다른 신 가네샤*의 별명이었으나 불교에서는 악쇼비야*의 발현으로 보았다. 헤루카의 배우자 여신은 나이라트마 Nairatma이며 둘이 접촉한 산물이 바로 니르바나nirvana(열반)이다. 전형적인 헤루카의 모습은 시체 위에 서 있는 모습이다. 인디아 동북부에서는 자비로운 헤루카를 신으로 섬긴다. 상징은 곤봉, 벗겨진 인간 피부, 아촉불*의 이미지, 보석, 칼, 50개의 해골, 칼, 지팡이, 이빨.

헤르네 Herne

지하세계 저승 신. 켈트(브리튼) 또는 앵글로-색슨. 윈저 그레이트 공원, 버크셔, 잉글랜드 등지에서 알려졌고 컨앞니드* 및 아라운*과 동일시된다. 전설에 따르면 유령 사냥꾼들의 지도자이다. 수사슴 같은 뿔을 가진 모습으로 묘사된다.

헤르마프로디토스 Hermaphroditos

지위가 불분명한 (여)신. 그리스. 헤르메스*와 아프로디테*의 자식이며 물의 요정 살마키스Salmakis의 연인이다. 전승은 이들의 서로에 대한 열정이 너무도 강해서 하나의 남녀 양성적 존재로 합병해버렸다고 한다.

헤르메스 HERMES

기원: 그리스. 신들의 사자使者.

숭배 시기: 서기전 800년 무렵이나 그 이전부터 서기 400년 무렵 그리스도교 시기까지.

별칭: 없음.

숭배 중심지: 페네오스Pheneos, 이 외에도 소수의 특정 장소들이 있었으나 길가의 신전들 및 돌무덤과 밀접한 관련이 있다.

참조 예술: 선사 시대 경계를 나타냈던 남근 형상들, 판테온의 작은 벽, 올림피아에 있는 프락시텔레스Praxiteles의 헤르메스 조각상.

문헌 자료: 호메로스의 〈일리아스〉, 〈오디세이아〉, 헤시오도스의 〈신통기〉.

헤르메스는 제우스*와 결합한 요정 마이아*의 아들이다. 아르카디아 산에서 태어났다. 복잡하고 속임수를 잘 쓰며 성적 활력이 넘친다. 헤르메스의 가장 중요한 배우자는 아프로디테*이다. 경계선들의 신이며 무덤의 보호자이자 목자들의 수호신이다. 심술궂게도 그는 사자使者들과 도둑들 모두를 수호하며 행운을 가져오는 신이다. 전설에 따르면 헤르메스는 태어난 바로 그날 자기 형 아폴론*의 소를 훔쳤다고 한다. 그리고 같은 날 불을 발명했다고 한다. 올림포스의 다른 신들은 아레스*를 항아리에서 구하고 헥토르가 죽은 다음 그리스 전쟁 영웅 아킬레우스와의 회유 모임에 트로이의 왕 프리암 Priam을 데려오도록 하기 위해 헤르메스의 절도 기술을 이용했다.

고전 예술이 묘사하는 헤르메스는 날개 달린 신발을 신고 두 마리 뱀이 교차한 형태의 전령傳令 지팡이 케리케이온kerykeion을 들고 있다. 그는 카론의 배를 타고 저승을 왕래할 수 있는 유일한 존재라고 한다. 이러한 이유 때문에 헤르메스는 페르세포네*와 에우리디케Eurydice를 하데스에서 데리고 오도록 파견되었다. 그리스의 다른 신들과 더불어 헤르메스도 시골의 요정들에게 향하는 중요한 성적 능력을 부여받으며, 이 능력으로 왕성하게 성장하는 양과 염소를 많이 기른다. 종종 길가의 남근석이나 장례 기념물로 여겨지는 기둥 형상으로 표현되며 그래서 무덤의 수호자 역할도 한다.

헤르모트 Hermod

사자使者 신. 북유럽(아이슬란드). 바이킹 신 오딘(2)*의 아들 중 하나로, 호트 Hod가 죽인 발데르*를 석방하기 위해 헬Hel로 파견되었다. 세상에는 발데르의 죽음을 슬퍼해서 울지 않았던 한 노파(아마도 변장한 로키*)가 있었기 때문에, 이 사명은 실패했고 헤르모트는 빈손으로 돌아왔다. 헤르모트는 영웅 서사시 〈베어울프 Beowulf Saga〉에 나오는 신격화한 영웅보다 중요하지 않다는 주장이 있다. 헤레모트Heremod 또는 헤르모트Hermoth라고도 한다.

헤르무스 Hermus

강의 신. 로마. 지성소가 사르디스에 있었다고 한다.

헤르쿨레스 Hercules
헤라클레스*를 보라.

헤리샤프 HERYŠAF
기원: 이집트. 오시리스* 및 레*와 관련이 있는 태고의 신.

숭배 시기: 서기전 2700년 무렵이나 더 이른 시기부터 서기 400년 무렵 이집트 역사 끝까지.

별칭: 아르사페스Arsaphes.

숭배 중심지: 베니 수에프Beni Suef 근처의 흐네스Hnes (이나시야 엘메디나Ihnasya el-Medina).

참조 예술: 보스턴 미술관에 있는 금상金像을 포함한 부조와 조각.

문헌 자료: 흐네스에서 출토되었지만 후에 폼페이의 나폴리 박물관으로 옮겨진 기념 석주.

헤리샤프는 태초의 대양에서 출현했다는 숫양 신이며, 아마도 서기전 3000년 시작 무렵(첫 번째 중간 시기 기간)에 하이집트 수도였던 흐네스의 성스러운 호수 형상으로 재창조되었다. 인간의 몸에 숫양 머리와 하이집트의 아테프(오시리스 왕관)를 쓴 모습으로 그려진다.

헤리샤프는 지역의 신으로 출발했으나 레와 오시리스의 영혼(ba)으로서 국가적 중요성을 차지하게 되었다. 람세스 2세는 헤리샤프의 지성소를 확장했으며, 페르시아와 마케도니아가 지배할 때 이집트 마지막 파라오의 생명을 헤리샤프가 지켜주었다고 한다. 헤리샤프는 결국 그리스-로마 문화에서 헤라클레스*와 혼합되었고, 흐네스는 헤라클레오폴리스Herakleopolis로 알려지게 되었다.

헤만타데비 Hemantadevi
저술가의 여신. 라마 불교[티베트]. 계절의 신들 중 하나. 스리데비*의 수행 여신이기도 하다. 보통 낙타와 함께 있다. 색깔은 푸른색. 상징은 컵과 망치.

헤바지라 Hevajira
신. 대승불교. 보살이자 악쇼비야*의 한 발현. 헤루카*의 밀교적 형상이며 힌두교의 신 시바* 나타라자*와 동등한 불교의 신이다. 배우자 여신은 나이라트마Nairatma 또는 바즈라바라히*이다. 헤바지라*는 힌두교의 네 신(브라마*, 비슈누*, 시바*, 인드라*)을 지배하는 모습으로 나타날 수 있다. 색깔은 푸른색. 상징은 종, 활, 갈고리, 왕관 위의 악쇼비야의 이미지, 보석, 연꽃, 기도바퀴, 술잔. 손에 해골과 구색을 갖춘 무기를 들고 있다. 머리가 셋 또는 여덟이며, 팔이 둘에서 열여섯이고, 다리는 둘이나 넷, 그리고 눈이 셋이다.

헤바트 HEBAT

기원: 히타이트와 후르리족 [아나톨리아]. 수호 여신이자 어머니 여신.

숭배 시기: 서기전 2000년 무렵이나 그 이전부터 서기전 1300년 또는 그 이후까지.

별칭: 헤파투Hepatu일 가능성이 있다. 한나한나스* 그리고 쿠바바*.

숭배 중심지: 하투사스 [보가즈쾨이, 야질리카야Yazilikaya], 아린나Arinna, 북시리아 평원까지 이르는 히타이트 제국의 여러 지성소들.

참조 예술: 인장들과 인장 날인, 조각, 기념 바위 조각들.

문헌 자료: 보가즈쾨이에서 출토된 쐐기문자와 상형문자 본문들.

이름의 변화 때문에, 헤바트의 역할이 정확히 무엇인지 언제나 확실했던 것은 아니지만, 히타이트제국 국가 종교의 주요 여신으로 후르리 판테온으로부터 받아들였다. 그리고 '위대한 여신'으로 묘사된다. 어떤 본문에서는 '아린나(보가즈쾨이 근처의 종교 중심지로 현재의 고고학도 정확히 모른다)의 태양 여신'으로 나오기도 하지만, 태양신과의 관계는 불확실하다. 그러나 쿠마르비*가 신들의 왕이자 공정과 정의의 신으로 묘사되는 한 단편에서 헤바트는 기후의 신 테슈브*와 더욱 깊게 연결되어 있다. 똑같은 전설에서, 테슈브는 '하늘의 왕이며 하티Hatti 땅의 주인'이고, 쿠마르비를 신들의 왕좌에서 쫓아낸 전쟁의 신이다.

헤바트는 종종 무기를 들지 않은 부인의 모습으로 그려지지만, 보통 사자와 함께 나온다. 야질리카야에 있는 바위 표면에 새겨진 유명한 신들의 행진에서 선도하는 여신의 이름은 헤파투Hepatu이다.

⇨주 : 이러한 지성소들은 근처에 물이 가까이 있어서 조각하기에 적합한 곧추선 바위 표면

에 만들어지는 경우가 많다.

헤베 Hebe

젊음의 여신. 그리스. 제우스*와 헤라*의 딸이며 헤라클레스*의 배우자이다. 올림포스 신들의 컵을 들고 있는 신이다. 로마 판테온에서는 유벤타스*가 된다.

헤사트 Hesat

탄생의 여신. 이집트. 모유('헤사트의 맥주'라고 한다)가 나오는 임산부와 수유모들의 하급 수호신이며, 인간성을 양육한다. 어떤 본문들에서는 아누비스*의 어머니와 동일시되며, 암소로 묘사된다.

헤스티아 HESTIA

기원 : 그리스. 화로와 가정의 여신.

숭배 시기 : 서기전 800년 무렵이나 그 이전부터 서기 400년 무렵 그리스도교 시기까지.

별칭 : 히스티에Histie

숭배 중심지 : 지방의 가정 사원들.

참조 예술 : 없음.

문헌 자료 : 호메로스의 〈아프로디테 찬가〉, 플라톤의 〈파이드라 Phaedra〉.

헤스티아는 그리스 판테온의 하급 여신이지만 가정에서 개인들은 중요하게 생각했다. 크로노스*와 레아*의 딸 중 하나이다. 플라톤의 〈파이드라〉에는, 헤스티아가 화롯가에 붙어 있어서 신들의 행렬에 참여하지 못했다고 묘사한다. 헤스티아는 처녀로 남겠다고 맹세했고, 불이 남근의 상징이라는 인식에 따라서 거룩한 마음의 불에 충실히 헌신했다. 전승에 따르면 그리스 처녀들이 가정 난로를 관리했다. 헤스티아에게는 음식과 음료처럼 작은 선물을 봉헌했다.

헤주르 He Zur (위대한 하얀 분)

개코원숭이 신. 이집트. 구왕국 시대부터 알려졌고 토트Thot의 현현으로 간주되었다.

헤카테 HEKATE

기원:그리스. 달의 여신이자 통행로의 여신.

숭배 시기:서기전 800년 무렵부터 서기 400년 무렵 그리스도교 시기까지.

별칭:헤카테Hecate.

숭배 중심지:라기나Lagina.

참조 예술:조각과 부조.

문헌 자료:헤시오도스의 〈신통기〉

헤카테는 페르세스Perses와 아스테리아Asteria의 딸이며, 제우스*의 존경을 받았던 여신이다. 스킬라Scylla의 어머니이며, 특히 밤에 다니는 통행로와 교차로의 여신이다. 예술적 표현들은 헤카테가 횃불을 들고 있는 모습을 보여준다. 헤카테는 지상, 지하, 천상에 고루 영향을 미치기 때문에 그 모습도 삼중적이다. 사람들은 길가 성지와 교차로에 봉헌물을 남겼다. 후대에 헤카테는 여신 아르테미스*와 혼합되는 경향이 있다. 헤카테는 또한 메데아Medea 및 다른 마녀들의 수호자이며, 테살리아의 몇몇 지역에서는 여성 달 숭배자들이 그녀를 숭배했다. 다양한 데메테르* 전설들 속에서 헤카테는 페르세포네*가 하데스에서 귀환할 때 한 역할을 맡는다. 부와 친절을 베푸는 여신이기도 하다.

헤케트 Heket

탄생과 관련된 개구리 여신. 이집트. 몇몇 전승에서 하로에리스*(호루스*를 보라)의 배우자로 나타나는 하급 신. 주요 지성소가 투나 엘게벨Tuna el-Gebel에 있었음을 언급하는 문헌이 있지만 지금은 완전히 사라져버렸다. 또 다른 지성소 유적은 상이집트 쿠스Qus에 남아 있다. 피라미드 문서에서 헤케트는 노동의 마지막 단계를 덜어주는 여신으로 그려진다. 개구리나 개구리 머리를 한 인간으로 묘사되며, 부적들이나 아이의 탄생과 관련된 다른 마술적 장치에서 종종 발견된다.

헤테페스세쿠스 Hetepes-Sekhus

지하세계 저승 신. 이집트. 악어를 수행원으로 둔 하급 신. 복수하는 '레*의 눈' 가운데 하나로 지하세계 지도자 오시리스*의 적들의 영혼들을 파괴한다. 코브라나 코브라 머리를 한 사람으로 묘사된다.

헤파이스토스 HEPHAISTOS

기원 : 그리스-로마, 아마도 에트루리아에서 왔을 가능성이 있다. 불과 대장장이들의 신.

숭배 시기 : 서기전 1500년 무렵부터 서기 400년 무렵 그리스도교 시기까지.

별칭 : 헤파이스투스Hephaestus.

숭배 중심지 : 렘노스의 신전들, 아테네의 아고라 위쪽 아크로폴리스 언덕 반대편. 에페소스에도 중요한 신전이 있다.

참조 예술 : 조각과 부조.

문헌 자료 : 호메로스의 〈일리아스〉, 〈오디세이아〉, 헤시오도스의 〈신통기〉.

올림포스의 열두 주요 신들 중 하나이며, 헤라*의 아들 중 하나이다. 헤라는 아들의 다리가 기형이라는 것에 실망하여 땅에 던져버렸다. 아들은 그곳에서 렘노스 사람들의 보살핌을 받는다. 헤파이스토스는 올림포스의 다른 신들과 달리 육체적으로 불구였지만, 뛰어난 능력을 발휘하여 마술적 힘을 지닌 금속 제품들도 만든다. 헤파이스토스 숭배는 렘노스 섬에 기원을 두고 있을 것이다. 그는 아테나*와 잠시 결합했고 그 후 대지大地에서 아테네의 첫 번째 왕 에리크토노스Erichthonos를 얻었다. 〈오디세이아〉는 헤파이스토스가 아프로디테*의 배우자라고 하며, 〈일리아스〉에는 카리스*와 결혼했다고 나와 있다. 헤파이스토스는 아킬레우스를 위해 세상을 반사한다고 알려진 유명한 방패를 만들었다.

헨두르쌍 Hendursaga

법의 신. 메소포타미아(수메르와 바빌로니아-아카드). '수메르 땅의 사자使者'인 라가쉬의 구데아가 그의 이름을 붙였다.

헬 Hel(1)

지하세계 저승 여신. 게르만과 북유럽(아이슬란드). 로키*와 거인족 여인 앙그르보다Angrboda의 딸이다. 자기 꼬리로 세상을 바다에 잠기게 하는 뱀 미드가르트Midgard와 라그나뢰크에서 태양을 삼키는 유령 늑대인 펜리르의 자매이다. 헬은, 또한 헬Hel로 알려진 저세상의 여왕이며, 전투에서 살해되어 발할라에 내려간 영웅들을 뺀, 죽은 모든 사람들을 지휘한다. 어떤 신화들 속에서는 반은 검게 반은 희게 묘사된다.

헬레네 Helen

트로이와 관련된 여신[그리스]. 호메로스 전승은 종종 헬레네를 영웅적 여성이거나 반신반인으로 주장했다.

호메로스 시대의 그리스인이자 〈신통기〉의 저자 헤시오도스는 〈여성 목록〉에서 헬레네를 제우스*와 오케아노스*의 딸로 만듦으로써 전승을 뒤섞어버린다. 당시의 다른 그리스 작가들은, 제우스에게 강간당한 정의와 복수의 여신 네메시스*가 헬레네의 어머니라고 한다. 신화는 헬레네를 반신반인으로 그리며, 제우스에게 빠져 헬레네의 오빠 폴룩스를 낳은 틴다레우스Tyndareus의 아내 레다Leda를 헬레네의 어머니로 묘사한다. 그러나 헤시오도스는 이런 주장을 강하게 부인했다.

호메로스의 전설은 헬레네와 스파르타의 왕 메넬라오스의 결혼 및 파리스의 납치를 설명하며, 헬레나가 트로이 전쟁의 기폭제가 되었다고 한다. 신화는, 헬레네가 죽은 후 제우스의 아들들인 디오스쿠로이*(카스토르와 폴룩스*)와 함께 별이 되었다고 한다. 로도스Rhodes 섬에서는 헬레네를 여신 덴드리티스Dendritis로 경배했다.

헬리오스 HELIOS

기원 : 그리스. 태양신.

숭배 시기 : 서기전 800년 무렵부터 서기 400년 무렵 그리스도교 시기까지.

별칭 : 없음.

숭배 중심지: 로도스.

참조 예술: 로도스의 거상(분실됐다), 다른 조각들.

문헌 자료: 호메로스의 〈오디세이아〉, 헤시오도스의 〈신통기〉.

태양신 개념은 고대 세계에서 다소 보편적이었기 때문에, 헬리오스가 정확히 그리스 신은 아니다. 그러나 〈신통기〉는 헬리오스가 히페리온*의 아들이며 에우리파이사Euryphaessa가 그의 누이라고 한다. 헬리오스는 날마다 태양의 전차를 몰고 다니며 밤에 대양 밑으로 내려간다. 로도스에는 청동으로 주조된 가장 큰 신상神像(클로서스Colossus)이 있었고 그곳에서 헬리오스 축제를 벌였다고 한다. 축제 도중에 말 네 필이 끄는 전차가 절벽으로 질주했는데, 이는 바다로 떨어지는 태양을 상징한다.

호노가구쓰치노가미[火之迦具土神] Ho-No-Kagu-Tsuchi-No-Kami

불의 신. 신도[일본]. 히마츠리 축제에서 경배하는 불의 신들 중 하나. 신도에서 거룩한 불은 널과 막대기로만 일으킬 수 있고 강력한 정화자로 여긴다. 불의 신들을 기리는 신사는 교토 근처 아타고 산에 있다. 불로부터 보호받기 위한 부적을 얻기 위해 일본 전역에서 숭배자들이 모여든다.

호누스 Honus

군인의 명예의 신. 창과 뿔을 든 젊은 전사로 묘사된다.

호라갈레스 Horagalles

기후의 신. 라플란드. 북유럽(아이슬란드) 신 토르*의 지역적 체현. 한 쌍의 망치를 든 모습으로 그려진다.

호루스 HORUS

기원: 이집트. 하늘 신.

숭배 시기: 서기전 3000년 무렵부터 서기 400년 무렵 이집트 역사 끝까지.

별칭: 하르Har, 하로에리스*, 하르파케레드 또는 하르포크라테스*, 하르시에세*. 하르네즈이
테프 또는 하렌도테스*라고도 한다.

숭배 중심지: 이집트의 영향을 받은 전 지역, 특히 상이집트 메센Mesen [에드푸], 삼각주의 베
흐데트Behdet, 네켄Nekhen 또는 히에라콘폴리스Hierakonpolis [콤 엘아마르Kom el-Ahmar],
켐Khem 또는 레토폴리스Letopolis [아우심Ausim], 두 번째 나일 폭포 근처의 부헨Buhen,
하(下)누이바Nuiba의 아니바Aniba.

참조 예술: 왕조 이전 기념물, 이집트 시대 전역의 조각물들.

문헌 자료: 피라미드 문서, 관상 본문들.

호루스는 가장 일찍 기록된 시기부터 입증된 이집트 판테온에서 가장 중요한
신들 중 하나이다. 전승에 따르면 나일 삼각주의 켐미스에서 태어났다. 호루
스의 아버지는 죽은 오시리스*였고 어머니는 이시스*였지만, 복잡한 족보는
그를 호루스, 어린이 호루스(하르포크라테스*), 연장자 호루스로 구별한다. 전
설에서 호루스는 자기 형제이자 원수인 세트*와 패권을 놓고 8년 동안 싸운
후 모든 이집트의 첫 지배자가 되었다.

호루스의 상징은 매이며, 보통 매나 매의 머리를 가진 인간의 모습으로 그려
진다. 어떤 지역들에는, 파피루스 갈대 꼭대기에 서 있는 매를 묘사함으로써,
호루스의 어머니가 삼각주의 파피루스 습지에 그를 숨겼음을 인식하는 전승이
있다. 그는 또한, 전형적인 이집트 화장술로 꾸미고 매 얼굴의 무늬로 경계를
이룬 인간의 눈인 '호루스의 눈'(eye of Horus)으로도 인식된다. 어린이 호루스는
입에 손가락을 넣고 발가벗은 모습으로 그려진다.

호루스는 태양신의 한 형상이다. 다른 이름인 하라크티*는 '지평선의 호루
스'를 의미하며 때로 매의 날개 사이에 놓인 태양 원반으로 묘사된다. 그는 이
집트 왕들의 신의 상징이기도 하다. 초기 왕조 시대 지배자는 '호루스의 추종
자'였지만, 서기전 3000년 무렵이 되자 생명의 지배자는 호루스가 되었고 죽음
의 지배자는 오시리스가 되었다.

하르포크라테스로서의 호루스는 알몸으로 이시스의 무릎에 앉아서 젖을 먹
는 모습으로 묘사되며, 사자, 악어, 뱀 및 다른 위험한 동물로부터 보호하는

부적 위에 종종 나타난다. 이시스의 장성한 아들인 하로에리스로서 호루스는 자기의 죽은 아버지 오시리스를 위해 '입을 여는' 예식을 수행했고 세트로부터 이집트의 권좌를 다시 획득함으로써 아버지의 죽음에 대한 앙갚음을 했다. 호루스는 또한 연장자 호루스와 하토르*의 아들이 될 수도 있다.

'호루스의 눈'은 세트가 호루스의 눈을 찢어버렸다는 전설상의 사건에서 유래한다. (후에 그의 어머니가 눈을 회복시켜준다.) 이 상징은, 왕직과 완전함 및 세트의 악한 힘으로부터의 보호를 의미할 수 있다.

호르코스 Horkos
맹세의 신. 그리스. 에리스*(투쟁)의 아들.

호무스비노가미[火産靈神] Ho-Musubi-No-Kami
불의 신. 신도[일본]. 히마츠리 축제에서 경배하는 불의 신들 중 하나. 신도에서 거룩한 불은 널과 막대기로만 일으킬 수 있고 강력한 정화자로 여긴다. 불의 신들을 기리는 신사는 교토 근처 아타고 산에 있다. 불로부터 보호받기 위한 부적을 얻기 위해 일본 전역에서 숭배자들이 모여든다.

호에니르 Hoenir
신. 북유럽(아이슬란드). 〈시 에다〉의 〈볼루스파〉에서 바이킹 신들의 사제로 확인되며, 미래를 점치는 '피의 지팡이'를 사용한다. 몇몇 작가들은 호에니르가 오딘(2)*의 본질이라고 여기는데, 특히 인간 종족에게 감각과 느낌을 부여하는 것과 관련되어 있다고 한다. 게르만 북부 문화에서도 알려졌다. 호에니르는 에시르*와 바니르* 사이의 거대한 전투 후에 바나하임 Vanaheim으로 도망갔다고 한다.

호우르스 Hours
지하세계 여신들. 이집트. 태양신 레*의 열두 딸들. 이들은 레의 원수들에 대항하여 함께 행동하며, 각 사람의 수명의 관점에서, 혼돈(chaos)보다 질서(order)와 시간(time)이 우월하다는 것을 반영하면서, 인간의 운명을 통제한다. 호우르스들은 때로 머리 위에 오각별 모양을 하고 의인화된 모습으로 왕의 무덤들 벽에 나타난다. 호라이라고도 한다(그리스).

호쿠신오가미[北辰] Hokushin-O-Kami
별의 신. 신도[일본]. 작은곰자리가 신격화한 존재.

호테이[布袋] Hotei
행운의 신. 신도[일본]. 신도의 칠복신 중 하나. 배가 나오고 불교 승려의 옷을 입은 모습으로 그려진다. 상징은 부채와 어깨에 걸친 '끊임없는 요구에도 결코 퍼주기를 그치지 않는' 자루이다.

호트라 Hotr(a) (기원하는 이)
희생의 여신. 힌두교(베다). 의례 전에 희생 현장에 나타나라고 이 여신에게 빌며, 특히 기도의 행위로 확인된다. 보통 여신 사라스바티*와 관련되어 있다.

홍성(洪聖) Hung Sheng
수호신. 중국. 남방해에서 바다의 위험으로부터 고깃배와 선원들을 보호하는 신. 홍성의 역할은 관음의 역할과 비슷하다. 홍성의 기원에 대해서는 거의 알려진 바 없으나 용왕이 바다를 떠나 하늘로 승천한다고 하는 춘분 이틀 전 음력 2월 13일에 죽었다는 이야기가 있다. 음력 5월 5일 햇곡식으로 만든 떡으로 이 신을 달랜다. 일부 전통에서 홍성은 용왕의 모습으로 나타나기도 한다.

황대선(黃大仙) Wong Taisin
신. 중국. 아마도 황제*의 체현일 것이며, 자비롭다고 여겨진다. 그를 따라서 이름을 붙인 구룡九龍 지역과 밀접한 관련이 있다. 홍콩에서는 1915년 한 남자와 그의 아들이 황대선 그림을 들여오면서 숭배가 시작됐다. 이 그림은 완차이[灣仔]의 작은 사원에 모셔졌다. 1921년에는 공공 자금을 들여 바다를 마주하는 더 큰 사원을 지었다.

황제(黃帝) Huang Ti

별의 신. 신격화한 임금이다. 북제*가 관장하는 어두운 하늘과 구별된 움직이는 하늘을 다스린다. 인간에게 바퀴를 주었다고 한다.

회두르 HODER

기원: 북유럽(아이슬란드). 맹인 신.

숭배 시기: 서기 700년 무렵부터 바이킹 시대 서기 1100년 무렵 그리스도교 시기까지.

별칭: 호트Hod, 호두르Hodur.

숭배 중심지: 알려지지 않음.

참조 예술: 알려지지 않았으나 익명의 조각들의 주인공이었을 것이다.

문헌 자료: 스노리의 〈산문 에다〉, 삭소의 〈덴마크 역사〉, 룬 문자 비문들.

회두르는 북유럽 에시르* 신들 중에서 명확히 규정되지 않은 신들 중 하나이다. 회두르의 악명은 발데르*의 죽음에 대한 책임이 그 때문이라는 데 있다(스노리와 삭소의 이야기에서). 스노리의 아이슬란드 판(版) 이야기에서 로키*에게 설득당한 회두르는 겨우살이 한 조각을 발데르에게 던진다. 겨우살이는 발데르가 보호할 수 없는 유일한 것이었는데, 그것이 치명적인 창으로 바뀐다. 스노리에 따르면 회두르는 심지어 헬*의 대리인이 될 수 있다고도 한다. 삭소의 덴마크 판 이야기에서 회두르와 발데르는 여신 난나*의 손을 놓고 경쟁을 벌인다. 난나는 결국 회두르와 결혼하며 후에 마법 무기로 발데르를 처단한다. 회두르는 그의 큰 적 발리(2)*에게 죽임을 당한다.

후 Hu

왕의 권위를 인격화한 신. 이집트. 태양신 레*의 성기에서 흘러나오는 핏방울에서 태어난 몇몇 하급 신들 중 하나(시아*도 보라). 후는 통치자의 힘과 명령을 나타낸다.

후라브틸 Hurabtil

지위가 불명확한 신. 엘람족[이란]. 아카드 문헌에만 잠깐 언급되어 있다. 라후라브틸Lahurabtil이라고도 한다.

후반 Huban

수호신. 엘람족[이란]. 수메르의 엔릴*과 같다.

후발 Hubal

지역 수호신이자 신탁의 신. 이슬람교 이전의 아라비아. 사람 모양을 하고 붉은 보석으로 만들어져 지금도 거룩한 도시 메카에 서 있다.

후비 Huvi

사냥의 신. 오빔분두족[앙골라 중부, 아프리카 서부]. 모든 고기는 후비 사원 앞에 보관되며 후비 사원은 해골을 씌운 막대기들로 장식되어 있다. 사제가 주관하는 춤과 제물로 후비를 달랜다.

후진[風神] Fujin

바람의 신. 신도[일본]. 어깨에 바람을 담은 자루를 걸친 모습으로 묘사된다.

후츠누시노가미[經津主神] Futsu-Nushi-No-Kami

전쟁 신. 신도[일본]. 니니기노미코토* 왕자가 땅에 내려와 왕조를 시작할 수 있도록 길을 닦은 두 신 중 하나이다. 무사들과 유도 선수들의 수호신이다. 다케미카즈치노가미*와 연결되어 있다.

후쿠로쿠주[福禄壽] Fukurokuju

행운의 신. 신도[일본]. 신도의 칠복신 중 하나. 송대에 살았던 중국 도사라는 설이 있다. 이름 자체가 복과 부와 장수를 의미한다. 키가 작은 대머리에 이마가 솟은 노인으로 묘사된다. 거룩한 가르침이 담긴 책을 지팡이에 묶고 다닌다. 때로 학, 사슴, 거북 등이 상징으로 나타난다.

후토다마[布刀玉命] Futo-Tama

조상신. 신도[일본]. 태양 여신 아마테라스*를 굴에서 나오게 하기 전에 필요한 의례의 일부를 담당했기 때문에 신도 신화에서 중요한 신이다. 후토다마는 여러 주술적인 물건들을 모아서 신성한 거울 앞으로 밀어 넣고 거룩한 기도문을 암송하고 아마테라스가 결코 다시 숨지 않도록 기원했다. 황족 조상인 니니기노미코토* 왕자의 수호신이며 일본 인베씨[忌部氏]의 선조 신이다.

흐르시케사 Hrsikesa (감각의 주)

신. 힌두교. 비슈누*의 하급 화신. 배우자 여신은 하르사*이다.

흘레우흘라우게페스 Llew Llaw Gyffes

신. 켈트(웨일스). 아일랜드의 신 루Lugh에 해당한다. 아리안로드*의 아들이며 귀디온*이 키웠다. '원탁의 기사' 이야기에 나오는 랜슬롯Lancelot의 영웅적 모습은 흘레우흘라우게페스에서 유래한 것일 수 있다.

흘로틴 Hlothyn

여신. 북유럽(아이슬란드). 〈시 에다〉의 신화 시 〈트림스크비다 Trymskvida〉에서 알려진 피요르긴*의 덜 알려진 이름이다. 토르*의 어머니이다.

히기에이아 Hygieia

건강의 여신. 그리스. 치유의 의사 신 아스클레피오스*의 딸이다. 히기에이아는 밀과 기름과 꿀로 만든 치료용 음료이기도 하다. 바티칸의 대리석 조각군에서는 로마의 치유신 아스클레피우스Asclepius 및 자신이 잡고 있는 뱀과 함께 히기에이아살루스Hygieia-Salus로 묘사된다.

히나 Hina

달의 여신. 폴리네시아[타히티]. 지역 전승에서는 탕아로아*의 딸이자 달의 창조자로 달을 다스린다. 히나는 지구에서 카누에 싣고 가져와서 심은 나무숲의 어두운 곳에 산다. 히나는 또한 탕아로아의 배우자로 제시되기도 한다. 폴리네시아 지하세계의 여신 히네누이테포*가 타히티에서 히나로 변화했을 것이다. 사모아에서는 시나*라고 하며 허비Hervey 제도(쿡 제도)에서는 이나Ina라고 한다.

히나우리 Hina-Uri

달의 여신. 폴리네시아. 히나, 이나 또는 시나*라고도 알려졌다. 마우이*의 누이이며 이레와루Irewaru의 배우자이다. 전승은 히나우리가 달의 모양에 따라 스스로 두 형상으로 나타날 수 있다고 한다. 히나우리의 역할은 풍산과 관련이 있다. 풍산 의례와 밀접한 관련이 있는 서아시아의 달의 여신 이름이 신*인 것으로 봐서, 이 여신에 대한 숭배는 아시아에서 수입된 것으로 보인다.

히네누이테포 Hine-Nui-Te-Po (밤의 위대한 여인)

지하세계 저승 여신. 마오리 부족을 포함하는 폴리네시아. 원래 창조신 타네*와 히네아후오네*의 딸이었으나 지하세계를 다스리기 위해서 내려왔다. 인간의 형상이지만 비취로 된 눈과 해초로 된 머리칼, 포식성 물고기의 이빨을 갖고 있는 모습으로 그려진다.

히네아타우이라 Hine-Ata-Uira (번쩍이는 새벽의 딸)

빛의 여신. 마오리 부족을 포함하는 폴리네시아. 창조신 타네*와 히네아후오네*의 딸이다. 히네아타우이라는 하늘 신으로 머물지 않았지만 지하세계로 내려와서 죽음을 의인화한 히네누이테포*가 되었다.

히네아후오네 Hine-Ahu-One (땅에서 형성된 처녀)

땅의 여신. 마오리 부족을 포함하는 폴리네시아. 태초의 땅의 어머니 파파투아누쿠*를 빼고 존재하는 모든 신들이 남성이었기 때문에, 타네*는 배우자가 필요해서 히네아후오네를 만들었다. 타네는 붉은 흙에서 히네아후오네를 만들고 생명을 불어넣었다. 그녀는 히네아타우이라*의 어머니가 되었다.

히노가구쓰치[火之迦具土神] Hi-No-Kagu-Tsuchi
불의 신. 신도[일본]. 태초의 여신 이자나미노가미*는 히노가구쓰치를 낳으면서 죽었고, 이자나미노가미의 시체에서 천둥 신 여덟이 솟아나왔다.

히라냐가르바 Hiranyagarbha (황금 알)
창조신. 힌두교(베다). 〈리그베다〉 서두에 우주의 알에서 출현하는 황금 씨앗의 신으로 나온다. 알껍데기 양쪽이 하늘과 땅이 되며 노른자위는 태양이 된다. 싹은 태초의 물을 수정시킨다.

히루코[蛭子] Hiruko
하급 태양신. 신도[일본]. 태양과 달이 생긴 후에 확인된다. 아마도 아마테라스*가 빛을 잃게 했을 것이다.

히마반 Himavan (눈으로 덮인)
산신. 힌두교. 히말라야가 인격화한 존재이며 파르바티*와 강가*의 아버지라 여겨진다. 배우자는 메나*이다. 히마바트Himavat라고도 한다.

히메나이오스 Hymenaios
혼인의 신. 그리스-로마. 올림피아 판테온의 일원이며 아프로디테*의 수행 신이다. 날개를 달고 횃불을 든 모습으로 묘사되며 결혼식 때 이 신에게 기원한다.

히메루스 Himerus
욕망의 신. 그리스-로마. 올림피아 판테온의 일원이며 아프로디테*(베누스*)의 수행 신이다.

히시 Hiisi

나무의 신. 그리스도교 이전의 카렐리아[핀란드]. 숲에서 살고 있다고 한다. 그
리스도교화 이후에는 트롤troll(심술꾸러기 거인이나 장난꾸러기 난쟁이)로 강등됐다.

히아이카 Hi'aika

여신. 하와이. 하우메아*의 딸이자 화산의 여신 펠레*의 동생이다. 히아이카는
춤, 특히 훌라춤의 여주이다. 훌라의 신이자 빛의 신인 카네*의 아들 라카(1)*
와 히아이카를 동일시하는 전승과, 태초 창조자의 원리인 케아웨*의 딸 나와히
네와 동일시하는 또 다른 전승이 있다. 훌라는 신화 공연에 격식화된 구조를
부여하기 위해서 고안되었는데, 인기 있는 주제들 중 하나는 펠레와 영웅 로히
아우Lohiau의 연애담이다. 신화에 따르면, 히아이카에게는 펠레를 위해서 로히
아우를 찾아서 펠레에게 데려오는 사명이 있었다. 그 후 펠레는 동생과 로히아
우의 관계가 발전되자 질투심이 폭발했고 펠레의 불타는 용암에서 그가 죽게
했다.

히야킨토스 Hyakinthos

식물의 신. 그리스. 특히 스파르타의 아미클라이에서 알려진 호메로스 이전의
고대 신이다. 아폴론*은 히야킨토스를 사랑했지만 원반으로 그를 죽이고 꽃
으로 변화시켰다. 아미클라이에는 히야킨토스의 무덤이었다고 하는 제단과
같은 주춧대에 아폴론 청동 상이 서 있으며, 아폴론에게 희생제를 드리기 전에
주춧대의 청동 문을 통해서 히야킨토스에게 봉헌물을 바쳤다고 한다.

히코보시[彦星] Hikoboshi (견우성)

별의 신. 신도[일본]. 별의 여신 타나바타츠메[織女]의 배우자이다. 신화에 따르
면 이 둘은 깊은 사랑에 빠졌다. 이들의 축제는 티베트 본족의 죽은 자들의 축
제인 울룸바나Ullumbana와 병합되었다. 겐규세이[牽牛星]라고도 한다.

히코사시리노가미[彦狹知神] Hiko-Sashiri-No-Kami

목수들의 신. 신도[일본]. 아름답고 거룩한 집회장을 짓는 데 관여하는 하급 신들 중 하나로 태양 여신 아마테라스*를 동굴에서 유혹했다. 타오키호오이노가미[手置帆負神]와 연결되어 있다.

히타바이넨 Hittavainen

사냥의 신. 그리스도교 이전의 카렐리아[핀란드]. 산토끼 사냥꾼들의 수호신.

히페리온 Hyperion

태초의 빛의 신. 그리스. 티탄족*의 일원인 호메로스 이전의 신이며, 어떤 문헌에 따르면, 배우자는 테아*이고 헬리오스*와 셀레네*의 아버지이다.

히프노스 Hypnos

잠의 신. 그리스. 밤의 여신 닉스*의 아들 중 하나이며 타나토스*의 형제이다.

히프시스토스 Hypsistos

지역 수호신. 그리스-로마. 서기전 150년 무렵부터 서기 250년 무렵까지 보스포루스Bosphorus 지역에서 알려졌다. 4세기 무렵 카파도키아의 문헌에는 히프시스타리hypsistarii에 대한 언급들이 있는데, 이들은 그리스어를 말하는 비정통 유대교 분파인 것으로 보인다. 히프시스토스라는 단어는 70인역 성서에 나오며 '전능한'이라는 뜻이다.

히하야히노가미[樋速日神] Hi-Haya-Hi

태양신. 신도[일본]. 하급 태양신들 중 하나로 가구스치노가미*의 피에서 생겼고, 불의 신들을 위한 신사에서 숭배했다. 일본의 나이 든 사람들 중에는 여전히 태양을 숭배하는 이들이 있다. 그들은 일출 때 밖으로 가서 얼굴을 동쪽으로 향하고 절을 한 다음 손뼉을 친다.

힌콘 Hinkon

사냥 신. 퉁구스족[시베리아]. 모든 동물의 주인이자 관리자로 경배받았다.

힐랄 Hilal

달의 신. 이슬람교 이전의 아라비아. 특히 초승달의 신이다.

힐리나 Hi'lina

부족 신. 하이다 인디언[캐나다 퀸 샬롯 섬]. 여러 인디언 부족들에게 알려진 천둥새가 의인화한 존재. 힐리나는 날개를 쳐서 천둥소리를 내고, 눈을 떠서 번개를 일으킨다고 한다. 천둥 구름[雷雲]이 힐리나의 외투이다.

힝글라즈(-마타) Hinglaj(-Mata)

어머니 여신. 힌두교. 인디아 북부, 특히 발루치스탄Baluchistan 지역에서 숭배한다.

참고문헌

Albright, W. F., *Yahweh and the Gods of Canaan* (London 1968).

Aston, W. G., *Shinto* (London and New York 1905).

Arrow, T., *Maori Art of New Zealand* (Paris 1964).

Bickerman, E. J., *Chronology of the Ancient World* (revised edition, London 1980).

Bogoras, W., *The Chukchee* (MAMNH Vol VII 1902).

Brandon, S.G.F., *Dictionary of Comparative Religion*, edited 1970.

British Museum., *Cuneiform Texts from Babylonian Tablets*.

Burkert, W., *Greek Religion* (English translation Harvard 1985).

Burland, C. A., *The Gods of Mexico* (London 1967).

Chamberlain, J., *Chinese Gods* (Princeton, New Jersey 1983).

Chamberlain, J., *Chinese Religions* (Princeton, New Jersey 1986).

Champakalakshmi, R., *Vaisnava Iconography in the Tamil Country* (New Delhi 1981).

Coe, M.D., *Mexico* (London, 1984 edition)

Cook, S.A., *The Religion of Ancient Palestine in the light of Archaeology* (London 1925).

Dahood, M., *Ancient Semitic Divinities in Syria and Palestine* (ed. S. Moscati, Rome 1958).

Dalley, Stephanie (transl.), *Myths from Mesopotamia* (Oxford 1991).

Day, C.B., *Chinese Peasant Cults* (Shanghai 1940).

Dillon, M., *Cycles of the Kings* (Oxford 1946).

Ellis, P.B., *A Oictionary of Irish Mythology* (London 1987).

Ellis Davidson, H.R., *Gods and Myths of Northern Europe* (London 1964).

Ferguson, John, *The Religions of the Roman Empire* (London 1970).

Fewkes, J.W., *The Aborigines of Porto Rico and Neighbouring Islands* (New York, reprinted 1970).

Firth, R., *Rank and Religion in Tikopia* (London 1970).

Frazer, J.G., *The Golden Bough* (London, 1987 edition).

Furlani, G., *La Religione degli Hittiti* (Bologna 1936).

Garstang, J., *The Hittite Empire* (London 1929).

Garstang, J., *The Sun Goddess of Arenna Journal* of American Archaeolo gy and Anthropology Vol VI No 3.

Gray, J., *The Canaanites* (London 1964).

Green, Miranda, *The Gods of the Celts* (Gloucester 1986).

Green, Miranda, *Symbol and Image in Celtic Religious Art* (London 1989).

Guest, C., Lady (ed.), *Mabinogion* (Cardiff 1977).

Gurney, O.R., *The Hittites* (London 1975).

Hanson, Valerie, *Changing Gods in Medieval China 1127-1276* (Princeton 1990).

Hart G., *A Dictionary of Egyptian Gods and Goddesses* (London and New York 1986).

Herbert, Jean, *Shinto* (London 1967).

Herbig, R., *Gotter and Damonen der Etrusker* (Heidelberg 1948).

Hesiod, *The Homeric Hymns and Homerica* (transl. Evelyn-White, Harvard 1982 edition).

Hollander, Lee M. (transl.), *The Poetic Edda* (revised edition, Texas 1988).

Holmberg, U., *Die Wassergottheiten der finnisch-ugrischen Volker* MSFO Vol 32 (Helsinki 1913).

Hultkrantz, A., *The Religions of the American Indians* (transl. M. Setterwell, California 1979).

Ivanoff, P., *May* (New York 1973).

Jacobsen, Thorkild, *The Treasures of Darkness* (Yale 1976).

Jamme, A., *Le panthéon sud-arabe préislamique d'après les sources épigraphiques* (Louvain 1947).

Jean, C.F., *La Religion Sumérienne* (Paris 1931).

Jettmar, Karl, *The Religions of the Hindukush* (Warminster 1986).

Joachim, C., *Chinese Religions* (New Jersey 1986).

Jochelson, W., *The Korvak* MAMNH Vol X 1905

Jochelson, W., *The Yakut* MAMNH Anthropological Papers Vol XXXIII 1933.

Johnson, D. and J., *God and Gods in Hinduism* (Heinemann 1972).

Kinnier Wilson, J.V., *The Legend of Etana* (Warminster 1985).

Kinsley, D., *Hindu Goddesses* (Delhi 1987).

Knappert, J., *African Mythology* (Wellingborough 1988).

Kramer, S.N., *The Epic of Gilgamesh and its Sumerian Sources* JOAS Vol 64.

Kramer, S.N., *Sumerian Mythology* (Philadelphia 1944).

Laroche, E., *Le Panthéon de Yazilikava* JCS Vol VI 1952.

Legge, James, *The Religions of China* (London 1880).

Lichtheim, Miriam, *Ancient Egyptian Literature* (3 vols., California 1973–1980).

Liebert, Gosta, *Iconographic Dictionary of the Indian Religions* (Delhi, 1986 editi on).

Lumholtz, C., *Symbolism of the Huichol Indians* MAMNH III 1907.

MacCulloch, J.A., *Celtic and Scandinavian Religions* (London 1948).

MacMullen, Ramsay, *Paganism in the Roman Empire* (New Haven 1981).

Marriott, A. & Rachlin, C.K., *American Indian Mythology* (New York 1968).

Martin, E.O., *The Gods of India* (Delhi 1972).

Matthews, J. and C., *British and Irish Mythology* (Wellingborough 1988).

Matthews, W., *The Night Chant - a Navaho Ceremony* MAMNH Vol VII 1902.

Memoirs of the American Museum of Natural History (MAMNH) various vols. 1-13 re North American and Siberian religions.

Mitchell, A.G., *Hindu Gods and Goddesses* (Victoria and Albert Museum Publication, HMSO 1982).

Montgomery, J.A. and Harris, Z.S., *The Ras Shamra Mythological Texts* (Philadelphia 1935).

Nansen. F., *Eskimo Life* (London 1893).

Nicholson. H.B., *Handbook of Middle American Indians* Vol X.

O'Flaherty. Wendy D. (transl.), *The Rg Veda - an Anthology* (ed. Betty Radice. London 1981).

Pagels, Elaine, *The Gnostic Gospels* (London 1980).

Pfiffig, A. J., *Das Pantheon der Etrusker* (Vol III Religion Etrusca, Graz 1975).

Rawlinson, H., *Cuneiform Inscriptions of Western Asia* (5 vols., London 1861–1891).

Rink, H.J., *Tales and Traditions of the Eskimo* (London 1875).

Robinson, James M., *The Nag Hammadi Library* (Leiden 1988).

Rolleston, T.W., *Myths and Legends of the Celtic Race* (London 1985).

Ross, A., *The Pagan Celts* (London 1967).

Rowe, J.H., *Handbook of South American Indians* (ed. J H Steward, Vol II. New York 1963).

Schaffer, A., *The Sumerian Sources of Tablet XII of the Epic of Gilgamesh* (University Microfilms, Ann Arbor 1963).

Schneider, H., *Die Gotter der Germanen* (Tubingen 1938).

Sjoberg, A. and Bergmann, E., *Texts from Cuneiform Sources* (Augustin 1969).

Sladek, W.R., *Inanna's Descent and the Death of Dumuzi* (published thesis, Baltimore 1974).

Snorri Sturluson *Edda* (London 1987).

Soothill, W.E. & Hodous, L., *A Dictionary of Chinese Buddhist Terms* (Delhi, 1987 edition).

Swanton, J.R., *Haida Ethnology* MAMNHS VIII 1909.

Tacitus *Germania* (transl: M Hutton, revised ed. Harvard 1970).

Teixidor, J., *The Pagan God* (Princeton, New Jersey 1977).

Thompson, J.E.S., *Maya History and Religion* (Oklahoma, reprinted 1970).

Turville-Petrie, E.O.G., *Myth and Religion of the North* (London 1964).

Vecsey, C., *Traditional Ojibwa Religion* (Philadelphia 1983).

Virgil *Aeneid* (transl. H R Fairclough, revised ed. Harvard 1935).

Williamson., *Religions and Cosmic Beliefs of Central Polynesia* (Cambridge 1933).

Witzel, M., *Ninhursag and Analecta Enki* Analecta Orientalis Vol XV
Rome 1946.

A

D

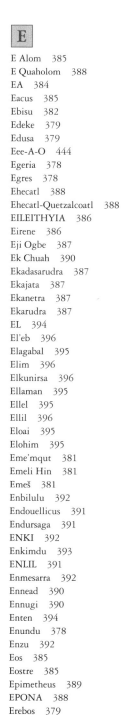

G

Gabija 22
Gabjauja 22
Gad 21
Gaganaganja 19
GAIA 23
Gajavahana 24
Gal Bapsi 25
Galla 25
Ganapati 20
Ganapatihrdaya 20
Ganaskidi 19
Gandha 24
Gandha Tara 25
Gandhari 25
GANESA 20
Ganga 25
Gangir 26
Garmangabis 22
Garuda 21
Gatumdug 24
Gaunab 23
Gauri 23
Gautama Buddha 23
Gayatri 22
GEB 26
Gefjon 28
Gemini 26
Genius 26
Gerra 26
Geštin-Ana 27
Geštu 27
Geus Tasan 28
Geus Urvan 28
Ghantakarna 25
Ghantapani 25
Ghasmari 22
Ghentu 28
Gibil 36
Gibini 36
Giltine 37
Gish 36
Giszida 37
Gita 37
Glaucus 36
Glaukos 36
Gleti 36
GOBNIU 29
Gonaqade't 28
Gon-Po Nag-Po 31
Goraknath 29

Govannon 29
Grahamatrka 35
Gramadevata 35
Grannus 35
Gratiae 35
Grdhrasya 35
Grismadevi 35
Gugulanna 32
Gujo 33
Gukumatz 33
Gula 34
Gul-Šeš 34
Gulsilia Mata 34
Gunabibi 32
Gundari-Myoo 33
Gunnodoyak 32
Gunura 32
Gur-Gyi Mgon-Po 33
Gusilim 33
Gwydion 34
Gwynn Ap Nudd 34

H

Ha 613
Hachacyum 342
Hachiman 625
Hadad 614
HADES 615
Hahana Ku 336
Hahanu 628
Haili'laj 624
Hakea 626
Hala 629
Halahala 629
Haldi 628
Halki 629
Hamadryades 619
Hamavehae 619
Hammon 629
Hammu Mata 629
Han Xiang-Zhi 628
Hani(s) 614
Hani-Yasu-Hiko 614
Hani-Yasu-Hime 614
Hannahannas 628
Hansa 628
Hanui o rangi 614
Hanuman 613
Hao 623
Hapy 628

Hara 616
Hara Ke 616
Harakhti 616
Hara-Yama-Tsu-Mi 616
Hardaul 617
Harendotes 616
Hari 618
Hariti 618
Harmachis 617
Harmonia 617
Haroeris 616
Harpina 618
Harpokrates 618
Harsa 617
Harsiese 617
Harsomtus 617
Hasameli 619
Hasta 621
Hastehogan 621
Hastsbaka 621
Hastsebaad 620
Hastseltsi 621
Hastseoltoi 620
Hastseyalti 620
Hastsezini 620
Hatdastsisi 627
HATHOR 626
Hatmehyt 627
Hatthi 628
Haubas 623
Hauhet 624
Haukim 624
Haumea 623
Haumiatiketike 623
Haurun 623
Hayagriva 622
Haya-Ji 622
Hayasum 622
Hayasya 622
Haya-Tsu-Muji-No-
    Kami 622
Hazzi 625
He Xian-Ku 619
He Zur 637
HEBAT 636
Hebe 637
Hegemone 630
Heh 629
HEIMDALL 624
HEKATE 638
Heket 638
Hel(l) 640

664

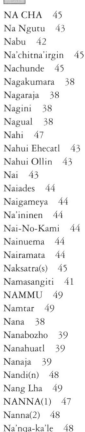

O

- **생명의 신**
  조에
- **설득의 여신**
  페이토
- **수호신**
  헤스티아
- **신탁의 신**
  다프네
- **어머니 여신**
  레토
  메테르
- **영웅 신**
  프로메테우스
  헤라클레스
- **예술과 공예**
  카베이로이
  키니라스
- **운명의 신**
  라케시스
  모이라이
  아낭케
  아테
  아트로포스
  클로토
- **의술과 건강의 신**
  아스클레피오스
  에일레이티이아
  칼리게네이아
  코우로트로포스
  히기에이아
- **이성과 지혜의 신**
  로고스
  메티스
- **잠과 꿈의 신**
  모르페우스
  히프노스
- **젊음의 신**
  헤베
- **정의가 불명확한 신**
  나르키소스
  밀리타
  이아페토스
  제토스
  카리스
  테아
  헤르마프로디토스

- **정의의 신**
  디케
  아디키아
  호르코스
- **죽음의 신**
  타나토스
  하데스
- **집단적/포괄적**
  티탄족
- **최고신**
  제우스
- **태초의 신**
  닉스
  레아
  에로스
  우라노스
  파네스
  히페리온
- **평화와 질서의 신**
  에우노미아
  에이레네
- **포도주의 신**
  디오니소스
- **풍산 신**
  데메테르
  아도니스
  아리아드네
  코우레테스
  크로노스
  프리아포스
  히야킨토스
- **풍어와 사냥의 신**
  아르테미스
  아폴론
- **힘의 신**
  비아
  크라토스 (2)

그리스도교 영지주의 그
리스도교도 함께 보라.

그리스-로마
  나이아데스
  나파이아이
  네레이데스
  네메시스

니케
라다만토스
레우코테아
로마
마이아
미노스
미트라스
보레아스
사티르
세멜레
아가토스다이몬
아그노스토스테오스
아이아코스
아이테르
에레보스
에우로스
에피메테우스
오레아데스
옵스
유노네스
이리스
카오스
테미스
티케
파르카이
판
하르모니아
하마드르야데스
히메나이오스
히메루스
히프시스토스

기수족
  기비니
  에눈두
  웨리쿰밤바

나바테아
  두샤라
  마나와트
  사이알카움
  일라알게

나바호 인디언
  가나스키디
  나예네즈가니

드사하돌자
에스차나틀레히
욜카이에스탄
초하노아이
코요테
클레하노아이
토네닐리
토바지스치니
티에놀트소디
하스체바드
하스체얄티
하스체올토이
하스체지니
하스첼치
하스츠바카
하스테호간
하트다스치시

나크왁닥스 인디언
오메알

누비아
데드웬
두둔
만둘리스

누어족
뎅
랑
부크
위우
콜
크워트

누페족
소코

니암웨지족
카죠바

다코타 인디언
와칸탕카

덴마크
네르투스

도곤족
놈모
암마

도교
관우
관음
나타 (1)
남채화
노자
뇌공
목공
보현
북제
서왕모
여동빈
옥제
옥황상제
우사
장과로
장도릉
조국구
종괴
종규
종이권
천존
천후
팔선
하백
하선고
한상자
홍성

두알라족
로바

드라비다족   타밀족도 함
께 보라.
가자바하나
갈바프시
나핀나이
네다욘
마리 (1)
마리암만
마이온
만마타

말
무니스바라
무루칸
무탈람만
발라샥티
벤다
사마
사티야바마
삼카르사나
세욘
안칼람만
암마
암마바루
엘라만
찬킬리카루판
첸칼라니얌말
카마크시
코라비
티루말
팔라니얀타반
푸라나이
프라디움나

딩카족
뎅

라마교   라마 불교를 보라.

라마 불교
• **계절의 신**
그리스마데비
바산타데비
헤만타데비
• **다르마팔라**
스리 (데비)
• **말[馬]의 신**
하야그리바
• **붓다**
디판카라
사키야무니
• **빛의 신**
디파
• **샥티**
디감바라
• **수호신**
구르기콴뿌

678

마하칼라
비하르
사닥사리 (로께스바라)
센뒤
아발로키테스바라
야마
야만따까
최꾄
· **악령**
켄마
켄빠
· **어머니 여신**
간다
기타
느르띠야
두파
라시아
말라
브르쿠티타라
쀠빠
· **의사 신**
다르마끼르띠사가라고샤
맨라
바이사지야구루
수르바르나바드라비말라-
　라뜨나쁘라바사
수빠리끼르띠따나마스리
스바라고사라자
시킨
싱하나다
아비즈나라자
아소코타마스리
· **전쟁 신**
벡쩨
· **정의가 불명확한 신**
넨둡
시아마타라
시타타라
치둡
· **지역 신**
게고
· **집단적/포괄적**
하 (2)
· **태초의 신**
아디다르마

· **풍산 신**
사라데비
· **흉측한 외모의 신**
마하찌나따라
베탈리
사바리
차우리
찬달리
풋카시

라트비아(그리스도교 이전)
디에브스
라우카마테
라이마
마자스가르스
메네스
메데이네
베자마테
벨루마테
사울레
스반테비트
아우세클리스
우신스
유미스
카르타
페르콘스

라플란드
라우드나
와랄덴올마이
파존
호라갈레스

로마　그리스-로마, 로마노-
북아프리카, 로마노-이베
리아, 로마노-켈트도 함께
보라.
· **갈등과 전쟁의 신**
디스코르디아
마르스
미네르바
쿠리누스
· **결혼의 신**
운시아
유노
킨시아

· **기후의 신**
노투스
아이올루스
아킬로
제피루스
코루스
· **꿀벌의 신**
멜로니아
· **남성성의 신**
게니우스
· **농경/경작**
넵투누스
락타누스
레다라토르
메소르
베르박토르
사리토르
스테르쿨리우스
스피니엔시스
오바라토르
옥카토르
우베르타스
인시토르
임포르시토르
팔레스
펠리키타스
포모나
푸타
프로미토르
· **땅속의 신**
디스파테르
리비티나
오르쿠스
텔루스
플루토
· **말[馬]의 신**
루페르쿠스
폴룩스
· **물의 신**
글라우쿠스
유투르나
트리톤들
티베리누스
헤르무스
· **미덕의 신**
리베랄리타스

비르투스
스페스
아이키타스
프로비덴티아
피데스
피에타스
호누스
• **별과 하늘**
디아나
루나
사투르누스
솔
아우로라
• **불의 신**
베스타
불카누스
• **사랑과 성**
베누스
아모르
푸디키타
• **사자(使者) 신**
메르쿠리우스
• **수호신**
라레스
라르파밀리아리스
리베르타스
만둘리스
바기스바라
볼룸나
세쿠리타
아베오나
안나페레나
알레모나
야누스
에두사
쿠니나
클레멘티아
테르미누스
파불라누스
페나테스
포르투누스
포티나
프리아푸스
필룸누스
• **어머니 여신**
벨로나

아카라렌티아
케레스
• **예술과 공예**
그라티아이
아라크네
• **의술과 건강의 신**
노나
데베라
데키마
루미나
루키나
메디트리나
살루스
아이스쿨라피우스
인테르시도나
카르멘테스
칸델리페라
파르툴라
• **잠의 신**
솜누스
• **젊음의 신**
유벤타스
• **정의가 불명확한 신**
디시플리나
• **죽음의 신**
모르스
모르타
프로세르피나
• **최고신**
유피테르
• **평화와 번영의 신**
모네타
빅토리아
팍스
• **포도주의 신**
바쿠스
• **풍산 신**
무티누스
베르툼누스
실바누스
아분단티아
에게리아
파우나
파우누스
플로라

• **행운의 신**
소르스
포르투나

로마노－북아프리카
바카스
이프루

로마노－이베리아
데르케타우스
두일라이
셈노코수스
아타이키나
에아쿠스
엔도우렐리쿠스
카리오시에쿠스
칸다미우스

로마노－켈트
• **기후의 신**
타라니스
• **농경/경작**
노도투스
모쿠스
• **동물**
루디오부스
물로
타르보스트리가라노스
• **땅속의 신**
술리스
아이리쿠라
알리사노스
피쿨루스
• **물의 신**
네마우시우스
리토나
세쿠아나
수코나
아르네메티아
안캄나
이카우나
• **산신**
보세구스
포에나누스
• **수호신**
네할레니아

모구노스
브리간티아
브리타니아
술레비아이
코벤티나
테우타테스
프록수마이
• 어머니 여신
마트레스
하마베하이
• 의술과 건강의 신
그라누스
보르보
시로나
아베타
오켈루스
• 전쟁 신
리기사무스
안드라스타
• 정의가 불명확한 신
아반디누스
• 지역 신
아넥스티오마루스
알라우누스
콘트레비스
• 집단적/포괄적
알라이시아개
• 풍산 신
네메토나
로스메르타
무리의 아르티오
수켈로스
아르두이나
아벨리오
아브노바
야로누스

로베두족
무자지

롱가족
몸보와은들롭푸

루그바라족
아드로

루이세노 인디언
오위오트

르완다족
리앙곰베
은야비레지

리비아
함몬

리투아니아(그리스도교 이전)
가브야우야
가비야
길타네
메눌리스
방푸티스
야가우비스
제메파티스
제미나
텔야벨리크

마니교
나리사

마말렐레갈레 인디언
쿠느쿤술리가

마사이족
응가이

마야족
• 기후의 신
멘자박
아페쿠
차웁
착
착칸
• 꿀벌의 신
아무센캅
• 농경/경작
아문 (1)
엑추아
융칵스
익스카난
• 달의 신
익스첼

• 땅속의 신
볼론티쿠
아볼론자캅
아우크티캅
아칸쿤
이참캅
이칼아하우
이펜
출타카
치비리아스
콜렐캅
쿰아우
• 물의 신
아쿠믹스워니쿱
아파트나르워니쿱
• 사자(使者) 신
아아나쿠
• 수행 신
바캅스
• 수호신
발람
소츠
아춘칸
• 악령
맘
• 어머니 여신
익스체벨약스
• 예술과 공예
아카트
아킨속
카이윰
• 의술과 건강의 신
아윈시르자캅
아쿠스탈
폭슬롬
• 전쟁 신
불룩찹탄
시트착코
아울넵
엑스추찬
카쿠파카트
• 죽음의 신
시신
우나우
융키밀
익스탑

차메르
- **지진**
시파크나
카브라칸
- **창조신**
마노엘토엘
아차키움
악얀토
오록스토틸
우나브쿠
우나푸
우라칸
운우나푸
이참나
익스사칼녹
출타틱치테스바넥
카코치
쿠쿨칸
토틸마일
- **최고신**
쿠쿠마츠
- **태양신**
아실리스
아킨
- **태초의 신**
에알롬
에쿠아올롬
- **포도주의 신**
아칸
- **풍어와 사냥의 신**
아타바이
착우얍속
- **하늘의 신**
구쿠마츠
오슬라운티쿠
콜롭우우이츠킨

만데족
펨바

메로에   수단을 보라.

메소포타미아   바빌로니아
-아카드, 수메르를 보라.

멜라네시아
나레우

모독 인디언
쿠모쿰스

모아브
케모쉬 (2)

모치카
아이아파엑

모호크 인디언
테하론 (히아와곤)

몽고족
예메콘지
음봄바
이톤데

바벤타
랄루빔바

바빌로니아 - 아카드
- **기후의 신**
닌우르타
아다드
웨르
임
- **농경/경작**
다간 (1)
두무지
샤카 (안)
시르투르
쿠스
- **땅속의 신**
갈라
남무
네르갈
네티
닌키갈
루갈이라
마눙갈
벨레트세리
비르두
슐만 (우)

에레쉬키갈
엔메사라
- **마법의 신**
닌기라마
- **물의 신**
시라라
압수
에아
엔비루루
- **법과 정의의 신**
마미투
만다누
헨두르쌍
- **별과 하늘**
메스안두
샤마쉬
신
아아
이기기
- **불의 신**
게라
이슘
- **빛의 신**
누쉬쿠
닌기스지다
- **사자(使者) 신**
닌슈부르
아살루하
파프수칼
- **수행 신**
슐라트
엔누기
일라브라트
카카
하니
- **수호신**
닌기르수
시르시르
아눈나키
아수르
알라드우둑라마
투투
티쉬파크
파빌상
- **암소 여신**
닌순 (아)

682

- **어머니 여신**
  - 눈바르세구누
  - 닌마
  - 닌쿠라
  - 닌투
  - 닌후르쌍
  - 담갈눈나
  - 마미
  - 벨레트일리
  - 아야
- **예술과 공예**
  - 닌에갈
  - 닌일두
  - 닌카르눈나
  - 시두리
  - 쿨라
- **의술과 건강의 신**
  - 굴라
  - 이샤라
  - 자르파니툼
- **저술의 신**
  - 나부
- **전쟁 신**
  - 메스람타에아
  - 샤라
  - 살라
  - 세비티
  - 에라
  - 자바바
  - 파프니긴가라
- **정의가 불명확한 신**
  - 구누라
  - 닌길린
  - 루랄
  - 물릴투
  - 엔주
  - 타쉬메툼
  - 하야숨
  - 하하누
- **지식의 신**
  - 게쉬투
- **집단적/포괄적**
  - 벨
  - 벨티야
- **창조신**
  - 마르둑

아누 (1)
안투
- **태초의 신**
  - 라하무
  - 라흐무
  - 안샤르
  - 키샤르
  - 티아마트
- **풍산 신**
  - 가툼둑
  - 나나자
  - 닌갈
  - 닌기쿠가
  - 닌인신나
  - 닌임마
  - 바바
  - 샤라이투
  - 아마샤그눌
  - 아마아르후스
  - 아쉬난
  - 우아일다크
  - 이쉬타르

바사리족
  우눔보테

바스크족
  마리 (2)
  마후

바울레족
  니암예
  음보툼보

바콩고족
  루방갈라
  마키엘라
  은잠비

발트해 연안
  트리글라브
  펙코

밤바라족
  무소코로니
  텔리코

파로
펨바

밤부티족
  아레바티

방갈라족
  리반자
  은송고
  자콤바

베네 룰루아족
  피디무쿨루

베르베르(이슬람교 이전의)
  본초르

벨라쿨라족
  랄라이아일
  세늑스
  스눌쿨살스
  아나울리쿠차익스
  알쿤탐
  카마이츠
  토아랄리트

보숑고족
  붐바

보탸크족   피노우그리아를
  보라.

본도족
  마하프라부

본족(티베트 불교 이전)
  뀐뚜상뽀
  무뒤감뽀사잔
  센둡
  센랍
  센하와카
  시뻬겔모
  탑하

부간다족
  무카사

키부카

부뇨로
루방가 (1)
루항가
무기지
무누메
무힁고
물린드와
와말라
은다울라
카이카라

부룬디족
이마나

북아메리카(이슬람 이전) 로
마노-북아프리카도 함께
보라.
카디르

북유럽 덴마크, 아이슬란
드도 함께 보라.
프레위르

불교 불교-라마 불교도 함
께 보라.
• **독의 신**
할라할라
• **디야니붓다**
꿘릭
라트나삼바바
바이로차나
아모가시디
아미타바
악쇼비야
프라산나타라
• **디야니붓다의 발현**
그라하마트르카
나마상기티
나이라마타
다나다
드바자그라케유라
라크타야마리
마야잘랄크라마쿠루쿨라
마하마유리

마하스리타르스
마하프라티양기라
만주고사
바시야타라
바즈라다카
바즈라므르타
바즈라바라히
바즈라차르치카
바즈라타라
바즈라파니
바츠
붓다카팔라
비그난타카
사드부자시타타라
수클라타라
우추스마
잠발라
즈나나다키니
찬다로사나
헤루카
• **딕팔라(수호신)**
드르타라스트라
드바조스니사
라트노스니사
마하발라
바유 (2)
바즈라간타
바즈라스포타
바즈라파시
바즈로스니사
비루다카
비루파크사
비스보스니사
숨바
숨바라자
이사 (1)
차트로스니사
타키라자
테조스니사
틱스노스니사
파드만타카
파드모스니사
프라즈난타카
• **말(speech)의 신**
바기스바라

• **말[馬]의 신**
파라마스바
하야샤
• **명상보살**
간타파니
라트나파니
마하스타마 (프라타)
사르바니바라나비스캄빈
사르바소카타모니르가-
타마티
사르반파얀자하
사만타바드라
• **문헌의 신격화**
마리 (2)
사르바붓다다르마코사바티
사르바카르마바라나비-
소다니
수마티
아난타무키
아크사야즈나나카르만다
춘다
파르나사바리
프라즈나바르드니
프라즈나파라미타
• **바시타**
다르마바시타
리디바시타
붓다보디프라바바시타
아디묵티바시타
아유르바시타
우파파티바시타
즈나나바시타
치타바시타
카르마바시타
파리스카라바시타
프라니다나바시타
• **번개의 신**
카라이신
• **법의 신**
다르마다투바기스바라
• **별과 하늘**
마리치
묘견보살
부다
아카사가르바

- **보살**
  가가나간자
  관논
  마마키
  마이트레야
  만주스리
  미륵불
  바수다라
  바즈라가르바
  사가라마티
  수랑가마
  시타파트라
  아라파차나
  아모가파사
  아발로키테스바라
  잘린프라바
  카사파르나
  크시티가르바
  파드마파니
  프라티바나쿠타
  헤바지라
- **부미(들)**
  다르마메가
  두랑가마
  비말라
  사두마티
  사만타프라바
  수두르자야
  아디묵티차리야
  아르치스마티
  아비무키
  아찰라
  프라무디타
  프라바카리
- **빛의 신**
  라트놀카
  타디트카라
  프라디파타라
- **사자(使者) 신**
  야마두티
- **샥티**
  가나파티르다야
  로챠나
  메다
  바즈라다트비스바리
  바즈라스른칼라

아리야타라
치트라세나
쿠루쿨라
판다라
프라즈나
- **수행 신**
  두르자야
  루피니
  마니다라
  마하야사
  마호다디
  바달리
  바라무키
  바랄리
  바수마티스리
  바수스리
  비칼라라트리
  수라크시니
  수말리니
  수바가
  수바메칼라
  순다라
  스리바수무키
  스리바순다라
  아자야
  오스타라키
  우파케시니
  카리니
  카미니
  카팔리니
  케시니
  프리야다르사나
- **수호신**
  나타 (2)
  닐라단다
  다디문다
  다르마팔라
  마하만트라누사리니
  마하사하스프라마르다니
  마하시타바티
  마하프라티사라
  무찰린다
  비다라자
  삼바라
  칼라차크라
  파타다리니

판차라크사
- **악령**
  마라
- **어머니 여신**
  마야데비
  요게스바리
  코티스리
- **음악의 여신**
  무라자
  비나
- **전염병**
  하리티
- **정의가 불명확한 신**
  가루다
  간다타라
  두파타라
  디파타라
  마두카라
  마하사라스바티
  마하카피
  마하파리니르바나무르티
  바즈라간다리
  바즈라비다라니
  바즈라요기니
  부타다마라
  사크라
  야마리
  야소다라
  자야카라
  자야타라
  차르치카
  차문다
  찬데스바리
  카르티케야
  카카시야
  칼라두티
  칼리카
  쿨리세스바리
  트라일로키야비자야
  푸스파타라
- **집단적/포괄적**
  다라니
  디야니붓다
  디야니붓다샥티
  로케스바라
  마하라크사

마하비디야
보디사트바
부미
샥티
타라
- **창시자**
붓다
- **철학적 분석적 신**
니루크티프라티삼비트
다나파라미타
다르마프라티삼비트
디야나파라미타
라트나파라미타
발라파라미타
비리야파라미타
실라파라미타
아르타프라티삼비트
우파야파라미타
즈나나파라미타
크산티파라미타
파라미타
프라니다나파라미타
프라즈나파라미타
프라티바나프라티삼비트
프라티삼비트
- **탁발**
판차무카파트라데바
- **태초의 신**
바즈라다라
숫도다나
아디붓다
아미다
우스니사비자야
- **행운의 신**
비디유즈발라카릴리
사우바기아부바네스바리
에카자타
- **흉측한 외모의 신**
가스마리
가우리
돔비

빌족
바가반

사비누스족
라룬다

사포텍족
코시호
피타오코소비

색슨족
삭스노트
에오스트레
잉 (1)

샤이엔 인디언
마헤오

서셈족 가나안, 나바테아,
시리아, 아람족, 암몬족, 페
니키아를 함께 보라.
가드
느보
블크아무클로스
밀카스타르트
슐마니투
슐만 (우)
슐파에
아무루
아쉬타로스
아쉬팔리스
아아
알라툼
엘
이샤라
쿠드수
쿠아데쉬
킨나르
타트마니투
파네발

세누포족
카티엘레오

송가이족
동고
사자라
이사 (2)
하라케

수 인디언
우호페
위
타테

수단(메로에)
아페데마크

수메르
- **기후의 신**
닌우르타
이쉬쿠르
임
- **농경/경작**
두무지
라하르
시르투르
엔킴두
쿠스
- **대기의 신**
닌릴
엔릴
- **땅속의 신**
갈라
게쉬틴안나
구굴안나
남무
네르갈
네티
닌아주
루갈이라
마눙갈
에레쉬키갈
엔메사라
우라쉬
키
- **마법의 신**
닌기라마
- **물의 신**
슈무간
시라라
압주
엔비루루
- **법과 정의의 신**
난셰
헨두르쌍

- **별과 하늘**
  난나 (1)
  메스안두
  슐쌍
  우투
  이기기
- **불의 신**
  기빌
- **빛의 신**
  누쉬쿠
  닌기스지다
- **사자(使者) 신**
  남타르
  닌슈부르
  아살루하
  엔두르사가
  이시무드
- **수행 신**
  아브갈
  엔누기
- **수호신**
  누무스다
  닌기르수
  닌두브
  닌시킬 (라)
  마르투
  무스담마
  슐우틀라
  아눈나키
  알라드우둑라마
  이쉬타란
  파빌상
- **암소**
  닌순 (아)
- **어머니 여신**
  눈바르세구누
  닌마
  닌메나
  닌샤르
  닌쿠라
  닌투
  닌후르쌍
  담갈눈나
  마미
  셰리다

- **예술과 공예**
  닌카르눈나
  카브타
  쿨라
- **의술과 건강의 신**
  굴라
  닌에젠 (라)
- **저술의 신**
  니사바
- **전쟁 신**
  메스람타에아
  샤라
- **정의가 불명확한 신**
  강기르
  구누라
  네군
  닌길린
  닌다라
  루랄
  하야숨
  하하누
- **지식의 신**
  게쉬투
- **창조신**
  누딤무드
  엔키
  키샤르
- **최고신**
  안 (1)
- **풍산 신**
  가툼둑
  닌갈
  닌기쿠가
  닌인신나
  닌임마
  바바
  샤라이투
  아부
  아쉬난
  에메쉬
  엔텐
  웃투
  인안나
- **황폐의 신**
  릴리트

수크족과 포코트족
  세타
  아라와
  아시스
  오이
  일라트
  캉갈로그바
  토로루트
  토포

스반족   코카서스를 보라.

스와지족
  물렌텡가무니예
  음쿨롬칸디

스키타이
  타비티

스파르타
  오르티아

슬라브(그리스도교 이전)
  다보그
  루기에비트
  모코스
  벨레스
  스바로직
  스트리보그
  초르스
  페룬

시리아
  니칼
  돌리케누스
  라키브엘
  릴루리
  멘아스카에누스
  바우보
  사드라파
  샤르
  샬림
  아타르가티스
  얌
  엘라가발
  우가르

687

코타르
쿠바바
하다드

시베리아 야쿠트족, 유카
기르족, 척치족, 캄차달족,
케트족, 코랴크족, 퉁구스
족을 보라.

시크교
바구루

신도
- **기후의 신**
구라오가미노가미
나이노가미
다카오가미노가미
다케미카즈치노가미
라이진
류진
스사노오
시나츠히고
아지시키타카히코네
이나즈마
이쿠이카스치노가미
카모와케이카즈치
하야츠지노모가미
후진
- **농경/경작**
다노가미
도요우케비메
소호도
오토시노가미
와카사나메노가미
와카토시노가미
이나리
쿠쿠토시노가미
쿠쿠토시노가미
- **달의 신**
츠기요미
- **물의 신**
미나토노가미
미이노가미
미즈하노메
수이진
아메노미쿠마리노가미

카하쿠
- **별과 하늘**
아메노카가세오
아메노타나바타히메노미-
코토
호쿠신오가미
히코보시
- **불의 신**
가구스치노가미
니하츠히노가미
호노가구쓰치노가미
호무스비노가미
히가구쓰치
- **산신**
고노하나사쿠야히메노가미
야마노가미
오야마츠미
하라야마츠미
- **수호신**
구나도노가미
니니기노미코토
미치노가미
미쿠라타나노가미
아수하노가미
오키츠히메노가미
오키츠히코노가미
카마도노가미
쿠시이와마도노미코토
쿠쿠키와카무로츠나네-
노가미
후토다마
- **예술과 공예**
노미노스쿠네
다마노오야노미코토
다오키호오이노가미
마츠오
아마츠마라
아메노우스메
오이와다이묘진
이시코리도메
카나야마비고노가미
카나야마히메노가미
카마가미
하니야스히메
하니야스히코
히코사시리노가미

- **의술과 건강의 신**
수쿠나히코나
- **전쟁 신**
하치만
후츠누시노가미
- **정의가 불명확한 신**
아메와카히코
- **집단적/포괄적**
가미
- **창조신**
가미무스비노가미
다카미무스비노가미
오쿠니누시노미코토
우마시아시카비히코지노-
가미
이자나기노가미
이자나미노가미
- **최고신**
아메노미나카누시노가미
- **태양신**
미카하야히
아마테라스오미가미
와카히루메
쿠시다마니기하야히
히하야히노가미
- **태초의 신**
아메노토코타치가미
- **풍어와 사냥의 신**
무나카타노가미
스미요시노가미
- **행운의 신**
다이코쿠
벤텐산
비샤몬
시치후쿠진
에비스
주로진
코도시로누시
호테이
후쿠로쿠주

실룩족
디앙
은야카야

싱할리족
아이우룬토욘
우풀반

아나톨리아
시피레네
쿠바바

아라비아(그리스도교 이전)
베르브티
페렌데
프렌데

아라비아(이슬람교 이전)
나히
다틴
루다
마나트
마르나스
마흐람의 살름
만다
말라크벨
말리크
바사뭄
발티스
샴스
신갈라
아글리볼
아라
아르수
아사르
아시라
아지즈스
아타르샤민
안바이
알라트
알마카
암
오로탈트
와드
카이난
카힐란
코스
쿠자
타라브
테안드로스

하우바스
하우킴
후발
힐랄

아라우카니아 인디언
메네첸

아람족
사하르

아르메니아(그리스도교 이전)
나나
메헤르
바르샤민
바한
스판다라메트
아라이
아스틀리크
토르크
티르 (1)

아메리카 인디언 '콜럼버스 이전의 문화'를 살펴보려면 마야족, 모치카 인디언, 사포텍족, 아스텍, 잉카, 치무 인디언, 토토낙 인디언을 보라.
• **강과 바다의 신**
고나카데트 (칠카트족)
스가나 (하이다)
아나울리쿠차익스 (벨라쿨라족)
질라콘스 (하이다)
타웅완라나 (하이다)
티에놀트소디 (나바호)
• **경기의 신**
하스첼치 (나바호)
• **기후의 신**
아카킬라 (아이마라)
파리아카카
• **농경/경작**
가나스키디 (나바호)
사라마마
악소마마
코카마마

퀴노아마마
타테오테가나카 (우이촐)

• **달의 신**
메트사카 (우이촐)
오위오트 (루이세뇨)
클레하노아이 (나바호)
• **땅속의 신**
드사하돌자 (나바호)
• **바람의 신**
타마츠팔리케타모예케 (우이촐)
• **불의 신**
타테발리 (우이촐)
타토시 (우이촐)
하스체지니 (나바호)
• **비와 물의 신**
타테날리와이 (우이촐)
타테라파위에마 (우이촐)
타테아우체쿠푸리 (우이촐)
타테키에위모카 (우이촐)
토네닐리 (나바호)
• **샤머니즘**
랄라이아일 (벨라쿨라족)
• **수호신**
렌딕스트쿡스 (칠코틴)
오메알 (나크와닥스)
코요테 (나바호/아파치)
하스테호간 (나바호)
• **원형적**
스눌쿨살스 (벨라쿨라족)
• **의술과 건강의 신**
실스가나그와이 (하이다)
하트다스치시 (나바호)
• **전염병**
하일리라즈 (하이다)
• **전쟁 신**
나예네즈가니 (나바호)
토바지스치니 (나바호)
• **죽음의 신**
타세트 (하이다)
토카카미 (우이촐)
티아 (하이다)
• **창조신**
나이누에마 (우이토토)
마니투 (알곤킨)

마헤오 (샤이엔)
모마 (우이토토)
아워나윌로나 (푸에블로)
와칸탕카 (다코타)
와콘다 (오마하)
카마이츠 (벨라쿨라족)
쿠모쿰스 (모독)
키타니토위트 (알곤킨)
타와 (푸에블로)
타테 (수)
테하론 (히아와곤) (모호크)
티라와 (포니)
파차카막
포레 (가이아나)
• **천둥 신**
  쿠느쿤술리가 (마말렐레갈
  레)
  힐리나 (하이다)
• **최고신**
  메네첸 (아라우카니아)
  신스스가나그와이 (하이다)
  카와딜리쿠알라 (자와디눅
  스)
• **태양신**
  세늑스 (벨라쿨라족)
  알쿤탐 (벨라쿨라족)
  위 (수)
  초하노아이 (나바호)
  타야우 (우이촐)
  타야우사카이모카 (우이촐)
  타테벨리카비말리 (우이촐)
• **풍산 신**
  에스차나틀레히 (나바호)
  욜카이에스탄 (나바호)
  타코치나카웨 (우이촐)
• **풍어와 사냥의 신**
  차카마에 (퀘그소테녹스)
  테위실락 (자와디눅스)
  토아랄리트 (벨라쿨라족)
  하스체올토이 (나바호)

아모리인
아셰라

아산티족
아사세야

아스텍
• **괴물 같은 신**
  솔로틀
  솔로틀나나우아틀
• **농경/경작**
  센테오시우아틀
  치코메코우아틀
• **달의 신**
  메츠틀리
  텍시스테카틀
• **땅속의 신**
  넥스테페우아
  미카페틀라콜리
  믹테카키우아틀
  믹틀란테쿠틀리
  아콜나우아카틀
  아콜미스틀리
  야카우이스틀리
  익스푸스텍
  찰메카시우이틀
  찰메카틀
  촌테목
  테페욜로틀
  틀라솔테오틀 (익스쿠이나
  메)
  틀랄레이토나티우
  틀랄테쿠틀리
• **물의 신**
  나우이에카틀
  아미미틀
  아틀라우아
  찰치우틀라토날
  찰치우틀리쿠에
  틀랄록
• **별과 하늘**
  시우테쿠틀리
  코욜사우키
  토날레케
  틀라우이스칼판테쿠틀리
• **불의 신**
  우에우에토틀
  익스코사우키
  인탈
  테테오이난테테오
• **사랑과 성**
  우에우에코요틀

익스틀리톤
• **상업의 신**
  야카콜라우키
  야카테쿠틀리
  야카피차우악
  코 (코)치메틀
• **수호신**
  나구알
  이츠쿠인틀리
  찬티코
  치코나우이
• **신전의 신**
  테스카틀리포카이츠틀라-
  콜라우키
• **어머니 여신**
  이츠파팔로틀
  이츠파팔로틀이츠쿠에이에
  코아틀리쿠에
  쿤달리니
• **예술과 공예**
  나파테쿠틀리
  우에우에코요틀코요틀리-
  나우알
  우익스토키우아틀
  익스네스틀리
  치코나우이이츠쿠인틀리-
  찬티코
  치코메소치틀
• **의술과 건강의 신**
  사포틀란테난
  테스카코아야요페츠틀리
  테테오이난
  테테오이난토키
  토시
• **전능한 신**
  모요코야니
  텔포치틀리
  티틀라카우안
• **전쟁 신**
  멕시틀리
  믹스코아틀카막스틀리
  테우카틀
  테이카우친
  테차아우테오틀
  테차우이틀
  틀라카우에판

파이날
- **정의의 신**
이츠틀리
익스키밀리이츨라콜라우키
- **참회의 신**
찰치우토톨린
- **창조신**
나나우아틀
나우이욜린
세아카틀
시아우코아틀킬라스틀리
시트랄라토낙
시틀랄라쿠에
시팍토날
아틀
에카틀
오셀로틀
요아이에카틀리
요알테쿠틀리
이팔네모아니
치코나우이에헤카틀
케찰코아틀
키아우이틀
토나티우
틀로케나아우케
- **최고신**
오메테쿠틀리
- **태양신**
우이칠포츠틀리
테스카틀리포카
- **태초의 신**
시팍틀리
에카틀케찰코아틀
오메테오틀
토나카키우아틀
토나카테쿠틀리
- **풍산 신**
마야우엘
마틀랄쿠에예
소치케찰
소치케찰이츠푸츠틀리
시페토텍
실로넨
야우케메
오메토츠틀리
이스키테카틀

이스키테카틀
테스카츠온카틀
테포스테카틀
토미야우테쿠틀리
토톨테카틀
틀랄로케테픽토톤
파테아틀
- **풍어와 사냥의 신**
오포츠틀리
- **환락의 신**
오마카틀

아시아 자이나교, 힌두교를 보라. '부족 문화'를 알려면 본도족, 빌족, 오라온족, 콘드족, 텔레구족을 보라.

아이마라 인디언
아카킬라

아이슬란드
게프욘
난나 (2)
니외르드
디시르
란
로키
로투르
린트
마니
미미르
바니르
발데르
발리 (2)
베
보르 (1)
보르 (2)
부리
브라기
비다르
빌리
스카디
아에기르
에시르
오딘 (2)

요르트
울
이둔
잉 (2)
졸
지긴
지오픈
지프
크바지르
토르
포르세티
프레이야
프리그
피요르긴
하임달
헤르모트
헬
호에니르
회두르
홀로틴

아이티 카리브해 지역을 보라.

아칸
오포
은야메

아파치 인디언
코요테

아프리카
- **강과 바다의 신**
나이 (간족)
맘맘보 (줄루족)
부크 (누어족)
오순 (요루바족)
오야 (요루바족)
오포 (아칸족)
올로쿤 (폰족/요루바족)
우 (에웨족)
은자파 (응반디족)
이사 (1) (송가이족)
키안다 (킴분두족)
파로 (밤바라족)

- **기후의 신**
  무누메 (부뇨로족)
  바그바
  소 (에웨족/후아족)
- **나무의 신**
  로코 (폰족)
- **농경/경작**
  카이카라 (부뇨로족)
- **달의 신**
  글레티 (폰족)
  마우 (폰족)
  아라와 (수크족/포코트족)
  은송고 (방갈라족)
  은제 (용반디족)
- **대지의 신**
  타르 (티브족)
- **도덕의 신**
  자콤바 (방갈라족)
- **동물**
  디앙 (실룩족)
  아게 (폰족)
  은야비레지 (르완다족)
  은야카야 (실룩족)
  툴레 (잔데족)
- **땅속의 신**
  세세 (용반디족)
- **무지개의 신**
  루방갈라 (바콩고족)
  사자라 (송가이족)
- **바람의 신**
  부앗자 (간족)
  텔리코 (밤바라족)
- **별과 하늘**
  뎅 (누어족/딩카족)
  마우 (에웨족)
  무가사 (피그미족)
  소드자 (에웨족)
  소레구스 (호텐토트족)
  소코 (누페족)
  야유 (용반디족)
  오리산라 (요루바족)
  은드잠비 (헤레로족)
  치우케 (이보족)
  치카라 (코레코레족)
  토포 (수크족/포코트족)

- **보편적 신**
  모디모 (츠와나족)
- **부의 여신**
  아쉬아클레 (간족)
  아제 (요루바족)
- **비와 물의 신**
  무자지 (로베두족)
  방가 (용반디족)
  예모자 (요루바족)
  일라트 (수크족/포코트족)
  콜 (누어족)
  하라케 (송가이족)
- **사자(使者) 신**
  무시시 (운동가족)
  물렌텡가무니에 (스와지)
  소그블렌 (에웨족/후아족)
  에슈 (요루바족)
- **수호신**
  네수 (폰족)
  노셍가 (코레코레족)
  리양곰베 (르완다족)
  몸보와은들롭푸 (롱가족)
  물린드와 (부뇨로족)
  아드로 (루그바라족)
  아야바 (폰족)
  에지오그베 (요루바족)
  오산데 (오빔분두족)
  폐 (가이족)
- **신탁의 신**
  아코나디
- **악령**
  아본삼
- **어둠의 신**
  가우나브 (호텐토트족)
- **어머니 여신**
  음봄베 (은쿤도족)
  지바구루 (코레코레족)
- **여성적 영적 존재**
  마키엘라 (바콩고족)
- **영웅 신**
  리안자 (은쿤도족)
- **운명의 신**
  레그바 (폰족)
  오룬밀라 (요루바족)
- **의술과 건강의 신**
  루방가 (1) (부뇨로족)

- **재난의 신**
  에데케 (테소족)
- **전쟁 신**
  무힝고 (부뇨로족)
  사쿠모 (간족)
  오군 (에도족)
  위우 (누어족)
  키부카 (부간다족)
- **죽음의 신**
  나웅구투
  오기우 (에도족)
  이톤데 (몽고족/은쿤도족)
- **지혜의 신**
  오리 (요루바족)
  이파 (요루바족)
- **질병과 전염병**
  기비니 (기슈족)
  샨크파나 (요루바족)
  에눈두 (기슈족)
  오이 (수크족/포코트족)
  은다울라 (부뇨로족)
- **집단적/포괄적**
  놈모 (도곤족)
  보두 (폰족)
  웅구누오 (에웨족)
  조크
- **창조신**
  니암예 (바울레족)
  랄루빔바 (바벤타)
  레사
  루방가 (2) (알루르족)
  루항가 (부뇨로족)
  리반자 (방갈라족)
  리사 (폰족)
  뭉구 (스와힐리족)
  붐바 (보숑고족)
  사 (코노족)
  수쿠 (오빔분두족)
  아레바티 (밤부티족)
  아온도 (티브족)
  아콩고 (웅곰베족)
  아타나은용모 (간족)
  아파프 (테소족)
  알라탕가나 (코노족)
  암마 (도곤족)
  야로 (카파족)

에메콘지 (몽고족/은쿤도족)
오두두와 (요루바족)
오사노부아 (에도족)
와카 (오로모족)
우눔보테 (바사리족)
운쿨룬쿨루 (줄루족)
움벨린캉이 (줄루족)
웨리쿰밤바 (기슈족)
은야메 (아칸족)
은잠비 (바콩고족)
음보툼보 (바울레족)
음봄바 (몽고족/은쿤도족)
음봉고 (응반디족)
음쿨룸칸디 (스와지)
웅가이 (키쿠유/마사이족)
이마나 (부룬디족)
추니고아브 (호텐토트족)
카그느 (칼라하리 부시맨)
카티엘레오 (세누포족)
칼룽가 (은동가족)
칼리시아 (피그미족)
크그헤네 (이소코족)
크워트 (누어족)
키움베 (자라모족)
토로 (응반디족)
토로루트 (수크족/포코트족)
펨바 (만데족/밤바라족)
피디무쿨루 (베네 룰루아)
하오 (잔제로족)
• **천둥 신**
상고 (요루바족)
세위오소 (에웨족)
• **최고신**
무카사 (부간다족)
• **태양신**
로바 (두알라족)
아시스 (수크족/포코트족)
와이 (은툼바족)
이루바
카죠바 (니암웨지족)
• **태어나지 못한 아이들의 신**
아잘라모 (요루바족)
• **태초의 신**
캉갈로그바 (수크족/포코트
족)

• **통행의 신**
에수 (에도족)
• **평화의 신**
로모 (응반디족)
• **폭풍의 신**
동고 (송가이족)
샹고 (요루바족)
소그보 (폰족)
인카냠바 (줄루족)
• **풍산 신**
무소코로니 (밤바라족)
세타 (수크족/포코트족)
소울루이 (후아족)
아사세야 (아샨티족)
아테테 (카파족)
알라 (1) (이보족)
오바탈라 (요루바족)
와말라 (부뇨로족)
• **풍어와 사냥의 신**
랑 (누어족)
베한진 (폰족)
아브리키티 (폰족)
후비 (오빔분두족)
• **행운의 신**
이켕가 (이보족)
케투아 (응반디족)
• **호수의 신**
무기지 (부뇨로족)
조키남

악숨
마흐렘

안다만 제도
라우
모르바

알곤킨 인디언
마니투
키타니토위트

알루르족
루방가 (2)

알류트족
아구국스

암몬족
몰렉
밀콤

앵글로−색슨   색슨족을
보라.

야쿠트족
사야이치타
아르산두올라이
아지시트
아하
우룬아지토욘
우슬로
울루투야르울루토욘
이나므나우트
이나므틸란
타나라
티이키티

에도족
에수
오군
오기우
오사노부아

에스키모
나나보조
네리빅
놀리라학
마니토
세드나
실마이누아
아르나쿠아그삭
에르킬레크
윈디고
이갈리리크
이그네르수아크
임마프우쿠아
카카크
키야르나라크
토르나르쑤크
투네크

에웨족
마우

693

세위오소
소
소그블렌
소드자
우
응구누오

에트루리아
네툰스
노르티아
라란
베이베
볼툼나
숨마무스
아니
아투니스
아플루
알파누
우니
카우타
탈나
테산
투란
투름스
틴

에티오피아
아스타르

엘람족
나쿤데
나피르
닌슈쉬나크
수시나크
야브루
피니키르즈
후라브틸
후반

영지주의 그리스도교
사마엘
사바오트
소피아
아다마스
아르콘
아스타파이오스

얄다바오트
엘로아이
오라이오스
이아오
조에
프로노이아
피스티스

오라온족
안나쿠아리

오로모족
와카

오마하 인디언
와콘다

오빔분두족
수쿠
오산데
후비

오세티아
바라스타르
쿠르달라곤

오스트랄라시아
안제아
투레믈린

요루바족
상고
샨크파나
샹고
아잘라모
아제
에슈
에지오그베
예모자
오두두와
오룬밀라
오리
오리산라
오바탈라
오순
오야
오코

올로두마레
올로쿤
이파

우그리아족 피노우그리아
를 보라.

우라르투
바그바르티
셀라르디
시비니
테이스바스
할디

우이촐 인디언
메트사카
타마츠팔리케타모예케
타야우
타야우사카이모카
타코치나카웨
타테날리와이
타테라파워에마
타테발리
타테벨리카비말리
타테아우체쿠푸리
타테오테가나카
타테키에위모카
타토시
토카카미

우이토토 인디언
나이누에마
모마

유대교
야웨
엘로힘
엘림

유카기르족
레비엔포길
로킨코로모
로킨포길
멤데예에키에
엘로제
요빈포길

695

- **정의의 신**
  네크메트아와이
- **죽음의 신**
  네프티스
  세르케트 (헤티트)
  셰프세트
  아누비스
  하렌도테스
  하르시에세
  헤레트카우
- **지각(知覺)의 신**
  시아
- **집단적/포괄적**
  엔네아드
- **창조신**
  네이트
  네페르툼
  누트
  레
  메헤트웨레트
  아텐
  유사스
  프타
- **최고신**
  아문 (2)
- **카오스**
  세트
- **태양신**
  레
  마헤스
  베누
  아텐
  아툼
  하르마키스
- **태초의 신**
  나우네트
  네베테트페트
  눈
  슈
  오그도아드
  카우케트
  케크
  테프누트
  하우헤트
  헤

- **포도주의 신**
  셰즈무
- **풍산 신**
  민
  사라피스
  아마우네트
  아쉬
  와즈웨르
  하트메히트
  하피
- **풍어와 사냥의 신**
  오누리스
  파크헤트

이탈리아
  넵투누스
  라베르나
  리베라
  리베르
  마테르마투타

일리리아
  슈르디
  토모르

일본   신도를 보라.

잉카
  마마코카
  마마킬야
  바이라코차
  아파시타
  아포
  와우키
  왕카
  우아나카우리
  우아카
  인티
  일야파
  파차마마

자라모족
  키움베

자바
  사닝사리

자와디녹스 인디언
  카와딜라쿠알라
  테위실락

자이나교
  가우리
  간다리
  나가쿠마라
  나기니
  나라다타
  데바난다
  드르티
  드비파쿠마라
  딕쿠마라
  로히니
  마나비
  마나시
  마하마나시카
  마하칼리
  바바나바시
  바유쿠마라
  바이로티야
  바이마니카
  바즈라스른칼라
  비디야데비
  비디유트쿠마라
  사르바스트라마하즈발라
  사사나데바타
  샨티
  수파르나쿠마라
  스타니타쿠마라
  아그니쿠마라
  아수라쿠마라
  아쿱타
  우다디쿠마라
  차크레스바리
  칼리 (2)
  쿨리산쿠사
  트리푸라
  프라즈나프티

잔데족
  툴레

잔제로족
  하오

조로아스터 페르시아를
보라.

줄루족
맘람보
운쿨룬쿨루
움벨린쾅이
인카냠바

중국 도교도 함께 보라.
괴성
노반
담공
도화선녀
두모
마조
문신
바
복신
소천낭랑
손오공
송자낭랑
수노인
신농
여와
우강
이랑
자선낭랑
장비
장선
재신
적송자
천모
축융
태일
토
포증
풍백
홍성
황대선
황제

척치족
나치트나이르긴
누테누트
리에트나이르긴

프라트나이르긴
바이르긴
우스쿠스
카브란나
케레트쿤
쿠우르킬
트네세아부네
트네스칸
픽부킨

츠와나족
모디모

치무 인디언
니
시

칠코틴 인디언
렌딕스트쿡스

카렐리아 핀란드를 보라.

카르타고
가드
카엘레스티스
타니트

카리브해 지역(아이티와 푸
에르토리코)
로아
부히드이아이바
요카우
제미
파라구볼

카리아
아프로디시아스

카시트족
두르
부리야스
할라

카파도키아
마

카파족
아테테
야로

카피르족
구조
기쉬
농
니르말리
다간 (3)
도구므리크
두지
디사니
루낭
마라말리크
몬
문쳄말리크
바기슈트
사누
산주
숌데
아롬
이므라
인드르
임마트
지우드
크슈마이
파나오
파네우
폴루크날라이
프라크데

칼라하리 부시맨
카그느

캄차달족
네넨키켁스
시두쿠
시므스칼린
쿠트쿠
티질쿠트쿠

케트족
에스

켈트 로마노-켈트도 함께

보라.
- **겨울의 신**
칼리아흐베라
- **농경/경작**
벨레누스
아마이톤
- **땅속의 신**
귄압니드
돈 (2)
리아논
미디르
아누 (2)
아라운
아리안로드
아이드
펜안웬
필
헤르네
- **말[馬]의 신**
에포나
- **물의 신**
난토수엘타
마나난 (맥리르)
마나위단
보안
이코벨라우나
콘다티스
테지드포엘
- **별과 하늘**
모르
아뉴
- **수호신**
다그다
마포노스
아르베르누스
플라하스
- **양조의 신**
고브뉴
- **어머니 여신**
돈 (1)
매이브
모드론
실라나히그
아우파니아이
- **영감의 신**
케리드웬

- **예술과 공예**
고바논
루그
오그마우스
홀레우흘라우게페스
- **의술과 건강의 신**
디안케흐트
레누스
- **전쟁 신**
귀디온
네잇
누아두
모르브란
바이브
벨라투카드로스
스메르트리오스
에수스
카물로스
카투보두아
- **젊음의 신**
마본
- **정의가 불명확한 신**
리르
앵거스
우스파다덴펜코르
탈츄
- **집단적/포괄적**
투아하데다난
- **최고신**
다누 (1)
- **풍산 신**
디보나
마하
모리간
반바
브레스마켈라하
브리지트
안다르타
에리우
오누아바
케르눈노스
- **풍어와 사냥의 신**
코키디우스

코노족
사

알라탕가나

코랴크족
나이넨
난카칼레
미티
베아이
벨라우테므틸란
야차나우트
야키크닌
야할나우트
야할란
이나히텔란
이네아네우트
일레나
카이타칼닌
케스키나쿠
퀴킨아쿠
타누타
타얀
타트카히크닌
테난토므완
토코요토
톰위게트
트난토

코레코레족
노생가
지바구루
치카라

코린트
시시포스

코이족　호텐토트족을
보라.

코카서스(그리스도교 이전)
라마리아
미르사

콘드족
베라페누
벨라페누
부라페누
타리페누

698

퀘그소테녹스 인디언
차카마에

크레타
딕티나

키쿠유족
웅가이

킴분두족
키안다

타밀족
카타라가마
카타불

테소족
아파프
에데케

텔레구족
폴레람마

토토낙 인디언
타힌

투아레그족
에멜리힌

퉁구스족
마인
티흐마르
힌콘

트라키아
벤디스
잘모시스
지벨티우르도스
헤로스

티베트   라마 불교와 본족
도 함께 보라.
낭하
녠

티브족
아온도
타르

팔레스타인
아쉬토레스

페니키아
다간 (2)
데르케토
레셰프 (아)무칼
멜카르트
모트
미라
미칼
바알말라게
바알사폰
바알샤민
베델
아나트
아셰라
아스타르테
에쉬문
오미클레
타니트
포토스
피드라이
하다드

페르시아
게우스우르반
게우스타산
데나
라스누
마흐
미트라 (1)
바타
베레트라그나
아나이티스
아리만
아팜나파트
아후라니
아후라마즈다
앙그루마이뉴
주르반

포니 인디언
티라와

폰족
글레티
네수
레그바
로코
리사
마우
베한진
보두
소그보
아게
아브리키티
아야바
올로쿤

폴리네시아
• 기후의 신
라카 (3)
타나아오
타우히리마테아
• 농경/경작
롱오마타네
• 땅속의 신
토우이아파투나
티페누아
파파투아누쿠
히네누이테포
히네아후오네
• 바다의 신
마케마케
탕아로아
• 별과 하늘
랑이누이
마라마
아바테아
하나
• 불의 신
마후이케즈
• 빛의 신
카네
타네 (마후타)
히네아타우이라

- 수호신
  마우이
  파이바롱오
- 어머니 여신
  바리마테타케레
- 전쟁 신
  투무테아나오아
- 정의가 불명확한 신
  탕오
  투메투아
  투무테아나오나
- 죽음의 신
  사베아시울레오
  페에
- 지혜의 신
  오로
- 집단적/포괄적
  푸마
- 창조신
  말라망앙아에
  말라망아이포
  아투아이라로푸카
  아투아파피네
  이호이호
  쿠아트
  테마나바로아
  테아카라로에
  테탕아엥아에
  티노타타
  티키
- 최고신
  아테아
  아투아이카피카
- 태초의 신
  로노
  살레바오
  쿠
  테코레
  테포
  투
  티마이타웅아바링아바리
  티마테코레
- 풍산 신
  타우마타아투아
  하우미아티케티케

- 풍어와 사냥의 신
  티니라우
  푸시
- 화산의 신
  펠레
- 환락의 신
  라카 (1)

푸에르토리코　카리브해
지역을 보라.

푸에블로 인디언
  아워나윌로나
  타와

프리지아
  멘
  사바지오스
  상가리오스
  아티스
  키벨레 (2)
  파파스
  프리아포스

피그미족
  무가사
  칼리시아

피노우그리아
  라우니
  인마르
  칼테쉬

핀란드(그리스도교 이전)
  삼사
  에그레스
  우코
  일마리넨
  콘도스
  타피오
  파자이넨
  펠론펙코
  히시
  히타바이넨

필리스틴
  아쉬토레스

하이다 인디언
  스가나
  신스스가나그와이
  실스가나그와이
  질라콘스
  타세트
  타웅완라나
  티아
  하일리라즈
  힐리나

헝가리(그리스도교 이전)
  볼도가스조니
  오르독
  이스텐

헤레로
  은드잠비

호텐토트족
  가우나브
  소레구스
  추니고아브

후르리족　히타이트와 후
르리족을 보라.

후아족
  소
  소그블렌
  소울루이

히타이트와 후르리족
  굴셰쉬
  렐와니
  룬다스
  샤루마
  샤우쉬카
  슈테크
  아르마
  아린나
  아셰르투
  아아쉬

알라루
야리
엘렐
엘쿠니르사
이나라
이쉬타누
카므루세파
카쉬쿠
쿠마르비
쿠슈
키파
타루
타르훈트
타쉬미슈
테슈브
텔레피누
틸라
페루와
하사멜리
하찌
한나한나스
할키
헤바트

힌두교
• **기후의 신**
루드라
마루트가나
바유 (1)
바타
인드라
파르자냐
파바나
• **나바두르가**
루드라찬드라
아티찬디카
우그라찬디카
찬다나이카
찬다루파
찬다바티
찬도그라
프라찬다
• **나바샥티**
피다리
• **남근 형상**
링가

• **동물**
가나파티
가네샤
난딘
마하가나파티
수그리바
칼킨
파수파티
하누만
하야샤
• **땅속의 신**
시타
• **마하비디야**
두마바티
바갈라
부바네스바리
소다시
친나마스타카
카말라
• **말하기와 글쓰기의 신**
바츠
쿠브지카
• **물의 신**
강가
신두
아꽈나파트
압사라스
야무나
트리타
• **배[船]**
쿠루쿨라
• **뱀의 신**
나가라자
마나사
마하나가
마하브자
마하파드마
산카 (꽐라)
세사 (나가)
아난타
장굴리
카르코타
칼리야
쿨리카
타크사카
파드마

• **별과 하늘**
나크샤트라
데바푸로히타
드루바
만갈라
부다
브르하스파티
사니
샤니
수크라
아룬다티
아수라
찬드라
카우무디
타라
• **부의 여신**
디사나
라카 (2)
락슈미
순다라
시니발리
쿠베라
파렌디
푸란디
• **불의 신**
아그니
• **비디에스바라**(지식의 주인
들)
수크스마
스리칸타
시보타마
시칸딘
에카네트라
에카루드라
• **비슈누의 화신**
나라
나라시나
라마
르사바
마트시야
만다타
모히니
바라하
바마나
발라라마
비스바루파

701

비아사
비탈리
아디무르티
야즈나
케사바
쿠르마 (바타라)
크리슈나
트리비크라마
파라수라마
하리
하야그리바
한사
• 사랑과 성
라다
라티
카마 (데바)
• 산신
메나
빈디야
히마반
• 삭티
다야
마하칼리
칸티
키르티
프리티
하르사
• 성장의 신
아야판
• 수행 신
다라
마타리스반
바드라
사라마
아날라
아닐라
아파
찬데스바라
프라바사
프라트유사
• 수호신
고라크나트
그라마데바타
라트리
바루나
바이라바

소마
아르다나리 (스바라)
안나무르티
안칼람만
우사스
이스타데바타
쿨라데바타
쿨라데비
크세트라팔라
• 신랑 신
둘라데오
• 악의를 지닌 어머니 여신
굴실라마타
마헤스바리
말할마타
바디마타
바라히
바이스나비
시탈라 (마타)
야미
인드라니
차문다
카우마리
칸카르마타
크르소다리
판사이마타
풀마타
• 악의적인/파괴적인
니르티
마히사
발리 (1)
브르트라
칼리 (1)
판차나나
• 어머니 여신
나라시니
다르티마타
데바키
라우드리
루드라차르치카
마타
바라트마타
발라
브라마니
사라스바티
사티Sati

산카리
산타
산토쉬마타
아디티
카라이칼암마이야르
카르티키
트리푸라
파르바티
파티니데비
프라다나
프르티비
하리티
함무마타
힝글라즈
• 에카다사루드라(열한 루드
라)
닐라로히타
마하데바
비루파크사
비자야
수레스바라
아파라지타
이사 (1)
자얀타
카팔리
하라
• 여성 원리의 신
데비
• 영웅 신
삼바
아르주나
• 욕망의 신
찬디카
• 음악과 춤의 신
나라다
나타라자
• 의술과 건강의 신
간타카르나
디다타크룬
마리마이
물라
봄베이카마얀
아스빈스
올라비비
즈바라하리스바라
칸타트만

702

칼라비카르니카
피유사하라나
하르다울
하티
히라냐가르바
• **전쟁 신**
두르가
비라바드라
비마
수브라마냐
스칸다
• **정의가 불명확한 신**
가우리
겐투
나이가메야
닐라데비
다라니
데바세나
두르자티
두모르나
디르가데비
디사
디크사
디티
디프티
라구시야말라
라자마탕기
락쉬마나
루드라니
루크미니
리디
마스칸다
마하라트리
마하사라스바티
마하칼라
마히사수라마르디니
말사
메가나다
바수데바
발리 (3)
벤카타
붓디
비슈누트리비크라마
비스바미트라
사타루파
사트루그나

산드야
산무카
산즈나
산타나
산티
살라그라마
샤타나나수브라마냐
수바드라
스리 (데비)
스바다
우마
이사키
인두카리
자야비자야
차야
차투르무르티
찬드라세카라
카드루
카르티케야
카사
카트야야니
칸도바
콜라푸라마할락스미
쿠마리
쿠붓디
크사마
프라수티
• **죽음의 신**
야마
칼라
• **지역 신**
타쿠르데오
푸니타바티
• **집단적/포괄적**
나바두르가
나바샥티
데바
라우키카데바타스
마타라
마하마타라스
바수
바시타
비디에스바라
사프타마타라
샥티
아스타마타라

야크샤
에카다사루드라
이스바라
트라야스트린사
트리무르티
판차브라마
• **찬가의 화신**
가야트리
• **창조신**
나라야나
다르마
디아우스피타
마누
브라마
비슈누
비스바카르만
시바
익스바쿠
자간나트
차크라
트바스타르
푸루사
프르투
히라냐가르바
• **탁발**
차이타냐
• **태양신**
가루다
다크샤
다타르
단반타리
르부스
미트라 (2)
바가
비바스반
사비타르
수리야 (1)
수리야 (2)
아디티야
아리야만
안사
푸산
• **태초의 신**
다누 (2)
라후
비라즈

사라뉴
암마바루
카시야파
프라자파티
프르스니
• **포도주의 신**
마투라이비란
수라
• **풍산 신**
바수다라
부미데비
부미야
아라니야니
푸스티
• **풍어와 사냥의 신**
레반타
미낙시
• **행운과 불행의 신**
다니스타
레바티
로히니
마가
물라
므르가시라스
바라니
사타비사
스라바나
스라비스타
스바티
싯디
아누라다
아르드라
아비지트
아스바유자우
아슬레사 (스)
우타라바드라파다
우타라사다
우타라팔구니
지에스타
치트라
크르티카 (스)
푸나르바수
푸르바바드라파다
푸르바사다
푸르바팔구니
푸샤

하스타
• **흉측한 외모의 신**
두므라바티
부타마타
술리니
스리비디야데비
스바스타베시니
우그라타라
찬다
트리칸타키데비
프라나샥티
프라트양기라
• **희생 제물의 신**
마히
바라티
일라
호트라

704

주제별 찾아보기

쿨라

겨울
농
칼리아흐베라
혜만타데비

결혼
보르(2)
운시아
이샤라
킨시아
히메나이오스

경기
하스첼치

계곡
나파이아이

계약 협정
아롬

고구마
롱오마타네

고양이
바스테트

곡물
가브야우야
네페르
노도투스
닌릴
다간(1)
다간(2)
오시리스
지프
코레
콘도스
타테오테가나카
텔루스
펙코
할키

곰
무리의 아르티오

공정한 거래
아이키타스

과수원
베르툼누스
포모나

과학
마하칼라

관개
넵투누스
만다

관용
리베랄리타스

구기(球技)
솔로틀

군사
미트라스
비르투스
호누스

그늘
프리아푸스

금속세공   대장장이를
보라.

기근
에데케
크르소다리

기름 짜기
셰즈무

기마
아사르

기술   예술과 공예를 보라.

기억
므네모시네

기후
돌리케누스
라이진
루드라
멘자박
몬
무누메
바르샤민
소
수드렘
슈테크
스사노오
시
아다드
아킬로
아플루
에아쿠스
옹가이
인드라
인드르
일야파
코스
쿠자
타루
타르훈트
테슈브
하다드
호라갈레스

길과 교차로
구나도노가미
미치노가미
술레비아이
혜카테

길운
다이코쿠
벤텐산
복신
비샤몬
사우바기아부바네스바리
소르스
시치후쿠진

706

싯디
에비스
에카자타
주로진
코도시로누시
포르투나
호테이
후쿠로쿠주

깃털 작업
우에우에코요틀리코요틀리-
나우알

깨끗한 물
방가

꽃
소치케찰이츠푸츠틀리
플로라

꿈
모르페우스

나무
넨
로코
아벨리오
야크샤
우아일다크
히시

난로(가정)
라레스
로킨코로모
마네스
만둘리스
베스타
아야바
이츠쿠인틀리
찬티코
치코나우이
탑하
페나테스
헤스티아

남성성
게니우스

내세
장도룽
종괴

노새
물로

논리
로고스
아르타프라티삼비트
프라티삼비트

농경/경작
게프욘
다노가미
라우카마테
락타누스
레다라토르
롱오마타네
메소르
미토시노가미
사리토르
스테르쿨리우스
스피니엔시스
신농
아랄로
아마이톤
오바라토르
오코
옥카토르
우베르타스
윰카스
이츠타팔토텍
인시토르
임포르시토르
제메파티스
펠리키타스
푸타
프로미토르

늑대
루페르쿠스

달
글레티
나피르
난나(1)
니칼
디아나
라키브엘
루나
마니
마라마
마마킬야
마우
마흐
메네스
메눌리스
메츠틀리
메트사카
멘
모마
사하르
셀라르디
셀레네
시
신
아글리볼
아라와
아르마
아바테아
암
야
야치나우트
오위오트
와드
은송고
은제
익스첼
츠기요미
카쉬쿠
카엘레스티스
카우무디
콘스
쿠슈
클레하노아이
타니트
타라브
텍시스테카틀

토트
헤카테
히나
힐랄

달력
마마킬야

담수
하라케

대기
닌릴
슈
엔릴

대상(카라반)
사이알카움

대양과 바다
고나카데트
글라우코스
글라우쿠스
나이
네레우스
네레이데스
네리빅
눌라라학
니
니외르드
담공
도리스
레우코테아
마나난(맥리르)
마나위단
마마코카
마조
마케마케
무나카타노가미
방푸티스
세드나
스가나
아에기르
암피트리테
얌
에우리노메

오케아노스
오케아니데스
오포
올로쿤
우
이그네르수아크
임마프우쿠아
질라콘스
천후
카카크
케레트쿤
키안다
타웅완라나
탕아로아
테튀스
테티스
트리톤들
티에놀트소디
팔라이몬
포르키스
포세이돈
폰토스
프로테우스

대장장이
닌에갈
불카누스
스바로직
아마츠마라
일마리넨
카베이로이
카이난
코타르
쿠르달리곤
헤파이스토스

대지
가이아
게브
누테누트
드사하돌자
라룬다
레비엔포길
마이아
문젬말리크
시타

아리안로드
알리사노스
요르트
우라쉬
이참캅
치비리아스
케르티
콜렐캅
크눔
타르
테페욜로틀
텔루스
토
토우이아파투나
틀라솔테오틀
파차마마
프르티비
하우룬

도기 제조
카마가미
하니야스히메
하니야스히코

도덕
자콤바

도서관
세샤트
세프케트아브위

도시
아테나

도취
디오니소스
바쿠스

독약
할라할라

동굴
바칵스

동물 수호
아게

아르테미스
파수파티
페줄페
폴루크날라이

동정
디아나

땅속의 대지와 지하세계
도 함께 보라.
· **그리스**
에리니스
페르세포네
· **로마**
리비티나
텔루스
· **마야**
아볼론자캅
아우크티캅
아칸쿤
이칼아하우
이펜
출타카
콜렐캅
쿰아우
· **메소포타미아**
게쉬틴안나
남무
닌아주
술만(우)
엔메사라
키
· **아스텍**
아콜나우아카틀
아콜미스틀리
틀랄테쿠틀리
· **이집트**
아케루
아케르
아켄
이마우트
이스데스
케베케트
타테넨
· **켈트**
리아논

미디르
아누(2)
아이드
케르눈노스
뮐
· **폴리네시아**
티페누아
파파투아누쿠
히네후오네
· **기타**
닌키갈
리베라
리베르
린트
무소코로니
사
샹고
세세
스사노오
스판다라메트
아리만
아사세야
아이리쿠라
아이아코스
알라(1)
엔도우렐리쿠스
오르독
제메파티스
제미나
지바구루
타리페누
타코치나카웨

레슬링(스모)
노미노스쿠네

마법
닌기라마
판차라크샤

말(speech)
바기스바라
바츠
오그미우스

말[馬]
루디오부스
리아논
에포나
칼킨
페루와
폴리데우케스
하야샤

매(falcon)
하로에리스
호루스

매트 만들기
나파테쿠틀리

맹세
마미투
보르(2)
호르코스

모유 수유
루미나
코우로트로포스

목공(木工)
노반
닌일두
다오키호오이노가미
히코사시리노가미

목자들의 수호
아리스타이오스
쿠스

목초지
우아일다크
팔레스

무당 입문
랄라이아일

무지개
루방갈라
사자라
익스첼

코스

문신
아카트

문헌
괴성
라트놀카
마리(1)
문창
사르바붓다르마코사바티
사르바카르마바라나비-
　소다니
수마티
아난타무키
아크사야즈나나카르만다
우스니사비자야
종규
파르나사바리
프라즈나바르다니

물　호수, 대양과 바다, 비,
강도 함께 보라.
나우이에카틀
나이아데스
난토수엘타
네마우시우스
담공
드사하돌자
몬
미즈하노메
방가
수이진
시라라
아르네메티아
아메노미쿠마리노가미
아쿠믹스위니콥
아파트나르위니콥
아팜나파트
안캄나
압사라스
압수
압주
에아
엔키
예모자

올로쿤
이코벨라우나
찰치우틀라토날
찰치우틀리쿠에
천후
코벤티나
타테날리와이
타테라파워에마
타테아우체쿠푸리
타테키에위모카
테지드포엘
테프누트
티에놀트소디
하라케

물고기와 낚시
마본
무나카타노가미
미낙시
베한진
스미요시노가미
아미미틀
아브리키티
아틀라우아
오포츠틀리
착우압속
타나이오
탕아로아
티니라우
푸시
하트메히트
홍성

바느질
미네르바

바다표범 사냥
투네크

바람
노투스
니외르드
라카(3)
바유(1)
바타
베자마테

보레아스
부앗자
스트리보그
시냐츠히고
아이올로스
아이올루스
에우로스
우강
제피루스
차웁
케찰코아틀
코루스
타나이오
타마츠팔리케타모예케
타우히리마테아
텔리코
토모르
파바나
하야츠지노모가미
후진

바위
살레바오

박무와 안개
가나스키디
이나므나우트
이나므틸란

반대
디스코르디아
에리스

밤
닉스
라트리

방적(실잣기)
클로토

배[船]
쿠루쿨라

배움
간다리
나라다타

710

로히니
마나비
마나시
마하마나시카
마하칼리
바이로티야
바즈라스른칼라
사르바스트라마하즈발라
아쿱타
차크레스바리
칼리(2)
쿨리산쿠사
프라즈나프티

백조
모쿠스

뱀
나가라자
네헤부카우
레네누테트
마나사
마하나가
마하브자
마하파드마
산카(팔라)
세사(나가)
아난타
장굴리
카르코타
칼리야
케베케트
쿨리카
타크사카
파드마
하르포크라테스

번개
숨마무스
이나즈마
천모
카라이신

법
다르마
다르마다투바기스바라

엔메사라
하우킴
헨두르쌍

별과 하늘
• **마야**
구쿠마츠
오슬라운티쿠
콜롭우우이츠킨
• **메소포타미아**
슐쌍
슐파에
이기기
• **불교와 라마 불교**
마리치
묘견보살
부다
아카사가르바
• **신도**
아메노카가세오
아메노타나바타히메노-
　미코토
호쿠신오가미
히코보시
• **아스텍**
시우테쿠틀리
코욜사우키
• **이집트**
소티스
하라크티
호루스
• **힌두교**
나크사트라
데바푸로히타
드루바
만갈라
부다
브르하스파티
사니
샤니
수크라
아룬다티
아수라
찬드라
타라

• **기타**
뎅
디에브스
랑이누이
마우
무가사
무뒤깜뽀사잔
바르샤민
북제
사투르누스
소드자
소코
아뉴
아니
아스타르
아스틀릭
아우세클리스
아타르샤마인
알라트
알마카
야브루
에시르
오리산라
옥제
우신스
울
인마르
일마리넨
잘모시스
치우케
치카라
칸다미우스
쿠주
키니제
타나라
토르
티바츠
틴
포시스다스
풍백
황제

보석 세공
치코나우이이츠쿠인틀리-
　찬티코

보석상
다마노오야노미코토

보편성
모디모

보호자와 수호신
- **그리스-로마**
로마
브리간티아
브리타니아
코벤티나
히프시스토스
- **로마**
세쿠리타
안나페레나
- **로마노-켈트**
세쿠아나
프록수마이
- **마야**
발람
소츠
아춘칸
- **메소포타미아**
난나(1)
누무스다
닌기르수
닌시킬(라)
마르둑
마르투
슐우툴라
아수르
알라드우둑라마
이쉬타란
투투
티쉬파크
파빌상
- **불교와 라마 불교**
나타(2)
닐라단다
다디문다
다르마팔라
마하라크사
마하만트라누사리니
마하사하스프라마르다니
마하시타바티

마하프라티사라
무찰린다
비다라자
비하르
삼바라
센뒤
아발로키테스바라
야마
야만따까
최쬔
칼라차크라
파타다리니
판차라크사
- **서셈족**
두샤라
밀카스타르트
밀콤
바알말라게
바알사폰
베델
엘라가발
- **아라비아 (이슬람교 이전)**
나히
루다
마르나스
마흐람의 살름
말리크
아라
아르수
아지조스
안바이
알라트
알마카
오로탈트
후발
- **이집트**
마프데트
무트
사티스
세드
소페두
안티
워스레트
하(1)
- **켈트**
다그다

플라하스
- **힌두교**
고라크나트
그라마데바타
마타
바루나
안칼람만
이스타데바타
- **기타**
가르만가비스
관음
구조
나구알
나타(1)
난카칼레
네수
도구므리크
도화선녀
라마리아
렌딕스트쿡스
루기에비트
리앙곰베
마우이
마하프라부
멘아스카에누스
멜카르트
몸보와은들롭푸
물린드와
바가반
바그바르티
본초르
볼도가스조니
부리야스
삭스노트
시므스칼린
아드로
아파시타
암마
야할란
에지오그베
오산데
와랄덴올마이
와우키
왕카
요카우
우니

우아나카우리
응구누오
이나히텔란
이네아네우트
이둔
이랑
인드르
카이타칼닌
카타라가마
카힐란
케모쉬(2)
코요테
쿠트쿠
키파
타누타
타테발리
테이스바스
토코요토
티질쿠트쿠
페
하임달
할디
후반

복수
네메시스
두르가
바스테트

복숭아꽃
도화선녀

본성 분석
다르마프라티삼비트

봄
도화선녀
바산타데비
시페토텍
에오스트레
오스타라
제피루스

부엌
안나무르티
오키츠히메노가미

오키츠히코노가미

부와 번영
데드웬
디사나
라카(2)
락슈미
모네타
바기슈트
바니르
시니발리
아쉬아클레
아제
오사노부아
와말라
재신
쿠베라
파렌디
푸란디
플루토스

분노
에리니스

불
가구스치노가미
가비야
게라
기빌
니하츠히노가미
로킨포길
마후이케즈
멤데예에키에
베르브티
베스타
불카누스
스바로직
아그니
야가우비스
우에우에토틀
이슘
익스코사우키
인탈
축융
타비티
타테발리

타토시
테테오이난테테오
하스체지니
헤파이스토스
호노가구쓰치노가미
호무스비노가미
히노가구쓰치

불멸(도교)
남채화
목공
여동빈
이철괴
장과로
조국구
종이권
하선고
한상자

불의
아디키아

불행
다니스타
바라니
샤니
아르드라
아슬레사(스)
아테
지에스타
치트라

비
구라오가미노가미
나가쿠마라
나이노가미
다카오가미노가미
담공
드비파쿠마라
레사
류진
무자지
수드렘
아그니쿠마라
아수라쿠마라
아지시키타카히코네

아우케메
우사
일라트
적송자
착
착칸
카모와케이카즈치
코시호
콜
타테날리와이
타테라파위에마
타테아우체쿠푸리
타테키에위모카
타힌
토네닐리
토미야우테쿠틀리
틀랄로케테픽토톤
틀랄록
파르자냐
파리아카카

빛　햇빛을 함께 보라.
나리사
누쉬쿠
닌기스지다
디파
라트놀카
미르사
미트라(1)
벨레누스
부라페누
센하와카
아이테르
아후라마즈다
카네
타네(마후타)
타디트카라
프라디파타라
히네아타우이라
히페리온

사냥
나나보조
랑
레반타
룬다스

마본
무루칸
아르두이나
아르테미스
아쉬팔리스
아칸쿤
아타바이
아폴론
에르킬레크
오군
오누리스
오포츠틀리
이갈리리크
코키디우스
타피오
토아랄리트
투네크
파크헤트
픽부킨
하스체올토이
후비
히타바이넨
힌콘

사랑과 성
라다
라티
만마타
베누스
소치케찰이츠푸츠틀리
아모르
아프로디테
우에우에코요틀
익스틀리톤
카마(데바)
투란
프라디움나
프렌데
하토르

사려 분별
가네샤

사막
아브갈

사슴
타토시

사자
미호스
은야비레지

사자(使者)
가우리
남타르
닌슈부르
마타리스반
메르쿠리우스
무시시
물렌탱가무니예
사사나데바타
소그블렌
아눈나키
아아나쿠
야마두티
에슈
엔두르사가
이리스
이시무드
지우드
파프수칼
헤르메스
헤르모트

산
고노하나사쿠야히메노가미
데르케티우스
릴루리
메나
보세구스
빈디야
사야이치타
아드라스테아
아무루
아포
야마노가미
오레아데스
오야마츠미
우슬로
쿠자
토르크

포에니누스
하라야마츠미
하찌
히마반

산파
사수라툼
아베타
테테오이난토키

삼림지대 숲을 보라.

상업
야카콜리우키
야카테쿠틀리
야카피차우악
엑추아
코(코)치메틀

상황 분석
프라티바나프라티삼비트

새벽
나치트나이르긴
리에트나이르긴
마테르마투타
므라트나이르긴
샤르
야유
에오스
우사스
테산
트난토
트네세이부네
트네스칸
하라크티
하스체알티

샘
유투르나

샛별
아지조스
아타르
틀라우이스칼판테쿠틀리
포스포로스

생명
조에

석조(石造)
오이와다이묘진
이시코리도메

선견
프로비덴티아

설득
페이토

성림(聖林)
네메토나

성장
아야판

소
게우스우르반
게우스타산
라하르
샤카(안)
제메파티스

소금 제조
우익스토키우아틀

수로와 도랑
엔킴두

수소
난딘
아피스
타르보스트리가라노스
틸라

수확
가나스키디
산주
시
오토시노가미
옵스
카이카라

순결
푸디키타

순무
에그레스

숫양
바넵제데트
바
크눔
헤리샤프

숲
메데이네
샤티르
실바누스
아라니아니
아르두이나
아브노바
요빈포길
코우레테스

스토브
카마도노가미

승리
니케
바한
베레트라그나
빅토리아
오딘(2)

시(詩)
나이아데스
무나카타노가미
브라기
아킨속
오그미우스

시간
주르반
태세성군

신랑
둘라데오

신선한 물
네툰스
아팜나파트
천후
티에놀트소디

신탁
다프네
아코나디

쌀
사닝사리
와카사나메노가미
와카토시노가미
쿠쿠토시노가미

아름다움
베누스

악령 악의를 지닌 어머니
여신을 함께 보라.
마라
맘
바비
아본삼
아케루
오르독
타리페누

악어
은야카야
하르포크라테스

**악의를 지닌 어머니 신 (힌
두교)**
굴실라마타
마헤스바리
말할마타
바디마타
바라히
바이스나비
사프타마타라
시탈라(마타)
야미
인드라니
카우마리

칸카르마타
판사이마타
풀마타

악의적인/파괴적인 악령
을 함께 보라.
마히사
발리(1)
시바
울루투야르울루토욘
임마트
칼리(1)
판차나나

안마당
아수하노가미

암소
닌순(아)
디앙
바트
크헤트호르

애국심
피에타스

야금과 금속세공
시페토텍
오군
이츠타팔토텍
키니라스
하사멜리

약조
마미투

양
시르투르

양봉
멜로니아
아리스타이오스
아무센캅

양조(釀造)
고브뉴

마츠오
시두리

양치기
두무지
판

어둠
가우나브
니르티
아리만
우스쿠스

어린이 보호 유아 보호도
함께 보라.
장선

어머니 여신
• **그리스**
가이아
데메테르
레토
메테르
아르테미스
• **그리스—로마**
마트레스
세멜레
하마베하이
• **로마**
벨로나
아카라렌티아
케레스
• **메소포타미아**
눈바르세구누
닌마
닌메나
닌샤르
닌쿠라
닌투
닌후르쌍
담갈눈나
마미
벨레트일리
셰리다
아야

불교와 라마 불교
기타
느르띠야
두파
라시아
마야데비
말라
브르쿠티타라
뀌빠
요게스바리
코티스리

아스텍
이츠파팔로틀
이츠파팔로틀이츠쿠에이에
코아틀리쿠에
쿤달리니

이집트
네크베트
이시스
이피
하토르

켈트
돈(1)
매이브
모드론
실라나히그
아누(2)
아우파니아이

폴리네시아
바리마테타케레
파파투아누쿠

힌두교
나라시니
다르티마타
데바키
라우드리
루드라차르치카
마타
마타라
바라트마타
발라
브라마니
사라스바티
사티
산카리
산타

산토쉬마타
아디티
아스타마타라
카라이칼암마이야르
카르티키
트리푸라
파르바티
파티니데비
프라다나
프르티비
하리티
함무마타
힝글라즈

기타
나나
데르케토
디사니
딕티나
마리(2)
미티
바우보
벤디스
소천낭랑
송자낭랑
시두쿠
시삐겔모
시피레네
아눈니투
아셰라
아타르가티스
암마바루
오르티아
음봄베
익스쳬벨약스
자선낭랑
지바구루
쿠바바
키벨레(2)
푸라나이
프리그
피니키르즈
한나한나스
헤바트

어원 분석
니루크티프라티샴비트

얼음
윈디고

여름
그리스마데비

여성성
데비
유노네스

여행
일마리넨

역경
세트

연결
하르모니아

연어들의 회귀
차카마에

열병
칼라비카르니카

염소 사냥
테위실락

영감
케리드웬
미미르

영웅적인
나나보조
리안자
멜카르트
플크아무클로스
사마
삼바
아르주나
케찰코아틀
프로메테우스
헤라클레스

예술과 공예
고바논

고브뉴
그라티아이
루그
미네르바
사라스바티
카브타
프타

옥수수
사라마마
센테오시우아틀
실로넨
아문(1)
윰칵스
치코메코우아틀
피타오코소비

왕권
네수
소베크
와제트
후

욕망
요게스바리
찬디카
히메루스

용
류진

우물
미이노가미
유투르나

우주 질서
마트

운명
굴셰쉬
노르티아
라이마
라케시스
레그바
마나와트
모이라이

샤이
아낭케
아트로포스
오룬밀라
주르반
카르타
클로토
파르카이

원숭이
손오공
수그리바
하누만

원형의
보르(1)
부리
스눌쿨살스

유아 보호
바기스바라
볼룸나
에두사
쿠니나
파불리누스
포티나
필룸누스

육체적 감각
로투르

음식
도요우케비메
안나무르티
이나리

음악
나라다
나이아데스
무라자
비나
이히(1)
카이윰
킨나르

의사
다르마끼르띠사가라고샤
디안케흐트
맨라
바이사지야구루
수르바르나바드라비말-
　　라라뜨나쁘라바사
수빠리끼르띠따나마스리
스바라고사라자
시킨
싱하나다
아비즈나라자
아소코타마스리
아스빈스
아스클레피오스
피유사하라나

이발사
닌카르눈나

일식[日蝕]
아실리스

임신
아지시트

입헌 정치
리베랄리타스

자살
익스탑

자유
리베랄리타스

잠
솜누스
히프노스

장례와 영안실
네프티스
레토
세르케트(헤티트)
셰프세트
아누비스

장수
서왕모
수노인

쟁기
닌우르타
베르박토르

저녁
샬림

저녁 별
아르수
토포
함몬

저술
나부
느보
니사바
세샤트
세프케트아브위
쿠브지카

전갈
타비트제트
하르포크라테스

전능
모요코야니
텔포치틀리
티틀라카우안

전염병
기비니
디디타크룬
마리마이
마리얌만
마타
무탈람만
샨크파나
아이야나야카
야리
에눈두
에데케
올라비비

은다울라
즈바라하리스바라
폴레람마
하르다울
하리티
하일리라즈
하티

전쟁
• **그리스**
아레스
아테나
파이아온
• **그리스-로마**
리기사무스
안드라스타
• **로마**
마르스
미네르바
벨로나
퀴리누스
• **마야**
불룩찹탄
시트착코
아울넵
엑스추찬
카쿠파카트
• **메소포타미아**
메스람타에아
샤라
살라
세비티
에라
이쉬타르
인안나
자바바
파프니긴가라
• **신도**
하치만
후츠누시노가미
• **아스텍**
멕시틀리
믹스코아틀카막스틀리
테우카틀
테이카우친
테차아우테오틀

테차우이틀
틀라카우에판
파이날
• **이집트**
몬투
사크메트
오누리스
• **켈트**
귀디온
네잇
누아두
마하
모르브란
모리간
바이브
벨라투카드로스
스메르트리오스
에수스
카물로스
카투보두아
• **힌두교**
두르가
비라바드라
비마
수브라마냐
스칸다
• **기타**
관우
기쉬
나예네즈가니
도구므리크
라란
레셰프(아)무칼
루기에비트
몬
무루칸
무힝고
벡쩨
보단
부리야스
부히드이아이바
북제
비다르
사쿠모
샤우쉬카
셈노코수스

719

- **이집트**
  메레트세게르
  메헨
  바페프
  소카르
  아무트
  안제티
  암헤
  오시리스
  헤테페스세쿠스
  호우르스
- **켈트**
  귄압니드
  돈(2)
  아라운
  펜안웬
  헤르네
- **폴리네시아**
  볼론타쿠
  히네누이테포
- **기타**
  두르
  라베르나
  렐와니
  마라말리크
  바라스타르
  벨레스
  벨루마테
  아르사이
  아타이키나
  알라툼
  알파누
  앙그루마이뉴
  투름스
  헤로스
  헬

지혜
  가네샤
  나부
  느보
  니사바
  마하스타마(프라타)
  만주스리
  메티스
  미네르바

미미르
보현
사라스바티
아이쉬
엔키
오리
이파
크바지르
토트
티르(1)
하야그리바

직조[織造]
  아라크네
  아메노타나바타히메노-
    미코토
  웃투
  익스네스틀리

질병 전염병도 함께 보라.
  봄베이카마얀
  오이
  폭슬롬

질서 우주 질서도 함께 보
  라.
  에우노미아
  테미스

참회
  찰치우토톨린

창고
  미쿠라타나노가미

창시자
  노자
  붓다
  쿠우르킬
  퀴킨아쿠

창조신
- **드라비다**
  네디욘
  말
  벤다

세욘
티루말
- **마야**
  마노엘토엘
  아차키움
  에알롬
  에쿠아올롬
  오록스토틸
  우나브쿠
  우나푸
  우라칸
  운우나푸
  이참나
  익스사칼눅
  출타틱치테스바넥
  카코치
  쿠쿨칸
  토틸마일
- **메소포타미아**
  남무
  누딤무드
  마르둑
  아누(1)
  안투
  엔키
- **신도**
  가미무스비노가미
  다카미무스비노가미
  오쿠니누시노미코토
  우마시아시카비히코지노-
    가미
  이자나기노가미
  이자나미노가미
- **아스텍**
  나나우아틀
  나우이욜린
  세아카틀
  시우아코아틀킬라스틀리
  시트랄라토낙
  시틀랄리쿠에
  시팍토날
  아틀
  에카틀
  오셀로틀
  요아이에카틀리
  요알테쿠틀리

이팔네모아니
치코나우이에헤카틀
케찰코아틀
키아우이틀
토나티우
틀랄테쿠틀리
틀로케나이아우케
• **영지주의 그리스도교**
사마엘
사바오트
아다마스
아르콘
알다바오트
• **이집트**
네이트
네페르툼
누트
레
메헤트웨레트
아텐
아툼
유사스
프타
• **카피르**
숌데
이므라
파나오
• **폴리네시아**
말라망앙아에
말라망앙아이포
아투아이라로푸카
아투아파피네
이호이호
쿠아트
테마나바로아
테아카라로에
테탕아엥아에
티노타타
티키
• **힌두교**
나라야나
다르마
디아우스피타
마누
브라마
비슈누

비스바카르만
시바
익스바쿠
차크라
트바스타르
푸루사
프르투
히라냐가르바
• **기타**
나레우
나이누에마
나이니넨
네넨키켁스
니암예
랄루빔바
레사
로두르
루방가(2)
루항가
리반자
리사
마니토
마니투
마이온
마헤오
모마
뭉구
바구루
바이라코차
붐바
사
수쿠
아구국스
아레바티
아발로키테스바라
아온도
아워나윌로나
아이우룬토욘
아콩고
아타나은용모
아파프
알라(2)
알라탕가나
암마
야로
야웨

야키크닌
에멜리힌
에스
에피메테우스
엘
엘렐
엘쿠니르사
여와
예메콘지
오두두와
오리산라
올로두마레
와카
와칸탕카
와콘다
우눔보테
우룬아지토욘
운쿨룬쿨루
움벨린콸이
웨리쿰밤바
은야메
은자파
은잠비
음보툼보
음봄바
음쿨룸칸디
응가이
이마나
이스텐
일
잉(2)
제호바
조크
추니고아브
카그느
카마이츠
카티엘레오
칼룽가
칼리시아
쿠마르비
쿠모쿰스
크그헤네
크워트
키움베
키타니토위트
타와

722

타테
테난토므니
테난토므완
테하론(히아와곤)
텔야벨리크
토로
토로루트
토모르
톰워게트
티라와
티아마트
파차카막
펨바
포레
프로메테우스
피디무쿨루
하오

채굴
카나야마비고노가미
카나야마히메노가미

천둥
나가쿠마라
나이노가미
뇌공
닌우르타
다케미카즈치노가미
드비파쿠마라
류진
상고
세위오소
숨마무스
아그니쿠마라
아수라쿠마라
아페쿠
우코
이쿠이카스치노가미
출타카
쿠느쿤술리가
타라니스
파리아카카
파존
페룬
페르콘스

천막
구르기괸뿐
마하칼라

최고신
다간(3)
마인
메네첸
무카사
바이르긴
센랍
신스스가나그와이
실마이누아
아르마즈
아메노미나카누시노가미
아문(2)
아이아파엑
아테아
아투아이카파카
안(1)
오메테쿠틀리
옥황상제
카와딜리쿠알라
카타불
쿠쿠마츠
키야르나라크
타얀
토르나르쑤크
티흐마르
폰

출입구와 문
바이라바
야누스
쿠시이와마도노미코토
크세트라팔라
파타다리니

춤
나타라자
라카(1)
아메노우스메

충성
피데스

측정하다
두모

칠장이
노반

카오스
브르트라
세트

커튼
파타다리니

코끼리
가네샤
마하가나파티

코카나무
코카마마

퀴노아 곡물
퀴노아마마

탁발
차이타냐
판차무카파트라데바

탄생
노나
니르말리
데베라
데키마
루키나
마테르마투타
베스
소치케찰
아누키스
아베타
아쿠스탈
에일레이티이아
이샤라
익스첼
인테르시도나
자르파니툼
카르멘테스
칸델리페라

칼리게네이아
타웨레트
탈나
테스카코악아요페츠틀리
파르툴라
헤사트
헤케트

태양 일식도 함께 보라.
- **그리스**
닉스 — 파네스
헬리오스
- **메소포타미아**
샤마쉬
아아
우투
- **신도**
미카하야히
아마테라스오미가미
와카히루메
쿠시다마니기하야히
히하야히노가미
- **아스텍**
우이칠포츠틀리
테스카틀리포카
- **이집트**
레
마헤스
베누
아텐
아툼
하르마키스
- **힌두교**
가루다
다크샤
다타르
단반타리
르부스
미트라(2)
바가
비바스반
사비타르
수리야(1)
수리야(2)
아디티야
아리야만

안사
푸산
- **기타**
다보그
로바
만둘리스
메헤르
모르
벨라페누
벨레누스
사울레
샤파쉬
샴스
세늑스
소레구스
솔
스바로직
시비니
시시포스
아뉴
아린나
아시스
아킨
알쿤탐
엘로제
와이
위
이루바
이쉬타누
인티
졸
초르스
초차노아이
카브라나
카우타
카죠바
타야우
타야우사카이모카
타테벨라카비말리
티아키티
푸구

태어나지 않은
아잘라모

태초의
- **그리스**
닉스
레아
에로스
우라노스
파네스
히페리온
- **그리스-로마**
아이테르
에레보스
카오스
- **마야**
에알롬
에쿠아올롬
- **메소포타미아**
라하무
라흐무
안샤르
에아
키샤르
티아마트
- **불교와 라마 불교**
숫도다나
아다다르마
아디붓다
아미다
우스니사비자야
- **아스텍**
시팍틀리
에카틀케찰코아틀
오메테오틀
토나카키우아틀
토나카테쿠틀리
- **이집트**
나우네트
네베테트페트
네페르툼
눈
슈
오그도아드
카우케트
케크
테프누트
하우헤트
헤

헤리샤프
- **폴리네시아**
로노
살레바오
쿠
테코레
테포
투
티마이티웅아바링아바리
티마테코레
- **힌두교**
다누(2)
라후
비라즈
사라뉴
암마바루
카시야파
푸루사
프라자파티
프르스니
- **기타**
놈모
소피아
아르콘
아메노토코타치가미
아스타파이오스
알라루
에르킬레크
엘로아이
엘엡
오라이오스
오미클레
이아오
제미
캉갈로그바
태일
텔루스
포토스
프로노이아
피스티스

통행
라스누
문신
아데오나
아베오나

아케르
알레모나
야누스
에수
엘라만
웨프와웨트
크세트라팔라
테르미누스
투레플린
파타다리니
포르투누스
푸산

판테온의 우두머리
낀뚜상뽀
다누(1)
마흐렘
무뒤깜뽀사잔
바알샤민
시
오딘(2)
유피테르
제우스
프르투

평화
로모
바니르
에이레네
팍스
하치만

평화의 관
우호페

포도주
디오니소스
바쿠스
셰즈무
수라
야칸
쿠루쿨라

폭풍
나이노가미
도나르

동고
라우니
란
마루트가나
부앗자
샹고
소그보
슈르디
아이올로스
아이올루스
웨르
이쉬쿠르
인카냠바
임
지벨티우르도스
토르
페렌데

풀밭
야로누스

풍산 신
- **그리스**
데메테르
아도니스
아리아드네
크로노스
프리아포스
히야킨토스
- **그리스-로마**
로스메르타
무리의 아르티오
- **로마**
무타누스
아분단티아
에게리아
파우나
파우누스
- **마야**
아볼론자캅
이펜
익스카난
- **메소포타미아**
가툼둑
나나자
닌인신나

닌임마
다간(1)
두무지
바바
샤라이투
슐만(우)
슐파에
아마샤그눌
아마아르후스
아부
아쉬난
에메쉬
엔텐
우아일다크
웃투
이쉬타르
인안나
• 북유럽
난나(2)
디시르
바니르
프레위르
프레이야
피요르긴
• 서셈족
다간(2)
미라
바알
슐마니투
아나트
아셰르투
아쉬라툼
아쉬타로스
아쉬토레스
아스타르테
아티라트
우가르
카데쉬
쿠아데쉬
피드라이
• 아스텍
마야우엘
마틀랄쿠에예
소치케찰
소치케찰이츠푸츠틀리
시페토텍

실로넨
야우케메
오메토츠틀리
이스키테카틀
이츠타팔토텍
테스카스온카틀
테포스테카틀
토미야우테쿠틀리
토톨테카틀
틀랄로케테픽토톤
파테아틀
• 이집트
게브
레네누테트
민
바트
발
사라피스
아마우네트
아쉬
오시리스
와즈웨르
하트메히트
하피
• 켈트
디보나
마하
모리간
반바
브레스마켈라하
브리지트
안다르타
에리우
에포나
오누아바
케르눈노스
• 폴리네시아
타우마타아투아
티페누아
하우미아티케티케
• 힌두교
난딘
바수다라
부미데비
부미야
푸스티

• 기타
네르투스
두일라이
디사니
리베르
마
말라크벨
모코스
무소코로니
베라페누
베아이
벤다
벨라우테므틸란
부미데바타
사라데비
삼사
샤우쉬카
세타
소울루이
아나이티스
아사세야
아테테
아티스
아프로디시아스
아후라니
안나쿠아리
안제아
알라(1)
에스차나틀레히
에오스트레
오바탈라
와말라
욜카이에스탄
유미스
제미나
카디르
칼테쉬
크슈마이
타코치나카웨
타트카히크닌
텔레피누
펠론펙코

할례
웨리쿰밤바

726

항해
네할레니아
스미요시노가미
시르시르
토르
파이바롱오

햇빛
케스키나쿠

행운 불행도 함께 보라.
레바티
로히니
룬다스
마가
물라
므르가시라스
사타비사
스라바나
스라비스타
스바티
아가토스다이몬
아누라다
아비지트
아스바유자우
우타라바드라파다
우타라사다
우타라팔구니
이켕가
케투아
크르티카(스)
티케
푸나르바수
푸르바바드라파다
푸르바사다
푸르바팔구니
푸샤
하스타

향(좁)
데드웬

허수아비
소호도

호수
무기지
아미미틀
아틀라우아
조키남

홍수
바기슈트

화가
치코메소치틀

화산
펠레

환관들의 수호신
아르다나리(스바라)

환대
아리야만

환락
오마카틀

환생
쿠쿨칸

황폐
릴리트

희망
스페스

희생
마히
바라티
일라
호트라

흰색 피부
악얀토

힘
비아
크라토스(2)

신 백과사전

고대부터 인간 세계에 머물렀던 2,800여 신들

1판 1쇄 펴낸 날 2014년 7월 15일
1판 3쇄 펴낸 날 2019년 9월 20일

지은이 | 마이클 조던
옮긴이 | 강창헌

펴낸이 | 박윤태
펴낸곳 | 보누스
등   록 | 2001년 8월 17일 제313-2002-179호
주   소 | 서울시 마포구 동교로12안길 31
전   화 | 02-333-3114
팩   스 | 02-3143-3254
E-mail | bonus@bonusbook.co.kr

ISBN 978-89-6494-140-9 04900
      978-89-6494-142-3 (세트)

• 책값은 뒤표지에 있습니다.
• 이 도서의 국립중앙도서관 출판예정도서목록(CIP)은 서지정보유통지원시스템 홈페이지
  (http://seoji.nl.go.kr)와 국가자료공동목록시스템(http://www.nl.go.kr/kolisnet)에서 이용하실 수 있습니다.
  (CIP제어번호: 2014018249)